本书作者

第一章 石秀印

第二章 陈彦勋

第三章 赵巍巍

第四章 金维刚　武玉宁　胡宗万　阎　明

第五章 纪　韶　胡宗万　韩秀记

第六章 石秀印

第七章 石秀印　胡宗万　张一名

第八章 华迎放　武玉宁　韩秀记

第九章 王春光

第十章 华迎放

问卷统计 纪　韶　饶　旻　武玉宁　胡宗万

统　　稿 金维刚　石秀印

目　录

图目录

表目录

中国农民工的发展

（代　序）

中国农民工举世瞩目，他们默默无闻地劳动奋斗，为经济社会发展做出了突出贡献。社会进步需要精英，社会发展需要普通劳动者。虽然农民工从事的是普通劳动，但他们在中国经济崛起中创造了奇迹，越来越被国内外关注。国际金融危机后，2010 年美国《时代周刊》将 4 名东莞农民工作为封面人物，充分认可了农民工对中国经济企稳向好所发挥的重大作用。2014 年，“阿里巴巴”在美国上市，选择了农民工快递员敲钟。当前，在应对经济下行、保持经济持续增长中，农民工在与企业迎难而进中仍然发挥着不可替代的作用。尤其是新生代农民工，蕴藏着中国人力资源开发的巨大潜力。

从 1984 年费孝通提出“小城镇、大战略”到现在，农民工已经成为工业化、城镇化快速发展进程中的新型劳动大军。近年来，农民工转移就业规模持续扩大。2014 年，全国农民工总量为 2.74 亿人，其中外出农民工 1.68 亿人，相当于欧盟劳动力之和（欧盟劳动力约为 2.8 亿人）。我国农民工规模之大、涉及面之广、情况之复杂，在世界范围前所未有。从中国实际出发，积极推进农民工市民化，既是新型城镇化、工业化中需要深入研究的重大理论问题，也是经济新常态以及创新、协调、绿色、开放、共享发展理念下的重大社会实践问题。

一　积极探索具有中国特色的农业劳动力转移道路

（一）农业劳动力向非农产业转移是世界各国工业化、城镇化的普遍规律

发达国家的实践表明，在经济起飞的快速增长过程中，都经历了农业劳动力向非农产业和城镇快速转移的过程。一方面，工业化、城镇化对劳动力的需求大幅增加，带动了农业劳动力向非农产业和城镇的转移；另一方面，大量农业劳动力转移就业，在为工业化提供丰富人力资源的同时，促进了人口的聚集和城镇化的发展。

由于社会制度、经济发展、文化传统的差异，不同国家工业化、城镇化过程中的农业劳动力转移有不同的特点。英国从17世纪开始，经过长达近两个世纪的时间，在工业化进程中实现了典型的以圈地运动为特征的农业劳动力的强制转移；美国从19世纪20年代开始，大约用了一个半世纪的时间，完成了工业化进程中农业劳动力自由迁移式的转移；日本从20世纪初开始，政府进行有效干预，在近一个世纪内快速实现了工业化进程中的农业劳动力转移；韩国在二战以后，技术官僚和大企业、大财团通过利用外资集中发展工业的策略完成了工业化和农业劳动力的转移。虽然转移模式不同，但这些国家都先后完成了二元经济的转换，在工业化进程中实现了大规模的农业剩余劳动力的转移，农业劳动力在社会总劳动力中的比重由50%以上下降到10%以下，英国、美国甚至还不到3%。

世界各国农业劳动力转移的成功模式虽有所不同，但有共同特点。一是工业化与城镇化进程基本同步。城镇化是伴随工业化进程而勃兴起来的大规模的城乡人口迁移运动，工业化进程的加快推动城镇化速度的提高，使城镇人口规模迅速扩大。二是转移农业劳动力“进厂就业”与“进城生活”基本同步，是工业化与城镇化相互推动的关键。亚洲日、韩等国的实践表明，政府利用经济发展的契机，因势利导，通过制定政策法规，大规模进行职业教育培训，促进农业劳动力向非农产业和城镇

转移并融入城市，对加快工业化、城镇化进程，促进城乡发展起着重要作用。相反，有些国家没能解决好两个“基本同步”问题，缺乏政府有效的管理和服务，产生了严重的失业和贫困现象，诱发了诸如“城市病”、“贫民窟”等一系列社会问题，不仅影响了工业化进程，而且造成城市畸形发展和社会不稳定。印度孟买的达拉维、巴西里约热内卢的荷西尼亚、委内瑞拉的加拉卡斯等地区在农业劳动力转移过程中曾发生过这样的现象，涌入城镇的大量农业劳动力没有享受到经济社会发展的成果，进而通过贫困传导机制影响到下一代人的发展，这不利于经济社会的长远发展，构成了中等收入陷阱的一个侧面。

（二）从我国实际出发，探索具有中国特色的农业劳动力转移道路

我国农业劳动力大规模转移是改革开放的产物。20 世纪 80 年代改革开放初期，农村实行家庭联产承包责任制，农业劳动生产率得到提高，大量农业剩余劳动力从土地中解放出来，急需转移到非农产业就业增加收入，这时，乡镇企业异军突起，大量农村劳动力离开土地进入乡镇企业，开创了以从事第二、三产业为主的“就近转移、就地进工厂”（放下锄头、拿起榔头）的就业局面。90 年代，随着对外开放和市场化进程的加快，东部沿海地区对劳动力需求旺盛，一大批农村劳动力进城务工经商，开创了农村劳动力“异地转移、离乡进工厂”（放下农具、开动机器，放下镰刀、拿起瓦刀）的新局面。进入新世纪，我国加入了 WTO，随着经济全球化中工业化、城镇化的快速发展，农民工的数量、素质都有了前所未有的提高，开创了农业劳动力“跨省转移、进厂又进城”的新的发展时期。特别是党的十八大明确提出，加快改革城镇户籍制度，有序推进农业转移人口市民化，努力实现城镇基本公共服务常住人口全覆盖，进一步促进了农业劳动力向非农产业和城镇转移。到 2014 年，我国已有 50% 以上的农业劳动力实现了转移就业，其中近 2/3（1.68 亿）的农民进城务工经商，1/3 强（1.06 亿）就地就近转移就业，在世界农业劳动力转移史上探索出具有中国特色的发展道路。

从国际比较看，我国农业劳动力转移道路具有三个鲜明的特征。一是“就业带动”。坚持统筹城乡就业，引导农民有序外出务工就业与鼓励农民就地就近转移并重（“十一五”期间农民工新增就业4500万人，“十二五”期间农民工新增就业4000万人），在确保农民工获得相对稳定就业机会的基础上稳步推进城镇化进程。二是“保障地权”。坚持依法保障农民的土地承包经营权、宅基地使用权和集体经济收益分配权，让农民既进得了城，又回得了乡，能够在城乡间双向流动、进退有据。即使农民工在城市里有了稳定就业，也会保留他们的地权，这既保护了他们的财产权益，同时也避免了大规模的“城市病”或“贫民窟”现象。中央“十三五”规划中也提出，维护进城落户农民土地承包权、宅基地使用权、集体收益分配权，支持引导其依法自愿有偿转让上述权益。三是“渐进转移”。坚持分阶段促进农业劳动力转移就业和融入城市，使农民工从就地就近就业（离土不离乡）到跨省转移就业，从东部集聚到东中西部合理流动，从城乡之间双向流动到在城镇稳定就业、逐步融入城市，到2020年，户籍人口城镇化率加快提高，实现1亿左右的农民工和其他常住人口在城镇定居落户的目标。这1亿人主要指农村学生升学和参军进入城镇的人口、在城镇就业和居住5年以上以及举家迁徙的农业转移人口。

农民工在我国工业化、信息化、城镇化和农业现代化建设进程中的主要贡献集中在：为农村增加了收入，为城镇创造了财富，为改革发展增添了活力。

农民工的务工收入成为农村家庭收入的主要来源，也大大改变了农民传统的收入结构，提升了农民工及其家庭的消费水平，拉动了内需。2014年农民工工资占农村居民新增收入的50%，占全部可支配收入的40%。返乡农民工为农村经济注入了活力。近年来，返乡创业的农民工发展很快，据部分省市调查推算，全国返乡创业农民工有160多万人，约占外出农民工的1%。我们习惯于将海外留学归国人员称为“海归”。同样，我们也可以将经过进城务工经商积累和历练的“五有”（有点资金、技术、营销渠道、办厂能力、乡土情感）的返乡创业农民工称为“城归”。面对经济下行，“城归”逆势上行。“城归”有像热带雨林那样（因地而宜）的聚集生长趋势，安徽、贵州等不少地方顺势而为，集成政策含金量，扶持一批农民工返乡创业园区，出现当年农民工坐着火车进城打工，现在开着汽车回乡创业的景象。农民工返乡创业既是当前解决农村实用人才短缺的现实选择，更是农业现代化进程中构建新型农业经营体系的人才支撑。

农民工已成为我国产业工人的主体，是我国制造业、建筑业和第三产业的主力军，约占制造业就业的70%、建筑业就业的80%、第三产业就业的50%以上。农民工是我国人口红利的主要承载者，低成本的劳动力使我国制造业在国际竞争中保持了比较优势，促进了建筑业在国内外发展壮大，带动了第三产业尤其是一般服务业的快速发展，农民工在中国工业化进程中功不可没。目前，许多农民工从事着城市不可或缺的中低端劳动，随着新生代农民工技能素质的提升，他们为新型城镇化建设发挥着难以替代的作用。可以说，农民工建设了纵横交错的道路桥梁、星罗棋布的高楼大厦，制造了国内外优质产品，支撑了城市的基本生活服务。我国高铁跃升世界之最（营业里程达1.6万公里），公路通到乡村（总里程446.4万公里），高速公路基本通到县城（总里程11.2万公里），全国每年开工建筑的桥梁约为1万余座，高150米以上的摩天大楼近500座。这些铁路、公路、桥梁、高楼等现代化建设的非凡业绩，都洒满了农民工的辛勤汗水。

农民工为创新发展增添了活力。创新发展注重解决发展动力问题，优化劳动力、资本、土地、技术、管理等要素配置，激发创新创业活力，加快实现发展动力转换。农民外出务工经商成为工业反哺农业、城市带动农村、发达地区帮扶落后地区的有效途径。农民工具有“劳动力、资金、技能双向流动”的特点，他们在城市务工经商中开阔了视野，掌握了一定技能，积攒了一些资金，返乡创业为农村经济发展注入了创新的活力。坚持协调发展，着力形成平衡发展结构；坚持工业反哺农业、城市带动农村，健全城乡发展一体化体制机制，推进城乡要素平等交换、合理配置和基本公共服务均等化。农民工流动就业蕴含着深刻的体制变革因素，在体制改革和机制创新中发挥了促进作用。农业劳动力向非农产业和城镇的大规模、快速转移，冲破了城乡二元体制的束缚，不仅促进了传统劳动用工制度的变革，由计划经济下的“一厂定终生”向市场经济下的“一技养一生”转变，而且推动了消除对农民工流动就业的歧视性障碍，促进了城乡一体化发展的体制变革，实现了市场配置劳动力资源，有力推动了跨地区、跨城乡的统一劳动力市场的逐步形成。农民工与生俱来的市场经济特质，使得他们跑遍千山万水、吃尽千辛万苦、劳动千店万厂、服务千家万户，在激烈的市场竞争中迎难而上、艰苦奋斗、坚韧不拔，丰富了新一代产业工人奉献、坚忍、勇于承担的优秀品格，他们对市场配置资源的改革抱有积极态度，与新型城镇化的市场需求和政策导向高度契合。2008 年 10 月，在国际金融危机的冲击下，有 1140 万农民工离开城市返回乡村；到 2009 年上半年，随着经济企稳向好，大部分返乡农民工回到了城市，到 2009 年 11 月，基本回到了金融危机前的水平。这相当于一个中等国家的劳动力大规模往来于城乡，避免了蜗居在“贫民窟”，这是世界上其他国家难以做到的，堪称奇迹，也是中国的一大特点。

（三）新生代农民工正在成为我国经济转型中的宝贵人力资源

新生代农民工通常指 80 年代、90 年代出生的登记为农村户籍而在城镇就业的人群。其中，多数生长在农村，初高中毕业后进入城镇就业，也有随农民工父母在城镇长大的。2014 年，全国 80 年代以后出生的新生代农民工 1.25 亿人，其中，1 亿人选择外出就业，占新生代农民工的 80.3%，占外出农民工的 60.6%。新生代农民工已经成为外出农民工的主体。

与老一代农民工相比，新生代农民工的优势主要体现在文化素质高、视野开阔、接受新鲜事物快、易于融入城市。新生代农民工中，初中以下文化程度的仅占6.1%，初中文化程度的占60.6%，高中文化程度的占20.5%，大专及以上文化程度的占12.8%。他们能迅速从报纸、杂志、书籍、电视、网络等多种渠道获取信息，具有市场竞争意识，职业期望值较高，更加偏好并适应城市现代生活。从就业地点来看，54.9%的新生代农民工在地级以上大中城市务工，而老一代农民工这一比例仅为26%。大多数新生代农民工没有专门从事过农业生产劳动，在外务工更倾向就地消费。新生代农民工在外务工的月生活消费支出为人均939元，比老一代农民工高19.3%；新生代农民工2013年人均寄回或带回老家的现金为12802元，比老一代农民工少29.6%。

当前，新生代农民工已成为转变经济发展方式的活跃力量。年轻而富有活力的新生代农民工是我国宝贵的人力资源。应加大对新生代农民工的人力资本投入，提高他们的技能素质，使其更能适应新型城镇化发展对人力资源的新要求。如果说老一代农民工转移就业促进了经济规模的迅速扩大，那么新生代农民工的贡献则不仅有量的扩大，更有质的提高。从一定意义上讲，不仅适应产业结构的升级，而且支持“中国制造”转向“中国精造”，进而向“中国创造”的转变。但是，与老一代农民工相比，新生代农民工经历的困难较少，需要有个磨炼的过程。

与老一代农民工背着蛇皮袋进城务工有很大的不同，新生代农民工更多是拖着拉杆箱进城，融入城市生活的动机强烈。他们的权益诉求与其上一辈相比正发生明显的变化：由以往进城挣钱回乡向进城融入城市生活转变；由要求工资支付保障向要求提供社会保险转变；由改善住宿条件向要求提供公共服务转变。同时，他们的追求也开始向精神层面拓展：由单纯谋生向追求归宿感延伸；由忍耐坚持向追求权益平等延伸；由承担家庭经济责任向实现自我价值延伸。他们的“市民梦”比其上一辈更为执着。分析新生代农民工的特点，研究他们的合理诉求，满足他们的殷切期待，是新型城镇化的重要内容。

二 经济新常态下农民工发展的新变化和面临的突出问题

（一）经济新常态下农民工在劳动就业、工资收入、产业分布等方面面临新变化、新挑战

首先，经济增速放缓给农民工就业总量增长带来压力，就业招工“两难”的结构性矛盾突出将成为常态。从近年的情况来看，农民工总量增长，但增速下降，分布有所变化，农民工从无限供给向有限供给转变加快，不再是取之不尽的蓄水池。农民工新增人数在2010年达到1245万人后逐年下降，2014年比上年增加501万人，增长1.9%，增速比上年回落0.5个百分点。从区域分布看，中、西部地区增长快于东部地区。从行业分布看，农民工所占比重建筑业为81.8%、制造业为73.6%、餐饮服务业为67.4%，在一般服务业中所占比重也逐年上升，电子商务快速发展带动快递业等新业态，吸纳大量新生代农民工就业创业。农民工就业正从总量压力为主向“两难”结构性矛盾突出转变。这种“两难”是市场选择的结果，劳动一线的普工招工难反映的是农民工供给的有限性，技工招工难反映的是企业转型升级过程中技能人才的短缺性，也是技能人才短板的反映。农民工的招工难正从东部向中西部拓展，从季节性向常年性转变。从根本上看，我国农业转移劳动力正从无限供给向有限供给转变，“刘易斯拐点”理论把这种转变描述为第一转折点。

其次，农民工工资收入增长放缓，并将随着劳动生产率提高，转入稳步增长阶段。“十二五”前期，外出农民工月均收入年增长达20%左右，进入中后期逐渐下降到个位，2013年农民工月均收入增长13.9%，2014年增长9.8%。随着劳动生产率的提高，农民工工资收入由以往的大幅增长进入稳步增长阶段。20世纪后半叶，亚洲“四小龙”经济崛起，也曾经经历了三个阶段：低工资拉动经济起飞、工人要求加薪和企业要求转型、产业升级和工资增长良性互动。

再次，产业结构升级要求农民工技能提升。新常态是经济转型升级

和产业结构从低端转向中高端的加速期。目前大多数农民工从事以制造业、建筑业为主的第二产业，而我国经济结构转型、发展服务业需要大量农民工到第三产业特别是服务业就业。尤其是我国发展正处于重要战略机遇期，正在由原来加快发展速度转变为加快经济发展方式转变，正在由原来规模快速扩张转变为提高发展质量和效益，农民工正面临由原来总量不断扩大的人力资源优势向技能素质不断提升的人力资本优势转变。从产业结构看，我国三大产业的就业比重从 2010 年的 36.7 ∶28.7 ∶34.6 转变为 2014 年的 29.5 ∶29.9 ∶40.6。其中，第一产业年均下降 1.8 个百分点，第二产业年均增长 0.3 个百分点，第三产业年均增长 1.5 个百分点。第三产业就业人数在 2011 年首次超过了第一产业，并且呈现比较快的增长势头。目前，中国电子商务市场交易规模达 10.2 万亿元，网络零售市场交易规模达 18851 亿元，电子商务服务企业直接从业人员超过 235 万人，由电子商务间接带动的就业人数已超过 1680 万人。电子商务的迅速发展，带动了快递业的快速发展。据统计，2014 年，我国快递业务量首次突破 100 亿件，超越美国成为世界第一快递大国。在经济增速放缓的情况下，我国快递业务量连续 4 年同比增速超过 50%，业务收入连续 4 年同比增速超过 30%。这表明，快递产业俨然已经成为推动社会经济发展的一支重要力量。快递业的发展吸纳大量新生代农民工就业创业。可以说，快递业拓展了农民工的就业空间，农民工支撑着快递业发展。

（二）农民工市民化面临的三大突出问题

一是缺少技能，稳定就业难。农民工缺乏技能已成为现代产业工人的主要障碍。当前，农民工的技能水平总体偏低，多数从事中低端劳动，就业稳定性差、合同期短、流动性大，难以融入城镇。受过政府补贴的技能培训的人数约占 1/3，加强农民工的职业技能培训是经济结构战略调整的需要。产业结构的战略性调整，不仅是技术、设备、管理的提升，更是劳动者素质的提升。不少大城市尤其是特大城市实施积分制落户政策，“高技能先落户、低技能后落户、少技能难落户”，缺乏技能的农民工往往成为城市过客。当前，农民工总体上已进入以技能促就业、以公共服务促进融入城市阶段，解决农民工特别是新生代农民工的技能缺乏问题是当务之急，是解决农民工问题的关键所在。一旦农民工掌握了技能，他们在城市面临的诸多问题就迎刃而解了。

提升农民工技能，关系着弘扬工匠精神和复兴工匠文化。中国工匠制作闻名于世，据记载，明代就对从军、宗教、匠人有所统计，那时就把匠人作为社会劳动中的一种宝贵资源放到突出位置。千百年来中国匠人制作精美的各式各样的物品，不仅满足实用需要，而且多被收藏，至今世界上像大英博物馆、美国国家博物馆等著名博物馆的藏品中都有中国工匠的上乘之作，应该说，中国工匠制作在世界文化艺术宝库中占有一席之地。狭义地讲，中国工匠精神是指工匠们对自己的产品精雕细琢、精益求精、忘我劳动而追求极致的精神；广义地讲，是指工匠们在传承中不断吸收现代营养成分，推陈出新，具有创新精神。20 世纪美籍奥地利经济学家熊彼特在其“创新论”中第一次将发明和创新区别开来。他认为，新材料、新工艺、新产品等属于发明的范畴，如果运用于商业化后，将分散的生产要素重新组合产生新效益的活动都可以称为创新。中华民族的精耕细作和勤劳智慧孕育着中国深厚的工匠传统文化，历史上工匠们的创新发明，就如一粒粒明珠贯穿于历史长河之间。在我国数千年历史中，出现过鲁班这样的大师级工匠，也有建造出故宫这样的世界级建筑杰作的普通工匠。在中华民族的基因里，有“工匠精神”代际相传的潜质，今天我们要做的就是挖掘并将其发扬光大。

在世界工业革命兴起中，人们曾经反思，机器能代替劳动，但不能代替优秀的手工制作。20 世纪初，欧洲工业革命中机器制造的猛烈冲击，使欧洲家具制造的传统手工工艺体系不复存在，以机器和流水作业生产出来的家具充斥着市场。但有一些优秀的设计师很快意识到，农业文明时代千锤百炼的手工艺中包含杰出的设计思想和精湛的手工制作技艺，是现代工艺生产所不能取代的。当时在法国和比利时等国出现的“新艺术运动”，就主张在家具与室内装饰设计方面，艺术应与技术结合才能更富有生命力。创立于1919年德国魏玛的包豪斯设计学院就是世界现代工艺设计的发源地，对世界艺术与设计结合的推动有着独特而卓越的贡献。包豪斯设计学院家具细木专业的实践基地培养出学生精准的实际操作能力，包豪斯设计思想在欧洲乃至世界产生了久远的影响。鉴于此，欧洲博物馆开始收藏手工制作精品作为艺术品。遍布的机器制造和快速消失的精致手工艺唤醒了人们对经典传统手工艺的保护和传承，从而促进了非物质文化遗产的保护和创建。“科学家产生创新想法，工程师设计图纸，工匠制造出产品”，三者缺一不可。作为将设计转化为实物产品的执行者，工匠至关重要。一些复杂的结构可能用先进的机器也难以制作，而人是最具柔性的，可以发挥创造力来解决复杂问题。无论技术发展到什么阶段，高技能的工匠都不可或缺。如果机器取代了旧工种，那必然产生操作机器的新工种，能够驾驭机器的高级技工将更加珍贵。事实上，拥有“工匠精神”的劳动者，能够在制造中不断改进工艺、在改造中努力突破极限，既承担“制造”的功能，更具备“创造”的可能。从中央电视台播出的《大国工匠》中大家可以看到，火箭发动机是一种高精尖产品，它的焊接精度需要高技能来保证。

二是住宿条件差，大城市落户难。农民工缺乏住房保障是融入城镇的突出问题。农民工不仅希望增加收入，还强烈希望在制度上被城市所接纳。大量农民工包括相当数量的新生代农民工居住在地下室、工棚、集体宿舍或者城郊小产权房，居住条件差，生活质量低，极易引发卫生、安全等问题，也存在夫妻两地分居带来的家庭和婚姻问题。多渠道解决住房问题已成为新生代农民工融入城市的基础工程。要将农民工住房问题纳入政府住房保障体系，建立政府、企业、个人成本分担机制，借鉴国际上一些成功的做法，如新加坡组屋制度（初期也是建造低标准、小户型住房以解决低收入群体住房问题，曾把这类房子称为“陋屋”），使农民工从“地下”走到“地上”，获得稳定的住房条件，从而促进城镇化发展。我国现有的户籍制度带有深深的身份烙印，与之捆绑在一起的还有养老、教育、医疗、住房、低保等制度的城乡差异。农民工没有在城镇落户，严重影响其在城镇安居乐业，他们常常往返于城镇与农村之间，加大了社会成本。2014 年 7 月，《国务院关于进一步推进户籍制度改革的意见》印发，实施差别化落户政策，全面放开了建制镇和小城市落户限制，有序放开中等城市落户限制，合理确定大城市落户条件，严格控制特大城市人口规模。但农民工多在大城市尤其是特大城市务工经商，受规模约束难以落户。这些都需要积极推进农民工市民化，加快提升户籍人口城镇化率。从供给看，在劳动年龄人口总量减少的情况下，对稳定劳动力供给和工资成本、培育现代产业工人队伍具有重要作用；从需求看，对扩大消费需求、稳定房地产市场、扩大城镇基础设施和公共服务设施投资具有重要作用；从根本上看，也是全面建设小康社会、缩小城乡差距、惠及更多人口的内在要求。

三是农民工合法权益受到侵害，“三低两多”问题难解决。近几年，虽然侵害农民工合法权益的突出问题得到了有效遏制，但由于初级阶段的长期性、市场经济的趋利性和法制建设的渐进性，目前侵害农民工合法权益的突出问题仍未根本解决，集中表现为“三低两多”：小微企业农民工劳动合同签订率低，一线农民工工资收入总体偏低，参加城镇职工社会保险的比例较低；在高危行业、污染企业工伤事故和职业病较多，劳动争议案件较多。农民工合法权益还受到三大“顽症”的侵害。其一，工资拖欠时有发生。近几年政府大力清理农民工工资拖欠情况，农民工工资支付基本得到保障，恶意欠薪事件基本得到遏制，但在经济增速放缓的情况下，拖欠农民工工资现象有所反弹，而且出现了一些讨薪的极端事件。其二，小微企业劳动合同签订率低。主要表现在建筑、餐饮等领域和边境地区贸易、加工等企业以及劳务派遣中用工不规范，一些小企业往往采取口头约定或者单方面合同形式来规避法律责任，减轻自己的义务。尤其是有些建筑项目发包承包不规范导致用工不规范，规避法律责任的现象比较普遍。其三，有些企业劳动条件差。城市中

“苦、脏、累、险”的岗位主要由农民工承担，如在煤矿、非煤矿山、易爆易燃、危险化学品、建筑施工、道路交通、建筑爆破等高危行业中，农民工常常受到伤亡事故的侵害。在高危行业中发生工伤死亡事故的，在粉尘、高毒物品的污染企业发生职业病的，多数是农民工。

还有一些影响力大的农民工事件需要关注。国际金融危机后，比较突出的事件有2010年5月的富士康事件和2010年8月的“加薪潮”事件。这类事件具有“五集中”特点：一是群体集中，主要是以新生代农民工为主的青年群体；二是诉求集中，基本聚焦于加薪要求；三是企业集中，都是外资、港澳台资企业；四是地域集中，都是沿海发达地区；五是时间集中，前后集中在一段时间里，互相影响。解决这类事件时应当把握“四不”原则：第一，定性不升级，定性为集体争议，而不是维稳问题；第二，处置不激化，防止炒作，经济问题通过协商对话解决；第三，事态不扩大，调解组织在厂内就地调解，不出厂门，化解矛盾；第四，协调不过头，综合考虑企业的承受能力和职工要求加薪的幅度，通过协商引导双方合理确定工资增长幅度。

三　今后一个时期农民工发展目标和主要对策

中央要求坚持目标导向和问题导向相统一，从实现目标上要倒推，从解决问题上要顺推，既从实现全面建成小康社会目标倒推，厘清到时间节点必须完成的任务，又从迫切需要解决的问题顺推，明确破解难题的途径和办法。为进一步做好新时期的农民工工作，2011年，国务院农民工联席会议办公室组织对农民工发展进行了专题调研和顶层设计研究。2014年，《国家新型城镇化规划（2014—2020年）》、《国务院关于进一步推进户籍制度改革的意见》、《国务院关于进一步做好为农民工服务工作的意见》发布，明确了进一步解决农民工突出问题的路线图和时间表，概括起来说，就是“一个目标、四个着力”。到2020年，转移农业劳动力总量继续增加，每年开展农民工职业技能培训2000万人次，农民工综合素质显著提高、劳动条件明显改善、工资基本无拖欠并稳定增长、参加社会保险全覆盖，引导约1亿人在中西部地区就近城镇化，努力实现1亿左右农业转移人口和其他常住人口在城镇落户，未落户的也能享受城镇基本公共服务，努力让农民工融入企业，子女融入学校，家庭融入社区，群体融入城市，为实现农民工市民化打下坚实基础。

今后一个时期，国家将主要采取四个方面的措施。一是着力稳定和扩大农民工就业创业，实施农民工职业技能提升计划，努力实现未升入普通高中、普通高等院校的农村应届初高中毕业生都能接受职业教育；大力发展服务业特别是家庭服务业和中小微企业，开发适合农民工的就业岗位；将农民工纳入创业政策扶持范围。二是着力维护农民工的劳动保障权益，规范农民工的劳动用工管理，努力实现农民工工资基本无拖欠，落实农民工与城镇职工同工同酬原则；扩大农民工参加城镇社会保险覆盖面，研究完善灵活就业农民工参加基本养老保险政策；实施农民工职业病防治和帮扶行动，保障农民工职业病患者享受相应的生活和医疗待遇。三是着力推动农民工逐步实现平等享受城镇基本公共服务和在城镇落户，公办义务教育学校要普遍对农民工随迁子女开放；完善社区卫生计生服务网络，将农民工纳入服务范围；统筹规划城镇常住人口规模和建设用地面积，将解决农民工住房问题纳入住房发展规划；有序推进农民工在城镇落户。四是着力促进农民工社会融合，加强农民工中的党、工、团组织建设；把农民工纳入城市公共文化服务体系；加强对农民工的人文关怀；通过依托各类学校开设农民工夜校等方式，开展新市民培训。

现阶段，应做好为农民工服务工作，努力让农民工实现体面劳动（国际劳工组织倡导），促进农民工市民化，要努力做到“十有”，即进城有工作、上岗有培训、劳动有合同、报酬有保障、参保有办法、子女有教育、住宿有改善、维权有渠道、生活有文化、发展有目标。

（一）进城有工作

就业是农民工进城立足之本。要进一步清理针对农民工就业的歧视性规定，保障城乡劳动者平等就业的权利。按照《国务院关于进一步做好为农民工服务工作的意见》提出的进一步完善就业失业登记制度，稳步推进基本公共服务覆盖全部常住人口的要求，修改《就业服务与就业管理规定》，取消对农村进城务工人员和其他非本地户籍人员进行失业登记需要在常住地就业满6个月的限制。实现就业信息全国联网，加强农民工输出输入地劳务对接，为农民工提供免费的就业信息和政策咨询服务。要大力发展农民工就业容量大的服务业特别是家庭服务业和中小微企业以及劳动密集型产业，加强对灵活就业、新就业形态的支持，实现农民工就业规模持续扩大。发展家庭服务业是发展服务业的重要支撑，上有中央关注，下有百姓关心，可以说找个技工难、找个好的家政工也难。家庭服务业作为传统产业与现代产业相融合的朝阳产业，服务需求大、就业容量大、发展潜力大，即使在当前经济下行压力下，家庭服务业仍然逆势上行，年均增长百万人，成为农民工就业的重要领域。我国发展家庭服务业的重点是推动家政服务、养老服务、病患陪护服务、社区照料服务四个基本业态发展。近年来，家庭服务业快速发展，家庭服务企业和网点达到50万家，从业人员超过2000万人。在全国“千户百强”家庭服务企业（单位）创建活动中，具有一定规模的家庭服务企业达839家，创出知名品牌48家，尤其是杭州三替集团有限公司等7家企业年营业额超过1亿元，湖北木兰花家政服务公司等企业率先进入资本市场融资，“58同城”等互联网企业纷纷涉足家政服务领域。一批家庭服务骨干企业正在引领家庭服务业经营上规模、服务上档次、管理上水平，促进家庭服务业规范化、职业化发展。大力发展农民工就业容量大的第三产业、中小微企业和劳动密集型产业，落实减税降费等扶持措施，促进农民工就业规模持续扩大。中小微企业是农民工就业的主渠道，发展有小则活，收入有小则快，就业有小则多，要用足用活税费减免、社保补贴等扶持政策，多渠道增加就业岗位。适应网络时代的发展，发挥全国公共就业信息服务平台的作用，使农民工就业信息实现全国互联互通，努力使农民工从网上就能找到就业信息，“一机在手，信息全有”，移动互联网助推农民工排除就业信息不对称的烦恼。积极支持农产品产地初加工、休闲农业发展，引导有市场、有效益的劳动密集型产业优先向中西部转移，吸纳东部返乡和就近转移的农民工。要大力发挥“五有”农民工返乡创业的作用，将农民工纳入创业政策扶持范围，运用财政支持、税费减免、创业投资引导和创业培训、政策性金融服务、小额担保贷款和贴息、生产经营场地和创业孵化基地等扶持政策，精准扶贫，促进农民工由“就业一人、增收一户”的加法向“创业一人、带动一拨”的乘法转变。转移就业是实施精准扶贫的三大途径之一。同时，做好老少边穷地区、牧区、库区、渔区农牧渔民转移就业工作，促进农民工境外就业，2014 年在海外就业的有 99 万多农民工，经过培训的农民工大多成为技工，通常被称为“海工”，支持了当地建设项目，带动了当地就业。

（二）上岗有培训

国际经验和我国实践证明，职业技能培训是以较少投资较快提升农民工职业技能素质的现实途径。对农民工推行终身职业技能培训制度，实施新生代农民工职业技能提升计划，推行工学结合、校企合作的技术工人培养模式，推行企业新型学徒制，提高技术工人待遇，完善职称评定制度，推广专业技术职称、技能等级等同大城市落户挂钩的做法。要将农民工培养成新型城镇产业工人，适应经济转型升级和城镇化发展的就业要求，就要大力提升农民工技能素质，对农民工进行“技能武装”。德国、日本等世界制造强国的秘密武器就是有一大批熟练的技工。农民工特别是二三十岁的新生代农民工，是我国宝贵的人力资源，加大对他们的人力资源开发，是加快我国经济转型、解决“两难”（农民工就业难、企业招工难）突出问题的重要战略措施。应进一步加大农民工培训统筹和资金投入的力度，各级政府都要将农民工培训资金纳入财政预算，逐年增加培训资金投入，加快形成政府、企业、个人共同承担的农民工培训资金投入机制。要实施农民工职业技能提升计划并作为“国家工程”，由人社部（“春潮行动”）、农业部（“阳光工程”）、扶贫办（“雨露计划”）、科技部（“星火计划”）等9个部门每年培训2000万人次以上，其中主要包括五类培训：一是依托技工院校、中高等职业院校、职业技能实训基地等培训机构，对转移到非农产业务工经商的农村劳动者开展就业技能培训，每年培训1000万人次；二是鼓励企业结合行业特点和岗位技能需求，对与企业签订一定期限劳动合同的在岗农民工进行在岗技能提升培训，每年培训农民工1000万人次；三是对符合条件的具备中高级技能的农民工实施高技能人才培训，每年培训100万人次；四是开展社区的公益性培训；五是面向农村未继续升学的初高中毕业生开展劳动预备制培训。到2020年，使农民工都能够得到1次以上由政府提供补贴的实用技能培训，基本消除新成长劳动力无技能上岗现象，通过各类技能培训，使农民工学到技能、领到证书、找到工作、增加收入，从总体上缓解农民工就业难和企业招工难“两难”的结构性矛盾。

（三）劳动有合同

劳动合同在维护农民工合法权益、促进劳动关系和谐中发挥着基础性作用，是农民工获得体面劳动的基本保障。要对各类企业经营者特别是小微企业经营者开展劳动合同法培训，指导和督促用人单位与农民工依法签订并履行劳动合同。在每年春天用工旺季实施“春暖行动”，推动农民工劳动合同签订率提高。规范劳动合同文本，建筑业、餐饮业、家庭服务等流动性大的行业可使用简易合同，将大量通过亲朋好友介绍而达成的口头协议转变为适用于农民工的简易劳动合同。完善适应家政服务特点的劳动用工政策和劳动标准，督促家庭服务企业根据具体情况与从事家庭服务业的农民工签订劳动合同或劳务协议。依法规范劳务派遣用工行为，积极推动劳动用工备案制度建设，以规范促发展，探索一套适合农民工特点的劳动管理办法。

（四）报酬有保障

“十三五”规划明确要求建立工资的正常增长机制和支付保障机

制。被拖欠农民工工资问题是一个“顽症”。近几年来，拖欠农民工工资人数逐年下降。但2014年受经济下行的影响，部分企业生产经营困难加剧，一些地方拖欠农民工工资问题有所反弹。清理“顽症”要重拳出击，解决问题须精准发力，采取“两金三制加治罪”。综合运用经济、行政、法律等手段攻克“顽症”，在易发生拖欠行为的建筑企业中推行工资保证金制度，在有条件的市县建立由地方政府主导、先行垫支、通过资产变现进行补充的欠薪应急周转制度，完善并落实工程总承包企业对所承包工程的农民工工资支付负责制度，劳动保障监察执法与刑事司法联动治理恶意欠薪制度，解决欠薪问题属地管理、分级负责、省政府负总责制度。切实提高对欠薪事件的快速处理能力，依法及时妥善处置群体性欠薪事件，特别是对涉嫌拒不支付劳动报酬的犯罪案件及时移送公安机关，严厉打击欠薪犯罪行为。从法律层面制定工资支付保障条例，从源头上杜绝拖欠工资问题。同时，要落实农民工与城镇职工同工同酬原则。建立职工工资正常增长机制，保障农民工收入随劳动生产率的提高而合理增加，到2020年实现城乡居民收入比2010年翻一番。

（五）参保有办法

社会保险是农民工实现稳定就业的助推器和生活保障的安全网。要努力扩大农民工参加职工社会保险的覆盖面。研究完善灵活就业农民工参加基本养老保险政策。切实落实城镇企业职工基本养老保险关系转移接续暂行办法、城乡养老保险制度衔接暂行办法，保障他们“不管到哪儿干，养老保险接着算”。依法将与用人单位建立稳定劳动关系的农民工纳入城镇职工基本医疗保险，允许灵活就业农民工参加当地城镇居民基本医疗保险，落实好流动就业人员基本医疗保障关系转移接续暂行办法。努力实现用人单位的农民工全部参加工伤保险，着力解决未参保用人单位的农民工工伤保险待遇保障问题。推动农民工与城镇职工平等参加失业保险、生育保险并平等享受待遇。对劳务派遣单位或用工单位侵害被派遣农民工社会保险权益的，依法追究连带责任。强化企业缴费责任，鼓励农民工积极参保、连续参保。妥善处理农民工历史欠保问题，整合经办资源，优化业务流程，增强对农民工的社会保险服务能力。

（六）子女有教育

农民工子女随父母在城市里的有 1400 万人，在农村留守的有 4000 多万人。保障农民工随迁子女平等接受教育寄托着广大农民工家庭融入城市的新期待。要将农民工随迁子女义务教育纳入各级政府教育发展规划和财政保障范畴，合理规划学校布局，科学核定教师编制，足额拨付教育经费，保障农民工随迁子女以公办学校为主接受义务教育，80% 实现“两为主”（以公办为主、以政府支持为主）。对未能在公办学校就学的，采取政府购买服务等方式，保障农民工随迁子女在普惠性民办学校接受义务教育的权利。要大力发展普惠性学前教育，根据居住区规划和居住人口规模，充分考虑农民工随迁子女接受学前教育的需求，配套建设城镇幼儿园，并采取政府购买服务等方式引导和支持民办幼儿园为农民工随迁子女提供普惠性服务，指导和帮助幼儿园提高教育质量。要逐步完善农民工随迁子女在流入地接受中等职业教育免学费政策，推动各地建立健全并落实好农民工随迁子女接受义务教育后在流入地参加升学考试的实施办法。目前已有北京、河北等 28 个省份的 5.6 万名符合条件的随迁子女在流入地参加高考。“十三五”规划提出，普及高中阶段教育，逐步分类推进中等职业教育免除学杂费，这将对农民工随迁子女就地上高中、免费上中专具有促进作用。

（七）住宿有改善

各级政府要统筹规划城镇常住人口规模和建设用地面积，将解决农民工住房问题纳入住房发展规划。完善住房保障制度，采取廉租住房、公共租赁住房、租赁补贴等多种方式改善农民工居住条件。完善商品房配建保障性住房政策，鼓励社会资本参与建设。农民工集中的开发区和产业园区可以建设单元型或宿舍型公共租赁住房，农民工数量较多的企业可以在符合规定标准的用地范围内建设农民工集体宿舍。审慎探索由集体经济组织利用农村集体建设用地建设公共租赁住房。把进城落户农民完全纳入城镇住房保障体系。“十一五”时期重点解决的是“通铺变床铺”；“十二五”时期重点解决的是“工棚变工房”；“十三五”时期将要重点筹划的是“工房变公寓”，使农民工住宿从地下转入地上。

（八）维权有渠道

农民工称谓是标，维护农民工权益是本。畅通维权渠道、维护农民工合法权益是农民工工作最基本的职责。要针对农民工劳动争议多数为简易案件的特点，制定简易劳动争议仲裁程序，建立农民工劳动争议申诉“绿色通道”，提高农民工集体劳动争议的处理效能；按照“鼓励和解、强化调解、加快仲裁、衔接诉讼”的要求，及时公正处理农民工劳动争议。现实中对一般小额案件要采取简易仲裁，往往是“两头摆平，就是水平”。2014 年，全国劳动人事争议仲裁机构共受理案件 71.1 万件，同比增长 7.4%，其中涉及农民工争议案件 31.3 万件，涉及农民工 45.1 万人，同比分别增长 5.4% 和 13.2%。建立人力资源社会保障行政部门主导，工会、企业代表组织及主管部门共同参与的突发性、集体性劳动人事争议应急调解协调机制。加强劳动保障监察，完善劳动保障违法行为排查预警、快速处置机制，健全举报投诉制度，及时受理和依法查处用人单位侵害农民工权益的违法行为。加大对农民工司法救济力度，加强基层法律援助机构和法律援助工作站点建设，使符合条件的农民工及时便捷地获得法律援助；完善农民工法律援助案件异地协作机制，方便农民工异地获得法律援助。加强法制宣传教育，不断提高农民工及用人单位的法治意识和法律素质，引导农民工合法理性维权。

（九）生活有文化

文化是农民工融入城市的精神家园。尤其是新生代农民工，把从学校生活中养成的文化娱乐习惯带入工厂生活，在节奏快而紧张的生产之余，只要有条件就上网，有时间就与好友结伴进行城市文化消费，城市生活既吸引又感染着他们。农民工融入城市不仅是其生活环境得到改善，更重要的是其整体素质的提升。要把农民工纳入城市公共文化服务体系，继续推动图书馆、文化馆、博物馆等公共文化服务设施向农民工免费开放。落实好对农民工集中居住点实施的“两看一上”工程，使农民工方便地看报纸、看电视，有条件的能上网。积极开展符合农民工特点的精神文化活动，发展为农民工服务的文化事业和文化产业，鼓励企业开展面向农民工的公益性文化活动，鼓励文化单位、文艺工作者和其他社会力量为农民工提供免费或优惠的文化产品或服务，有条件的地方要为农民工文化消费提供适当补贴，多方入手满足农民工日益增长的精神文化需求，提升农民工精神文化素养，培养建立文明健康的生活方式，增进新老市民之间的相互理解、包容和共鸣。要加强对农民工的人文关怀，关心农民工工作、生活和思想状况，对在生活和工作中遇到各种精神困惑的农民工开展心理疏导。要加强舆论引导，通过宣传、表彰优秀农民工等方式，努力营造理解、尊重和关爱农民工的良好社会氛围，促进社会融合。

（十）发展有目标

农民工市民化要实现两个基本转变。一是从普工到技工的转变，有条件的还可以向技师、高级技师发展，成为稳定就业的新型产业工人；二是从农村居民向城镇常住居民转变，成为平等享受城镇基本公共服务或在城镇落户的新市民。顺应农民工的新期待，促进农民工的发展，一方面，要深化公共服务供给制度改革，为农民工提供培训就业、社会保障、公共卫生、随迁子女教育、住房保障、文化生活等综合服务，要让

2 亿多在城镇务工的农民工逐步公平享受当地基本公共服务；另一方面，要深化户籍制度改革，促进有能力在城镇稳定就业和生活的农业转移人口举家进城落户，并与城镇居民享有同等权利和义务。实施居住证制度，努力实现基本公共服务常住人口全覆盖，健全财政转移支付同农业转移人口市民化挂钩机制，建立城镇建设用地增加规模同吸纳农业转移人口落户数量挂钩机制。譬如，广东省在全国率先探索了农民工进城积分落户办法，并加大了技能水平所占权重。同时，要保障农民工依法享有民主政治权益，加强和创新农民工中党团和工会组织建设，在农民工相对集中点建立党组织，扩大基层党组织的覆盖面，解决农民工优秀分子在城乡流动中“入党难”和党员“管理难”（村里难见面、城里难找到）的问题。加快吸收新生代农民工中的优秀分子入党，增加农民工中党员队伍的生机和活力，改变新生代农民工中党员较少的状况。加强外出务工经商农民工党员的管理，创新基层党组织的建设，改变目前农民工党员参加党组织生活少的状况。发挥外出务工经商农民工党组织作用，将党和国家解决农民工问题的各项政策措施落到实处。大力培养外出务工经商农民工中有较高素质的党组织带头人，有效解决党员管理松弛的问题，提高党组织的战斗力。要积极推荐优秀农民工作为各级党代会、人大、政协的代表、委员，在评劳动模范、先进工作者和报考公务员等方面与城镇职工同等对待。要支持农民工在职工代表大会、居民委员会、村民委员会等组织中依法行使民主选举、民主决策、民主管理、民主监督的权利。党的十八大上有 26 名优秀农民工代表，十二届全国人大有 31 名农民工代表，还有 1 名农民工成为全国政协委员。2008 年表彰的全国 1000 名优秀农民工全部在就业所在城市（包括北上广深等大城市）落户。

现在社会上有很多人热捧影星、歌星、笑星，但许多优秀农民工勤劳创业的动人事迹还鲜为人知，应该说，中国农民工也是一个新的星系。中国梦是中华民族的梦，也是每个农民工的梦。农民工人数众多，2015 年达 2.7 亿人，到 2020 年预测将达到 3 亿人，其中 80 后、90 后的新生代农民工已经成为农民工的主体，是我国现代化建设中的生力军。只有激发农民工这支举世无双的新型劳动大军的力量，实现中国梦的力量才能更加强大。农民工绝大多数从事中低端劳动，他们改变现状、融入城市的愿望更加强烈，实现梦想的空间更大。梦想承载希望，成就未来，有梦想，有机会，才能激励农民工克服困难去奋斗，用 3 亿农民工的勤劳与智慧汇集起实现中华民族复兴的磅礴力量，使农民工成为实现中国梦的最大奋斗群体和受益群体。

改革开放激活了人力资源，其中一个重要方面就是激活和发展了农民工这个承载着人口红利的最大劳动群体。20 世纪 80 年代改革开放之初，谁敢贷款买车，谁就可以成为万元户；90 年代发展市场经济，谁引资谁发展；进入 21 世纪，谁能引来世界 500 强企业大项目拉动，谁就能快速发展；今后谁能聚焦有技术的农民工这种短缺资源，谁就能实现可持续发展。过去十多年是郭台铭带领的鸿海富士康集团聚集百万农民工，现在是引领互联网经济发展的阿里巴巴快速聚集起从事快递的百万农民工，也从一个侧面反映了农民工承载着人口红利。从社会看，时代需要精英了解农民工，有条件的要融入农民工、组织农民工、引领农民工，共圆中国梦！

农民工发展是一个历史过程。各级政府制定实施并适当调整农民工政策在中国经济社会发展中具有非常重要的意义和独特作用，应当予以充分肯定。中央关于农民工的政策在农民工数量规模庞大、各地区差异较大的背景之下具有特殊的指导作用。不仅如此，中央政策与地方政策之间存在差别，既有宏观性，也有易操作性，便于各地因地制宜制定相应的实施细则。解决农民工市民化问题，胆子要大，步子要稳，鼓励探索，分步推进，成熟先行。有序推进农民工市民化，要敢于冲破思想观念的障碍，突破利益固化的藩篱。农民工尤其是新生代农民工充分发展之时，就是中国特色新型城镇化道路取得更大成效之日，也是我国转变经济发展方式、统筹城乡发展、社会主义现代化建设取得更大成效之日。

展望未来，到2020年，要基本消除农民工无技能上岗的现象，大多数农民工能享受城市基本公共服务；到新型城镇化任务基本完成时，大多数农民工成为新市民，享受城市平等公共服务；我国达到中等发达国家发展水平，随着工业化、城镇化任务的完成，农民工实现“四个融入”，即农民工融入企业、子女融入学校、家庭融入社区、农民工融入城市，农民工的历史任务完成，农民工的贡献彪炳史册！

国务院农民工工作领导小组办公室主任
人力资源和社会保障部原副部长　杨志明

2015年12月7日

第一章
国家农民工政策制定和执行的解释模型

本书是关于中国农民工政策的研究。“农民工”指身份是农村户籍，主要从事非农产业，有的在农闲季节外出务工、亦工亦农，有的长期在城市就业的人群。[①]“政策”指国家和各级政府对社会价值进行分配和协调的方略、准则和措施。“农民工政策”则指国家和各级政府关于如何对待农民工、给农民工何种待遇的方略、准则和措施。

农民工是中国于1978年改革开放以后出现的一个新群体。它既不同于中国传统二元社会中的农民，也不同于二元社会中的城市人。并且，这个群体的人数随着时间的推移越来越庞大，迄今已经有2亿—3亿人。如何对待这个新生的群体，是国家和各级政府必须制定政策予以解决的问题。而因为这一群体的新生性和特殊性，关于如何对待这一群体的政策也就有创新性和探索性。本书的研究目的，就是探讨农民工政策的制定、调整和执行，其具有哪些内容和特点，产生了何种效果和效应。而本章的目的，是尝试对国家农民工政策的制定和调整提出一个解释框架或解释模型。

① 《国务院关于解决农民工问题的若干意见》（国发〔2006〕5号）。

第一节　政府主导的农民工政策制定

一　国家农民工政策的制定过程

迄今为止，国家关于农民工政策的集中体现是2006年国务院发布的《国务院关于解决农民工问题的若干意见》（国发〔2006〕5号）（以下简称“国务院5号文件”）。在此之前，国务院和有关部门都出台了一些关于农民工的政策规定；在此之后，为适应农民工政策的调整和完善又出台了一些新的文件。但是，国务院5号文件被认为是国家农民工政策的里程碑。所以，本章主要以此文件为例，分析国家农民工政策的制定主体、制定过程和内在逻辑。

1. 国务院总理作出批示

国务院5号文件的起源是国务院总理的批示。2005年初，时任国务院总理温家宝就研究解决农民工问题作出批示，要求国务院研究室牵头，组织党中央、国务院有关部门和有关地方的官员，并组织部分专家，对农民工问题进行全面、系统、深入的调查研究，并在研究成熟后为国务院制定一个关于解决农民工问题的指导性文件。①

除国务院总理的批示之外，时任党总书记的胡锦涛也多次强调要保护农民工的合法权益，改善他们的就业环境。所以，国务院5号文件是在党中央、国务院高度重视“三农”问题、深切关心农民工问题的背景下研究和起草的。②

2. 政府官员和学者组成调研组进行调研

根据国务院总理的批示，由国务院研究室牵头，中央、国务院有关17个部门和8个农民工输出和输入大省的官员参与，并邀请5位长期研究“三农”问题的专家，成立了一个农民工问题调研组。调研组从2005

① 魏礼群：《正确认识和高度重视解决农民工问题》，《人民日报》2006年4月26日，第11版。

② 唐园结等：《城乡统筹解决“三农”问题的重大举措——国务院研究室副主任韩长赋解读〈国务院关于解决农民工问题的若干意见〉》，《农村工作通讯》2006年第4期。

年 4 月开始工作，花了 4 个月的时间调研，确定了 20 多个专题，分门别类地对农民工问题进行深入研究，到 8 月完成了中国农民工问题研究总报告和 50 多篇专题报告。这次调研基本上摸清了中国农民工问题的历史、现状、发展趋势，以及面临的问题和问题产生的原因，也基本上形成了解决农民工问题的指导思想、政策思路以及相关措施。[①]

作为调研的最重要成果，该调研组公开出版了《中国农民工调研报告》。这本书汇集了对农民工问题系统调查研究的成果。这些研究成果涉及对农民工的地位、作用、现状、趋势和一系列相关问题的认识。

3. 收集此前已出台的相关政策法规

农民工问题调研组同时也是国务院文件的起草组。起草组在调研的同时，还收集了此前已出台的相关政策法规，包括党中央、国务院、全国人民代表大会出台的与农民工相关的政策法规，各地出台的地方性法规和农民工管理、服务方面的做法与经验等，“能够收集到的都收集来了”[②]。

调研成果成为“到目前为止关于中国农民工问题最全面、最系统、最权威的研究成果。这些研究成果，为起草《意见》奠定了坚实的基础”[③]。

4. 起草组起草文件和征集意见

农民工问题文件的起草组从 2005 年 9 月开始起草一个指导性意见。初稿拿出来以后，在国家和地方的党政部门以及专家中反复征求意见，数易其稿。文件起草组先后召开了长期从事“三农”问题工作的专家座谈会、14 个省市政府有关部门负责同志座谈会听取意见，并将文件稿印发中央 44 个部门征求意见。国务院 5 号文件“是在充分调查研究，集中有关部门、地方和专家们集体智慧的基础上，……起草

① 唐园结等：《城乡统筹解决“三农”问题的重大举措——国务院研究室副主任韩长赋解读〈国务院关于解决农民工问题的若干意见〉》，《农村工作通讯》2006 年第 4 期。

② 唐园结等：《城乡统筹解决“三农”问题的重大举措——国务院研究室副主任韩长赋解读〈国务院关于解决农民工问题的若干意见〉》，《农村工作通讯》2006 年第 4 期。

③ 唐园结等：《城乡统筹解决“三农”问题的重大举措——国务院研究室副主任韩长赋解读〈国务院关于解决农民工问题的若干意见〉》，《农村工作通讯》2006 年第 4 期。

和修改完成的”[①]。

5. 国务院常务会议讨论通过文件

温家宝总理2006年1月18日主持国务院第122次常务会议听取汇报，并讨论通过了国务院5号文件，决定发布实施。

6. 发布文件并要求贯彻执行

国务院5号文件以高规格的国发〔2006〕5号文件发出，要求各省、自治区、直辖市人民政府，国务院各部委、各直属机构“认真贯彻”、“落到实处”。

此后，全国31个省、自治区、直辖市都制定了执行该文件的具体办法，国务院的各相关部门，包括人力资源和社会保障部、农业部、教育部、卫生部、铁道部、民政部、司法部、公安部、文化部，以及中直系统的全国总工会、全国妇联、团中央，都制定了在本领域的贯彻执行“办法”。

7. 国务院成立相关的执行机构

国务院成立了农民工工作联席会议，由国务院副总理担任负责人。这表明了农民工政策的重要位置。

文件起草的主持者此后呼吁：“农民工这一新事物还在不断发展变化中，请广大读者和我们一起继续关注和深入研究农民工问题，为这支新型劳动大军的可贵精神和重大作用鼓与呼，为从根本上解决农民工问题作坚持不懈的探索与奋斗。”[②]

二　国家农民工政策制定程序的特点

由国务院5号文件的制定过程可以看出，国家农民工政策制定的程序特点是“政府决定，专家建言”。无论是调研组还是起草组，都以政府各部门的人员为主体，其中吸纳了几位专家的参与。在征求意见环

---

① 唐园结等：《城乡统筹解决“三农”问题的重大举措——国务院研究室副主任韩长赋解读〈国务院关于解决农民工问题的若干意见〉》，《农村工作通讯》2006年第4期。

② 魏礼群：《正确认识和高度重视解决农民工问题》，《人民日报》2006年4月26日，第11版。

节，也是以中央国家机关和某些省市政府的人员为主体，另外征求了某些专家的意见或召开了座谈会。政策的决定则是由政府部门通过会议议定，以政府文件发布。

在“政府决定，专家建言”之外，与农民工相关的利益主体包括用人单位和农民工本身都没有直接和间接地参与。作为用人单位的企业，没有参与意见和征求意见的痕迹。在国务院5号文件发布之后，企业的任务是执行，在执行中或许会与政府部门陈情，进行私人性的沟通和疏通。作为政策对象和受益人的农民工，同样没有参与意见和征求意见的痕迹。他们要做的事情是“适用”，享受政策的成果，学习政策的条文，对政策进行应用和回应。有些农民工，甚至不知道国家出台了这样的政策。农民工群体的边缘性地位、高度流动性以及群体的分化特征使他们无法有效地表达其社会保障利益诉求，从而延缓了制度供给。①

国家农民工政策制定和执行程序的特点可归纳为“政府决定，专家建言，资方疏通，农民工应对”。这是一种“高层决策、中层参与、低层接受”的政策制定和执行模式，也可以说是“核心决定、中间建言、边缘适应”的政策制定和执行模式。在现阶段，关于农民工的政策和待遇基本都是由政府操持和代表的，农民工少有自身的力量推动。

第二节　国家农民工政策的政府权衡

国家农民工政策的政府权衡，指政策制定者在是否制定政策、制定何种政策时所进行的分析和判断。在一般理论模型的表述中，这种所考虑的因素被称为“自变量”。这些自变量决定了政策的制定，决定了国家对农民工“给什么”，“给多少”。

国务院5号文件等农民工政策是由政府部门颁发的，参与制定者以政府各部门工作人员为主。他们的这些政策行为中充满了“政府权衡”。分析农民工政策的制定过程发现，政府所考虑的主要有两组因素：第一

① 李平：《中国转型时期城市农民工社会保障制度研究》，中国地质大学出版社，2008。

组是政府自身的“损益”，包括要务考量、权力损益和财政收支三个要素；第二组是政策准则的“理性”，包括道义尺度和规律认识两个要素。在“政府决定，专家建言”的模式中，政府和专家的权衡都包括政府自身的“损益”和政策准则的“理性”两组要素。一般的，专家们根据研究首先提出这两组因素，然后政府官员根据自己的知识和价值观予以选择。相比较而言，政府更倾向于权衡要务、权力和财政这三个要素，而学者较多地强调道义和规律两个要素。所以，下文将政府对要务、权力和财政这三个要素的考虑概括为“政府权衡”。

一　要务考量

所谓“要务”，指的是政府在特定环境和形势下所认定的“最重要任务”。《史记·刘敬叔孙通列传》中说：“叔孙生诚圣人也，知当世之要务。”宋朝的叶适在《铨选》中说：“甄别有序，黜陟不失者，朝廷之要务也。”《明熹宗实录》卷四十一说：“天启三年十一月（二十日）丙子，兵部尚书赵彦言：‘……得旨：这所奏各款俱防边要务，切实可行，著督（孙承宗）抚（袁可立）镇道各官悉心整顿，毋得因循误事……’”清代薛福成的《边防》称：“比皆当今筹边之要务，而不可一日缓者也。”清代陈天华的《中国革命史论》则称：“以革命为救民之要务。”

要务也称为“重大任务”、“中心任务”、“全局工作”、“重要方针政策”等，是在所有意识到的事务中最有价值的、最紧迫的、必须去做的事情。在“要务”中还有“第一要务”，这是相对于其他各种要务而言的，被安排在第一位需要解决完成的任务，表明其极端重要。

所谓“要务考量”，是指对一件事物或一项政策与“要务”之间关系的认识和判断。就农民工政策而言，即考量农民工在“要务”及其实现中处于何种位置，扮演何种角色，具有何种功能，等等；给农民工某项待遇之后会对“要务”完成产生何种影响。例如，允许农民进城务工会对“要务”产生哪些正面和负面作用，农民工的角色和雇主的角色哪个更为重要，等等。

政府的“要务”是“一盘棋”，农民工是其中的一个棋子（“小卒子”）。农民工问题受到重视、得以制定政策、执行政策、给予某种待遇的程度，取决于其在“一盘棋”中的正功能和负功能。如果是正功能，就可能列入政策和给予待遇，而正功能越大，就越可能列入政策条文并制定较高的待遇标准，以及在执行中加以强调。如果是负功能，则会减少待遇，甚至不允许农民进城务工。

（一）农民工在国家要务中的位置

国务院 5 号文件出台于 2006 年，即 2002 年的中国共产党第十六届全国人民代表大会之后，2007 年的中国共产党第十七届全国人民代表大会之前。由此，国务院 5 号文件所关联的要务即中国共产党第十六届全国人民代表大会所确定的方针任务。

中国共产党第十六届全国人民代表大会上的报告名为“全面建设小康社会，开创中国特色社会主义事业新局面”。报告提出“必须把发展作为党执政兴国的第一要务”；“党要承担起推动中国社会进步的历史责任，必须始终紧紧抓住发展这个执政兴国的第一要务”；“大会的主题是：……全面建设小康社会，加快推进社会主义现代化，为开创中国特色社会主义事业新局面而奋斗”；“全面建设小康社会，加快推进社会主义现代化，使社会主义中国发展和富强起来，为人类进步事业作出更大贡献，这是我们党必须勇敢担负起来的历史任务”。总之，“发展”是第一要务。

“发展”要务又分为数个“分要务”。党的十六大报告提出：重点是经济建设和经济体制改革，走新型工业化道路；全面繁荣农村经济，加快城镇化进程，消除不利于城镇化发展的体制和政策障碍，引导农村劳动力合理有序流动；积极促进区域经济协调发展；健全现代市场体系，加强和完善宏观调控；深化分配制度改革，健全社会保障体系；全面提高对外开放水平；千方百计扩大就业，不断改善人民生活。

国务院 5 号文件属于十六大提出的政府要务的一个组成部分，或者说是政府全局中的一个政策安排。该文件在政策制定目的中提出："为统筹城乡发展，保障农民工合法权益，改善农民工就业环境，引导农村富余劳动力合理有序转移，推动全面建设小康社会进程，提出如下意见。"其中，"推动全面建设小康社会进程"即是十六大提出的"中心任务"，而"统筹城乡发展"，"改善农民工就业环境"，"引导农村富余劳动力合理有序转移"与十六大的"分要务"直接吻合。

政策制定者在文件中也指出了农民工政策与国家要务之间的关系："解决农民工问题是落实科学发展观的迫切需要。科学发展观的重要内涵，是坚持以人为本，统筹城乡发展。这是我们党执政为民的宗旨决定的，也是实现全面建设小康社会目标的要求。落实科学发展观，必须实行工业反哺农业、城市支持农村的方针，建立健全统筹城乡发展的体制和制度，促进工农、城乡协调发展，使城乡人民共享改革发展成果，逐步走共同富裕的道路。"①

无论政府官员还是学者，都指出了农民工与全面建设小康社会这一中心任务的密切关系。

在功能判断上，指明农民工对全面建设小康社会的积极作用："农民外出务工成为全面建设小康社会的关键因素"②，"对农民工的认识取得重大升华，明确了……农民工问题是我国全面建设小康社会的核心问题"③。

在后果推断上，指明如果不解决农民工问题对全面建设小康社会的负面作用："农民工作为中国社会生产力中最积极、最活跃的群体，他们收入低下和权益缺失的状况如果不能尽快地得到有效改变，他们中的多数人如果不能逐步转化为正规的产业工人和安居乐业的市民，中国城乡差距、地区差距和贫富差距扩大的趋势就不可能得到根本改变和扭转，农业弱质、农村落后、农民弱势的问题也不可能得到根本解决，将

---

① 魏礼群：《正确认识和高度重视解决农民工问题》，《人民日报》2006年4月26日，第11版。

② 韩俊主编《中国农民工战略问题研究》，上海远东出版社，2009。

③ "中国农民工战略问题研究"课题组：《中国农民工现状及其发展趋势总报告》，《改革》2009年第2期。

会延误中国全面建设小康社会和实现现代化的进程。”[①]

在政策导向上，强调“必须进一步转变观念，充分认识在全面建设小康社会和实现现代化的进程中解决好农民工问题的重大意义”[②]，必须“充分认识解决农民工问题的重要性和紧迫性”[③]。

（二）农民工在要务中的分量

1. 农民工问题事关全局

如何对待农民工，国家要进行要务的“全局考量”。全局考量是指，一个群体或者一项政策，其越是关系到全局（一盘棋），即对全局的影响越大，这个群体就越得到重视，这项政策就越可能被制定，政策目标群体就越可能得到较好的待遇。国务院5号文件于2006年出台，在于政策制定者越来越深入地认识到，如何对待农民工关系到全局。

（1）农民工与全局的关联。政策制定者对此的表述是：“农民工问题是个全局性、战略性问题。”[④]“农民工问题事关我国经济和社会发展全局。”[⑤]

（2）农民工对全局的影响。政策制定者认为：“农民工的出现，正在改变我国经济社会基本格局，并将对未来经济社会发展产生全局性、战略性、历史性的影响。”[⑥]

（3）农民工对全局的影响在加深。“农民工问题正在由农民工的个体及局部问题转变成波及全局的重大问题，如果采取的措施跟不上这种变化，法制与政策的滞后性将不利于解决农民工问题。”“用全局的、历史的、发展的眼光来考察农民工问题，越发使我们感到这个问题重要，需要我们认真研究和解决好。”[⑦]

---

① 国务院研究室课题组：《中国农民工调研报告》，中国言实出版社，2006。

② 国务院农民工办课题组：《中国农民工发展研究》，中国劳动社会保障出版社，2013。

③ 魏礼群：《正确认识和高度重视解决农民工问题》，《人民日报》2006年4月26日，第11版。

④ 韩长赋：《解决好农民工问题是个大战略》，《经济日报》2006年6月19日，第2版。

⑤ 《国务院关于解决农民工问题的若干意见》（国发〔2006〕5号）。

⑥ 国务院农民工办课题组：《中国农民工发展研究》，中国劳动社会保障出版社，2013。

⑦ 韩长赋：《解决好农民工问题是个大战略》，《经济日报》2006年6月19日，第2版。

（4）农民工新趋向将给全局带来影响。“新生代农民工，作为边缘性特征明显的社会群体，作为传统二元社会结构中衍生出的‘第三元’，在再社会化、在融入城市社会过程中，面临许多实际问题与困境。这些问题处理得怎样，不仅关系新生代农民工群体自身发展，而且关系经济社会发展全局。”①

（5）解决农民工问题的全局重要性。“要充分认识解决农民工问题的重要性和必要性，增强解决农民工问题的紧迫感和责任感。”“农民工问题，是在改革发展进程中出现的，必须用进一步深化改革、加快发展的办法来解决，必须从政治和经济社会发展全局的高度统筹解决。”②

正因为与全局之间的直接性和重要性关联，所以必须制定农民工政策。“必须立足改革发展稳定的全局，充分认识在全面建设小康社会和实现现代化进程中解决好农民工问题的重大意义，进一步明确解决农民工问题的指导思想和战略思路。”③“进一步做好农民工工作，对于改革发展稳定的全局和顺利推进工业化、城镇化、现代化都具有重大意义。”④“解决好农民工问题，是一项牵涉面广、敏感度高、政治性强的系统工程，要用宏观的思维、前瞻的视野、系统的方法加以把握，上升到党和国家工作全局的高度统筹解决。”⑤

归纳起来，政策制定者和建议者认为：“农民工问题是个全局性、战略性问题。”⑥“解决好农民工问题是一个重大战略问题。”⑦“解决好农民工问题是个大战略。”⑧“国家要站在建设中国特色社会主义事业全局和战略的高度，充分认识解决好农民工问题的重要性、紧迫性和长

① 韩长赋：《新生代农民工社会融合是个重大问题——关于新生代农民工问题的调查与思考》，《光明日报》2012年3月16日，第7版。

② 国务院研究室课题组：《中国农民工调研报告》，中国言实出版社，2006。

③ 国务院研究室课题组：《中国农民工调研报告》，中国言实出版社，2006。

④ 《国务院关于解决农民工问题的若干意见》（国发〔2006〕5号）。

⑤ 国务院农民工办课题组：《中国农民工发展研究》，中国劳动社会保障出版社，2013。

⑥ 韩长赋：《解决好农民工问题是个大战略》，《经济日报》2006年6月19日，第2版。

⑦ 国务院研究室课题组：《中国农民工调研报告》，中国言实出版社，2006。

⑧ 韩长赋：《解决好农民工问题是个大战略》，《经济日报》2006年6月19日，第2版。

期性。”①

2. **农民工事关要务的诸多方面**

“发展”要务又分为数个“分要务”。农民工所关联的“分要务”的数量越多，对全局的影响就越大，所以，关于农民工的政策就越可能被制定，给农民工的待遇就可能越好。政策制定者认识到，农民工与十六大所提出的许多“分要务”都存在直接关联，这些关联成为政策制定的推动力。

农民工待遇从表面看是农民工本身的问题，实际上关系到要务及其各个方面。“农民工问题表面上看是农民增收、农村劳动力就业问题，从深层次看实质是如何立足中国国情，顺利推动工业化、城镇化、现代化的问题，而不仅仅是个农民问题。”“研究解决好农民工问题，直接关系‘三农’问题的根本解决，关系到工业化、城镇化的健康发展”②。

农民工对要务的各方面已经发挥了正功能，已经被证明具有积极作用。“总起来说，农民外出务工，为工业发展增强了竞争力，为城市繁荣增加了活力，为改革开放增添了动力，已经成为工业带动农业、城市带动农村、发达地区带动落后地区的有效形式。”③“农民外出打工，走一户‘活’两户，改善了农村资源配置，缓解了人地矛盾。农民外出打工是扩大就业、增加收入的重要渠道。其打工收入每年有5000亿元以上，这笔钱已成为农村建设的重要资金来源，是目前任何投资都不能比拟和代替的。”“农民工已成为建筑业、制造业、纺织业等行业员工的主体。”④

农民工这一群体有助于解决国家希望解决的诸多方面的重要问题。“农民工跨地区流动就业蕴含着深刻的体制变革因素，有利于打破城乡分治的二元结构，建立城乡统一的劳动力市场和公平竞争的就业制度，

① 《国务院关于解决农民工问题的若干意见》（国发〔2006〕5号）。

② 韩长赋：《解决好农民工问题是个大战略》，《经济日报》2006年6月19日，第2版。

③ 韩长赋：《解决好农民工问题是个大战略》，《经济日报》2006年6月19日，第2版。

④ 韩长赋：《解决好农民工问题是个大战略》，《经济日报》2006年6月19日，第2版。

也有利于推动政府职能和管理方式转变。”①

农民工问题解决得好与不好，关系到要务各方面的进一步实现与否。“农民工问题直接关系着‘三农’问题的解决，关系着我国的工业化和城镇化建设，既关系农村又关系城市，既关系农业又关系工业，是一个全局问题，也是一个战略问题。”② “解决好农民工问题，不仅直接关系到解决农业、农村、农民问题，而且关系到工业化、城镇化的健康发展，关系到社会公正与和谐，关系到全面建设小康社会和现代化事业的全局。”③

政策制定者得出判断：制定进一步的农民工政策对要务的各方面任务的实现都具有重要的价值。“进一步做好农民工工作，对于改革、发展、稳定的全局和顺利推进工业化、城镇化、现代化都具有重大意义。”④

学者们也提出：“抓住了农民工问题，也就抓住了现阶段中国发展的关键，农民工问题的解决是最终解决‘三农’问题和加快推进以工业化、城市化为主要标志的现代化进程的标志。”⑤ 必须“将农民工问题置于中国工业化、城市化、现代化进程中加以考虑”⑥。“农民工问题是广泛而深刻的，必须引起国家的高度重视。”⑦

3. 农民工的规模对要务产生影响

社会各群体在要务中的功能和影响，既取决于各群体的质量，也取决于各群体的规模。某一群体的质量是指其所拥有的资源和能力的特

---

① 韩长赋：《解决好农民工问题是个大战略》，《经济日报》2006 年 6 月 19 日，第 2 版。

② 唐园结等：《城乡统筹解决“三农”问题的重大举措——国务院研究室副主任韩长赋解读〈国务院关于解决农民工问题的若干意见〉》，《农村工作通讯》2006 年第 4 期。

③ “中国农民工战略问题研究”课题组：《中国农民工现状及其发展趋势总报告》，《改革》2009 年第2 期。

④ 《国务院关于解决农民工问题的若干意见》（国发〔2006〕5 号）。

⑤ 郑功成、黄黎若莲：《中国农民工问题：理论判断与政策思路》，《中国人民大学学报》2006 年第 6 期。

⑥ 郑功成、黄黎若莲：《中国农民工问题：理论判断与政策思路》，《中国人民大学学报》2006 年第 6 期。

⑦ 郑功成、黄黎若莲：《中国农民工问题：理论判断与政策思路》，《中国人民大学学报》2006 年第 6 期。

质，例如专业技术人员拥有知识和技术，私企投资者拥有资金，农民工拥有劳动力。某一群体的规模是指其人员数量及其在总体中的比重。政策制定者和建议者都认识到了农民工规模对全局的影响。一个基本倾向是，在其他因素相近的条件下，一个群体的规模越大，越可能对要务或全局产生影响，因而越可能被制定相关政策。

国务院5号文件于2006年出台，在一定程度上即是基于对农民工规模的分析。政策制定者的研究报告分析说："目前中国农民工总量有多少？以2004年为例，国家统计局在全国31个省（区、市）对6.8万个农村住户和7100多个行政村抽样调查，推算出当年外出就业农民工约为1.18亿人，占农村劳动力的23.8%。农业部根据对1万个农户的跟踪调查，推算出外出农民工约为1亿人，占农村劳动力的21%。劳动和社会保障部根据对全国地级以上城市（不含县级市和县域）流入农民工的统计，推算出农民工约为9000万人。经过对上述三个部门的数据和统计方法进行分析，综合有关部门和专家的意见，我们认为：目前中国外出农民工数量为1.2亿人左右；如果加上在本地乡镇企业就业的农村劳动力，农民工总数大约为2亿人。"①

另一位政策制定者也判断出农民工规模大，影响大。"目前，我国农民工是一个非常庞大的群体。第二次全国农业普查结果显示，2006年，农村外出从业农民工达13181万人，占农村劳动力资源总量的25%左右。如果再考虑在本地从事非农产业的大约8000—9000万农村劳动力，则转移到非农部门就业的农村劳动力数量在2.1—2.2亿之间，已超过农村劳动力资源总量的40%。自上个世纪80年代开始，农民从事多种经济活动的现象快速增加，并逐步呈现出跨产业、跨区域的特征。1993年全国跨省流动的农民工约为2200万人，比1989年增长了2.14倍，跨省流动的比重达到35.5%，比1989年上升了12.5个百分点。为适应这一变化，中央逐步放宽针对农民流动就业的限制。尤其是2004年以来，农民外出就业的政策环境得到极大改善。外出就业农民数量从

① 国务院研究室课题组：《中国农民工调研报告》，中国言实出版社，2006。

1983 年的约 200 万人增加到 2006 年的 1.32 亿人，23 年增长了近 66 倍，年均增长 20% 左右。”①

根据规模所作出的判断是，农民工在很大程度上影响要务或全局。“农民工问题的直接利害关系人实际上已占全国总人口的近 40%”，“农民工问题是一个牵涉到 5 亿以上人口庞大群体切身利益的重大问题”②。“农民工事实上已经成为一个不容忽略的规模巨大的特殊社会群体，并必然导致相应的社会后果与政治后果。”③ “如此规模巨大的社会群体，其遭遇的问题足以影响到整个国家的经济社会乃至政治文明的发展进程。”④“面对如此规模巨大的社会群体，任何轻视农民工问题或者不能妥善解决好农民工问题的做法都将导致极为严重的社会、经济与政治后果。”⑤

其实，决策者和建议者一直关注并监测着农民工这个群体的规模。

（1）21 世纪初的观测。“据农业部统计，2001 年中国有 7800 万农村劳动力外出打工，同比增长 50%，占农村劳动力总数的 16.3%；同年全国农民人均纯收入增长 40%，扭转了自 1996 年以来连续 4 年增幅下降的趋势，实现了恢复性增长，其中农民外出打工增收达 1 个百分点以上；在农民工外出打工所从事的职业中，80% 的人选择从事工业、建筑业、餐饮业和服务业。”⑥

（2）2006 年的观测。“第二次全国农业普查结果显示，2006 年，农村外出从业农民工达 13181 万人，如果再考虑在本地从事非农产业的大约 9665 万农村劳动力，则全国农民工数量达到 22846 万人，已超过农村劳动力从业人员总量的 40%。”⑦

---

① 陈锡文：《农民工流动为社会发展带来机遇与挑战》，《农民日报》2008 年 9 月 15 日，第 3 版。
② 郑功成、黄黎若莲：《中国农民工问题：理论判断与政策思路》，《中国人民大学学报》2006 年第 6 期。
③ 郑功成：《农民工的权益与社会保障》，《中国党政干部论坛》2002 年第 8 期。
④ 郑功成、黄黎若莲：《中国农民工问题：理论判断与政策思路》，《中国人民大学学报》2006 年第 6 期。
⑤ 郑功成、黄黎若莲：《中国农民工问题：理论判断与政策思路》，《中国人民大学学报》2006 年第 6 期。
⑥ 郑功成：《农民工的权益与社会保障》，《中国党政干部论坛》2002 年第 8 期。
⑦ “中国农民工战略问题研究”课题组：《中国农民工现状及其发展趋势总报告》，《改革》2009 年第 2 期。

（3）2009年的观测。“根据国家统计局监测，2009年全国农民工总量为2.3亿人，其中进城务工1.45亿人。这个规模，在国际上，只比印度、美国人口少，与印度尼西亚人口相当。”①

（4）2010年的观测。“据多部门的分析估算，一般概念上的农民工约2亿多人，其中进城务工的在1.5亿人左右。”②

观测结果显示，农民工在数量上呈现较快增长的趋势。“尽管不同部门对外出就业农民工数量的调查、估算结果有一定差异，但基本上都反映中国农民工数量较快增长的趋势。根据相关调查结果来计算，中国外出就业农民工数量从1983年的约200万人增加到2009年的1.45亿人，26年增长了近73倍，年均增长18%左右。其中，20世纪80年代农民工数量年均增长50%左右；20世纪90年代初期到中期农民工数量年均增长15%左右；21世纪前8年，农民工数量年均增长7%左右。”③

4. 农民工的特点对要务产生影响

政策制定者关注各个社会群体的特点和彼此间的差异，由此分析农民工群体的特殊性以及这一特殊性对要务的特殊影响。“农民工现象不仅是我国历史上，也是世界人口史上一个非常特殊的现象。我们所讲的农民工，既包括那些跨地区外出务工的农民，也包括在原籍居住地乡镇企业务工的农民。”④

农民工的重要特点之一是流动性。“农民工流动趋势，正由过去的从中西部地区向东部沿海大中城市流动，转变为全国性大流动。”⑤

农民工的流动性带来了种种特殊问题。一位政策制定者说，对始于

---

① 韩长赋：《农民工问题是事关我国现代化建设顺利推进的大问题》，《学习时报》2010年10月11日，第1版。

② 韩长赋：《让“90后”农民工有序成为城里人》，《东方城乡报》2010年2月18日，第B1版。

③ 《我国农民工工作“十二五”发展规划纲要研究》课题组：《中国农民工问题总体趋势：观测“十二五”》，《改革》2010年第8期。

④ 陈锡文：《农民工流动为社会发展带来机遇与挑战》，《农民日报》2008年9月15日，第3版。

⑤ 郑功成、黄黎若莲：《重视农民工与农民工问题是国家未来十年的重大使命》，《工人日报》2006年11月22日，第7版。

20 世纪 80 年代后期的农民跨地区打工现象，他一直是观察者和亲历者。1987 年，他在团中央当青农部长，同当时的国务院“三西办”（甘肃的定西、河西，宁夏的西海固地区扶贫办）合作，开展了农村青年“东西互助、以劳助学”活动——组织“三西”地区的农村青年到苏沪浙地区的乡镇企业打工，让他们学知识、学技术、学管理，开阔眼界。当时的想法是，为西部地区发展乡镇企业培养一批员工，同时增加西部农民的工资性收入。随着活动的扩大和发展，越来越多的西部青年留在东部地区，没有再回家乡。可以说，这批人是最早的“打工仔”和“打工妹”。20 多年过去了，组织那场活动所带来的东西部地区观念碰撞的强烈程度、东西部青年沟通的重要意义以及远距离跨地区劳务输出带来的种种问题，至今仍历历在目。[①]

学者指出了农民工群体的特殊性和对要务的影响。“在中国现阶段，农民工队伍规模庞大、身份特殊、地位尴尬、流动性强、未来发展的不确定性明显，是必须给予高度重视和关注的社会群体。”[②] “无论我们如何看待或者评价农民工，2 亿多农民工及其家属事实上早已成为一个有着自己独特利益诉求的规模庞大的特殊社会群体，这一群体不可避免地对现行制度安排与政策体系产生巨大的冲击，并且必然导致相应的社会与政治后果。”[③]

5. 农民工的发展对要务产生新的影响

政策制定者也关注农民工的发展及代际更替，并分析这一变化对要务或全局的影响。在这方面，新生代农民工的发展及其特点得到较高程度的重视。“由于工作原因，我一直在关注农民工现象，亲见、亲历了三代农民工。第一代农民工是上世纪 80 年代农村政策放活以后出来打工的农民。农村实行家庭承包经营以后，生产效率提高，地不够种了，劳动力有富余，同时农民又有了自主支配劳动的权利，于是一部分农民

① 韩长赋：《让“90 后”农民工有序成为城里人》，《东方城乡报》2010 年 2 月 18 日，第 B1 版。
② 郑功成：《农民工的权益与社会保障》，《中国党政干部论坛》2002 年第 8 期。
③ 郑功成：《让农民工享有平等权利》，《群言》2010 年第 2 期。

就出来打工。当然，他们中的绝大部分是在乡镇企业打工，亦工亦农，离土不离乡。时至今日，这一代农民工早已人过中年，除了少部分具有技术专长或管理能力的人成为企业经营者，大部分人已回到农村。因为是‘洗脚上田’、进厂务工，他们应该算作第一代农民工。第二代农民工大多是上世纪 80 年代成长起来的农民，随着 90 年代我国经济快速发展、经济外向度大幅提高而外出打工。这部分人是目前农民工中数量最多的，是我们重点研究和政策针对的农民工主体。外出进城打工是这代农民工有别于上代农民工的显著特点，他们一般都有 10 年左右的打工经历，大多在建筑业、加工业、纺织业、出口企业打工。这部分农民工的城镇化走向是有所不同的：一部分有技能、有管理能力的人成为企业生产骨干，留了下来；还有一部分有文化的女工也留了下来，不少嫁给了城里人；但仍有很大一部分人随着年龄增长，挣了一些钱而选择回乡。近几年，农民工队伍中出现了一个新群体，就是上世纪 90 年代后出生的农民工，当然模糊一点也包含 80 年代末出生的，可统称为‘90后’，他们算是第三代农民工。最近几年新增加的农民工主要是这部分人，他们基本是进城打工，估计有 4000 万人左右。虽然在数量上他们还不占主体，但由于其特殊性和今后的成长性，值得高度关注、深入研究。”①

政策制定者判断，新生代农民工将对要务或全局产生新的、与老一代农民工有所不同的影响。“进入上世纪 90 年代以后，我国年均新出生人口估计约为 1500 万，其中大部分出生在农村，他们是今后一段时间最主要的新成年劳动力。”② “2011 年全国外出进城农民工达 15863 万人，其中新生代农民工估计超过 1 亿人，新生代农民工正在成为农民工大军的主体力量。”③

① 韩长赋：《让“90 后”农民工有序成为城里人》，《东方城乡报》2010 年 2 月 18 日，第 B1 版。

② 韩长赋：《让“90 后”农民工有序成为城里人》，《东方城乡报》2010 年 2 月 18 日，第 B1 版。

③ 韩长赋：《新生代农民工社会融合是个重大问题——关于新生代农民工问题的调查与思考》，《光明日报》2012 年 3 月 16 日，第 7 版。

新生代农民工将对城市和农村两个方面都产生影响。在新生代农民工中，“一大部分人没有进入农村劳动力行列，而是走出农村，进入城市。由此将会出现两种现象：一方面是城市里‘90后’农民工所占比例大幅提高；另一方面是农村务农的青年劳动力缺乏”。“从城市方面来讲，需要前瞻性地研究‘90后’农民工大量增加带来的新问题以及应当采取的新对策。”①

新生代农民工“因其数量庞大和身份独特而关系到我国经济社会全局和国家未来发展。他们的劳动技能高低直接影响着我国产业的国际竞争力”②。

政策制定者认识到农民工与流入地人群的“观念碰撞”和“种种问题”③。学者们则预测农民工的代际更替有可能加深社会冲突和社会对抗。“我们的调查发现，农民工平均年龄只有28.16岁，其中：30岁以下的农民工占66.17%，25岁以下的占到了45.15%，这意味着改革开放后出生的农民工已成为这一群体的主体。与此相适应，农民工的文化程度也大幅提升，高中及以上文化程度的农民工已占到40%，并呈快速上升态势。在农民工年轻化与受教育程度快速提升的背景下，农民工问题也具有了更为复杂的致因与不确定的后果。随着时代发展与社会进步，农民工在城市遭遇的政策歧视、社会排斥及各种权益受损的局面，较之以往更容易引起显性的群体利益冲突与社会对抗。”④

由此，引发出了农民工政策制定的必要性。“这表明农民工问题正在由农民工的个体及局部问题转变成波及全局的重大问题，如果采取的措施跟不上这种变化，法制与政策的滞后性将不利于解决农民工问题。”⑤

---

① 韩长赋：《让“90后”农民工有序成为城里人》，《东方城乡报》2010年2月18日，第B1版。

② 韩长赋：《新生代农民工社会融合是个重大问题——关于新生代农民工问题的调查与思考》，《光明日报》2012年3月16日，第7版。

③ 韩长赋：《让“90后”农民工有序成为城里人》，《东方城乡报》2010年2月18日，第B1版。

④ 郑功成、黄黎若莲：《中国农民工问题：理论判断与政策思路》，《中国人民大学学报》2006年第6期。

⑤ 郑功成、黄黎若莲：《中国农民工问题：理论判断与政策思路》，《中国人民大学学报》2006年第6期。

（三）农民工在要务中的角色

围绕要务的实现，政策制定者和建议者分析了农民工与要务整体和要务各个组成部分之间的关联，认识农民工在其中所处的位置，所担任的角色，所发挥的功能；基于这样的角色、功能分析，制定出相应的政策。其所分析的要务各个组成部分及其农民工的角色，主要有以下几方面。

1. 农民工在经济发展中的角色

党的十六大提出的“第一要务”是发展，“发展必须坚持以经济建设为中心”。政策制定者和建议者都分析了农民工在经济发展中的角色和功能，认为农民工是“中国经济保持持续高速增长的十分重要的因素”[①]，“是国家经济发展尤其是城市经济发展的直接贡献者”[②]，“农民工对我国经济社会发展作出了重大贡献”[③]。

第一，农民工为经济发展提供了劳动力。在经济发展中，资金、劳动力和土地被认为是必不可少的生产要素，而农民工的角色是提供了源源不断的劳动力。“农民工分布在国民经济各个行业，在加工制造业、建筑业、采掘业及环卫、家政、餐饮等服务业中已占从业人员半数以上，是推动我国经济社会发展的重要力量。”[④]“农民工的职业分布，开始由繁重的体力劳动岗位向其他领域扩展，一些农民工已经成为城市白领。”[⑤]

鉴于人口生育率等的变化，政策制定者认为随着人口负增长的趋势，来源于农村的劳动力将会出现稀缺，所以农民工的劳动力价值愈加重要。“我国经济发展正在进入‘刘易斯拐点’阶段。农村生育劳动力

① 郑功成：《中国流动人口的社会保障问题》，《理论视野》2007年第6期。

② 郑功成：《农民工的权益与社会保障》，《中国党政干部论坛》2002年第8期。

③ 《我国农民工工作“十二五”发展规划纲要研究》课题组：《中国农民工问题总体趋势：观测“十二五”》，《改革》2010年第8期。

④ 《国务院关于解决农民工问题的若干意见》（国发〔2006〕5号）。

⑤ 郑功成、黄黎若莲：《重视农民工与农民工问题是国家未来十年的重大使命》，《工人日报》2006年11月22日，第7版。

绝对量下降，农民工工资开始增长，劳动人口将出现负增长，农村剩余劳动力将由结构性短缺发展到全面短缺。”①

第二，农民工劳动力具有低价格特征。它降低了生产成本，提升了利润率和竞争力。“我们的比较优势很重要的一条就是劳动力成本低，主要表现在农村劳动力成本低，数量大，供给充裕。”②“劳动力价格低廉的优势是我国保持国际市场竞争力的重要因素。”③“劳动力成本低是我们工业产品竞争力强的一个重要原因。没有‘物美价廉’、吃苦能干的农民工，我们的企业不可能发展那么快，我们的出口也不可能增长那么快。”④

农民工的特殊作用在于，以其低劳动力成本弥补了资金和技术的不足，提高了经济效率，促进了资本积累。“农民工的产生，有效弥补了改革开放初期我国在资金和技术上的不足，促进了国民经济的发展。根据世界银行（1997）估计，在1978—1995年国内生产总值年均增长9.4个百分点中，劳动力跨部门转移贡献了1.5个百分点。从农村走向城市、寻求新的发展机遇的农民工，是一个充满活力和创造力，富有改革创新精神的群体，为我国全面建设小康社会提供着源源不断的动力。”⑤

正是在农民工的参与下，中国的经济实现了高速增长。“‘千千万万背井离乡、在中国繁荣的沿海城市工作的工人群体’因为创造了中国高速经济增长的奇迹，引领了世界经济的复苏，而入选2009年《时代》年度人物，这个赞誉一点儿都不为过。”⑥

正因为具有这样的低成本优势，所以必须以政策鼓励农民工进城，

---

① 韩俊主编《中国农民工战略问题研究》，上海远东出版社，2009。

② 韩长赋：《我们该怎样看待农民工问题》，《人民日报》2002年6月13日，第5版。

③ 《我国农民工工作“十二五”发展规划纲要研究》课题组：《中国农民工问题总体趋势：观测“十二五”》，《改革》2010年第8期。

④ 唐园结等：《城乡统筹解决“三农”问题的重大举措——国务院研究室副主任韩长赋解读〈国务院关于解决农民工问题的若干意见〉》，《农村工作通讯》2006年第4期。

⑤ “中国农民工战略问题研究”课题组：《中国农民工现状及其发展趋势总报告》，《改革》2009年第2期。

⑥ 韩长赋：《农民工问题是事关我国现代化建设顺利推进的大问题》，《学习时报》2010年10月11日，第1版。

实现劳动力的高效配置。“农民进城务工经商是加入世贸组织后发挥我国劳动力成本低的优势，增强我国工农业产品国际竞争力的必然选择。提高国际竞争力很重要的应对思路是，发挥比较优势，进行非均衡竞争。……通过农民进城打工，促进城乡统一的劳动力市场形成，整合城乡劳动力资源，合理调整行业之间劳动力结构，有利于实现劳动力资源更有效的配置，保持我们这一优势。”①

第三，农民工为经济发展提供了活力。“‘民工潮’为繁荣市场、搞活经济、扩大开放发挥了重要作用，从整体上推动了市场经济的全面发展。”②“蔚为壮观的‘民工潮’也为繁荣市场、搞活经济、扩大开放发挥了重要作用，从而整体上推动了市场经济的全面发展。”③

与看到“正功能”的同时，政策制定者和建议者也看到，农民工待遇方面存在较为严重的问题，这些问题影响农民工正功能的发挥，影响经济发展。只有通过制定政策解决这些问题，才能进一步发挥其正功能作用，实现经济的又快又好发展。

首先，一些落后的政策影响劳动力市场的发育和公平竞争。例如，“一些城市以优先保障市民就业为理由，仍在招工程序、招工比例、务工领域、行业工种等方面设置门槛和壁垒，使农民工遭受就业歧视”④。在既有的社会保障政策下，“社会保障的覆盖范围小，非国有企业及其他单位职工迟迟未能纳入社会保险体系；而统账结合形态的新制度因国有企业改革及经济效益的不平衡而在现实中变形，基本养老保险制度迄今仍然未能够实现全国统筹，对统一劳动力市场的发育及劳动力资源的合理配置造成一定的负面影响，并因制度实施的不平衡造成不同企业人工成本的差异而损害着市场经济所需要的公平竞争环境”⑤。“我国二元

---

① 韩长赋：《我们该怎样看待农民工问题》，《人民日报》2002 年 6 月 13 日，第 5 版。

② 《我国农民工工作“十二五”发展规划纲要研究》课题组：《中国农民工问题总体趋势：观测“十二五”》，《改革》2010 年第 8 期。

③ “中国农民工战略问题研究”课题组：《中国农民工现状及其发展趋势总报告》，《改革》2009 年第 2 期。

④ 国务院研究室课题组：《中国农民工调研报告》，中国言实出版社，2006。

⑤ 郑功成：《多管齐下消除社会保障的不平等》，《江苏经济报》2007 年 9 月 20 日，第 A1 版。

社会保险的刚性特征，阻碍了农民工的流动和迁移，从长期效果看会对经济增长和社会和谐产生不利影响。”[①]

其次，不完善的农民工政策导致劳动力市场供给不足。“存在劳动合同不规范、劳动关系不稳定等问题”，也存在“工资福利待遇偏低等问题”。这些当初有利于雇主或用人单位的做法，现在伴随着劳资供求关系对比的巨大变化，开始成为一柄“双刃剑”，它不仅继续阻碍农民工就业质量的提升，也导致了一些地区或企业的“招工难”、“用工荒”现象。“从劳动者层面看，缺乏保障致使回流和不愿迁移行为发生。”[②]

再次，不完善的农民工政策导致了劳动力的浪费。农民工在大规模流动过程中被“闲置”了。[③] 一是企业用工的短期化。农民工“频繁跳槽、漂泊不定现象比较普遍”[④]。“农民工流动性偏高必然带来人力资源的浪费，因为总有相当一部分农民工处于非工作状态。”二是农民工不能在城镇定居。这加剧了他们的流动，使企业不能形成稳定的、不断积累经验和技术的产业大军。三是对劳动力市场的服务不足。政府的公共就业服务机构缺乏，服务设施落后，服务内容缺位，服务渠道不畅通，以致就业信息提供、就业指导、职业介绍等对劳动力市场的服务不足，甚至不对农民工服务。[⑤] 另外，城镇中以城市居民为主要服务对象的就业服务模式不适应农民工的需求，洽谈会或登记介绍等方式等待周期长、花费大、成本高，不适合流动性强的农民工，而农村的就业服务基础更为薄弱。[⑥] 这导致就业信息渠道失灵[⑦]，“农民离开农村找工作，像

---

① 李平：《中国转型时期城市农民工社会保障制度研究》，中国地质大学出版社，2008。

② 吴红宇：《现行社会保障制度对农民工迁移行为的影响研究》，《农村经济》2008 年第 1 期。

③ 郑功成：《让农民工从流动走向安居乐业》，《新农业》2012 年第 4 期。

④ 韩长赋：《新生代农民工社会融合是个重大问题——关于新生代农民工问题的调查与思考》，《光明日报》2012 年 3 月 16 日，第 7 版。

⑤ 国务院农民工办课题组：《中国农民工发展研究》，中国劳动社会保障出版社，2013。

⑥ 《我国农民工工作“十二五”发展规划纲要研究》课题组：《中国农民工问题总体趋势：观测“十二五”》，《改革》2010 年第 8 期。

⑦ 《我国农民工工作“十二五”发展规划纲要研究》课题组：《中国农民工问题总体趋势：观测“十二五”》，《改革》2010 年第 8 期。

没有头的苍蝇乱撞”[①]，信息不对称导致的摩擦性失业[②]，一方面大量农民工找不到合适就业岗位，另一方面城市很多行业缺员现象严重。

还有，现行的农民工政策和待遇不利于企业效率的提高。农民工合同签订率低、待遇低下和权益保障不足，以及所导致的农民工的高流动率，使用人单位“缺乏一支稳定、熟练并有归属感的劳动者队伍，在激烈的市场竞争面前，企业完全可能陷入困境而难以自拔”[③]。

最后，农民工的低待遇影响购买力和内需。经济发展的推动力，一是来源于投资，二是来源于消费，三是来源于出口。我国的一个特点是，经济发展长期依赖于投资拉动和出口拉动，消费拉动一直不足。而过度依赖投资拉动和出口拉动，“其直接后果是农村居民的民生问题无法得到进一步改善，而高投资、高消耗的不良效应及外贸风险却在持续攀升”[④]。消费拉动不足的原因之一是“农民工在城市压低消费水平，……对整个经济内需扩大造成不利影响”。而农民工消费不足的原因，一是“农民工收入水平低和社会保障覆盖面窄，限制了消费能力和消费预期，不利于开拓国内消费市场”[⑤]，“农民工劳动权益保护制度不健全，……许多企业把当地最低工资标准作为农民工工资水平或参照物，没有建立以贡献和效益为依据的工资增长机制”[⑥]。二是“就业歧视现象十分严重。外来劳动力尤其是农民工无法得到与本地就业员工一样的待遇……农民工工资水平普遍偏低，城乡劳动者同工不同酬”，“与城镇就业者相比，农民工人均月工资仅为其一半左右。农民工的劳动小时

---

① 唐园结等：《城乡统筹解决“三农”问题的重大举措——国务院研究室副主任韩长赋解读〈国务院关于解决农民工问题的若干意见〉》，《农村工作通讯》2006年第4期。

② 《我国农民工工作“十二五”发展规划纲要研究》课题组：《中国农民工问题总体趋势：观测“十二五”》，《改革》2010年第8期。

③ 郑功成：《让农民工从流动走向安居乐业》，《新农业》2012年第4期。

④ 郑功成、黄黎若莲：《中国农民工问题：理论判断与政策思路》，《中国人民大学学报》2006年第6期。

⑤ 国务院农民工办课题组：《中国农民工发展研究》，中国劳动社会保障出版社，2013。

⑥ “中国农民工战略问题研究”课题组：《中国农民工现状及其发展趋势总报告》，《改革》2009年第2期。

工资水平更低”[①]。三是农民工难以分享经济发展的成果。“沿海有的地区农民工工资过去十年年均提高不到10元钱，扣除物价上涨因素实际上是负增长。”[②]“农民工工资水平与物价和生活消费水平的提高不成比例，与社会平均工资的差距不断扩大。”[③]“在国民财富分配中，劳动收入与财政收入、投资收益相比，所占份额明显偏低。……近年来工资占GDP比例不断下降，1989年是16%，2003年则下降到12%。”[④]四是城镇化率低导致了内需的不足。“城镇化是中国最大的内需所在。中国实施扩大内需战略，转变经济发展方式，必须积极推进城镇化。”[⑤]因为不能在城市落户，“农民工有限的收入基本上都寄回老家，不能充分利用外来人口固化来增加城市消费需求”[⑥]。这些都“制约着整个国民经济的良性健康发展。因此，说农民工问题是一个严重的经济问题一点也不过分”[⑦]。

基于上述对农民工与经济发展各个方面关系的分析，政策制定者和建议者得出的结论是：农民工因其“数量庞大和身份独特而关系到我国经济社会全局和国家未来发展”[⑧]。“农民工问题事关我国经济和社会发展全局。”[⑨]“农民工问题能否得到较快、较好的解决，直接关系着我国经济社会能否持续健康快速发展。”[⑩]

据此，政策制定者预测了制定改善政策的正面效果。“积极创造为他们融入城市的条件和环境，不仅能够进一步激发他们的生产积极

① “中国农民工战略问题研究”课题组：《中国农民工现状及其发展趋势总报告》，《改革》2009年第2期。

② 国务院研究室课题组：《中国农民工调研报告》，中国言实出版社，2006。

③ 国务院研究室课题组：《中国农民工调研报告》，中国言实出版社，2006。

④ 国务院研究室课题组：《中国农民工调研报告》，中国言实出版社，2006。

⑤ 韩俊：《推进农民工市民化，提高人口城镇化水平》，《理论视野》2010年第9期。

⑥ 《我国农民工工作“十二五”发展规划纲要研究》课题组：《中国农民工问题总体趋势：观测“十二五”》，《改革》2010年第8期。

⑦ 郑功成：《对农民工问题的基本判断》，《中国劳动》2006年第8期。

⑧ 韩长赋：《新生代农民工社会融合是个重大问题——关于新生代农民工问题的调查与思考》，《光明日报》2012年3月16日，第7版。

⑨ 《国务院关于解决农民工问题的若干意见》（国发〔2006〕5号）。

⑩ 郑功成、黄黎若莲：《中国农民工问题：理论判断与政策思路》，《中国人民大学学报》2006年第6期。

性，……而且能为我国经济发展提供长期不衰的动力。”[①]

政策制定者也预测了政策不改善的负面后果。“如果农民工就业短工化现象继续持续下去，可能会构成我国经济社会健康持续发展的一个日益重大的制约性因素”[②]，“将会直接影响到我国经济社会的健康持续发展，甚至可能爆发巨大的社会危机”[③]。

关于农民工政策的结论是，农民工问题“需要引起国家的高度重视并采取有效的应对方略”[④]。“要充分认识农民群众包括农民工及由其转化而来的产业工人、创业者在经济社会发展中的主体地位。”应该“保护和调动农民工的积极性，促进城乡经济繁荣和社会全面进步”。要“尊重他们的创造和选择，在经济上充分关心他们的物质利益，在政治上切实保障他们的民主权利”[⑤]。

2. 农民工在工业化、城镇化和现代化中的角色

党的十六大提出，党的第一要务是发展，发展的“分要务”包括“走新型工业化道路”，“加快城镇化进程”，“加快推进社会主义现代化”。这三方面的“分要务”被概括为工业化、城镇化和现代化。由此，农民工群体的作用和价值也被在工业化、城镇化和现代化中定位。国家基于农民工群体在工业化、城镇化和现代化中的角色和功能，制定相应的政策。

第一，农民工在工业化中的角色。对农民工在工业化中的角色，政策制定者和建议者都认为他们是工业领域的工人，即工业生产者。工人是工业活动中不可或缺的生产人员。如果没有工人，就没有工业，也就没有国家的工业化。这是作为工人的农民工在工业化中的特定角色。

农民工弥补了工业领域劳动力供给的空缺，满足了工业化的需要。

① 陈锡文：《农民工流动为社会发展带来机遇与挑战》，《农民日报》2008 年 9 月 15 日，第 3 版。

② 郑功成：《让农民工从流动走向安居乐业》，《新农业》2012 年第 4 期。

③ 郑功成、黄黎若莲：《中国农民工问题：理论判断与政策思路》，《中国人民大学学报》2006 年第 6 期。

④ 郑功成、黄黎若莲：《中国农民工问题：理论判断与政策思路》，《中国人民大学学报》2006 年第 6 期。

⑤ 《国务院关于解决农民工问题的若干意见》（国发〔2006〕5 号）。

“我国正在进行大规模的工业化、城镇化，需要大量产业工人。”① 但是，“近年来，传统的国有企业和集体企业工人比重一路下降，只有3000万人左右”②。“农民工的大量进入，填补了制造业、建筑业、餐饮业和服务业等劳动力密集型产业的岗位空缺。”③ “农民工在传统体制之外开辟了一条工农之间、城乡之间生产要素流动的新通道，满足了加快工业化进程对劳动力的需求。”④ “相比3000万城镇工人，农民工已是我国产业大军中的一支重要力量。……2004年全国进城务工和在乡镇企业就业的农民工总数超过2亿，其中进城务工人员1.2亿左右。”⑤ “农民工强有力地支撑了国家工业化建设。”⑥ “农民工是推动我国的工业化……的重要力量。”⑦

农民工在工业领域成为生产工人的主体，支撑着制造产业的存在和发展。国务院5号文件指出：“农民工分布在国民经济各个行业，在加工制造业、建筑业、采掘业及环卫、家政、餐饮等服务业中已占从业人员半数以上。”⑧ “农民在建筑业、采掘业中占到近80%，在环卫、家政、餐饮等服务业中这一比重达到50%以上。”⑨ “现在，在我国的产业工人中，特别是建筑、制造、纺织、餐饮服务、批发零售、环卫保洁等行业里面，农民工已经成了重要组成部分甚至是主要组成部分。”⑩ “很

---

① 韩长赋：《让“90后”农民工有序成为城里人》，《东方城乡报》2010年2月18日，第B1版。

② 韩长赋：《农民工问题是事关我国现代化建设顺利推进的大问题》，《学习时报》2010年10月11日，第1版。

③ “中国农民工战略问题研究”课题组：《中国农民工现状及其发展趋势总报告》，《改革》2009年第2期。

④ 国务院研究室课题组：《中国农民工调研报告》，中国言实出版社，2006。

⑤ 魏礼群：《正确认识和高度重视解决农民工问题》，《人民日报》2006年4月26日，第11版。

⑥ 韩长赋：《农民工问题是事关我国现代化建设顺利推进的大问题》，《学习时报》2010年10月11日，第1版。

⑦ 韩长赋：《农民工问题是事关我国现代化建设顺利推进的大问题》，《学习时报》2010年10月11日，第1版。

⑧ 《国务院关于解决农民工问题的若干意见》（国发〔2006〕5号）。

⑨ 魏礼群：《正确认识和高度重视解决农民工问题》，《人民日报》2006年4月26日，第11版。

⑩ 唐园结等：《城乡统筹解决“三农”问题的重大举措——国务院研究室副主任韩长赋解读〈国务院关于解决农民工问题的若干意见〉》，《农村工作通讯》2006年第4期。

多产业的快速增长，都和农民工这支劳动大军的直接贡献有关系。”① “现在到处是高楼大厦，除了规划设计和组织管理人员，具体施工人员基本上都是农民工。”②

随着时间的推移，农民工在生产工人中的比重越来越大。2009 年，国家研究机构的一份报告中指出：“农民工已经达到我国工人总数的 2/3 以上，占据了我国建筑业劳动力的 90%，煤矿采掘业的 80%，纺织服装业的 60%，以及城市一般服务业的 50%。”③ 2010 年，“根据第五次人口普查资料，农民工在第二产业从业人员中占 57.6%，在加工制造业从业人员中占 68%，在建筑业从业人员中占 80%”④。

农民工不仅在制造业从业人员中占有很大的比重，而且在服务业的比重也很高。国务院发展研究中心农村部课题组的跟踪研究表明：“2008 年以前我国农民工就业的行业结构有以下主要特征：一是以制造业和建筑业为主；二是从事制造业的农民工比重最高，但就业增长开始放缓，服务业就业比重稳中有升；三是外向型制造业和城市服务业的就业比重逐步上升。” “农民工就业从制造业向服务业转移的趋势更加明显。”“农民工的就业结构、就业方式都将继续发生变化：农民工仍将继续流向工业和建筑业，但餐饮、娱乐、新型服务业等第三产业正在成为更多农民工就业的重要选择。”⑤ 到 2013 年，“农民工占我国建筑业劳动力的 90%，煤矿采掘业的 80%，纺织服装业的 60%，城市一般服务业的 50%，已经成为产业工人的主力军”⑥。

政策制定者预测，产业工人的后备军也主要是农民工。“从发展趋

① 唐园结等：《城乡统筹解决“三农”问题的重大举措——国务院研究室副主任韩长赋解读〈国务院关于解决农民工问题的若干意见〉》，《农村工作通讯》2006 年第 4 期。

② 唐园结等：《城乡统筹解决“三农”问题的重大举措——国务院研究室副主任韩长赋解读〈国务院关于解决农民工问题的若干意见〉》，《农村工作通讯》2006 年第 4 期。

③ “中国农民工战略问题研究”课题组：《中国农民工现状及其发展趋势总报告》，《改革》2009 年第 2 期。

④ 韩长赋：《农民工问题是事关我国现代化建设顺利推进的大问题》，《学习时报》2010 年 10 月 11 日，第 1 版。

⑤ 《我国农民工工作“十二五”发展规划纲要研究》课题组：《中国农民工问题总体趋势：观测“十二五”》，《改革》2010 年第 8 期。

⑥ 国务院农民工办课题组：《中国农民工发展研究》，中国劳动社会保障出版社，2013。

势看，我国产业工人的后备军主要是农民工。”“农民工日益成为产业工人的主体，并且成为主要的后备军。”①

一个基本判断是，农民工成为产业工人“已经是一个无可争辩的客观事实”，农民工“已成为产业工人的重要组成部分”②，“农民工是城市产业工人的主体”③。“工业生产……已离不开农民工”④，“农民工已成为支撑中国工业化发展的重要力量”，“农民工的非农化或产业工人化，是我国工业化进程及其升级的基本条件”，“中国工业化进程的关键在农民工”⑤。

农民工给全球化中的中国工业提高了竞争力。中国新时期的工业化一开始就与经济全球化密切联系在一起。在全球生产的格局中，中国的工业化实际是在分享全球的生产份额，与其他国家竞争相对有限的市场。中国之所以能够分享越来越多的份额，与农民工在竞争力方面提供的贡献密切相关。农民工“为城市二、三产业发展提供了源源不断的低成本劳动力”，“使城市特别是东部地区在激烈的市场竞争中保持了整体的竞争力。这不仅为东部地区吸引外资和发展出口贸易创造了条件，也为其把握机遇承接国际劳动密集型产业转移创造了条件，使中国迅速发展成为‘世界加工厂’”⑥。

农民工为中国以制造业立国创造了条件。“劳动力资源丰富的现实可能，决定着中国以制造业立国。是农民工促使中国成为制造业大国，也将由农民工素质的提高，来造就中国的制造业强国地位。”⑦

另外，政策制定者和建议者也看到，农民工及其状况与国家工业化的需要还存在较大的差距，其应该发挥的正功能受到了压抑和限制。

① 韩长赋：《中国现代化进程中的农民工问题》，《人民日报》2006年12月1日，第7版。

② 魏礼群：《正确认识和高度重视解决农民工问题》，《人民日报》2006年4月26日，第11版。

③ 韩长赋：《农民工问题是事关我国现代化建设顺利推进的大问题》，《学习时报》2010年10月11日，第1版。

④ 韩长赋：《让“90后”农民工有序成为城里人》，《东方城乡报》2010年2月18日，第B1版。

⑤ 郑功成等：《对中国农民工问题的理论判断》，《党政干部文摘》2007年第1期。

⑥ 国务院研究室课题组：《中国农民工调研报告》，中国言实出版社，2006。

⑦ 郑功成、黄黎若莲：《重视农民工与农民工问题是国家未来十年的重大使命》，《工人日报》2006年11月22日，第7版。

一是农民工的技术素质不能满足工业生产的需要。“农民工缺乏劳动就业培训的机会，技能素质不适应劳动力市场需求的问题十分突出。”[①] 这种不适应在劳动力的结构性供求矛盾中充分表现出来。“虽然总体上农村劳动力仍然过剩，但结构性供求矛盾开始突出，农村劳动力供求关系正从长期‘供过于求’转向‘总量过剩，结构短缺’。”[②] 总量过剩与结构短缺之间的错位，在很大程度上表现为农民工的人力资本差距。“据对东部沿海发达地区的调查，接受过职业培训、有一技之长的农民工供给严重不足。从2002年开始，劳动力市场出现了熟练技术工人全面供不应求的现象。……2005年以后‘民工荒’现象开始蔓延到内陆一些地区，农民工‘就业难’和企业‘招工难’的状况并存。”[③] 因为“大多数农民工没有接受过正规职业技能培训，农民工技能水平总体偏低，不能满足企业的需求，不能适应产业技术进步和劳动生产率提高的要求，企业招工难和农民工就业难并存的问题呈常态化”[④]。概括地说，“‘民工荒’既反映农民工对低收入状况的不满，又折射出经过专业技能培训的农民工短缺问题”[⑤]。

二是农民工的技术素质不能符合产业升级的需要。“农民工是我国产业工人的主力军。但农民工技能水平低和不稳定的就业特征，使得我国产业发展在国际分工中没有强大的人力资本支撑，难以实现经济增长向依靠劳动者素质提高转变。无论是加强传统产业的技术改造，发展先进制造业，还是加快发展战略性新兴产业，实现‘中国制造’向‘中国创造’的转变，都需要努力造就一支稳定的熟练工人队伍。”[⑥]

政策制定者和建议者看到，农民工技术素质的欠缺并非农民工自身

① 国务院研究室课题组：《中国农民工调研报告》，中国言实出版社，2006。

② “中国农民工战略问题研究”课题组：《中国农民工现状及其发展趋势总报告》，《改革》2009年第2期。

③ “中国农民工战略问题研究”课题组：《中国农民工现状及其发展趋势总报告》，《改革》2009年第2期。

④ 国务院农民工办课题组：《中国农民工发展研究》，中国劳动社会保障出版社，2013。

⑤ 国务院研究室课题组：《中国农民工调研报告》，中国言实出版社，2006。

⑥ 国务院农民工办课题组：《中国农民工发展研究》，中国劳动社会保障出版社，2013。

的问题，而是农民工政策和农民工待遇的缺陷所致。

首先，农民工的技术教育、职业培训和继续教育欠缺。农民工技术素质低，直接原因是不能获得有效的职业培训和继续教育。“农民工文化素质偏低，绝大多数受教育年限低于高中”，“突出表现在职业培养、继续教育严重不足”①，“80%以上的农民工未经职业技能培训，大多数只能从事低技术含量的工作”②。

其次，企业在培养技能人才方面发挥主体作用不够。企业“不愿意对农民工进行在岗和转岗技能培训”③，“对职工重使用轻培训，甚至只使用不培训，加剧了技术工人的短缺”④。

再次，公共职业培训体系不健全，财政支持力度小。“党的十七大已明确要健全面向全体劳动者的职业培训和就业制度，但目前的财政支持力度仍然较小，不能覆盖所有的农民工。就业技能鉴定项目收费较高，农民工难以承受。不少培训机构基础设施落后，缺少实习场地和师资，专业设置与市场需求脱节。农民工技能培训质量尚不能满足高技能人才的需求。”⑤“调查表明，多数农民工反映从未接受过就业培训，缺乏一技之长。不少地区在落实国家政策方面还不同程度地存在走形式的问题，培训的效果并不理想。”⑥“如湖南省娄底市两个村反映，当地政府在前几年曾组织过对农民工的培训，当时由于难以号召到农民工来参加培训，为应付上级检查召集了约50名农民来参加培训，使培训流于形式。一些开展培训较好的农村地区和接受过培训的农民工，也反映培训内容不实用。一些地方开展了许多就业创业培训，比如计算机、电焊

① 韩长赋：《新生代农民工社会融合是个重大问题——关于新生代农民工问题的调查与思考》，《光明日报》2012年3月16日，第7版。

② 郑功成等：《对中国农民工问题的理论判断》，《党政干部文摘》2007年第1期。

③ 国务院研究室课题组：《中国农民工调研报告》，中国言实出版社，2006。

④ “中国农民工战略问题研究”课题组：《中国农民工现状及其发展趋势总报告》，《改革》2009年第2期。

⑤ “中国农民工战略问题研究”课题组：《中国农民工现状及其发展趋势总报告》，《改革》2009年第2期。

⑥ 《我国农民工工作“十二五”发展规划纲要研究》课题组：《中国农民工问题总体趋势：观测“十二五”》，《改革》2010年第8期。

工、汽车驾驶等，很多返乡农民工都去报名了，但培训回来就一个感觉：搞创业培训，不实际；搞上岗培训，专业又不对口。”[①] 另外，“现行‘阳光工程’的培训对象主要是尚未外出的农民，城市政府组织的就业培训对象主要是城镇下岗失业人员”[②]。对在职农民工的培训处于薄弱地位，“对农民工返乡创业需求的现代农业和创业知识培训不足”[③]。

此外，农民工技术素质低，也与其前途面临障碍和向上流动的渠道堵塞有关。农民工在用人单位的就业不稳定，富于流动性，其“身份及地位上升通道并不通畅”[④]。“很多农民工在企业工作多年，成为技术骨干，但职位很难升迁。”[⑤] 农民工“发展上升面临困难，‘前途迷茫、焦虑无奈’情绪比较突出”。“农民工的发展上升问题、他们的明天还没有引起人们足够的关注。”[⑥]“没有稳定的就业，就难以有自身的成长积累，难以有产业工人队伍素质的整体提升。”[⑦]

最后，农民工受到城市社会的排斥，难以融入城市，导致提高为城市生活所需要素质的动力缺乏。“基于城市社会的排斥和农民工的自我拒绝，加之过高的流动性，大多数农民工虽然在城市务工多年，仍然未能真正接受城市文明并融入城市生活，这对于其素质提升非常不利。”[⑧]“以农民工培训为例，如果不能让农民工安居乐业，农民工的培训效果就可能大打折扣，因为一个流动状态的农民工接受任何技能培训都将是临时的不确定的，这种状态不仅会让农民工接受技能培训的积极性与主

① 《我国农民工工作“十二五”发展规划纲要研究》课题组：《中国农民工问题总体趋势：观测“十二五”》，《改革》2010年第8期。

② 国务院研究室课题组：《中国农民工调研报告》，中国言实出版社，2006。

③ 《我国农民工工作“十二五”发展规划纲要研究》课题组：《中国农民工问题总体趋势：观测“十二五”》，《改革》2010年第8期。

④ 韩长赋：《新生代农民工社会融合是个重大问题——关于新生代农民工问题的调查与思考》，《光明日报》2012年3月16日，第7版。

⑤ 国务院研究室课题组：《中国农民工调研报告》，中国言实出版社，2006。

⑥ 韩长赋：《新生代农民工社会融合是个重大问题——关于新生代农民工问题的调查与思考》，《光明日报》2012年3月16日，第7版。

⑦ 韩长赋：《新生代农民工社会融合是个重大问题——关于新生代农民工问题的调查与思考》，《光明日报》2012年3月16日，第7版。

⑧ 郑功成等：《对中国农民工问题的理论判断》，《党政干部文摘》2007年第1期。

动性受挫，而且将使技能培训流于形式。如果能够让农民工安居乐业，农民工的培训才可能取得真正的成效，农民工的素质才可能获得真正的提升，国家发展的利益才可能切实得到维护。”[①] 事实上，农民工的收入较少投入培训和学习，而是“基本上都寄回老家”[②]。

工业化是国家“要务”，农民工在国家工业化中具有正向的功能，而现行政策和农民工待遇阻碍了这一正功能应有水平的发挥。这使政策制定者和建议者认识到，必须调整农民工的相关政策，促进其对工业化正功能的发挥。

农民工技术素质的提高是我国工业化进程及其升级的基本条件。“农民工的非农化或者产业工人化及其素质的提升……是我国工业化进程及其升级的基本条件。”[③] 如果农民工不能获得有效的职业培训和继续教育，就会“影响整个产业工人队伍的素质”[④]。同时，“中国要想在世界市场上占据有利的地位，必须促使制造业升级。农民工促使中国成为制造业大国，也将由农民工素质的提高来造就中国的制造业强国地位”[⑤]。更进一步的，“国家加快经济发展方式转变，加快推进传统产业技术改造，加快发展战略性新兴产业，对农民工素质也提出了更高的要求”[⑥]。

鉴于这样的分析，政策制定者和建议者认为，“农民工问题解决的好坏与快慢，是解决我国工业化进程中的产业升级……的关键”[⑦]。这成为农民工政策调整的推动力之一。

第二，农民工在城镇化中的角色。党的十六大提出的“全面建设小

---

① 郑功成：《对农民工问题的基本判断》，《中国劳动》2006 年第 8 期。

② 《我国农民工工作“十二五”发展规划纲要研究》课题组：《中国农民工问题总体趋势：观测“十二五”》，《改革》2010 年第 8 期。

③ 郑功成：《对农民工问题的基本判断》，《中国劳动》2006 年第 8 期。

④ 韩长赋：《新生代农民工社会融合是个重大问题——关于新生代农民工问题的调查与思考》，《光明日报》2012 年 3 月 16 日，第 7 版。

⑤ 郑功成、黄黎若莲：《中国农民工问题：理论判断与政策思路》，《中国人民大学学报》2006 年第 6 期。

⑥ 国务院农民工办课题组：《中国农民工发展研究》，中国劳动社会保障出版社，2013。

⑦ 郑功成等：《对中国农民工问题的理论判断》，《党政干部文摘》2007 年第 1 期。

康社会”的具体目标之一是“逐步提高城镇化水平”，让“城镇人口的比重较大幅度提高”，“消除不利于城镇化发展的体制和政策障碍”。关于农民工在城镇化中的角色，政策制定者明确指出，“农民工是城市新增人口的主要来源”①，是“城市的新市民”②。农民工“是促进我国人口城镇化的重要力量。近年来，我国城镇化率的提高很大程度上主要来源于农民工进城。……2007 年我国城镇化率为 44.9%，在我国统计为 5.9 亿的城镇人口中，有 1.6 亿是农业户籍人口，占到了城镇人口的 27%”。“每 4 个城镇常住人口中就约有 1 个是农民工。这说明，近年来我国城镇化水平的提高主要是依靠农民工进城就业。”③ “1980 年人口普查时全国 10 亿人口有 8 亿农民，现在是 13 亿人口还是 8 亿农民，也就是说，改革开放 20 多年，我国新增加了 3 亿人，城市常住人口也增加了 3 亿，这其中，我估计直接从农村转城市改变身份的应该有 2 亿左右。进城打工是中国农民城市化的一个基本路径。”④

农民工在城镇化中的角色因为城市人口的低增长率而显得更加重要。“城市人口的自然增长率很低，有的地方甚至出现负增长，新增人口主要靠机械增长即农村人口向城市转移。”“城市人口的增长和城市化率的提高，越来越体现在主要由于农民工进城而形成的机械增长。”⑤ “从更长时期来看，农民工市民化将成为我国城镇化发展……的最主要源泉。”⑥

农民工不但在城市就业，而且在城市居住和生活，事实上成为城市的新移民。“外出农民工中，在直辖市就业的占 8.8%，省会城市就业的占 19.4%，地级市就业的占 34.8%，在地级以上城市就业的合计占到 63%。农民工在输入地居住趋于长期化，在目前城市的就业时间平均为

① 韩长赋：《农民工问题是事关我国现代化建设顺利推进的大问题》，《学习时报》2010 年 10 月 11 日，第 1 版。

② 国务院农民工办课题组：《中国农民工发展研究》，中国劳动社会保障出版社，2013。

③ 国务院农民工办课题组：《中国农民工发展研究》，中国劳动社会保障出版社，2013。

④ 唐园结等：《城乡统筹解决“三农”问题的重大举措——国务院研究室副主任韩长赋解读〈国务院关于解决农民工问题的若干意见〉》，《农村工作通讯》2006 年第 4 期。

⑤ 韩长赋：《中国现代化进程中的农民工问题》，《人民日报》2006 年 12 月 1 日，第 7 版。

⑥ 《我国农民工工作“十二五”发展规划纲要研究》课题组：《中国农民工问题总体趋势：观测“十二五”》，《改革》2010 年第 8 期。

5.3年，超过5年的占到了40%，超过10年的约占29%，‘移民’倾向渐趋明显，相当一部分已经成为事实‘移民’。”①

农民工对城市发挥了正功能作用。农民工为城市创造了GDP。“仅劳动力从农业向非农产业的转移，对中国1978—1998年GDP增长的贡献即占20%以上，这要远高于体制改进因素的贡献。”②“1.2亿进城务工的农民工，每年给城里新创造的GDP大概在两万亿元左右。”③农民工成为城市的建设者。“今天的城市，一座座高楼拔地而起，一条条马路不断延伸，一个个市场不断扩大，无不凝结着农民工辛勤劳动的汗水。”④农民工为城市社会服务，“推动了城市第三产业的发展，提高了城市居民的生活质量”⑤。农民工为城市所创造的巨大财富通过城市体系的各个管道，流入各个部门、各类群体。在用人单位内，流入投资者、经营者、管理者和城市工人手中；在城镇体系，流入各级政府、事业单位、街道社区乃至下岗失业群体和领取最低社会保障的群体。

农民工对城市的正功能作用是其他群体所不能替代的。“农村劳动力与城市劳动力的就业领域有较强的互补性，农民进城就业主要从事建筑、环卫、餐饮等行业，为改善城市居民生活和工作条件作出了重要贡献。”⑥“城市中脏、累、苦、险的工作岗位都是农民工在干，……城市环卫工人、家政从业人员、餐饮服务人员绝大多数是农民工，有些城市离开农民工可能就会陷于瘫痪。在北京等大城市，一到春节农民工返乡，就会出现家政服务人员严重短缺的现象，城市运行功能和居民生活都受到较严重的影响。”⑦“一个城市如果农民工全撤走，不要说饭馆要

---

① 国务院农民工办课题组：《中国农民工发展研究》，中国劳动社会保障出版社，2013。

② 李培林、李炜：《农民工在中国转型中的经济地位和社会态度》，《社会学研究》2007年第3期。

③ 唐园结等：《城乡统筹解决“三农”问题的重大举措——国务院研究室副主任韩长赋解读〈国务院关于解决农民工问题的若干意见〉》，《农村工作通讯》2006年第4期。

④ 韩长赋：《中国现代化进程中的农民工问题》，《人民日报》2006年12月1日，第7版。

⑤ 韩长赋：《农民工问题是事关我国现代化建设顺利推进的大问题》，《学习时报》2010年10月11日，第1版。

⑥ 韩长赋：《我们该怎样看待农民工问题》，《人民日报》2002年6月13日，第5版。

⑦ 国务院研究室课题组：《中国农民工调研报告》，中国言实出版社，2006。

关张，整个城市都可能瘫痪。所以，城市的繁荣离不开农民工。”①

农民工对城市的负面影响少。农民工所干的脏活、累活、苦活都是城里人不愿干的，“农民工进城并不直接构成对城市职工就业岗位的竞争”②。农民工“在务工中逐渐接受了城市文明，在城市的生活经历又使其更容易融入城市”③，因此，也不会产生与城市文明相冲突和不适应的问题。

然而，在农民工对城市化的正功能发挥方面，存在政策或制度障碍，这些障碍使正功能发挥受到压抑与限制。这突出表现为现行政策阻碍农民工融入城市，包括户籍迁移、就业限制、公共服务、公共福利以及财政政策等。政策制定者和建议者所列举的政策障碍有：农民工在城镇落户定居门槛高；较少得到公共就业服务；不能平等享受公共卫生服务和计划生育服务，不能享受城市的基本健康保障制度和医疗救助；参加城镇养老、医疗等社会保险的比例偏低；农民工住房未纳入城镇住房保障体系，公积金缴存率也很低；农民工子女尚未纳入流入地公办义务教育体系；文化生活贫乏等。④“改革以来因外出就业累计实现迁移定居的农民工，只相当于目前外出就业农民工的1.7%。若按照这个比例计算，全国1.3亿进城农民工中只有200万左右的农民工通过买房、结婚等方式获得了城镇户口，他们中的8000多万人虽然在城镇居住半年以上，但都没能够在城市获得合法的市民资格、平等的待遇和实现安居乐业。”⑤

大量农民工不能沉淀在城镇，工业化进程与农民工市民化进程相脱

① 唐园结等：《城乡统筹解决“三农”问题的重大举措——国务院研究室副主任韩长赋解读〈国务院关于解决农民工问题的若干意见〉》，《农村工作通讯》2006年第4期。

② 韩长赋：《我们该怎样看待农民工问题》，《人民日报》2002年6月13日，第5版。

③ 郑功成：《对农民工问题的基本判断》，《中国劳动》2006年第8期。

④ 《我国农民工工作“十二五”发展规划纲要研究》课题组：《中国农民工问题总体趋势：观测“十二五”》，《改革》2010年第8期；“中国农民工战略问题研究”课题组：《中国农民工现状及其发展趋势总报告》，《改革》2009年第2期；国务院农民工办课题组：《中国农民工发展研究》，中国劳动社会保障出版社，2013。

⑤ “中国农民工战略问题研究”课题组：《中国农民工现状及其发展趋势总报告》，《改革》2009年第2期。

节，成为严重制约城镇化健康发展的突出矛盾。“我国城市化水平滞后于社会经济发展。”[①]“由于长期实行城乡分割的政策，导致我国城镇化严重滞后于工业化。”[②]“目前我国的城镇化率，与同等经济发展水平国家相比要低约 10 个百分点，与同等工业化水平国家比要低约 20 个百分点。”[③]“随着农民工在城市较长时间的存在，城乡二元结构已经变为城市的二元社会。”[④]

以上分析，均是调整农民工政策的必要性认识。“农民工的整体素质及其在转移过程中的文明程度，对于中国工业化的竞争力和城市化的水平，具有至关重要的意义”。“吸纳农村转移人口在城镇落户，实现永久性转移，是城镇化的重要目标。随着城镇化过程的加快，中国将改变把进城农民工拒于城市社会之外的制度环境，促进农民工向市民角色的整体转型。”[⑤]“让农民工合理有序地进城，逐步融入城市社会，是我们这样一个人口大国城市化必须解决好的一个现实问题。”[⑥]

第三，农民工在现代化中的角色。“现代化”是国家要务的重要组成部分，也是党的长远目标追求。早在 1964 年的全国人民代表大会上，由毛泽东建议，周恩来在政府工作报告中第一次正式提出要在 20 世纪末实现工业现代化、农业现代化、国防现代化和科学技术现代化，这在后来被简称为广为人知的“四个现代化”。

1992 年中国共产党第十四次全国人民代表大会上的报告，再一次提出现代化的要务，并且大会报告的题目即是“加快改革开放和现代化建设步伐，夺取有中国特色社会主义事业的更大胜利”。1997 年中国共产党第十五次全国人民代表大会上，提出了基本实现现代化分三步走，即“第一个十年实现国民生产总值比二〇〇〇年翻一番，使人民的小康生活

---

① 左学金、朱宇等：《中国人口城市化和城乡统筹发展》，学林出版社，2007。

② 韩长赋：《我们该怎样看待农民工问题》，《人民日报》2002 年 6 月 13 日，第 5 版。

③ 韩长赋：《我们该怎样看待农民工问题》，《人民日报》2002 年 6 月 13 日，第 5 版。

④ “中国农民工战略问题研究”课题组：《中国农民工现状及其发展趋势总报告》，《改革》2009 年第 2 期。

⑤ 韩俊：《推进农民工市民化，提高人口城镇化水平》，《理论视野》2010 年第 9 期。

⑥ 韩长赋：《解决好农民工问题是个大战略》，《经济日报》2006 年 6 月 19 日，第 2 版。

更加宽裕，形成比较完善的社会主义市场经济体制；再经过十年的努力，到建党一百年时，使国民经济更加发展，各项制度更加完善；到下世纪中叶建国一百年时，基本实现现代化，建成富强民主文明的社会主义国家”。至于现代化的内涵，包括“现代化应该有繁荣的经济，也应该有繁荣的文化”，“农业现代化”，“国防现代化”等。2002 年中国共产党第十六次全国人民代表大会提出了 21 世纪头二十年的现代化目标，即“全面建设惠及十几亿人口的更高水平的小康社会，使经济更加发展、民主更加健全、科教更加进步、文化更加繁荣、社会更加和谐、人民生活更加殷实”。“这是实现现代化建设第三步战略目标必经的承上启下的发展阶段。”①

对农民工与现代化之间的关系，政策制定者认为，农民工是现代化的建设者或贡献者。国务院 5 号文件指明，“大量农民进城务工或在乡镇企业就业，对我国现代化建设作出了重大贡献”②。

政策制定者也认识到，既有的农民工政策及其执行中存在一些问题，影响了现代化的建设。其中，比较重要的问题是城乡分割，农民工可以进城打工，却不能成为城市人。“国外就业和迁移是一个同步过程，而中国是两个过程，只有一部分进城就业的人可以真正实现迁移，这是由于我们实行的是城乡分治的户籍政策。这种情况又增加了中国农民工转移的复杂程度。”③ 另外，农民工的待遇和权益保护存在欠缺，“这不符合现代化的目标”④。

政策制定者认为，解决好农民工问题，有助于推进现代化建设，发挥正功能作用。《中国农民工发展研究》提出：“必须进一步转变观念，充分认识在全面建设小康社会和实现现代化的进程中解决好农民工问题的重大意义。”⑤ “积极促使农民工问题得到较快、较好的解决，这是我国向健康和谐的、可持续的工业化、城市化、现代化道路迈进的

---

① 江泽民在中国共产党第十六次全国人民代表大会上的报告。

② 《国务院关于解决农民工问题的若干意见》（国发〔2006〕5 号）。

③ 韩长赋：《中国现代化进程中的农民工问题》，《人民日报》2006 年 12 月 1 日，第 7 版。

④ 国务院研究室课题组：《中国农民工调研报告》，中国言实出版社，2006。

⑤ 国务院农民工办课题组：《中国农民工发展研究》，中国劳动社会保障出版社，2013。

必要条件。”[①]

学者们也指出，应“通过解决农民工问题来促使我们国家更好、更快、更和谐地迈向现代化强国之路”[②]，“解决好了农民工的问题，便解决了中国现代化进程中的关键问题”[③]，“农民工问题的解决将意味着中国真正迈上了现代化的强国之路”[④]。

政策制定者认为，工业化、城镇化、现代化往往并行地使用。国务院5号文件即提出：“进一步做好农民工工作，对于改革发展稳定的全局和顺利推进工业化、城镇化、现代化都具有重大意义。”

3. 农民工在城乡协调发展中的角色

2002年党的十六大所提出的“全面建设小康社会”目标中包括“工农差别、城乡差别和地区差别扩大的趋势逐步扭转”、“社会就业比较充分”、“家庭财产普遍增加”等“分要务”。同时提出，“全面繁荣农村经济”、“统筹城乡经济社会发展”、“建设现代农业，发展农村经济，增加农民收入”、“推进农业产业化经营”等“是全面建设小康社会的重大任务”。十六大还提出，要推动“农村富余劳动力向非农产业和城镇转移”，“引导农村劳动力合理有序流动”，“逐步发展规模经营”，并且要“积极促进区域经济协调发展”。

党的十六大召开的前后社会背景是，从20世纪70年代末改革开放，特别是90年代实行社会主义市场经济体制以后，国家的工业化、城镇化和现代化迅速发展，经济建设和经济收入突飞猛进；然而，这些都发生在城市，农村则停滞不前，与城市的差距越拉越大，以致有专家形容“城市像欧洲，农村像非洲”。2000年，一位乡党委书记给国务院总理朱镕基写信，描述“农民真苦，农村真穷，农业真危险”。由此，农民问题、农村问题、农业问题被概括为“三农”问题。朱镕基总理批示说，

① 郑功成、黄黎若莲：《中国农民工问题：理论判断与政策思路》，《中国人民大学学报》2006年第6期。

② 郑功成：《农民工、农民工问题与农民工问题的解决》，《工人日报》2006年11月22日，第7版。

③ 郑功成：《对农民工问题的基本判断》，《中国劳动》2006年第8期。

④ 郑功成、黄黎若莲：《中国农民工问题：理论判断与政策思路》，《中国人民大学学报》2006年第6期。

此前忽视了“问题的严重性”，要在政策上进行调整。此后，如何协调城乡发展、如何解决“三农”问题逐渐被国家重视。而农民工问题及其政策，也在这一背景和要务中定位。党的十六大所提出的上述“分要务”，可认为是这一政策导向的继续和发展。

第一，农民工在解决“三农”问题方面具有正功能作用。“农民外出务工，为……解决‘三农’问题闯出了一条新路。”[①] 这条新路的实质在于，农民可以进入城市打工，在非农行业就业并得到收入。“农村实行土地家庭承包经营，极大地调动了亿万农民的生产积极性，再加上农业科技进步，解决了农产品供给短缺的问题，同时解放了农村劳动力。又由于改革的深入不断打破原有的城乡壁垒，使农民有了走出农田兴办工业、进入城市的可能。”“农民工”即是这两个因素共同作用的产物，其进步作用在于解放了农村社会生产力。[②]

农民工为农民和农村增加了收入。监测数据表明，农民外出务工已成为农民增加收入的重要来源。“农民工在城市和发达地区就业获得的收入，除用于必需的生活消费支出外，大部分带回了农村。”[③] “工资性收入占农民人均纯收入的比重由 1997 年的 25% 提高到 2004 年的 34%，2006 年又进一步提高到 38.3%。”[④] “工资性收入占农民人均纯收入的比重由 2005 年的 36% 提高到 2010 年的 41%，提高了 5 个百分点。”[⑤] 2005 年，“年工资性收入对农民增收的平均贡献率达到 47% 左右，对中高收入以下家庭增收的贡献率达到 50% 左右”[⑥]。“农民务工收入持续增长，是近年来农民增收和脱贫致富的主要途径。”[⑦] “在一些地区，农民工带

---

① 《国务院关于解决农民工问题的若干意见》（国发〔2006〕5 号）。

② 《我国农民工工作“十二五”发展规划纲要研究》课题组：《中国农民工问题总体趋势：观测“十二五”》，《改革》2010 年第 8 期。

③ 国务院研究室课题组：《中国农民工调研报告》，中国言实出版社，2006。

④ “中国农民工战略问题研究”课题组：《中国农民工现状及其发展趋势总报告》，《改革》2009 年第 2 期。

⑤ 国务院农民工办课题组：《中国农民工发展研究》，中国劳动社会保障出版社，2013。

⑥ 国务院农民工办课题组：《中国农民工发展研究》，中国劳动社会保障出版社，2013。

⑦ “中国农民工战略问题研究”课题组：《中国农民工现状及其发展趋势总报告》，《改革》2009 年第 2 期。

回的资金总量超过了当地政府的财政收入。”① “农民工工资收入的持续增长，已经成为缩小城乡收入分配差距的重要途径。”② “农民打工收入是农村建房、创业和农村消费的主要资金来源”③，“有了这部分钱，农民可以建房子，供孩子上学，解决了很多问题”④。因为“农业比较收益低，农户无法通过务农得以脱贫致富”⑤，所以，“鼓励他们进城务工经商，……是农村工作中的一项重要任务”⑥。

农民工解决了农村剩余劳动力的就业问题。政策制定者认识到，“我国的基本国情是人口众多，尤其是农民多；劳动力规模巨大，尤其是农村劳动力大量剩余”⑦，“我国 1/3 农村劳动力处于就业不充分状态，现有农村富余劳动力总数在 1.5 亿人左右”⑧，“21 世纪初期农村劳动力将处于新的供给高峰，……2010 年全国农村将新增劳动力 6350 万左右”⑨。但是，农业和农村能够为农民提供的就业岗位十分有限，乡镇企业吸纳农村劳动力的能力下降，当地缺乏能够提供大量工作岗位的产业；鼓励创业的政策滞后，融资困难，市场有限，政府服务缺位，审批或立项难，部门乱收费。⑩ 这些都决定了大量农村劳动力难以就地、就近就业。“如果农村大量富余劳动力得不到消化，‘人往哪里去’的问题得不到解决，农民的富裕、农村的全面小康就只能是一句空话，全面建设小康社会的目标就会落空。”⑪ 在这种情况下，外出务工成为农民的必

① 国务院研究室课题组：《中国农民工调研报告》，中国言实出版社，2006。

② 国务院农民工办课题组：《中国农民工发展研究》，中国劳动社会保障出版社，2013。

③ “中国农民工战略问题研究”课题组：《中国农民工现状及其发展趋势总报告》，《改革》2009 年第 2 期。

④ 唐园结等：《城乡统筹解决“三农”问题的重大举措——国务院研究室副主任韩长赋解读〈国务院关于解决农民工问题的若干意见〉》，《农村工作通讯》2006 年第 4 期。

⑤ 《我国农民工工作“十二五”发展规划纲要研究》课题组：《中国农民工问题总体趋势：观测“十二五”》，《改革》2010 年第 8 期。

⑥ 韩长赋：《我们该怎样看待农民工问题》，《人民日报》2002 年 6 月 13 日，第 5 版。

⑦ 韩长赋：《关于农民工问题的几点认识和思考》，《中国城市经济》2006 年第 7 期。

⑧ 陈锡文、韩俊：《如何有序转移农村富余劳动力》，《人民日报》2002 年 6 月 3 日，第 9 版。

⑨ 陈锡文、韩俊：《如何有序转移农村富余劳动力》，《人民日报》2002 年 6 月 3 日，第 9 版。

⑩ 《我国农民工工作“十二五”发展规划纲要研究》课题组：《中国农民工问题总体趋势：观测“十二五”》，《改革》2010 年第 8 期。

⑪ 国务院研究室课题组：《中国农民工调研报告》，中国言实出版社，2006。

然选择[①]，促进农村富余劳动力向非农产业转移则成为政府的必然选择[②]。“外出务工的比重高于本地从事非农业生产的比重，是农村劳动力转移的主要途径”[③]，概言之，“农民工”打破了导致就业不充分的农村封闭状态，成为解决农村劳动力就业问题的主要通道。

农民工推动了新农村建设。“改革开放30年来，农民工为……推进社会主义新农村建设，作出了特殊的历史贡献。”[④]“农民工群体每年带回家的数以千亿计的现金，成为购买农业生产资料……的重要资金来源”，也成为“农村建设的重要资金来源”[⑤]。农民外出务工收入，为农村发展提供了资金积累。[⑥]农民工还从城市带回了技术[⑦]、市场信息[⑧]、市场经营观念[⑨]和现代管理模式[⑩]。一些农民工回乡创业，使落后地区获得了发展的外源力量和造血功能。[⑪]农民工“直接促进社会主义新农村建设”[⑫]，不但“带动了农村各行各业的繁荣和发展”[⑬]，还“推动了不发达地区乡镇企业和县域经济的壮大”[⑭]。

农民工有助于农业生产率的提高。“农村人均占有资源少，农业劳动生产率低，是我国农业和农村发展面临的基本矛盾。”“我国‘三农’

① 《我国农民工工作“十二五”发展规划纲要研究》课题组：《中国农民工问题总体趋势：观测“十二五”》，《改革》2010年第8期。

② 陈锡文、韩俊：《如何有序转移农村富余劳动力》，《人民日报》2002年6月3日，第9版。

③ “中国农民工战略问题研究”课题组：《中国农民工现状及其发展趋势总报告》，《改革》2009年第2期。

④ “中国农民工战略问题研究”课题组：《中国农民工现状及其发展趋势总报告》，《改革》2009年第2期。

⑤ 国务院研究室课题组：《中国农民工调研报告》，中国言实出版社，2006。

⑥ “中国农民工战略问题研究”课题组：《中国农民工现状及其发展趋势总报告》，《改革》2009年第2期。

⑦ 《国务院关于解决农民工问题的若干意见》（国发〔2006〕5号）。

⑧ 韩长赋：《农民工问题是事关我国现代化建设顺利推进的大问题》，《学习时报》2010年10月11日，第1版。

⑨ 国务院研究室课题组：《中国农民工调研报告》，中国言实出版社，2006。

⑩ “中国农民工战略问题研究”课题组：《中国农民工现状及其发展趋势总报告》，《改革》2009年第2期。

⑪ 国务院研究室课题组：《中国农民工调研报告》，中国言实出版社，2006。

⑫ 《国务院关于解决农民工问题的若干意见》（国发〔2006〕5号）。

⑬ 国务院研究室课题组：《中国农民工调研报告》，中国言实出版社，2006。

⑭ 国务院农民工办课题组：《中国农民工发展研究》，中国劳动社会保障出版社，2013。

问题突出，城乡居民收入差距持续扩大，根本原因在于农村人口多、农民转移不彻底、农业劳动生产率水平低。”[①] “农民外出务工降低了单位土地面积上的劳动人数，为促进农业规模经营、提高农业劳动生产率，发展现代农业创造了必要条件。”[②] “‘三农’问题解决的根本出路在于减少农民，而大量农民工流入城市或者进入乡镇企业务工，使得农民工可以摆脱土地的束缚；劳资关系的确立与延续，又使其可以真正从土地上解放出来，这有利于缓解我国人多地少的矛盾，进一步释放农村的劳动生产力，向乡村传递城市文明，并为农村土地资源的集约化、规模化经营及农村产业结构的优化升级提供基本条件。”[③] 与此同时，农民工还缓解了农村资源压力[④]，缓解了人地矛盾[⑤]。

第二，农民工在解决城乡发展失衡方面具有正功能作用。农民工来自农村，进入城市务工，又向农村提供资金，这被称为“劳动力和资金双向流动”。这一双向流动“同时解决了城市劳动力资源供给和农村收入增加两大问题”[⑥]。“农民工每年给城市经济创造 1—2 万亿元人民币的 GDP 增量，并为农村增加 5000 亿元人民币的收入。”[⑦] 农民工“既推动了城市经济的发展，也为农村经济发展注入了新的活力”[⑧]，“成为工业带动农业、城市带动农村……的有效形式”[⑨]，“工业反哺农业、城市文明辐射农村的现实途径”[⑩]。

---

① 国务院农民工办课题组：《中国农民工发展研究》，中国劳动社会保障出版社，2013。

② “中国农民工战略问题研究”课题组：《中国农民工现状及其发展趋势总报告》，《改革》2009 年第 2 期。

③ 郑功成、黄黎若莲：《中国农民工问题：理论判断与政策思路》，《中国人民大学学报》2006 年第 6 期。

④ 韩长赋：《农民工问题是事关我国现代化建设顺利推进的大问题》，《学习时报》2010 年 10 月 11 日，第 1 版。

⑤ 韩长赋：《解决好农民工问题是个大战略》，《经济日报》2006 年 6 月 19 日，第 2 版。

⑥ 李培林、李炜：《农民工在中国转型中的经济地位和社会态度》，《社会学研究》2007 年第 3 期。

⑦ 王春超最新的测算是，农民工对我国非农产业 GDP 的贡献率逐年增大，由 1991 年的 10.5% 上升到 2010 年的 19.4%，且农民工对非农产业 GDP 的平均贡献率为 16.37%。由此可以看出农民工在我国经济发展中所起的作用越来越重要。见王春超《中国城市化进程中农民工对经济产出的贡献与收益分享》，《经济社会体制比较》2012 年第 2 期。

⑧ 国务院农民工办课题组：《中国农民工发展研究》，中国劳动社会保障出版社，2013。

⑨ 韩长赋：《关于农民工问题的几点认识和思考》，《中国城市经济》2006 年第 7 期。

⑩ 韩长赋：《我们该怎样看待农民工问题》，《人民日报》2002 年 6 月 13 日，第 5 版。

然而，农民工在解决“三农”问题和城乡协调发展方面的正功能作用也受到了限制，以致“三农”问题解决的速度慢，程度低。

农民工解决“三农”问题等的正功能作用所受到的限制，主要来自现行政策和制度，而这些政策和制度主要在城市。城市的两扇大门只对农民工开放了通向“城市市场”的一扇，另一扇通向“城市社会”和“城市政治”的大门并未向他们开启。因此，农民工在进入“城市市场”的时候必须具有通行证（暂住证、就业证），缴纳通行费（各种收费），并且不是每条大街小巷都能进入（就业岗位限制）。用学者的话说，他们受到“经济性接纳，社会性排斥”[①]。“我国在很长时间，不是随着工业化的发展，逐步推进城市化，加速农村劳动力和人口向城镇转移，而是从行政体制、政策制定到各项管理制度上，都是限制城镇的发展和劳动力的流动，限制农民大量进城。”[②]“随着社会主义市场经济体制的逐步确立，对农民就业和流动的不少束缚被解除。但是，在改革城乡分割制度方面仍然没有迈开实质性步伐。”[③]“自从中国社会科学院的张雨林研究员于1984年提出‘农民工’这个名词以来，其‘一只脚迈进了城市，一只脚还在乡村’的状态已经持续了三十多年。”[④]

因为在城市享受不到与城市人同等的公共福利和公共服务，不能得到同等的社会保障，生活缺乏基本保障和稳定性，难以安居乐业，所以当在城市遇到困难和风险的时候，农民工常常选择返回农村。因为企业用工不规范，农民工就业稳定性差、流动性强，以及很多就业岗位随着产业更替和市场周期而频繁流动和变化，他们在失去工作的时候又不得不返乡。[⑤]由此，“数以亿计的农民工只能奔波于城乡之间，过着‘候鸟’式的两栖生活”。他们“家分两地，长期奔波于城乡之间，付出往

① 韩俊等：《劳动力市场：破除对农民工的歧视政策》，载《中国改革论坛暨中国体改研究会2005年北京年会论文集》，2005。

② 陈锡文、韩俊：《如何有序转移农村富余劳动力》，《人民日报》2002年6月3日，第9版。

③ 陈锡文、韩俊：《如何有序转移农村富余劳动力》，《人民日报》2002年6月3日，第9版。

④ 韩俊等：《劳动力市场：破除对农民工的歧视政策》，载《中国改革论坛暨中国体改研究会2005年北京年会论文集》，2005。

⑤ 国务院研究室课题组：《中国农民工调研报告》，中国言实出版社，2006。

返流动的成本，造成在家乡建房投资而常年闲置的社会浪费”。“这种不彻底的转移方式，不能起到减少农民、使土地向务农劳动力稳定流转集中的作用。”① 而且，因为制度和政策的障碍，依然有很多农民滞留于农村剩余劳动力的状态。“我国农村仍有剩余劳动力1亿人左右，规模依然较大。”②

因为农民工“不能逐步转化为正规的产业工人和安居乐业的市民”，“农业弱质、农村落后、农民弱势的问题也不可能得到根本解决”③，“中国城乡差距、地区差距和贫富差距扩大的趋势就不可能得到根本改变和扭转”④。进一步来看，“农村青壮年的黄金时间用在城里，实际是把人口红利留在发达地区和城市，从长远来看，这样会进一步导致城乡、区域差距的扩大”⑤ 和“城乡发展失衡”⑥。

或许更为不利的是，农民工还从城市带回较高的代价和风险。这些代价和风险或者由本人和家庭承担，或者由当地政府承担。其一，农民工虽然眼下吃“青春饭”，养老问题不尖锐，但“却把沉重的包袱留给了几十年后的政府、社会和家庭”。其二，农民工在城市从事苦、脏、累的工作，劳动强度大，超时间劳动比较普遍，身体损耗大，不得不在中年时期就抱着虚弱的身体返乡，较早失去劳动能力。其三，农民工生病时，无法承担城市高额的医疗费用，只能硬挺，或者到游医和其他私人诊所看病，因病重新返贫问题突出。⑦ 其四，“劳动安全条件差，职业病和工伤事故较多”⑧，而“工伤保险参保率低，伤残医治赔偿困难。许多农民工发生工伤事故得不到及时的治疗和经济赔偿，拖着伤残的身体

① 国务院农民工办课题组：《中国农民工发展研究》，中国劳动社会保障出版社，2013。

② 国务院农民工办课题组：《中国农民工发展研究》，中国劳动社会保障出版社，2013。

③ 国务院研究室课题组：《中国农民工调研报告》，中国言实出版社，2006。

④ 国务院研究室课题组：《中国农民工调研报告》，中国言实出版社，2006。

⑤ 国务院农民工办课题组：《中国农民工发展研究》，中国劳动社会保障出版社，2013。

⑥ 郑功成、黄黎若莲：《中国农民工问题：理论判断与政策思路》，《中国人民大学学报》2006年第6期。

⑦ 国务院研究室课题组：《中国农民工调研报告》，中国言实出版社，2006。

⑧ “中国农民工战略问题研究”课题组：《中国农民工现状及其发展趋势总报告》，《改革》2009年第2期。

回到原籍，成为农村新的贫困户”[①]。据国务院发展研究中心2007年对劳务输出县301个村的调查，“外出就业中因职业病、伤残回乡的人数为1017人，死亡的有519人”[②]。他们“拖着残疾之躯回到农村，给家庭、给农村带来负担”[③]。其五，身强体壮的农民工外出务工，农村留守儿童、老人、妇女问题突出。“农村留守儿童、老人、妇女问题的产生，虽与农村劳动力转移的渐进性有关，但主要是根源于城乡分割的二元体制。进城农民工面对着种种难题，如工资水平低而城市生活成本较高，子女需要回乡参加中考、高考的制度，受户籍制度的限制而不能在城镇定居。在这种情况下，农民工的子女、老人、妇女等家庭成员在农村留守也就成为不得不接受的选择。”“留守群体的问题及其引发的社会矛盾越来越明显。一是留守儿童由于家庭不完整，容易带来诸如心理失衡、性格扭曲、成绩不良、缺乏安全感等问题；二是农业‘女性化’趋势日益明显，男性劳动力大量进入城市，农业靠妇女支撑，农业劳动力老龄化与发展现代农业的需求很不适应；三是由于农村社会保障缺失，留守问题直接影响到农村家庭和农村社会的稳定。”[④]“留守儿童关爱服务明显不足，亲情缺失、生活抚育、教育监护和安全保护等问题日益突出。一些留守妇女面临情感缺失和婚姻危机，家庭负担重，生存状况和安全状况堪忧。留守老人的精神慰藉缺失，情感生活匮乏，普遍缺乏安全感。数量庞大的农村留守儿童、留守妇女和留守老人，已经衍生出影响社会发展的诸多问题。”[⑤]

这些现行制度和政策的障碍也导致了城市化的滞后。“我国的经济发展水平已达到了工业化中期阶段，但城市化进程仍然较慢。我国城市

---

① 国务院研究室课题组：《中国农民工调研报告》，中国言实出版社，2006。

② “中国农民工战略问题研究”课题组：《中国农民工现状及其发展趋势总报告》，《改革》2009年第2期。

③ 唐园结等：《城乡统筹解决“三农”问题的重大举措——国务院研究室副主任韩长赋解读〈国务院关于解决农民工问题的若干意见〉》，《农村工作通讯》2006年第4期。

④ “中国农民工战略问题研究”课题组：《中国农民工现状及其发展趋势总报告》，《改革》2009年第2期。

⑤ 国务院农民工办课题组：《中国农民工发展研究》，中国劳动社会保障出版社，2013。

化水平与经济发展水平相近的国家比较，起码落后5个百分点以上。按世界银行的购买力平价（PPP）计算，1997年我国人均GNP为3570美元，同年人均GNP在2040—4840美元的28个国家平均城市化水平为52.6%，我国低了16个百分点。城市化滞后，使得城乡经济难以协调发展，严重阻碍了第三产业的发展，影响了就业。”[①]

政策制定者认识到，“农民工外出就业和权益保障等方面仍然面临着很多问题，关于农民工的许多政策规定和管理制度，还不适应统筹城乡经济社会发展的要求”[②]。

政策制定者和建议者都论述了调整农民工政策的必要性。“切实保护农民工合法权益，促进稳定就业的农民工融入城市，是推进工业化城镇化进程、有效解决‘三农’问题的一个核心环节。”要“坚持深化改革、消除农村劳动力流动的体制障碍”[③]，“要尽快打破城乡、地区就业壁垒，建立跨地区、跨城乡的统一的劳动力市场，实行城乡劳动者平等的就业制度”[④]，要“提高进城务工农民的职业技能，改善他们的就业环境和条件，保障他们的合法权益，使他们与城市劳动者一样平等就业，为他们提供城市市民享有的一般公共服务”[⑤]，要“促进稳定就业的农民工融入城市”。

4. **农民工在改革中的角色**

自1978年党的十一届三中全会提出要“对经济管理体制和经营管理方法着手认真的改革”和“正确改革同生产力迅速发展不相适应的生产关系和上层建筑”[⑥]以来，“改革”在此后的三十余年间都是国家的中心任务或中心要务。从党的十二大报告到十八大报告都强调“改革”。政策制定者认为，农民工的角色和功能同样也在改革这一要务中定位。农民工的政策调整，取决于其在改革中的角色和功能。

---

① 陈锡文、韩俊：《如何有序转移农村富余劳动力》，《人民日报》2002年6月3日，第9版。

② 国务院研究室课题组：《中国农民工调研报告》，中国言实出版社，2006。

③ 韩俊主编《中国农民工战略问题研究》，上海远东出版社，2009。

④ 国务院研究室课题组：《中国农民工调研报告》，中国言实出版社，2006。

⑤ 韩长赋：《关于农民工问题的几点认识和思考》，《中国城市经济》2006年第7期。

⑥ 中国共产党第十一届中央委员会第三次全体会议公报。

第一，农民工与市场化改革。党的十四大正式提出，“我国经济体制改革的目标是建立社会主义市场经济体制”。为此，要“加快市场体系的培育”，“发展技术、劳务、信息和房地产等市场，尽快形成全国统一的开放的市场体系”，“加强市场制度和法规建设，坚决打破条条块块的分割、封锁和垄断，促进和保护公平竞争”①。党的十六大进一步提出，要“在更大程度上发挥市场在资源配置中的基础性作用”②。

农民工被认为在市场化改革，特别是劳动力市场建立中起到了积极作用。“农民工的巨大浪潮冲破了劳动力市场的城乡界限、地域界限和部门界限，使市场导向、自主择业、竞争就业的机制成为现实，促进了中国劳动力市场的发育，促进了劳动用工制度的改革，促进了通过市场合理配置劳动力资源机制的形成。”③ “农民工促进了市场导向、自主择业、竞争就业机制的形成。”④ 农民工“也为繁荣市场、搞活经济、扩大开放发挥了重要作用，从而整体上推动了市场经济的全面发展”⑤。

政策制定者判断，“农民外出务工已成为促进改革的重要推动力。农民工跨地区流动就业蕴含着深刻的体制变革因素，是推动改革的重要力量”⑥。所以，在政策调整方面，“要尽快打破城乡、地区就业壁垒，建立跨地区、跨城乡的统一的劳动力市场，实行城乡劳动者平等的就业制度”⑦。

第二，农民工与政府管理体制改革。党的十六大提出，要“深化行政管理体制改革。进一步转变政府职能，改进管理方式”⑧。政策制定者和建议者认为，农民工在其中起到了正面的推动作用。农民工的城乡流

---

① 江泽民在中国共产党第十四次全国人民代表大会上的报告。

② 江泽民在中国共产党第十六次全国人民代表大会上的报告。

③ 国务院研究室课题组：《中国农民工调研报告》，中国言实出版社，2006。

④ 魏礼群：《正确认识和高度重视解决农民工问题》，《人民日报》2006 年 4 月 26 日，第 11 版。

⑤ “中国农民工战略问题研究”课题组：《中国农民工现状及其发展趋势总报告》，《改革》2009 年第 2 期。

⑥ “中国农民工战略问题研究”课题组：《中国农民工现状及其发展趋势总报告》，《改革》2009 年第 2 期。

⑦ 国务院研究室课题组：《中国农民工调研报告》，中国言实出版社，2006。

⑧ 江泽民在中国共产党第十六次全国人民代表大会上的报告。

动“极大地推动了政府职能和管理方式的转变”。“农民工这一庞大的社会群体冲开城门，大规模、大范围跨区域流动，……对城市社会管理体制提出挑战。在解决农民工问题中，各级政府的职能定位、管理理念、行为方式也都悄然发生变化，传统的户籍制度、劳动就业制度和社会保障制度正在发生变革。”[①]“亿万农民工是我国……城乡体制改革、转变政府职能……的巨大推动力量。”[②] 然而，与农民工有关的政府管理体制上存在较多的问题。这些问题在很大程度上是农民工政策缺位和农民工政策执行不力导致的。

其一，在体制转轨、社会转型的背景下，各级政府怎样引导、组织农民工合理有序流动，是一个现实问题和挑战。“怎样从中国的国情出发，顺应现代化的一般规律，引导农民工合理有序流动，并且解决好这个过程中出现的问题，确实是政府应该抓紧研究的大课题。”[③]

其二，对用人单位的劳动用工管理不到位，不规范。一些用人单位不与农民工签订劳动合同，或者合同期限短、内容不完备、履约不规范、解雇随意性。农民工工资水平普遍偏低，同工不同酬，工资时常被拖欠，社会保险的缴纳比例低。农民工劳动强度大，工作时间长，超时间劳动比较普遍，对身心造成损害。一些企业的安全卫生条件差，工伤和职业病的发生率较高。[④] 另外，侵犯人身权利的事时有发生。有些企业对农民工实行封闭式管理，限制人身自由，有的采取扣留身份证、搜身检查等非法手段，有的甚至随意体罚、打骂农民工。[⑤] 在市场化条件下，政府如何管理和规范企业行为，依然未能较好地得到解决。

其三，劳动关系协调机制不健全。政府调整劳动关系的能力薄弱，劳动争议调解基层组织建设滞后。基层劳动保障监察存在执法力量不

---

① 国务院研究室课题组：《中国农民工调研报告》，中国言实出版社，2006。

② 韩长赋：《中国现代化进程中的农民工问题》，《人民日报》2006 年 12 月 1 日，第 7 版。

③ 唐园结等：《城乡统筹解决“三农”问题的重大举措——国务院研究室副主任韩长赋解读〈国务院关于解决农民工问题的若干意见〉》，《农村工作通讯》2006 年第 4 期。

④ 国务院农民工办课题组：《中国农民工发展研究》，中国劳动社会保障出版社，2013。

⑤ 国务院研究室课题组：《中国农民工调研报告》，中国言实出版社，2006。

足、经费保障不力、执法装备落后等突出问题。[①] 同时，维权法制不健全。按照《中华人民共和国劳动法》（以下简称《劳动法》）规定，劳动争议案件必须经过劳动仲裁，才能向法院起诉。但现行劳动争议仲裁时效60日的规定太短，使得众多农民工延误维权的时机。此外，仲裁、诉讼环节过多，必要程序全部走完一般需要1—2年，有的到案件终结时用人单位已不存在或相关责任人已无从查找，迫使农民工到处申诉告状。[②] 协调劳动关系三方机制不健全，作用未能有效发挥。[③] 劳动争议导致的群体性事件频发，已经成为影响社会和谐的重要因素。[④]

其四，农民工管理服务体制不能适应新形势的需要。农民工工作涉及方方面面，单靠一个部门很难协调。目前，农民工服务管理组织领导体系是由政府人力资源和社会保障部门的分管领导负责，办公室也设在人力资源和社会保障部门。负责全国农民工工作的机构是人力资源和社会保障部农民工工作司，相对其量大面广的管理服务对象来说，无论是机构规格、人员编制，还是职能设置都有待进一步理顺和加强。省、市、县各级农民工主管部门机构设置也存在机构不统一、协调不顺畅的问题。[⑤]

此外，农民工的高流动率也造成社会管理的低效率。“数以亿计的劳动者及其家属群体长期处于流动状态，并且是数千公里范围内的流动，要实现有序的社会管理几乎是做不到的。”[⑥]

第三，农民工与政治体制改革。党的十六大提出，“发展社会主义民主政治，建设社会主义政治文明，是全面建设小康社会的重要目标”[⑦]。农民工由此被认为是“推动……社会主义民主政治发展的重要力量”[⑧]。

① 国务院农民工办课题组：《中国农民工发展研究》，中国劳动社会保障出版社，2013。
② 国务院农民工办课题组：《中国农民工发展研究》，中国劳动社会保障出版社，2013。
③ 国务院农民工办课题组：《中国农民工发展研究》，中国劳动社会保障出版社，2013。
④ 国务院农民工办课题组：《中国农民工发展研究》，中国劳动社会保障出版社，2013。
⑤ 国务院农民工办课题组：《中国农民工发展研究》，中国劳动社会保障出版社，2013。
⑥ 郑功成：《让农民工从流动走向安居乐业》，《新农业》2012年第4期。
⑦ 江泽民在中国共产党第十六次全国人民代表大会上的报告。
⑧ 韩俊主编《中国农民工战略问题研究》，上海远东出版社，2009。

农民工问题与政治体制密切相关。农民工对要务的正功能作用的发挥，也与政治体制紧密关联。政策制定者和建议者看到，与农民工有关的政治体制也存在较为突出的问题。这些问题集中于农民工民主权利缺失、游离于政治生活之外，导致在社会政策制定中他们的利益诉求得不到回应和保障。[①] 这些问题也在较大程度上成为农民工政策缺位和农民工政策执行不力的原因。

其一，农民工在用人单位的民主权利未能正常行使。农民工“很难正常行使民主权利”[②]。“基层工会组织不健全，许多民营企业特别是中小企业还没有建立工会组织”[③]。农民工“不能参加职工（代表）大会，不能行使正常的民主管理权利”[④]，“劳动工资集体协商制度没有得到执行”[⑤]。

其二，农民工作为城镇社区居民的民主权利难以实现。“很多农民工虽然已经成为当地常住人口，但不能参加社区民主选举和参与社会事务管理”[⑥]。“由于户籍制度，农民工被排斥在社区组织、社区活动、社区管理之外”[⑦]。“民主诉求根本没有合适途径加以表达”，“难以在城市公共政策的制定中得到充分反映”[⑧]。

综上所述，政策制定者和建议者都认识到了农民工对本时期“要务”的正功能，而且在各类论述中均未认为其有负功能。同时，他们也都认识到，迄今为止，这些正功能由于既有政策的滞后和缺陷未能得到应有的发挥。为了更好地发挥农民工对“要务”的正功能，调整政策是必要的。总之，农民工对“要务”的正功能以及国家所期望的理想水平

---

① “中国农民工战略问题研究”课题组：《中国农民工现状及其发展趋势总报告》，《改革》2009年第2期。

② 国务院研究室课题组：《中国农民工调研报告》，中国言实出版社，2006。

③ 国务院研究室课题组：《中国农民工调研报告》，中国言实出版社，2006。

④ 国务院研究室课题组：《中国农民工调研报告》，中国言实出版社，2006。

⑤ 国务院研究室课题组：《中国农民工调研报告》，中国言实出版社，2006。

⑥ 国务院研究室课题组：《中国农民工调研报告》，中国言实出版社，2006。

⑦ “中国农民工战略问题研究”课题组：《中国农民工现状及其发展趋势总报告》，《改革》2009年第2期。

⑧ 《我国农民工工作“十二五”发展规划纲要研究》课题组：《中国农民工问题总体趋势：观测“十二五”》，《改革》2010年第8期。

发挥，是农民工政策调整的内在动力。

二　权力损益

制定农民工政策的政府考量的第二个方面是“权力损益”。这里，“权力”是指国家和政府的行政权力，国家和政府的目标是权力稳定和长期执政，防止权力削弱、权力不稳、失去控制和遭遇反抗。“损益”是指权力数量及力量的增加或减少，对权力目标有益还是有损。对权力损益的“政府考量”是指关于特定事物、特定群体、特定政策与“权力损益”之间关系的认识和评价。例如，农民工这个群体对政府的权力会产生什么影响？特定农民工政策的制定和实施对政府的权力会产生什么影响？从这个视角看，“益”是农民工政策积极调整的推动力量，“损”是农民工政策停滞或向其他方向调整的推动力量。

就政府来说，“权力损益”的敏感度一般高于“要务考量”。“要务”并非一个独立的变量，而是在较大程度上包含着“权力”目的。在政府单方制定政策的环境下，“权力损益”的微弱变化都会引起关注，相关政策也容易被政府领导所重视。而“领导重视”是政策调整和出台的关键条件。

（一）农民工与权力损益的关联

农民工群体被认为是一支重要的而且有力的政治力量。“改革开放以来，随着社会主义市场经济体制的建立完善和国有企业改革的深入推进，原有工业、交通运输、基本建设和财贸四路产业大军‘七零八落’，传统意义上的工人阶级队伍急速分化重组，农民工群体开始大规模地、历史性地登上舞台。目前农民工已经成为当代中国工人阶级的重要组成部分，并将逐步成为主体。”[①]“农民工已遍布全国各个地区和各个行业，

① 国务院农民工办课题组：《中国农民工发展研究》，中国劳动社会保障出版社，2013。

是一个新的社会阶层，并成为产业工人的主体部分。”① “无论我们如何看待或者评价农民工，农民工事实上已经成为一个有着自己独特利益诉求的规模巨大的特殊社会群体，这一群体不可避免地对现行制度安排与政策体系产生巨大的冲击。”②

农民工群体的行为影响到党的执政。“中国农民工问题，涉及几亿农村人口转入非农产业和城镇的社会经济结构变迁，涉及几亿农村人口生产方式和生活方式的转变。解决好农民工问题是一个重大战略问题，这……关系到中国工农联盟执政基础的巩固。”③ “他们的社会态度及行为选择直接影响着我们党执政的群众基础。因而，需要从治国理政和长远发展的高度，密切关注这一特殊群体，需要从经济、政治、社会、文化等角度，分析研究他们的特点和走向。”④

农民工对国家权力产生影响的性质决定国家的政策。“亿万农民工是成为一个总体稳定的群体，还是演变为一个流动不定、动荡不安的群体；是成为一个良性发展的群体，还是演变为一个恶性循环、没有出路的群体；是成为一个健康有序的群体，还是演变为一个缺乏关爱、缺少管理的群体，是对党的执政能力和政府管理能力的重大挑战。”⑤ “使农民工队伍的政治觉悟、理想信念朝着工人阶级的先进性转变，使他们的流动性朝着相对稳定的方向转变，使其松散性朝着组织化的方向转变，事关工人阶级领导地位的巩固和加强。”⑥ “一亿多农民进城务工、流动就业，搞好社会管理，实现社会公平，是保持社会稳定、构建和谐社会的重要方面。”⑦

---

① “中国农民工战略问题研究”课题组：《中国农民工现状及其发展趋势总报告》，《改革》2009 年第 2 期。

② 郑功成、黄黎若莲：《中国农民工问题：理论判断与政策思路》，《中国人民大学学报》2006 年第 6 期。

③ 国务院研究室课题组：《中国农民工调研报告》，中国言实出版社，2006。

④ 韩长赋：《新生代农民工社会融合是个重大问题——关于新生代农民工问题的调查与思考》，《光明日报》2012 年 3 月 16 日，第 7 版。

⑤ 国务院农民工办课题组：《中国农民工发展研究》，中国劳动社会保障出版社，2013。

⑥ 国务院农民工办课题组：《中国农民工发展研究》，中国劳动社会保障出版社，2013。

⑦ 韩长赋：《解决好农民工问题是个大战略》，《经济日报》2006 年 6 月 19 日，第 2 版。

农民工政策是政治性政策。“解决好农民工问题，是一项牵涉面广、敏感度高、政治性强的系统工程，要用宏观的思维、前瞻的视野、系统的方法加以把握，上升到党和国家工作全局的高度统筹解决。”[①] 同时，农民工政策也“关系到亿万农民工丰富精神文化生活并自觉接受社会主义核心价值观”[②]。

（二）政策施惠与权力损益

政策制定者认识到，农民工政策的方向和内容决定农民工的政治态度，决定国家权力的损益。“好”的农民工政策是能够给农民工带来“好处”的政策，即“施惠”于农民工的政策；政策给农民工带来和增加了福利，农民工就会拥护国家，服从政府的领导。因而，政策建议者提出，要让农民工在城市安居乐业，“只有让农民工在城镇安居乐业，才能实现其融入城镇主流社会的愿望，并最终实现社会安定团结”[③]。政策制定者也认为，要给农民工提供向上流动的渠道，使农民工群体“实现稳定就业并能够向上流动，从而保持积极进取的心态，更好地融入我们的主流社会和主流文化，对于……和谐稳定和巩固党的执政基础都具有十分重大的意义”[④]。要给农民工提供进城享受文明生活的机会，农民自身“有比较强烈的愿望到城镇寻找生活和发展的机会”。要“使农村居民过上现代文明生活，只有把农村居民转移到城镇。舍此，别无他途”[⑤]。农民工进入城市后整体素质的提高，可以巩固党的执政基础。[⑥]

---

① 国务院农民工办课题组：《中国农民工发展研究》，中国劳动社会保障出版社，2013。

② 国务院农民工办课题组：《中国农民工发展研究》，中国劳动社会保障出版社，2013。

③ 郑功成：《让农民工享有平等权利》，《群言》2010 年第 2 期。

④ 韩长赋：《新生代农民工社会融合是个重大问题——关于新生代农民工问题的调查与思考》，《光明日报》2012 年 3 月 16 日，第 7 版。

⑤ 侯云春等：《我国城镇化的基本态势、战略重点和政策取向（上）》，《中国市场》2010 年 3 月 18 日。

⑥ 《我国农民工工作“十二五”发展规划纲要研究》课题组：《中国农民工问题总体趋势：观测“十二五”》，《改革》2010 年第 8 期。

（三）问题解决与权力损益

农民工问题不但被认为是经济问题、社会问题，而且被认为是政治问题。[①] 如果出现罢工、群聚等事件，几乎总是被认定为政治问题。政策制定者认为，是否正视和重视农民工遇到的问题，能否给予正确和有效的解决，关系到农民工的态度性质和行为方向，从而对权力损益产生影响。即：如果国家正确和有效地解决了问题，农民工就会支持国家的权力；如果不能解决问题或者不能较好地解决问题，国家的权力就可能受到损害。而国家的权力损害包括了社会不和谐、社会不稳定、社会矛盾、社会风险、群体事件、刑事案件、非法组织、被非法组织利用以及针对政府的暴力事件等。因此，问题的权力损益和问题解决的权力损益，成为政策制定和调整的推动力。

政策制定者和建议者在这方面的分析，有如下几方面。

农民工不能融入城市的权力损益。“他们能否顺利融入城镇直接影响着和谐社会建设”[②]，“农民工如果长期不被城市接纳，就会给城市社会带来很大的冲击”[③]。“农民工长期处在城市的边缘，只被当作廉价劳动力，不能融入城市，定会累积很多矛盾，造成重大的不稳定隐患。”[④]“特殊的城市化路径在城乡之间形成了一个巨大的农民工群体，形成城乡二元结构，没有有效的闭合，在城市内部又形成了一个非常明显的新的城市二元结构，本地人和外地人之间存在着群体的鸿沟。在社会流动性越来越强，社会结构深刻转变的大背景下，如果不创新社会管理的体制，不消除外来人口和本地人口的群体鸿沟，尤其是对外来人的制度性的歧视，这很有可能会成为社会不稳定的一个重大因素。”[⑤] “农民工回

---

① 郑功成、黄黎若莲：《中国农民工问题：理论判断与政策思路》，《中国人民大学学报》2006 年第 6 期。

② 韩长赋：《新生代农民工社会融合是个重大问题——关于新生代农民工问题的调查与思考》，《光明日报》2012 年 3 月 16 日，第 7 版。

③ 李强：《中国城市化进程中的“半融入”与“不融入”》，《河北学刊》2011 年第 5 期。

④ 国务院农民工办课题组：《中国农民工发展研究》，中国劳动社会保障出版社，2013。

⑤ 韩俊：《需高度重视中国社会结构的断裂和失衡问题》，《农村工作通讯》2012 年 1 月 4 日。

不到农村，融不进城市，城乡两不靠。……就可能转向自己群体内获取认可和保护，各种自发团体、自组织就可能发育起来。现在一些城市已经形成了同一个县或地方来的人生活居住在一起、集中在同一个行业的现象，有的地方甚至出现了老乡团伙占据一方的现象。长此以往，一个城市就有可能形成主流社会与边缘社会并存的双重结构，出现社会阶层之间互不认同难题和价值观差异，从而带来隔离和矛盾，影响社会和谐稳定。”① “城市人口结构中农民工比重的持续增加，在农民工流入集中的东部沿海地区，许多地方外来人口已占很高比重，有的地方甚至出现了外来人口超过本地人口的‘人口倒挂’现象。随着城市人口结构中农民工比重的持续增加，如果社会管理体制不能相应调整，缺乏利益诉求表达的畅通渠道和合法权益的保障机制，必然会引起农民工的心态失衡和行为失控，必然会加剧社会矛盾。”②

城市对农民工的公共服务缺位的权力损益。“比如农民工子女上学问题、流动人口公共卫生和疾病控制问题、计划生育管理服务问题等。这些问题……如果不解决好，……就可能造成农民工和业主包括城市居民的矛盾，就会影响和谐社会建设。”③

“三农”问题解决不好的权力损益。“大量的剩余劳动力停留在农村，……仅靠在农村内部、靠发展乡镇企业就地转移这一种方式，本来就相当严重的农民就业不充分的状况会更加恶化，对提高农民收入和保持农村稳定极为不利。要保持农村稳定，促进农村富余劳动力有序转移，根本出路在于推动农村劳动力向非农产业转移，加快城市化进程。”④

劳动力低成本的权力损益。“新生代农民工不仅渴望更高的工资收入，也希望得到更多的人格尊重和人文关怀。在这一背景下，一味地依

---

① 韩长赋：《新生代农民工社会融合是个重大问题——关于新生代农民工问题的调查与思考》，《光明日报》2012 年 3 月 16 日，第 7 版。

② 国务院农民工办课题组：《中国农民工发展研究》，中国劳动社会保障出版社，2013。

③ 唐园结等：《城乡统筹解决“三农”问题的重大举措——国务院研究室副主任韩长赋解读〈国务院关于解决农民工问题的若干意见〉》，《农村工作通讯》2006 年第 4 期。

④ 陈锡文、韩俊：《如何有序转移农村富余劳动力》，《人民日报》2002 年 6 月 3 日，第 9 版。

靠劳动力低成本来谋求企业收益最大化的传统经营方式，只会滋生不满甚至造成矛盾。”① “由于上班时间长、接触面较窄、工资收入低、就业行业农民工男女比例失调，他们中很多人面临‘想交友没时间、想恋爱没人选、想倾诉没对象’的困境。家庭是社会的细胞，是社会稳定的基础。如果新生代农民工婚恋问题不能得到很好的解决，家庭这个细胞缺失，将不利于这个群体走向稳定，从而也不利于社会安定。”②

就业不稳定的权力损益。“‘频繁跳槽、漂泊不定’现象比较普遍，……如果总有一部分人处于无业和游荡状态，累积到一定程度，就会成为一个很大的社会问题，直接影响到社会的和谐稳定。”③

发展和上升困难的权力损益。“如果这个年轻的群体缺乏正常的上升通道，不能保持一种好的发展预期，将会直接影响他们的社会认同，难以使他们保持一种积极的社会心态。”“如果有能力的社会群体长期被压制在社会底层，就会引发社会失衡、激化社会矛盾、造成社会动乱。最近一系列冲突激烈的社会群体事件已经呈现了此种苗头。”④

人文关怀和文化生活缺乏的权力损益。“大多数新生代农民工进城务工后与亲人朋友相隔甚远，缺乏思想沟通和情感交流，容易心理失衡、情感孤独，一旦有事就有可能出现情绪失控，产生极端行为。”⑤“新生代农民工对文化生活的需求非常强烈，他们是网吧的主要消费群体之一，上网和看电视是他们的主要业余活动。他们的思想观念和价值取向也更多地受到网络的影响。总的看，新生代农民工在情感上常常是孤独的，在精神文化生活上是相对贫乏的。如果不能为新生代农民工提

---

① 韩长赋：《新生代农民工社会融合是个重大问题——关于新生代农民工问题的调查与思考》，《光明日报》2012 年 3 月 16 日，第 7 版。

② 韩长赋：《新生代农民工社会融合是个重大问题——关于新生代农民工问题的调查与思考》，《光明日报》2012 年 3 月 16 日，第 7 版。

③ 韩长赋：《新生代农民工社会融合是个重大问题——关于新生代农民工问题的调查与思考》，《光明日报》2012 年 3 月 16 日，第 7 版。

④ 韩长赋：《新生代农民工社会融合是个重大问题——关于新生代农民工问题的调查与思考》，《光明日报》2012 年 3 月 16 日，第 7 版。

⑤ 韩长赋：《新生代农民工社会融合是个重大问题——关于新生代农民工问题的调查与思考》，《光明日报》2012 年 3 月 16 日，第 7 版。

供更多健康丰富的精神文化生活，他们将很难融入主流文化价值轨道。”[①]

社会保障缺位的权力损益。“如果不及早进行养老保险的制度安排，必将埋下重大的社会隐患。”[②]“农民工在城镇就业与生活，大多会遭遇到城镇居民可能遭遇的各种生活风险，如工伤事故风险、疾病风险、失业风险、其他意外生活风险以及生活贫困等。农民工遭遇上述风险的普遍性正在成为现阶段新的社会问题与社会风险累积的有利生成条件。”[③]

劳动权益缺失的权力损益。“农民工问题是一个以亿计的流动群体权益全面受损并涉及中国经济、社会、政治乃至其他层面的综合问题，它以劳动权益或者经济利益受损、社会排斥及政治权力流失、精神文化困惑、健康及生命代价过高等为主要标志。……最终结果是农民工在被边缘化的同时，其个人风险亦在不断累积并必然演变成社会风险，进而可能对中国经济社会的健康、持续发展造成巨大的负面影响。”[④]“处于弱势群体的农民工，在自我认同陷入困境、相对剥夺感引起心理失衡后，他们极易接受一些亚文化的观念，成为问题民工。”[⑤]

社会保护与维权机制缺失的权力损益。“农民工的社会保护与维权机制缺失。一方面，农民工付出的劳动代价与所获经济收益的差距在持续拉大，农民工的特殊身份标识与农民工自我追求升华的冲突越来越显性化，农民工权益意识高涨与维权机制不畅的矛盾越来越突出。另一方面，政府的社会保护机制依然缺乏，农民工在工伤、疾病医疗、养老、贫困等方面的后顾之忧极多，而维护农民工权益的机制亦因法制不完善、监察机制不健全、工会作用不大等，依然处于缺失状态，这意味着

① 韩长赋：《新生代农民工社会融合是个重大问题——关于新生代农民工问题的调查与思考》，《光明日报》2012年3月16日，第7版。

② 郑功成：《农民工的权益与社会保障》，《中国党政干部论坛》2002年第8期。

③ 郑功成：《农民工的权益与社会保障》，《中国党政干部论坛》2002年第8期。

④ 郑功成、黄黎若莲：《中国农民工问题：理论判断与政策思路》，《中国人民大学学报》2006年第6期。

⑤ 周春霞：《农民工与市民冲突的经济社会分析》，《南京社会科学》2004年第3期。

农民工权益受损后的社会风险在高速积累。”① 权益维护面临困难，“渠道不畅、群体性失语现象比较明显，容易诱发法外维权。……一旦新生代农民工采用现行政治法律体制以外的手段来维权，或者被非法组织所利用，可能成为不稳定的因素”②。

随时间推移，农民工对权力损益的影响会越来越大。“新生代农民工的意识与行为发生了与老一代不同的变化，他们更容易与权力对抗：随着时代发展与社会进步，农民工在城市遭遇的政策歧视、社会排斥及各种权益受损的局面，较以往更容易引起显性的群体利益冲突与社会对抗，而且这一问题正在由农民工的个体及局部问题向群体事件转变。”③ “这表明农民工问题正在由农民工的个体及局部问题转变成波及全局的重大问题。”④

综上所述，“面对如此规模巨大的社会群体，任何轻视农民工问题或者不能妥善解决好农民工问题的做法都将导致极为严重的社会、经济与政治后果”⑤。“农民工面临的问题仍然十分突出。……这些问题引发了不少社会矛盾和纠纷”⑥，“总的看，农民工外出就业和权益保障等方面仍然面临着很多问题，关于农民工的许多政策规定和管理制度，还不适应……构建社会主义和谐社会的要求”⑦。

国务院5号文件明确指出：“农民工面临的问题仍然十分突出，主要是：工资偏低，被拖欠现象严重；劳动时间长，安全条件差；缺乏社会保障，职业病和工伤事故多；培训就业、子女上学、生活居住等方面

① 郑功成、黄黎若莲：《中国农民工问题：理论判断与政策思路》，《中国人民大学学报》2006年第6期。

② 韩长赋：《新生代农民工社会融合是个重大问题——关于新生代农民工问题的调查与思考》，《光明日报》2012年3月16日，第7版。

③ 郑功成：《对农民工问题的基本判断》，《中国劳动》2006年第8期。

④ 郑功成、黄黎若莲：《中国农民工问题：理论判断与政策思路》，《中国人民大学学报》2006年第6期。

⑤ 郑功成、黄黎若莲：《中国农民工问题：理论判断与政策思路》，《中国人民大学学报》2006年第6期。

⑥ 魏礼群：《正确认识和高度重视解决农民工问题》，《人民日报》2006年4月26日，第11版。

⑦ 国务院研究室课题组：《中国农民工调研报告》，中国言实出版社，2006。

也存在诸多困难，经济、政治、文化权益得不到有效保障。这些问题引发了不少社会矛盾和纠纷。解决好这些问题，直接关系到……保持社会和谐稳定。”

（四）诉求回应与权力损益

政府时常关注着民意，并且准备和实际地对民意进行回应。民意有各种表现形式，包括直接表达、他人代言、行为表演和具体事件等。政府也用不同方式接收、收集民意，包括听取意见、沟通交流、接收上书、接待上访以及社会调查等。“民可载舟，亦可覆舟”。政府相信对是否回应民意、如何回应关系到权力损益。因此，政府不能不对所认识到的重要民意进行回应，对民众所反映和诉求的问题进行解决。同样的，政府也对农民工的诉求进行回应，以减“损”增“益”。

政策制定者和建议者认识到，是否回应民意、如何回应会导致不同的政治后果。“融入主流社会和希望得到公平的社会保护及民主政治权力正在成为越来越多的农民工的共同追求，并且必然导致相应的社会后果与政治后果。”[①]“因为融入主流社会生活和希望得到相应的社会保护正在成为越来越多的农民工的共同追求”，农民工“这一群体将不可避免地对中国现行的社会保障政策与户口政策等产生巨大的冲击”[②]。

是否回应民意、如何回应决定权力的损益。“农民工在流入地长期居住的意愿强烈。但是，户籍制度抬高了农民工进城的门槛，使城镇化处于僵持状态，……这一问题解决得好，将成为流入地发展的合力和动力；解决不好，必会成为社会压力。”[③]

对农民工反映的突出问题应加以解决，并调整相应的政策。“对农民工来说是最直接、最现实的问题，也是他们反响最强烈、社会最关注

① 郑功成、黄黎若莲：《中国农民工问题：理论判断与政策思路》，《中国人民大学学报》2006 年第 6 期。

② 郑功成：《农民工的权益与社会保障》，《中国党政干部论坛》2002 年第 8 期。

③ “中国农民工战略问题研究”课题组：《中国农民工现状及其发展趋势总报告》，《改革》2009 年第 2 期。

的问题，必须认真研究，采取措施抓紧解决。"① 农民工"盼望定居城市，融入城市文明。……无论是从城市化需要，还是从现行政策体制，我们都不应、也不能再把他们拒之城外，送回农村"②。"农民外出务工最关心五件事：找到工作、拿到工资、工伤大病有保险、有地方住、子女能上学。政府管理应主要着眼于：如何提高农民的就业技能，加强就业服务；进城务工农民的权益如何得到保障，就业环境如何得到改善；农民工如何有序进入城市生活，并逐步成为市民，完成城市化。"③

关于回应农民工诉求的一个典型事件是，一位农民辛辛苦苦外出打工，不能按时足额拿到工资，向国务院总理反映，"引发了总理帮助讨工资"④。这件事广为传播，其背后的逻辑是，政府应该回应农民工的诉求。

"解决好农民工问题，首先就要了解农民工关心的问题。"⑤ 政策制定者应注重收集农民工诉求的信息，并由此判断他们的动向和可能的行为，作为政策制定的参考。政策制定者注意到："中国农民都有进城倾向，……这一点与许多现代化的国家不同。"⑥ "相当一部分农民工表现出渴望融入城市生活的强烈愿望。"⑦ "农民工进城就业，不仅希望增加收入改善生活，而且强烈要求被城市社会所接纳。"⑧ "农民工对丰富多彩的文化生活充满了渴望。"⑨

---

① 韩长赋：《关于农民工问题的几点认识和思考》，《中国城市经济》2006 年第 7 期。

② 韩长赋：《农民工问题是事关我国现代化建设顺利推进的大问题》，《学习时报》2010 年 10 月 11 日，第 1 版。

③ 韩长赋：《解决农民工问题的基本思路》，《行政管理改革》2010 年第 10 期。

④ 唐园结等：《城乡统筹解决"三农"问题的重大举措——国务院研究室副主任韩长赋解读〈国务院关于解决农民工问题的若干意见〉》，《农村工作通讯》2006 年第 4 期。

⑤ 韩长赋：《解决农民工问题的基本思路》，《行政管理改革》2010 年第 10 期。

⑥ 韩长赋：《关于农民工问题的几点认识和思考》，《中国城市经济》2006 年第 7 期。

⑦ "中国农民工战略问题研究"课题组：《中国农民工现状及其发展趋势总报告》，《改革》2009 年第 2 期。

⑧ "中国农民工战略问题研究"课题组：《中国农民工现状及其发展趋势总报告》，《改革》2009 年第 2 期。

⑨ "中国农民工战略问题研究"课题组：《中国农民工现状及其发展趋势总报告》，《改革》2009 年第 2 期。

政府对农民工新出现的诉求更为关心。“90后”农民工“进城打工，很大程度上不是基于生存需求，而是要改变自己的生活”，“他们出来打工，根本就不想再回农村”。“城市文明对他们有巨大的吸引力。到城里不管干什么都比在农村好，是他们比较坚定的信念。”①

政策制定者也关注现行政策和待遇与农民工诉求之间的差距。“我国在保障和改善民生方面还面临不少问题，与人民群众的期待相比还存在一定距离。”② 而减少这些差距，就成为政策调整的动力。

政策制定者和建议者还关注农民工的“意识”，例如权利意识、维权意识、平等意识、公平意识、阶级意识等，认为这些“意识”将支配农民工的行为，这些行为则会影响到权力损益。例如，“在农民工权益诉求方面，由单纯的经济利益诉求向社会公平权益诉求转变。越来越多的农民工不仅关心自身的经济利益，而且日益关注社会公平及自己的社会地位，一些农民工甚至关注民主政治权利，这意味着农民工的权益意识在全面觉醒”③。“农民工的公平意识、平等意识、维权意识乃至民主意识等均在持续快速强化，农民工的要求在全面升级……农民工问题也具有了更为复杂的致因与不确定的后果。”④ 这是“国家解决农民工问题必须应对的挑战”⑤，“如果采取的措施跟不上这种变化，法制与政策的滞后将不利于解决农民工问题”⑥。

学者们也提醒政策制定者，应该关注包括阶级意识在内的农民工群体意识变化，以及由此导致的政治行为。“职业和生活等社会实践中面临的困境和问题使农民工逐渐意识到群体和阶层的力量，开始出现组织

① 韩长赋：《让“90后”农民工有序成为城里人》，《东方城乡报》2010年2月18日，第B1版。

② 国务院农民工办课题组：《中国农民工发展研究》，中国劳动社会保障出版社，2013。

③ 郑功成、黄黎若莲：《中国农民工问题：理论判断与政策思路》，《中国人民大学学报》2006年第6期。

④ 郑功成、黄黎若莲：《中国农民工问题：理论判断与政策思路》，《中国人民大学学报》2006年第6期。

⑤ 郑功成：《对农民工问题的基本判断》，《中国劳动》2006年第8期。

⑥ 郑功成：《对农民工问题的基本判断》，《中国劳动》2006年第8期。

化的趋势。组织化进一步唤醒了农民工的阶层意识。”[①] “阶级意识在全国都明显地尖锐化。”[②] 随着中国变成世界工厂，马克思意义上的工人阶级形成问题被提到了日程。工人阶级形成有两种前景：第一，如果工人的行动被导向体制内，为现存体制所容纳，那么工人阶级就不会形成；第二，如果工人的行动被导向体制外，与现存体制对立，那么工人阶级难免会形成。决定工人行动导向的是社会体制能否对工人的诉求进行合理回应，能否在回应困难的时候对现存体制进行修改，以实现工人所期望的社会公平。[③]

（五）农民工政策的权力底线

国家作为政策制定者，其农民工政策的内容有一条底线，这就是不能对权力造成损害。无论是制定新政策还是调整已有政策，都必须保持权力稳定，事情和行为可控，社会秩序稳定，民众服从。即使出于“要务”和“财政”、“正当”的迫切需要，必须在权力方面进行克减，也必须在可允许、可控制的范围之内，并且克减的幅度不大。对政策的制定和调整，政策制定者习惯地进行权力损害风险的评估，所出台的是权力风险“微乎其微”的政策。

在农民工政策方面，城乡分割的户籍制度越来越受到诟病，认为它造成了“农村与城市、农民与市民之间的种种不平等”。“农民工既难以享受城镇职工的待遇，无法成为产业工人的‘正规军’，也难以享受当地市民的待遇，不能融入城市社会成为新市民。现行的城市社会管理体制还带有计划经济年代的烙印和明显的城市偏向，没有把农民工纳入城市劳动就业服务、社会保障和其他公共服务之内。”[④] 学者们批评这是

---

① 王春光：《农民工：一个正在崛起的新工人阶层》，《学习与探索》2005 年第 1 期；王春光：《农村流动人口的半城市化问题研究》，《社会学研究》2006 年第 5 期。

② 李静君：《中国工人阶级的转型政治》，载李友梅、孙立平、沈原主编《当代中国社会分层：理论与实证》，社会科学文献出版社，2006。

③ 许叶萍、石秀印：《工人阶级形成：体制内与体制外的转换》，《学海》2006 年第 4 期。

④ 国务院研究室课题组：《中国农民工调研报告》，中国言实出版社，2006。

“政策歧视”[①]，要求“打破城乡分治”[②]，“实行一视同仁，平等竞争”[③]。

然而，尽管这样的观点已经成为社会共识，但是政策制定者迟迟未能取消户籍限制的决定。国务院 5 号文件只是提出“逐步地、有条件地”解决“长期在城市就业和居住”农民工的户籍问题。中小城市和小城镇要“适当放宽”农民工落户条件；大城市要“积极稳妥地”解决“符合条件”的农民工户籍问题。同时提出，要“改进”农民工居住登记管理办法。“逐步地”、“有条件地”、“适当地”、“稳妥地”之类的用语，凸显了政策制定者在农民工进城方面的谨慎和限定。

之所以谨慎和限定，一个原因就是农民工进城具有政治风险。农民工“给经济生活带来了活力，同时也给城市管理带来一些问题”[④]。他们会让“城市社会治安变差”[⑤]，会在城市制造群体事件，危害社会秩序和政治秩序。有学者认为，农民工素质比较低，长期没有工作后，往往会铤而走险，给社会治安带来不安定因素，城市发展并不太需要这群人。这决定了“既要积极解决农民工面临的诸多问题，又要把握改革发展稳定的大局”[⑥]。

城乡分割的户籍制度在当初之所以出台，一个重要目的是维护社会秩序和政治稳定。在政治安全方面，是为了“堵塞治安管理中的某些空隙，限制反革命分子和其他坏分子的破坏活动，保卫国家建设和人民生活的安全”。在社会秩序方面，是因为“农村人口盲目流入城市的现象比较严重，……盲目流入城市的农村人口，因为找不到职业，生活就会发生困难，有些人就会流浪街头，少数人甚至会被坏分子所勾引，进行

① 郑功成、黄黎若莲：《中国农民工问题：理论判断与政策思路》，《中国人民大学学报》2006 年第 6 期。

② 韩长赋：《中国现代化进程中的农民工问题》，《人民日报》2006 年 12 月 1 日，第 7 版。

③ 韩俊：《公平对待农民工的十个问题》，《瞭望新闻周刊》2004 年第 22 期。

④ 韩长赋：《我们该怎样看待农民工问题》，《人民日报》2002 年 6 月 13 日，第 5 版。

⑤ 郑功成、黄黎若莲：《重视农民工与农民工问题是国家未来十年的重大使命》，《工人日报》2006 年 11 月 22 日，第 7 版。

⑥ 魏礼群：《正确认识和高度重视解决农民工问题》，《人民日报》2006 年 4 月 26 日，第 11 版。

偷窃、诈骗等犯罪活动，破坏城市社会秩序”[①]。而社会秩序同时也是政治秩序。

出于权力损益的视角，“各地政府既承认农民工在城市发展中不可替代的作用，却又将其视为不安定因素，在政策制定上，从维护城镇居民利益出发，对农民工实施以管制、限制、防范为主的消极政策取向”[②]。为维护社会治安和稳定，“管制多于服务，防范多于保护”[③]。只有在农民工以自身行为证明、以长期表现表明，其进城务工、长期居住并未对权力造成负面影响之后，相关政策才能较大程度地放开。

与此类似的问题是工会。农民工中存在的一些问题，特别是在用人单位的权益保护差问题，被归结为“工会作用不大”[④]。“农民工组织化程度低，工会维权职能发挥不够。”[⑤]“基层工会组织不健全，部分企业尤其是中小型非公有制企业工会维权力量薄弱。”[⑥]为了保护农民工，必须“强化工会维护农民工权益的作用”[⑦]。然而，工会组织的发育和力量的壮大关联着权力损益，关系到可控和风险。政府担心工会一旦变为强大，就可能出现失控。对工会推动集体协商制度，以及推动职工代表大会制度，都带有同样的考虑。为了实现可控，实行了单一地方工会和单一企业工会体制。企业工会的领导和成员都是受雇者，其身份决定了在雇主面前的弱势地位。工会很难与雇主进行正式的集体协商。不少企业工会还变成了老板工会。成熟劳动关系国家基本都成立行业工会和职业工会，在超越企业的行业和产业层面开展集体谈判。我国为了规避跨企业、跨地域的工人联合，一直不允许成立实质意义的行业工会和职业工

① 罗瑞卿：《关于中华人民共和国户口登记条例草案的说明》，http://www.npc.gov.cn/wxzl/gongbao/2000-12-23/content_5000455.htm。

② 郑功成、黄黎若莲：《重视农民工与农民工问题是国家未来十年的重大使命》，《工人日报》2006年11月22日，第7版。

③ 国务院研究室课题组：《中国农民工调研报告》，中国言实出版社，2006。

④ 郑功成、黄黎若莲：《中国农民工问题：理论判断与政策思路》，《中国人民大学学报》2006年第6期。

⑤ “中国农民工战略问题研究”课题组：《中国农民工现状及其发展趋势总报告》，《改革》2009年第2期。

⑥ 国务院农民工办课题组：《中国农民工发展研究》，中国劳动社会保障出版社，2013。

⑦《国务院关于解决农民工问题的若干意见》（国发〔2006〕5号）。

会。到现在为止，也不准在市以上的层面建立这样的跨企业工会。集体谈判很多是走形式，起不到保护农民工的作用。

农民工政策的权力底线还体现在对农民工群体行为的处置上。农民工保护自己的法定权利，或者向雇主争取经济利益，遭到雇主的拒绝后时常发生罢工和群访等事件。地方政府对这种农民工针对雇主的经济行为，习惯于解释为政治行为，视为对政府权力的挑战和威胁。对这种被认为是挑战政府权力底线的行为，地方政府往往迅速出动警察，平息事件，稳定事态。有些农民工发生的治安事件和刑事事件，也被作为政治问题和维稳任务处理。

（六）农民工政策的部门权力损益

农民工政策的制定和执行涉及政府的数个部门，例如在国家层面即涉及人力资源和社会保障部、全国总工会、安全生产管理监督总局、卫生部以及最高人民法院等。对同一项政策，几乎每个部门都进行权力损益的评估，都力求权力的增加，规避权力的减少。农民工政策的草案都征求这些部门的意见，征得这些部门的同意。而如果某个部门判断自己的权力会因为这项政策而减少，就可能不同意。一个能够符合各个部门权力损益标准的政策，或者相关部门权力损益达成均衡的政策，有可能是给农民工“增益”较少甚至有所“损失”的政策。

一个实际例子是劳动争议处理程序的设置。在该处理程序论证的当初，有机构提出借鉴德国等国家的经验，设置专门的劳动法院，统一管辖劳动争议案件。对此，法院系统表示赞成。劳动主管部门则认为，这样设置会失去劳动争议案件的处置权，现有的劳动仲裁权力和机构会被取消。所以，不同意采用劳动法院方案，而保留劳动仲裁权。其理由是，劳动仲裁与诉讼相比具有低成本、快速等特点，更能满足劳动争议处理的实际需要。结果是，劳动争议的处置变成了“一裁二审”并“仲裁前置”。有关案件必须先经过劳动部门的仲裁，才能到法院进行诉讼，法院则经过两审而终结。当事人（农民工）如果未经仲裁程序的仲裁裁决而就劳动争议直接向人民法院提起诉讼，人民法院不得受理。

此后历年实施的结果证明，这种“一裁二审”和“仲裁前置”的方式，使得劳动争议解决过程的周期过长、成本过高，增加了农民工的负担，不利于保护其合法权益。即使是一般性的劳动争议案件，如果要走完“一裁二审”的程序，至少需一年以上。而资方可以利用这样的程序恶意拖延时间。劳动者很可能因为没有足够的时间、精力和财力，而被迫放弃诉讼维权。一些工伤案件则耗时更长，短的2—3年，长的7—8年乃至十余年。劳动者不得不在劳动仲裁部门和法院之间往返奔波。即使赢得了诉讼，其付出的时间、精力、财产可能远远超过了诉求利益，合法权益得到更大的损害。

2006年的国务院5号文件提出，“对农民工申诉的劳动争议案件，要简化程序、加快审理”。2008年，《中华人民共和国劳动争议调解仲裁法》颁布，针对“一裁二审”出现的程序冗长等问题，将劳动争议处理程序变更为“一调一裁二审”和“一调一裁”并存的混合机制，对部分劳动争议案件实行一裁终局。但是，因为撤销终局裁决等程序的设置，反而使得部分案件处理程序更为冗长。

在多数发达国家，劳动争议案件都采用单一机构处理体制，即单轨制。劳动争议或者由劳动仲裁机构，或者由劳动司法机构处理，而不是仲裁和司法衔接处理。当事人或者选择仲裁，或者选择诉讼，并且必须承担所选择方式的裁决结果。而我国的“一裁二审”表现出部门权力对法律和政策的重要影响。①

社会保险制度的设计也存在类似的问题。研究认为：“多部门平等参与社保改革中的制度设计，不仅无法找到制度变革失误的责任承担者，而且直接衍生了不正常的部门利益，进一步恶化了社会保险制度改革的格局。”② 例如，“一些地方将‘收支两条线’简单地理解为多部门监管与多头经办，损害了社会保险制度的完整性与系统性，割断了社会

① 谭玲：《劳动争议案件一裁终局制度的现实困境与未来转型》，《判解研究》2011年第2辑。

② 郑功成：《尽快确立劳动者的福利权益》，《团结报》2010年3月23日，第6版。

保险参保人权利义务的密切对应关系，损害了社会保险制度的健康运行与可持续发展”，“埋下了记账不清的巨大风险”。[①]

另外，一些政府部门为了规避责任，设置了繁杂的程序和手续，并设定了通过手续的诸多条件。结果是，农民工中很少人能通过这些手续，他们的权利由此消失了。例如政策规定，农民工就业 12 个月后如果失业，可以领取失业保险金，但是因为手续繁杂，需要经过很多部门，因此很少人能领到企业保险金。

综上所述，政府权力的增益是农民工政策的推力，损失是农民工政策的阻力。在其他条件给定的情况下，农民工政策的制定和调整是推力和阻力共同作用的结果。

三　财务收支

政府被认为是一个地域经营者，像市场中的企业一样核算财务收入和支出。对某一项政策，政府要核算这项政策实施后能够得到或增加多少钱，必须支出多少钱，两者相比是否合算。在其他条件一定的情况下，某项政策实施后得到的钱越多，该政策就越可能得到制定，也越可能得到执行；而支出的钱越多，就越不大可能被制定、被执行。当一项政策存在不同的可选项的时候，倾向于选择那些收支比较高的选项；当一项政策的执行存在不同的可选项的时候，也倾向于执行那些收支比较高的选项。由于各级政府都是单独核算的，所以每一级政府都要进行财务收支的分析，平行的各级地方政府也是如此。由此也就引起了政府之间财务关系的问题，以及彼此争取收入、规避开支的问题。从这个视角看，农民工政策在一定程度上是政府财务收支核算的结果。

（一）增收和减支是农民工制定和调整政策的推力

1. 收费

从 20 世纪 80 年代起农民工越来越多地进城，一些地方政府公安部

① 郑功成：《尽快确立劳动者的福利权益》，《团结报》2010 年 3 月 23 日，第 6 版。

门即开始收取“暂住证”费，对缴纳“暂住证”费的农民工允许进城打工，对未缴纳的则遣送回农村。公安部门还收取“暂住人口管理费”等。“收费”成为地方公安部门开放农村户籍者进城务工的推动力。当时，深圳市一年仅为农民工办证，就从农民工身上拿走10亿元；武汉市一个小小的派出所，一年可以从农民工的收费中分到100万元左右。[①]财务收入成为制定和调整农民工政策的经济原因。

农民工进入城市，除要受公安部门的户籍管理外，还要受劳动部门、城管部门、卫生部门、工商部门、建筑管理部门等的管理。这些部门对原来限制农民进城政策的调整以及新政策的执行，也经过了财务收支的核算。劳动部门从办理“就业证”、“职业资格证”、“就业培训费”、“职业介绍费”得到收入；城管部门从收取“城市增容费”得到收入；卫生部门从办理“健康证”、“预防接种”得到收入；工商部门从“外地务工经商人员管理服务费”得到收入；计划生育部门从办理“流动人口婚育证明”得到“计划生育管理费”；教育部门收取“借读费”；等等。“按各地颁发的文件初步统计，农民外出进城打工，涉及的收费项目有20来项，其中办理暂住证等5项基本手续，平均每人每年要交费500多元。”[②]“有的打工者身上有14个证之多，一个证要几十元，一年一个农民工为办证就得交几百元，这些还不含城市增容费、暂住人口管理费、借读费等费用。”[③]在一定程度上，这些与农民工进城相关部门的收费，是城市能够接纳农民工进城的原因。

政府相关部门认为，这些收费具有合理性。因为农民工进入城市，加大了政府管理工作的工作量和难度，也增加了财务开支。这种合理性即表明了政府对财务收支的核算。而且，“从实际情况看，这种专门面向农民工的就业证卡，基本上已丧失了管理和服务的实际意义，大多演

① 郭兴全：《农民工阶层的困境与出路》，《人文杂志》2004年第1期。

② 《专家指出：解决农民工收费，清理政策是关键》，http://news.xinhuanet.com/fortune/2002-03/27/content_333209.htm。

③ 郭兴全：《农民工阶层的困境与出路》，《人文杂志》2004年第1期。

变成以管理之名，行收费之实”①。

国务院研究室的《中国农民工调研报告》显示，进入21世纪后，根据国家有关规定，各地均对本地区针对农民工就业的歧视性规定和不合理收费进行了全面清理，但在个别地方，外来人员居住集中的街道、乡镇还存在乱收费情况，如超标准收取卫生清扫保洁费，擅自收取综合管理费、宣传管理手册工本费等。个别地方乡镇、村借出具有关证明之机，搭车收费现象仍时有发生，有的计划生育部门仍向农民工收取已取消的流动人口婚育证明工本费，有的地方公安部门擅自提高暂住证工本费收费标准。②

在农民工的原籍即输出地，收费也是地方政府支持农民工离开农村的推动力。农民工外出前须在当地乡镇办理身份证、外出人员就业登记卡、婚育证明、现实表现证等，办证也要缴纳一笔费用。此外，在有些地方每月还要缴纳4元的跟踪管理费。③

其他一些收费同样是政策推力。例如劳务派遣制度的制定和推行就有劳动主管部门的推力。有些劳务派遣公司是由劳动部门原来的机构（劳动服务公司、人力资源管理中心）转变而来，有些是由劳动部门的下属机构举办，有些挂靠在劳动主管部门并向该主管部门交费。而且，劳动主管部门本身是劳务派遣公司的行政主管单位。劳动主管部门来自劳务派遣公司的收费，成为劳务派遣公司得以发展的动因之一。

2. 收税

就某一地方政府而言，财务收入的主要来源是税收。税收大多来自企业，而企业离不开劳动力要素的配置。企业的劳动力特别是制造业企业的劳动力大部分是农民工，足够数量的农民工供给，是政府税基必不可少的条件。在这样的关系下，税收成为地方政府推动农民工政策制定和调整的经济动力。“农民工进城务工为城市创造了财富、提供了税收，

---

① 韩俊：《公平对待农民工的十个问题》，《瞭望新闻周刊》2004年第22期。

② 国务院研究室课题组：《中国农民工调研报告》，中国言实出版社，2006。

③ 郭兴全：《农民工阶层的困境与出路》，《人文杂志》2004年第1期。

这是他们所进入的城市政府的收益。”① “农民进城务工经商，方便了城市居民的生活，为当地创造了财富和税收，促进了城市经济和社会的繁荣。”② “国民经济持续高速增长，国家财力（主要表现为城市财政实力）持续大幅度增强。”③

3. **减支**

减少支出在财务意义上等同于增加收入。农民工外出务工，将收入汇入农村原籍，在家乡消费、建设和投资，在很大程度上减少了地方政府的民生开支和资金投入。这种减支即成为当地政府农民工政策的推动力。“农民工群体每年带回家的数以千亿计的现金，成为购买农业生产资料和改善生活条件的重要资金来源，对农业和农村发展的促进作用是国家各项财政支农资金所不能比拟和替代的。”④ “一亿多农民进城务工，每年可为农村增加现金收入5000亿元以上，这笔钱对农村来说，是目前任何投资都不能比拟和代替的。”⑤ “全国外出的农民工每年给家乡带回的真金白银不少于5000亿元。这笔收入可以说是农民非常重要的收入，是目前任何途径的资金都不可替代的收入。我们说加大财政对农村的支持，但目前我们的财力还不够，一年也不可能给农村拿出这么多钱。”⑥

（二）减收和增支是农民工政策制定和调整的阻力

1. **减收**

从财务收支核算的角度，地方政府几乎都不愿意减收，而尽力增收。地方政府的财务收入很大部分来自企业。企业的总收益最终由三个主体分享，一是投资者，二是受雇者，三是政府。对企业分配权的影响

---

① 韩俊：《促进农民工市民化引导农村劳动力转移》，《农民日报》2010年11月3日。

② 韩俊：《棋子　边缘人　产业工人》，《农业经济问题》2004年第8期。

③ 郑功成、黄黎若莲：《中国农民工问题：理论判断与政策思路》，《中国人民大学学报》2006年第6期。

④ 国务院研究室课题组：《中国农民工调研报告》，中国言实出版社，2006。

⑤ 韩长赋：《关于农民工问题的几点认识和思考》，《中国城市经济》2006年第7期。

⑥ 韩长赋：《农民工问题是事关我国现代化建设顺利推进的大问题》，《学习时报》2010年10月11日，第1版。

来说，最大的是地方政府，其次是投资者及其聘任的高级管理者，最后才是包括农民工在内的受雇者。在总收益有限的条件下，地方政府稳定地获得较高比例的分享，而相应地受雇者得到较低比例的分享。政府为了避免减收，往往规避有利于农民工收入的政策。

地方政府的税收量取决于税基的大小，企业数量越多税基就越大。扩大税基成为招商引资的推力，低成本劳动力则成为招商引资的砝码。“一些地方领导往往把廉价劳动力和土地作为吸引投资的条件。”[①] 同时，也将这些作为留住企业以避免税基减小的条件。这些地方政府容忍、放任甚至鼓励企业减少农民工的待遇，包括低工资、少缴或不缴社会保险、劳动条件简陋、安全健康条件差，以及高强度的劳动等。以社会保险为例，“由于企业抵制和地方政府缺乏强制措施，农民工社会保险参保率普遍较低”[②]，“基层政府的地方保护主义纵容助长了企业的抵制缴费行为”[③]。一些地方政府甚至给企业下发文件，规定企业的养老保险缴纳率不能高于某个数额。鉴于工会组织和集体协商制度能够提高农民工的分享份额，一些地方政府对工会组织和集体协商持不支持、不积极的态度。这也是“工会作用不大”[④]，“农民工组织化程度低，工会维权职能发挥不够”[⑤] 的原因之一。

地方政府招商引资的另一种方式是进行基础设施建设，以此提高对外资的吸引力。这方面的巨大开支压缩了政府为农民工提供公共服务的财力。

地方政府为了规避减收，往往放松、拖延乃至搁置农民工政策的制定和执行。“现行相关法律不健全、法制不完善，是产生农民工问题的

---

① 国务院研究室课题组：《中国农民工调研报告》，中国言实出版社，2006。

② 张一名主编《中国农民工社会政策研究》，中国劳动社会保障出版社，2009。

③ 张翼：《农民工社会保障政策执行中存在的若干问题》，《中国社会科学院院报》2005 年 9 月 27 日。

④ 郑功成、黄黎若莲：《中国农民工问题：理论判断与政策思路》，《中国人民大学学报》2006 年第 6 期。

⑤ “中国农民工战略问题研究”课题组：《中国农民工现状及其发展趋势总报告》，《改革》2009 年第 2 期。

制度缺陷。……特别是有法不依的状况相当严重。《劳动法》、《劳动监察条例》、《工会法》等法律法规对于农民工作为企业职工的工资标准、劳动安全、工伤医疗保险、劳动时间、休假权利和民主权利等都有明确规定，但事实上却存在普遍违法的现象。”① 企业普遍违法则与地方政府的执法有关。一些地方政府“认为提高劳动力工资和社会保障水平会削弱本地的经济竞争力、影响企业发展和外贸出口，所以对一些企业侵害农民工合法利益的事情重视不够”②。有关部门“在处理劳资关系时往往偏向投资者和企业主一边，缺乏对农民工合法权益的有效保护”③，“对失范的劳动关系甚至是生死合同……熟视无睹”④。由于“地方城市政府的自利自保倾向，……行政执法疲软和司法救济不力，致使城市农民工的合法权益难以得到充分保障。现行劳动纠纷解决机制也为城市农民工的维权设置了障碍”⑤。

在有些地方，政府规定劳动部门和安监部门、卫生部门不能到某些企业检查，对可以检查的企业也限定检查的次数。“地方政府主管打个招呼，劳动部门就不能去执法。”由此，“一些企业所有者越来越强势，劳资之间的利益分歧正在逐步加大”⑥。

一些部门在执法时向企业收费，而为了得到这些费用，也放松执法。例如，一些地方卫生部门的职业卫生监测即向企业收费；一些村委会干部为了出租厂房、房屋，也保护无营业执照的企业经营，从而损害农民工的利益。

2. **增支**

农民工进入城市后，城市必然由此增加财务开支。因为农民工的数量较大，在这方面的开支数额也会较大。规避这方面的开支，以及力求减少开支，成为农民工政策推进和执行的较强阻力。

---

① 国务院研究室课题组：《中国农民工调研报告》，中国言实出版社，2006。

② 国务院研究室课题组：《中国农民工调研报告》，中国言实出版社，2006。

③ 国务院研究室课题组：《中国农民工调研报告》，中国言实出版社，2006。

④ 郑功成：《解决农民工工资拖欠问题需要多管齐下》，《中国党政干部论坛》2004 年第 5 期。

⑤ 翁晓斌、谭靖：《城市农民工处境的法律透视》，《浙江大学学报》2006 年第 5 期。

⑥ 郑功成：《尽快确立劳动者的福利权益》，《团结报》2010 年 3 月 23 日，第 6 版。

国务院5号文件提出，城市地方政府应该全部负担进城农民工的下列开支："免费提供政策咨询、就业信息、就业指导和职业介绍"；"将农民工子女义务教育纳入当地教育发展规划，列入教育经费预算"；"落实国家关于特定传染病的免费治疗政策"；"把农民工计划生育管理和服务经费纳入地方财政预算"；"政府要根据实际情况安排一定的法律援助资金，为农民工获得法律援助提供必要的经费支持"。同时，地方政府也要负担某些方面的部分开支："对参加培训的农民工给予适当培训费补贴"；"建立由政府、用人单位和个人共同负担的农民工培训投入机制"；"多渠道改善农民工居住条件"。总之，"要增加公共财政支出，逐步健全覆盖农民工的城市公共服务体系"①。

然而现实是，地方政府对这些政策和开支的落实都不到位。"政府管理和职能转变不到位，是产生农民工问题的机制障碍。一些地方政府对于农民工的公共管理和服务严重缺位，在城市基础设施、社会保障、劳动就业、教育卫生、住宅建设等方面，都没有考虑到农民工的需要，在公共财政预算安排上也没有得到体现。"② 而其重要原因，是这些都增加了地方政府的开支。由此，地方政府"把外来人口视作包袱"③，"对农民工采取实用主义的政策：'经济上接纳，社会上排斥'"④。

地方政府这样做的理由之一是农民工没有在本地纳税。其实，我国采用间接税制，企业的营业税、增值税、所得税里面包括了农民工和城镇工的共同贡献。政府从所有务工者那里收取个人所得税，对本地人和农民工的纳税是一样的。所以，城市政府逐渐地不再以农民工没有交税作为其不能享受城市公共服务和公共福利的理由。

地方政府这样做的理由之二是财力不足。有专家针对性地指出，"不能过分强调财力不足"，事实是"城市财政实力持续大幅度增强，为

① 《国务院关于解决农民工问题的若干意见》（国发〔2006〕5号）。

② 国务院研究室课题组：《中国农民工调研报告》，中国言实出版社，2006。

③ 韩俊：《棋子　边缘人　产业工人》，《农业经济问题》2004年第8期。

④ 岳经纶：《农民工的社会保护：劳动政策的视角》，《中国人民大学学报》2006年第6期。

解决农民工问题奠定了物质基础”[①]，“国民经济持续高速增长，国家财力（主要表现为城市财政实力）持续大幅度增强，……为解决农民工问题奠定了日益丰厚的物质基础”[②]。而且，农民工是城市财富的创造者，其创造了城市税收的40%，应该成为城市财富的享有者。另一观点是：“政府这种单纯从经济视角来看待农民工社会保障问题的观点，显然违背了一个基本常识，即中国政府是全民政府而不只是市民政府，城镇社会保障负担沉重并不构成不建立农民工社会保障制度的正当理由。”[③] 作为公平性、公益性的政府，应该首先保护最底层的群体，包括农民工。

地方政府也在下列方面规避对农民工的开支。

社会保险开支。《中华人民共和国社会保障法》规定，“国家多渠道收集社会保险资金。县以上人民政府对社会保险事业给予必要的经费支持”。事实上，少有地方政府提供社会保险资金方面的支持，而用人单位和职工个人的缴费率都较高。一些用人单位由此规避缴纳社会保险，损害了农民工的利益。

劳动执法的开支。国家要求地方政府“强化劳动保障监察执法，加强劳动保障监察队伍建设，完善日常巡视检查制度和责任制度，依法严厉查处用人单位侵犯农民工权益的违法行为”[④]。但是，很多地方政府为规避开支，“劳动执法体系不健全，执法监察力量严重不足，造成执法不严、违法不究的现象时有发生”[⑤]。

维护社会治安的开支。“解决人民内部矛盾靠的是人民币”，进城农民工劳动关系的调处同样需要经费开支。一些地方政府之所以不欢迎农民工，是因为担心增加经费开支。

---

① 郑功成、黄黎若莲：《重视农民工与农民工问题是国家未来十年的重大使命》，《工人日报》2006年11月22日，第7版。

② 郑功成、黄黎若莲：《中国农民工问题：理论判断与政策思路》，《中国人民大学学报》2006年第6期。

③ 郑功成：《农民工的权益与社会保障》，《中国党政干部论坛》2002年第8期。

④ 《国务院关于解决农民工问题的若干意见》（国发〔2006〕5号）。

⑤ 国务院研究室课题组：《中国农民工调研报告》，中国言实出版社，2006。

某些具有不确定性的农民工福利的开支。例如，一些城市的教育主管部门认为，地方经济的波动性和农民工的流动性都比较大，今年满足了农民工子女的入学要求，明年有些学校就可能空置了，教师也剩余了。为了规避不确定性，宁肯控制学校和教师的规模。

如上各类问题的财务考虑，被一些研究者归纳为“城市的地方保护主义”①。

3. 增收和增支的交互作用

不同政策项目的增收性和增支性有所不同。地方政府偏向于制定和落实增收性强的政策，而忽视增支性强的政策。例如，社会保障方面政策的基本倾向是：“都集中在社会保险项目上，忽视了社会救助、社会福利项目；过分注重农民工社会养老保险的未来收入保障项目，而忽视了工伤、医疗、生育等短期保险项目。”② 其原因在于，社会保险项目有交费的收入，而社会救助等是单纯的开支；养老保险是持续性的保费收取，而工伤、医疗则有较多的日常开支。

4. 地方政府之间的收支核算

一份研究报告指出：“在人口流动性增强的背景下，流入地地方的财力与事权不匹配问题比较突出，无法按现有户籍人口享受的水平向新迁入人口提供基本公共服务和社保。以义务教育为例，我国义务教育政策执行机制的特点是按照户籍管理相关经费，外出务工者的子女随父母在务工地就学时，务工地不愿意承担其义务教育支出，因为对这些相对发达的地区而言，已经上交了财政收入，他们认为通过中央的转移支付，已经为务工者子女的教育经费作出了贡献。……把与城市户口相关的那些公共服务逐渐覆盖到越来越多的外来流动人口，特别是农民工及其家庭，需要公共财政体制的改革。”③ 这一事实表明了地方政府之间的

① 陈诗达主编《2007浙江就业报告——农民工问题研究》，中国劳动社会保障出版社，2007。

② 潘泽泉：《国家调整农民工政策的过程分析、理论判断与政策思路》，《理论与改革》2008年第5期。

③ 《我国农民工工作“十二五”发展规划纲要研究》课题组：《中国农民工问题总体趋势：观测“十二五”》，《改革》2010年第8期。

财务收支核算。输入地政府的核算是已经上交了财政收入，这些收入被转移支付到了农民工的输出地；输出地政府则认为，农民工子女不在本地上学是自主选择，政府不应该为已经流入城市的孩子负担在那里的教育经费。两个地方政府核算的结果是农民工子女上不了学。关于农民工的培训，输出地和输入地政府的核算也是如此。

地方政府之间的收支核算也表现在养老保险上。农民工在输入地缴纳养老保险，这些资金留存在输入地政府的账户中。政府规定，农民工在缴纳养老保险达到一定年数并达到退休年龄之后，可以享受养老保险待遇。而农民工的就业具有很强的流动性，一些人不得不中途退保。输入地政府对此规定，只能退个人缴纳的部分，企业缴纳的部分不能退给农民工。地方政府“肥水不流外人田”，农民工则由此失去了此前缴纳的养老保险，在新的流入地很可能因为缴纳时间不够而享受不到养老保险。反过来，这也是企业不愿意给农民工缴纳养老保险的原因。企业认为，本已给农民工缴纳了养老保险，但是因为农民工中途退保而享受不到，因此也就感受不到公司的好意和恩惠，所以不愿意缴纳养老保险。这样一来，农民工连养老保险都没了。

综上所述，地方政府财务的增收和减支是农民工政策制定和调整的推力，减收和增支是农民工政策制定和调整的阻力。在其他条件一定的情况下，农民工政策的制定和调整是推力和阻力共同作用的结果。

第三节　农民工政策的理性指南

在社会政策方面，“理性”是衡量某项政策正确与否的观念和知识标准。“观念”指的是“道义”标准，该标准衡量政策是否正当、合理、合于道德准则。“知识”指的是“真理”标准，该标准衡量政策是否符合客观规律，是否符合对客观规律认识的知识体系。道义和真理都是人类理性活动的成果，这种理性活动遵守科学的思维规律，不受私利欲望和盲目情绪的影响，从而符合公平性和科学性规则。道义衡量包括进步性和公平性两个尺度，知识衡量包括规律认识和经验借鉴两个尺度。

理性考量是政策制定者在政策制定和调整时必不可少的过程，也是政策建议者活动的重要领域。作为专业人员，政策建议者更多地强调并进行理性衡量。道义和知识也是社会成员共享和公认的理性准则，在日常生活中表现为社会舆论和社会评价，其会对政策制定和执行产生压力和推动力。

一　道义衡量

（一）进步性尺度

就农民工及其相关政策而言，进步性尺度衡量的是农民工这一事物是否符合社会的发展趋势，现行的农民工政策是否具有进步性，为了具有进步性应该如何进行政策调整。在进步性尺度上，政策建议者认为，“农民工”是一种社会进步，国家政策应该给予肯定和支持；它不应该倒退，而应该更加进步。

“农民工”是社会发展进步的标志。农民工被认为是新生事物，是“中国改革开放的重大成果，是中国社会发展进步的主要标志”[①]。“这一群体的出现和形成，是继农村家庭承包经营和乡镇企业崛起之后，中国农民的又一伟大创造。”[②]

“农民工”标志着深刻的体制变革，表明了由传统社会向现代社会的转变。[③] 它正在“打破城乡分治的二元结构”和历史性的“超稳定”、“封闭性”结构，“打破传统的户籍制度和劳动就业制度”[④]，消除城乡之间、工农之间的差别[⑤]。农民跨越巨大的城乡鸿沟进入了城市[⑥]，“接

① 郑功成：《对农民工问题的基本判断》，《中国劳动》2006 年第 8 期。
② 韩长赋：《解决好农民工问题是个大战略》，《经济日报》2006 年 6 月 19 日，第 2 版。
③ 国务院研究室课题组：《中国农民工调研报告》，中国言实出版社，2006。
④ 国务院农民工办课题组：《中国农民工发展研究》，中国劳动社会保障出版社，2013。
⑤ 韩长赋：《解决好农民工问题是个大战略》，《经济日报》2006 年 6 月 19 日，第 2 版。
⑥ 韩长赋：《中国现代化进程中的农民工问题》，《人民日报》2006 年 12 月 1 日，第 7 版。

近了现代文明”[①]，得以“向更高社会阶层流动”[②]，也“改变了原有的乡村政治版图”[③]。

“农民工”推动工业化和城镇化的进程。“农民向非农产业和城镇转移，转变为工人和市民，是推进工业化和城镇化的必然产物”[④]。农民工“只能朝着城市（镇）化、工业化的道路迈进，而不可能是再倒退回农村务农”[⑤]。

“农民工”标志着农民享有了自由、获得了解放。“农民工”表明农民有了“自由择业的机会与权利”，“改变了数千年来农民对土地的人身依附关系”[⑥]，“极大地拓展了农民的发展空间”，“再次获得了解放”。“自由流动和自主择业既使农村居民的劳动就业权与生活意愿得到了尊重，更使其收益得到大幅度提升，进而使其生活境况不断得到改善”[⑦]。“这本身就是一种向上与进步”[⑧]，同时它“解放了农村生产力”[⑨]。

农民工问题的严重化也是社会发展进步的表现。[⑩] 首先，表明农民工维护自身权益的意识在觉醒。即使农民工现在的境况比过去好，但是这种意识表明其关注社会公平，追求权益平等，这是向上、向好的进步追求。其次，表明社会与政治环境发生了向前发展的变化，越来越多的人进入富裕阶层，引起了差别性意识。最后，国家解决农民工问题必须应对这样的挑战[⑪]，这也会促进社会进步[⑫]。

农民工及其相关政策方面的进步性还不高，政府必须进一步加强制定

---

① 郑功成：《对农民工问题的基本判断》，《中国劳动》2006 年第 8 期。

② 《我国农民工工作“十二五”发展规划纲要研究》课题组：《中国农民工问题总体趋势：观测“十二五”》，《改革》2010 年第 8 期。

③ 郑功成：《对农民工问题的基本判断》，《中国劳动》2006 年第 8 期。

④ 韩长赋：《解决农民工问题的基本思路》，《行政管理改革》2010 年第 10 期。

⑤ 郑功成：《对农民工问题的基本判断》，《中国劳动》2006 年第 8 期。

⑥ 郑功成：《对农民工问题的基本判断》，《中国劳动》2006 年第 8 期。

⑦ 郑功成：《农民工的权益与社会保障》，《中国党政干部论坛》2002 年第 8 期。

⑧ 郑功成：《对农民工问题的基本判断》，《中国劳动》2006 年第 8 期。

⑨ 国务院研究室课题组：《中国农民工调研报告》，中国言实出版社，2006。

⑩ 郑功成等：《对中国农民工问题的理论判断》，《党政干部文摘》2007 年第 1 期。

⑪ 郑功成：《对农民工问题的基本判断》，《中国劳动》2006 年第 8 期。

⑫ 郑功成：《中国社会公平状况分析——价值判断、权益失衡与制度保障》，《中国人民大学学报》2009 年第 2 期。

和调整农民工政策。“改革开放以来，随着市场化改革的不断深入，城乡劳动力要素流动的壁垒被打破，农民工成功实现了职业的转变（非农化），却没有实现身份的转变（市民化）。”“不仅城乡二元结构没有有效改变，又在城市内部形成了新的二元结构。”所以，应该“从制度上根本解决农民工融入城市的障碍”①。解决好了农民工问题，“无疑有利于我们国家更加健康、文明的发展”②。

（二）公平性尺度

在农民工及其相关政策方面，人们的基本评价是农民工的状况和待遇不够公平，现有的农民工政策及其执行也不够公平。应该调整既有政策，改变不公平状态，提高农民工待遇的公平性。

政策建议者认为，农民工得到公平的对待，是一个社会和一项政策的应有之义。应“牢固树立起公平、正义、共享的核心价值取向……在制度选择与设计中真正做到理性决策”③。

公平对待农民工是时代的要求，也是时代发展的潮流。“公平、正义、共享、和谐是时代的主旋律。”④“中国社会开始进入一个关注公平的新时代。”⑤

公平对待农民工是对不公平趋势的矫正。“经过30年的改革开放，中国取得了举世瞩目的经济发展成就，国民福利日益增长，民生问题持续改善，中国已经站在新的历史起点上，开始经济变革的新阶段，进入科学发展与构建和谐社会的新时代。然而，国民经济的持续高速增长，并没有自动解决好社会公平问题。”⑥ 即是说，“经济增长不能自动地解

① 国务院农民工办课题组：《中国农民工发展研究》，中国劳动社会保障出版社，2013。

② 郑功成：《对农民工问题的基本判断》，《中国劳动》2006年第8期。

③ 郑功成：《多管齐下消除社会保障的不平等》，《江苏经济报》2007年9月20日，第A1版。

④ 郑功成、黄黎若莲：《重视农民工与农民工问题是国家未来十年的重大使命》，《工人日报》2006年11月22日，第7版。

⑤ 郑功成：《中国社会公平状况分析——价值判断、权益失衡与制度保障》，《中国人民大学学报》2009年第2期。

⑥ 郑功成：《中国社会公平状况分析——价值判断、权益失衡与制度保障》，《中国人民大学学报》2009年第2期。

决社会公平问题”①。同时，“市场经济能够带来国民财富的快速增长，但绝不会按照社会公平或平等的原则分配收入”②；“效率优先过度的价值取向，扭曲了社会追求公平正义的本质”③；“中国取得了举世公认的经济发展成就，却也导致了收入和消费的日益不平等，这是市场经济的内在缺陷，必须有相应的制度安排来加以调整”④。农民工“这一群体社会保障权益受损的事实，表明了中国在发展中需要更加突出地关注社会公平正义”⑤。

公平对待农民工需要进行政策的调整，并且以公平作为政策的导向和标准。“农民工之所以处于城市的低层或边缘，是由于缺乏公正的社会政策支持所致”⑥，应“基于公平、正义、共享的原则来寻求新的、系统的解决方案”⑦，“把以人为本、公平对待、一视同仁作为解决农民工问题的根本要求”⑧。

究竟何为公平？政策建议者和制定者使用了六个尺度。

1. 贡献尺度

“公平”的政策含义是给某个人或某些人“应有的”对待。“应有的”对待是“各人得其所应得”，即每个人得到本应该得到的对待。“应有的”标准之一，是个人得到的待遇应该与其提供的劳动和做出的贡献相对应。得到了与劳动和贡献相一致的待遇就是公平，否则就是不公平。

政策建议者和制定者认为，农民工实际上并没有得到与其劳动和贡

① 郑功成：《中国社会公平状况分析——价值判断、权益失衡与制度保障》，《中国人民大学学报》2009年第2期。

② 郑功成：《中国社会公平状况分析——价值判断、权益失衡与制度保障》，《中国人民大学学报》2009年第2期。

③ 郑功成：《尽快确立劳动者的福利权益》，《团结报》2010年3月23日，第6版。

④ 郑功成：《中国社会公平状况分析——价值判断、权益失衡与制度保障》，《中国人民大学学报》2009年第2期。

⑤ 郑功成：《中国流动人口的社会保障问题》，《理论视野》2007年第6期。

⑥ 潘泽泉：《国家调整农民工政策的过程分析、理论判断与政策思路》，《理论与改革》2008年第5期。

⑦ 郑功成：《中国流动人口的社会保障问题》，《理论视野》2007年第6期。

⑧ 韩俊主编《中国农民工战略问题研究》，上海远东出版社，2009。

献相一致的待遇，未来政策的调整应该促进其待遇与劳动、贡献的一致。

政策制定者和建议者认为，农民工为国家及其发展做出了重要的贡献。“农民工为工业增强了竞争力，为城市增加了活力，为改革开放增添了动力。农民工不仅实现了增加收入、回馈农村的目标，而且为中国深化改革、扩大开放、加快工业化和城镇化进程，作出了特殊的重要贡献。”[①]“改革开放30多年来，农民工为我国深化改革，扩大开放，推动科学发展，加快工业化和城镇化进程，推进社会主义新农村建设，做出了特殊的历史贡献。”[②]

但是，农民工得到的待遇并不与其劳动和贡献相对应。“农民工工资水平普遍偏低。农民工集中的企业，劳动强度大，工作时间长，但许多企业把当地最低工资标准作为农民工工资水平或参照物，没有建立以贡献和效益为依据的工资增长机制。20世纪90年代，扣除物价因素后农民工的实际工资收入基本上没有增长。”[③]“农民工月实际劳动时间超过城镇职工的50%，但月平均收入不到城镇职工平均工资的60%，实际劳动小时工资只相当于城镇职工的1/4。”[④]“中国制造业工人的工资成本仅相当于一些发达国家的1/10甚至1/20，而在制造业中农民工的工资水平比这个比例还要低得多。2亿左右农民工的低工资，导致在国民财富分配中，劳动收入与财政收入、投资收益相比，所占份额明显偏低。”[⑤]

而且，农民工付出的劳动代价与所获经济收益的差距在持续拉大。[⑥]“据劳动和社会保障部的调查，近年来工资占GDP比例不断下降，1989

---

① 国务院研究室课题组：《中国农民工调研报告》，中国言实出版社，2006。

② 国务院农民工办课题组：《中国农民工发展研究》，中国劳动社会保障出版社，2013。

③ “中国农民工战略问题研究”课题组：《中国农民工现状及其发展趋势总报告》，《改革》2009年第2期。

④ 国务院研究室课题组：《中国农民工调研报告》，中国言实出版社，2006。

⑤ 国务院研究室课题组：《中国农民工调研报告》，中国言实出版社，2006。

⑥ 郑功成、黄黎若莲：《中国农民工问题：理论判断与政策思路》，《中国人民大学学报》2006年第6期。

年是16%，2003年则下降到12%。”[①]

农民工为城市做出了贡献，但是依然被排斥在城市社会之外。“农民进城打工，职业变了，居住地也变了，但农民的户籍和身份没有变。在一个城市辛辛苦苦打工几年、十几年，农民还是农民，融不进城市社会。进城农民在就业、公共服务等方面甚至受到政策性歧视。两种户口，成为权利和地位不同的两种社会身份，加剧了城乡社会的收入差距，形成中国特有的二元社会结构。”[②]

农民工政策应该向待遇与劳动和贡献相一致的方向调整。“逐步实现劳有所得、劳有所值、劳能共享，……提高劳动报酬占国民收入比重。”[③]“给予城市基础设施建设做出巨大贡献的农民工得到一些补偿”[④]，应“符合劳动者创造财富与分享财富相匹配的自由法则”[⑤]。

2. 基准尺度

基准尺度表明了农民工应该得到的基本待遇，应该获得的基线公平。这一基准主要是法律条文的规定，即法定基准，同时也包括习惯性基准和国际基准、劳动公约基准等。政策建议者和制定者认为，农民工的法定基本权利在相当程度上被侵害、被剥夺了，政策的调整应该加强对其基本权利的保护。

政策建议者和制定者指出的农民工基本权利受损现象包括以下方面：劳动用工不规范[⑥]，没有签订劳动合同的现象非常普遍[⑦]，合同内容不规范、履约不理想；用人单位或雇主收取押金[⑧]；工资水平低，工资

① 国务院研究室课题组：《中国农民工调研报告》，中国言实出版社，2006。
② 陈锡文、韩俊：《如何有序转移农村富余劳动力》，《人民日报》2002年6月3日，第9版。
③ 郑功成：《中国社会公平状况分析——价值判断、权益失衡与制度保障》，《中国人民大学学报》2009年第2期。
④ 微软（中国）有限公司、清华大学社会学系：《农民工：社会融入与就业》，社会科学文献出版社，2008。
⑤ 郑功成：《中国流动人口的社会保障问题》，《理论视野》2007年第6期。
⑥ 韩俊主编《中国农民工战略问题研究》，上海远东出版社，2009。
⑦ 韩俊：《公平对待农民工的十个问题》，《瞭望新闻周刊》2004年第22期。
⑧ 郑功成、黄黎若莲：《中国农民工问题：理论判断与政策思路》，《中国人民大学学报》2006年第6期。

经常被拖欠，克扣或变相克扣工资现象较为突出[①]，拿不到加班工资的情形最为突出[②]；超时加班现象严重，享受不到法定休息日[③]；劳动安全条件差，职业病和工伤事故较多[④]，不提供必要的劳动保护用品[⑤]；社会保险参保率极低[⑥]，工伤医疗保险严重缺位，失业保险几乎没有[⑦]；绝大多数农民工没有接受任何职业技能培训[⑧]；遭受雇主的打骂，遭受管理者的歧视[⑨]；女性农民工在孕期不能得到法律规定的特殊保护[⑩]；未成年农民工从事被禁止的危险或有毒有害工作，未得到过健康检查[⑪]。

概括来说，“在制度上，农民工的就业权、合法经济权益、居住权、受教育权、基本的社会保险权和参与社会管理的权利还没有得到切实的保障”[⑫]。农民工政策应该“加强农民工权益保护”[⑬]，加强保护劳动者的立法和执法[⑭]。

3. **平等尺度**

平等的含义是“同样情况同样对待”、“类似情况类似处理”。在农民工及其相关政策方面，平等尺度体现在农民工应该得到与城市职工同等的待遇，同工同酬，同城同待遇。政策建议者和制定者认为：农民工所得到的待遇与城市职工存在不小的差距，遭受歧视；即使提供同样的

---

① 国务院研究室课题组：《中国农民工调研报告》，中国言实出版社，2006。

② 郑功成、黄黎若莲：《重视农民工与农民工问题是国家未来十年的重大使命》，《工人日报》2006年11月22日，第7版。

③ 简新华、黄锟：《中国工业化和城市化过程中的农民工问题研究》，人民出版社，2008。

④ 韩俊主编《中国农民工战略问题研究》，上海远东出版社，2009。

⑤ 郑功成、黄黎若莲：《重视农民工与农民工问题是国家未来十年的重大使命》，《工人日报》2006年11月22日，第7版。

⑥ 胡务、张伟：《成都农民工综合社会保险研究》，《农村经济》2005年第2期。

⑦ 李强：《城市农民工的失业与社会保障问题》，《新视野》2001年第5期。

⑧ 韩俊：《公平对待农民工的十个问题》，《瞭望新闻周刊》2004年第22期。

⑨ 郑功成、黄黎若莲：《中国农民工问题：理论判断与政策思路》，《中国人民大学学报》2006年第6期。

⑩ 郑功成、黄黎若莲：《重视农民工与农民工问题是国家未来十年的重大使命》，《工人日报》2006年11月22日，第7版。

⑪ 郑功成、黄黎若莲：《重视农民工与农民工问题是国家未来十年的重大使命》，《工人日报》2006年11月22日，第7版。

⑫ 韩俊主编《中国农民工战略问题研究》，上海远东出版社，2009。

⑬ 韩俊主编《中国农民工战略问题研究》，上海远东出版社，2009。

⑭ 王德文等：《全球化与中国国内劳动力流动：新趋势与政策含义》，《开放导报》2005年第4期。

劳动、做出同样的贡献，所得到的收入和待遇却低于城市职工。这是一种严重的不公平现象，应该加强政策的制定和调整，促进和实现农民工待遇的公平化。

政策建议者和制定者指出的农民工待遇不平等体现在用人单位和城市社会两个层面。

在用人单位，农民工同工不同酬[①]，与城镇就业者相比，农民工人均月工资仅为其一半左右，农民工的劳动小时工资水平更低[②]。农民工的工资增长迟滞。“2007 年外出农民工实际工资年均增长 7% 左右，增幅比同期城镇职工实际工资年增长率低 3—4 个百分点，两者的工资差距继续加大。”[③] 农民工不能进入高等级的工种；社会保险制度相同而权益不同。

在城市社会，要求农民工交费办理专门面向外出就业农民工的就业证卡，限制或禁止农民工进入某些职业和工种[④]，甚至被收容遣送[⑤]。一些地方政府将农民工排斥在劳动管理与劳动监察视野之外[⑥]，农民工在寻求政府部门帮助时面临困难[⑦]。农民工无法平等地享受城市公共服务。农民工子女尚未纳入流入地义务教育体系，农民工被排除在城市公共卫生体系之外，医疗卫生条件差，看病难；缺乏职业培训和就业服务；住房未纳入城镇住房保障体系；不能平等地获得就业权利和公共就业服务；在城镇落户定居门槛高。[⑧] 还有，农民工未能完全纳入城市计划生

---

① 郑功成：《让农民工从流动走向安居乐业》，《新农业》2012 年第 4 期。

② “中国农民工战略问题研究”课题组：《中国农民工现状及其发展趋势总报告》，《改革》2009 年第 2 期。

③ 郑功成：《让农民工从流动走向安居乐业》，《新农业》2012 年第 4 期。

④ 韩俊：《公平对待农民工的十个问题》，《瞭望新闻周刊》2004 年第 22 期。

⑤ 郑功成、黄黎若莲：《中国农民工问题：理论判断与政策思路》，《中国人民大学学报》2006 年第 6 期。

⑥ 郑功成、黄黎若莲：《中国农民工问题：理论判断与政策思路》，《中国人民大学学报》2006 年第 6 期。

⑦ 韩长赋：《新生代农民工社会融合是个重大问题——关于新生代农民工问题的调查与思考》，《光明日报》2012 年 3 月 16 日，第 7 版。

⑧ “中国农民工战略问题研究”课题组：《中国农民工现状及其发展趋势总报告》，《改革》2009 年第 2 期。

育服务体系[①]，不能享受当地的最低生活保障[②]，更谈不上享受与当地居民一样的选举权与被选举权[③]，因为不能融入城市社会，留守儿童、老人、妇女问题突出[④]。

这些不平等待遇被批评为“一国两策，无国民待遇”[⑤]，“不能一视同仁，平等竞争”[⑥]，“严重损害了社会公正的原则”[⑦]，“社会不公持续恶化”[⑧]。“国家调整农民工的社会政策并没有带来农民工的社会地位提高，也没有让农民工在城市中完成其身份的转变”[⑨]。

关于农民工政策调整的方向，“平等应当成为落实流动人口社会保障权益的唯一法则”[⑩]。应当“实现城乡劳动力身份平等、机会平等和权益平等”[⑪]，“消除对农民进城务工的歧视性规定和体制性障碍，使他们和城市职工享有同等的权利和义务”[⑫]，“完全平等地分享城镇的公共资源与一切发展成果”[⑬]。

应该让农民工在城市享有平等权利[⑭]，把推进农民工市民化作为基本目标[⑮]，保障农民工平等享受城市基本公共服务[⑯]。农民工应该有平等的就业权，平等的劳动报酬权，平等的子女受教育权利，平等的社会保

---

① 国务院研究室课题组：《中国农民工调研报告》，中国言实出版社，2006。

② 郑功成：《中国流动人口的社会保障问题》，《理论视野》2007 年第 6 期。

③ 郑功成：《中国流动人口的社会保障问题》，《理论视野》2007 年第 6 期。

④ 韩俊主编《中国农民工战略问题研究》，上海远东出版社，2009。

⑤ 王春光：《农民工的国民待遇与社会公正问题》，《郑州大学学报》（哲学社会科学版）2004 年第 1 期。

⑥ 韩俊：《棋子　边缘人　产业工人》，《农业经济问题》2004 年第 8 期。

⑦ 李强：《中国城市化进程中的“半融入”与“不融入”》，《河北学刊》2011 年第 5 期。

⑧ 郑功成：《对农民工问题的基本判断》，《中国劳动》2006 年第 8 期。

⑨ 潘泽泉：《国家调整农民工政策的过程分析、理论判断与政策思路》，《理论与改革》2008 年第 5 期。

⑩ 郑功成：《中国流动人口的社会保障问题》，《理论视野》2007 年第 6 期。

⑪ 王德文等：《全球化与中国国内劳动力流动：新趋势与政策含义》，《开放导报》2005 年第 4 期。

⑫ 《国务院关于解决农民工问题的若干意见》（国发〔2006〕5 号）。

⑬ 郑功成等：《对中国农民工问题的理论判断》，《党政干部文摘》2007 年第 1 期。

⑭ 郑功成：《让农民工享有平等权利》，《群言》2010 年第 2 期。

⑮ “中国农民工战略问题研究”课题组：《中国农民工现状及其发展趋势总报告》，《改革》2009 年第 2 期。

⑯ “中国农民工战略问题研究”课题组：《中国农民工现状及其发展趋势总报告》，《改革》2009 年第 2 期。

障权利，平等享受公共卫生服务的权利，平等享有住房保障的权利。此外，还应当重视农民工的其他经济、社会和政治权利等的实现[①]，例如同工同酬、同制同权[②]，同等的劳动保护权、生命与健康权。

4. **佑助尺度**

佑助尺度指的是弱者应该得到强者的帮助，强者应该主动帮助弱者。农民工属于社会中的弱者：他们人力资源水平低，在劳动力市场上处于劣势；缺乏资金，进城后缺乏社会资源和公共资源。从佑助尺度看，他们应该得到强者的帮助，包括政府、用人单位和城市人的帮助。这种帮助只因为他们是弱者，而不论他们的劳动和贡献的多少。强者应该怀有仁慈之心，把帮助农民工作为自己的责任。

用佑助尺度衡量，农民工所得到的佑助并不多，而且，他们还时常受到强者的霸道欺负和利益侵夺。因此，政策建议者及制定者要求在政策方面进行调整，改进佑助贫乏的状况，增进佑助的程度。

一是农民工作为社会弱势群体，未能分享到社会发展成果。[③] 在用人单位未能分享到企业效益增长的成果，在城市未能分享到城市发展的成果，在国家未能分享到国民经济发展的成果。[④] 农民工工资长期以来处于偏低水平，并且增长缓慢。在2004年之前的12年中，珠江三角洲外来农民工月平均工资仅增长了68元，与当地年均20%以上的GDP增长速度相比，工资水平几乎未有增长。这意味着，农民工未能很好地分享到企业效益增长和国民经济发展的成果。[⑤] “在城市快速发展的过程中，作为建设者的农民工分享的仍然只是极少的一部分，社会财富分配向城市居民长期倾斜的结果必然是社会不公的持续恶化，农民工劳动条

① 郑功成：《让农民工享有平等权利》，《群言》2010年第2期。

② 郑功成：《让农民工从流动走向安居乐业》，《新农业》2012年第4期。

③ 潘泽泉：《国家调整农民工政策的过程分析、理论判断与政策思路》，《理论与改革》2008年第5期。

④ 《我国农民工工作“十二五”发展规划纲要研究》课题组：《中国农民工问题总体趋势：观测“十二五”》，《改革》2010年第8期。

⑤ 《我国农民工工作“十二五”发展规划纲要研究》课题组：《中国农民工问题总体趋势：观测“十二五”》，《改革》2010年第8期。

件的恶劣乃至于超低的劳动报酬都被拖欠，表明了这种倾斜必须得到纠正。”[①] 应该“让农民工合理分享到进一步发展的成果，让农民工平等参与公共资源的分享”[②]。

二是农民工的社会保险缺位。最应该得到社会保险的群体却保障程度低下。国家于 2003 年出台的《工伤保险条例》、2004 年劳动和社会保障部专门颁布的《关于农民工参加工伤保险有关问题的通知》和 2006 年的国务院 5 号文件，都提出要重点加强农民工的工伤保险，重点解决农民进城务工期间的住院医疗保障问题。但是到 2009 年，只有 20% 左右的农民工在就业地参加了以保住院为主的大病医疗保险，有病不住院治疗的现象较普遍。农民工参加养老保险的比例也偏低。[③]

三是农民工在城市的社会救助缺位。城市的社会救助体系未对外来的农民工开放，农民工难以得到城市政府的最低生活保障和儿童教育救助、医疗救助。[④] 农民工基本没有住房保障。[⑤] 一些农民工陷于贫困时只能返乡的。[⑥]

四是农村留守儿童、父母、妻子问题突出。农民工的子女、父母、妻子等家庭成员在农村留守是一种不得不接受的选择。由于农村社会保障缺失，他们很少得到佑助。[⑦]

5. 人性尺度

人性尺度指的是每个人作为“人”应该得到“人”的对待。人应该享有最基本的生活，最基本的身体健康，最基本的感情生活，最基本的体面和尊严。“人性”在这里的含义与日常用语的“没有人性”、“灭绝

---

① 郑功成、黄黎若莲：《中国农民工问题：理论判断与政策思路》，《中国人民大学学报》2006 年第 6 期。

② 郑功成：《对农民工问题的基本判断》，《中国劳动》2006 年第 8 期。

③ “中国农民工战略问题研究”课题组：《中国农民工现状及其发展趋势总报告》，《改革》2009 年第 2 期。

④ 郑功成、黄黎若莲：《中国农民工问题：理论判断与政策思路》，《中国人民大学学报》2006 年第 6 期。

⑤ 韩俊主编《中国农民工战略问题研究》，上海远东出版社，2009。

⑥ 黄平、杜铭那克：《农民工反贫困——城市问题与政策导向》，社会科学文献出版社，2006。

⑦ “中国农民工战略问题研究”课题组：《中国农民工现状及其发展趋势总报告》，《改革》2009 年第 2 期。

人性”、“惨无人道”相近，而非哲学上的“人性”概念。用人性尺度衡量的结果是，农民工的处境和待遇上存在诸多不合于“人”之应有对待的地方，而这也是农民工政策应该尽快调整的地方。

一是农民工承担着超负荷的工作压力[①]，损害着身心健康。“农民工超时间、超强度劳动现象非常普遍，休息权利没有保证，据国家统计局2004年的调查，农民工日工作时间11个小时，每月工作时间超过26天，76%的农民工在节假日加班。有些企业强迫农民工加班加点。”[②]

二是劳动条件恶劣，工伤职业病多发。[③]“劳动安全卫生条件较差，往往缺乏最基本的劳动保护。”“他们集中在劳动环境差、危险性高的劳动岗位，尤其是城里人不愿干的建筑施工作业、井下采掘、有毒有害、餐饮服务、环卫清洁等工作。而且，许多企业使用缺乏防护措施的旧机器，噪音、粉尘、有毒气体严重超标，又不配备必需的安全防护设施和劳保用品，对农民工不进行必要的安全培训，致使其发生职业病和工伤事故的比例高。”[④]“患职业病和在重特大安全事故中失去生命的主要是农民工群体。……全国每年因工伤致残人员近70万。其中农民工占大多数。农民工从业人数较高的煤炭生产企业，每年因事故死亡6000多人。”[⑤]

三是用人单位侵犯人的尊严。一些企业劳动纪律苛刻，实行封闭式管理，限制人身自由；扣留身份证、搜身检查，损害人的起码尊严。[⑥]有些企业甚至随意体罚、打骂农民工。[⑦]一些企业随意辞退农民工[⑧]，将农民工作为用得着就用、用不着就丢弃的工具。

---

① 钱文荣、黄祖辉：《转型时期的中国农民工——长江三角洲十六城市农民工市民化问题调查》，中国社会科学出版社，2007。

② 国务院研究室课题组：《中国农民工调研报告》，中国言实出版社，2006。

③ 韩俊：《棋子　边缘人　产业工人》，《农业经济问题》2004年第8期。

④ 国务院研究室课题组：《中国农民工调研报告》，中国言实出版社，2006。

⑤ 国务院研究室课题组：《中国农民工调研报告》，中国言实出版社，2006。

⑥ 韩俊：《棋子　边缘人　产业工人》，《农业经济问题》2004年第8期。

⑦ 国务院研究室课题组：《中国农民工调研报告》，中国言实出版社，2006。

⑧ 国务院研究室课题组：《中国农民工调研报告》，中国言实出版社，2006。

四是农民工不能在城市安居乐业，家分两地，长期奔波于城乡之间[①]，享受不到家庭生活，在城市里文化和精神生活贫乏[②]。

由人性尺度得出的政策建议是，应坚持“以人为本”的科学发展观[③]，改进相关政策，使农民工得到应有的人的对待和尊严。

6. 程序尺度

程序尺度指的是，做出决定和处理事务的程序是公平的，以至能够得出公平的结果；或者说，这样的程序让当事人感觉到对自己的对待是公平的。程序公平的含义是程序符合特定的程序要件，这些要件得到了实际的遵守和执行。程序公平的要件有以下五个。第一，规范性。决策是通过一套规范的程序做出的，这套程序和执行是一致的，不因人而异、不随意变通。第二，参与性。决策组织者和利益相关者（代表）都参与到这套程序中来，表达意见和听取他人意见，进行讨论和解释，通过公平的规则做出最后决定。第三，平等性。组织者与利益相关方地位是平等的，表达机会是充分的，而组织者和主持人是中立的，没有私利和偏向。第四，公开性。决定过程是公开的，所做出的最后决定将告知各相关者，每一个参与决策和受到决策影响的人都了解这一决定的理由。第五，救济性。对不适当或不公平的决策可以申诉和质询，而这些申诉和质询必然性地得到受理，必然性地进入一套公平的程序得到公平的结果。

以打扑克牌为例。哪个牌大、哪个牌小，出牌按照什么样的顺序，达到什么标准算是赢牌，是打牌规则的组成部分。不可有人遵行另一套规则。这条规则是打牌者共同商量的（即使借鉴了别人的玩法或以前的习惯），所以每个人都要遵守同一个规则。打牌者的地位是平等的，不能有人一手遮天，制定对自己有利的规则、谋取利益。规则决定的过程和结果是公开的，不明白的可以询问。如果在打牌过程中发现了对自己

① 国务院研究室课题组：《中国农民工调研报告》，中国言实出版社，2006。

② 《我国农民工工作“十二五”发展规划纲要研究》课题组：《中国农民工问题总体趋势：观测“十二五”》，《改革》2010 年第 8 期。

③ 陈诗达主编《2006 浙江就业报告——劳动关系问题研究》，中国劳动社会保障出版社，2006。

不利的规则，可以要求修改，但是对当初承诺了的规则不能反悔。大家都遵守根据这套规则制定出来的“打牌政策”打牌，即使输了牌，也会认为程序和结果是公平的，从而“服输”。如此，才能够一轮轮地玩牌下去。政策制定的程序尺度同样如此，程序的公平能够导致结果的公平，各利益相关方得以通过这套程序得到“应该得到的”东西。

衡量现状，农民工的政策和待遇被认为是不符合公平的程序尺度。

在用人单位，农民工不能参与与自己利益相关的决策。企业成为失序的专制主义生产政体，形成了“关系霸权”①。“农民工很难正常行使民主权利”，“劳动工资集体协商制度更没有得到执行”，农民工“不能参加职工（代表）大会”。“农民工组织化程度低，……处于分散状态的农民工在与企业主谈判中处于弱势地位。”②

在所居住的社区，农民工不能参与社会管理。“由于户籍制度，农民工被排斥在社区组织、社区活动、社区管理之外。”“农民工作为城镇社区居民的民主权利也难以实现。很多农民工虽然已经成为当地常住人口，但不能参加社区民主选举和参与社会事务管理。”③

在地方政府层面，农民工不能参与政策制定，不能参与政策监督，不能影响政策执行，不能就政策提出申诉和救济。在社会政策制定中，农民工的利益诉求得不到回应和保障。④“农民工权益意识高涨与维权机制不畅的矛盾越来越突出”，“维权机制因法制不完善、监察机制不健全而依然处于缺失状态”⑤。

相关的政策建议是应“推进民主政治建设来促进社会公平，并为之

① 沈原：《“关系霸权”：对建筑工劳动过程的一项研究》，载沈原《市场、阶级与社会：转型社会学的关键议题》，社会科学文献出版社，2007。

② 国务院研究室课题组：《中国农民工调研报告》，中国言实出版社，2006。

③ 国务院研究室课题组：《中国农民工调研报告》，中国言实出版社，2006。

④ “中国农民工战略问题研究”课题组：《中国农民工现状及其发展趋势总报告》，《改革》2009年第2期。

⑤ 郑功成、黄黎若莲：《重视农民工与农民工问题是国家未来十年的重大使命》，《工人日报》2006年11月22日，第7版。

提供健全的制度保障"[①]。

基于上述的进步性尺度和公平性尺度即道义标准的衡量，政策制定者提出要依据道义准则推进政策的调整。"新形势下解决好农民工问题的指导思想是：……把以人为本、公平对待、一视同仁作为解决好农民工问题的根本要求，把推进农民工市民化作为基本目标，推进城乡分隔二元体制改革和制度创新，引导农民工合理有序流动，加强农民工权益保护，保障农民工平等享受城市基本公共服务，提高农民工整体素质，健全城乡统一的人力资源市场，加快建立公民身份统一、机会均等、权利平等的城乡统一的社会管理制度，努力实现农民工就业有技能、劳动有合同、工资有保障、伤病养老有保险、维权有手段、居住有其屋，确保农民工共享改革发展成果。"[②]

二 知识衡量

（一）规律认识

农民工政策的制定者和建议者都认为，应该根据客观规律或根据对客观规律认识的知识成果来制定和调整政策。"解决农民工问题的基本思路，应当顺应现代化的一般规律。"[③] "我们要从现代化建设规律……的高度，充分认识正确解决农民工问题的重要性、紧迫感和长期性。"[④] "不允许农民进城不符合现代化的规律。"[⑤]

关于规律的具体内容，其包括以下几方面。"国内生产总值中农业的比重不断降低，是现代社会经济发展的必然规律"[⑥]。"农村富余劳动

① 郑功成：《中国社会公平状况分析——价值判断、权益失衡与制度保障》，《中国人民大学学报》2009年第2期。

② "中国农民工战略问题研究"课题组：《中国农民工现状及其发展趋势总报告》，《改革》2009年第2期。

③ 韩长赋：《中国现代化进程中的农民工问题》，《人民日报》2006年12月1日，第7版。

④ 魏礼群：《正确认识和高度重视解决农民工问题》，《人民日报》2006年4月26日，第11版。

⑤ 韩长赋：《中国现代化进程中的农民工问题》，《人民日报》2006年12月1日，第7版。

⑥ 陈锡文：《农村劳动力跨区域流动的原因分析》，《学习时报》2002年6月17日。

力向非农产业和城镇转移，是世界各国经济社会发展的共同规律。”① “从农业社会转向工业社会，从农村文明转向城市文明，是世界各国现代化的一般规律。城市化的本质是由农村向城市移民，无疑中国也是走这条路子。”② 另外，弱势群体分享社会发展成果也被认为是一个历史规律，“我国农民工工资长期以来处于偏低水平，并且增长缓慢，……说明农民工未能很好地分享企业效益增长和国民经济发展的成果”③。

对规律的科学认识的最高成果形式是原理。原理常被称为“某某理论”，这些理论被政策制定者和建议者作为政策的依据。“经济学家缪尔达尔的城市发展积累因果理论认为，当城市发展到一定的水平时，决定城市增长的不再是本地的资源禀赋，而是城市本身集聚资本、劳动力等生产要素的能力。”④ 这一理论的政策意义是，城市应该吸纳劳动力进城并在这一方面具有竞争力。“刘易斯转折点是指一国农业部门的富余劳动力被吸干以后，工资在市场机制的作用下出现上涨，农业部门不存在边际生产率为零的富余劳动力，实现二元经济向一元经济转折的时期。……我国目前已经进入了‘刘易斯转折点’的第一阶段，并可能在‘十三五’期间进入第二阶段。”⑤ 这一理论的政策含义是，我国未来将出现“局部劳动力供求紧张”⑥，“如果没有工资水平的提高，或者其他等值的激励手段的加强，非农产业就不再能够像典型的二元经济发展时期那样，轻而易举地得到所需的劳动力供给”⑦。这意味着，农民工的工

---

① “中国农民工战略问题研究”课题组：《中国农民工现状及其发展趋势总报告》，《改革》2009年第2期。

② 韩长赋：《中国现代化进程中的农民工问题》，《人民日报》2006年12月1日，第7版。

③ 《我国农民工工作“十二五”发展规划纲要研究》课题组：《中国农民工问题总体趋势：观测“十二五”》，《改革》2010年第8期。

④ 国家发展和改革委员会产业发展研究所美国、巴西城镇化考察团：《美国、巴西城市化和小城镇发展的经验及启示》，《中国农村经济》2004年第1期。

⑤ 《我国农民工工作“十二五”发展规划纲要研究》课题组：《中国农民工问题总体趋势：观测“十二五”》，《改革》2010年第8期。

⑥ “中国农民工战略问题研究”课题组：《中国农民工现状及其发展趋势总报告》，《改革》2009年第2期。

⑦ 《我国农民工工作“十二五”发展规划纲要研究》课题组：《中国农民工问题总体趋势：观测“十二五”》，《改革》2010年第8期。

资应该上涨。基于“托达罗模型”，政策建议者提出“40岁以下农民工供不应求可能在2016年出现”，所以应该提前制定相关政策，促进农村劳动力的供给。研究者使用的理论还有“雁阵模式”① 等。

另一方面，在使用“普遍规律”时，也要考虑“特殊性”②。要“遵循世界上现代化建设的一般规律，又要坚持从我国国情出发”③。一种观点认为，在中国国情下，农民工会更多地进城。“各国在工业化过程中农村富余劳动力转移的规模、进度和方式不同，其社会效果也不一样。我国人口众多，农村劳动力数量也多，又正处在工业化、城镇化加快发展的阶段，将有越来越多的农村富余劳动力逐渐转移到非农产业和城市中。”④ “农民工队伍的出现和壮大，是我国特色的转移农村富余劳动力的正确抉择和有效途径。”⑤ 另一种观点认为，我国的农民进城过程将比国外漫长。“我国的基本国情是农民多，又长期实行城乡分治的二元结构，因而这个转移的过程可能更长。”⑥ “农民都进城也不行，中国农民太多，都进城会产生一些国家出现的贫民窟现象。”⑦ 所以，“一部分农民需要进城务工，一部分农民需要就地转移”⑧。

“阶段性”也被加入规律“使用”应该考虑的因素中。“解决农民工问题的基本思路，应当顺应现代化的一般规律，应当考虑中国的特殊国情，还应当把握我国工业化、城市化发展的阶段性。”⑨ “大量农民从农业转移出来，在城乡之间流动就业，这种现象在我国将长期存在，这是由我国的国情和工业化、城市化发展阶段决定的。”⑩

---

① 《我国农民工工作“十二五”发展规划纲要研究》课题组：《中国农民工问题总体趋势：观测“十二五”》，《改革》2010年第8期。

② 魏礼群：《正确认识和高度重视解决农民工问题》，《人民日报》2006年4月26日，第11版。

③ 《国务院关于解决农民工问题的若干意见》（国发〔2006〕5号）。

④ 魏礼群：《正确认识和高度重视解决农民工问题》，《人民日报》2006年4月26日，第11版。

⑤ 魏礼群：《正确认识和高度重视解决农民工问题》，《人民日报》2006年4月26日，第11版。

⑥ 韩长赋：《解决好农民工问题是个大战略》，《经济日报》2006年6月19日，第2版。

⑦ 韩长赋：《中国现代化进程中的农民工问题》，《人民日报》2006年12月1日，第7版。

⑧ 韩长赋：《解决好农民工问题是个大战略》，《经济日报》2006年6月19日，第2版。

⑨ 韩长赋：《中国现代化进程中的农民工问题》，《人民日报》2006年12月1日，第7版。

⑩ 韩长赋：《中国现代化进程中的农民工问题》，《人民日报》2006年12月1日，第7版。

（二）模型运用

对中国经济、社会各因素的变动趋向进行分析和梳理，由此推断农民工的发展趋向，并作为政策的方向，是知识为政策提供依据的一种途径。这方面科学性较强的是应用模型的运用。有学者运用“全国可计算一般均衡模型（DRCCGE）”，输入模型的各自变量数值，推算与农民工有关的未来趋向。该模型应用发现：“国民经济增长速度、城镇化进程、对外贸易增长速度和产业结构变化对农村劳动力转移有重要影响”；“预期我国经济将继续过去的发展趋势，劳动力仍然继续转移”；“未来相当长一段时间内，我国工业化、城镇化的发展对劳动力的巨大需求，将继续拉动农村劳动力向非农产业和城市转移，农民工的总规模还将继续扩大”[①]；“出口强劲增长”及“制造业和劳动密集型产业的生产规模扩张”加大了企业用工需求[②]；“服务业加快发展增加了对劳动力的需求，促进了劳动力转移”[③]。所以，“促进农村劳动力转移仍将是我国中长期的重要任务”[④]。另一种数理分析是，“十一五期间，世界经济将在曲折中缓慢恢复和调整，我国对外贸易很难保持以往的增长速度，出口导向型产业对农民工的吸纳能力会有较大下降。资源和要素成本将持续上升，劳动密集型行业增长将会放缓或出现跨国转移，制造业劳动生产率将较快提高，影响农民工需求增长”[⑤]。

逻辑分析和推导也被运用。例如，分析各地区经济发展及其差距的数据，最后得出为适应经济发展而应有的农民工政策方向。其内在逻辑

① “中国农民工战略问题研究”课题组：《中国农民工现状及其发展趋势总报告》，《改革》2009 年第 2 期。

② “中国农民工战略问题研究”课题组：《中国农民工现状及其发展趋势总报告》，《改革》2009 年第 2 期。

③ “中国农民工战略问题研究”课题组：《中国农民工现状及其发展趋势总报告》，《改革》2009 年第 2 期。

④ “中国农民工战略问题研究”课题组：《中国农民工现状及其发展趋势总报告》，《改革》2009 年第 2 期。

⑤ 《我国农民工工作“十二五”发展规划纲要研究》课题组：《中国农民工问题总体趋势：观测“十二五”》，《改革》2010 年第 8 期。

是：改革开放的时间先后决定着特定地区投资收益率的比较性变化，投资收益率变化导致各地区产业结构的调整，各地区产业结构的调整导致对农民工需求的变化。在这一条件下，“过去依靠本地化的劳动力市场来解决劳动力供求问题的条件已不复存在”。再者，各地区之间的竞争必然要求“提高劳动力市场效率”。劳动力市场效率来自流动效率和匹配效率两个方面。流动性要求消除体制和政策等限制因素，实现劳动力市场一体化，否则会导致特定地区劳动力供给不足和成本上升。匹配性要求供求信息通畅。这些逻辑的政策含义是，应“统筹城乡就业”，“深化户籍制度改革”，“加大对农村劳动力的素质和技能培训”，“加强就业信息体系和就业服务体系建设”[①]。

理性选择的方法也被用于论证农民工的进城行为。有研究者分析：农民工的原籍缺乏就业岗位；资金、市场和政府服务制约了农民工自主创业；地方政府对创业审批或立项难、负担重、部门乱收费；农业比较收益低，而农业生产资料价格提高快。在这几个因素的决定下，“外出务工成为了农民的必然选择”[②]。另一种分析是：“在农民工愿望方面，由以农民为参照系向以城市同龄劳动者为参照系转变，由以自己的过去为参照系向以他人的现在为参照系转变（由个体纵向比较转向群体横向比较）。这种转变意味着农民工追求平等就业、分配正义及合理分享经济发展成果的愿望更加强烈，并且必然带来农民工由过去单纯追求经济收益向追求安居乐业转变。”[③] 这表明：“农民外出就业已具有不可逆性。”“这是国家面向农民工的相关制度安排与政策措施必须尊重的客观依据。”[④]

① 王德文等：《全球化与中国国内劳动力流动：新趋势与政策含义》，《开放导报》2005 年第 4 期。

② 《我国农民工工作“十二五”发展规划纲要研究》课题组：《中国农民工问题总体趋势：观测“十二五”》，《改革》2010 年第 8 期。

③ 郑功成、黄黎若莲：《中国农民工问题：理论判断与政策思路》，《中国人民大学学报》2006 年第 6 期。

④ 《我国农民工工作“十二五”发展规划纲要研究》课题组：《中国农民工问题总体趋势：观测“十二五”》，《改革》2010 年第 8 期。

（三）趋向认识

趋向认识是对事物发展方向和动态的观察，以及在此基础上对基本走向的描述和概括。在这一基础上，“趋向”或“走向”就是农民工政策调整的方向，而宏观趋向和走向也是农民工政策服务的目标。“要从事物发展的方向着眼，坚持农民向工业、服务业转移就业。”①

世界各国已经发生的明显趋向成为政策的方向。“世界各国现代化过程中最基本的人口变动特征是农民进城转变为产业工人和市民。”②“农业劳动力向非农产业和城镇转移，是世界各国工业化、城镇化的普遍趋势，也是农业现代化的必然要求。”③“胡锦涛总书记在党的十六届四中全会上的讲话中，提出了‘两个趋向’的重要论断：‘综观一些工业化国家发展的历程，在工业化初始阶段，农业支持工业、为工业提供积累是带有普遍性的趋向；但在工业化达到相当程度以后，工业反哺农业、城市支持农村，实现工业与农业、城市与农村协调发展，也是带有普遍性的趋向。’并明确指出，‘我国现在总体上已到了以工促农、以城带乡的发展阶段。’”④

世界趋势所达到的水平是政策调整应该达到的水平，或者表明了未来的发展空间。“根据国际经验并结合中国的国情，预计我国城镇化水平的峰值在70%—75%之间。由于2010年我国城镇化率仅为49.95%，所以还有20—25个百分点的发展空间。”⑤“目前中国城镇化水平仅为32%，离中等发达国家49%的比率还相差甚远。”⑥“中国制造业工人的工资成本仅相当于一些发达国家的1/10甚至1/20，而在制造业中农民工的工资水平比这个比例还要低得多。……在国民财富分配中，劳动收

① 韩长赋：《中国现代化进程中的农民工问题》，《人民日报》2006年12月1日，第7版。
② 国务院农民工办课题组：《中国农民工发展研究》，中国劳动社会保障出版社，2013。
③ 《国务院关于解决农民工问题的若干意见》（国发〔2006〕5号）。
④ 魏礼群：《正确认识和高度重视解决农民工问题》，《人民日报》2006年4月26日，第11版。
⑤ 国务院农民工办课题组：《中国农民工发展研究》，中国劳动社会保障出版社，2013。
⑥ 郑功成：《农民工的权益与社会保障》，《中国党政干部论坛》2002年第8期。

入与财政收入、投资收益相比，所占份额明显偏低。”[①]

农民工在当前阶段的变化趋向、变化的时间序列特点，给政策的应然导向提供了依据。农民工已经占据“制造业、服务业工作岗位的大多数，其就业领域已经从最初的临时性岗位、补充性岗位向各个行业、各类岗位扩张，就业形势的稳定性得到显著提升。……外出就业农民工有稳定就业岗位的占57.8%，比2002年提高了6.6个百分点”。根据这样的趋向，政策制定者认为农民工在城市的“就业形势日趋稳定”，所以进城是可以肯定的方向，相关政策应该支持而不是阻碍农民工进城。同时，“青壮年是外出农民工的主体”[②]，也表明了农民会越来越多地进城务工。而且，鉴于“农民工在城市沉淀的程度和长期居留倾向增加”、“移民倾向渐趋明显”[③]，政策应该支持农民工市民化；鉴于“流动的‘家庭化’和居住的稳定性趋势”，应该支持农民工“举家进城”[④]。

影响农民进城务工的经济和社会因素的走向，也被用于作为政策的依据。“中国自改革开放以来，其工业化、城市化、现代化进程不可逆转，城乡二元分割、分治格局必然要被城乡统筹与一体发展所取代”[⑤]，所以农民工“必然随着新体制的全面确立而分化，并分别归入市民或者农民群体”[⑥]。

（四）经验借鉴

巴西城市的贫民窟问题为政策制定和调整提供了借鉴。政策建议者经过考察认为，巴西土地占有严重不平等和日渐集中，导致农民大量破

---

① 国务院研究室课题组：《中国农民工调研报告》，中国言实出版社，2006。

② 《我国农民工工作“十二五”发展规划纲要研究》课题组：《中国农民工问题总体趋势：观测“十二五”》，《改革》2010年第8期。

③ 《我国农民工工作“十二五”发展规划纲要研究》课题组：《中国农民工问题总体趋势：观测“十二五”》，《改革》2010年第8期。

④ 《我国农民工工作“十二五”发展规划纲要研究》课题组：《中国农民工问题总体趋势：观测“十二五”》，《改革》2010年第8期。

⑤ 郑功成、黄黎若莲：《中国农民工问题：理论判断与政策思路》，《中国人民大学学报》2006年第6期。

⑥ 郑功成、黄黎若莲：《中国农民工问题：理论判断与政策思路》，《中国人民大学学报》2006年第6期。

产而流入城市，并且集中于大城市。尽管大城市经济发展迅速，但是因为产业结构偏向，所创造的就业岗位稀少，再加上政府转移支付少，产生了大量城市贫民。贫民因为在农村没有土地而不能回流，只有住在贫民窟里。一些贫民窟为黑社会所控制，成为犯罪窝点和毒品贩子的“根据地”。所以，当地社会治安混乱，生态环境恶化。政策建议者因此提出，我国的农民工政策应该借鉴巴西城市化的教训：要“准确理解城镇化的内涵，合理把握好城镇化进度”，“城市化并非能自动解决农民问题，关键是为农民进城就业创造更多的机会”；要“保持农民土地承包经营权的稳定，使农民在城乡之间能够双向流动”①，“城市政府应把在城市有固定工作和住所的进城农民视同常住人口对待，应把外来人口对住房、就学、医疗等设施的需求纳入城市建设规划，让一部分外来人口逐步融入城市”②。考察团提出：“城市化应与工业化同步”，不能“过度郊区化”③，否则将导致失业增加和贫困化。

在工作中积累、提炼出来的经验也是政策的借鉴。这方面经验的表述很多。例如：“国内外正反经验证明，人为设置人口流动的障碍得不偿失，行政驱动的人口流动是不成功的，而顺应市场经济规律和经济社会发展需要的、民间自主的流动和移民是成本低的、稳定的，而且也是进退自如的，容易调节的。”④ “30 年的实践表明，经济体制和社会管理体制的每一次改革，都会降低农民工流动的制度成本，都会促进农民工队伍的发展。”⑤ 还有，“坚持解放思想，尊重农民主体地位和首创精神，是做好农民工工作的首要前提”；“坚持市场化导向，充分发挥市场的基础作用是做好农民工工作的必然途径”；“坚持深化改革，消除农村劳动力流动的体制障碍是做好农民工工作的重要条件”；“坚持以人为本，不断

① 韩俊：《巴西城市化过程中贫民窟问题及对我国的启示》，《中国发展观察》2005 年第 6 期。

② 韩俊：《巴西城市化过程中贫民窟问题及对我国的启示》，《中国发展观察》2005 年第 6 期。

③ 国家发展和改革委员会产业发展研究所美国、巴西城镇化考察团：《美国、巴西城市化和小城镇发展的经验及启示》，《中国农村经济》2004 年第 1 期。

④ 韩长赋：《中国现代化进程中的农民工问题》，《人民日报》2006 年 12 月 1 日，第 7 版。

⑤ “中国农民工战略问题研究”课题组：《中国农民工现状及其发展趋势总报告》，《改革》2009 年第 2 期。

完善公共服务是做好农民工工作的重要保障”；“坚持城乡统筹，推进城乡就业一体化是做好农民工工作的必由之路”。[①]

第四节　农民工政策的解释模型

一　农民工政策解释模型的框架

在政府主导农民工政策制定的框架内，“政府考量”和“理性指南”是农民工政策制定的两大方面的决定因素，用理论模型的术语表示即模型的自变量。所制定出来的农民工政策条文即政策本身，用理论模型的术语表示即是因变量。另外，在“政府考量”和“理性指南”之前还有环境和形势因素，这是解释模型的前置变量。在“政策制定”之后还有“政策执行”环节，即各相关行动者的行为，属于第二级因变量，也是政策结果和效应变量。农民工政策解释模型框架如图 1－1 所示。

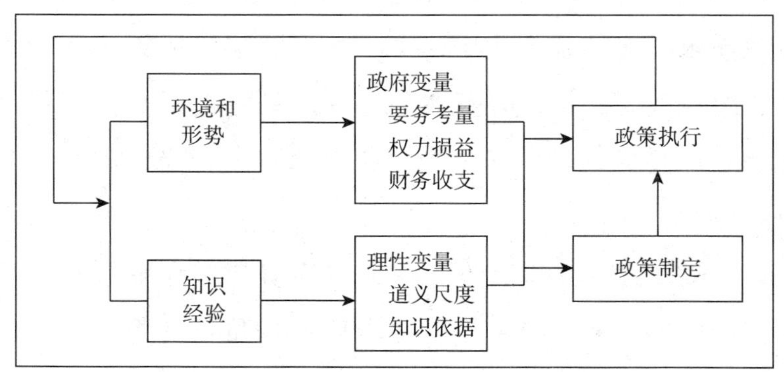

图 1－1　农民工政策解释模型框架

农民工政策解释模型中的变量界定如下。

（一）环境和形势

环境和形势是农民工及其政策所处于其中的宏观环境和微观环境，

① “中国农民工战略问题研究”课题组：《中国农民工现状及其发展趋势总报告》，《改革》2009 年第 2 期。

包括空间的形态和时间的走势，如国内外经济形势、社会形势、政治形势、军事形势等。环境和形势在很大程度上决定政府的“要务”，即“要务”是由决定“价值”实现的宏观环境和形势决定的。但是，并非环境和形势本身决定“要务”，而是要务提出者对环境、形势的认识和判断决定要务。不同要务提出者对同一环境和形势可能做出不同的判断，提出不同的要务。要务是审时度势、通盘考虑、全局安排的结果。

（二）政府变量

1. 要务考量

“要务”指的是政府在特定环境和形势下所认定的“最重要任务”，也可以说是一个任务体系。就政府主体来说，要务并非完全独立存在的，在一定程度上是权力稳固和财务收入的实现工具。但是，要务也不能完全归结为权力稳固和财务收入的工具，还具有终极价值的成分，如执政党的使命、抱负和责任，对国家大局、民族崛起、人民幸福、社会和谐的成就追求，对传统文化中的“齐家、治国、平天下”价值的继承等。再者，对执政者来说，要务在一定程度上是民众期望的反映，政府提出要务、实现要务，履行其职能，获得执政的正当性和民众对其统治的服从。

“要务”取决于环境和形势。在不同环境和形势下，同一执政主体可能制定出不同的要务。要务也取决于政府的价值体系，以及执政者的知识、经验和认识能力。

农民工是要务“一盘棋”中的一个棋子。“要务考量”是对农民工在“要务”中的角色、功能及成本的评估。评估内容包括：为了使农民工担当特定角色、履行所需功能，应该给其什么样的恰如其分的对待；为了使农民工发挥更大的功能，应该给其提升什么样的对待；如果不给其恰如其分的待遇，对要务会产生何种不利影响。如果农民工对要务的功能是负的，则或者取消这一角色，或者转变其功能性质。在这里，功能的大小既是数量概念又是质量概念。数量包括农民工群体的人数、劳动力水平和成本水平，质量包括其所拥有的资源特征、行为特征和态度特征等。

“要务考量”的结果一般是：农民工对要务的影响越大，正功能越强，越不可替代，与要务多个组成部分的关联越多，就越给农民工提供好的待遇；如果农民工对要务的贡献逐渐加大，那么给农民工的待遇也要逐渐增加；如果农民工对要务的功能不足或者表现为负功能，以及因为政策原因导致了功能不足或负功能，那么就要调整政策和改善待遇水平。

2. **权力损益**

任何政治集团都谋求国家权力，任何执政集团都力求稳固权力，长期执政，长治久安，防止权力削弱、权力不稳、权力失控。执政者在制定政策时必然评估和预测特定政策对权力的损益，权衡政治得失。由于权力获得途径的特殊性（武装夺取政权），统治者对被统治者的行为特别敏感，防范心理极其强烈。这决定了权力损益变量的重要性和权力“损”和“益”的高灵敏度。

农民工是一支重要的政治力量，无疑会对政治格局产生影响。其人数规模及其工人阶级、无产阶级特性，让这支政治力量更受关注。农民工对国家权力的影响决定国家农民工政策的制定，国家制定的农民工政策决定农民工的政治态度和政治行为。

同一项政策有可能是把“双刃剑”。国家的施惠性（提高待遇）、减损性（解决问题）和回应性（接纳诉求）的政策会带来权力增益的同时也伴随着权力损失的风险。例如，农民工市民化政策因为施惠性质能够带来权力增益，但是城市对农民工开放过大也可能对权力造成冲击。农民工工会化政策因为减损性（保护权利）能够带来权力增益，但是工会过分强大也可能对权力造成损害。同时，对农民工的特定施惠或特定减损可能改变各群体之间关系的格局（既得利益格局），那些由此而利益相对受损群体（例如城市人）的负面反应则会造成权力损失。这表明，对一项政策权力损益的预测和评估是一个相当复杂的过程，很多时候得不到确定的相反是具有风险的答案。面对不确定的、具有风险的答案，执政者往往选择高稳健、低风险的答案。

同一级政府的各个部门、不同层级的政府均关注权力的损益，对农民工政策实施的本部门、本政府后果进行预测和考量。因为它们之间既存在合作又存在竞争，所以它们之间的“交集”和“互动”局面十分复杂，对农民工政策和执行的影响也很大。有时，政策的本来目的是对农民工施惠，但是当数个部门均关注自己的权力损益时，却损害了农民工的利益。同时，政府的权力也受到损害。

3. **财务收支**

财政收入是政府的血液。财政收入是要务的资金支撑、权力的物质基础、官员的经济来源、为民众造福的条件。对任何国家、政府来说，增加财政收入都是关键任务，控制财政支出也是重要任务。财政收入在政府价值链中的位置，犹如工资等收入在家庭生存和生活中的位置。1978 年党的十一届三中全会之所以提出“全党工作的着重点应该从一九七九年转移到社会主义现代化建设上来”[①]，是因为人们认识到“文化大革命”使经济处在了“崩溃的边缘”，从而财政收入也处在了这样的边缘。

政策对财务收支的作用是政府考量的重要方面。对某一项政策，政府要核算这项政策实施后能够得到或增加多少钱，必须支出多少钱。在其他条件一定的情况下，某项政策得到的税收和收费（例如农民工作为城市的劳动力）越多，或者由此而减少的开支越多，该政策就越可能得到制定，也越可能得到执行；而为此支出的公共服务、公共福利（例如农民工子女在城市就学）的数额越大，或者因此而减少的税收等越多（例如劳动执法），就越不大可能被制定、被执行。还有，当政府及其组成人员从用人单位得到了正式规定之外的收入时，倾向于放松甚至放弃对农民工保护政策的执行；当从农民工个人得到了正式规定之外的收入时，则放松对农民工规制政策的执行。

① 中国共产党第十一届中央委员会第三次全体会议公报。

政府也核算特定政策的财务收入和支出之比是否合算，从而选择那些合算的政策项目。当一项政策存在不同的可选项时，政府倾向于选择那些收支比较高的选项。当一项政策的执行存在不同的可选项时，政府也倾向于执行那些收支比较高的选项。

政府的收支比核算大多是匡算，而且对收入和支出具有不同的考量。对财务收入，政府考虑的是地方税基和税收总量，其来源的单位是企业等纳税人。农民工尽管参与了财政收入和创造，他们的财政贡献融入了财政总收入之中，但政府并不单独计算农民工这一群体的财政贡献，也不单独评估农民工提供的收入额。因此，农民工的财政贡献被数据“淹没”了。而在支出方面，农民工培训需花多少钱，农民工子女在就业地入学需增加多少教育经费，则都是实实在在的“给农民工花的”，被视为“纯支出”。而且，对财政支出，政府力求将钱花在最重要、最需要、最紧迫的地方，其中包括政府要务、维护稳定、政府和官员消费、基本建设、公共支出以及迫切的民生支出。对农民工的支出取决于农民工的位置和问题有多重要、多需要、多紧迫。即使农民工的实质贡献较大，但是对其的支出有可能与贡献相脱离。

自20世纪90年代的财政制度改革以来，各地方政府是“分灶吃饭”的，均单独进行财务核算。所以，每一个地方政府都不大愿意为其他地区政府花钱，不愿意为其他平级政府提供“转移支付”，也不愿意为来自其他地区政府的农民工多花钱。

如前所述，地方政府财务的增收和减支是农民工政策制定和调整的推力，减收和增支是农民工政策制定和调整的阻力。

（三）理性变量

“理性”包括了道义和知识。无论政策制定者还是政策建议者都强调“理性指南”，他们都力求把政策制定得正确。政策制定者认为，正当性、科学性是政策合理性的来源，也是执政合理性的来源，而且是执政可持续性的必要条件。政策建议者认为，无论正当性还是科学性都是其所追求的目的，其进行研究的目的即是认识“自然法”和“客观规律”。

一般来说，政策建议者更多地担负着“理性”的职责，所以，正当性和科学性多来自他们的表述。这些表述提供给政策制定者，被政策制定者接受，最终影响政策的制定。同时，这些表述也在社会上被传播，当被社会众多人认同之后，形成社会舆论和社会压力，影响政策制定者的行为。

1. **道义尺度**

几乎任何一个社会都存在关于“何谓正当”的基本准则。这一基本准则在西方被称为“自然法”，在中国被称为“道义”。两者虽然用的词汇不同，但内涵基本相同。

西方“自然法”的含义是，人们关于“何谓正当”的标准是“与自然相应的”、“正确的”理性；它是“生而具者”，起源于人类的自然本性或宇宙真理；它是“不言而喻的”，无需证明和论证的，是无条件的；作为固有的正义法则，它是终极性和绝对性的公理，确定不移，无所不在，永恒不变，不随人的主观意志改变。西塞罗即说：“事实上有一种真正的法律——正确的理性——与自然相适应，它适用于所有的人并且是永恒不变的。”另外，“我们认为下面这些真理是不言而喻的：人人生而平等，造物主赋予他们若干不可转让的权利，其中包括生命”[①]。

中国“道义”的含义是“正当的事理”。在道家的表述中，“道生万物”，“道”是万物的“始”和“母”。“道”存在于万事万物中，以百态存于自然，是一种“自然状态”或“自然法则”。“道”代表“究竟真实”，“究竟”即指最后、最终、真正唯一、绝对的。现已知的是“道”，现未知的也是“道”。从内涵上看，中国和西方关于“何谓正当”的概念基本是一致的，都是自然而然、不言而喻、固有的正义法则。

中国政策制定者和建议者所表述的道义标准包括进步性准则和公平

① 参见美国独立宣言。

性准则，其中公平性准则又包括了贡献尺度、基准尺度、平等尺度、佑助尺度、人性尺度和程序尺度。这些尺度与德国学者马克斯·韦伯和美国哈佛大学学者约翰·罗尔斯所表述的正义准则基本是一致的。这或许是因为，这是人类“自然的”、“固有的”法则。

然而，“自然的”法则是一种客观存在，对其的运用则是通过认识。对“何谓正当”的认识取决于人的认识能力。不同认识能力的人会有不同的正当标准，认识能力较高的人可能会更好地把握“正当”的精髓，而认识能力低下者则可能较大程度地偏离客观存在。亚里士多德认为，人可以通过理性发现自然法或者正义，“人可以认识真理”；但并非任何人都能做到，如富于智慧和知识的人知道原因而只有经验的人不知道原因，只有经验的人对事物只知其然，而富于智慧和知识的人知其所以然。[①] 中国关于认识的用词是“悟”，而人的“悟”的能力是不同的。《老子》一书强调两个事物，一个是“道”，另一个是“圣人”。“圣人”即是“悟”“道”者，“小人”做不到这一点。这意味着，政策制定者和建议者的认识能力决定了政策是否符合“公平”或“道”。

西方的观点认为，自然法可以被接近，但无法完全认识。这决定了任何政策即使力求实现完美的公平，也会出现不足。中国的观点是，“道可道，非常道；名可名，非常名。”人的认识能力即使再高超，充其量也只是逐渐接近“道”，而不能完全把“道”弄明白；人们认识到和表述出来的“道”，并不是本源的“道”。

对“公平”或“道”的认识和运用，还可能因为“欲”的存在而偏斜。“欲”会压迫“道”，从而让人的行为偏离“道”。西方的斯多葛学派认为理性乃人所共有，但是已经为自私所破坏，故而应当恢复自然状态。《老子》的观点是，“大道甚夷，而民好径”。意思是说大道是非常平坦宽阔的，可是那些未经教化的百姓却喜欢小路。道家要求怀着无欲的心态观察“道”，履行“道”。

在现实中，不同群体所认定的公平是不同的。强势群体倾向于强调

---

① 亚里士多德：《形而上学》，吴寿彭译，商务印书馆，1997。

贡献尺度，弱势群体则强调平等和佑助尺度；强势群体强调程序公平，弱势群体则强调实体公平。这表明私欲会让道义的“知”和“行”产生偏差。

2. **知识依据**

“道义”的本质是“何谓正当”，知识的本质则是“何谓正确”，两者的角度有所不同。然而，它们都基于和来自于人的理性，两者的形成和运用基本是相同的。

公平准则是对“自然法”的认识，而“知识”是对“规律”的认识。规律是事物之间内在的必然联系和关系逻辑，是客观的，不以人的意志为转移。知识是人类认识客观规律的成果，严格地说，是“正确”认识得出的“正确”成果。至于何为“正确”，一个经典的定义来自于柏拉图：一条陈述能称得上是知识必须满足三个条件，它一定是被验证过的；正确的；被人们相信的。

“知识”具有不同的“真理性”水平。在“正确”的范围内，一般来说“原理”具有最高的科学程度，因果分析的某些“数据模型”也具有较高的科学程度。“趋向认识”的科学程度较低，因为趋向不一定是规律，它有可能只是短期的，在长期看来却是波动甚至相反的。“经验知识”具有较强的主观色彩，它不一定符合柏拉图的三个条件，特别是“被验证”的条件。“原理”与“经验”之间的差异，反映出人的认识程度和人的认识能力的差异。鉴于认识能力的作用，政策制定者的知识在政策制定中至关重要。

与“道义”类似，“知识”也受到人的欲望的影响。当人们将某一做法总结为经验时，往往包含了主观愿望和自身价值。鉴于人的欲望的作用，政策制定者的大公无私在政策制定中至关重要。

“知识依据”在很大程度上决定政策的导向和政策的质量。相比较而言，科学的“原理”更可能指导政策的正确走向，而一些主观的、狭隘的经验有可能导致政策的缺陷和偏差。

（四）政策制定

“政策制定”指的是政策制定的过程，同时也是所制定出来的政策本文，即政策的文本。政策制定是“政府变量”和“理性变量”各个因素综合作用的结果。

（五）政策执行

“政策执行”指的是政策文本在实际事务中的运作和落实。政策文本是政策落实的脚本或蓝本，但是政策落实还受到政策执行过程和政策执行者的影响。政策执行过程既与政策文本有关联，又是一个相对独立的事件。

政策执行中有不同的行动者。农民工政策执行中的执行者主要是中央政府和各级地方政府，企业、事业等用人单位的管理者，农民工本身，以及城市人、媒体人等。

就各级地方政府而言，决定政策执行的变量同样是“政府变量”和“理性变量”，包括其中的各个因素。一般而言，在“政府变量”中，“要务”既有对上级所下达要务的执行，也有本级政府自定的要务；“权力”包括了上级下达的“守土”任务，也有本地的社会秩序和权力追求；“财务”的内涵基本与上级相同。在“理性变量”中，同样是道义和知识两个部分。

对用人单位来说，决定政策执行的变量是“雇主变量”和“理性变量”。在雇主变量中，包括了雇主要务、权力损益和财务收支。雇主也考虑道义和知识两个因素。

农民工同样有“农民工变量”，包括了要务、权力和财务，也考虑道义和知识的因素。在政府主导农民工政策制定的条件下，农民工的行为是基于“农民工变量”对政策文本、政府行为和雇主行为进行反应。对“好”的政策予以执行，并对政府表示支持和拥护；对“不好”的政策或执行态度漠然，或用“脚”投票，甚至用行为进行抗争（诉讼、上访、罢工、闹事）。

中央政府的执行行为、地方政府的执行行为、用人单位的执行行为和农民工的行为存在交互作用，共同决定政策执行的状况和所达到的结果。

这些状况和结果构成政府所面对的“环境”和“形势”的内中部分。由此，政策的调整和执行进入下一个循环。例如，政策建议者根据新的环境和形势提出新的建议，政策制定者根据新的建议对政策进行调整。如果农民工的行为较严重地影响到政府的要务、权力和财务，则现有的政策更有可能得到调整。

二　农民工政策解释模型的赋值

农民工政策处于不断的调整中。为了比较好地说明农民工政策的制定和执行，本章以《意见》出台的2006年及其前后的情况，给上述解释模型赋值，并解释其政策结果。

（一）环境和形势

当时的形势是“国民经济持续快速健康发展”，“改革开放取得丰硕成果”，但是，“工作中还有不少困难和问题。农民和城镇部分居民收入增长缓慢，失业人员增多，有些群众的生活还很困难；收入分配关系尚未理顺”[①]。

（二）政府变量

1. 要务考量

2002年中国共产党第十六次全国人民代表大会提出的要务是“全面建设小康社会，加快推进社会主义现代化”，并明确表述“必须把发展作为党执政兴国的第一要务”[②]。在发展“要务”下，农民工的角色分别

① 江泽民在中国共产党第十六次全国人民代表大会上的报告。

② 江泽民在中国共产党第十六次全国人民代表大会上的报告。

是经济生产中的劳动力，工业化中的生产工人和服务人员，城市化中的城市新增人口，现代化中的建设者，以及解决“三农”问题、协调城乡发展的贡献者。

农民工角色的特点是：必不可少，不可替代，不很重要。经济生产必须有劳动力，工业和服务业必须有生产工人和服务人员，城市化不能没有新增人口，“三农”问题的解决必须有农民工离开和汇款。然而，相比较而言，这些角色都不是很重要。政策制定者认为，资本在经济发展中的角色明显重于农民工。资本的经济价值量大，稀缺性高，并且各地域存在对资本的激烈竞争；农民工的经济价值量小，供给充裕，较少地区存在竞争，而且本身能吃苦耐劳。另外，知识、技术的价值也高于农民工劳动力的价值。农民工这一角色特点和功能特点是政策制定者必然考虑到的。

农民工的角色与其他群体的角色在政府要务中基本是匹配的，各方都具有和发挥正功能，但是在利益方面却存在某些不一致和冲突。农民工与企业雇主、农民工与城市人、农民工和地方政府都存在利益上的矛盾。当发生冲突时，政府很可能将雇主的角色看得更重要，这显然会对政策产生影响。

在这一时点上，农民工与要务需要之间存在差距，即对要务的功能发挥不足。这些有待于填补的空间提示了政策改进的必要性和改进方向。一是劳动力供给趋于不足，存在“招工难”、“用工荒”和结构性失业现象。这与企业劳动待遇低和权益状况差有关。二是劳动力市场不完善，存在就业限制、制约自由流动等问题。这与政府的就业限制和养老保险统筹层次低有关。三是劳动力浪费，农民工流动率高，频繁处于非工作状态。这与企业劳动待遇低和权益状况差以及城市政府限制农民工市民化、就业服务缺位有关。四是劳动力素质低，不符合产业升级的需要。这与企业劳动待遇低和权益状况差、城市限制农民工市民化和地方政府的培训能力不足有关。五是影响到购买力和内需。这与企业劳动待遇低和权益状况差、社会保险制度不健全、城市政府的公共服务和公共福利缺位有关。六是城市化水平低（低于工业化水平）。这与政府限制农民工市民化有关。七是“三农”问题解决得不到位，农民转移不彻底，农民工时有返乡，且伤残农民工不得不返乡，影响了农业规模经营和新农村建设。这与城市政府限制农民工市民化和企业劳动待遇低以及权益状况差有关。

根据上述的考量，应该对农民工与要务功能需要之间的差距进行调整，改进相关政策。这包括：完善劳动力市场，解除就业限制，促进自由流动；加强劳动执法力度，解决企业劳动待遇低和权益状况差的问题，改进社会保险制度；提高农民工市民化的水平，进行户籍改革，提供就业服务、职业培训，解决农民工子女入学、健康卫生问题，改善住房条件。在其他方面，鉴于农民工在要务中的非主要地位，以及较少影响到要务的实现，所以不会有待遇的显著改善。

应该提到的是，上述的要务考量是21世纪头十年中期的“赋值”，即以发展为中心要务并且以社会主义市场经济体制来推进要务的情况。如果环境、形势不同，则要务的内容不同，要务考量和政策内容也就不同。我国20世纪50年代至60年代初期，新中国成立初期的要务是巩固政权，建立秩序，恢复经济，所采用的体制是计划经济。所以，那个时候制定了限制乃至禁止农民进城打工的政策。甚至在60年代初期，也将已经进城就业的农民“动员”回乡。那时，基本不允许农民进城务工，不允许他们成为非农产业的劳动力，更谈不上成为城市户籍者。2012年党的十八大的主题依然是“为全面建成小康社会而奋斗”，但是要务的某些内容发生了改变：“当前，世情、国情、党情继续发生深刻变化，我们面临的发展机遇和风险挑战前所未有。全党一定要……继续推动科学发展、促进社会和谐，继续改善人民生活、增进人民福祉。”[①]这决定了对农民工的政策会出现以“社会和谐”、“人民生活”、“人民福祉”为重要目标的新的调整。农民不但可以进城务工，而且市民化的

---

① 胡锦涛在中国共产党第十八次全国人民代表大会上的报告。

前景也更为明确。[①]

2. **权力损益**

政策制定者对权力损益的分析与农民工群体的政治力量大小和政治行为强弱直接有关。进入 21 世纪以后，随着市场经济的发展，农民工的数量越来越大，并且在城市稳定存在。农民工变成了一支稳定的政治力量。由于不公平加剧、权利受损和对市场经济下社会关系认识的发展，农民工的权利意识、民主意识萌生和增强，诉求表达和维权行为增多，并出现组织化、群体化、暴力化趋势。这样的趋势还因为“新生代农民工”的进入而增强。政策制定者不能不感受到其对权力的压力。另外，政府官员的腐败增长，政府公信力下降，包括农民工在内的民众对政府的不满增加，也让政策制定者感受到规避权力损失的必要。为解决这些问题，有必要提高农民工的待遇，解决其问题，回应其诉求。

但是，政策制定者对涉及权力损益的事项无比慎重。为了既获得增益又避免损失、规避风险，他们的选择是推进那些权力增益多、减损多而风险小的政策，而缓行即使增益多、减损多但权力风险大的政策。

首先，解决农民工最为突出的问题，进行权力减损。即解决那些最容易引起社会矛盾和群体事件的问题。这包括：工资被拖欠、被克扣，水平偏低；劳动合同不规范，劳动时间长，安全条件差；缺乏社会保障，职业病和工伤、疾病医疗问题多；女工和未成年工权益受损，子女上学、生活居住困难；等等。

其次，改善民生，增加福利，进行施惠。例如：提供就业服务和技能培训，提供医疗保障和疾病预防，提供公共服务，接纳农民工子女入学，改善住房条件，等等。

再次，有限地和逐渐地开放城市，即进行有限回应。例如：尝试性改革户籍制度，有条件和有选择地允许部分农民工获得城市户籍，较大

① 国务院于 2014 年发布关于农民工政策的第二份专项性文件，即《关于进一步做好农民服务工作的意见》（国发〔2014〕40 号）。文件提出，要着力推动农民工“平等享受”城镇基本公共服务，着力促进农民工“社会融合”，实现“改革发展成果共享”。

程度地开放中小城市的户口，等等。

最后，在农民工组织和权力行为方面采取保守态度。例如：不放开农民工自己成立工会，不放开在现有工会体制下成立农民工单独的工会，而只同意现有正式工会发挥某些作用；暂缓工会的集体协商制度，而允许农民工进入职工代表大会进行民主管理；暂缓农民工在流入地的选举工作；对农民工的群体行为特别是暴力性质的行为，坚决和果断地制止；等等。

3. **财务收支**

改进农民工政策，从长远看政府可以增收，但是从短期看，在刚进入21世纪的时点上，各种给农民工带来好处的政策几乎都会让政府增支或减收。例如，促进城乡统一的劳动力市场将减少收费，提高农民工工资、改进安全卫生条件、让农民工市民化等将增加大量支出。然而另一方面，农民工对要务的功能的发挥和对权力的增益都要求政策的改进。此时，政府做出的政策选择如下。

首先，企业层面的农民工权益增加以保证底线为重点，既解决重点问题又抑制减收的程度。这包括：解决工资拖欠和克扣问题，建立工资支付保障制度；可以延长工时和占用休息日、法定假日，但应支付加班工资；解决农民工的同工不同酬问题，以及工资偏低的问题；对提高工资水平，通过集体谈判方式增加工资，则暂缓或形式实行；对职业安全卫生条件和未成年工，也作为底线解决。如此，既改进了农民工的权利状况，又不使企业的劳动力成本提升过高。

其次，地方政府层面的农民工待遇，开支数额不大的或有弹性的由政府全部负担，数额较大但是有必要的由政府适当负担，或者进行分担。例如：政府负担政策咨询、就业信息、就业指导和职业介绍费用，传染病免费治疗和计划生育服务费用；对数额较大的培训费用和法律援助费用，政府则给予补贴。

最后，对地方开支数额很大的，暂时不做调整。例如住房保障费用、农民工市民化等。但是，对那些边际税收率高的专业人员和技术人员，以及劳动模范、纳税额高的人，则允许他们迁入户籍，享受当地居民待遇。

至于地方政府之间的收支核算和转移支付，如养老保险基金的统筹和转移，因为需要较多的财政支出，所以也只做尝试和探索。

（三）理性变量

1. 道义尺度

对农民工状况进行道义尺度的衡量，其结果是农民工所实际得到的对待不符合道义准则，在6个公平性尺度上均如此。政策制定者认识到了这些问题，政策建议者对这些问题提出批评和质疑，社会大众也对此存在较强的舆论压力。从政府角度来看，对农民工待遇的不公平还涉及权力损益，以及执政的正当性。这些都让政策制定者认识到改进政策的必要。

如果没有其他条件的限制，显然应该将农民工的待遇提升到公平水平，符合道义准则。但是这里存在物质条件的限制，也存在认识能力的限制所导致的标准模糊，以及出于利益和价值的局限性（权力损益和财政收支）。因此，基于道义标准的政策改进有如下方面。

首先，着重于人性尺度、佑助尺度和基准尺度方面的改进。例如：解决工资拖欠、克扣问题，保障农民工付出劳动之后能得到报酬；改进企业的职业安全卫生状况，建立工伤保险和医疗保障制度，保证农民工的身体健康；保护农民工中的弱势者，即女工、未成年工和童工，让农民工子女接受义务教育；解决企业随意辞退农民工导致失业的明显不道义问题，建立和执行劳动合同制度；为权利被侵害的农民工提供法律服务和法律援助。

其次，在平等尺度方面做可能的改进。诸如：打破城市的就业限制，实现城乡平等就业；在劳动报酬方面促进同工同酬；将部分农民工纳入城镇职工基本养老保险体系，以及转为城市户籍；为农民工提供就业服务、职业技能培训；等等。

最后，在贡献尺度和程序尺度方面采取保守态度。例如：少提给予农民工符合劳动贡献的分配，少提劳动价值问题，也少提组织工会、集体协商和在流入地的选举。

2. 知识依据

无论政策制定者还是政策建议者，都力求依据知识制定政策，以保证政策的科学性和正确性。但是，因为知识本身的积累和发展不足，以及认识能力的限制、利益和价值的限制，农民工政策的知识依据显得薄弱。

政策制定者和建议者都强调，应该根据规律制定政策。然而在实际的政策制定中，对中国现象、农民工现象的规律性探讨并不多。迄今为止，还没有听说有人提出了相关的原理，或者将农民工现象包含进了一个“大”的原理。所使用的西方人提出的原理和理论，并没有根据中国的实际进行验证和修正。甚至，这些理论在西方已经受到了批评和否定，或者已过时了。

即使西方的某些理论是正确的，例如“农村富余劳动力向非农产业和城镇转移，是世界各国经济社会发展的共同规律”，但它只是提供一个大概的政策方向，并不能为政策提供实际的、可操作的内容。如果考虑到特殊性和阶段性因素，其对政策的指导意义就更差。

“模型运用”具有“大数据”的特点，是政策制定的科学指南。但是，相关模型对现实的解释力和预测力并不高。而且，一些数据资料缺乏和不准确，影响了模型的效力。

“趋向认识”出于对事物发展方向和动态的观察，这种认识对政策的方向具有一定的意义。但是，这样的观察有时并不是通过科学的方法和精确的数据而是带有主观判断的色彩，因而缺乏科学性。一种趋向在当前看来是向前发展的，但是这并不表明在中长期内不会中断发展，或者转成别的趋向。

“经验借鉴”有助于政策制定的正确性，并吸取其他政策失误的教训。但是，“经验”的主观性很强，并不具备严谨的理论形态和科学性质。经验对政策正确的作用是有限的。

上述一些知识缺陷，导致政策制定者对问题“看不准”，对政策方案“拿不准”。在一定程度上，政策内容具有“尝试—错误”的色彩。

在知识不足的情况下，“反应性”往往成为一种政策制定方法，即针对当前遇到的较为严重的问题，寻找一种立竿见影的方法。其往往不是根据规律或原理，具有“头疼医头，脚疼医脚”的特点，治标不治本。结果可能是，每个政策都是对前一个政策的改正，而又被后一个政策改正。

（四）政策制定

在本模型所分析的时点上，国务院下发了 5 号文件。这个文件的政策规定，可以被认为是上述解释模型中各个自变量在当时条件下交互作用的结果。分析该文件提出的政策措施，可认为它们与上文中依据政府变量（要务考量、权力损益、财务收支）、理性变量（道义尺度、知识依据）的赋值所推导的政策内容基本对应或一致。

1. 抓紧解决农民工工资偏低和拖欠问题

具体包括：建立农民工工资支付保障制度，从根本上解决拖欠、克扣农民工工资问题；合理确定和提高农民工工资水平；切实改变农民工工资偏低、同工不同酬的状况；严格执行国家关于职工休息休假的规定，延长工时和休息日、法定假日工作的，要依法支付加班工资。

2. 依法规范农民工劳动管理

具体包括：严格执行劳动合同制度；依法保障农民工职业安全卫生权益；切实保护女工和未成年工权益，严格禁止使用童工。

3. 搞好农民工就业服务和培训

具体包括：逐步实行城乡平等的就业制度；建立城乡统一、平等竞争的劳动力市场；进一步清理和取消各种针对农民工进城就业的歧视性规定和不合理限制，清理对企业使用农民工的行政审批和行政收费，不得以解决城镇劳动力就业为由清退和排斥农民工；进一步做好农民转移就业服务工作，加强农民工职业技能培训。

4. **积极稳妥地解决农民工社会保障问题**

具体包括：优先解决工伤保险和大病医疗保障问题，逐步解决养老保障问题；依法将农民工纳入工伤保险范围，抓紧解决农民工大病医疗保障问题；探索适合农民工特点的养老保险办法，有条件的地方，可直接将稳定就业的农民工纳入城镇职工基本养老保险体系。

5. **切实为农民工提供相关公共服务**

具体包括：把农民工纳入城市公共服务体系；保障农民工子女平等接受义务教育；加强农民工疾病预防控制和适龄儿童免疫工作；搞好农民工计划生育管理和服务；多渠道改善农民工居住条件。

6. **健全维护农民工权益的保障机制**

具体包括：保障农民工依法享有的民主政治权利，职工代表大会要有农民工代表，保障农民工参与企业民主管理权利；深化户籍管理制度改革，逐步地、有条件地解决长期在城市就业和居住农民工的户籍问题；对农民工中的劳动模范、先进工作者和高级技工、技师以及其他有突出贡献者，优先准予落户；保护农民工土地承包权益；加大维护农民工权益的执法力度；做好对农民工的法律服务和法律援助工作；强化工会维护农民工权益的作用，工会作用主要是监督、检查。

总体来看，以上政策在条文上有很大改进，但是也有较大保留。它集中于解决最突出的问题和最基本的问题。这些都是由农民工政策制定模型中各“自变量”当时的赋值决定的。

（五）政策执行

政策执行有多个行动主体，包括中央和各级地方政府，用人单位的管理者，农民工本身，以及城市人、媒体人。这些人面对的是同一个政策，但每个主体都有自己的要务、权力损益和财务收支，也都有自己的道义准则和知识体系。用博弈论的用语，每个主体都有自己的“目标函数”。

这些主体所拥有的资源和实力也存在差异。其中，政府所拥有的行政权力的力量最强，因为它本质上是一种强制力。而且，政府是一个系统化的庞大组织，覆盖和控制社会的各个角落。企业所拥有的资金是一种几乎任何东西都可以购买到的力量，仅次于行政权力。同时，企业是一个正式和十分有效的组织体系，具有强大的动员和行动能力。农民工的资源只有自己的劳动力，这种劳动力在必要时可以转化为个人暴力。

政策执行类似于打牌。当打牌的要求和规定出来之后，几个人一块玩牌。每个人的目标都是赢牌（要务、权力、财务），但是每个人手里的牌不同（资源、力量）。在此基础上，大家轮流出牌，发生交互作用，最后往往是牌好的人赢牌。打牌是一种游戏，也是一种博弈，政策执行同样是一种博弈。

无论中国还是西方，都围绕政策进行博弈。但是，中国与西方的博弈层面有所不同。西方国家大多是在政策制定层面博弈，政策制定由多方面的主体参加，每个与政策存在利益关系的群体都有代表，包括政府、议会、政党、社会组织等。这些群体在政策需求的提出、政策制定日程、政策决定等各个环节都能发表意见。关于工人的政策，工人群体往往在其中扮演重要角色。与工人群体相对应的雇主群体，也占据重要地位。各群体的代表充分发表意见，彼此争论和解释，也互相达成同盟和交易。经过复杂的协调过程，借助于某一表决程序，达成政策决定。政策决定同时也是各方对该政策的承诺，政策执行是各方履行自己的承诺，并通过法律等进行指导和规范。这是一种“先博弈、后决策”的模式。

中国的决策模式特点是“先决策、后博弈”，在执行中博弈。例如农民工政策，就是中央制定决策，然后地方政府、用人单位和农民工相互博弈。所谓“上有政策、下有对策”，即是“后博弈”的组成部分。农民工政策的执行，就是一个博弈过程、一个社会互动过程。

仍以打牌为例。西方打牌是各参加者先充分讨论，遵循程序公平，制定出各方都满意或都能认同的规则，然后再根据规则打牌。中国是某一个人做出打牌规定，将大家拉到一起打牌。在打牌的过程中各方发现规则对自己不利，或者要求修改规定，或者各行其是，或者做小动作，或者干脆放弃不玩。

在政策执行中，地方政府既贯彻上级政府的政策，又加入自己的价值。在要务考量中总要加入自己的目标，例如地方发展和官员政绩。在发展要务和地域 GDP 锦标赛的环境下，GDP 往往是第一要务，农民工的功能是为此提供低成本的劳动力。与中央政府相比，地方政府在权力损益中更强调地方权力以及官员升迁，而且比中央政府更切实地感受到农民工对权力和秩序的压力，以致更为敏感和坚决地收住权力底线。地方政府在财务收支方面近似于无依无靠的小家庭，受到比中央政府更大的收入压力和更大的减支压力，所以更不大愿意给农民工多花钱。在道义衡量和知识依据方面，地方政府对此的重视程度比中央政府低，更比政策研究者和专业研究者低。这决定了，地方政府会执行国家的农民工政策，但会在诸多方面打折扣，并且与上级政府、企业和农民工进行博弈。

研究发现，“政府为了保持区位竞争优势，进行福利竞赛，使农民工的处境进一步恶化”①。“政府财政调控能力有限和政府责任模糊”②，影响了农民工政策的落实。

用人单位即企业的要务集中于利润率和劳动生产率等指标，也关注管理权力和劳动力成本。它们对于道义和公平的考量较少，其程度一般低于地方政府。企业认为自己是效率性组织，道义和公平不是企业的事情。企业既需执行国家的政策，又力求尽量实现自己的要务，减少政策贯彻的支出。很多企业的选择是，对企业有利的政策就执行，对企业不利的政策就拖延和变通。当遭遇地方政府要求其执行政策的压力时，就与政府进行博弈，讨价还价，也与官员进行私人交易，谋求“融通”。一位企业家谈到与政府的博弈时说：“最大的困难不光是市场博弈，而

---

① 杨立雄：《农民工社会保护问题研究》，《中国人民大学学报》2006 年第 6 期。

② 杨立雄：《农民工社会保护问题研究》，《中国人民大学学报》2006 年第 6 期。

是在市场博弈当中跟制度博弈。在美国创业，只面对一个市场风险，没有人逼着你去讨论民主、法律、政治。但是中国的买卖人，总得要讨论生意以外的事情。”他提出，企业必须要学会这样的博弈：“我们总是要学会既做经济性博弈，也要学会跟体制和社会转型的节奏配合。其实大部分企业都是因为这件事情死的，因为我们在转型社会经济责任、权利不确定，所有的事情都不确定，所以你在做的时候拿捏不好就掉坑里了。”①

研究发现，“企业缴费意愿、缴费能力低下，导致了政策执行得不到位”②。“在全球化背景下，资本一方的力量在增强，而传统的、以制造业为基础的、具有强大力量的产业工人联盟在新技术面前逐步解体。”③

农民工也是政策执行者。他们从农民工政策的执行中受益，理应是最积极、最认真的执行者。但是，他们存在三个缺陷。第一个缺陷是缺乏执行政策的决定权，也缺乏参与权。在城市层面，缺乏选举权④、民主管理权和政策建议权，就城市是否给自己提供培训而言，他们不能决定和参与；在企业层面，缺乏民主管理权和规章制度制定参与权，对企业是否给自己缴纳工伤保险，他们也不能决定和参与。第二个缺陷是缺乏争取政策执行的资源。首先，缺乏人力资源。他们的教育水平低，人力资源水平低，信息能力低⑤，在劳动力市场中处于弱势地位，缺乏与用人单位讨价还价的资本⑥，在劳动关系中也处于劣势⑦。其次，缺乏制度资源。他们受到体制和制度的约束，流动性强，劳动强度大，劳动时

---

① http://www.iceo.com.cn/renwu/46/2012/1017/258784.shtml.

② 李平：《中国转型时期城市农民工社会保障制度研究》，中国地质大学出版社，2008。

③ 蔡禾、李超海等：《利益受损农民工的利益抗争行为研究——基于珠三角企业的调查》，《社会学研究》2009 年第 1 期。

④ 郑功成、黄黎若莲：《中国农民工问题：理论判断与政策思路》，《中国人民大学学报》2006 年第 6 期。

⑤ 郑英隆：《中国农民工弱信息能力初探》，《经济学家》2005 年第 5 期。

⑥ 国务院研究室课题组：《中国农民工调研报告》，中国言实出版社，2006。

⑦ 曾旭晖：《非正式劳动力市场人力资本研究——以成都市进城农民工为个案》，《中国农村经济》2004 年第 3 期。

间长，缺少学习、培训的机会①，缺少接触政策、熟悉政策的机会，很多人不具备表达诉求的能力②。其社会边缘性地位也不利于表达利益诉求。③ 再次，缺乏社会资源。在城市中他们没有与市民之间的社会关系，不能通过社会网络连接到决策和执行部门。而且他们的乡土网络力量微小，无法与高度科层化的利益集团进行博弈。④ 最后，缺乏组织资源。工会工作薄弱，NGO 欠发展，不可能自组织。⑤ 而个体的力量弱小，不能对决策者产生影响。⑥ 其背后，还有农民工缺乏产业工人的意识，也缺乏产业工人必备的文化知识和技能素质，与工人阶级新成员的要求还有相当大的差距。⑦ 由于各方面的资源贫乏，农民工“较少有能力校正政策执行的偏差和落差”⑧。第三个缺陷是缺乏申诉和救济渠道。农民工政策不属于法律和法规，甚至不属于规章，农民工很难依据政策条文申请劳动仲裁，也不可能提起诉讼。

现实中，农民工能够采取也能收到效果的方式是“把事情闹大”。例如，发起较大规模的罢工和群体事件（如围堵政府、堵塞高速公路等过激行为⑨），刺激地方政府权衡自己的“权力损益”。地方政府或者由此加大政策执行力度，或者给企业施加压力。研究认为，政策执行的偏差和落差被认为是一种制度性债务和国家级罪错。当国家政策及其所内含的权利尺度被农民工越来越多地接受，而政策执行的偏差和落差越来越明显地被农民工察觉时，农民工就会进行社会抗争，其结果是国家认

① 国务院研究室课题组：《中国农民工调研报告》，中国言实出版社，2006。

② 李平：《中国转型时期城市农民工社会保障制度研究》，中国地质大学出版社，2008。

③ 彭宅文：《中国农民工社会保障发展缓慢的原因分析》，《云南社会科学》2006 年第 1 期。

④ 蔡禾、李超海等：《利益受损农民工的利益抗争行为研究——基于珠三角企业的调查》，《社会学研究》2009 年第 1 期。

⑤ 蔡禾、李超海等：《利益受损农民工的利益抗争行为研究——基于珠三角企业的调查》，《社会学研究》2009 年第 1 期。

⑥ 杨立雄：《农民工社会保护问题研究》，《中国人民大学学报》2006 年第 6 期。

⑦ 国务院研究室课题组：《中国农民工调研报告》，中国言实出版社，2006。

⑧ 蔡禾、李超海等：《利益受损农民工的利益抗争行为研究——基于珠三角企业的调查》，《社会学研究》2009 年第 1 期。

⑨ 国务院研究室课题组：《中国农民工调研报告》，中国言实出版社，2006。

错，政府进行补偿[①]，即对政策进行修改、完善，并强调政策的切实执行。然而，“把事情闹大”具有巨大的治安或刑事风险。所以，大多数农民工对政策不能得到执行都忍气吞声。[②]

地方政府、企业和农民工之间的博弈既有共同执行政策的一面，也有对政策存在分歧和争议的一面。然而无论如何，各自重视和争取自己权力和利益的行为总是存在，而后一方面的博弈一般具有以下特点。

第一，规则模糊。这里的规则并非国家政策规定的，也不是各方一起协商的，而往往是灰色的、模糊的。一位企业家形容说：“市场、政府、消费者还有企业之间的博弈规则太模糊。就像开运动会，你不知道裁判是什么裁判，不知道运动员怎么跑，不知道观众怎样看，所以预测不准。”[③]

第二，力量比较。在博弈中，掌握好牌的人总是容易取胜。地方政府比企业容易取胜，企业比农民工容易取胜。无论在提出和适用规则上还是在获取好处上，都是如此。而且，力量大者容易利用模糊的规则。

第三，彼此联盟。一般来说，资源具有优势的主体之间更容易形成联盟。例如：“在全球化的过程中，政府与资本有着共同的利益取向，政府甚至不得不依附于资本。”[④]

在这样的格局下，除政策正确执行之外的权力和利益博弈，一个基本倾向是地方政府占优，企业居中，农民工最后。国家的农民工政策能够得到执行，但并非能够得到全部执行。[⑤]

根据政策参与者理论，政策制定的决定因素是谁能在实际上提出政策需求，谁将政策制定纳入议程，谁提出政策方案，谁最后决定政策。在任何一个环节上，参与人的不同都可能导致政策的不同。就政策需求

① 洪朝辉：《论中国农民工的社会权利贫困》，《当代中国研究》2007 年第 4 期。

② 国务院研究室课题组：《中国农民工调研报告》，中国言实出版社，2006。

③ 《冯仑：博弈规则太模糊　担忧政策道德化》，全球品牌网，http://www.globrand.com/2010/427623.shtml。

④ 蔡禾、李超海等：《利益受损农民工的利益抗争行为研究——基于珠三角企业的调查》，《社会学研究》2009 年第 1 期。

⑤ 彭宅文：《中国农民工社会保障发展缓慢的原因分析》，《云南社会科学》2006 年第 1 期。

而言，如果只有政府负责人才能提出需求，这与农民工也可以提出政策需求，所产生的结果会有所不同。中国的“先决策、后博弈”能够出台很好的政策，但是因为政策出台后的复杂的、规则模糊的、“比大比小”的博弈，而且是长时段的、无休止的博弈，在很大程度上降低了政策的可执行程度。正所谓，“中央的政策好，下面的人念歪了”。

农民工政策的制定和执行显然应该有农民工这个当事人的参与。所以学者们提出，完善农民工的利益诉求机制，强化其利益诉求能力以及劳动关系的制度化是十分必要的。[①] 农民工政策应该在政府主导下，农民工和用人单位都参与制定，通过协商达成认同，并承诺对政策的执行。

（六）执行效果

国务院5号文件发布7年以后，国务院农民工办课题组对农民工政策的执行情况进行了调查，发表了研究报告。

一方面，农民工政策的执行情况取得了不少的进步，具体体现在以下方面。

（1）城乡平等的就业制度逐步实行。确立了免费公共就业服务制度；确立了农民工技能培训和技能鉴定补贴制度；将农民工纳入失业登记范围；以法律的形式确立了城乡劳动者平等就业制度。

（2）就业服务得到加强。公共就业服务体系逐步向基层延伸；就业信息服务不断加强；开展专项行动，就业服务针对性不断提高；农民工培训工作进一步加强。

（3）农民工劳动权益保护取得明显进展。农民工劳动合同签订率不断提高；农民工工资持续较快增长；农民工维权工作得到加强。

（4）面向农民工的公共服务明显改善。农民工子女义务教育问题受到高度重视；农民工医疗卫生和计划生育服务不断完善；农民工的社会

---

① 蔡禾、李超海等：《利益受损农民工的利益抗争行为研究——基于珠三角企业的调查》，《社会学研究》2009年第1期。

保障从无到有，工伤保险有较大进展，医疗和养老保险取得积极进展，失业保险也在探索中。

（5）各地在解决农民工发展问题上进行了有益探索。对解决农民工子女高中阶段教育问题进行了不同程度的尝试和突破；积极探索农民工在就业地落户；积极探索将农民工纳入城镇住房保障体系；积极探索创新农民工管理服务体制。

（6）农民工管理基础性工作得到进一步加强。工作机制进一步健全；政策法规进一步完善；科学决策机制基本形成；督察工作常态化。

另一方面，农民工政策的执行情况仍然存在突出问题和矛盾，体现在以下几方面。

（1）农村劳动力转移难度加大，促进农民工就业的任务依然较重。

（2）侵害农民工权益的突出问题仍不同程度地存在，构建和谐劳动关系任务艰巨。具体包括：农民工劳动合同签订率低；工资水平普遍较低；劳动安全卫生条件差；劳动关系协调机制不健全。

（3）农民工在城市享受的公共服务水平低，推进农民工公共服务均等化和融入城市任重道远。具体包括：公共就业服务体系不健全；为农民工子女提供的教育服务不足；看病难问题突出；参加城镇职工社会保险的比例低；农民工公共文化服务严重缺乏；住房保障程度低；“三留守”（留守儿童、留守妇女、留守老人）问题突出；农民工在城镇落户难。

（4）农民工管理服务体制不能适应新形势的需要。[①] 这些状况和成果构成政府所面对的“环境”和“形势”的内中部分，由此，政策的调整和执行进入下一个循环。例如，政策建议者根据新的环境和形势提出新的建议，政策制定者对政策进行调整。如果农民工的行为较严重地影响到政府的要务、权力和财务，则现有的政策更可能得到调整。

① 国务院农民工办课题组：《中国农民工发展研究》，中国劳动社会保障出版社，2013。

第二章

农民工政策调整及其社会影响研究综述

农民工问题是中国工业化、城市化过程中面临的一个非常重大的社会问题与经济问题，也是一个涉及领域十分广泛而又错综复杂的综合性问题。近十年来，特别是2006年国务院5号文件以来，各有关部门陆续出台了一系列解决农民工问题的政策措施，各地政府也纷纷制定贯彻执行国家有关方针和政策的具体政策以及实施办法，并且取得显著成效，但同时也仍然存在一些尚未解决的问题，农民工政策问题已经成为一个引起全社会广泛关注的社会热点。多年来，政府有关部门和理论界围绕这方面的问题进行了深入研究，其中既有比较全面的综合性研究，也有许多专题研究。本章将对有关研究情况做简要的归纳与概述。

第一节　农民工政策及其综合效应研究

国务院研究室曾于2005年组织各有关部委和单位以及一些专家学者对农民工问题进行了大规模的调查与研究，并完成了《中国农民工调研报告》，为国务院5号文件的出台奠定了基础。该报告对有关农民工政策与存在的问题进行了比较全面、系统和深入的研究。该报告认为，农民工面临的突出问题表现在五个方面。一是农民工工资待遇和劳动环境存在问题严重。工资水平普遍较低，欠薪现象依然存在；劳动安全卫生条件差，往往缺乏基本的劳动保护；超时间、超强度劳动现象非常普遍。二是农民工的社会保障普遍缺失。制度安排、城市政府与企业认识等方面的因素，使得绝大多数农民工享受不到基本的社会保障。工伤保险参保率低，医疗、养老保险空缺。三是农民工基本享受不到城市政府提供的公共服务。农民工子女享受义务教育困难，居住条件恶劣，未能完全纳入城市的计生服务体系。四是农民工维权工作困难重重。农民工的维权法制不健全，正常行使民主权利困难，侵犯农民工人身权利的事件时有发生。五是农民工身份转换困难。农民工就业流动性强，以及依附于户籍制度的劳动就业、社会保障、教育文化、医疗卫生等不合理制度安排使得农民工难以成为城镇市民。①

该报告认为，产生上述问题的深层次原因主要有四个方面：一是城乡分割的二元结构，这是产生农民工问题的体制根源；二是相关法律不健全、法制不完善，这是产生农民工问题的制度缺陷；三是政府管理和职能转变不到位，这是产生农民工问题的机制障碍；四是农民工自身素质和组织化程度低。②

该报告提出了解决农民工问题的总体思路：一是坚持统筹城乡就业，把解决农村劳动力就业问题放在更加重要的地位；二是坚持异地转移与就地转移相结合，大力发展乡镇企业和县域经济；三是坚持大中小城市和小城镇协调发展，促进农民向城镇合理有序流动；四是坚持推进城乡配套改革，逐步消除农民进城就业和居住的体制性障碍；五是坚持依法维护农民工合法权益，创造进城农民工与城市居民正常交往、融洽相处的社会氛围；六是坚持不断提高农村劳动力素质，把农村人口压力转化为人力资本；七是坚持保障农民工的土地承包权，减轻农民进城务工就业和社会稳定的风险。③

---

① 国务院研究室课题组：《中国农民工调研报告》，中国言实出版社，2006。

② 国务院研究室课题组：《中国农民工调研报告》，中国言实出版社，2006。

③ 国务院研究室课题组：《中国农民工调研报告》，中国言实出版社，2006。

该报告提出了解决农民工问题的工作指导方针：一是公平对待，一视同仁；二是强化服务，完善管理；三是统筹规划，合理引导；四是立足当前，着眼长远。[①]

该报告还从农民工培训和就业服务、农民工工资和用工管理、农民工职业安全、农民工社会保障制度建设、农民工子女义务教育、农民工公共卫生和计划生育管理服务、农民工住房、农民工土地承包权益、维护农民工合法权益以及户籍管理等方面提出了农民工问题的解决对策。该报告强调，从长远来看，在促进农民跨地区转移的同时，还必须大力发展乡镇企业和县域经济，扩大农村富余劳动力就地转移。[②]

郑功成、黄黎若莲于2004—2006年组织40多位专家学者对中国农民工问题与社会保护进行了较大规模的综合性研究，对有关农民工的劳动政策、社会保障政策、子女教育政策、住房政策、社会管理政策和其他社会政策以及实施效果、存在的问题与对策建议等，分别进行了一系列的深入调查与研究。这项研究成果反映了中国农民工问题的总体情况，并通过对北京、成都、深圳、苏州等四个城市的调研，反映不同类型的典型地区农民工问题的主要特点；同时，从不同领域和视角对有关农民工的社会政策问题进行了深入分析和探讨。基于这项研究，郑功成教授认为，虽然通过各级政府逐步改进有关农民工的政策，使农民工进城就业状况与生存状况不断得到改善，但这种改善程度与农民工日益提高的对公平正义、成果共享的期望值之间的反差在不断扩大。现阶段农民工的经济利益、社会权益乃至政治权益均受到损害，而针对农民工的社会保护与维权机制依然缺失。农民工问题正在全方位影响中国工业化、城市化与现代化的进程，解决农民工问题便意味着解决中国工业化、城市化与现代化的关键问题，应当从中国工业化、城市化与现代化发展的视角来研究解决农民工问题的思路，并据此确立近中长期政策。国家制定并实施有关农民工的政策，应当有利于农民工融入城市，使农

① 国务院研究室课题组：《中国农民工调研报告》，中国言实出版社，2006。

② 国务院研究室课题组：《中国农民工调研报告》，中国言实出版社，2006。

民工在城市安居乐业。在确立农民工平等权益的同时，赋予农民工维权的法律手段与有效途径。

该研究认为，要创新户籍管理，大中小城市实行不同的户籍政策，户口与福利保障脱钩，消除农民和市民的身份差别，逐步实现居住自由、迁移登记的制度，实现劳动力的合理流动；创新就业制度，实现平等就业，建立全国统一的劳动力市场，完善就业服务体系；创新劳动保护制度，保障人身安全，保护劳动报酬权；创新社会保障制度，保护劳动力资源；创新城镇住房制度，实现居者有其屋。

关于就业问题，要消除针对农民工的户口、收费等限制性政策，制定实施消除就业歧视的法律法规。关于职业培训问题，要发挥政府的规范、监管职能，加强相关公共信息发布，推动农民工培训市场的良性运作。关于社会保障问题，也必须深化社会保障体制改革，建立城镇统一的社会保障体系，将农民工纳入体系中。研究提出制定“农民工社会保障法”，建立与农民工社会保障制度相适应的一体化管理和网络化服务制度，制定农民工保险基金省级转移管理办法，建立农民工社会保障分类管理信用制度，深化教育改革，实现进城农民工子女教育“国民待遇”。大力推进城镇廉租房政策，消除城市住房市场户籍身份的限制。[①] 关于农民工子女教育和留守子女问题，研究认为，附加在户籍制度上的骄傲与体制和农民工在城市中的弱势地位造成了留守子女的大规模出现。要打破户籍等制度壁垒，实行公平的义务教育政策，将农民工子女纳入救助体系，明确政府的教育救助责任，积极引入社会救助力量，扶持民办学校，简化公立学校的入学程序。发展城乡儿童福利事业，将农民工子女纳入城市儿童福利事业一并统筹规划，在农村建立相应的社会组织关爱留守子女。关于农民工居住问题，要改革户籍制度，消除身份界限；进一步明确农民工的产业工人地位，消除歧视；充分发挥政府作用激励引导市场解决农民工的住房；完善最低工资制度，确保农民工工

① 郑功成、黄黎若莲：《中国农民工问题与社会保护》，人民出版社，2007。

资收入持续增长；明确企业社会责任。[①] 关于社会管理问题，研究认为，加大人力资本的投资是提高农民工地位的根本保证，保障农民对承包土地的合法权益，区分农民工中不同群体的政策效应，构建合理的社会管理的制度框架。[②] 关于农民工社会保险问题，提出对农民工社会保险实行分类指导，根据农民工就业情况采取不同的保障方式。[③] 关于农民工基层民主建设问题，指出进城农民工回乡参加选举多有不便，又被排除在城市基层民主政治之外。农民工回乡参加选举对农村的基层民主政治带来了积极的影响，同时其高流动性也给农村基层民主政治造成了深刻的冲击。在城市，NGO 成为代表农民工利益和表达的组织，但尚处于起步阶段。农民工的非制度参与成为城市政治稳定的威胁。该研究建议，应该本着权利平等、急迫性和渐进性相结合、民主权利保障和户籍改革并行以及利益关联和属地原则，解决农民工参与基层民主政治的问题。城市政府对农民工应该由防范、管制型管理转向服务型管理，对农民工工作的错位和缺位现象应该加以改变。加强工会建设，充分发挥工会代表表达农民工利益诉求的作用。[④]

简新华、黄锟等于 2006—2007 年主持国家社会科学基金重大项目“工业化和城市化过程中的农民工问题研究”。该课题将国务院 5 号文件出台后的政策效应问题、农民工城市化问题以及第二代农民工的新特点、新问题作为研究重点。课题组对国务院 5 号文件出台后的农民工生存状况及其变化进行了调查研究，并于 2007 年春季在部分地区对农民工进行了问卷调查，发放问卷 1000 份，回收有效问卷 765 份。通过对问卷的统计分析以及实地调查，课题组认为农民工的状况发生了新变化：农民工的工资有了较大幅度的提高，但工资水平仍然大大低于全国城镇职工平均水平；工资拖欠问题有所缓解，但一些行业和地区工资拖欠问题依然严峻；政府提供的就业服务有所改善，但大部分农民工获取工作信

① 郑功成、黄黎若莲：《中国农民工问题与社会保护》，人民出版社，2007。

② 郑功成、黄黎若莲：《中国农民工问题与社会保护》，人民出版社，2007。

③ 郑功成、黄黎若莲：《中国农民工问题与社会保护》，人民出版社，2007。

④ 郑功成、黄黎若莲：《中国农民工问题与社会保护》，人民出版社，2007。

息和工作途径仍然以非正式途径为主；农民工超时加班现象依然严重，大部分农民工享受不到法定休息日；虽然农民工对企业和工种岗位的满意度较高，但农民工的社会满意度较低；农民工参加社会保障的意愿和实际参保率有所提高，但仍然存在许多制约因素；尽管大部分农民工愿意市民化，但他们融入城市仍存在很大的障碍和困难。在调查研究的基础上，课题组对国务院 5 号文件的实施效果、政策效应做出评价，找出仍然存在的问题及其产生的原因，并提出了相应的对策建议。课题组认为，只有促进农民工市民化，才能从根本上解决农民工问题。但是，国务院 5 号文件并没有明确提出促进农民工市民化的目标和政策。现阶段农民工市民化仍然面临制度障碍和成本困难。为了解决这方面的问题，应当通过深化改革相关制度，适当进行必要的创新，并采取全国统筹安排、综合配套、整体推进的方式，加紧从根本上解决农民工问题。①

潘泽泉于 2007—2009 年主持了国家社会科学基金项目“国家调整农民工政策的社会影响评估研究”。研究认为，以往国家出台有关农民工的社会政策往往把农民工作为治理对象，国家调整农民工政策只是局限于农民工在城市中的身份合法性问题、进入门槛问题，或者从经济角度考虑引导农民进城、提高农民工收入，而缺乏较为完整的社会政策促进农民工在城市就业、定居并最终融入城市生活成为真正意义上的市民；以往在社会保障方面的政策都集中在社会保险项目上，忽视了社会救助、社会福利项目，过分注重农民工社会养老保险的未来收入保障项目，而忽视了工伤、医疗、生育等短期保险项目，社会保险项目的供给模式单一、缺乏组合、存在希望用一种保障供给模式来满足所有农民工的保障需求政策取向。②

潘泽泉把当时有关国家调整农民工政策及其社会影响的研究归纳为以下几个方面：一是农民工与社会政策的调整和社会政策的模式选择，

① 简新华、黄锟：《中国工业化和城市化过程中的农民工问题研究》，人民出版社，2008。

② 潘泽泉：《国家调整农民工政策的过程分析、理论判断与政策思路》，《理论与改革》2008 年第 5 期。

关注的是国家调整农民工政策的模式和思路；二是国家政策与农民工社会地位或社会分层研究，关注的是社会政策调整过程中是否能带来农民工社会地位的提高；三是国家政策与社会融合研究，关注的是社会政策调整过程中农民工是否能实现社会融入；四是国家政策与社会关系网络研究，关注的是社会政策调整过程中农民工是否建立了自己的生活世界；五是国家政策与社会适应研究，关注的是社会政策调整过程中农民工是否实现了社会适应。以往的相关研究显示，国家调整农民工社会政策并没有带来农民工社会地位的提高，也没有让农民工在城市中完成其身份的转变，实现城市适应，实现其与城市主流社会融合，流动农民工在城市中并没有建立有利于其发展的日常生活世界。[①]

潘泽泉认为，流动农民工在城市中的流动规模、生存状况、能否在城市中实现社会整合是内生于社会政策变量的，是受国家对流动农民工社会政策调整影响的；农民工之所以处于城市的底层或边缘，是由缺乏公正的社会政策支持所致，现有的国家调整农民工政策陷入一种发展困境；这种社会政策困境制约或影响农民工对国家政策的认知及行动选择，导致农民工作为社会弱势群体未能分享社会发展成果。因此，他主张政策调整趋势应从控制策略到整合策略，总体的政策定位于在城市中大力提倡公民融合政策，促进农民工与城市主流社会的整合；农民工应当纳入社会政策的保护，使农民工最终实现由农民向市民的转变；农民工社会政策应该与城乡经济整合相结合。[②]

由中国劳动保障科学研究院和世界银行合作开展的“中国农民工社会政策研究”项目，设计出有519个问题的问卷，于2007年6—7月在全国46个城市就农民工社会政策展开全面的问卷调查并组织与相关部门、组织的访谈调查。[③] 这一调查问卷涉及中国针对农民工主要社会政

① 潘泽泉：《国家调整农民工政策的过程分析、理论判断与政策思路》，《理论与改革》2008年第5期。

② 潘泽泉：《国家调整农民工政策的过程分析、理论判断与政策思路》，《理论与改革》2008年第5期。

③ 张一名主编《中国农民工社会政策研究》，中国劳动社会保障出版社，2009。

策的就业服务与职业培训、权益维护、社会保险等三大方面18项政策内容，对46个不同地区和层次城市的调查数据进行综合分析、专项分析、区域对比分析。选定了8个分析指标：主要政策覆盖率、奖惩措施制定率、用工备案登记率、就业服务和技能培训服务率、享受待遇公平率、劳动合同签订率、工伤保险参保率和大病医疗保险参保率。[①]

课题组对农民工主要政策情况的结论认为，中国农民工主要社会政策由“管制”、“管理”型到“服务”型，已经形成较为完善的政策体系。[②] 各地政策直指反映农民工最迫切、最突出、影响最大的眼前问题，如不合理收费、工资拖欠等严重损害农民工利益的事情；从政策上分门别类地解决农民工城镇就业、职业技能培训、子女教育和社会保障问题，以使农民工在城镇公平获得各项社会公共服务。经过中央和地方政府的努力，已经制定了针对农民工就业服务、职业技能培训、权益保护和社会保险方面的主要社会政策，并逐步健全和完善。调查显示，主要政策覆盖率达到了77.5%，就业服务和技能培训服务率达到83.7%，享受待遇公平率为84.78%。在就业服务、技能培训和权益维护方面农民工和城镇职工享受基本同等的待遇，农民工参加养老、医疗和工伤保险方面在制度上没有任何障碍。但地区间农民工配套性政策制定参差不齐，政策惠及的农民工群体面还比较窄。各地农民工收入差距较大，农民工维权政策执行难度大、成本高，社会保险覆盖面较小。大部分地区的主要政策没有做到100%覆盖，奖惩措施制定率则普遍较低。[③]

该调查提出了农民工政策面临的主要挑战并给出了相应的建议。一是主导性政策整体完善，但有的地区政策存在空白。建议加大督促指导力度，建立负责农民工政策制定和实施的政府专职职能部门。二是一些农民工社会政策执行难度较大、成本较高，政策难以达到预期效果。主要是劳动监察和劳动争议机构不健全，执法力度弱，政府激励和奖惩措

① 张一名主编《中国农民工社会政策研究》，中国劳动社会保障出版社，2009。
② 张一名主编《中国农民工社会政策研究》，中国劳动社会保障出版社，2009。
③ 张一名主编《中国农民工社会政策研究》，中国劳动社会保障出版社，2009。

施不到位。建议建立独立于行政体系之外的各级三方劳动仲裁机构，建立专门的劳动监察机构，完善激励奖惩机制。三是由于企业抵制和地方政府缺乏强制措施，农民工社会保险参保率普遍较低，社会保险关系转移和接续成难点。建议加大执行力度，建立全国统一的社会保障转移接续系统。调查报告建议积极推进城乡统筹综合配套改革，建立城乡一体化的社会政策体系，立足长远解决农民工问题。建议整合资源，加大培训力度，提高农民工的整体素质。①

刘小年使用文本学方法，对中国农民工政策进行政治分析以揭示利益关系，进行制度分析以反映其发展变迁。② 他认为，中国农民工政策有五种文本类型，即政策原文本、政策执行文本、政策宣传文本、政策分析文本、政策阅读文本，经历了松绑、控制、引导与扶持等四个阶段的“之”字形渐进政策演进道路。刘小年对中国农民工政策发展的时间和条件进行了新的理论概括，提出三重二元混合经济社会的概念。三重，即城乡、工农以及计划与市场；二元，指这三重事物之间都有一定程度的相互独立，甚至有在利益上的某种竞争与对立；混合，指这三重事物之间又是相互依存的。指出中国农民工政策发展的关键在于其中包含的政府与社会的互动关系。刘小年认为城乡统筹是中国农民工政策的基础、方向、政策与过渡，要求发展基于市场基础性作用的政策、突出公平的政策和追求可持续的政策，具有其自身的矛盾。刘小年发展了政策利润的概念，讨论了城乡统筹之下中国农民工政策发展的利润空间。他认为渐进主义是中国农民工政策发展的现实选择，其出路在于由城乡统筹走向城乡一体化。③

钱文荣、黄祖辉主持“长江三角洲区域经济社会协调发展研究”项目，于 2006 年 6—10 月在长江三角洲 16 个城市开展了对 2005 年农民工状况的调查。课题组分别组织了有关政府部门和各种类型农民工的座谈

① 张一名主编《中国农民工社会政策研究》，中国劳动社会保障出版社，2009。

② 刘小年：《中国农民工政策研究》，湖南人民出版社，2007。

③ 刘小年：《中国农民工政策研究》，湖南人民出版社，2007。

会，发放问卷一万份，对长三角区域的农民工状况进行了全面系统的调查分析。该研究以中国社会经济的转型为背景，以农村剩余劳动力的转移和他们的市民化进程为主线，以长三角区域为主要研究区域，对我国农民工市民化进程中的问题进行了理论和实践相结合的分析探索。该研究依据调查数据分析了长三角区域16个城市农民工的结构、就业和社会保障等生存状况以及各城市农民工管理与服务。其结论是长三角地区农民工迁移以近距离为主，远距离迁移的特征不明显；中学文化程度的青壮年是农民工主体；家庭整体迁移正成为农民工迁移的主要形式；进城农民工大多在次级劳动力市场就业；农民工劳动力市场还很不健全；农民工劳动强度大、劳动时间长，承担超负荷的工作压力；农民工对现有岗位有较强的不安全感；农民工住房有一定的改善趋势，但整体情况尚令人担忧；农民工社会保障和劳动保护情况仍不容乐观；农民工子女教育现状无法令人满意。从各地管理和服务的经验，研究提出解决农民工问题，需要加强制度建设，协调并充分发挥社会各方面的力量，加强流入地政府和流出地政府的合作，充分发挥农民工的主体意识，提高农民工的精神文化生活水平以促进农民工融入城市社会。①

该研究对未进城农村居民进城决策的研究显示，年轻一代农村居民具有更强烈的进城意愿，农民进城往往是家庭的决策而非个人决策，农村地区劳动力的非农化是农民市民化的基础，城市社会网络关系影响农民的迁移决策，户籍制度的负面影响依然制约着农村居民进城，性别差别对农村居民迁移决策无明显影响。该研究对与农民工城市融入度的分析认为，长三角地区农民工在城市的适应性正在提高，但总体上还很低下，农民工在城市社会适应是一个渐进的长期过程，具有明显的差异性。其适应性程度对定居决策有重要影响。而媒体对农民工问题的正确引导有着非常重要的作用。该研究对在城农民工的留城意愿的调查分析认为，个体受教育程度、经济收入与其留城意愿呈正相关，年龄与留城

① 钱文荣、黄祖辉：《转型时期的中国农民工——长江三角洲十六城市农民工市民化问题调查》，中国社会科学出版社，2007。

意愿的关系呈“U”形，社会网络和社会环境对农民工留城定居的决定具有重要影响，而城乡二元结构仍是阻碍农民工留城定居的制度性因素。研究认为小城镇对长三角地区的农民工吸引力在逐步下降，中等城市是其迁移首选，文化程度和收入越高的农民工迁到大城市的愿望越强烈，而子女教育问题是农民工选择迁移城市的首要因素。女性在迁移时与男性具有不同的特征，她们更重视子女教育问题，更依赖亲友或中介机构，就业领域相对集中，外出打工年限对其迁移意愿有显著正相关，经济仍然是影响其迁移的重要因素。关于劳动力供求关系，该研究认为，我国农民工供给总体上还存在较大过剩，但结构性矛盾已经显现，同时认为我国城乡二元结构的存在使“刘易斯拐点”不会自动到来，深化改革、加快转型是进入“刘易斯模型”第二阶段的关键。[①]

该研究认为，二元的户籍制度和附着在其上的住房、就业、社会保障、教育等相关制度，以及农村土地产权制度依然是阻碍农民工市民化的重要因素。建立城乡统一的劳动力市场体系是当务之急，要打破城乡壁垒、加强宏观调控、发展和完善农村劳动力市场中介机构和信息网络。子女教育问题在农民工市民化过程中具有特别重要的意义，国家和地方政府要全盘考虑教育资金，协调地区和不同学校之间的资源配置和发展。建立分散性和多层次的农村劳动力转移模式，既要避免大城市的“过度膨胀”，又要避免小城镇的“天女散花”，合理安排城市发展的规模，形成合理的城镇体系。注重发展“中间化”层次的城市化道路。尝试通过中央政府授权下流出地和流入地政府之间的“治权交易”进行资源的优化配置，包括城乡福利和用地指标的“交易”、统筹教育发展、跨地区就业服务体系以及社会福利和公共教育资源的协调流动。大力发展针对农民工的社会工作。[②]

2005 年 5 月召开的“中国人口城市化和城乡统筹发展学术研讨会”

---

① 钱文荣、黄祖辉：《转型时期的中国农民工——长江三角洲十六城市农民工市民化问题调查》，中国社会科学出版社，2007。

② 钱文荣、黄祖辉：《转型时期的中国农民工——长江三角洲十六城市农民工市民化问题调查》，中国社会科学出版社，2007。

讨论了中国人口城市化的进程及影响、人口城市化的区域发展模式与对策、城市迁入人口的社会保障和社会融合、人口城市化进程中的城乡统筹发展等问题。[①] 田雪原指出，当前我国城市化水平滞后于社会经济发展，城市化进程需要适当加快；但中国城市化道路尚需研究论证，不可形成盲目追大之风。[②] 左学金指出，城市政府缺少接受农村人口迁入的激励，加快城市化需要采取切实的政策措施，鼓励城市接受外来人口；要研究如何改进我国城镇社会保险计划在财务上的可持续性，从而当扩大社会保险覆盖面时，不会对流入地形成新的财政负担，以及如何逐步实现社会养老保险统筹账户在全国的统筹；要完善城市政府绩效的考核指标，制定保证人口迁移自由和流入地权益的法律。[③] 王嗣均认为，中国城市化要力求避免城市移民主体的边缘化、城市社区的贫富对立，力求城乡社会保险制度的平稳衔接。[④] 刘传江认为，农民工市民化需要突破城市政府和市民的认识偏见、政策排斥、制度抑制和农民工自身素质低下四重屏障；农民工市民化进程推进应当抓住农村退出、城市进入和城市融合三个环节。李晓云认为，构建农民工社会保障制度应该以“公平与效率的平衡、刚性与柔性的协调”为核心，实行以“底线保障”为基础的、柔性过渡的、分类分层的农民工社会保障模式。[⑤]

微软（中国）有限公司、清华大学社会学系于2007年7月6日、7日共同举办了“政府、企业和民间伙伴关系视角下农民工的社会融入与就业”论坛。李强认为，户籍制度在历史上曾经发挥的维持社会秩序的作用已经逐渐弱化，而产权、文凭、技术证书已经逐渐取代了户籍制度维持秩序的功能。户籍制度本质上是对城市和农村劳动力资源的一种配置，而大量农民工流入城市，表现为人力资源配置方式的重大变迁。人力资源的市场化配置会创造出较高的效益，同时也出现了一些问题。在

---

① 左学金、朱宇等：《中国人口城市化和城乡统筹发展》，学林出版社，2007。

② 左学金、朱宇等：《中国人口城市化和城乡统筹发展》，学林出版社，2007。

③ 左学金、朱宇等：《中国人口城市化和城乡统筹发展》，学林出版社，2007。

④ 左学金、朱宇等：《中国人口城市化和城乡统筹发展》，学林出版社，2007。

⑤ 左学金、朱宇等：《中国人口城市化和城乡统筹发展》，学林出版社，2007。

市场分配的体制中，应通过多次分配的途径，使给予城市基础设施建设做出巨大贡献的农民工得到一些补偿，在体现社会公平的同时也维护了社会的稳定。① 沈崇麟指出，对农民工的研究需要实现“转变”。应该立足于农民工生产和生活的具体现实，相应的力量研究也应该有益于我们对现实的观察和解释。他认为，建筑业农民工的生产方式是现代的，其生活方式却少有现代性。工地上的权威、内部劳动力市场以及工地上的熟人社会促进了他们和不同群体间的“劳动竞赛”，降低了他们作为一个整体“讨价还价”的能力。不能把农民工的问题简单看作是一个就业问题或劳动力转移问题，而要把他们的工作环境看作一个“问题”，要有政策上的办法和实践上的行动。②

白南生根据2002年对安徽、四川调查数据研究认为，输入地政府改善农民工条件的种种努力对农民外出务工比例低的地区没有明显影响，传统输出地的农村外出务工劳动力已经不多，潜在输出地政府需要适时介入。张红宇提出，实现农村劳动力充分就业，是国家解决“三农”问题的关键环节，当前制约农村劳动力平等就业的诸多体制性、政策性障碍还没有消除。农村劳务输出机制不健全，输入地政府对农民工的服务管理滞后。③ 北京市协作者文化传播中心的李涛认为，农民工的处境，深层次的原因是中国现有社会体制远远滞后于全新的经济体制的结果。社会体制的变革单靠国家或市场是难以完成的，需要国家、市场、社会三者的共同协作。非政府组织的出现是一项重大的组织制度创新，要探索以组织模式创新来推动社会制度创新。④

中国社会科学院社会学所与爱德基金会于2002年3月21—22日举

① 微软（中国）有限公司、清华大学社会学系主编《农民工：社会融入与就业》，社会科学文献出版社，2008。

② 微软（中国）有限公司、清华大学社会学系主编《农民工：社会融入与就业》，社会科学文献出版社，2008。

③ 微软（中国）有限公司、清华大学社会学系主编《农民工：社会融入与就业》，社会科学文献出版社，2008。

④ 微软（中国）有限公司、清华大学社会学系主编《农民工：社会融入与就业》，社会科学文献出版社，2008。

办了“农民工流动：现状、趋势与政策”研讨会。来自社会学、经济学、人类学等学科的专家围绕社会转型期的热点问题进行了讨论。讨论焦点主要集中于农民工流动与城市化的关系、农民工流动与社会化地位变化、WTO与农民工流动及经济全球化、农民工子女入学与受教育状况、城市空间结构与农民工的居住区位安排等方面。

李强对城市农民工、城市流动人口、中国城市化问题较早进行了研究。① 他认为，农民工是城市的“边缘人”，但他们受到城市文化的熏陶，接受了不少文化和观念，使其很难再回到农村原来的生活轨道。在户籍制度的作用下，人口迁移的“推拉”力量出现变形和失效。李强提出了要充分认识非正规就业的正向社会功能，对其进行扶持帮助。要避免对农民工中的底层精英的忽视，避免对这个群体采取整体排斥。② 李强认为农民工的流动性使其不能进行“地位积累”，导致他们无法取得职业地位的上升。农民工中大量存在的以分居为主要特征的家庭模式与传统的家庭伦理是冲突的。李强的实证研究发现城市市民与农民工之间的矛盾与冲突，提出增强他们之间的沟通、理解与合作，消除他们之间的隔阂、误解与冲突。他提出了多阶剥夺的观点，认为绝对剥夺降低以后，相对剥夺的问题还会再被提出来。李强分析了中国城市化的五种模式，认为应该采用多种城市化的模式。他在二元结构的基础上提出三元社会结构的思路，指出非正式城市群体是介于农村居民和城市居民之间的一个新的身份群体。③

河南信阳市委书记刘怀廉在《农村剩余劳动力转移新论》中认为，尽管国家采取了一系列措施解决“三农”问题收效却不大的原因，是没有抓住“三农”问题的关键环节，即农村剩余劳动力转移。他认为，推进农村剩余劳动力转移必须从推动工业化入手，因为工业化是经济现代化的主题内容，是农村剩余劳动力转移得以顺利进行的前提；“民工潮”

① 李强：《农民工与中国社会分层》，社会科学文献出版社，2004。

② 李强：《农民工与中国社会分层》，社会科学文献出版社，2004。

③ 李强：《农民工与中国社会分层》，社会科学文献出版社，2004。

是农村剩余劳动力转移的重要途径，对此应充分肯定，积极引导；不宜在长时期内鼓励农村剩余劳动力实行“离土不离乡”式的就地转移模式，而应将加快城乡体制改革、积极发展中小城市、推进城市化、实行“离土又离乡”的异地转移作为农村剩余劳动力转移的根本途径，同时对原有的就地转移进行改造，鼓励乡镇企业相对集中，扩大重点小城镇规模；要将改革土地制度、户籍制度和城乡分割劳动制度作为推进农村剩余劳动力转移的制度条件；将推进农业产业化结构调整、发展乡镇企业和推进城镇化作为农村剩余劳动力转移的主要途径，同时要注意这三个方面的协调推进。[①]

刘怀廉将农村社会划分为七个阶层，认为农民工是农民分化的结果。农民分化推动了我国从“身份”向契约社会转化，将推动我国社会结构和社会体制的变革。农民工是“身份+契约”的一个特殊的过渡性身份。刘怀廉反对“户籍制度是限制农村人口向城市移民的制度根源”的观点，他认为城镇户籍制度已经不能阻止外来劳动力进入城市，严峻的就业形势是阻碍农村劳动力进入城市的根本障碍。[②] 刘怀廉提出城市农民工发生了二次分化，这种分化在某种程度上反映了城市社会对进城农民工的接纳，标志着我国城乡二元社会结构的松动及城乡壁垒的逐渐破除。应该正确认识和对待这种分化，研究如何满足不同层级城市农民工的要求，实现城市居民和进城农民工的双赢目标。[③]

中国农村劳动力资源开发研究会于2004—2006年进行的“走出二元结构：城镇化过程中的农村劳动力转移与市民化的制度创新”和“走出二元结构：新农村建设与农民工、城镇化”两项课题研究，将战略研究与政策、制度性研究结合，有很强的实践性。国家和地方的专家、长期从事农村工作或宏观经济研究的领导与实际工作者携手，通过对城市与乡村、发达地区与不发达地区连续深入实地调查，或是结合在一个地

① 刘怀廉：《中国农民工问题》，人民出版社，2005。
② 刘怀廉：《中国农民工问题》，人民出版社，2005。
③ 刘怀廉：《中国农民工问题》，人民出版社，2005。

区长时间挂职的实践，既发现问题，多有创见，又有可操作的政策建议。[①] 研究指出，在历史形成的城乡二元经济结构和二元分割体制下，农村的封闭导致了农民就业的不充分，这是制约农民收入增长和农业、农村发展的主要原因。农民工是走出二元机构的开拓力量，要创造农民工与市民和谐发展的制度环境。调整国民收入分配格局，扎实推进社会主义新农村建设。农民工回乡创业是建设新农村的重要力量，也是转移就业的重要途径。研究分析了我国发展的阶段特征、城镇化过程中“三农”问题的社会背景和转变二元结构、转移农村富余劳动力的基本方向；提出农村富余劳动力转移及市民化的影响要因，农民进城就业、实现根本转移面临的问题和制度障碍，对农村富余劳动力转移形势做出判断，明确今后的战略目标、制度创新思路和推进农民进城就业权益保障与市民化的政策。研究对我国二元经济社会特征做出新的透视，指出在城镇化进程中城乡二元结构扩大的问题，城乡发展中制度框架内的农村和农民权利缺失，一些地区在对待外来农民工问题上，产生了新的“二元结构”现象。重点分析在二元结构转换中我国新农村建设的时代背景、总体发展战略、分类指导的内涵，新农村建设的历史任务、目标、重点、服务体系和相关政策。并进行了建立适应新农村建设要求的服务型政府体系的研究。研究了农村劳动力教育培训、农民自主创业政策、农民市民化进程问题，介绍了一些地方农村劳动力流动力转移的情况，对农村劳动力转移和自主创业提供培训与服务的经验。[②]

联合国教科文组织和中国社会科学院合作，于2002—2007年进行了研究和行动相结合的“我们在一起”农民工项目。该项目在八个方面进行了研究，项目总目标旨在使农民工通过享受各种服务融入城市社会与经济环境，其中有主要针对年轻女性农民工的实际基本工作技能培训、职业培训、职业咨询、计划生育、健康与权益启蒙等服务。项目还有四

---

① 邓鸿勋、陆柏甫主编《走出二元结构——农民工、城镇化与新农村建设》，中国发展出版社，2006。

② 邓鸿勋、陆柏甫主编《走出二元结构——农民工、城镇化与新农村建设》，中国发展出版社，2006。

个具体目标：第一是解决城市流动人口的贫困问题；第二是希望影响国家和当地的决策层；第三是保护人权；第四是消除公众对农民工的歧视。《农民工反贫困——城市问题与政策导向》一书汇集了该项目组专家的研究成果，其中对农民工贫困问题进行了模型分析，研究了农民工社区重建、市场条件下农村劳动力转移问题和非正规就业问题与实践。①

国务院发展研究中心根据国务院领导批示精神，自2007年5月开始承担了“中国农民工战略问题前瞻性研究”工作，组织各方面专家分别对农业部门劳动力需求与农民工中长期供给的变动趋势、农民工工资变动趋势、农民工市民化现状与前景、农民工代际替代、农民工供求变动数量模型、农民工回乡创业等6个问题进行了研究。课题组开发利用了2006年完成的覆盖17个省（自治区、直辖市）的调查数据库，于2007年完成了覆盖除北京、上海、西藏以外28个省（自治区、直辖市）的大型调查，并完成了3000多份回乡农民工的问卷调查；于2009年寒假期间组织了对100多个村庄的调查，以深入了解金融危机对农民工返乡和就业的影响。通过“西陆农民工就业信息系统”，于2008年12月、2009年1月和2月对农民工就业情况进行了调查，每次覆盖1000名农民工左右。该课题研究了农民工较长时期需求变化趋势及与宏观经济社会发展的互动关系；提出了解决农民工问题的战略思路和带有方向性、全局性、制度性的政策体系。②

该课题研究认为，农民工是改革开放的重大成果，现阶段我国农民工呈现新的特点。第一，农村劳动力虽然总量上过剩，但结构性供求矛盾开始突出，农村劳动力供求关系正从长期“供过于求”转向“总量过剩，结构短缺”。第二，外出务工仍然是农民就业的主要途径，农民工流动的稳定性增强。第三，农民工群体内部不断分化，不同群体的利益诉求有较大差异。第四，制造业和建筑业仍然是农民工的主要就业领域，第三产业就业比重不断提高。第五，农民工流向区域仍相对集中，

① 黄平、杜铭那克主编《农民工反贫困——城市问题与政策导向》，社会科学文献出版社，2006。

② 韩俊主编《中国农民工战略问题研究》，上海远东出版社，2009。

就近就地转移加快。第六，农民工回乡创业步伐开始加快，新型双向流动正在形成。研究认为农民工为我国经济社会发展做出了重大贡献。农民外出务工已成为工业带动农业、城市带动农村、发达地区带动落后地区的有效形式，农民工成为支撑我国工业化、城镇化的重要力量，成为促进改革的重要推动力，是全面建设小康社会的关键因素，是推动社会结构转型和社会主义民主政治发展的重要力量。研究总结农民工工作的经验认为，要坚持解放思想、尊重农民主体地位和首创精神，坚持市场化导向，坚持深化改革消除农村劳动力流动的体制障碍，坚持以人为本不断完善公共服务，坚持城乡统筹推进城乡一体化。①

该研究认为，我国经济发展正在进入“刘易斯拐点”阶段。农村剩余劳动力绝对量下降，农民工工资开始增长，劳动人口将出现负增长，农村剩余劳动力将由结构性短缺发展到全面短缺。2030 年之前，中国劳动力转移将呈现如下特征：农村劳动力向非农产业和城镇转移仍是个长期的过程，国民经济增长速度、城镇化进程、对外贸易增长速度和产业结构变化对农村劳动力转移有重要影响。②

该研究认为，农民工工作仍存在一些薄弱环节和突出问题，农民工总体上是一个容易受社会排斥的群体。在制度上，农民工的就业权、合法经济权益、居住权、受教育权、基本的社会保险权和参与社会管理的权利还没有得到切实的保障。当前关于农民工的政策和管理制度还没有真正摆脱城乡分割体制的影响，与平等就业、形成城乡统一的劳动力市场还有相当的距离，也与统筹城乡经济社会发展的需要不相适应。农民工劳动权益保护制度不健全，农民工工资普遍偏低，劳动用工不规范，劳动安全条件差、职业病和工伤事故较多，农民工组织化程度较低、工会维权职能发挥不够。农民工无法平等地享受城市公共服务，子女义务教育、医疗、职业培训和服务以及文化生活等方面条件差，留守儿童、

① 韩俊主编《中国农民工战略问题研究》，上海远东出版社，2009。

② 韩俊主编《中国农民工战略问题研究》，上海远东出版社，2009。

老人、妇女问题突出。①

该研究提出了新形势下解决农民工问题的指导方针和基本思路：坚持统筹城乡就业，坚持以创业促进就业，把促进农村劳动力持续性地向非农产业和城镇转移作为长期的战略任务，把以人为本、公平对待、一视同仁作为解决农民工问题的根本要求，把推进农民工市民化作为基本目标；推进城乡分割二元体制改革和制度创新，引导农民工合理有序流动；加强农民工权益保护，保障农民工平等享受城市基本公共服务，提高农民工整体素质，健全城乡统一的人力资源市场，加快建立公民身份统一、机会均等、权利平等的统一的社会管理制度；努力实现农民工就业有技能、劳动有合同、工资有保障、伤病养老有保险、维权有手段、居住有其屋，确保农民工共享改革发展成果。该研究报告提出了到2020年农民工工作的基本目标与任务：实现农村劳动力充分就业；建立城乡劳动者平等就业制度，加快建立统一的劳动力市场；健全农民工权益保障体系，推动农民工权益保障制度化；建立农民工平等享受城市公共服务的制度；将农民工住房纳入城镇住房保障体系；健全农民工社会保障制度；建立城乡统一的户口登记制度，引导农村人口多渠道、多形式、多层次向非农产业和城镇转移。研究提出解决农民工问题的基本思路与战略思路，需要进一步采取的政策措施。②

上海财经大学赖涪林于2006—2009年主持的“长三角农民工状况综合调研”，提出我国农村劳动力转移的“非稳态转移”的思路。③ 赖涪林指出我国改革开放以来的农民工流动是一种区别于经济发达国家和其他发展中国家农民工劳动力转移的模式，即“非稳态转移”。其表现是中国的农村劳动力转移没有像多数发达国家和发展中国家那样，通过市民化或者贫民化的方式在城市真正定居，而是处于未完全脱离农村的半定居甚至不定居的流动迁徙状态；是我国在暂时无法实现经济发达国家

① 韩俊主编《中国农民工战略问题研究》，上海远东出版社，2009。

② 韩俊主编《中国农民工战略问题研究》，上海远东出版社，2009。

③ 赖涪林主编《长三角农民工的非稳态转移——理论探讨、实证研究与现状调查》，上海财经大学出版社，2009。

的“市民化转移”的条件下，主要通过一定的制度安排，有序地引导，使农村劳动力得到顺利转移的同时，避免农村劳动力盲目无序流入城市，产生大规模贫民化现象的转移模式。我国的农民工“非稳态转移”区别于其他国家的主要特征，一是市场要素配置与政府调控相结合；二是对农村的依赖性较强，农村为已经转移的劳动力提供重要的社会保障，是失业回归农村，以及不能转移出去的农村劳动力的蓄水池，是贫民化转移的有效手段，同时也是经济发展拉动内需的重要动力；三是转移流动性很强。赖涪林批评了单纯强调农村劳动力转移困难中的制度问题的观点，批评了认为只要政府改变户口制度、社会保障制度和工资制度等方面的制度安排就可以有效解决农民工问题的观点。赖涪林认为，我国农村劳动力转移是建立在人口压力过大，经济发展起点较低，经济资源能源和生态环境对经济发展的制约较大的基础之上的。应该根据我国的资源禀赋和人口压力的实际情况，进行理性的选择，充分发挥我国的经济体制的优越性，改革和完善“非稳态转移”的制度安排，更大程度地打破经济全球化中要素流动不同步性的制约，促进我国经济全面发展，努力实现农村劳动力的完全市民化。①

第二节 社会政策与农民工权益研究

一 农民工就业

学界对农民工就业的研究认为，农民工就业模式具有低地位职业、低技术劳动、低稳定就业的特征②，其就业途径主要是通过初级社会网络③，就业领域狭窄，其职业流动基本处于水平流动状态，是非正规就

① 赖涪林主编《长三角农民工的非稳态转移——理论探讨、实证研究与现状调查》，上海财经大学出版社，2009。

② 殷晓清：《农民工：一种就业模式的形成及其社会后果》，《南京师大学报》（社会科学版）2001年第5期。

③ 蔡昉：《劳动力流动、择业与自组织过程中的经济理性》，《中国社会科学》1997年第4期；王毅杰、童星：《流动农民工职业获得途径及其影响因素》，《江苏社会科学》2003年第5期。

业的主体。[①] 近些年来农民工政策的改善有些只是低水平、低层次上的改善。[②] 许经勇等认为廉价工资有效推进了我国工业化和城镇化，但也制约了劳动者素质的提高和经济增长方式的转变。[③]

对农民工就业的劣势地位，学者们提出了不同的解释。第一种解释是认为制度障碍导致农民工就业劣势[④]，但同时也有研究指出农民工的境况并没有因为地方政府对户口限制条件的放宽而得到根本的改变。[⑤] 第二种解释是农民工人力资本和社会资本的缺乏导致其就业劣势[⑥]，杨思远认为农民工的廉价工资是由其双重身份和劳动力半商品化的性质决定的。[⑦] 第三种解释是缺乏相关利益集团的推动。[⑧] 第四种解释认为农民工的信息能力弱势导致其就业劣势。[⑨] 第五种解释是政府的作用不到位导致农民工就业的劣势。[⑩]

有研究对最低工资法的实施提出了异议，认为由于农民工就业状况本身决定农民工市民化能力，劳动力市场双方的力量对比导致不同的费用分担，最低工资法的实施可能导致就业的减少，对劳动力市场的直接干预会带来就业量的减少。[⑪]

据有关研究，从2002年开始东部沿海一些城市开始出现用工紧张，2004年则出现严重的“民工荒”。《2004浙江就业报告》对浙江省出现的“民工荒”问题进行的研究发现，劳动力缺口主要出现在制造业、批发贸易业、餐饮业、社会服务业等劳动密集型企业，尤其是年轻女工和

---

① 甘满堂：《城市外来农民工街头非正规就业现象浅析》，《中共福建省委党校学报》2001年第8期；国务院研究室课题组：《中国农民工调研报告》，中国言实出版社，2006。
② 陈诗达主编《2007浙江就业报告——农民工问题研究》，中国劳动社会保障出版社，2007。
③ 许经勇、黄焕文：《剖析制度性农民工工资福利待遇的正负效应》，《税务与经济》2005年第1期。
④ 蔡昉、都阳等：《劳动力流动的政治经济学》，上海三联出版社、上海人民出版社，2003。
⑤ 冯宪：《农民工进城和留城的政策刍议》，《现代经济探讨》2005年第7期。
⑥ 曾旭晖：《非正式劳动力市场人力资本研究——以成都市进城农民工为个案》，《中国农村经济》2004年第3期。
⑦ 杨思远：《试析农民工的廉价工资》，《教学与研究》2004年第7期。
⑧ 闫威、夏振坤：《利益集团视角的中国“三农”问题》，《中国农村观察》2003年第5期。
⑨ 郑英隆：《中国农民工弱信息能力初探》，《经济学家》2005年第5期。
⑩ 李璐：《农民工市民化　政府就业服务还须再加力——一份对福建省泉州、浙江省宁波和河南省濮阳三市农民工就业公共服务的调研》，《中国经济导报》2011年10月8日。
⑪ 徐建玲：《中国农民工就业问题——基于农民工市民化视角》，中国农业出版社，2007。

熟练技工的缺口最大。[①] 该研究认为，在劳动力供给总量形势并未发生逆转的情况下，出现“民工荒”的原因，一是工资增长缓慢而消费不断加大；二是农民工就业环境差，体现在住房、子女就学、劳动权益受侵害、社会保障缺失、精神生活贫乏等方面；三是劳动力素质与岗位需求存在结构性矛盾。研究提出，应该重塑劳动关系的新格局，不应以牺牲农民工的利益换取城市的发展，应该重新审视低成本经济扩张政策，避免陷入低技术陷阱。[②] 《2006 浙江就业报告——劳动关系问题研究》紧紧抓住协调劳动关系、构建和谐社会这一主线，根据浙江就业状况的最新变化和时代特征，对当前浙江省劳动关系与就业的现状、重点热点问题进行了系统的调查和分析，做了具有建设性的探索和研究。得出的基本结论是：只要坚持“以人为本”的科学发展观，是可以通过适当的协调、管理等办法，使劳动关系从冲突、博弈走向和谐的。[③] 《2007 浙江就业报告——农民工问题研究》对有关农民工就业的政策从正式制度和非正式制度、全国性机制和地方性机制两个维度进行了分析，指出农民工问题的存在源于国家和城市社会对农民工主体地位认识和保护立法的滞后，以及城市的地方保护主义。提出应该完善农民工就业的法律体系，转变政府职能，以绩效考核促进政府对农民工就业和权益保护的执行力。在社会保险、子女教育等方面改善农民工的就业环境。[④]

于学江的《中国农民就业保障体系研究》认为，建立覆盖农民的就业保障体系的必要性和可能性已经具备。于学江认为，就业保障体系包含以落实劳动法、规范用工制度和转变政府职能为内容的权利保障，以

---

① 这种状况提示，用工的短缺并不是因为劳动力人口的文化程度低造成的，同时也不大可能由短期的技术培训或者职业教育得以解决。因为劳动密集型企业需要的熟练工和文化程度关系并不太大，只能是在一定时期的生产操作中培养。可能的解释，一是工人不愿长期从事此类行业；二是企业只想招收熟练工，而不愿对生手进行培养。这两个原因使得熟练工的培养不足，因而不能满足需求。

② 陈诗达主编《2004 浙江就业报告》，中国劳动社会保障出版社，2005。

③ 陈诗达主编《2006 浙江就业报告——劳动关系问题研究》，中国劳动社会保障出版社，2006。

④ 陈诗达主编《2007 浙江就业报告——农民工问题研究》，中国劳动社会保障出版社，2007。

义务教育、农民培训及教育培训法为内容的教育培训保障，以最低生活保障、养老保障和医疗保障为内容的社会保障，以户籍制度改革、土地保护制度和政策性保险制度改革为内容的制度保障，以及以组织建设为内容的劳动权益保障。[①]

刘丽娟分析了农民工就业权益的缺失问题，指出农民工就业权益缺失存在户籍制度等的隔离、执法不严，思维惯性以及农民工自身人文精神缺乏等原因。指出农民工就业权益的缺失将对我国的城市化进程产生负面的影响。[②]

冉宏伟从市场和制度两个方面入手，分析了农民工在就业市场上所受的歧视，从传统思想、市场因素、制度措施等方面分析了其形成原因。[③]

2007 年 6 月，人民论坛杂志社等单位组织了对深圳的全顺公司对农民工进行培训和劳动力租赁的经验进行调研，肯定了张全收用市场化手段解决农民工就业和保障的精神和做法。[④] 但这种做法没有能得到推广。

陈顺玉等人对本地就业的农民工进行了经济社会学的分析，认为这些农民工的选择乃是出于经济理性和包括家庭、社会地位、劳动关系以及自身资源等方面内容的社会理性的结果。[⑤]

李强等人对农民工的非正规就业进行研究，认为中国加入 WTO 后，非正规就业将是中国未来几十年内农民工的主要就业形式。他们提出对非正规就业进行政策支持，实施“供方干预”，逐渐消除对非正规就业的歧视。[⑥]

---

① 于学江：《中国农民就业保障体系研究》，西北农林科技大学博士学位论文，2005 年。

② 刘丽娟：《关于农民工就业权益缺失问题的思考》，《长春工业大学学报》2006 年第 1 期。

③ 冉宏伟：《农民工就业歧视分析》，《华南农业大学学报》（社会科学版）2005 年第 4 期。

④ 人民论坛联合调查组：《用市场化手段解决农民工就业与权益保障》，《人民论坛》2007 年第 14 期。

⑤ 陈顺玉、郑功成：《农民工本地就业的理性分析》，《江西社会科学》2005 年第 2 期。

⑥ 李强、唐壮：《城市农民工与城市中的非正规就业》，《社会学研究》2002 年第 6 期。

二　农民工工资

对农民工工资状况的研究，范晓雪利用调查数据和统计资料实证地分析了发展中的中国工人工资的决定因素，指出了农民工工资对经济发展、城市化水平以及缩小城乡差距的影响，认为农民工的工资在短期内不会有显著增长，而中长期会有较大幅度的提升。[①]

刘林平等依据2006年7—8月的问卷调查所做的定量分析发现，企业所属行业、企业性质、是否签订劳动合同甚至是否缺工，对农民工的工资都没有显著影响。其分析认为农民工处于分割的二元劳动力市场一端，在高度市场化情境下，缺乏企业内部劳动力市场或晋升机制，其工资是少受劳动力市场用工情况变化影响的，没有地区性差异的一个实实在在的刚性的低工资。[②]

李晓芳从理论和实证两个层面分析了我国最低工资制度对农民工就业的影响。通过模型说明我国农民工劳动力市场均衡工资率偏低、最低工资标准偏低、劳动需求弹性小、覆盖部门离职率低等原因，导致最低工资制度对农民工就业的影响小。其实证分析结果是最低工资对农民工就业有正面影响，原因一是国家在经济政策方面对农民工流动就业积极引导，提高最低工资标准、改善劳动就业环境，促进了农民工就业；原因二是我国最低工资标准和农民工工资都偏低，农民工工资成本占企业总成本比重小，所以对企业劳动需求弹性影响小，因而我国最低工资制度对农民工就业具有正面影响，但我国最低工资标准尚有提高的空间。[③]

孔丽娜等通过构建政府－企业的博弈模型，分析认为最低工资在一定程度上可以为农民工的工资提供保障，中央强制力增强可以加大地方政府和企业执行的可能性，同时中央应改变以GDP等经济指标考核政绩

---

① 范晓雪：《中国农民工工资水平分析与发展趋势判断》，首都经济贸易大学硕士学位论文，2006年。

② 刘林平、张春泥：《农民工工资：人力资本、社会资本、企业制度还是社会环境？——珠江三角洲农民工工资的决定模型》，《社会学研究》2007年第6期。

③ 李晓芳：《最低工资制度对我国农民工就业的影响研究》，湖南大学硕士学位论文，2006年。

的方式。地方政府在确定最低工资标准时，要兼顾劳动者和企业的利益，要参考其他地方政府的行为；中央强制力的加强可以从直接和间接两个方面影响地方政府的行为。[①]

对最低工资标准实施的状况与效果，都阳等的研究认为中国的名义最低工资和实际最低工资水平都在稳步增长，最低工资的增长量、增长率和调整频率在不断提高，最低工资与平均工资之比在不断下降。应该以小时最低工资标准取代月最低工资标准。城市劳动力市场上农民工的最低工资覆盖状况尤其值得关注。[②]

李莉研究了对农民工的工资歧视和职业隔离。通过对浙江省调查和定量分析，认为对农民工的歧视及其对工资水平的影响仍然存在，但与以往的研究相比有了显著的降低。李莉认为要消除工资的差异，应该提高农民工拥有的人力资本的数量和质量；深化户籍制度改革，保障农民工权益；发展非公有制经济，完善劳动力市场。[③]

对农民工工资，郑功成认为要多管齐下加以治理，要转变农民工是农民的观念，健全劳动法制，发挥政府职能、媒体作用，引导农民工维权，推动企业实行社会责任。[④] 而唐钧提出“三方机制”才是解决农民工工资最好的也是唯一的选择。[⑤]

三　农民工社会保障

农民工的社会保障问题是农民工研究的重点之一。其中关于社会保障的研究理论层面包括关于农民工社会保障的基本理论、关于农民工生活保障的制度安排层面、关于农民工社会保障的治理对策层面、关于农民工社会保障的实证研究层面等。研究的主要论题涉及了农民工的群体

① 孔丽娜、韩兆洲：《最低工资制度的博弈分析》，《经济问题研究》2007 年第 10 期。

② 都阳、王美艳：《中国最低工资制度的实施状况及其效果》，《中国社会科学院研究生院学报》2008 年第 6 期。

③ 李莉：《农民工工资歧视与职业隔离》，浙江大学硕士学位论文，2008 年。

④ 郑功成：《解决农民工工资拖欠问题需要多管齐下》，《中国党政干部论坛》2004 年第 5 期。

⑤ 唐钧：《“三方机制”：解决农民工工资问题的最佳选择》，《中国党政干部论坛》2004 年第 5 期；唐钧：《“三方机制”是提高工资唯一选择》，《科学时报》2008 年 3 月 10 日。

特征，农民工社会保障存在的问题，农民工社会保障问题产生的原因，农民工社会保障项目设置的研究，解决农民工社会保障问题的路径选择等。①

研究认为农民工社会保障存在的问题主要是参保率极低②、保障水平不高③，工伤医疗保险严重缺位、失业保险几乎没有④、养老保险高不可攀。中国社会科学院人口所于2005年6月的调查显示了出现“民工荒”后，在地方政府强制推行农民工社会保障政策下，尽管农民工的社会保障参保率有所提高，但仍然很低。⑤ 吴红宇的研究认为，尽管国家明确规定了农民工应当享有五项社会保险，但农民工实际参保率却很低。⑥

研究认为，农民工社会保障状况差主要存在以下几个方面的原因：二元社会保障体制的制度惯性、城市政府和企业认识误区、操作层面地方政府的功能缺位、农民工流动性强和参保意识低等自身因素、法律法规不完善等。⑦ 如张翼等通过对部分城市的调查，认为原因主要是部分行业特别是灵活就业者处于政策覆盖之外，企业雇主为了自己的经济利益而采用欺瞒手段少缴保费，工人认为保费过高而不愿参保，基层政府的地方保护主义纵容助长了企业的抵制缴费行为。⑧ 彭宅文认为中国农民工社会保障发展缓慢不仅表现为相关政策、法规出台缓慢，制度建设滞后，还表现为现有相关政策没有得到有效的执行，其原因在于：农民

---

① 成志刚、罗帅：《近十年我国农民工社会保障问题研究综述》，《湘潭大学学报》（哲学社会科学版）2007年第3期。

② 胡务、张伟：《成都农民工综合社会保险研究》，《农村经济》2005年第2期。

③ 房莉杰：《农村流动人口医疗保障研究综述》，《甘肃理论学刊》2006年第5期。

④ 李强：《城市农民工的失业与社会保障问题》，《新视野》2001年第5期。

⑤ 张翼：《农民工社会保障政策执行中存在的若干问题》，《中国社会科学院院报》2005年9月27日。

⑥ 吴红宇：《现行社会保障制度对农民工迁移行为的影响研究》，《农村经济》2008年第1期。

⑦ 房莉杰：《农村流动人口医疗保障研究综述》，《甘肃理论学刊》2006年第5期；成志刚、罗帅：《近十年我国农民工社会保障问题研究综述》，《湘潭大学学报》（哲学社会科学版）2007年第3期；李爱芹：《农民工社会保障的实证调查与政策建议：以徐州市农民工为例》，《南京农业大学学报》（社会科学版）2008年第8期。

⑧ 张翼：《农民工社会保障政策执行中存在的若干问题》，《中国社会科学院院报》2005年9月27日。

工群体的社会边缘性不利于其表达利益诉求，影响农民工社会保障政策迅速、合理地制定；现有农民工社会保障政策缺乏合理性和协调性而不利于政策有效执行；政策执行主体、政策目标群体的相关行为也影响政策的合理制定和有效执行。① 针对国家明确规定的五项社会保险在农民工中的参保率低的现象，吴红宇分析认为其原因在于：第一，中央只给政策，地方政府出于支付能力限制和对经济发展的片面追求等采取消极态度；第二，农民工签订劳动合同的比例不高，导致参保难以实现。而制度设计不够完善、门槛过高、社会保险关系难以转移接续等不足使得农民工对现行保障制度缺少认同和参与的动力。②

李平通过实证分析，认为农民工社会保障制度建立的障碍，第一在于现行的二元社会经济体制及其在制度变迁中的路径依赖；第二是政府财政调控能力有限与政府责任模糊、企业缴费意愿、缴费能力低下等；第三是农民工群体的边缘性地位、高度流动性以及群体的分化特征使他们无法有效地表达其社会保障利益诉求，从而延缓了制度供给。③

学者们分析了农民工社会保障制度正面和负面两方面社会效益。李平认为农民工社会保障的缺失，呈现我国二元经济结构的刚性特征，阻碍了农民工的流动和迁移，从长期效果看会对经济增长和社会和谐产生不利影响。④ 而申静认为建立农民工社会保障制度的政策既有正面效应也有负面效应。其正面效应是可以促进农民工对劳动力流动的投资、有利于农村土地的集中经营从而促进农业发展、有利于推动城市化和工业化进程；其负面效应是有悖于二元城市化战略、构成对农村社会保障的冲击、不利于非正规就业形式的发展从而减少农民工就业机会。⑤ 吴红宇也认为现行社会保障制度阻碍了农民工的迁移行为，从企业层面看，“扩面”导致劳动力成本上升，进而减少雇用；从劳动者层面看，缺乏

① 彭宅文：《中国农民工社会保障发展缓慢的原因分析》，《云南社会科学》2006 年第 1 期。
② 吴红宇：《现行社会保障制度对农民工迁移行为的影响研究》，《农村经济》2008 年第 1 期。
③ 李平：《中国转型时期城市农民工社会保障制度研究》，中国地质大学出版社，2008。
④ 李平：《中国转型时期城市农民工社会保障制度研究》，中国地质大学出版社，2008。
⑤ 申静：《农民工社会保障的政策效应分析》，《现代物业》2008 年第 10 期。

保障致使回流和不愿迁移行为发生。[①]

研究认为，要构建农民工社会保障制度，需要更新观念、健全法制[②]，改革户籍制度、强化政府责任[③]。李平认为，城市农民工社会保障制度是一种过渡性制度安排，要通过有限发展、重点突出、逐步扩展的方式建立。在农民工社会保障制度的实施中，政府责任的确立和履行起着至关重要的作用。[④]

关于农民工社会保障制度构建的路径，可以分为几种观点，即纳入农村社会保障体系、纳入城镇社会保障体系及“土地换保障”的模式、建立新的农民工社会保障体系。而学者们关于农民工社会保障体系的基本原则较为普遍的共识是：①对农民工群体区分对待；②低门槛，高覆盖率；③适合农民工流动特点；④坚持统账结合模式，适当调整结合方式，实行完全积累的运行模式；⑤在保障项目的设置顺序上，首先确立强制性工伤保险，其次是医疗保险，再次是社会救助和社会福利，最后是养老保险和住房保障等。[⑤]

郑功成认为，农民工外出动机的低层次性和现行户籍制度的非开放性，决定了在设计农民工社会保障制度时应遵循低水平、可转移等原则。但农民工不是一个单一的群体，其分化比较明显，外出动机从低层次的生存理性向经济理性和社会理性发展，部分农民工在城市有了立足之地，留城意愿十分强烈。因此，解决农民工社会保障问题必须采取分层分类保障的原则。[⑥]

杨立雄认为，对于追求自身发展、长期居留城市、有稳定工作及留城意愿比较强烈的农民工，可以将其纳入城镇社会保障体系；对于留城

---

① 吴红宇：《现行社会保障制度对农民工迁移行为的影响研究》，《农村经济》2008 年第 1 期。

② 房莉杰：《农村流动人口医疗保障研究综述》，《甘肃理论学刊》2006 年第 5 期。

③ 李爱芹：《农民工社会保障的实证调查与政策建议：以徐州市农民工为例》，《南京农业大学学报》（社会科学版）2008 年第 8 期。

④ 李平：《中国转型时期城市农民工社会保障制度研究》，中国地质大学出版社，2008。

⑤ 成志刚、罗帅：《近十年我国农民工社会保障问题研究综述》，《湘潭大学学报》（哲学社会科学版）2007 年第 3 期。

⑥ 郑功成：《农民工的权益与社会保障》，《中国党政干部论坛》2002 年第 8 期。

意愿并不强烈、在农村及城市之间做钟摆式流动的农民工，应将其纳入农民工社会保障体系；而对于在城市只做短暂停留的农民工，应根据其意愿纳入农村社会保障体系。[①]

辜胜阻等认为，要按分类指导原则建立适合农民工特点的社保体制。应该首先将农民工纳入工伤保险范围，其次解决农民工大病医疗保障，再次探索适合农民工特点的养老保险办法。[②]

李平提出了“个人弹性账户与待遇调整账户相结合”的过渡性农民工养老保险制度框架，考虑了当地经济发展水平、医疗资源特点和农民工需求的医疗保险制度，包括了“公共劳动”形式的最低生存保障体制和就业保障措施的失业保险制度。[③]

还有学者提出，不仅应该建立针对农民工的分类分级、过渡性的保障制度，还应该建立针对农民工的社会福利和社会救助制度。[④] 还需要对农民工社会保障水平评估问题、新农村背景下的农民工社会保障体系问题等进行研究。[⑤]

四　农民工权益维护

大量的研究认为，农民工的社会权益得不到应有的保障。农民工的维权道路上存在一个与赋权完全相反的“剥权”过程。[⑥]

农民工自身力量的弱小决定了其在公共政策制定过程中的弱势地位，由此导致了其利益诉求能力的衰弱。在全球化背景下，资本一方的力量在增强，而传统的、以制造业为基础的、具有强大力量的产业工人

---

① 杨立雄：《农民工社会保护问题研究》，《中国人民大学学报》2006 年第 6 期。

② 辜胜阻、易善策等：《基于农民工特征的工业化与城镇化协调发展研究》，《人口研究》2006 年第 5 期。

③ 李平：《中国转型时期城市农民工社会保障制度研究》，中国地质大学出版社，2008。

④ 李爱芹：《农民工社会保障的实证调查与政策建议：以徐州市农民工为例》，《南京农业大学学报》（社会科学版）2008 年第 8 期。

⑤ 成志刚、罗帅：《近十年我国农民工社会保障问题研究综述》，《湘潭大学学报》（哲学社会科学版）2007 年第 3 期。

⑥ 郑广怀：《伤残农民工不能被赋权的群体》，载郑也夫等主编《北大清华人大社会学硕士论文选编》，山东人民出版社，2004。

联盟在新技术面前逐步解体。政府与资本有着共同的利益取向，在政府不得不依附于资本时，工会与资本的矛盾往往被压制，导致工会地位尴尬，工人维权困难。由于正式组织资源的缺位，农民工只能倚重于自身建立的社会关系网络寻求社会保护。而这种网络由于自身的局限，无法与高度科层化的利益集团进行博弈。在全球化的过程中，政府为了保持区位竞争优势，进行福利竞赛，使农民工的处境进一步恶化。[①] 完善企业农民工的利益诉求机制，强化其利益诉求能力以及劳动关系的制度化是十分必要的。[②]

对农民工身份的社会建构形成了农民工群体权益保护的障碍。作为中国社会中的第三种身份，"农民工"的被建构和被广泛认同，既构成了现有"农民工"制度的合法性基础，也影响了乡城迁移者的权利意识和利益表达行动。"只有把问题视作乡城迁移者如何获得市民权的问题，而不是视作'农民工'的权利问题时，'农民工'的问题才可能获得真正解决"。[③]

国家与农民工之间的模糊关系使农民工群体的权益保护难以落实。与城镇劳动者相比，国家还只是把农民工视为"准劳动者"，诱使地方政府对农民工采取实用主义的政策："经济上接纳，社会上排斥"。因此，要解决农民工的问题，就必须进一步调整农民工与国家的关系，正视农民工作为劳动政策主体的地位，让农民工成为与城镇职工一样，受劳动法律和劳动政策保护的普通劳动者。[④]

政策执行不力或偏差。以户籍制度为核心的一系列具体制度导致农民工在城市中实际上处于边缘地位。在户籍制度面临巨大变革压力的情况下，一方面中央政府放责放权，而另一方面地方城市政府的自利自保倾向并不利于"农民工权益问题"的真正解决。与此同时，行政执法疲

① 杨立雄：《农民工社会保护问题研究》，《中国人民大学学报》2006 年第 6 期。

② 蔡禾、李超海等：《利益受损农民工的利益抗争行为研究——基于珠三角企业的调查》，《社会学研究》2009 年第 1 期。

③ 陈映芳：《"农民工"：制度安排与身份认同》，《社会学研究》2005 年第 3 期。

④ 岳经纶：《农民工的社会保护：劳动政策的视角》，《中国人民大学学报》2006 年第 6 期。

软和司法救济不力致使城市农民工的合法权益难以得到充分保障。现行劳动纠纷解决机制也为城市农民工的维权设置了障碍。[①]

农民工权益要得到切实保障，离不开政府的监督、法律法规的健全以及用工单位的执行。[②] 而作为制度文本的执行者，地方政府对企业资源控制削弱并有自利倾向，与拥有强资源优势的企业关系密切，并重构了不利于农民工的制度运作实践，处于绝对资源劣势的农民工没有申诉和行动的能力，导致维护农民工劳动权益的制度只具有文本或话语上的“维权”意义。[③]

有观点提出，剥夺农民工的社会权利是一种制度性债务和国家级罪错，只有通过矫枉过正的制度性措施，中国对农民和农民工的历史剥夺，首先需要社会抗争，然后需要国家认错，最后需要政府补偿。[④]

五　农民工劳动关系

对于劳动关系的研究，学者们普遍认为构建和谐的劳动关系是构建和谐社会的基础。[⑤] 李珂认为，农民工所处的不和谐的劳动关系阻碍了其融入城市的再社会化进程。[⑥]

（一）农民工劳动关系状况

黄任民认为，农民工群体对和谐劳动关系具有正负两个方面的影响。一方面，农民工进城后就具备了和谐劳动关系的四个基本条件，即劳动关系主体明晰化、劳动关系运行市场化、劳动关系类型多样化和劳动关系调整方式契约化，因而在一定程度上可以促进我国原有劳动关系

---

① 翁晓斌、谭靖：《城市农民工处境的法律透视》，《浙江大学学报》2006年第5期。

② 江立华、符平：《断裂与弥补》，《社会科学研究》2005年第6期。

③ 孙正娟：《农民工劳动权益维护的制度分析》，《南京社会科学》2005年第11期。

④ 洪朝辉：《论中国农民工的社会权利贫困》，《当代中国研究》2007年第4期。

⑤ 黄任民：《农民工及相关问题对建立和谐劳动关系的双重影响》，《中国劳动关系学院学报》2005年第6期；常凯：《构建和谐劳动关系——中国人民大学教授常凯访谈》，《中国社会保障》2007年第8期。

⑥ 李珂：《论劳动关系状况对农民工融入城市的制约》，《中国劳动关系学院学报》2006年第6期。

的转型，促进和谐劳动关系的建立。但另一方面，由于体制和制度的原因以及对农民工的歧视，农民工和用工单位建立不平等劳动关系，进而对和谐劳动关系的建立产生不利影响。其主要表现在：第一，劳动关系不对等，劳动关系管理手段契约化和劳动关系调整方式法制化的发展相对滞后；第二，农民工大都处于次级劳动力市场，面临许多不公正待遇，劳动条件恶劣，用工管理不规范，受到工资歧视，无法享受社会保障；第三，由于其流动性、自身意识和社会关系等原因，将农民工组织进工会难度较大。①

《2006浙江就业报告——劳动关系问题研究》对浙江省劳动关系与就业的现状、重点热点问题进行了系统的调查和分析，从市场化进程、非正规就业、劳动合同、企业社会责任、收入分配、教育培训、工会和政府的作用等方面做了具有建设性的探索和研究，认为只要坚持“以人为本”的科学发展观，就可以通过适当的协调、管理等办法，使劳动关系从冲突、博弈走向和谐。②

曹小华、欧国立认为，当前农民工劳动关系不和谐主要体现在人格仍受社会歧视、劳资双方经济利益分配严重失衡、劳动权益屡遭侵害，主要与制度性原因（经济体制转型、基本经济制度转变）和工作性原因（政府工作失误导致政府失灵）有关，并有针对性地提出构建和谐劳动关系的一些措施。③

社会学对农民工劳动关系的研究主要从资本的控制和劳动者的抗争，以及两者如何达成“同意”的视角进行分析。如李静君认为在地方政府和资本的联盟之下，中国工厂中形成了失序的专制主义生产政体。沈原对建筑工人的研究指出，建筑行业中通过乡土社会的社会关系间的信任关系而达成对劳动过程的管理与控制，形成“关系霸权”。沈原同

---

① 黄任民：《农民工及相关问题对建立和谐劳动关系的双重影响》，《中国劳动关系学院学报》2005年第6期。

② 陈诗达：《2006浙江就业报告——劳动关系问题研究》，中国劳动社会保障出版社，2006。

③ 曹小华、欧国立：《构建和谐劳动关系，保护农民工权益——基于经济学视角的思考》，《生产力研究》2006年第6期。

时指出了这种“关系霸权”的脆弱性和不稳定性。①

（二）新劳动合同法对农民工劳动关系的影响

2007年，我国公布了新的《中华人民共和国劳动合同法》（以下简称《劳动合同法》）。常凯指出，新《劳动合同法》的出发点是以建立规范劳动双方权利和义务的法律手段，来保护劳动者的合法权益，目的是构建和谐的劳动关系。但常凯同时指出，在劳动合同法开始实行之前，已经出现了企业的抵触情绪，以及设法规避劳动合同法的现象。因此，法律的执行比制定难度更大。人们对劳动合同法应该“保护谁”的分歧和争论，表明了我国劳动保护意识淡薄，缺乏劳动保护基本理论的状况。②

王菁以社会学定量和定性分析的方法对新《劳动合同法》实施后的劳动状况进行了实证研究，得出的结论是新《劳动合同法》对工人的劳动时间、劳动安全、劳动社会保障的影响不显著，仅对劳动报酬的影响显著。

陈宁等对新《劳动合同法》实施后出现的“解雇潮”进行了模型分析，分析表明：企业是否遵守新《劳动合同法》取决于劳动监管部门的监管力度、执法力度和工人的谈判力强度；要保护劳动者的合法劳动权益，就要增强工人的谈判力量，加强劳动监管部门的监管力度，大幅度提高罚款和刑事处罚，完善劳动保障体系。③

沈琴琴等认为，劳动争议是劳资关系矛盾的集中表现。他们通过分析民营企业劳动争议案件的数量变化、产生的原因及解决方式等方面的特征，指出了民营企业成为当前劳资关系矛盾的重点；通过分析民营企业中劳动者权益保护中存在的一系列问题，从劳动者权益维护的角度提

---

① 沈原：《“关系霸权”：对建筑工劳动过程的一项研究》，载沈原《市场、阶级与社会——转型社会学的关键议题》，社会科学文献出版社，2007。

② 常凯：《构建和谐劳动关系——中国人民大学教授常凯访谈》，《中国社会保障》2007年第8期。

③ 陈宁、卢玮：《对我国劳动关系的博弈分析——兼谈新〈劳动合同法〉引发的解雇潮》，《湖北财经高等专科学校学报》2008年第1期。

出了构建民营企业和谐劳动关系的思路。[①]

（三）构建和谐劳动关系的对策

刘进才认为，应该通过企业伦理的建设，促进企业努力构建和谐的劳动关系。[②] 王德强等认为，应该以户籍制度改革和促进公民平等就业权，促进和谐劳动关系的构建。徐小洪提出在民营企业中，应该推动劳资冲突观念向劳资互利观念的转变。[③]

社会学的研究则强调国家的干预和工人组织能力的提高。如余晓敏研究了跨国公司行为守则对中国劳动关系的影响，她认为在“强资本、弱劳工”的背景下，需要将 CSR 和公司行为守则嵌入于国家干预和传统的劳工运动互补的关系中，才能最大限度地维护劳动者的权益，推动劳工运动的发展。[④]

许晓军等认为，工会能否在构建企业和谐劳动关系方面发挥作用是关键因素。他们的调查显示，我国企业的劳动关系还不够和谐的原因在于，我国劳动力的市场化中没有一个合理的劳动力价格形成机制，造成了劳动者收入低，缺少增长机制。若想建立这样的机制则要求企业工会能实施行之有效的工资集体协商的博弈行为，而企业工会的依附性使其无法发挥应有的作用。为此，有必要对企业工会的组织体制和运行机制进行改革。[⑤]

在经济学的研究中，李楠认为，现实中存在的劳资矛盾是劳动力产权关系的异化所产生的，是劳动力所有者和使用者产权分离的产物，其核心问题是利益的冲突。从调节劳资矛盾的手段来看，不能仅仅依靠法

---

① 沈琴琴、黄任民等：《和谐劳动关系与民营企业发展——加强劳动者权益保护、构建和谐劳动关系》，《中国劳动关系学院学报》2007 年第 1 期。

② 刘进才：《我国工业化进程中农民工权益保护与企业伦理问题研究——基于建立和谐劳动关系》，《郑州航空工业管理学院学报》2007 年第 5 期。

③ 徐小洪：《从劳动竞赛谈和谐劳动关系》，《天津市工会管理干部学院学报》2007 年第 1 期。

④ 余晓敏：《跨国公司行为守则与中国外资企业劳工标准——一项“跨国 - 国家 - 地方”分析框架下的实证研究》，《社会学研究》2007 年第 5 期。

⑤ 许晓军、王晓慧：《企业工会与和谐劳动关系的建构——工会干部及职工对企业劳动关系的认知与评价调查报告》，《中国劳动关系学院学报》2008 年第 1 期。

律法规，还需要其他的协调方式，尤其是应该从深层次上解决劳动力产权和生产资料产权的分离问题。[①] 黄任民认为，研究劳动关系应运用劳动经济学研究方法加强对劳动力市场的深入分析，研究就业和收入分配对劳动关系的影响，并对工会在和谐劳动关系建设中的作用予以重视。[②]

李德齐认为，劳动合同法的实施面临劳动关系发展变化的诸多挑战。劳动关系的多样化、层次化、市场化、规模化和复杂化，要求劳动合同制度应当与其他劳动法律制度衔接配套，以期使劳动法律制度体系对规范和协调劳动关系产生整体功效。依照劳动合同法，劳动合同制度应首先着力于同集体合同制度、职工代表大会制度、劳动关系三方协商机制、劳动争议处理制度以及监督检查的有效结合。[③]

在法学对劳动关系的研究中，王珏研究了劳动关系非标准化的趋势，认为我国对劳动关系非标准化的否定，导致相应法律设置的空白；认为我国应该适应灵活就业的需要和劳动关系非标准化的趋势，将非标准化劳动关系纳入法律体系中。[④]

何圣等以上海的调查数据为基础，从收入保障、劳动环境、权益实现、技能发展等四个方面初步构建劳动关系和谐状况评价指标体系，在资料的可获得性、特异性、敏感性、代表性、全面性、简明性六大原则的指导下，用包括变异系数法、样本聚类和相关分析法、指标聚类法、德尔菲法等主观和客观方法对指标体系进行了筛选和验证。将建立的评价指标体系用于对上海不同行业和不同性质企业的劳动关系和谐状况做评估，在两种划分标准下，将上海的企业分为三类，即劳动关系和谐状况良好、一般和较差。[⑤]

---

① 李楠：《基于劳动力产权关系异化的劳动关系调节机制演变及发展》，《广州大学学报》（社会科学版）2007 年第 8 期。

② 黄任民：《论劳动关系的劳动经济学研究视角》，《中国劳动关系学院学报》2007 年第 5 期。

③ 李德齐：《规范和协调劳动关系要求劳动合同制度应与其他法律制度衔接配套》，《中国劳动关系学院学报》2008 年第 1 期。

④ 王珏：《从劳动关系非标准化看事实劳动关系》，华东政法学院硕士学位论文，2006 年。

⑤ 何圣、王菊芬：《和谐劳动关系评价指标体系的构建及对上海的分析》，《市场与人口分析》2007 年第 5 期。

朱智文等在总结国内关于劳动关系评价指标体系构建的相关研究基础上，运用定量的分析方法，建立了和谐劳动关系评价指标体系，进而对甘肃2001—2006年的相关数据从职工工资增长状况、劳动者就业状况、培训机构发展状况、工会发展水平、社会保障状况和劳动争议状况六个方面进行评价，认为甘肃在提高就业率、缩小各行业职工工资差距、扩大社会保障覆盖面、减少劳动争议发生率方面存在一定的问题。①

第三节　社会政策与农民工市民化研究

一　农民工生活状况

调查表明，城市农民工工作和生活条件普遍较差。他们劳动强度大，生活开销大；文化程度低，社会保障低；工作环境差，生活条件差；文化娱乐少，技能培训少。尽管如此，多数农民工仍认可目前生存的现状，对未来生活充满希望。②

从总体看，2006年全国农民工平均生活水平仅相当于城镇居民平均水平的53.2%。从分类指数看，相对较好的是权益保护、健康就医以及收入消费，最差的是社会保障。生活质量指数在0.4以下的农民工占到21%。中西部农民工的生活质量明显落后于东部，中部和西部农民工的生活质量水平基本相同；城市规模越大，农民工的生活质量水平越高。分行业看，农民工的生活质量水平从高到低依次为制造业、交通运输仓储和邮政业、租赁和商务服务业、批发和零售业、建筑业、住宿和餐饮业、居民服务和其他服务业，其中最后三个行业的农民工生活质量低于平均水平。③

① 朱智文、张博文：《和谐社会劳动关系评价指标体系构建及对甘肃的分析》，《兰州商学院学报》2009年第1期。

② 国家统计局课题组：《城市农民工生活质量状况调查报告》，《调研世界》2007年第1期。

③ 国家统计局课题组、章国荣等：《中国农民工生活质量指数评价研究》，《统计研究》2007年第2期。

人力资本、企业规模等变量对农民工的收入有影响，而社会资本和社会环境变量对农民工工资水平没有显著影响。农民工的工资是处于分割的二元劳动力市场一端的，高度市场化的，缺乏企业内部劳动力市场或晋升机制，也少受劳动力市场用工情况变化影响的，没有地区性差异的一个实实在在的刚性的低工资。[①]

项继权认为，农民工子女上学问题从根本上说是现行的户籍制度及城乡二元化政策的产物。解决农民工子女的教育必须立足于城乡平等和城乡统筹的原则，进一步完善现行的法律和制度，消除对进城务工农民工子女歧视，建立城乡一体和公平的义务教育体制。[②]

二　农民工城市融入

进城农民工的城市化和社会融入问题是学界关注的焦点之一。研究认为，由于市民的偏见与歧视、制度与政策、文化冲突造成的劣势以及自身因素等原因[③]，农民工在城市社会遭受经济、政治、文化、心理、社会保障、教育和空间等多个方面的社会排斥。这种排斥通过制度机制、群体机制、市场机制、农民工适应能力等得以运作，它主要是一种制度性排斥。户籍制度被认为是一种“社会屏蔽”制度，它将社会上一部分人屏蔽在分享城市的社会资源之外，其直接后果是造成城市农民工身份与职业、角色的背离。[④] 农民工成为“准市民”或“准农民”。[⑤] 二元体制一方面使农民工进入城市成为“二等市民”具有了制度上的“合法性”；另一方面又使农民工在城市的生存和平等权利的获得丧失了事实上的合法性，而从整体上沦为边缘群体。为此，必须采取彻底改革城

① 刘林平、张春泥：《农民工工资：人力资本、社会资本、企业制度还是社会环境？——珠江三角洲农民工工资的决定模型》，《社会学研究》2007 年第 6 期。

② 项继权：《农民工子女教育：政策选择与制度保障——关于农民工子女教育问题的调查分析及政策建议》，《华中师范大学学报》（人文社会科学版）2005 年第 3 期。

③ 张书林：《城市农民工的边缘化及救治》，《厦门特区党校学报》2004 年第 5 期。

④ 任远、戴星翼：《外来人口长期居留倾向的 Logit 模型分析》，《南方人口》2003 年第 4 期。

⑤ 朱力：《准市民的身份定位》，《南京大学学报》2000 年第 6 期。

乡二元分割制度等对策。[①] 还有研究指出，农民工的边缘性地位与其社会资本的占有和使用具有高度的相关性。只有改善农民工社会资本匮乏和质量低下的状况，构建农民工社会资本的积累和形成机制，才能促使农民工更快完成城市化或市民化的过程，更好地融入城市社会生活之中。[②] 也有观点认为，农民工的不平等，首先源于就业体制，因为劳动就业不平等派生了其他不平等现象。[③]

有学者提出，农民工市民化包括生存职业、社会身份、自身素质以及意识行为市民化四个层面的含义，包括农民工从农村退出、城市进入以及城市融合三个环节。[④] 农民工的城市适应有经济层面、社会层面和心理层面三个依次递进的层次。而当前，农民工的城市适应仅仅停留在经济层面，政策性与制度性因素阻碍了农民工城市适应的深入。[⑤] 农村流动人口处于"半城市化"状态，即一种介于回归农村与彻底城市化之间的状态，它表现为各系统之间的不衔接、社会生活和行动层面的不融合，以及在社会认同上的"内卷化"。由于系统、社会生活和行动、社会心理三个层面的相互强化，农村流动人口的"半城市化"出现长期化的变迁趋向，这是对中国社会发展提出的一个严峻挑战。[⑥]

对进城农民工和城市居民社会距离的研究认为，农民工与城市居民之间在本质上是相容的，这构成了农民工与城市居民能够和谐共处的基础。[⑦] 但在当前城市化进程中，农民工与城市居民存在很大的社会距离。制度限制或制度供给不足是影响社会距离的深层次影响因素。[⑧] 流动农民工与"城里人"形成的可能是一种"隔离性融合"。[⑨] 有研究表明城

① 胡杰成：《社会排斥与农民工的城市融入问题》，《兰州学刊》2007 年第 7 期。
② 刘传江、周玲：《社会资本与农民工的城市融合》，《人口研究》2004 年第 5 期。
③ 辜胜阻、易善策等：《基于农民工特征的工业化与城镇化协调发展研究》，《人口研究》2006 年第 5 期。
④ 刘传江：《城乡统筹发展视角下的农民工市民化》，《人口研究》2005 年第 4 期。
⑤ 朱力：《论农民工阶层的城市适应》，《江海学刊》2002 年第 6 期。
⑥ 王春光：《农村流动人口的半城市化问题研究》，《社会学研究》2006 年第 5 期。
⑦ 吕斐宜：《农民工与城市居民和谐共处心理基础调查研究》，《社会学》2006 年第 4 期。
⑧ 卢国显：《我国大城市农民工与市民社会距离的实证研究》，《中国人民公安大学学报》2006 年第 4 期。
⑨ 王毅杰：《流动农民留城定居意愿影响因素分析》，《江苏社会科学》2005 年第 5 期。

市居民主要通过报纸和电视新闻等媒体了解农民工，新闻媒体对城市居民的态度有着重要影响。[①]

刘传江认为能否市民化，需要考虑定居意愿与在城市的生存能力。他按照市民化意愿和市民化能力把农民工划分为四种。[②] 另外也有学者考察了农民工社会融合与相关概念的关联，如农民工的社会资本与社会融合[③]、农民工的社会排斥与社会融合[④]、农民工的人力资本与社会融合[⑤]、农民工的劳动力市场状况与社会融合[⑥]。

傅晨则将农民工市民化和农民工城市化加以区别，他认为主张农民工城市化的错误就在于“陷”入在“身份城市化”的认识误区里，希望将其一笔勾销或是一视同仁。傅晨认为这在现阶段是根本做不到的。在没有条件完全取消户籍制度的情况下，城市化的策略是不要把思路定格在身份城市化上。恰恰相反，应当淡化与身份连在一起的城乡、地区利益差别，使身份失去实质性的意义。[⑦]

还有学者指出，要防止“拉美陷阱”。如辜胜阻等认为，结合我国实际情况，当前农民工市民化要分步实施，突出市民化进程中的过渡模式和最终模式。市民化最终的目的是要转变为城市居民，但是农民工首先要能够成为现代产业工人以作为过渡模式。在农民工的市民化进程中，第一，要把重点放在农民工的产业工人待遇上，而不是过急的、和市民完全等同的市民待遇。第二，农民工的市民化可以分散实行，为了避免高价城市化，也可以通过多元城镇化实现农民工分流。第三，要坚

---

① 钱文荣、张忠明：《农民工在城市社会的融合度问题》，《浙江大学学报》2006 年第 4 期。

② 刘传江：《城乡统筹发展视角下的农民工市民化》，《人口研究》2005 年第 4 期。

③ 李汉林：《关系强度与虚拟社区——农民工研究的一种视角》，载李培林主编《农民工——中国进城农民工的经济社会分析》，社会科学文献出版社，2003；郭星华、储卉娟：《从乡村到都市“融入与隔离”：关于民工与城市居民社会距离的实证研究》，《江海学刊》2004 年第 3 期。

④ 马广海：《农民工的城市融入问题》，《山东省农业管理干部学院学报》2001 年第 3 期；李强：《户籍分层和农民工的社会地位》，《中国党政干部论坛》2002 年第 8 期；王春光：《农民工的社会流动和社会地位的变化》，《江苏行政学院学报》2003 年第 4 期。

⑤ 曾旭晖：《非正式劳动力市场人力资本研究：以成都市进城农民工为个案》，《中国农村经济》2004 年第 3 期。

⑥ 李强：《户籍分层和农民工的社会地位》，《中国党政干部论坛》2002 年第 8 期。

⑦ 傅晨：《农民工问题研究三题》，《南方经济》2004 年第 8 期。

持把鼓励回归和推进市民化并重，一方面，鼓励进城务工的能干的、富裕的农民工回归农村创业；另一方面，积极慎重地推进农民工市民化，让一部分人率先成为城市居民。第四，要坚持把劳动力市场一体化和农民工待遇平等化并重，在建立城乡一体的劳动力市场和就业体制的同时，大力推进农民工企业待遇和社会待遇的平等化，清理和取消各种针对农民工进城就业的歧视性规定和不合理限制。①

李培林等2006年的调查发现，收入和经济社会地位相对较低的农民工，却具有比较积极的社会态度。他们认为，影响农民工态度和行为的因素，首先，更重要的可能不是社会横向利益比较，而是自身的纵向利益比较，因而更显著地遵循历史决定逻辑的原则，而不是经济决定逻辑。农民工对自身境遇的归因倾向于认为这是自身的素质与能力所致，而非社会性因素造成的后果。其次，农民工由于受教育水平较低，生活需求层次较低，期望也低，因而更容易得到满足。再次，农民工更容易与家乡的农民相比较，与自己的过去生活相比较。②

对农民工心理的研究认为，与城市接触的经验会带来农民工对城市的认同和归属感的形成，而农民心态使农民工对城市又无法产生归属感和主人翁意识，只有自卑的陌生人的感觉。③ 农民工不能融入城市社会，致使他们只有家乡意识而没有所在城市的社区意识。④ 朱考金认为农民工获得了一些较为现代化的观念，但仍对城市没有归属感。⑤ 此外，田凯认为流动人口适应城市生活的过程，实际上是再社会化过程。⑥

对青年农民工的研究认为，青年农民工适应城市的实践受到乡土世界、想象世界、城市世界和实践世界交互作用的影响，其形态和逻辑被

---

① 辜胜阻、易善策等：《基于农民工特征的工业化与城镇化协调发展研究》，《人口研究》2006 年第 5 期。

② 李培林、李炜：《农民工在中国转型中的经济地位和社会态度》，《社会学研究》2007 年第 3 期。

③ 朱力：《论农民工阶层的城市适应》，《江海学刊》2002 年第 6 期。

④ 马广海：《农民工的城市融入问题》，《山东省农业管理干部学院学报》2001 年第 3 期。

⑤ 朱考金：《城市农民工的心态与观念——以南京市 600 例样本的频数分布为例》，《社会》2003 年第 9 期。

⑥ 田凯：《关于农民工城市适应性的调查与思考》，《人口学刊》1996 年第 4 期。

四个世界形塑。他们的行为和价值观都是其实践世界的社会与人际关系结构的直接反映。他们通过实践性关系的生产与再生产方式来寻求一种界定并表达自身身份的社会适应性。这足以使他们应付城市的一般生活，并不一定需要获得现代性来适应城市。乡土性在他们的生活中仍然发挥较大的路径依赖作用，获得一些现代性特征并不意味他们就能适应和融入城市。[①]

三　农民工社会地位与社会分层

大量的学者针对农民工的社会地位及其社会分层问题展开了研究。有的研究者提出农民工已经成为一个独立的阶层[②]，认为农民工是工人阶级中的“新兴的社会阶层”[③]。

也有研究者明确否定农民工成为阶层的可能：无论从职业、收入、社会地位的角度，还是从其在生产关系中的地位看，他们都只是当前社会流动中出现的一种新生的社会群体、新出现的身份类别，而不是一个阶级或阶层。[④] 农民工只是产业工人阶层中的一个“相对独立的群体”或“工人阶级的主力军”[⑤]，只是一个过渡群体，最终将融入产业工人阶层或工人阶级[⑥]。

还有研究认为农民工是一个“被身份遮蔽了的另类工人阶层”。从职业上看，他们从事与城镇工人相似的职业，在就业上却不能享受与城镇工人相同的制度性政策地位，他们在政治生活、职业活动和社会评价等方面的地位都比城镇工人更低，成为“工作中的贫穷者”。职业和生活等社会实践中面临的困境和问题使农民工逐渐意识到群体和阶层的力量，开始出现组织化的趋势。组织化进一步唤醒了农民工的阶层意识。农民工正作为一个新的工人阶层在崛起，国家应从政策和体制上尽快确

① 符平：《青年农民工的城市适应：实践社会学研究的发现》，《社会》2006 年第 2 期。

② 朱力：《农民工阶层的特征和社会地位》，《南京大学学报》2003 年第 6 期。

③ 宋林飞：《农民工是新兴工人群体》，《江西社会科学》2005 年第 3 期。

④ 朱光磊等：《当代中国社会各阶层分析》，天津人民出版社，1998。

⑤ 陆学艺：《当代中国社会阶层研究报告》，社会科学文献出版社，2001。

⑥ 李春玲：《断裂与碎片——当代中国社会阶层分化实证分析》，社会科学文献出版社，2005。

认农民工的工人阶层地位，让这个新阶层与原先的工人阶级相融合。①

李静君较早倡导将“中国劳工问题理论化为一个阶级构成的问题”。她认为，中国劳工正处于旧体制已消失，新体制未建立起来的裂缝中，大部分工人失去讨价还价的权利；阶级经验即阶级带来的文化、体会、感受与思想、意识的混合要成为考察的重点。劳工对市场制度的理解和接受、对改革的道德判断以及他们所有的一套来自国家社会主义历史的语言和思考工具等都需要进行考察。②

李静君认为工人群体因其在新旧体制之中的不同处境而产生有差异的阶级体验，总体上，中国工人的阶级力量在市场发展快的地区较明显地弱化，但阶级意识在全国都明显地尖锐化。③ 随着中国变成世界工厂，马克思意义上的工人阶级形成问题被提到了日程。工人阶级形成有两种前景：如果工人的行动被导向体制内，为现存体制所容纳，那么工人阶级就不会形成；如果工人的行动被导向体制外，与现存体制对立，那么工人阶级难免会形成。决定工人行动导向的是社会体制能否对工人的诉求进行合理回应，能否在回应困难的时候对现存体制进行修改，以实现工人所期望的社会公平。鉴于目前体制的合理回应能力与动力不足，工人阶级的形成已经被启动。④

有学者认为“罢工是市场经济条件下工资劳动者对抗雇主以维护切身利益的主要的抗争手段之一”，是工人阶级集体反抗资产阶级经济剥削和政治压迫的主要斗争手段。⑤

在劳动社会学界，阶级分析重点用于解释当今劳工的生存状况，在政策取向则强调工会和职工代表大会这种工人利益团体的建设与作用发

① 王春光：《农民工：一个正在崛起的新工人阶层》，《学习与探索》2005年第1期；王春光：《农村流动人口的半城市化问题研究》，《社会学研究》2006年第5期。

② 李静君：《中国工人阶级的转型政治》，载李友梅、孙立平、沈原主编《当代中国社会分层：理论与实证》，社会科学文献出版社，2006。

③ 李静君：《中国工人阶级的转型政治》，载李友梅、孙立平、沈原主编《当代中国社会分层：理论与实证》，社会科学文献出版社，2006。

④ 许叶萍、石秀印：《工人阶级形成：体制内与体制外的转换》，《学海》2006年第4期。

⑤ 常凯：《罢工权立法问题的若干思考》，《学海》2005年第4期。

挥，更关注劳工政策的“控制性”和“效能性”，提倡控制权应当在劳动者群体手中，通过适当的制度建设，如工会和职工代表大会建设发挥作用。同时，许多学者具有这样的共识：中国发展需要稳定，以斗争为基础的集体行动是不可取的，因此，建设以工会为基础的劳工政策能够较好地搭建起社会服务和社会保障的安全网。虽然它离公平社会关系的建立还有很远的距离，但这同样能够促进工人们享受到经济增长的好处。[①]

四 农民工犯罪

针对农民工犯罪的研究数量相对较少。20 世纪关于农民工犯罪的研究，对农民工所处“边缘社区”犯罪给予了关注，但较多停留在对城市管理的角度。如陈月认为，“边缘社区”存在严重的犯罪状况，它的形成机制与农民工脆弱的心理素质、巨大的文化差异有密切关系，同时与社会弱化的管理系统有关。[②]

进入 21 世纪以来，对于农民工犯罪研究的关注点和解决这一问题的视角有了较大变化，更多地关注农民工的心理、制度的公正性等。如周春霞认为，处于弱势群体的农民工，在自我认同陷入困境，相对剥夺感引起心理失衡后，极易接受一些亚文化的观念，成为“问题农民工”。农民工与城市居民之间冲突的解决完全取决于社会结构开放的程度。但随着改革的推进，农民工和城市居民两个利益群体不仅会根据自己的收益情况调整对改革参与的态度和程度，而且会根据相互之间的矛盾程度和收益程度来调整与政府和其他利益群体之间的关系。她认为应该研究农民工与城市居民的冲突，以在经济发展和社会稳定之间寻求一个平衡点，促进社会发展。[③] 魏宏歆则认为，农民工身份与角色的错位是其违

---

① 佟新：《劳工政策和劳工研究的四种理论视角》，《云南民族大学学报》（哲学社会科学版）2008 年第 5 期。

② 陈月：《“边缘社区”的犯罪问题及其社会控制》，《郑州大学学报》（哲学社会科学版）1997 年第 1 期。

③ 周春霞：《农民工与市民冲突的经济社会分析》，《南京社会科学》2004 年第 3 期。

法犯罪的重要因素之一，制度的非公正性、政策的不合理性等客观因素也是农民工获得职业角色的障碍。[①] 江立华认为，对城市农民工犯罪问题应通过发展经济，并从社会组织、制度和价值评判体系等三个方面进行社会控制来解决。[②]

---

① 魏宏歆：《农民工违法犯罪之角色分析》，《中国人民公安大学学报》2002 年第 6 期。

② 江立华：《转型期城市农民工的犯罪与社会控制》，《江苏社会科学》2002 年第 2 期。

第三章

国家调整农民工政策的历程与趋势

随着我国改革开放的迅速发展，越来越多的农村劳动力流入城镇以及非农产业就业。根据国家统计局农民工统计监测最新数据，2013 年全国农民工总量 26894 万人，比上年增加 633 万人，增长 2.4%。其中，外出农民工 16610 万人，增加 274 万人，增长 1.7%；本地农民工 10284 万人，增加 359 万人，增长 3.6%。在外出农民工中，住户中外出农民工 13085 万人，增加 124 万人，增长 1.0%，举家外出农民工 3525 万人，增加 150 万人，增长 4.4%[①]；1980 年及以后出生的新生代农民工 12528 万人，占农民工总量的 46.6%，占 1980 年及以后出生的农村从业劳动力的比重为 65.5%。农民工问题是我国改革开放以来出现的一个日益突出的社会问题，是我国在工业化、城镇化的进程中大量农村劳动力向城镇和非农产业转移就业，同时又受到现有的社会经济制度制约的情况下形成的。与世界上其他经历过工业化、城镇化的国家之间的一个显著不同之处是，在我国，从农村向城镇以及非农产业转移就业的农民工由于受到现行户籍制度的限制，不能在就业的城镇落户，仍属于农业户口。因此，人们将这些户籍身份是“农民”，但在城镇以及非农产业务工的

① 《2013 年全国农民工监测调查报告》，国家统计局网站，http://www.stats.gov.cn/tjsj/zxfb/201405/t20140512_551585.html。

来自农村的劳动力统称为“农民工”。农民工进城就业主要是自发形成的，他们是一只脚踏进城镇、另一只脚还在农村的特殊社会群体。国家针对农民工的相关政策随着形势的变化逐步制定并进行相应的调整。

从总体上看，改革开放30多年以来，考虑到经济社会发展和政治体制改革等因素，国家对农民工的政策调整经历了以下四个发展阶段：一是被动应对阶段（1978—1991年）；二是管理限制阶段（1992—2002年）；三是积极引导阶段（2003—2005年）；四是全面推进阶段（2006年至今）。总体来看，国家对农民工的政策经历了从紧到松、从严到宽、从无序到规范、从消极被动到积极主动的发展过程。特别是2006年国务院制定并发布5号文件以来，国家从促进经济改革与发展以及维护社会稳定、全面建设小康社会的全局性的战略高度，推动全方位解决农民工问题。各相关部门纷纷制定和调整有关农民工的政策，加大了解决农民工问题的力度，使农民工进城务工的社会经济环境显著改善。2011年7月1日生效的《中华人民共和国社会保险法》从法律层面统一了农民工参加社会保险的政策，为农民工在全国范围内享受社会保险提供了法律依据。党的十八大和十八届三中全会提出，有序推进农业转移人口市民化，对农民工工作提出了新目标、新要求。下面将简要概述国家调整农民工政策的主要过程以及政策走向。

第一节 被动应对阶段（1978—1991年）

十一届三中全会以后，新的农村土地承包责任制度极大地解放了农村劳动力，乡镇企业异军突起，大量农民离开土地进入乡镇企业就业。与此同时，20世纪80年代后期，东部沿海地区经济发展迅速，对劳动力提出了旺盛的需求。在这种情况下，国家适时调整限制政策，准许农民在不改变身份、不改变城市供给制度的前提下进城务工。在同一时期，为了促进经济的发展，国家对农村人口迁移至城市的政策开始松动。这是农民工问题形成的初始阶段。

1984年1月，《中共中央关于一九八四年农村工作的通知》的发布开始了我国小城镇户籍制度改革，允许务工、经商、办服务业的农民自理口粮到集镇落户。1984年10月，国务院发出《关于农民进入集镇落户问题的通知》。该通知规定，有经营能力、有固定住所或在乡镇企业单位长期务工的，公安机关应准予其落常住户口，统计为非农业人口，吃议价粮，办理自理口粮户口簿和加价粮油供应证。这无疑是一个里程碑，给了部分人以“迁徙自由”，农民由此获得了在城市合法生存的权利。1985年7月，公安部颁布《关于城镇暂住人口管理的暂行规定》，将“农转非”内部指标定在每年万分之二。1985年9月，实施居民身份证制度。1989年10月，受国内大背景的影响，政府又开始实行严格户籍制度管理，国务院发布《关于严格控制“农转非”过快增长的通知》。1990年7月，国务院办公厅转发国家计委等部门《关于“农转非”政策管理工作分工意见的报告》，规定由中央出台“农转非”政策，大量减少“农转非”指标。

可以看到，受当时政治和经济背景的影响，这一阶段进城务工的农民数量不是很多，国家对农民工的政策主要集中于户籍制度的管理，处于由适度放宽到严格限制的被动应对阶段。

第二节　管理限制阶段（1992—2002年）

1992年邓小平同志南方谈话后，我国经济进入了新一轮增长期，农民外出务工就业也出现了新的高潮。在这一时期，户籍管理出现新的松动。到20世纪90年代中后期，随着国有企业改革力度加大，城市就业面临农民进城务工就业、城镇新增劳动力就业、下岗失业人员再就业“三峰叠加”的严峻形势，一些城市对用人单位招用农民工采取了限制性措施，全国农民工数量增长放缓，一些地方出现了农民工短期回流现象。但到90年代末期，政府对农民工的认识和态度出现了“回暖”的趋势，这股暖流首先出现在劳动就业领域，随后在农民工子女教育、农民工社会保障等方面也都略有体现。国家开始关注农民工这一转型时期的特殊群体。

一　户籍管理制度进一步松动

这一阶段，国家对农民工的政策继续围绕户籍制度管理，但与前一阶段不同的是，户口的管理再次开始放松，国家对户籍的管理有突破性的思想转变，并逐步规范化。具体表现为：①实行“蓝印户口”；②取消以商品粮为标准划分农业和非农业户口的“二元”划分方式，而以居住地和职业划分为农业和非农业户口，建立以常住户口、暂住户口、寄住户口三种管理形式为基础的登记制度，并逐步实现证件化管理；③逐步放宽对户口管理的限制，小城镇户籍发展较快。国家在这时期出台的有关政策文件主要包括以下内容。

1992 年 8 月，公安部下发《关于实行当地有效城镇居民户口制度的通知》，决定实行当地有效城镇户口制度，范围是小城镇、经济特区、经济开发区等，对象是外商亲属、投资者、被征地的农民。在这一基础上，1992 年 10 月，山东省政府出台了“山东省地方城镇户口”政策，其他大部分地方采取的是“蓝印户口”这种更加机动的户籍政策。拥有“蓝印户口”的人基本上可以享受城镇常住户口的利益，但是要经过若干年后才能够转变为城镇常住户口。

1997 年 6 月，国务院批转公安部的《小城镇户籍管理制度改革试点方案》和《关于完善农村户籍管理制度的意见》，其中明确规定：从农村到小城镇务工或者兴办第二、第三产业的人员，小城镇的机关、团体、企业和事业单位聘用的管理人员、专业技术人员，在小城镇购买了商品房或者有合法自建房的居民，以及随其共同居住的直系亲属，可以办理城镇常住户口。1997 年在全国近 400 个小城镇进行户籍改革试点。从 1998 年开始，各地逐步开放小城镇户籍。在这方面，中西部地区开放的步伐迈得比较大。

1998 年 7 月，国务院批转公安部的《关于解决当前户口管理工作中几个突出问题的意见》，解决了新生婴儿随父落户、夫妻分居、老人投靠子女以及在城市投资、兴办实业、购买商品房的公民及随其共同居住的直系亲属，凡在城市有固定的住房、合法稳定的职业或者生活来源，已居住一定年限并符合当地政府有关规定的，可准予在该城市落户等几个群众反映强烈的问题。

2000 年 6 月，中共中央、国务院下发了《关于促进小城镇健康发展的若干意见》，规定“从今年起，凡在县级市市区、县人民政府驻地镇及县以下小城镇有合法固定住所、稳定职业或生活来源的农民，均可根据本人意愿转为城镇户口，并在子女入学、参军、就业等方面享受与城镇居民同等待遇，不得实行歧视性政策”。在这一政策的推动下，各地对小城镇户籍的开放速度也相应加速。

2001 年 3 月，国务院批转了公安部的《关于推进小城镇户籍管理制度改革的意见》，其中对小城镇的户籍改革进一步放宽，至此，绝大多数小城镇的户籍基本上对农民开放了。

二　农民工就业从被动管理到主动管理

随着经济的发展，进城务工的农民数量日渐增多，国家开始关注对农民工的就业管理，政策从“严”到“松”，从被动管理到主动管理。主要体现在以下方面：①探索对城乡劳动者实行统一的就业登记，农民工外出就业必须持流动就业证；②加强对外来务工人员的宏观调控，对需要招收农村劳动力的企业，应当经地（市）级以上劳动保障部门批准；③加强对劳动力市场管理，对扰乱劳动力市场的行为严格查处；④在一些有条件的地区开展试点，进一步推动农村劳动力开发就业和培训工作。国家在这一时期出台的政策文件主要包括以下内容。

1994 年 11 月，劳动部颁布《农村劳动力跨省流动就业管理暂行规定》（已废止），要求农民工外出就业须持流动就业证。

1998 年 10 月，国务院办公厅发布的《关于做好灾区农村劳动力就地安置和组织民工有序流动工作的意见》提出：“劳动力输入地区要进一步加强对外来劳动力的宏观调控，今年后3个月到明年3月份，用人单位原则上不得再新招收零散的农村劳动力。确实需要招收农村劳动力的，应当经地（市）级以上劳动保障部门批准，通过劳务协作来实现，并优先考虑灾区劳动力。对在城市有工作岗位的灾区民工，要求其返乡探亲后不要携带新的人员外出。对盲目流入城市的人员，要做好劝返工作。要加强劳动力市场管理，严厉查处私招乱雇农村劳动力、侵害劳动者合法权益及其他扰乱劳动力市场的行为。”

2000年1月，劳动和社会保障部发布《关于印发做好农村富余劳动力流动就业工作意见的通知》（目前已废止），提出突出重点、分类指导的工作方针，并针对流动农民工的职业培训做出了相关规定。同年，劳动和社会保障部培训就业司通过的《农村就业促进政策高级研讨会会议纪要》中提到：“今后一个时期，要逐步将城市化作为吸纳农村劳动力就业的主渠道，……建立新型、开放的户籍管理制度。完善社会保障制度，探讨有利于农民进镇的土地承包政策，降低农民进镇的门槛。……要坚决避免简单清退或限制农村劳动力进城务工的做法和倾向。……要加强流动就业农村劳动者权益保障工作，并将流动就业人员逐步纳入社会保障范围。”该会议纪要还提出，要深入开展农村劳动力开发就业试点工作，包括农村职业培训试点、城乡统筹就业试点、西部地区农村劳动力开发就业试点、返乡创业试点等。同年7月，劳动和社会保障部、国家发展计划委员会、农业部、科技部、建设部、水利部、国务院发展研究中心联合颁布《关于进一步开展农村劳动力开发就业试点工作的通知》，决定在一些有条件的地区开展试点，进一步推动农村劳动力开发就业工作。在试点地区范围内取消对农村劳动者流动就业的限制；具备条件的试点地区，要探索改革现行流动就业证卡管理制度，对城乡劳动者实行统一的就业登记；制定和实行适用于城乡用人单位和劳动者的统一的劳动管理办法。

2002年3月，国务院办公厅发布《关于落实中共中央、国务院做好2002年农业和农村工作意见有关政策问题的通知》，要求由体改办牵头，会同国家发展计划委员会、公安部、教育部、财政部、劳动和社会保障部、卫生部等部门落实“清理对农民进城务工的不合理限制和乱收费，纠正简单粗暴清退农民工的做法”问题。

三　农民工及其子女的权益保障

这一阶段，国家除了关注农民工的就业问题外，也开始关注农民工自身及其家庭的权益保障问题，包括农民工子女受教育的权利，开始探索将农民工纳入社会保障范围。

1. 依法保障农民工子女受教育权利

探索建立适应“就地入学”的管理服务机制。这一时期对农民工子女教育形式做出了规定，强调以流入地全日制公办中小学借读为主，采取多种入学形式，依法保障流动人口子女接受义务教育的权利。涉及的政策文件主要有以下内容。

1998 年 3 月，教育部、公安部联合颁发《流动儿童少年就学暂行办法》，其中规定：流动儿童少年的就学形式，以在流入地全日制公办中小学借读为主，也可入民办学校、专门招收流动儿童少年的全日制公办中小学附属教学班（组）或者简易学校就读。

2001 年 5 月，国务院印发《关于基础教育改革与发展的决定》，进一步明确：“要重视解决流动人口子女接受义务教育问题，以流入地区政府管理为主，以全日制公办中小学为主，采取多种形式，依法保障流动人口子女接受义务教育的权利。”

2. 农民工社会保险实现“零”突破

农民工的福利待遇问题受到关注，在国家出台的社会保障政策文件中，做出了相关规定，实现了农民工参加社会保险的“零”突破。涉及的政策文件主要有以下内容。

1998 年 12 月，国务院发布《国务院关于建立城镇职工基本医疗保险制度的决定》，规定城镇所有用人单位，包括企业（国有企业、集体企业、外商投资企业、私营企业等）、机关、事业单位、社会团体、民办非企业单位及其职工，都要参加基本医疗保险。乡镇企业及其职工、城镇个体经济组织业主及其从业人员是否参加基本医疗保险，由各省、自治区、直辖市人民政府决定。该决定虽然没有特别提到农民工，但农民工也属于此范畴，也应该纳入城镇职工基本医疗保险制度的范围内。

2001 年 12 月，劳动和社会保障部颁布《关于完善城镇职工基本养老保险政策有关问题的通知》，其中规定：参加养老保险的农民合同制职工，在与企业终止或解除劳动关系后，由社会保险经办机构保留其养老保险关系，保管其个人账户并计息，凡重新就业的，应接续或转移养老保险关系；也可按照省级政府的规定，根据农民合同制职工本人申请，将其个人账户个人缴费部分一次性支付给本人，同时终止养老保险关系，凡重新就业的，应重新参加养老保险。农民合同制职工在男性年满 60 周岁、女性年满 55 周岁时，累计缴费年限满 15 年以上的，可按规定领取基本养老金；累计缴费年限不满 15 年的，其个人账户全部储存额一次性支付给本人。

第三节　积极引导阶段（2003—2005 年）

进入 21 世纪，特别是党的十六大以来，为了促进城乡统筹发展，解决农民增收难的问题，政府对农民工采取积极引导的政策，实行短期速效措施与长期稳定政策相结合。作为纲领性政策文件，2003 年 12 月，《中共中央国务院关于促进农民增加收入若干政策的意见》正式公布。这是时隔 18 年后中央再次把农业和农村问题作为中央一号文件下发，充分体现了党中央、国务院在新形势下把解决“三农”问题作为全党工作重中之重的战略意图。文件内容主要包括：集中力量支持粮食主产区发展粮食产业，促进种粮农民增加收入；继续推进农业结构调整，挖掘农业内部增收潜力；发展农村第二、第三产业，拓宽农民增收渠道；改善农民进城就业环境，增加外出务工人员收入；发挥市场机制作用，搞活农产品流通；加强农村基础设施建设，为农民增收创造条件；深化农村改革，为农民增收减负提供体制保障；继续做好扶贫开发工作，解决农村贫困人口和受灾群众的生产生活困难；加强党对促进农民增收工作的领导，确保各项增收政策落到实处。

在这一阶段，各部委或单独或联手，在农民工就业、培训、社会保险、权益保障、子女教育等方面出台了一系列切实可行的操作措施。

一 农民工就业服务与职业技能培训

从2003年开始，随着农民工规模的扩大，国家逐渐加强对农民工劳动就业、教育及培训的重视，陆续出台多项政策。

（一）农民工就业服务

1. 出台积极的引导政策

2003年1月，国务院办公厅发布《关于做好农民进城务工就业管理和服务工作的通知》，要求把农民工进城务工就业工作列入重要工作日程，在国民经济和社会发展计划中强化政策引导，切实加强领导，按照公平对待、合理引导、完善管理、搞好服务的原则，全面做好农民工进城务工就业管理和服务的各项工作。随后，国家和各部委在劳动保护、安全生产、劳动报酬等方面出台了一系列有针对性的政策文件，促进农民工就业的规范化和制度化。2005年4月，《国务院关于印发2005年工作要点的通知》发布。该通知要求，由国务院研究室牵头“制定和完善涉及农民工的各项政策。对完善农民进城务工就业环境，开展农民工职业技能培训，引导农村劳动力合理有序流动等涉及农民工的问题，进行深入研究，制定和完善各项相关政策措施”。

2. 开展完善农民工就业服务的“春风行动”

国家采取一系列行动，推动农民工的就业服务。2004年12月，为落实国务院关于进一步改善农民进城就业环境的有关要求，加强对进城求职农民的就业服务，劳动和社会保障部发布《关于开展春风行动完善农民工就业服务的通知》。该通知规定：2005年春节后，在全国开展完善农民工就业服务的“春风行动”；要求各地特别是劳动力主要输入城市劳动保障部门要集中力量，并协调有关部门，在此期间开展一次有声势的联合行动；通过开放一批公共职介机构，推荐一批诚信民办职介机构，表彰一批优秀民办职介机构，打击一批非法职业中介组织，净化劳动力市场，改善就业环境，使进城求职农民得到及时有效的就业服务。

（二）农民工职业技能培训

1. 加强农村劳动力职业技能培训，开展“阳光工程”

2003 年 9 月，为了贯彻落实党的十六大精神和“三个代表”重要思想，提高农民工素质和就业能力，进一步促进农村劳动力向非农产业和城镇转移，国务院办公厅下发由农业部、劳动和社会保障部、教育部、科技部、建设部、财政部共同制定的《2003—2010 年全国农民工培训规划》，其对培训工作做出了具体部署，明确了农村劳动力转移培训工作的目标任务：“2003—2005 年，对拟向非农产业和城镇转移的 1000 万农村劳动力开展转移就业前的引导性培训，对其中的 500 万人开展职业技能培训；对已进入非农产业就业的 5000 万农民工进行岗位培训。2006—2010 年，对拟向非农产业和城镇转移的 5000 万农村劳动力开展引导性培训，并对其中的 3000 万人开展职业技能培训。同时，对已进入非农产业就业的 2 亿多农民工开展岗位培训。”

在国务院领导下，从 2004 年起，农业部、财政部、劳动和社会保障部、教育部、科技部和建设部共同组织实施“农村劳动力转移培训阳光工程”（以下简称为“阳光工程”）。“阳光工程”是由政府公共财政支持，主要在粮食主产区、劳动力主要输出地区、贫困地区和革命老区开展的农村劳动力转移到非农领域就业前的职业技能培训示范项目，旨在提高农村劳动力素质和就业技能，促进农村劳动力向非农产业和城镇转移，实现稳定就业和增加农民收入。

2. 重视农民工法律素质的提高

2005 年 4 月，建设部发布《关于做好建设领域农民工法律知识学习培训工作的通知》，要求各级建设行政主管部门和建设领域建筑业、市容、环卫、园林、绿化、物业管理等单位及时组织农民工学习由建设部编写的《建设领域农民工权益知识读本》，以提高农民工的法律素质，使农民工真正懂法，用法律的武器来维护自己的权益。

3. **加强农民工安全知识的培训**

2005 年 8 月，国家安监局发布《关于加强煤矿安全培训工作的若干意见》，要求抓好煤矿、非煤矿山、危险化学品、烟花爆竹等高危行业（企业）从业人员的培训。

二　农民工劳动保护

（一）规范农民工劳动合同管理

2004 年 12 月，国务院办公厅发布《关于进一步做好改善农民进城就业环境工作的通知》，由国家发展和改革委员会、财政部牵头，会同公安部、劳动和社会保障部、农业部、教育部、国务院纠风办等部门提出具体落实意见，进一步清理和取消针对农民跨地区就业和进城务工的歧视性规定和不合理收费。为贯彻落实此文件精神，加强建设等行业农民工劳动合同管理，维护农民工的合法权益，劳动和社会保障部、建设部和中华全国总工会于 2005 年 5 月颁布《关于加强建设等行业农民工劳动合同管理的通知》，对农民工劳动合同的内容、行为规范、行政管理、执法监督等方面做出了详细的规定，决定共同组织实施“农民工培训示范基地建设工程”，合理运用国家相关扶持政策和开发型金融政策，重点扶持技工学校和公共实训基地，扩大农民工培训规模，更好地培养技术工人。

（二）重点加强对建筑业农民工的保护

据建设部统计，截至 2003 年底，我国建筑业从业人员总计 3893 万人，其中，农民工已达 3201 万人，占 82.2%。农民工为建筑业快速发展提供了人力保障，但与此同时，建筑业也存在不少问题，如非法用工现象较为严重，损害农民工合法权益的事件时有发生。如何正确培育、引导和规范建筑业的发展，保护建筑业农民工的权益，已成为各级建设行政主管部门乃至各级人民政府亟待解决的综合性问题。为此，建设部等国家部委也出台了一系列政策，以规范建筑业的用工行为。主要体现在以下方面：①组建建筑业工会，更好地维护建筑业进城务工人员的权益；②制定建筑企业安全质量标准化考核标准，将农民工作业和生活环境作为考核评价的重要内容；③督促施工企业为农民工配备安全生产和职业病防护设施，发放劳动保护用品，保证农民工生产作业安全；④加强建筑等行业农民工劳动合同管理。其中涉及的政策文件包括以下内容。

2004 年 5 月，中国海员建设工会全国委员会发出《关于印发〈关于进一步加强建筑业进城务工人员组建工会工作的指导意见〉的通知》，提出发挥产业工会优势，与建设行政主管部门密切配合，按照建筑劳务队伍“谁使用谁主管、谁帮助谁建会”的原则，多种形式组建基层工会组织，希望通过组建建筑业工会，更好地维护建筑业进城务工人员的权益。

2005 年，建设部发布《关于开展建筑施工安全质量标准化工作的指导意见》等几个重大文件，对农民工生产作业安全、安全教育培训等方面进行指导。

（三）加强对农民工的疾病预防

国家重视特殊时期农民工的疾病预防工作。2003 年 5 月，卫生部发布《对从传染性非典型肺炎流行地区返乡民工监测的指导原则》。同年 7 月，国务院发布《关于克服非典型肺炎疫情影响促进农民增加收入的意见》，提出要为农民外出务工创造条件，切实维护农民工合法权益。

国家重点加强对艾滋病的防治工作。2005 年 11 月，为在农民工中普及艾滋病防治知识，提高他们的自我保健意识，降低经性途径等感染艾滋病的危险，国务院防治艾滋病工作委员会办公室发布《关于联合实施全国农民工预防艾滋病宣传教育工程的通知》，并决定联合中宣部、劳动和社会保障部、建设部、农业部、卫生部、人口计生委、国家工商行政管理总局、中华全国总工会、共青团中央、全国妇联、全国工商联共同实施“全国农民工预防艾滋病宣传教育工程”。同年 12 月，为深入实施“全国农民工预防艾滋病宣传教育工程”，做好建设行业艾滋病防治工作，建设部发出《关于做好建设行业艾滋病防治工作的通知》，要求各地建设行政主管部门要将艾滋病防治知识作为农民工培训的重要内容，将农民工艾滋病防治知识知晓率作为检查企业的内容之一。要将艾滋病防治知识纳入农民工培训教材。农民工集中输出地区，要结合“阳光工程”的实施，对拟转移进入建设行业就业的农村劳动力开展艾滋病防治知识培训。农民工集中输入地区，要督促企业结合技能、安全培训，对在岗农民工开展艾滋病防治知识培训。艾滋病疫情比较严重的地区，企业要在施工项目上设置兼职艾滋病防治知识宣传员，在农民工中开展同伴教育。企业要做好农民工的服务和管理工作，在施工现场生活区设置文体活动室，并配备书报、杂志、电视机、棋牌等文化用品和娱乐设施，安排好农民工的业余文化生活，引导农民工自觉养成文明健康的生活习惯，从源头上控制艾滋病的流行和传播。有条件的地区，要组织农民工开展上岗前和在岗例行体检。发现现场施工人员患有艾滋病等法定传染病时，所在单位必须在 2 小时内向施工现场所在地建设行政主管部门和卫生防疫部门报告，由卫生防疫部门进行处置，并积极配合调查处理。

（四）提高农民工劳动报酬与福利

为了更好地维护农民工的权益、规范劳动力市场、促进社会和谐发展，国家各部委陆续出台多项政策以切实解决拖欠和克扣农民工工资问题。涉及的主要政策文件包括以下内容。

2003 年 1 月，建设部发布《关于贯彻〈国务院办公厅关于做好农民进城务工就业管理和服务工作的通知〉的通知》，要求坚决制止拖欠和克扣农民工工资行为，整顿市场秩序，规范市场行为，严防新的工资拖欠，加强劳动合同管理，依法保护农民工合法权益，开展法律援助行动，依法维护农民工的合法权益，加强劳动保护工作，改善农民工生产生活条件，加强对农民工的培训，提高就业能力。同年5月，国务院办公厅转发农业部等部门《关于2003年减轻农民负担工作意见的通知》，要求对农民进城务工乱收费进行专项治理。同年9月，劳动和社会保障部、建设部联合下发《关于切实解决建筑业企业拖欠农民工工资问题的通知》，提出：要严厉打击拖欠和克扣农民工工资行为，并加强对建设、开发项目的监管，确保建筑业企业农民工工资来源，加强对农民工劳动合同的管理，指导企业依法与农民工签订劳动合同，大力发展建筑劳务分包企业，规范用工行为，建立健全农民工工资支付监控制度。同年11月，国务院办公厅发布《关于切实解决建设领域拖欠工程款问题的通知》，提出要解决房地产开发项目拖欠的工程款；解决地方政府投资工程项目拖欠的工程款；运用法律手段解决拖欠的工程款；解决拖欠农民工工资；进行综合治理，从源头上防止拖欠工程款的发生。

2004年1月，建设部、国家发展和改革委员会、财政部、劳动和社会保障部、中国人民银行、中国银行业监督管理委员会、中国保险监督管理委员会、最高人民法院联合发布的《关于贯彻〈国务院办公厅关于切实解决建设领域拖欠工程款问题的通知〉的实施意见》提出，对政府投资工程项目拖欠的工程款，当地政府要在本级财政用于建设的资金（包括预算内资金、土地出让收入、城市基础设施配套费、各种政策性收费等）中做出还款安排，在三年内解决拖欠工程款问题。地方政府已经承诺的配套资金，必须落实。同年，司法部、建设部联合发出《关于为解决建设领域拖欠工程款和农民工工资问题提供法律服务和法律援助的通知》，支持、引导法律服务机构及人员为解决建设领域拖欠工程款和农民工工资提供及时有效的法律服务。同年9月，劳动和社会保障部、建设部等9个部委发布《关于进一步解决拖欠农民工工资问题的紧急通知》。同年10月，国务院办公厅转发建设部、国家发展和改革委员会等16个部门《关于进一步解决建设领域拖欠工程款问题的意见》，要求优先解决拖欠农民工工资问题，进一步明确农民工工资支付责任。同年11月，劳动和社会保障部、建设部、中华全国总工会发出《关于开展农民工工资支付情况专项检查活动的通知》。

2005年9月，劳动和社会保障部、建设部、公安部、监察部、司法部、国家工商行政管理总局、中国人民银行、中华全国总工会、中国银行业监督管理委员会联合发布《关于进一步解决拖欠农民工工资问题的通知》，提出建立预防和解决拖欠农民工工资问题的长效机制。

三　农民工子女教育

在农村基本实现了免费义务教育之后，进城务工的农民工子女教育问题已经成为最突出的教育公平问题。2003年以后，随着社会经济形势的不断变化，农民工子女教育政策不断完善，政府在入学门槛、入学条件、经费保障等方面都做出了具体的规定，保障了农民工子女可以与城镇职工子女一样享有同样的教育。农民工子女教育问题逐渐纳入规范化、制度化轨道。其中涉及的主要政策文件包括以下内容。

2003年3月，国务院办公厅转发教育部等部门《关于幼儿教育改革与发展指导意见的通知》，要求确保流动人口的子女享有接受幼儿教育的机会。同年9月，国务院办公厅转发教育部、中央编办、公安部、国家发展和改革委员会、财政部、劳动和社会保障部《关于进一步做好进城务工就业农民子女义务教育工作的意见》，指出地方各级政府特别是教育行政部门和全日制公办中小学要建立完善的保障进城务工就业农民子女接受义务教育的工作制度和机制，使进城务工就业农民子女受教育环境得到明显改善，九年义务教育普及程度达到当地水平。农民工子女与城市学生上学收费一视同仁。该意见要求在解决农民工子女九年义务教育问题上，“流入地政府负责、以全日制公办中小学为主”。这标志着进城务工就业农民子女接受义务教育的政策方案合法化。同年12月，财政部、劳动和社会保障部、公安部、教育部、人口计生委共同颁发

《关于将农民工管理等有关经费纳入财政预算支出范围有关问题的通知》，规定建立并完善保障进城务工就业农民子女义务教育的工作制度和经费筹措保障机制，将进城务工就业农民子女义务教育工作纳入当地普及九年义务教育工作范畴，充分发挥全日制公办中小学的接收主渠道作用，加强对以接收进城务工就业农民子女义务教育为主的社会力量所办学校的扶持和管理，切实减轻进城务工就业农民子女教育费用负担，做到收费与当地学生一视同仁。

2004 年 10 月，全国人大常委会执法检查组发布了《关于检查〈中华人民共和国义务教育法〉实施情况的报告》，建议立法应明确流入地政府的职责，充分发挥城市全日制公办中小学接收主渠道作用，切实保障进城务工就业农民子女接受义务教育的权利。

2005 年 5 月，教育部发布《关于进一步推进义务教育均衡发展的若干意见》，提出要以公办学校为主，认真做好进城务工就业农民子女义务教育工作，切实落实收费一视同仁的政策。同年 9 月，教育部发布《关于进一步做好进城务工就业农民子女义务教育工作意见的通知》，提出“教育行政部门要将进城务工就业农民子女义务教育工作纳入当地普及九年义务教育工作范畴”，统一规划，统一管理。充分挖掘公办中小学校的潜力，尽可能让更多的进城务工就业农民子女进入公办中小学校就读。流入地政府财政部门要对接收进城务工就业农民子女较多的学校给予补助。城市教育费附加中要安排一部分经费，用于进城务工就业农民子女义务教育工作。流入地政府要制定进城务工就业农民子女接受义务教育的收费标准，减免有关费用，做到收费与当地学生一视同仁。同年 12 月，国务院发布《关于深化农村义务教育经费保障机制改革的通知》，提出进城务工就业农民子女在城市义务教育阶段学校就读的，与所在城市义务教育阶段学生享受同等政策。

四　农民工社会保障

20 世纪 90 年代末，城镇职工养老保险和医疗保险的相关规定中就已经将农民工纳入了参保范围。2003 年以后，国家根据农民工收入低、流动性大的特点，进一步完善政策，按照低水平、广覆盖的方针，重点解决农民工亟须的工伤保险和大病医疗保险，并探索将其纳入养老保险的范围内。但是，这个阶段的覆盖面还比较窄。

（一）有关农民工工伤保险的规定

国务院于2003 年4 月公布《工伤保险条例》，并于2004 年1 月1 日正式生效施行。《工伤保险条例》对农民工参加工伤保险做出了明确规定。2004 年6 月，劳动和社会保障部发布《关于农民工参加工伤保险有关问题的通知》。该通知规定，应积极贯彻《工伤保险条例》中的相关规定，积极做好农民工参加工伤保险的扩面工作，重点推进建筑、矿山等工伤风险较大、职业危害较重行业的农民工参加工伤保险，并对用人单位注册地与生产经营地不在同一统筹地区的农民工、跨省流动的农民工参加工伤保险问题做出了详细的规定。2005 年 11 月，劳动和社会保障部、国家安全生产监督管理总局和国家煤矿安全监察局联合发布《关于做好煤矿企业参加工伤保险有关工作的通知》，要求在为煤矿企业员工办理工伤保险的过程中，必须严格按照《工伤保险条例》的规定和《关于农民工参加工伤保险有关问题的通知》的精神办理，不得搭车、捆绑其他项目。

（二）有关农民工医疗保险和养老保险的规定

2003 年5 月，在已建立的城镇职工医疗、养老保险的基础上，针对当时社会中出现的以小时工为主要形式的非全日制用工，劳动和社会保障部颁布《关于非全日制用工若干问题的意见》，对非全日制用工的医疗保险和养老保险问题做了如下规定。

（1）医疗保险。从事非全日制工作的劳动者可以以个人身份参加基本医疗保险，并按照待遇水平与缴费水平相挂钩的原则，享受相应的基本医疗保险待遇。参加基本医疗保险的具体办法由各地劳动保障部门研究制定。

（2）养老保险。从事非全日制工作的劳动者应当参加基本养老保险，原则上参照个体工商户的参保办法执行。对于已参加过基本养老保险和建立个人账户的人员，前后缴费年限合并计算，跨统筹地区转移的，应办理基本养老保险关系和个人账户的转移、接续手续。符合退休条件时，按国家规定计发基本养老金。

各地也纷纷出台农民工参加工伤保险和医疗保险的相关政策。以北京市为例，2005 年 7 月，北京市劳动和社会保障局下发《关于加快本市农民工参加工伤保险和医疗保险有关问题的通知》，要求用人单位必须按照规定为本市农民工办理工伤保险参保手续并缴纳费用，本市农民工工伤人员应享受本市城镇职工工伤人员同等待遇。

（三）其他保障

2005 年 1 月，建设部、财政部、中国人民银行出台《关于住房公积金管理若干具体问题的指导意见》，指导有条件的地区为农民工建立住房公积金制度。

第四节　全面推进阶段（2006 年至今）

2006 年 1 月，国务院 5 号文件颁布，这是一个具有重要意义的里程碑，标志着我国农民工工作进入一个新的发展阶段。5 号文件充分阐述了解决农民工问题的重大意义，提出做好农民工工作的指导思想和基本原则，并在农民工工资、劳动管理、就业服务和培训、社会保障、公共服务、权益保障、转移就业、领导机制等方面提出系统、全面、可操作的指导意见。为认真落实 5 号文件精神，统筹解决农民工问题，加强部门间的协调配合，在国务院领导下，建立了由国务院办公厅、国家发展和改革委员会等共 31 个部门和单位组成的农民工工作联席会议制度，明确了联席会议的主要职责、成员组成、议事规则，并制定了贯彻落实

5号文件精神的分工方案。在此基础上，教育部、公安部、司法部、财政部、劳动和社会保障部、建设部、农业部、卫生部、人口计生委、中国人民银行、国资委、国家工商行政管理总局、国家安全生产监督管理总局、中华全国总工会、共青团中央、全国妇联分别制定并下发了关于贯彻落实5号文件精神的一系列配套文件，从各个方面进一步改善农民进城务工的社会经济环境，依法维护广大农民工的合法权益。自农民工工作联席会议制度建立以来，每年人力资源和社会保障部都以部函的形式发布国务院农民工工作联席会议的工作要点，明确各成员单位当年的工作任务和总体要求。

特别是2008年以来，国家开始从农民工的就业服务和职业技能培训、农民工的权益保护、农民工的社会保险政策三个方面入手，有针对性地、有重点地系统解决农民工所面临的突出问题。2008年12月20日，国务院办公厅发布《关于切实做好当前农民工工作的通知》（国办发〔2008〕130号），鼓励各地采取多种措施促进农民工就业，加强农民工技能培训和职业教育，确保农民工工资按时足额发放。2010年1月21日，国务院办公厅印发了《关于进一步做好农民工培训工作的指导意见》（国办发〔2010〕11号），这是国务院印发的第一个专门针对农民工培训的政策性文件，其意义重大、影响深远。

2013年12月3日，中共中央政治局召开会议，分析研究2014年经济工作。会议提出，要走新型城镇化道路，出台实施新型城镇化规划，积极稳妥地推进土地管理制度改革。2014年3月，新华社发布中共中央、国务院印发的《国家新型城镇化规划（2014—2020年）》（以下简称《规划》）。这是今后一个时期指导全国城镇化健康发展的宏观性、战略性、基础性规划。城镇化是现代化的必由之路，是解决“三农”问题的重要途径，是推动区域协调发展的有力支撑，是扩大内需和促进产业升级的重要抓手。《规划》中以专栏的形式设立了农民工职业技能提升计划，主要包括五类培训：一是开展农民工就业技能培训，每年培训1000万人，到2020年使每个农民工都可以得到一次政府补贴的技能培训，基本消除无技能上岗的现象；二是开展在岗农民工岗位技能提升培训，到2020年前，每年培训1000万人，使大多数在岗农民工都可以由普工发展为新型技工；三是开展高技能人才培训和创业培训，每年培训100万人，主要是高级工、技师和高级技师；四是开展社区的公益性培训；五是面向农村未继续升学的初高中毕业生开展劳动预备制培训，并且对退役转业军人组织开展劳动预备制技能储备培训。

自2006年至今，各地区、各成员单位认真贯彻落实中央的决策部署，从解决农民工面临的最紧迫、最直接、最重要的问题入手，制定了一系列政策措施，不断加大工作力度，各项工作取得显著成效。其突出表现在：一是就业环境逐步改善，逐步建立起城乡统一、平等竞争的人力资源市场，就业规模持续增长；二是职业培训不断加强，农民工技能素质不断提高；三是社保工作取得重要突破，农民工参保人数显著增加；四是权益保障机制不断完善，农民工权益维护取得明显成效；五是农民工公共服务明显改善，农民工社会地位逐步提升。

一　农民工就业服务与职业技能培训

近年来，党和国家高度重视农民工就业服务和培训工作，制定了一系列加强农民工培训工作的政策措施。特别是2006年国务院5号文件发布以来，各级政府和有关部门深入贯彻落实有关部署要求，农民工培训工作取得显著成效，农民工职业技能明显提高，就业能力不断增强。中央一号文件自2004年起，每年都涉及农民工就业，具体包括：改善农民进城就业环境，保障务工农民的合法权益，建立统一规范的人力资源市场，扶持农民工返乡创业，等等。可以说，一号文件在保障农民工就业合法权益、统筹城乡就业、提高农民工就业素质、扩大农民工就业规模上是一年提高一个台阶。各部委也积极配合中央政策精神，出台了一系列有针对性的政策文件，推动了农民工就业的规范化和制度化。

在2006年和2007年两年间，流动到城市就业和生活的农民工数量持续增多，国家加大对农民工的教育、培训工作，不断扩大培训规模，提高培训工作的针对性。其主要表现在以下方面：①重点扶持技工学校和公共实训基地，扩大农民工培训规模，以更好地培养技术工人；②选拔优秀进城务工青年代表、进城务工青年先进工作者进行培训；③组织实施“农民工培训示范基地建设工程”；④全面推行特种作业人员持证上岗制度；⑤加强对建筑业农民工的组织管理和教育培训，对农民工进行安全知识、法律法规、文明礼仪、社会公德、职业道德、卫生防疫、操作技能等内容的培训；⑥开展为农民工提供就业服务的“春风行动”和“再就业援助月”等专项活动。其中国家出台的相关政策文件包括以下内容。

2006 年 4 月，劳动和社会保障部、国家开发银行联合下发《关于实施农民工培训示范基地建设工程的通知》，决定共同组织实施“农民工培训示范基地建设工程”。工程的目标任务有两个：一是从现有近 3000 所技工学校中，优选 100 所基础好、后劲足、社会认可度高的技工学校，运用国家开发银行政策性贷款给予重点扶持，使其充实培训设施，改善办学条件，扩大招生规模，在农民工职业培训中发挥示范作用；二是从现有 300 个地级以上城市中，优选 100 个人口规模大、产业密集、职业培训机构集中、劳动者职业培训需求旺盛的区域性中心城市，运用国家开发银行政策性贷款给予重点扶持，使其在较短时间内建立、完善公共实训基地，带动职业培训集约化。国家开发银行对纳入国家和省级农民工培训示范基地建设规划的项目自主进行贷款评审，对评审通过的项目给予期限最长不超过 15 年的中长期贷款。2006 年上半年为工程启动和试点阶段，2006 年下半年为试点总结和工程推动阶段，2007—2010 年为工程全面推进阶段。

2006 年 9 月，共青团中央、教育部、公安部等 12 个部门联合下发《关于深入实施“进城务工青年发展计划”进一步加强青年农民工工作的意见》，要求从进城务工青年的实际出发，围绕“培训新市民、服务新农村”主题，着重在提高素质、维护权益、丰富生活三个方面加强教育、服务和引导，深入推进“千校百万”进城务工青年培训工作，加强进城务工青年文化建设，推动其维权工作。2006 年 10 月，共青团中央发出《关于实施“进城务工青年发展计划——强村实践活动”走进华西村培训项目的通知》，提出从 2006 年至 2010 年，选拔优秀进城务工青年代表、进城务工青年先进工作者进行培训，每年两批，以提高进城务工青年的综合素质，大力激发进城务工青年学习实践的积极性，有效引导进城务工青年发展进步和返乡创业。2006 年 11 月，共青团中央办公厅、文化部办公厅、国家体育总局办公厅联合发布的《关于开展为进城务工青年“送文体进工地、进宿舍、进社区”活动的通知》提出，通过动员社会力量，向进城务工青年赠送文化体育用品，建设进城务工青年文体活动阵地，开展适合进城务工青年的文化体育活动，以帮助进城务工青年开阔视野，学习新知识，掌握新技能。

2007 年 3 月，建设部、中央文明办、教育部、中华全国总工会、共青团中央联合发出《关于在建筑工地创建农民工业余学校的通知》，要求推广杭州、青岛、北京等地经验，在建筑工地创建农民工业余学校。2007 年 10 月，建设部颁布有关建筑施工企业特种作业人员培训考核管理的相关规定，要求加强行政执法检查工作力度，全面推行特种作业人员持证上岗制度。2007 年 12 月，科技部、教育部、财政部、劳动和社会保障部、国家税务总局、中国科协联合发布《关于加强农村实用科技人才培养的若干意见》，要求面向创新型国家和新农村建设培养农村实用科技人才，加大乡土科技人才培养力度，鼓励专业技术人才深入农村一线，建立健全农村实用科技人才培养长效机制。

自 2008 年下半年以来，由于国际金融危机对实体经济的影响开始显现，我国以加工制造业为主的一些中小企业出现了经济困难，从而影响了一些农民工的就业。对此，国家高度重视，制定相关政策，以农民工就业、技能培训等为重点，采取鼓励农民工返乡创业等措施，切实解决当前形势下农民工面临的困难和问题。其主要体现在以下方面：①鼓励农民工返乡创业，促进以创业带动就业；②继续开展“春风行动”，各有关部门积极开展“农村劳动力技能就业计划”、“特别职业培训计划”、

“阳光工程”、“农村劳动力转移培训计划”、“星火培训”、“雨露计划”、“农民工培训示范基地建设工程”、“春潮行动”，各级工、青、妇组织开展的各类农民工培训力度也不断加大；③要求中等职业学校面向返乡农民工开展职业教育培训，为返乡农民工接受职业教育培训提供支持和帮助；④严厉打击职业中介领域内的违法犯罪活动，依法取缔“黑中介”和加强对职业中介的监管，规范用人单位招工行为；⑤有针对性地规范农民工技能培训和指导。其中涉及的主要政策文件有以下内容。

2008 年 9 月，国务院转发人力资源和社会保障部、国家发展和改革委员会、教育部、工业和信息化部、财政部、国土资源部、住房和城乡建设部、商务部、中国人民银行、国家税务总局、国家工商行政管理总局联合发布的《关于促进以创业带动就业工作指导意见的通知》，其对以创业带动就业工作提出指导意见，具体包括：完善扶持政策，改善创业环境；强化创业培训，提高创业能力；健全服务体系，提供优质服务；加强组织领导，推动工作开展。2008 年 11 月，教育部办公厅发布《关于中等职业学校面向返乡农民工开展职业教育培训工作的紧急通知》，要求各地以县级职教中心为主要基地，充分发挥农村成人文化技术学校、普通中学及其他培训机构的作用，面向返乡农民工开展职业教育培训工作，为返乡农民工接受职业教育培训提供支持和帮助。2008 年 12 月，国务院办公厅发布《关于切实做好当前农民工工作的通知》（国办发〔2008〕130 号），要求采取多种措施促进农民工就业，加强农民工技能培训和职业教育，大力支持农民工返乡创业和投身新农村建设，确保农民工工资按时足额发放，做好农民工社会保障和公共服务，切实保障返乡农民工土地承包权益，切实保护农民工的权益。

2009 年 2 月，中华全国总工会办公厅、人力资源和社会保障部办公厅联合发出了《关于支持工会开展千万农民工援助行动共同做好稳定和促进就业工作的通知》，就落实更加积极的就业政策、搞好就业服务、做好返乡和进城农民工职业技能培训和维护农民工权益工作等提出了明确要求；同时要求各地人力资源社会保障部门要加强与工会组织的沟通与合作，支持工会组织开展的就业帮扶活动和就业服务工作，落实好相关扶持政策。2009年2月，人力资源和社会保障部、公安部、国家工商行政管理总局下发《关于开展清理整顿人力资源市场秩序专项行动的通知》，为广大劳动者特别是农民工创造公平有序的就业环境。2009年5月，人力资源和社会保障部、财政部联合下发《关于进一步规范农村劳动者转移就业技能培训工作的通知》，要求各地必须坚持公开、公平、公正的原则，面向社会各级各类职业院校和职业培训机构，通过招投标方式认定承担各类培训任务的培训单位。省级人力资源社会保障部门要将定点培训机构的相关情况统一向社会公布。2009年7月，为提高农民工职业技能培训的针对性、有效性，进一步强化职业技能培训对农民工就业的促进作用，人力资源和社会保障部组织编制了农民工职业技能培训大纲和教材目录，推荐给各地实施农民工职业技能培训时选用。同月，为促进农民工稳定就业，住房和城乡建设部、人力资源和社会保障部联合下发了《关于做好建筑业农民工技能培训示范工程工作的通知》，决定继续实施建筑业农民工技能培训示范工程，制定了建筑业农民工技能培训示范工程实施办法，要求各地住房城乡建设部门会同人力资源社会保障部门，按照相关要求确定示范工程实施单位，指导实施单位制订培训计划并按要求开展培训工作，加强对培训全过程的管理和监督；各地人力资源社会保障部门要积极配合、大力支持住房城乡建设部门，加强业务指导和沟通协调，保证示范工程规范运作，并按有关规定从就业专项资金中给予相应职业培训和鉴定补贴。

各地按照中央指示精神，出台配套文件，维护农民工的合法权益。以河南省为例，面对金融危机影响、农民工大批返乡的严峻形势，河南省及时制定了《河南省人民政府关于切实做好当前农民工工作的通知》，针对农民工就业、培训、创业、维权等制定了23条措施；与此同时，在全省实施了“221行动计划”，组织开展了8项专题活动，力争全年完成农民工技能培训200万人，帮助200万就业困难的返乡农民工外出务工，扶持10万返乡农民工实现创业。湖南、四川等中西部省份抓住国家扶持中西部发展的机遇，大力发展县域经济和农产品加工业，带动农民就地就近就业；江苏、安徽、广西、陕西等省份大力推进创业园和创业示范县建设，提高对返乡农民工的创业补助；甘肃、青海、新疆、西藏等西部地区积极探索跨省劳务输出，建立劳务输出地与输入地信息对接机制。

2010 年 1 月 20 日，教育部、全国妇联联合发布《关于做好农村妇女职业教育和技能培训工作的意见》（教职成〔2010〕2 号），强调要加强农村妇女教育培训，提高农村妇女科学文化素质，增强农村妇女发展现代农业及创业就业的能力。2010 年 1 月 21 日，国务院办公厅印发了《关于进一步做好农民工培训工作的指导意见》（国办发〔2010〕11 号）。该意见明确了统筹规划、分工负责，提出了逐步建立统一的农民工培训项目和资金统筹管理体制，明确了培训工作的目标。2010 年 2 月 10 日，人力资源和社会保障部、国家发展和改革委员会、财政部联合下发《关于进一步实施特别职业培训计划的通知》（人社部发〔2010〕13 号），要求以促进就业和服务经济发展为出发点，以企业吸纳农民工培训、以预备制培训和创业培训为工作重点，进一步加大资金投入力度，适当扩大培训规模，下大力气提高培训质量和效果，努力实现“培训一人、就业一人”和“就业一人、培训一人”的目标。

2011 年 9 月 11 日，文化部、人力资源和社会保障部、中华全国总工会联合下发《关于进一步加强农民工文化工作的意见》（文社文发〔2011〕45 号），要求切实保障农民工基本文化权益，丰富农民工精神文化生活。2011 年 10 月 25 日，为贯彻落实《国民经济和社会发展第十二个五年规划纲要》和《国家中长期教育改革和发展规划纲要（2010—2020 年）》，教育部等 9 个部门联合下发《关于加快发展面向农村的职业教育的意见》（教职成〔2011〕13 号），明确提出要加快发展农村职业教育，加强农业职业学校和涉农专业建设，培育“有文化、懂技术、会经营”的新型农民。

在实践中，有的地方出台了更加优惠的就业扶持政策，如陕西、广西建立了农民工创业扶持基金；安徽、重庆、福建等地建立了农民工返乡创业园，给予小额担保贷款；山东、辽宁、黑龙江、新疆等地积极促进农民工境外就业。

2012 年 1—3 月，人力资源和社会保障部联合中华全国总工会、全国妇联组织开展“春风行动”。据不完全统计，“春风行动”期间，全国组织专场招聘会近 2 万场，实现跨地区有组织劳务输出 730 万人，组织参加职业技能培训 160 万人，提供劳动维权服务和法律援助 222 万人。

2014 年，为贯彻落实中央经济工作会议和中央城镇化工作会议精神，进一步提高农村劳动者转移就业创业能力，根据《国家新型城镇化规划（2014—2020 年）》和《国务院关于加强职业培训促进就业的意见》（国发〔2010〕36 号），按照国务院要求，人力资源和社会保障部发布《农民工职业技能提升计划——“春潮行动”实施方案》，开始在全国开展农民工职业技能提升计划——“春潮行动”。

二 农民工社会保障

这一阶段，国家高度重视农民工的社会保障问题，重视城乡统筹社会保障制度建设，开始出台系统化的政策，主要集中在医疗保险、工伤保险、养老保险、失业保险等方面。①关注农民工医疗问题，积极引导农民工参加城镇职工基本医疗保险、新农合或城镇居民基本医疗保险，制定流动就业人员医疗保险关系转移接续办法。②结合农民工进城务工的实际，以工伤保险为重点，8 年中先后实施两期“平安计划”，使大部分在企业稳定就业的农民工的职业伤害风险得以分散和化解。基本完成煤矿、非煤矿山等高风险企业农民工参加工伤保险的“平安计划”一期工程，推进商贸、餐饮等服务行业参加工伤保险的“平安计划”二期工程。③关注农民工养老问题，停止办理农民工退保，制定适应农民工流动需要的跨地区职工基本养老保险关系转移接续办法和城乡居民基本养老保险关系转移接续办法。2009 年试点建立新型农村社会养老保险制度（新农保），2011 年试点建立城镇居民基本养老保险制度，并在此基础上全面推开，2014 年提出将新农保和城镇居民养老保险两项制度合并实施，在全国范围内建立统一的城乡居民基本养老保险制度。对于某些灵活就业的农民工或者低收入的农民工，可以选择参加低缴费的城乡居民基本养老保险制度。④对符合享受失业保险待遇条件的农民工，按规定及时支付一次性生活补助。

自 2011 年 7 月 1 日起施行的《中华人民共和国社会保险法》从法律层面统一了农民工参加社会保险的政策，为农民工在全国范围内享受社会保险提供了法律依据。涉及国家层面的主要政策文件还有以下方面。

2006 年 5 月 16 日，劳动和社会保障部发布《关于开展农民工参加医疗保险专项扩面行动的通知》，提出以省会城市和大中城市为重点，以农民工比较集中的加工制造业、建筑业、采掘业和服务业等行业为重点，以与城镇用人单位建立劳动关系的农民工为重点，统筹规划，分类指导，分步实施，全面推进农民工参加医疗保险工作。2006 年 5 月 17 日，劳动和社会保障部发布《关于实施农民工“平安计划”加快推进农民工参加工伤保险工作的通知》，决定在全国实施农民工“平安计划”，用三年左右的时间，将矿山、建筑等高风险企业的农民工基本覆盖到工伤保险制度之内。2006 年 12 月，劳动和社会保障部发出《关于做好建筑施工企业农民工参加工伤保险有关工作的通知》，提出全面推进农民工参加医疗保险工作，并逐年下达农民工参加医疗保险的专项扩面指标任务。

2009 年 2 月，人力资源和社会保障部办公厅发布《关于印发农民工平安计划二期工作方案的通知》（人社厅发〔2009〕28 号），决定在巩固 2009 年工作成效的基础上，以商贸、餐饮、住宿、文体、娱乐等各类服务性企业为重点，将扩面工作继续延伸到农民工就业集中的其他用人单位，力争实现有稳定劳动关系的农民工全部参加工伤保险。

国家非常重视流动人员养老保险和医疗保险的关系转移接续问题。2009 年 12 月，国务院办公厅转发人力资源和社会保障部、财政部《城镇企业职工基本养老保险关系转移接续暂行办法》。该办法规定：包括农民工在内的参加城镇企业职工基本养老保险的所有人员，其基本养老保险关系可在跨省就业时随同转移；在转移个人账户储存额的同时，还转移部分单位缴费；参保人员在各地的缴费年限合并计算，个人账户储存额累计计算，对农民工一视同仁。为避免参保人员因办理转移接续关系而在两地往返奔波，该办法规定了统一的办理流程，参保人员离开就业地，由社保经办机构发给参保缴费凭证；在新就业地参保，只需提出转移接续关系的书面申请，转入地和转出地社保经办机构为其协调办理审核、确认和跨地区转移接续手续。国家将建立全国统一的社保机构信息库和基本养老保险参保缴费信息查询服务系统，发行全国通用的社会保障卡。这从制度上解决了农民工参加城镇企业职工养老保险关系不能转移接续、权益不能累计并导致农民工退保的难点问题，在一定程度上遏制了退保现象的发生。

针对人员流动带来的医疗保险关系转移接续问题，2009 年 12 月 31 日，人力资源和社会保障部、卫生部、财政部联合下发了《关于印发流动就业人员基本医疗保障关系转移接续暂行办法的通知》（人社部发〔2009〕191 号）；同一天，人力资源和社会保障部、财政部联合发布了《关于基本医疗保险异地就医结算服务工作的意见》（人社部发〔2009〕190 号）。这两个政策文件明确规定：自 2010 年 7 月起，流动人员跨省就业时可转移自己的医保关系，个人账户可随之转移划转；随着参保人员身份的变化，职工医保、居民医保、新农合三种不同类型的医保关系也可相互转移。这意味着国家在解决医保关系转移接续方面迈出了可喜的一步，对推动农民工医保关系转移接续起到了关键作用。

2010 年 7 月，卫生部农卫司发布《关于做好农村流动就业人员基本医疗保障关系转移接续有关工作的通知》（卫农卫合医便函〔2010〕22 号），对做好农村流动就业人员基本医疗保障关系转移接续工作明确了要求。2010 年 9 月 26 日，人力资源和社会保障部发布《关于印发城镇企业职工基本养老保险关系转移接续若干具体问题意见的通知》（人社部发〔2010〕70号），对进一步做好养老保险关系转移接续工作做出了明确要求。同年，人力资源和社会保障部、财政部联合下发《关于做好2010年城镇居民基本医疗保险工作的通知》（人社部发〔2010〕39号）。

2012年11月，人力资源和社会保障部就《城乡养老保险制度衔接暂行办法（征求意见稿）》公开征求意见，拟规定职工养老保险、新农保或城居保可以转移接续，重复参保、农民工转移接续困难等问题可获制度解决。2014年2月，人力资源和社会保障部、财政部正式出台《城乡养老保险制度衔接暂行办法》（人社部发〔2014〕17号），对职工基本养老保险与城乡居民基本养老保险制度之间的关系转移和待遇衔接等问题做出了规定，农民工跨城乡养老保险关系转移接续有了政策依据。

三　农民工权益保障与安全生产

这一阶段，在权益保障与安全生产方面，主要体现为农民工劳动关系保护、农民工工资收入保障、职业安全保障等，具体包括以下内容。①建立专门的进城务工青年维权服务机构和志愿队伍，开展进城务工青年维权服务工作。②加强农民工劳动合同管理，开展“春暖行动”。2008年以来，连续6年开展了“春暖行动”。③建立协调机制，推行集体协商与集体合同制度。④实施以协商工资为主的“彩虹计划”，稳步推进工资集体协商，扩大集体合同覆盖面。⑤建立欠薪保障制度，重点解决克扣或拖欠农民工工资问题。如各地积极建立的“两金三制”，即在建筑业建立工资保证金、在拖欠农民工工资的多发地建立欠薪应急周转金，实施一级建筑承包企业解决分包企业欠薪制度、行政司法联动打击欠薪逃匿制度和地方政府总责制度。⑥建立最低工资标准制度，逐步提高最低工资标准。⑦推进农民工劳动用工备案制度建设，促进对包括农民工在内的劳动用工动态管理。⑧劳动争议仲裁机构建立方便农民工劳动争议申诉的“绿色通道”，采取简易程序快速处理，对小额劳动报酬争议案件实行终局裁决、先予执行。⑨全面开展治理拖欠农民工工资问题专项行动。其涉及的政策文件包括以下内容。

2006年8月，共青团中央、中华全国律师协会联合发布《关于进一步加强进城务工青年维权工作的通知》，要求推动建立专门的进城务工青年维权服务机构，广泛建立进城务工青年维权服务志愿队伍，积极开展进城务工青年维权服务工作。2006年9月，劳动和社会保障部、建设部、公安部和中华全国总工会联合发布《关于开展农民工工资支付情况专项检查活动的通知》（劳社部函〔2006〕202号），规定：专项检查范围为使用农民工的各类用人单位，重点是招用农民工较多的加工制造、建筑施工、餐饮服务及其他中小型劳动密集型企业、个体工商户；专项检查内容主要是检查用人单位按照国家工资支付有关规定及最低工资规定支付农民工工资的情况，包括各地为解决拖欠农民工工资问题采取的具体措施、建立工资支付监控制度、工资保证金制度、企业劳动保障守法诚信制度等长效机制的建设情况，以及用人单位与农民工签订劳动合同等遵守劳动保障法律法规的情况。2006年10月，国家安全生产监督管理总局、国家煤矿安全监察局、教育部、劳动和社会保障部、建设部、农业部、中华全国总工会联合发出《关于加强农民工安全生产培训工作的意见》，明确了各级安监部门、劳动保障部门、教育部门、建设部门、农业部门、工会组织在安全生产培训方面的职责分工和培训责任；强调各地有关部门要树立服务意识，把政府监督管理与服务结合起来，积极为农民工安全培训创造条件，对无能力培训的小企业统一组织开展“送教上门”活动；及时统计汇总农民工安全培训信息，摸清底数，提供安全培训服务；鼓励符合条件的职业院校和职业技能培训定点机构申报安全生产培训资质，支持有条件的企业以及中小企业集中的地区建立健全安全生产培训机构；有条件的培训机构可将农民工安全生产培训与现有的农村劳动力转移培训、农民工就业培训、职业技能培训等结合进行，统一考核，分别发证，减轻企业和农民工负担。

2007年，为改进和加强对企业工资分配的宏观调节，促进低收入劳动者的工资水平合理增长，维护劳动者的合法劳动报酬权益，劳动和社会保障部发布《关于进一步健全最低工资制度的通知》（劳社部发〔2007〕

20号)，要求各地要依托协调劳动关系三方机制，积极推动用人单位建立和完善工资集体协商制度，通过平等协商确定本单位的工资水平、工资分配制度、工资标准和工资支付办法，确保支付劳动者的工资不低于当地的最低工资标准。同年12月，建设部、国家发展和改革委员会、财政部、劳动和社会保障部、国土资源部联合发布《关于改善农民工居住条件的指导意见》，提出要多渠道提供农民工居住场所，保证农民工居住场所安全、卫生。其具体内容包括：用工单位可以采取无偿提供、廉价租赁等方式向农民工提供居住场所，具体方式可在劳动合同中予以约定；农民工自行安排居住场所的，用工单位应当给予一定的住房租金补助；集中建设的农民工集体宿舍，由用工单位承租后向农民工提供，或由农民工直接承租，不得按商品住房出售或出租；积极引导和鼓励城乡接合部居民利用自有住房向农民工出租；集中建设的农民工集体宿舍和专供农民工租用的住房，应适当配备必要的文化、体育活动等设施设备；各地要将长期在城市就业与生活的农民工的居住问题纳入城市住房建设规划。

2008年，为全面贯彻实施《劳动合同法》，推动各类用人单位依法与农民工签订劳动合同，人力资源和社会保障部印发《关于开展春暖行动提高农民工劳动合同签订率的通知》(人社厅明电〔2008〕4号)，决定在2008年4月、5月两个月集中开展“春暖行动”，要求各级劳动保障部门要在2007年针对建筑业、住宿和餐饮业开展签约行动的基础上，继续以建筑业、住宿和餐饮业、制造业、采矿业、居民服务业为重点，进一步加大推进劳动合同制度实施的工作力度，实现城镇企业相对稳定就业的农民工劳动合同签订率达到85%以上的目标；同时要努力提高乡镇企业、村办企业农民工劳动合同签订率，推动企业招用农民工由过去口头协议式管理向规范的劳动合同管理转变，逐步实现农民工用工制度的规范化。

2009年2月，国务院农民工工作联席会议办公室按照联席会议第六次全体会议的要求，会同有关部门共同制定了《2009年维护农民工权益行动计划》，以人社部函〔2009〕38号通知的形式发布，强调为贯彻落实国办发〔2008〕130号文件精神，要求各地人民政府和国务院各部委采取切实措施，促进农民工就业创业，加强职业技能培训和职业教育，确保农民工工资按时足额发放，做好农民工社会保障和公共服务，保障返乡农民工土地承包权益，维护农民工合法权益。

2010年1月26日，人力资源和社会保障部印发《关于开展2010年农民工劳动合同签订“春暖行动”的通知》，决定于2010年2月下旬至5月中旬继续在全国开展农民工劳动合同签订“春暖行动”，以进一步提高农民工劳动合同签订率，切实维护农民工合法权益。2010年2月，国务院办公厅印发《关于切实解决企业拖欠农民工工资问题的紧急通知》（国办发明电〔2010〕4号），要求各地区、各有关部门积极开展农民工工资支付情况专项检查，督促企业落实清偿被拖欠农民工工资的主体责任，维护农民工工资权益。2010年2月8日，司法部印发《关于充分发挥司法行政工作职能作用促进解决企业拖欠农民工工资问题的通知》，要求各级司法行政机关要把促进解决企业拖欠农民工工资问题摆上重要议事日程，切实加强领导，制定实施方案，认真抓好落实。同年2月22日，共青团中央发布《关于开展“订单培训助您就业——进城青年农民工技能培训月”活动的通知》（中青办发〔2010〕9号），决定3月开展“订单培训助您就业——进城青年农民工技能培训月”活动。2010年5月5日，人力资源和社会保障部、中国企业联合会共同印发《关于深入推进集体合同制度实施彩虹计划的通知》（人社部发〔2010〕32号），针对实践中存在不同地区之间工作进展不平衡、一些地区集体合同制度覆盖面不够广、协商机制不完善以及实效性不够强等问题，要求从2010年到2012年，力争用三年时间基本在各类已建工会的企业实行集体合同制度。其中，2010年集体合同制度覆盖率达到60%以上，2011年集体合同制度覆盖率达到80%以上。对未建工会的小企业，通过签订区域性、行业性集体合同，努力提高覆盖比例。集体协商机制逐步完善，集体合同的实效性明显增强。

2011年，国家加大对拖欠农民工工资问题的解决力度。2011年1月28日，人力资源和社会保障部等5个部门联合下发《关于加强建设工程项目管理　解决拖欠农民工工资问题的通知》（人社部明电〔2011〕2号），明确各地要进一步加强建设工程项目管理，切实解决建设领域拖欠农民工工资的问题。2011年11月22日，国资委办公厅下发《关于做好2012年元旦春节期间保障农民工工资支付工作有关问题的通知》（国资厅发分配〔2011〕78号），深入开展农民工工资支付专项检查工作，保障农民工工资及时足额支付。

2011年6月13日，司法部发布《关于进一步做好农民工权益保障工作的通知》（司发通〔2011〕101号），明确了2011年司法行政系统农民工工作的总体思路及工作重点，进一步加强农民工法制宣传、农民工法律服务工作、法律援助工作，以及农民工人民调解工作。2011年，中华全国总工会发布《2011年维护农民工合法权益工作要点》（总工发〔2011〕23号），要求全面贯彻党的十七大和十七届四中、五中全会精神，以邓小平理论和“三个代表”重要思想为指导，深入贯彻落实科学发展观，适应加速推进工业化、城镇化的要求，继续提高农民工组织化程度，努力为农民工办实事、做好事、解难事，着力推动在政策制度上解决农民工最关心、最直接、最现实的利益问题，为促进企业发展和社会和谐做出更大贡献。

2012年10月15日，为做好春节前保障农民工工资支付工作，人力资源和社会保障部、住房和城乡建设部、公安部、国务院国有资产监督管理委员会、国家工商行政管理总局、中华全国总工会等6个部门联合下发《关于开展农民工工资支付情况专项检查的通知》，决定从2012年11月26日至2013年1月31日在全国组织开展农民工工资支付情况专项检查。通知明确规定：专项检查重点是使用农民工的各类用人单位，特别是招用农民工较多的建筑施工、加工制造、餐饮服务及其他中小型劳动密集型企业、个体工商户等；主要检查用人单位按照工资支付有关规定支付农民工工资的情况、遵守最低工资规定的情况及依法支付加班工资的情况，企业经营者拖欠农民工工资逃匿的情况，用人单位与农民工签订劳动合同情况；等等。从2012年开始，全面开展治理拖欠农民工工资问题专项行动，从源头开展综合治理，用3年左右时间集中攻坚，努力实现农民工工资基本无拖欠。2012年元旦、春节期间共为129万名农民工追回被拖欠的工资及赔偿金59.24亿元。

2013年12月19日，为切实做好2014年春节前保障农民工工资支付工作，维护农民工合法权益和劳动关系和谐稳定，人力资源和社会保障部、国家发展和改革委员会、公安部、财政部、住房和城乡建设部、交通运输部、水利部、国务院国有资产监督管理委员会、国家工商行政管理总局、中华全国总工会10个部门联合召开视频会议，对做好2014年春节前保障农民工工资支付工作进行动员部署。

四　农民工子女教育

这一阶段，国家更重视农民工子女教育问题，加大对进城务工人员子女平等接受教育的扶持力度，将其纳入财政保障范围，保障他们平等接受教育的权利；加快农村寄宿制学校建设，努力满足留守儿童的教育需求，使他们安心学习、安全生活。主要体现在以下几个方面：①加大对进城务工人员子女平等接受教育的扶持力度，实行“一视同仁”政策，保障他们平等接受教育的权利；②城镇公立学校成为农民工子女接受义务教育的主渠道，家庭经济困难的农民工子女纳入“两免一补”范围；③关注农村留守儿童，加强对农村留守儿童的保护和维权工作，优化农村留守儿童的生存发展环境；④对返乡农民工职业教育培训、子女入学工作成绩突出的地区和学校实行政策倾斜；⑤初步实现农民工子女可以异地高考。其涉及的政策文件主要有以下方面。

2005年12月，国务院印发《国务院关于深化农村义务教育经费保障机制改革的通知》（国发〔2005〕43号），提出全面构建农村义务教育经费保障新机制，要求按照“明确各级责任、中央地方共担、加大财政投入、提高保障水平、分步组织实施”的基本原则，将农村义务教育全面纳入公共财政保障范围，建立中央和地方分项目、按比例分担的农村义务教育经费保障机制。“两年内，全部免除农村义务教育阶段学生学杂费，对贫困家庭学生免费提供教科书并补助寄宿生生活费；提高农村义务教育阶段中小学公用经费保障水平；建立农村义务教育阶段中小学校舍维修改造长效机制；巩固和完善农村中小学教师工资保障机制。”

2006 年 1 月，教育部发布《关于做好落实农村义务教育经费保障新机制若干工作的紧急通知》，要求各级教育行政部门紧急行动起来，采取切实措施，认真做好相关工作，春季开学前将有关政策措施落实到位，确保惠及西部地区广大农民群众和农村中小学生。2006 年 5 月，教育部颁发《关于教育系统贯彻落实〈国务院关于解决农民工问题的若干意见〉的实施意见》，提出“将农民工子女义务教育纳入当地教育规划。农民工输入地教育行政部门要按照就近免试入学的原则，安排农民工子女就读公办学校，并按当地政府规定的项目和标准收费，不得加收借读费及其他任何费用。家庭经济困难的农民工子女纳入‘两免一补’大范围。将农民工子女义务教育经费纳入教育经费预算，并按当地财政预算内义务教育经费标准，向接收农民工子女的公办学校拨付办学经费”。2006 年 8 月，公安部下发《关于做好留守儿童有关工作的通知》，提出要加强对农村留守儿童的保护和维权工作，努力为他们创造一个健康成长的环境提供有力的保障。

2007 年 5 月，全国妇联、教育部等 12 个部门联合发布《关于开展“共享蓝天”全国关爱农村留守流动儿童大行动的通知》，要求共同开展“共享蓝天”全国关爱农村留守流动儿童大行动，明确了各部门的职责任务，以优化农村留守流动儿童生存发展环境，促进农村留守流动儿童健康成长为目标，切实推进农村留守流动儿童问题的有效解决。2007 年 9 月，教育部颁布《中小学学生学籍信息化管理基本信息规范》，要求全国中小学生实现统一的学籍管理，学校教育实现对接，杜绝了义务教育生均经费拨付的误差，使农民工子女就学更有保障。

2009 年 2 月 20 日，教育部发布《关于切实做好返乡农民工职业教育和培训等工作的通知》，要求切实落实开展返乡农民工职业教育和技能培训，促进农民工就业，确保返乡农民工子女及时入学；将采取有力措施推动此项工作的开展，对返乡农民工职业教育培训、子女入学工作成绩突出的地区和学校实行政策倾斜。

2010 年 4 月 8 日，共青团中央发布《关于开展“共青团关爱农民工子女志愿服务行动”的通知》（中青发〔2010〕5 号），要求各地共青团在全国范围内实施“共青团关爱农民工子女志愿服务行动”。同年 4 月 12 日，共青团中央发布《关于在五四青年节集中开展“共青团关爱农民工子女志愿服务行动”的通知》（中青办发〔2010〕26 号），要求各级团委在 2010 年五四青年节集中开展各种形式的关爱农民工子女志愿服务活动。

从 2010 年起，开始“雨露计划”试点，对接受中、高等职业教育和一年以上技能培训的农村贫困家庭子女进行直接补助，引导和鼓励农村贫困家庭子女在完成九年义务教育和普通高中教育后，继续接受正规职业教育和中长期技能培训，极大地调动了农村贫困家庭子女继续接受正规职业教育和中长期技能培训的积极性。有关文件包括：2011 年 4 月，国务院扶贫办、财政部联合下发《关于完善雨露计划实施方式改革试点工作的通知》（国开办发〔2011〕37 号），继续试点工作；2011 年 5 月 30 日，国务院扶贫办、全国妇联联合发布《关于做好“雨露计划·腾飞工程——中西部地区万名应用人才助学行动”有关事项的通知》（国开办发〔2011〕48 号）；2011 年 8 月 29 日，国务院扶贫办行政人事司、财政部办公厅联合下发《关于确定 2011 年雨露计划实施方式改革试点县的通知》（国开办司发〔2011〕70 号），明确了试点工作的责任机制，建立了各试点县试点工作联系机制。

2012 年 8 月，国务院办公厅转发教育部等 4 个部委《关于做好进城务工人员随迁子女接受义务教育后在当地参加升学考试工作的意见》（国办发〔2012〕46 号），要求各省、自治区、直辖市有关随迁子女升学考试的方案原则上应于 2012 年底出台，初步实现了农民工子女可以在异地参加高考。

2013 年 4 月，教育部印发《关于开展“教育经费管理年”活动进一步用好管好教育经费的通知》（教财〔2013〕3 号），就加强经费使用管理提出了明确要求，强调经费安排要向农村、边远、贫困和民族地区倾斜，向农村义务教育、职业教育和学前教育倾斜，向资助家庭经济困难学生倾斜，向建设高素质教师队伍倾斜。该通知还指出，要加大对进城务工人员子女平等接受教育的扶持力度，将其纳入财政保障范围，并将努力满足留守儿童的教育需求。

五　农民工卫生保健

这一阶段，国家开始关注农民工身体健康和卫生保健，出台了一系列政策文件，主要内容包括：①加强农民工疾病预防控制和适龄儿童免疫工作，依法保障农民工职业健康权益，采取有效措施保障农民工食品卫生安全；②提高农民工自我保健意识和能力，将流动人口健康教育列入省区市“亿万农民健康促进行动”规划与计划；③加强计划生育管理，抓好流动人口计划生育工作，向流动人口、农民工提供计划生育政策法规、生殖健康常识和便民服务措施等动态信息，提供方便、可及的计划生育和生殖健康服务；④从 2010年起，组织开展农民工健康关爱工程项目试点。其涉及的政策文件主要有以下方面。

2006 年 1 月，国务院公布《艾滋病防治条例》，要求县级以上人民政府有关部门和从事劳务中介服务的机构应当对进城务工人员加强艾滋病防治的宣传教育。同年 2 月，国务院办公厅发出《关于印发〈中国遏制与防治艾滋病行动计划（2006—2010 年）〉的通知》，要求各地区、各有关部门要认真组织实施《全国农民工预防艾滋病宣传教育工程实施方案》，在进城务工人员中广泛宣传预防艾滋病知识。同年 4 月，卫生部发出《关于贯彻落实〈国务院关于解决农民工问题的若干意见〉的通知》，提出：要加强农民工疾病预防控制和适龄儿童免疫工作；依法保障农民工职业健康权益；积极稳妥地解决农民工医疗保障问题；采取有效措施保障农民工食品卫生安全；提高农民工自我保健意识和能力，将流动人口健康教育列入省区市“亿万农民健康促进行动”规划与计划。

2007 年 1 月，国家人口和计划生育委员会印发《流动人口、农民工计划生育便民维权措施》，要求各级人口计生部门要通过多种形式，及时向流动人口、农民工提供计划生育政策法规、生殖健康常识和便民服务措施等动态信息，提供方便、可及的计划生育和生殖健康服务，切实维护这类人群实行计划生育的合法权益。同一时期，国家人口和计划生育委员会发布《关于切实加强流动人口计划生育工作的意见》、《关于促进形成全国流动人口计划生育工作“一盘棋”格局的意见》、《关于印发流动人口计划生育管理和服务工作检查评估指标（试行）的通知》，要求各级人口计生部门要切实抓好流动人口计划生育工作，不断完善流动人口计划生育管理和服务体系。

2009 年 3 月 18 日，国家人口和计划生育委员会下发《关于印发全国流动人口计划生育工作“一盘棋”、“三年三步走”实施方案的通知》（国人口发〔2009〕24 号），明确了实施目标和计划。2009 年 5 月 14 日，国家人口和计划生育委员会下发《关于印发全国流动人口统计信息工作方案的通知》（国人口发〔2009〕40 号）。2009 年 5 月，国务院发布《流动人口计划生育工作条例》，指出：县级以上地方人民政府要将流动人口计划生育工作纳入本地经济社会发展规划，并提供必要的保障；建立健全流动人口计划生育工作协调机制，组织协调有关部门对流动人口计划生育工作实行综合管理；实行目标管理责任制，对有关部门承担的流动人口计划生育工作进行考核、监督。此条例的出台为加强流动人口计划生育工作、维护流动人口的合法权益提供了法律依据。2009 年 6 月 12 日，国家人口和计划生育委员会下发《关于印发〈全国流动人口计划生育服务管理工作规范〉的通知》（国人口发〔2009〕49 号），要求各级计生委做好学习培训、贯彻执行和监督检查工作。2009 年 12 月 15 日，国家人口和计划生育委员会下发《关于加强流动人口计划生育信息化工作的意见》（国人口发〔2009〕97 号），对信息化工作提出了明确要求。

2010年8月20日，卫生部办公厅发布《关于开展农民工健康关爱工程项目试点工作的通知》（卫办疾控发〔2010〕143号），决定从2010年组织开展农民工健康关爱工程项目试点，在除海南和西藏外的其他29个省（自治区、直辖市）中，选择65个县（市、区）开展项目试点，内容包括：开展农民工健康教育，建立农民工健康档案，开展农民工结核病防治及子女免疫规划工作，开展农民工艾滋病、梅毒、乙肝母婴阻断项目，开展农民工职业病防治关爱工程。

2011年5月17日，国家人口和计划生育委员会办公厅发布《关于印发〈流动人口计划生育工作条例〉贯彻落实情况专项检查工作方案的通知》（人口办流管〔2011〕18号），要求对流动人口服务维权情况进行专项检查。2011年8月29日，国家人口和计划生育委员会办公厅发布《关于做好流动人口婚育证明相关工作的通知》（人口办流管〔2011〕32号），对做好流动人口婚育证明的相关工作予以明确。

2013年11月20日，国家卫生和计划生育委员会、国家中医药管理局印发《关于加快推进人口健康信息化建设的指导意见》（国卫规划发〔2013〕32号），明确推进计划生育公共服务管理，基本实现全国流动人口计划生育相关信息的快速查询和异地办证，方便了流动性较大的农民工群体。

六　农民工社会管理

（一）推进户籍制度改革，促使农民工在城镇落户

为了进一步推进户籍制度改革，我国许多地方进行了不同程度的户籍制度改革，尤其是2008年以来，各地改革加速推进。

2006年5月，公安部发布《关于贯彻落实〈国务院关于解决农民工问题的若干意见〉有关问题的通知》，提出积极稳妥地推进户籍制度改革，允许符合条件的进城就业农民工本人及其直系亲属在其经常居住地落户。河北、安徽、福建等地出台了关于深化户籍制度改革的意见，进

一步放宽了中小城市和小城镇农民工落户条件。

2010年，中央一号文件提出将加快落实放宽中小城市、小城镇特别是县城和中心镇落户条件的政策，促进符合条件的农业转移人口在城镇落户，并享有与当地城镇居民同等的权益。2010年5月31日，国务院批转国家发展和改革委员会《关于2010年深化经济体制改革重点工作意见的通知》，提出："深化户籍制度改革，加快落实放宽中小城市、小城镇特别是县城和中心镇落户条件的政策。进一步完善暂住人口登记制度，逐步在全国范围内实行居住证制度。"2010年6月6日，新华社播发经党中央、国务院批准的《国家中长期人才发展规划纲要（2010—2020年）》，提出"逐步建立城乡统一的户口登记制度"。这些政策为推动户籍制度改革指明了方向。

2013年1月，新华网受权发布中共中央、国务院印发的《关于加快发展现代农业进一步增强农村发展活力的若干意见》。文件要求，加快改革户籍制度，落实放宽中小城市和小城镇落户条件的政策，加强农民工职业培训、社会保障、权益保护，推动农民工平等享有劳动报酬、子女教育、公共卫生、计划生育、住房租购、文化服务等基本权益，努力实现城镇基本公共服务常住人口全覆盖。

2013年11月，《中共中央关于全面深化改革若干重大问题的决定》指出，要"创新人口管理，加快户籍制度改革，全面放开建制镇和小城市落户限制，有序放开中等城市落户限制，合理确定大城市落户条件，严格控制特大城市人口规模"。经过近一年酝酿，《国务院关于进一步推进户籍制度改革的意见》于2014年7月30日正式发布。意见规定，要进一步调整户口迁移政策，统一城乡户口登记制度，全面实施居住证制度，加快建设和共享国家人口基础信息库，稳步推进义务教育、就业服务、基本养老、基本医疗卫生、住房保障等城镇基本公共服务覆盖全部常住人口。到2020年，基本建立与全面建成小康社会相适应，有效支撑社会管理和公共服务，依法保障公民权利，以人为本、科学高效、规范有序的新型户籍制度，努力实现1亿左右农业转移人口和其他常住人口在城镇落户。

（二）对农民工的社会援助

这一阶段，司法行政部门作为法律援助主管部门，从提供法律服务和法律援助的角度为保护农民工合法权益做出了积极贡献，其主要体现在以下几个方面：①健全和完善农民工法律援助维权网络；②不断扩大农民工法律援助覆盖面；③强化法律援助便民措施；④加大对农民工法律援助办案经费投入。民政部门鼓励发展农民工公益性、服务性、互助性社会组织，引导农民工积极参与社区事务管理。农业部门开展了农民工土地承包维权行动，并积极为农民工流转承包地提供信息咨询、合同签订等服务。其涉及的政策文件主要有如下方面。

2006 年 1 月，国务院 5 号文件对当前涉及农民工的若干重要问题做了全面的政策性规定，其中对司法行政工作提出了明确的要求，强调“要在农民工中开展普法宣传教育”，“做好对农民工的法律服务和法律援助工作”。按此精神，司法部等部门制定了一系列维护农民工合法权益的措施。

2006 年 1 月，中华全国律师协会发出《关于推动农民工法律援助工作的意见》，提出要积极倡导和组织律师参与农民工维权活动，提高律师参与农民工维权活动的责任意识，从法制宣传、讲座、咨询以及提供法律援助、办理维权案件等活动入手，探索建立有效、可持续开展的农民工维权机制。同年 11 月，司法部发出《关于进一步做好农民工工作的通知》，提出各级司法部门要进一步做好农民工法律服务工作和法律援助工作，大力加强农民工法制宣传教育。

2008 年 5 月 12 日四川汶川地震发生后，党中央、国务院非常重视农民工的工作和生活情况，国务院农民工工作联席会议办公室发出《关于做好抗震救灾期间农民工工作的紧急通知》，对做好抗震救灾期间的农民工工作进行紧急部署，要求各地各有关部门切实加强组织领导，迅速采取有力措施，结合本地区、本部门的实际情况全力做好抗震救灾期间的各项工作，并积极采取措施帮助来自灾区的农民工抗震救灾，重建家园。同时，各相关部门也采取措施，积极向来自灾区的农民工提供援助。其中，人力资源和社会保障部发布《关于进一步做好抗震救灾期间农民工工作的通知》，要求各地农民工工作协调机构和各有关部门行动起来，采取措施，做好农民工安抚和服务等工作。司法部连续发布《关于做好抗震救灾期间农民工工作的通知》和《关于做好人民调解工作为抗震救灾和灾后重建创造和谐稳定社会环境的通知》两个政策文件，要求各级司法机关认真做好抗震救灾期间为农民工提供法律服务和法律援助工作，积极开展涉及农民工的人民调解工作，为抗震救灾和灾区重建创造和谐稳定的社会环境。

2009 年以来，法律援助工作网络进一步向基层延伸，农民工法律援助案件异地协作机制进一步健全，出台了方便农民工申请法律援助的 10 项便民、利民、惠民措施。最高人民法院出台《关于当前形势下做好劳动争议纠纷案件审判工作的指导意见》，努力维护农民工合法权益。北京、上海、重庆等地对农民工法律援助经费予以足额保障，辽宁、湖北、广东等 12 个省份设立了农民工法律援助专项经费，宁夏率先在全国成立了法律援助志愿律师服务团。

2009 年 1 月 22 日，司法部办公厅发布《关于进一步做好预防和解决企业工资拖欠法律服务和法律援助工作的通知》（司办通〔2009〕9 号），提出要做好解决工资拖欠问题有关法律援助工作。2009 年 5 月 11 日，司法部发布《关于做好 2009 年农民工工作的通知》（司发通〔2009〕77 号），要求不断强化农民工法律援助工作的针对性。2009 年 5 月 27 日，司法部下发《关于在全国开展“法律援助便民服务”主题活动的意见》（司发通〔2009〕93 号），决定自 2009 年 6 月至 2010 年 6 月，在全国开展“法律援助便民服务”主题活动。2009 年 7 月 10 日，司法部下发《关于加强和改进法律援助工作的通知》（司发〔2009〕12 号），要求进一步增强做好新形势下法律援助工作的责任感和使命感，着力提高新形势下法律援助工作，提高法律援助经费保障能力，全面加强法律援助队伍建设等工作。

2013 年 3 月，司法部发布《关于做好 2013 年农民工工作的通知》，要求各级司法行政机关加强调查研究，及时了解农民工利益诉求，制定有针对性的对策措施，帮助农民工解决切身利益问题。

2014 年 4 月，司法部印发《关于做好 2014 年农民工工作的通知》，就加强司法行政系统农民工法制宣传、法律服务、法律援助和人民调解工作做出部署。该通知强调，要深入贯彻习近平总书记系列重要讲话精神和党的十八大、十八届二中全会、十八届三中全会精神，以邓小平理论、“三个代表”重要思想、科学发展观为指导，紧紧围绕加强农民工劳动权益保障工作这一主线，不断满足农民工日益增长的法律服务和法律援助需求，充分发挥司法行政工作的职能作用，努力为农民工提供优质高效的法律服务，为维护社会和谐稳定、促进社会公平正义、保障人民安居乐业做出新贡献。

（三）关于农民工的住房保障政策

有条件的地区可以依法扩大住房公积金制度覆盖范围，使制度覆盖范围逐步扩大到包括在城市有固定工作的农民工在内的城镇各类就业群体。

2005 年 1 月，建设部出台《关于住房公积金管理若干具体问题的指导意见》，指出：“国家机关、国有企业、城镇集体企业、外商投资企业、城镇私营企业及其他城镇企业、事业单位、民办非企业单位、社会团体及其在职职工，应当按《住房公积金管理条例》的规定缴存住房公积金。有条件的地方，城镇单位聘用进城务工人员，单位和职工可缴存住房公积金；城镇个体工商户、自由职业人员可申请缴存住房公积金。”2006 年 1 月，国务院 5 号文件发布，关于住房公积金的内容是放在“切实为农民工提供相关公共服务”中阐述，可见在农民工中建立住房公积金制度属于公共服务范畴。2007 年 12 月，建设部、国家发展和改革委员会、财政部、劳动和社会保障部、国土资源部联合发布《关于改善农民工居住条件的指导意见》（建住房〔2007〕276号），要求“用工单位可以采取无偿提供、廉价租赁等方式向农民工提供居住场所”。浙江省政府规定：有条件的用工单位，要在生活服务设施用地中配套建设农民工公寓，享受经济适用住房的各项税费减免政策。

第五节　农民工政策的主要特点及发展趋势

解决农民工问题是一项庞大的系统性的社会工程，必须要经历一个发展过程，不可能一蹴而就。纵观国家和地方关于农民工问题的政策，主要特点如下。

一是逐步取消了限制农民进城就业、损害其权益的政策规定，积极引导部分农民工回乡创业，农村劳动力正在由单向输出向双向流动转变。①清理和取消各种针对农民工进城就业的歧视性规定和不合理限制，清理对企业使用农民工的行政审批和行政收费，不得以解决城镇劳动力就业为由清退和排斥农民工。②继续抓好农村劳动力外出务工的组织和培训工作，包括“农村劳动者技能就业计划”、“特别职业培训计划”、“阳光工程”、“农村劳动力转移培训计划”、“星火培训”、“雨露计划”、“建筑业农民工技能培训示范工程”、“春风行动”、“春暖行动”、“春潮行动”等。③鼓励、扶助农民工回乡创业，形成促进输出与回流创业的良性互动。

二是公平对待农民工，推动农民工基本公共服务均等化，重视改善农民工子女教育、职业培训、公共卫生和社会保障。①农民工子女义务教育“两个为主”政策的确立，为进城农民工子女平等享受义务教育创造了条件，政策变迁凸显由“限制”走向“以人为本”的政策理念。保障农民工子女平等接受义务教育，以全日制公办中小学为主接收入学，城市公办学校对农民工子女接受义务教育要与当地学生同等对待，不得向农民工子女加收借读费及其他任何费用。对政府委托承担农民工子女义务教育的民办学校，在办学经费、师资培训等方面给予支持和指导。

②农民工社会保障权益得到保护，社会保障覆盖面逐步提高。所有用人单位必须及时为农民工办理参加工伤保险手续；未参加工伤保险的农民工发生工伤，由用人单位按照工伤保险规定的标准支付费用，开展工伤保险“平安计划”。重点解决农民工进城务工期间的住院医疗保障问题，主要由用人单位缴费；建立新农合和城镇居民医疗保险制度，农民工可以选择缴费水平低的医疗保障。建立城乡居民养老保险制度，使得一部分低收入、灵活就业的农民工可以选择参加城乡居民养老保险；适应农民工流动性大的特点，养老保险关系和待遇能够跨地区或跨城乡转移接续，使农民工在流动就业中的社会保障权益不受损害；鼓励有条件的地方将稳定就业的农民工纳入城镇职工基本养老保险。③农民工公共卫生服务和计划生育服务不断完善，居住和安全管理工作得到加强。④以教育和医疗卫生为重点，促进农民工平等享受城镇基本公共服务，实现农民工市民化。

三是对农民工的社会管理正在向维护权益和提供服务转变，户籍改革和人口管理取得一定进展，流动人口信息管理服务系统逐步建立，法律援助逐步强化，全社会关心农民工的气氛日益形成。

四是初步建立了农民工综合协调的工作机制等。为认真落实 5 号文件精神，统筹解决农民工问题，加强部门间的协调配合，在国务院领导下，建立了由国务院办公厅、国家发展和改革委员会等共 31 个部门和单位组成的农民工工作联席会议制度，明确了联席会议的主要职责、成员组成、议事规则，并制定了贯彻落实 5 号文件精神的分工方案。在此基础上，教育部、公安部、司法部、财政部、劳动和社会保障部、建设部、农业部、卫生部、国家人口和计划生育委员会、中国人民银行、国务院国有资产监督管理委员会、国家工商行政管理总局、国家安全生产监督管理总局、中华全国总工会、共青团中央、全国妇联分别制定并下发了关于贯彻落实 5 号文件精神的一系列配套文件，从各个方面进一步改善农民工进城务工的社会经济环境，依法维护广大农民工的合法权益。

总体来看，党中央、国务院高度重视农民工工作，随着国家对农民工政策的不断调整和完善，农民工政策的发展趋势由原来的“问题研究”、“道义关怀”逐步转向对农民工的“身份确认”、“平等权利”和“制度保障”等方面，并开始关注新生代农民工的问题。这些不同阶段的政策措施，推动了农民工就业规模持续扩大，职业技能不断提高，工资收入大幅增加，参加社会保险的人数增长较快，劳动保障权益总体上得到保护，享受子女受教育、住房改善、计划生育、医疗卫生等基本公共服务的范围不断扩大。

第四章

农民工政策评估问卷调查分析

2009年10—11月，课题组先后赴广东、浙江、山西等3个省进行调查，分别与当地各级政府有关部门、部分企业以及农民工进行座谈，并对从广州、深圳、杭州、宁波、太原、临汾等6个城市不同行业和不同所有制类型的19个企业中随机抽选的2000名农民工进行问卷调查，共回收问卷1896份，其中有效问卷1780份，有效问卷回收率达到89.0%。有效样本的构成情况如下。

——在性别结构方面：男性占67.5%，女性占32.5%。

——在年龄结构方面：20岁以下占13.0%，20—25岁占30.1%，25—30岁占21.3%，30—35岁占13.0%，35—40岁占13.1%，40—45岁占5.8%，45—50岁占3.0%；50岁及以上占0.8%。其中，前三类属于30岁及以下的新生代农民工，合计占64.4%。

——在学历结构方面：小学及以下占6.3%，初中占34.0%，高中占18.0%，中专和技校占21.4%，大专及以上占19.5%。其中，高中、中专、技校、大专及以上学历占58.9%。

——在职业结构方面：人数排在前三位的依次是普通工人占47.3%，技术工人占19.8%，班组长、领班占8.4%，三者合计占75.5%；此外，专业技术人员占6.8%，后勤人员占4.7%，科室人员占

3.6%，中层管理人员占3.5%，服务人员占2.3%，营销人员占1.3%，保安占1.0%，其他人员占1.4%。

——在行业结构方面：制造业占54.0%，建筑业占23.0%，采掘业占15.6%，批发和零售业占5.6%，住宿和餐饮业占1.9%。

——在所有制结构方面：国有和国有控股企业占37.8%，股份制企业占25.2%，私营企业占21.6%，外商投资企业占15.4%。

——在农民工来源地分布方面：来自务工所在市（县）的人数占15.6%，来自务工所在省的其他地区的人数占24.1%，来自外省份的人数占60.3%。

由此可见，本项调查抽选的农民工样本具有一定的代表性，并且以新生代农民工为主体。但是，由于这项问卷调查工作需要得到被调查企业的支持与协助，因此地方劳动保障部门所抽选的企业一般都是管理比较规范的企业，这也使这项问卷调查结果具有一定的局限性。

第一节　农民工对政府在维护农民工权益方面的评价

近年来，各级政府积极采取政策措施维护农民工的合法权益。调查发现，尽管农民工对有关政策的了解程度有限，但多数人对这些政策及其实施的效果还是给予了肯定。

一　农民工对有关政策的了解程度

在被调查的农民工中，有12.5%的人表示对政府制定并实施有关维护农民工合法权益的政策“比较了解”，有33.9%的人表示“知道一些”，两项合计占46.4%；还有36.9%的人表示“听说过，但不够清楚”；此外，有14.5%的人表示“不知道”（见图4－1）。由此可见：一方面，有许多农民工对有关政策有所了解；另一方面，也有不少农民工对有关政策不够清楚。这一调查结果既显示出广大农民工对政府出台有关政策比较关注，同时也反映出目前在对农民工宣传有关政策方面还做得不够，需要政府部门在今后进一步加大有关宣传工作的力度。

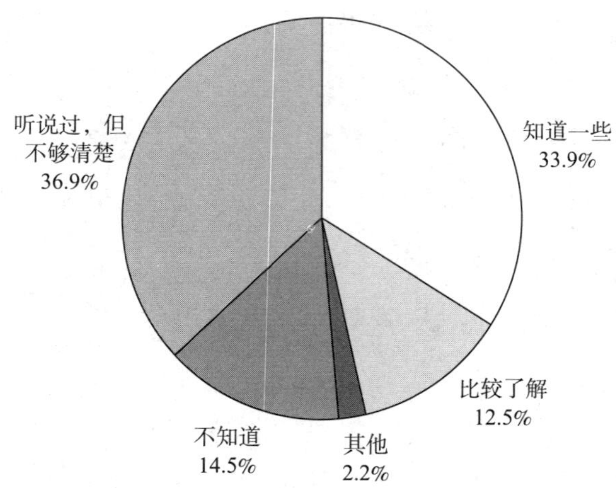

图 4－1　被调查者对有关农民工政策的了解程度（N＝1746 人）

二　农民工对有关政策实施效果的评价

1. 对政策实施效果的综合评价

调查显示，有 14.8% 的农民工认为有关农民工的政策实施效果“收效很大”，有 33.3% 的农民工认为“收效一般”，有 24.8% 的农民工认为“有点收效”，三者合计占 72.9%，这反映了大多数农民工对政府采取的政策措施所取得的成效是表示肯定的；但同时，有 20.8% 的农民工认为“收效不明显”，还有 6.3% 的农民工认为“没有收效”，两者合计占 27.1%，这反映了一部分农民工对有关政策的收效还不够满意（见图 4－2）。

2. 对有关部门的政策和做法的评价

调查显示，在农民工对务工所在地政府有关部门所采取的有关农民工的政策和做法做出的评价中，表示“满意”的人数比例一般在 20%—30%，表示“比较满意”的人数比例一般在 31%—43%，这两项合计占 51%—73%；此外，表示“不满意”的人数比例一般在 10%—20%。这表明，多数人对当地农民工政策和做法持比较肯定的态度，只有少数人

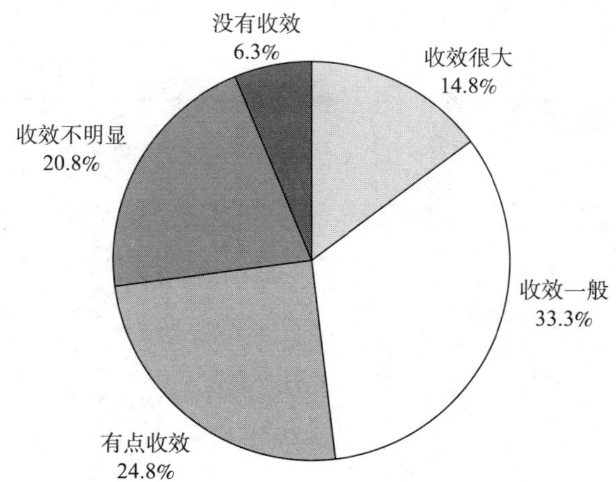

图 4－2 被调查者对有关农民工政策实施效果的综合评价（$N=1599$ 人）

对此表示不满。

从表 4－1 可以看出，一方面，农民工对当地人力资源社会保障部门的满意度排在第一位，表示“满意”和“比较满意”的人数比例合计达到 72.2%；对卫生部门的满意度排在第二位，同类指标合计达到 66.2%；对公安部门的满意度排在第三位，同类指标合计达到 64.8%。第四位是计划生育部门（同类指标为 62.6%）；第五位是教育部门（同类指标为 59.1%）；第六位是城管部门（同类指标为 57.0%）；第七位是农业部门（同类指标为 56.7%）；第八位是司法部门（同类指标为 55.0%）。

另一方面，从农民工分别对有关部门明确表示“不满意”的人数比例排序结果来看，排在前三位的部门依次如下：第一位是城管部门（20.0%）；第二位是公安部门（17.1%）；第三位是教育部门（16.2%）。此外，对人力资源社会保障部门表示“不满意”的人数比例只有 11.6%，排在第五位，与排在最后一位的农业部门（9.5%）只相差 2.1 个百分点。上述调查统计结果表明，人力资源社会保障部门在农民工对各个主要部门的总体评价中名列前茅，反映了近年来人力资源社会保障部门在制定和实施有关维护农民工合法权益的政策和措施方面取得了显著成效，得到了广大农民工的好评。

表 4-1　被调查者对政府各部门有关农民工政策和做法的评价（$N=1640$ 人）

单位：%

部门＼评价	满意	比较满意	不满意	不清楚
人力资源社会保障部门	29.7	42.5	11.6	16.3
计划生育部门	31.4	31.2	10.8	26.6
公安部门	24.7	40.1	17.1	18.1
城管部门	19.8	37.2	20.0	23.0
卫生部门	24.0	42.2	14.5	19.3
教育部门	23.0	36.1	16.2	24.7
农业部门	22.0	34.7	9.5	33.8
司法部门	20.3	34.7	10.9	34.1

三　农民工对务工所在地政府维护农民工权益的信任程度

在对务工所在地政府是否能够保障外来农民工的合法权益的评价上，有11.4%的农民工认为“完全能够”，有35.4%的农民工认为“还可以”，两者合计为46.8%；同时，有26.5%的农民工对此认为“不一定”；此外，有15.6%的农民工认为“不易做到”，还有8.1%的农民工认为“不能”，两者合计为23.7%。这表明，对务工所在地政府在保障外来农民工合法权益方面，持肯定态度的农民工比持否定态度的农民工人数多近一倍（见图4-3）。

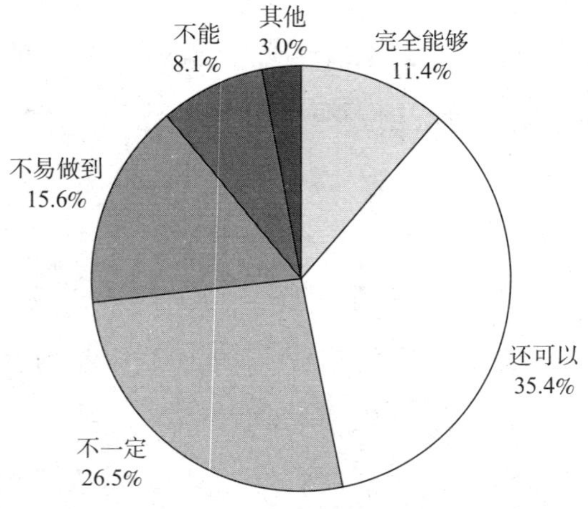

图 4-3　被调查者对当地政府能否保护外来农民工权益的看法（$N=1391$ 人）

四　农民工权益受到侵害后寻求援助的对象

农民工在进城务工过程中的合法权益受到侵害时，他们应该向谁投诉和求助更为可靠呢？从农民工选择的答案来看，排在第一位的是“政府部门”，占 50.6%，超过半数；第二位是“报纸、电台、电视台等新闻媒体”，占 31.7%；第三位是“各级工会”，占 22.9%。之后依次为：“老板或单位领导”，占 21.9%；“法院”，占 19.1%；“自家亲属”，占 12.3%；“好朋友”，占 12.3%；“老乡”，占 9.7%；“工友（同事）”，占 8.9%。此外，还有 11.9% 的人认为“谁都不可靠，只能靠自己去争”，也有 12.2% 的人表示“没办法，忍着”（见图 4－4）。

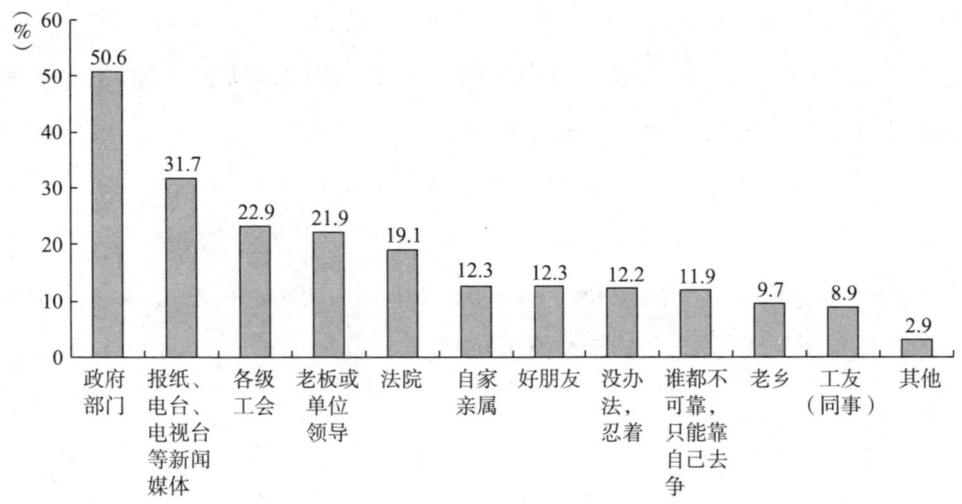

图 4－4　农民工权益受到侵害后寻求投诉和救助的对象（N＝1142 人）

上述调查结果表明，多数农民工认为向政府部门投诉和求助更为可靠，反映了他们对政府部门依法保障农民工权益的信任，这与前面提到的对务工所在地政府在保障外来农民工合法权益方面持肯定态度的农民工居多的调查结果是一致的。选择新闻媒体的人数排在第二位，反映了新闻舆论在维护农民工合法权益方面也发挥重要的社会监督与援助作用。选择工会的人数排在第三位，一方面，显示工会在维护农民工权益方面也具有明显的作用；另一方面，选择工会的人数占比不足 1/4，也反映了工会在这方面的地位不高和作用有限，与工会的性质和角色之间还存在一定的差距。

第二节　农民工就业与培训情况

一　农民工进城务工的主要目的

调查结果表明，挣钱谋生仍然是农民工进城务工的最主要目的。对“您为什么要离开家乡进城务工?”这一问题（可选3种答案），有62.6%的农民工表示是为了“多挣钱，改善生活”，这一比例远远高于其他选项而排在首位；排在第二位的是“成家立业、养家”，有31.4%的农民工选择此项；还有24.8%的农民工把“供养父母兄妹”也作为目的之一，所占人数比例位居第三位。这三项都集中反映了农民工进城务工的主要目的是通过打工挣钱来解决自己和家人的基本生活问题。

同时，值得注意的是，有相当一部分农民工外出务工是为了个人的长远发展。调查显示，有24.5%的农民工选择“寻求更好的就业机会”；有23.4%的农民工选择“能学技术和知识”；有14.3%的农民工选择“能更加自由和独立”；有13.9%的农民工选择“有发展前途”（见图4－5）。

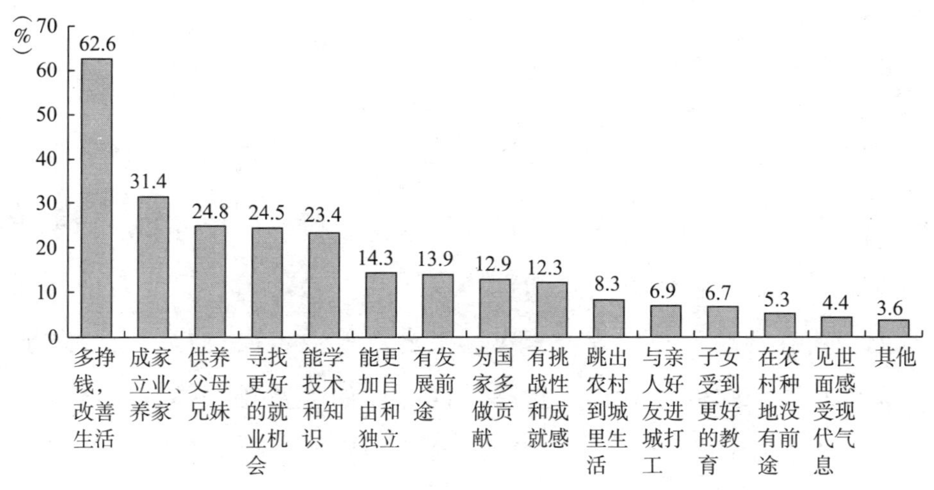

图4－5　农民工进城务工的主要目的（$N=1767$人）

从不同文化程度的农民工进城就业的交互分类统计结果来看，具有高中、中专、技校和大专及以上学历的农民工比只具有初中及以下学历的农民工更加注重个人的职业前途。从不同年龄段农民工进城就业目的的交互分类统计结果来看，新生代农民工与第一代农民工进城就业的目的有显著性差异（$p<0.001$），相比之下，第一代农民工更注重挣钱养家，而新生代农民工不仅更注重学习技术知识，而且更愿意从事具有挑战性和成就感的工作，以及更追求自由、独立和未来的发展前途。这些表明，新生代农民工与第一代农民工有着迥然不同的人生追求。

二　农民工进城就业的主要途径和面临的障碍

1. 农民工求职就业的主渠道仍然是依靠亲朋好友介绍

调查显示，有44.8%的农民工是通过亲友找到现在的工作岗位，在农民工进城就业的各种渠道中位居首位，说明依赖传统的血缘和地缘关系在现阶段农民工进城寻求就业机会方面仍然具有主导作用。这表明，农民工在就业市场中的主导机制仍是强关系在发挥作用。过去的研究已经证明了这一现象。[①] 与此形成明显反差的是，政府搭建的公共就业服务体系在为农民工进城务工提供服务方面做得还不够。据调查，通过政府办职业介绍机构获得现有工作岗位的农民工只占7.2%，通过招聘会获得现有工作岗位的农民工也不过占17.9%，反映了公共就业服务机构没有在农民工进城务工方面发挥应有的主导作用。不仅如此，通过政府办职业介绍机构获得现有工作岗位的农民工所占比例与通过私人职业介绍机构找到工作的农民工所占比例（6.5%）差不多，也反映了享有政府资金投入的公共就业服务机构并不比私人职业介绍机构具有明显优势（见图4－6）。

从不同文化程度的农民工进城就业的主要途径的交互分析结果来看，两者存在显著差异（$p<0.001$），62.8%的初中学历农民工通过亲友介绍

---

① 李培林、张翼、赵延东：《就业与制度变迁：两个特殊群体的求职过程》，浙江人民出版社，2000，第195页；李汉林、王琦：《关系强度作为一种社区组织方式：农民工研究的一种视角》，载柯兰君、李汉林主编《都市里的村民：中国大城市里的流动人口》，中央编译出版社，2001，第15—35页。

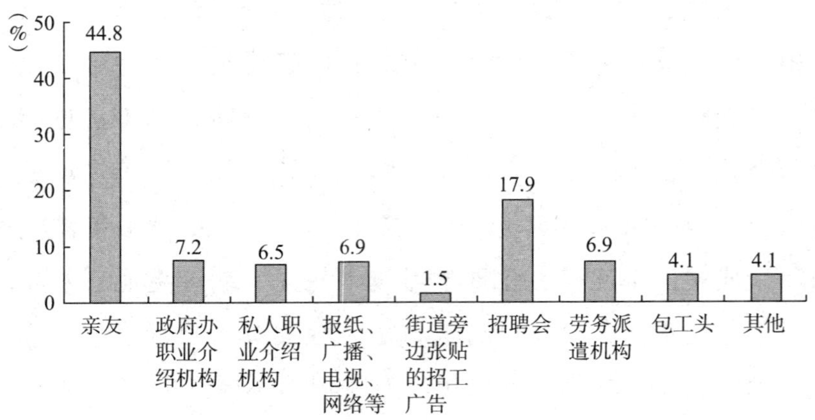

图 4-6 农民工进城就业的主要途径（N=1760 人）

找到工作岗位，7.1%的初中学历农民工通过包工头找到工作，这两个比例对高中以上学历农民工来说，分别只有32.7%和2.3%，高中以上学历农民工更多的是通过职业介绍机构、招聘会、招工广告等方式找到工作。这反映出农民工学历越高，独立闯荡、寻找工作的能力越强。

从不同年龄段农民工进城就业的主要途径的交互分析统计结果来看，新生代农民工与第一代农民工在寻找工作的方式上存在显著性差异（$p<0.001$），第一代农民工60.0%以上通过亲友介绍找到工作，11.0%的人通过招聘会找到工作，9.5%的人通过职业介绍机构找到工作。对新生代农民工来说，虽然这三种方式仍是其排在前三位的就业方式，但是所占比例已经发生了很大变化，新生代农民工通过亲友介绍找到工作的人数不到1/3，通过招聘会和职业介绍机构找到工作的比例较第一代农民工上升了一倍左右，分别为23.0%和17.2%。这说明新生代农民工在就业方面更多地依赖市场就业信息，而不像第一代农民工那样主要依靠亲友介绍。这一方面反映了新生代农民工因为受教育水平高而具有了一定的自我选择就业能力；另一方面也反映了新生代农民工与第一代农民工相比，在一个地区“抱团”生活就业的情况有所弱化，独立性更强。

2. 农民工在进城求职的过程中遇到的最主要的困难是自身的职业技能与文化素质较低

根据调查，在农民工进城求职所面临的各种困难中，有48.9%的农民工表示最主要的困难是“缺乏职业技能”，有42.5%的农民工认为是“学历低”，这两项分别位列第一位和第二位，比较集中地显示了农民工自身文化与技能素质比较差是影响其进城就业的最主要障碍。同时，有29.7%的农民工反映“无法获得可靠的招工信息”，这在农民工进城求职时所遇到的困难中排在第三位，表明公共就业服务机构在为农民工提供有关劳动力市场供求信息服务方面还做得不够。此外，农民工反映在进城求职方面遇到的其他一些困难或障碍依次是“对农民工的歧视”（占16.0%）、“没有当地城镇户口”（占15.8%）、“雇用条件不合理，难以接受雇用”（占15.5%）、“某些职业介绍机构骗人”（占11.4%）、“年龄限制”（占10.9%）等（见图4－7）。

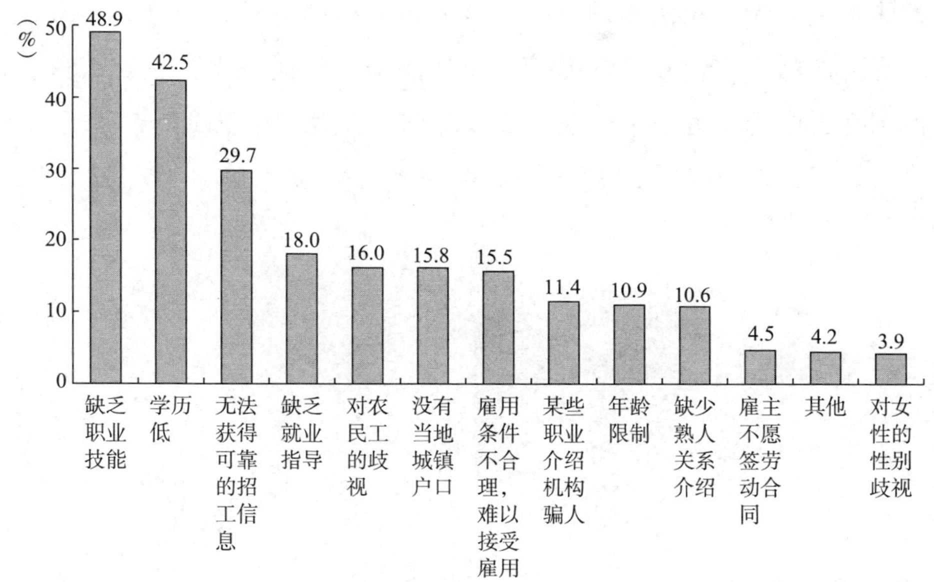

图4－7 农民工进城求职面临的主要困难（$N=1747$人）

对不同年龄段农民工进城求职所面临的困难进行交互分析，结果显示，第一代农民工比新生代农民工更明显地感受到身份歧视和年龄歧视（$p<0.001$），而新生代农民工更强烈地认为缺乏就业技能和就业指导是他们面临的主要困难（$p<0.001$）。存在以上差异主要是因为第一代农民工和新生代农民工自身情况和自我期许不同：第一代农民工因为受教育程度低和年龄大，在就业市场上深刻感受到身份歧视和年龄歧视；新

生代农民工则一方面因为年龄小，技能和经验不足而存在就业困难，另一方面也与这个群体总体上更追求个人发展前途和成就，因而对好工作有着较高期望有关。

三　农民工技能培训

1. 近三年来参加与没有参加过职业技能培训的农民工人数均接近半数

调查结果显示，“参加过一次职业技能培训”的农民工占23.9%，“参加过两次职业技能培训”的农民工占10.7%，“参加过三次及以上职业技能培训”的农民工占14.1%，以上三项合计占48.7%。同时，仍有48.7%的被调查农民工“没有参加过职业技能培训”，这与参加过职业技能培训的人数比例相同（见图4－8）。由此可见，尽管近年来各地政府有关部门在广泛开展农民工职业技能培训方面取得了一定成效，但在被调查者中仍有近一半的农民工没有参加过培训。因此，农民工职业技能培训工作还迫切需要加大力度。

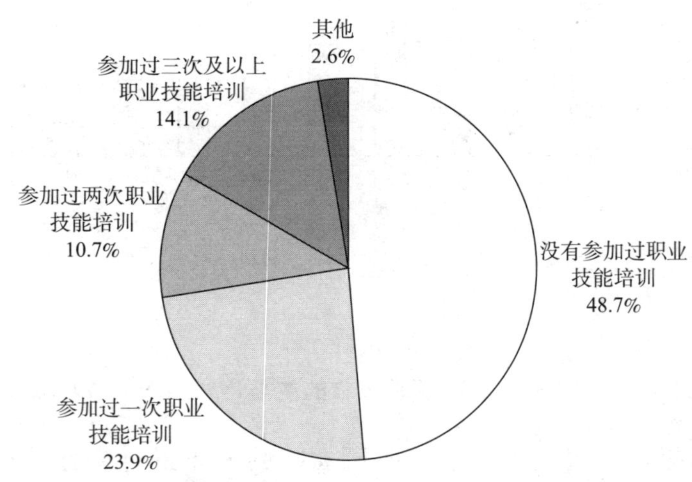

图4－8　农民工参加职业技能培训情况（$N=1724$人）

2. 从农民工技能培训的承担主体来看，务工所在地工作单位是最主要的培训承担主体

在被调查的农民工最近一次参加的培训中，有47.0%的农民工是由“务工所在地工作单位”组织培训，有15.3%的农民工是参加“务工所

在地政府培训机构”主办的培训，还有6.5%的农民工是参加“务工所在地民办培训机构”开展的培训，以上三者合计占68.8%。此外，参加“家乡所在地政府培训机构”主办培训的农民工只有7.5%，参加“家乡所在地民办培训机构”主办培训的农民工仅有5.5%，两者合计只占农民工总数的13.0%（见图4－9）。这表明，农民工技能培训主要由输入地用人单位以及当地公办和民办培训机构承担，并且用人单位主办的培训占主导地位。这也反映了职业技能培训的社会化程度还比较低，在发展公办和民办培训事业方面还有很大的空间。

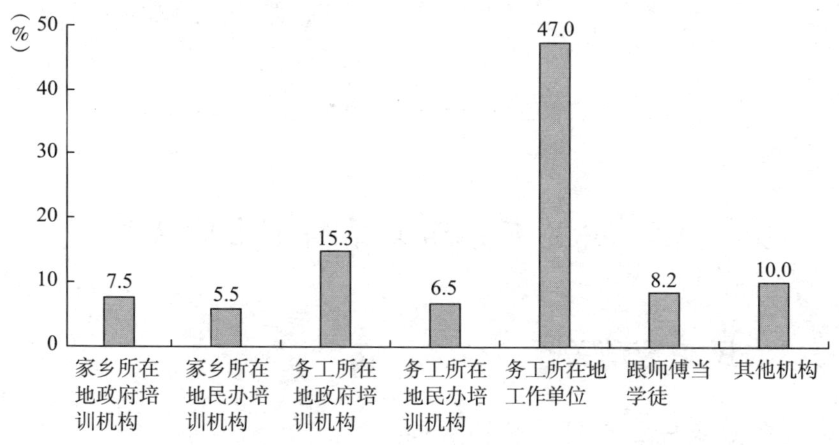

图4－9　农民工培训主办单位类型分布情况（N＝856人）

3. 从农民工技能培训的资金来源看，务工所在地工作单位也是最主要的承担者

对“农民工最近一次参加的培训费用由谁支付”这一问题，有52.0%的农民工回答是“完全由单位承担”，位居首位；还有18.4%的农民工表示是“本人自费”，排在第二位，这说明有相当一部分农民工重视提升自身技能素质的意识和积极性明显增强。此外，有9.8%的农民工表示培训费用是由“个人缴费和单位补贴”，还有6.9%的农民工表示是由“个人缴费和政府补贴”；只有2.4%的农民工表示是“完全由政府承担”（见图4－10）。这一调查结果反映了当地政府在农民工培训方面提供的补贴较少。但是，据调查了解，当地政府有关部门采取购买培训的方式向培训机构或用人单位提供补贴，而农民工或许并不清楚政

府补贴的具体情况，以致上述调查统计结果难免存在一定的误差。

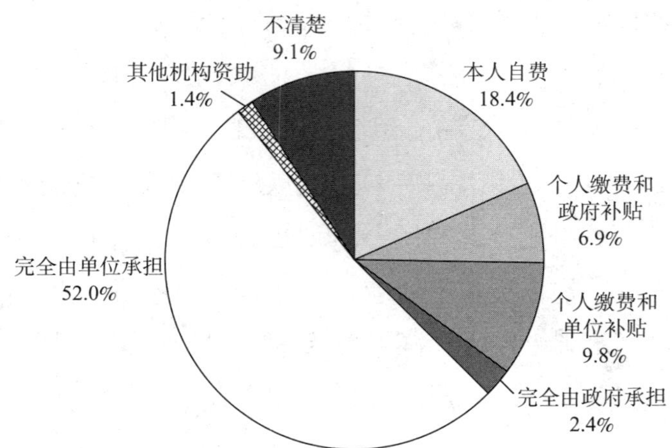

图 4－10　农民工培训资金来源情况（N＝866 人）

第三节　农民工劳动关系与工资收入情况

一　农民工劳动关系

1. 大多数农民工签订了劳动合同

在被调查的农民工中，有 76.5% 的农民工与用人单位“签订了劳动合同”；还有 3.6% 的农民工“劳动合同到期后尚未续签”；另外还有 6.3% 的农民工属于“劳务派遣工”，这些人只与劳务派遣企业签订合同，而不必与用人单位签订劳动合同；明确表示“没有签订劳动合同”的人数只占 12.2%（见图 4－11）。这表明，在《劳动合同法》颁布实施后，农民工与用人单位签订劳动合同的情况明显改善，而且我们调研的企业大都属于管理比较规范的企业，因此劳动合同签订率比较高。值得注意的是，在调研的一些企业中，出现用劳务派遣关系替代劳动关系并且滥用劳务派遣工的倾向，有的企业甚至将原先与其签订劳动合同建立劳动关系的大部分员工改为劳务派遣关系，对这些劳务派遣工的合法权益造成损害，应当对这一问题引起高度重视并依法加强对劳务派遣的规范管理和监督检查。

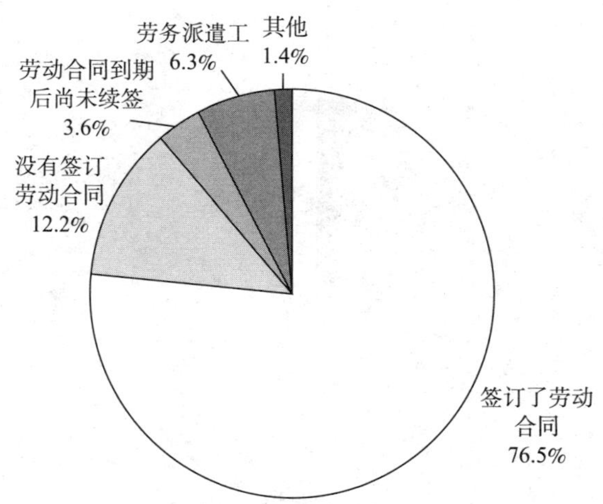

图 4－11　农民工签订劳动合同的比例（N＝1725 人）

2. **农民工劳动合同短期化现象依然存在**

在被调查的农民工中，签订“1 年以内劳动合同”的比例为 36.0%，签订“1 年以上 3 年以内劳动合同”的比例为 44.5%，两者合计占 80.5%，这表明目前农民工劳动合同短期化问题仍然相当突出。此外，签订“3 年以上 5 年以内劳动合同”的比例只有 8.0%，签订“5 年以上劳动合同”的比例也只有 4.5%，签订“无固定期限劳动合同”的比例仅有 3.7%，三者合计只有 16.2%，这说明签订中长期劳动合同的农民工所占比例还是比较小（见图 4－12）。农民工劳动合同短期化倾向不利于农民工就业的稳定，不利于提高农民工的职业技能，农民工频繁流动也会加大企业成本、社会成本和农民工的个人成本，对有关各方都不利。

3. **多数农民工在被用人单位解除劳动合同后能够依法获得经济补偿金**

对“并非个人原因被用人单位解除劳动合同后能否依法得到经济补偿金”的问题，在被调查的农民工中，有 37.4% 的人表示“能够顺利获得”，有 9.0% 的人表示“经劳动争议调解或仲裁获得”，有 8.7% 的人表示“经过反复交涉才争得”，还有 2.3% 的人表示“经过法院审判获得”，以上四项合计为 57.4%；此外，有 21.6% 的农民工表示“虽然知道有这种政策，但不想惹麻烦，一走了之”，还有 21.0% 的农民工表示

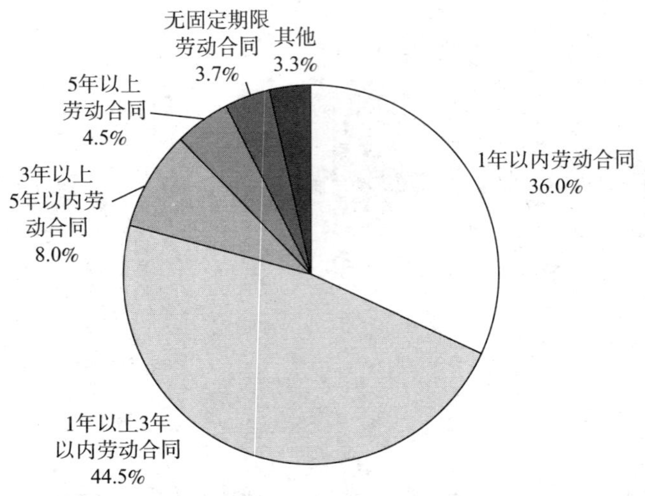

图 4-12　农民工劳动合同期限情况（N=1558 人）

“不懂有关政策，没有找单位或雇主要经济补偿”，两者合计为 42.6%（见图 4-13）。这说明多数农民工依法维护自身合法权益的意识明显增强，在被用人单位解除劳动合同后能够努力争取并依法获得经济补偿金；同时，也有相当一部分农民工由于对有关政策不熟悉，或不想惹麻烦，以致没有争取经济补偿金。

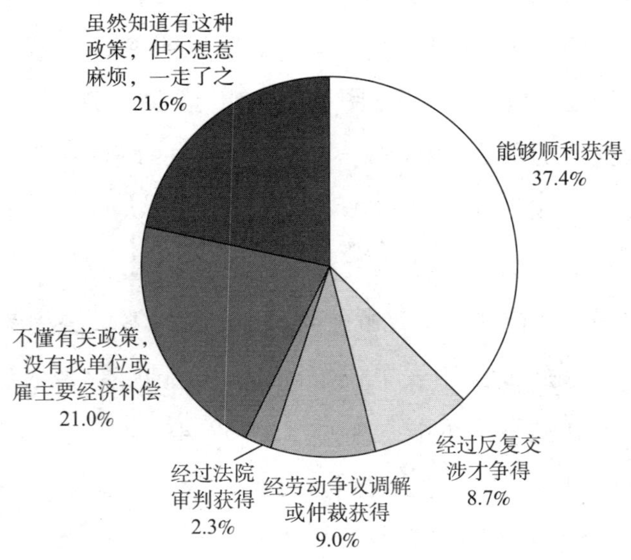

图 4-13　农民工被解除劳动合同后的经济补偿情况（N=1282 人）

二　农民工工资收入

1. 超过半数的被调查农民工月工资收入在1000—2000元

在被调查的农民工中，月工资收入在1000元以下的占12.9%，1000—2000元的占56.0%，2000—3000元的占22.7%，3000—4000元的占5.2%，4000—5000元的占2.8%，5000元及以上的占0.4%（见图4－14）。这说明农民工群体的收入水平出现明显分化，这与不同地区、行业、企业之间的员工工资收入存在显著差距有关。需要说明的是，这次调查的企业多数是广东、浙江等经济比较发达地区的企业，经济效益较好，因此，被调查农民工的总体工资水平也相对高一些。

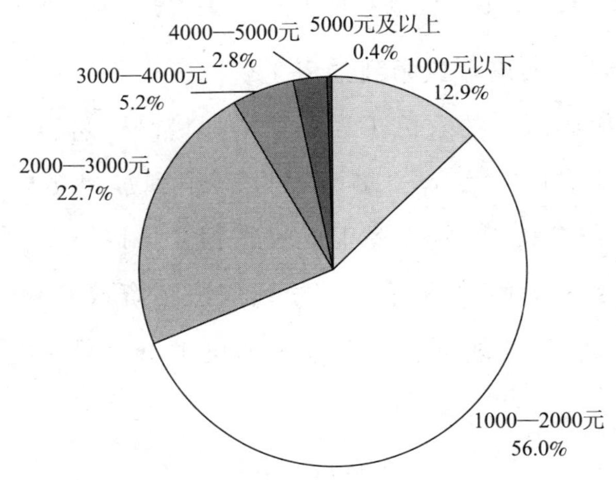

图4－14　农民工月工资收入水平（N＝1724人）

2. 绝大多数农民工自2009年以来没有发生过工资被无故拖欠或克扣的问题

调查结果显示，有80.1%的农民工工资没有被拖欠或克扣；有9.0%的农民工工资被拖欠或克扣过1—2次，还有4.6%的农民工工资出现多次被拖欠或克扣的现象，后两项合计占13.6%（见图4－15）。这表明，近年来国家和地方通过积极采取相关政策措施解决农民工工资被拖欠或克扣的问题已经取得显著成效；但同时，一些地方和企业仍然存在部分农民工工资被拖欠或克扣的问题。因此，应当继续高度重视解决这方面的问题，并进一步采取有力措施维护农民工的劳动报酬权益。

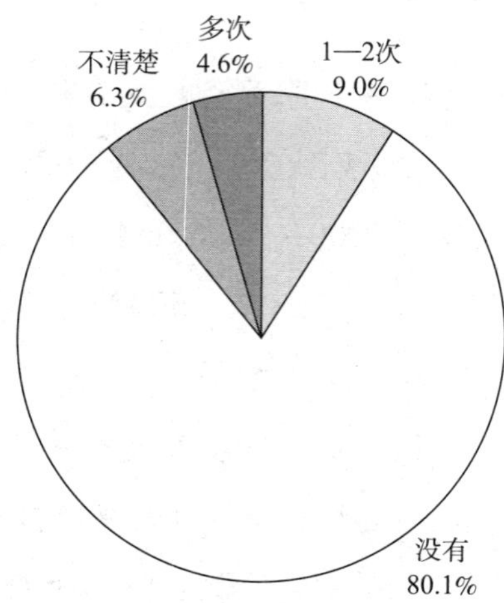

图 4－15　农民工工资被拖欠或克扣情况（*N*＝1725 人）

3. 多数农民工加班可以领到加班工资

据调查，有 49.1% 的农民工表示如果加班是“可以”领到加班工资的，有 19.4% 的农民工表示“多数可以”领到加班工资，两项合计占 68.5%。此外，有 10.4% 的农民工反映“很少可以”领到加班工资，还有 15.1% 的农民工反映“不可以”领到加班工资（见图 4－16）。这一方面说明大多数农民工加班后可以领到加班工资；另一方面也反映了仍

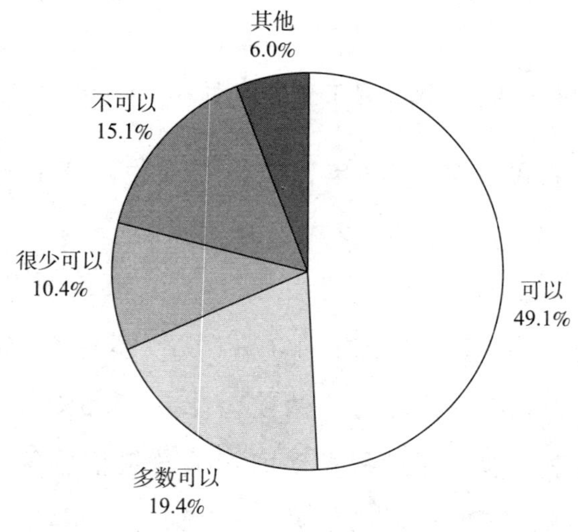

图 4－16　农民工能否领到加班工资情况（*N*＝1714 人）

然有部分用人单位不能依法支付加班工资，以致一部分农民工的劳动报酬权益受到侵害。

4. 对农民工与城镇职工同工同酬的看法

对农民工与城镇职工能否同工同酬的问题，有 43.1% 的农民工认为“能够”；有 19.5% 的农民工认为“有时可以”；有 12.9% 的农民工认为“比较难”，有 10.5% 的农民工认为“不可能”，这两项合计占 23.4%（见图 4－17）。这表明，认为能够同工同酬的人数居多，说明这方面的工作已经取得了一定成效；同时，仍有近 1/4 的农民工认为目前仍然难以实现同工同酬，反映了一些用人单位在支付劳动报酬方面对农民工还存在身份歧视和分配不公的问题。

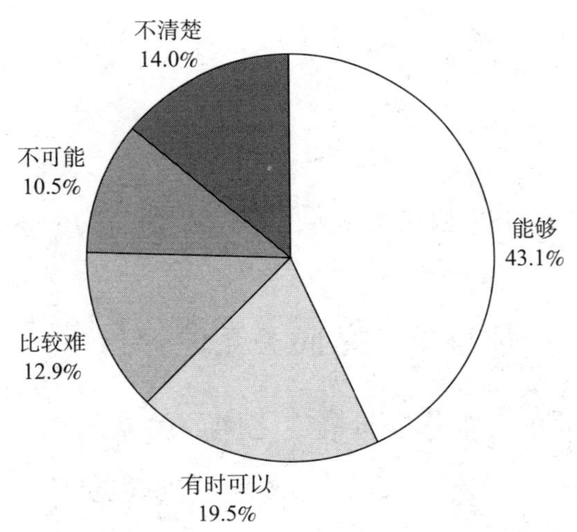

图 4－17　农民工能否与城镇职工同工同酬情况（N＝1737 人）

三　农民工参加工会情况

对农民工所在企业的工会组建情况，在对此做出回答的 1740 名农民工中，有 68.0% 的农民工知道所在企业有工会，有 12.9% 的农民工反映所在企业没有工会，还有 19.1% 的农民工表示不知道所在企业是否有工会。

在所在企业有工会中，有 57.1% 的农民工表示“已经参加工会”；

有22.1%的农民工反映“想参加，但没有人让我参加”；有6.0%的农民工则明确表示“不想参加”；还有14.9%的农民工表示“不清楚”是否参加了工会（见图4－18）。这表明，近年来各地工会在促进农民工参加工会组织方面取得了明显成效，但在一些地方和企业也存在相关工作不到位的问题。

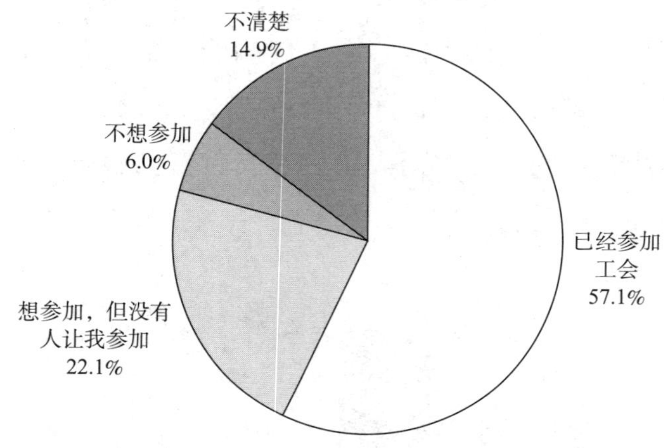

图4－18　农民工参加工会情况（N＝1102人）

四　对用人单位与员工之间关系的评价

对如何看待所在工作单位与员工之间的关系问题，在可以选择多项答案的情况下，有52.7%的农民工认为“单位雇员工干活赢利，员工靠单位雇用挣钱”，还有28.1%的农民工认为“单位是领导或老板的，与员工只是雇用关系”，这些看法反映了多数农民工认为员工与工作单位的关系只是一种在雇用状态下的劳动与报酬的交换关系。同时，有34.6%的农民工认为“单位是个集体，集体好了，大家都好”，有32.8%的农民工认为“单位是员工的依靠，彼此合作”，有26.9%的农民工认为“单位是个大家庭，领导像家长，员工像子女”，有20.3%的农民工认为“单位与员工合伙做事，有福同享、有难同当”，这些观点也反映了大约1/3左右的农民工把员工与工作单位之间的关系看作是一种相互依存、合作与同舟共济的利益共同体（见图4－19）。

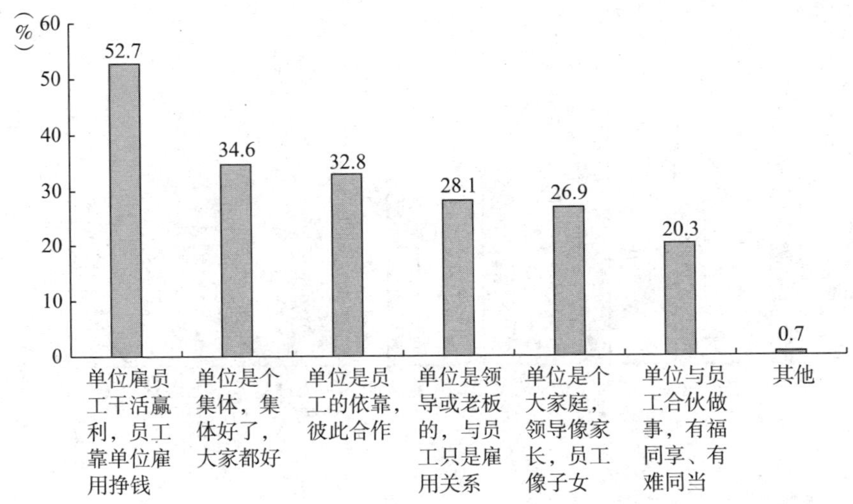

图 4-19　农民工对工作单位与员工之间关系的看法（N = 1739 人）

五　对用人单位对待农民工权益方面的评价

根据问卷调查，不少农民工自从进城务工以来，他们的合法权益曾经在许多方面受到用人单位或雇主的侵害。其中，有 44.2% 的农民工反映“被强迫加班”；有 32.6% 的农民工反映“被拖欠工资”；有 29.4% 的农民工反映“被无理克扣工资”；有 25.5% 的农民工反映“被无理罚款”；有 24.9% 的农民工反映用人单位“不提供必要的劳动保护措施”；有 18.7% 的农民工反映被“无理解雇”；有 8.7% 的农民工反映“发生工伤后用人单位拒不依法赔偿”；还有 3.0% 的农民工反映“被虐待、打骂”（见图 4-20）。

近年来，各级政府出台了一系列维护农民工合法权益的政策措施，并加大了对用人单位执行有关政策、保障农民工合法权益的监督检查和执法力度，促使用人单位逐步改善农民工的工作条件和待遇。调查显示，多数农民工对近年来用人单位对待农民工的做法上的变化表示肯定。其中，认为用人单位在安全生产与卫生防护、雇用的稳定性、管理规章合理性、参加社会保险、工资水平等方面对待农民工的做法“有好转”的农民工均超过 50%，分别达到 63.6%、59.2%、58.5%、

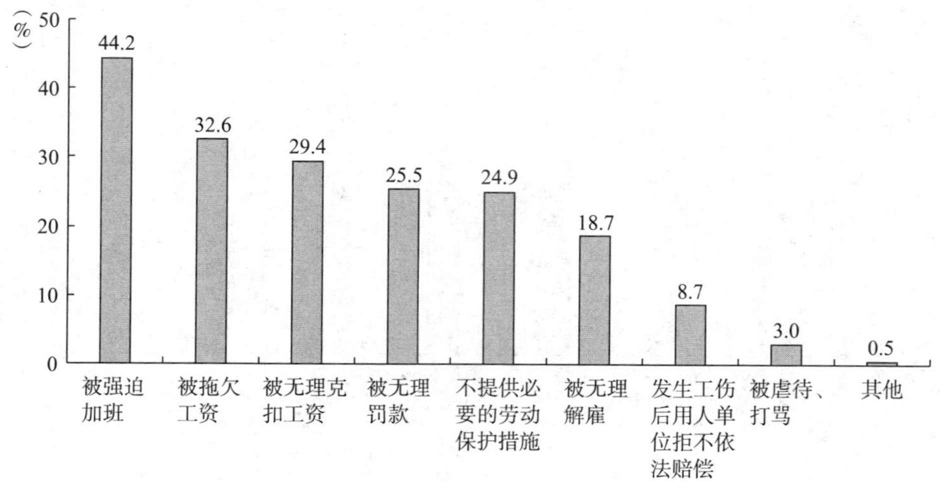

图 4－20　用人单位侵害农民工合法权益情况（N＝1126 人）

57.4%、53.8%；认为用人单位在劳动强度、工作时间等方面“有好转”的农民工均不足50%，分别为45.6%、44.6%；此外，认为用人单位在上述各方面“没变化”的农民工分别在24.9%和38.1%之间，认为用人单位在上述各方面“变差了”的农民工均在12%以下（见表4－2）。

表 4－2　对近年来用人单位对待农民工的做法的评价（N＝763 人）

单位：%

指标＼评价	有好转	没变化	变差了	其他
雇用的稳定性	59.2	28.8	6.0	5.9
工资水平	53.8	32.7	8.9	4.7
参加社会保险	57.4	28.5	5.5	8.5
工作时间	44.6	38.1	11.6	5.6
劳动强度	45.6	36.2	11.1	7.0
管理规章合理性	58.5	26.9	7.2	7.3
安全生产与卫生防护	63.6	24.9	5.8	5.7

第四节　农民工劳动保护情况

一　农民工职业安全与卫生防护情况

1. 多数农民工反映用人单位能够提供职业安全生产与卫生防护设备

对用人单位所提供的职业安全生产和卫生防护用品的情况，有58.0%的农民工认为“基本齐全”，有19.3%的农民工表示“有一些”，7.3%的农民工反映“很少”，还有4.9%的农民工反映“没有”；此外，有8.3%的农民工表示“本人工作场所比较安全，不必防护”（见图4-21）。这说明大多数单位能够为农民工提供基本的劳动防护设备，但同时也有一部分农民工所在的用人单位的劳动保护条件较差。

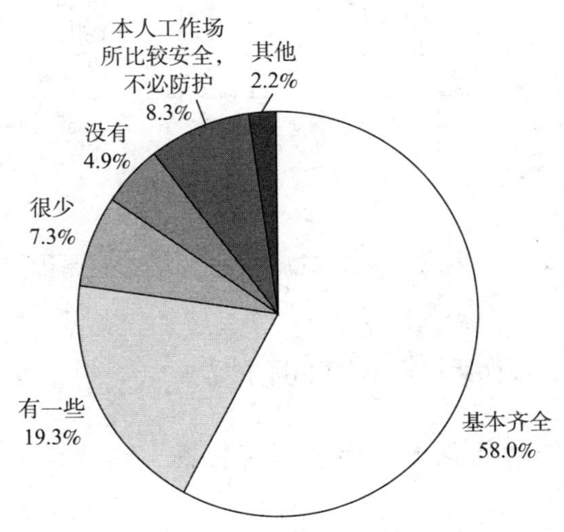

图4-21　农民工职业安全与卫生防护情况（$N=1734$人）

2. 农民工发生工伤事故或职业病的主要原因是多方面的，其中企业劳动保护做得不够的问题比较突出

从农民工反映发生工伤事故或职业病的主要原因（可以多项选择）来看，以选择人数为依据排序，排在第一位的是“工作场所安全生产防护设备不足”（占31.3%）；排在第二位的是“工作场所职业卫生条件差”（占28.7%）；排在第三位的是“本人不小心”（占25.9%）；其他

原因依次是“纯属意外”（占23.4%）、“没有必要的劳动保护用品”（占19.6%）、“相关制度不健全”（占18.2%）、“相关制度执行不力”（占16.0%）、“没有受过相关培训”（占15.7%）（见图4－22）。由此可见，在导致农民工工伤事故或职业病的主要原因中，既有劳动保护条件较差等客观因素，也有农民工缺乏劳动保护意识等主观因素。相比较而言，其主要原因还是企业在执行职业安全生产与卫生规章制度、提供相关设施条件以及劳动保护用品、开展相关培训等方面做得不够。

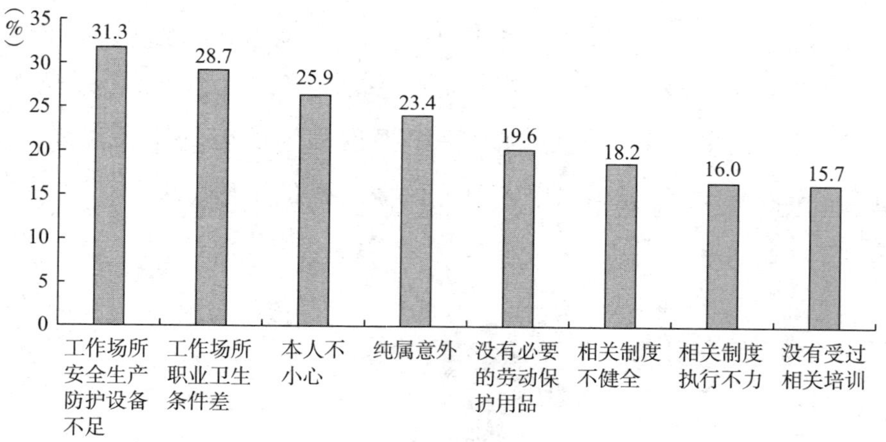

图4－22　农民工发生工伤事故或患职业病的主要原因（$N=1411$ 人）

二　农民工工作与休息时间情况

1. 农民工工作时间总体上超过法定标准

据调查，农民工平均每天工作时间为9个小时，超过半数的农民工每天工作时间在8小时以内，但也有超过四成的农民工每天工作时间超过8小时。其中，有54.3%的农民工每天工作时间在8小时以内；此外，有32.2%的农民工每天工作时间是8—10小时，有10.3%的农民工每天工作时间是10—12小时，还有3.1%的农民工每天工作时间超过12小时，后三项合计为45.6%（见图4－23）。从总体上看，农民工工作时间明显过长，并且相当一部分农民工的工作时间已经大大超过国家法定的工时标准。

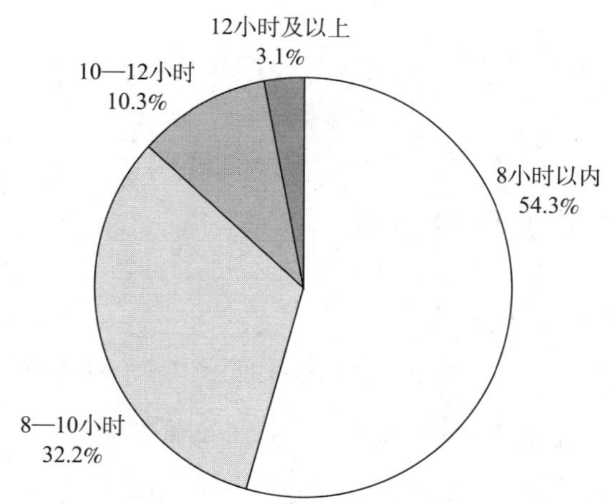

图 4-23 农民工平均每天工作时间（N=1539 人）

2. 60% 以上的农民工能够保证每周休息 1 天及以上

调查结果显示，每周休息 1 天的占 35.0%，每周能够休息 2 天的占 29.0%，休息半天的占 4.4%，很少休息的占 14.0%，没有休息的占 13.6%。这一方面说明大多数农民工能够保证基本的休息权益；另一方面也要注意到，接近 28.0% 的农民工"很少休息"和"没有休息"（见图 4-24）。当然，我们从调研中了解到，也存在相当一部分农民工为了多挣钱而不愿休息的情况，特别是在实行计件工资的用人单位。

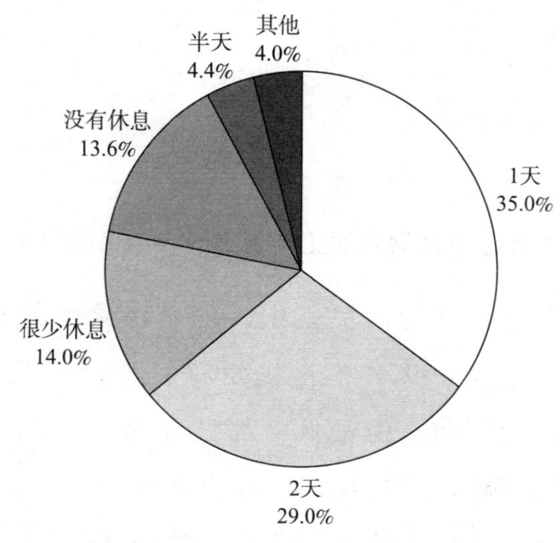

图 4-24 农民工每周休息时间（N=1714 人）

第五节　农民工社会保障情况

一　农民工养老保险情况

1. 农民工参保进展情况

多年来，农民工参加城镇职工基本养老保险的比例一直比较低。针对这一问题，近年来各地积极调整和改进政策措施，努力促进农民工参加养老保险。在被调查的农民工中，已参加养老保险的农民工占总数的50.5%，比过去显著增加；一直没有参加养老保险的占27.7%；曾经参加养老保险，但现在没有参加的占7.7%；不清楚自己是否参加了养老保险的占14.1%（见图4－25）。

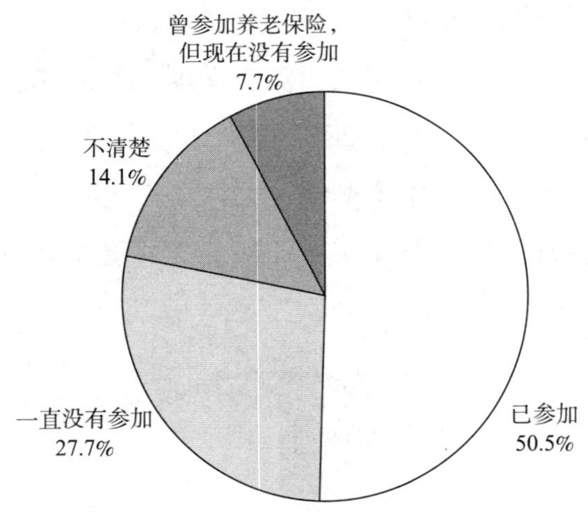

图4－25　农民工参加城镇职工基本养老保险情况（$N=1711$人）

分地区看，在被调查的农民工中，广州和深圳的农民工参加养老保险的比例最高，均在66%左右；杭州和宁波的农民工养老保险参保率在40%—50%；太原和临汾最低，都只有30%左右。根据调查，上述地区之间在农民工参加养老保险方面存在显著差距的一个主要原因，是这些地区对农民工参保所实行的费率政策不同。其中，广州市用人单位为农民工缴纳养老保险的费率为12%，深圳市的同类费率为

10%；杭州市的同类费率为14%，宁波市的同类费率为13%（个人不缴费）；太原和临汾两市都没有出台针对农民工参加养老保险的政策，用人单位为农民工缴纳养老保险的费率是执行国家有关政策规定的20%。因此，实行低费率的地区，农民工参加养老保险的人数比例相对较高，反之亦然。

2. 农民工没有参加养老保险的主要原因

在没有参加城镇职工基本养老保险的577名被调查的农民工中，他们所反映的未参保原因（最多可选三项）比较复杂。其中，有49.4%的人反映“用人单位没给办理养老保险”，排在第一位，说明许多用人单位为降低人工成本而不愿依法为农民工缴纳养老保险费，这是造成农民工没有参加养老保险的最主要的原因。有42.6%的人表示“不知道如何参加养老保险”，排在第二位，这反映了有关政策宣传和经办服务工作还做得不够。有24.8%的人表示“只想在城镇暂时打工，将来还会回家乡谋生，不必参保”，排在第三位。有20.6%的人表示“还年轻，暂不考虑养老问题”，排在第四位。后两类人员都是由于自己对养老保险的认识不足而主动放弃参保的。此外，有16.3%的农民工表示不参保的原因是“养老保险缴费负担重”，有14.0%的人表示“因养老保险关系无法跨统筹地区转移而退保”，还有13.0%的人认为“即使参加，将来也达不到领取养老金的条件”，这三种原因都与城镇职工基本养老保险制度本身的缺陷有关。另外，还有9.9%的人表示“过去曾经参加，但目前中断缴费”，对这类中断缴费所产生的问题也应当引起有关部门的重视（见图4－26）。

此外，统计结果显示，在没有参加城镇养老保险的农民工之中，不同年龄段和受教育程度的农民工对待参保的态度存在显著性差异（$p < 0.001$）。新生代农民工比第一代农民工，具有初中以下文化程度比具有高中以上文化程度的农民工更多地持有“只想在城镇暂时打工，将来还会回家乡谋生，不必参保”的态度。另外，新生代农民工比第一代农民工更多地认为“即使参加，将来也达不到领取养老金的条件”，年轻人

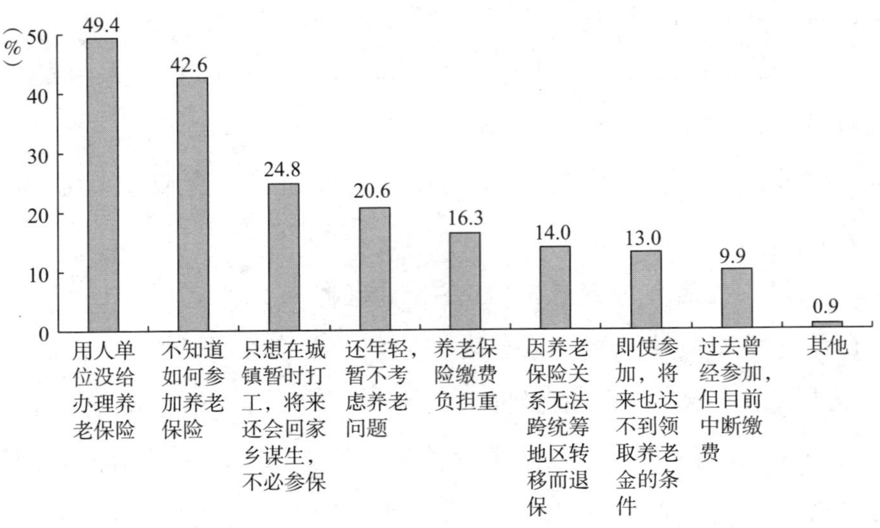

图 4－26　农民工没有参加城镇职工养老保险的原因（N＝577 人）

比年长者对养老保险制度更加缺乏信心的现象令人深思。

3. **农民工退保的主要原因**

在农民工参加城镇职工基本养老保险之后，许多农民工在离开务工所在地或用人单位时，往往到当地社会保险经办部门申请退保，领取本人缴纳的养老保险个人账户积累额。根据调查，共有 700 名农民工曾经退保，占参保或曾经参保农民工总人数（996 人）的 70.3%，这意味着在每 10 个参加过城镇职工基本养老保险的农民工中，就有 7 个人曾经退保。导致农民工退保的原因是多方面的，从农民工反映的原因来看（最多可选 3 项），有 63.4% 的人认为“养老保险关系无法转移，将来不能享受保险待遇”，有 36.1% 的人表示“将来准备回农村养老”，有 35.0% 的人表示“年龄与法定退休时间相距很远，不急于参保”，有 32.9% 的人认为“退保可以获得一笔现金”，还有 19.1% 的人认为“将来依靠子女养老”（见图 4－27）。由此可见，“养老保险关系无法转移”是造成大量农民工退保的最主要的原因，但并不是唯一的原因，大约有 1/3 的农民工是由于一些主观原因而要求退保的。这将导致他们在达到法定退休年龄时很有可能享受不到职工养老保险待遇。

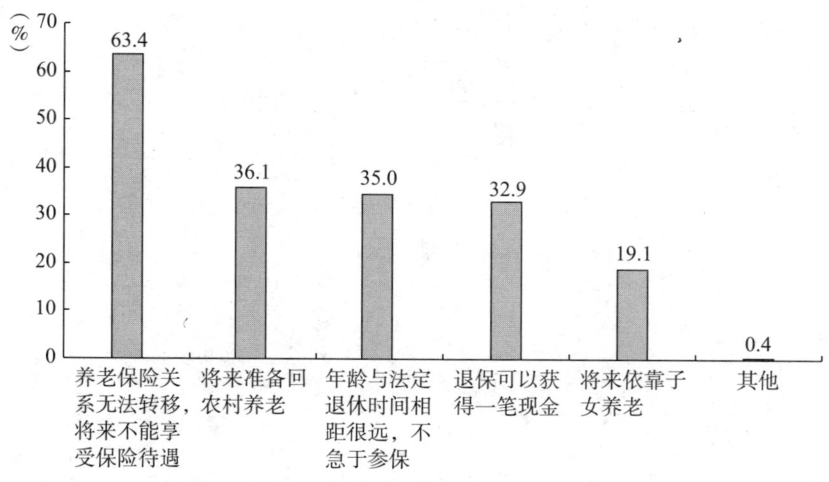

图 4－27 农民工退保的原因（$N=700$ 人）

4. 参加养老保险的农民工缴费负担问题

对参加养老保险的农民工的缴费负担统计显示，认为每月缴费“负担很重”的人占 21.8%，认为“负担较重”的人占 18.6%，两项合计占 40.4%；认为“负担一般”的人占 49.4%，认为“负担较轻”的人占 7.1%，认为“负担很轻”的人占 3.0%，三项合计占 59.5%（见图 4－28）。由此可见，近六成的农民工认为养老保险缴费负担能够承受得起，同时也有超过四成的农民工认为缴费负担过重。需要说明的是，在这次调研中有一部分地区所制定的农民工养老保险政策比较特殊，与全国大多数地方并不相同。例如，宁波市于 2008 年 1 月开始实行《宁波市外来务工人员社会保险暂行办法》，在降低缴费基数和费率的基础上，包括养老保险在内的五项社会保险费完全由用人单位承担缴费，个人不必缴费，因此，农民工个人没有缴费负担；杭州市按照浙江省政府关于在城镇职工基本养老保险方面对低收入劳动者（包括农民工）实行“低门槛准入、低标准享受”的精神，将农民工参加养老保险的个人缴费率从原先规定的 8% 降低到 5%。这就造成了在被调查的参保农民工中认为养老保险缴费负担能够承受得起的人数所占比例居多，与通常大多数参保人员认为养老保险缴费负担过重的不一致的情况。

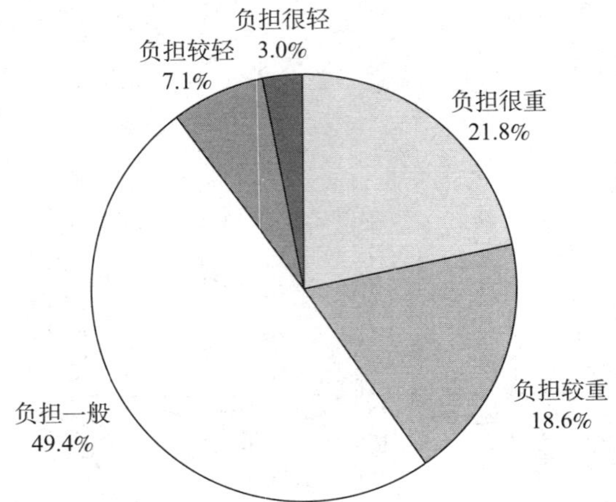

图 4－28　参加养老保险的农民工对缴费负担的看法（N＝757 人）

二　农民工医疗保障情况

1. 农民工参加城镇医疗保险的情况

对农民工是否参加城镇职工基本医疗保险的问题，在被调查的农民工中，有 53.1% 的人表示“已经参加”；有 7.5% 的人表示“曾经参加，但现在没有”；有 32.2% 的人表示“一直没有参加”（见图 4－29）。这表明多数被调查的农民工已经纳入城镇医疗保障体系，但仍有近四成的农民工在城镇缺乏基本医疗保障。

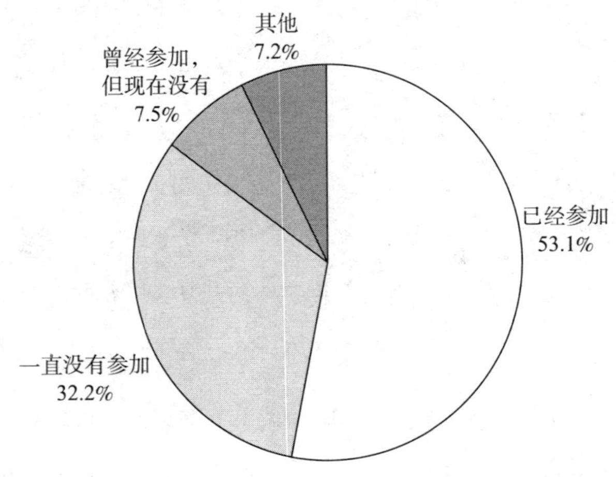

图 4－29　农民工参加基本医疗保险情况（N＝1675 人）

在没有参加城镇医疗保险的农民工中，有 572 名农民工回答了未参保的主要原因（最多可选三项）。其中，有 53.8% 的人反映“用人单位没给办理参保”；有 49.0% 的人表示“不知道如何参保”；有 19.9% 的人认为“身体较好，不必参保”；有 17.0% 的人表示“不易符合享受医疗保险待遇的条件”而选择不参保；也有 16.8% 的人因为“不愿缴纳保险费”而不参保；还有 10.3% 的人表示“过去曾经参加，但现在已经中断”（见图 4－30）。实际上，目前除参加城镇职工基本医疗保险需要个人缴费外，在很多地方参加针对农民工的大病医疗保险都是由用人单位缴费而不需要个人缴费的；即使有些地方规定农民工参保时也需要个人缴费，但缴费标准也比较低。因此，上述调查结果表明，造成农民工没有参加城镇医疗保险的首要原因是用人单位没有遵守有关政策规定为农民工办理参保；其次是由于农民工对医疗保险制度不够了解而不知道如何参保；此外是由于农民工自身的原因和享受医疗保险待遇的门槛较高而没有参保。

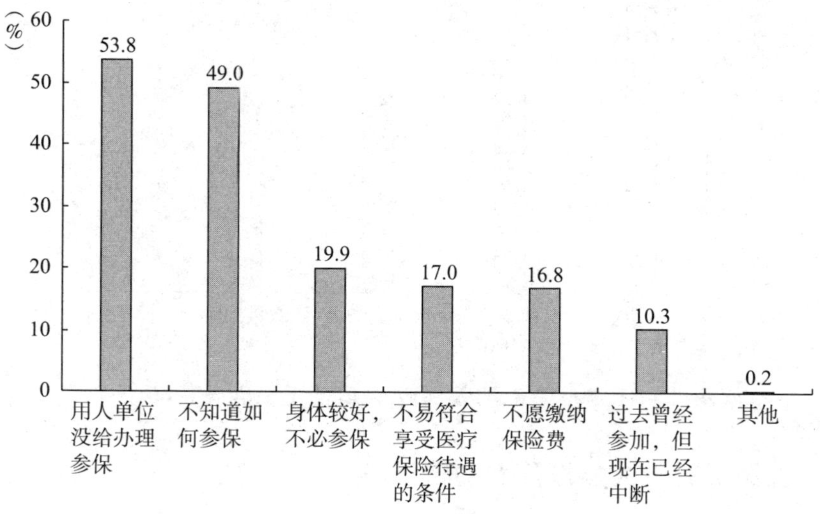

图 4－30　农民工没有参加城镇医疗保险的原因（N＝572 人）

2. 农民工参加新型农村合作医疗的情况

在被调查的农民工中，有 46.8% 的农民工参加了新型农村合作医疗（以下简称“新农合”），有 30.0% 的农民工明确表示没有参加新农合，还有23.2%的农民工对此表示“不清楚”。由于目前新农合是以农村家庭为参保对象的，一些外出务工人员的亲属在家乡为其申报参加新农合，而他们自己却不一定知道，因此，有相当一部分农民工对此表示“不清楚”。

3. 农民工双重参保与无保障的情况

农民工至少拥有一项医疗保障的有1284人，占调查对象的72.1%。其中，双重参保（同时参加家乡的新农合和务工所在地城镇职工医疗保险或外来务工人员医疗保险）的农民工共有385人，占整个调查对象的21.6%。既没有参加家乡的新农合，也没有参加务工所在地城镇职工医疗保险的农民工，即没有任何医疗保障的人占22.6%（见图4－31）。

综合归纳以上三方面的情况，在被调查的农民工中，已有超过七成的农民工纳入城乡医疗保障体系；同时，也有超过两成的农民工仍然处于无任何医疗保障的困境之中。

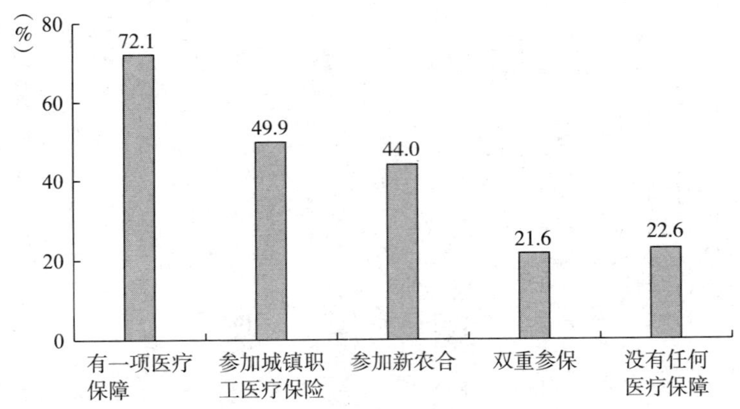

图4－31　农民工纳入医疗保障情况（N＝1780人）

4. 农民工支付大病医疗费的情况

对已参加医疗保险的农民工在患大病后如何支付医疗费用的问题（最多可选三项），46.4%的人是“在医院治疗并自付医疗费”，38.4%的人是“使用医疗保险个人账户资金”，36.3%的人是“到药店买药”，28.9%的人是“到医疗保险机构报销一部分医疗费”，23.5%的人是“回家乡找新农合机构报销一部分医疗费”（见图4－32）。调查结果表明，目前农民工在患大病后到医院治疗并由自己支付医疗费的人数所占比例居多（接近一半），大约有 1/3 的农民工由于去医院看病太贵而自己到药店买药应付一下；能够通过医疗保险机构或新农合机构报销一部分医疗费的人数只占 1/4 左右，大约有 1/3 的农民工使用医疗保险个人账户资金。由此可见，被调查农民工的医疗保障总体水平较低。

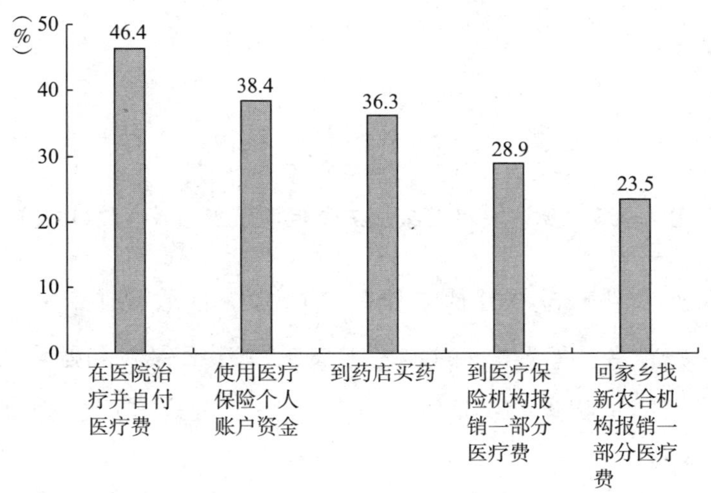

图 4－32　参保农民工患大病后医疗费支付情况（N＝852 人）

三　参加工伤保险以及享受相应待遇的情况

关于农民工参加工伤保险的情况，在被调查的农民工中，有 47.2% 的农民工表示“已经参加”；有 24.5% 的农民工表示“一直没有参加”，只有 5.3% 的农民工表示“曾经参加，但现在没有”；此外，还有 23.1% 的农民工表示“不清楚”，这主要是因为工伤保险费完全由用人单位缴纳，而不需要个人缴费，因此一部分农民工并不知道用人单位是否为自己参保了工伤保险（见图 4－33）。

如果农民工发生工伤事故，是否能够享受相应的工伤保险待遇或得到用人单位的赔偿呢？对这一问题，有 29.2% 的农民工表示“由用人单位支付医疗费以及相关赔偿”，有 16.4% 的农民工表示“享受政府经办的工伤保险待遇”，有 11.6% 的农民工表示“没有相关保险待遇，用人

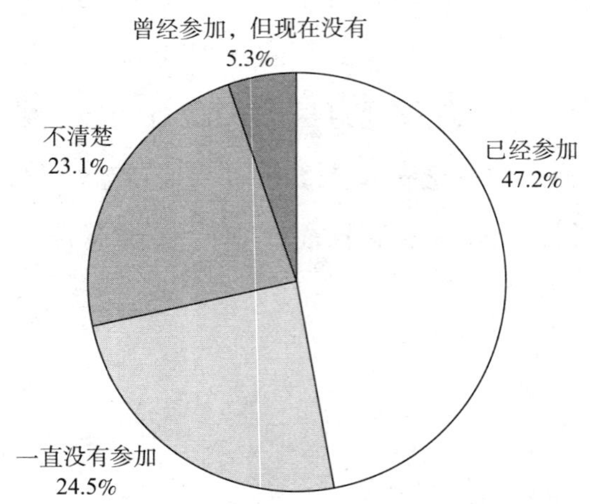

图 4－33　受访农民工参加工伤保险情况（N＝1711 人）

单位只支付医疗费，没有其他赔偿”，有 6.1% 的农民工表示“由商业保险公司支付赔偿”，有 5.5% 的农民工表示“什么保险和赔偿都没有，完全由自己或家庭承担”，还有 31.2% 的农民工对这方面的处理情况“不清楚”（见图 4－34）。

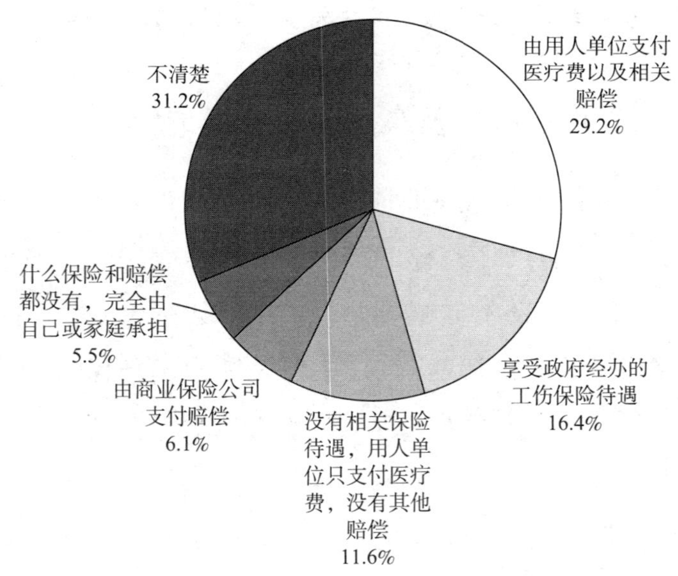

图 4－34　农民工享受工伤保险待遇以及赔偿情况（N＝1350 人）

四　参加失业保险以及享受相应待遇的情况

调查结果显示，在被调查的农民工中，已参加失业保险的人数比例只有 24.5%；有 47.1% 的农民工表示“一直没有参加”业保险；还有 5.3% 的农民工表示“曾经参加，但现在没有参加”；此外，由于农民工失业保险不需要个人缴费，因此有 23.1% 的人表示并不清楚自己是否参加了失业保险（见图 4－35）。

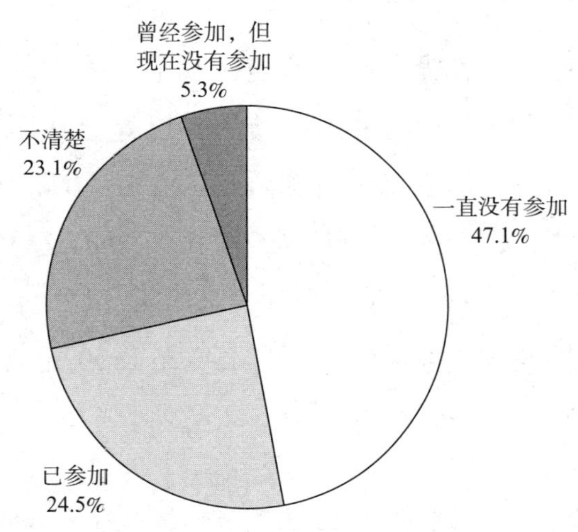

图 4－35　受访农民工参加失业保险情况（N＝1681 人）

按照有关规定，参加失业保险的农民工在失业后可以一次性领取失业补助金。在被调查的农民工中，有 55 人曾经一次性领取过失业补助金，平均领取的失业补助金为 830 元，还不到农民工一个月的平均工资。

综上所述，在被调查的农民工中，参加养老保险和医疗保险的人数所占比例都超过 50%，参加工伤保险的人数也接近 50%，而参加失业保险的人数不足 1/4。由于我们调查的企业都是当地相对比较规范的企业，因此，当地农民工的总体参保率会低于上述调查结果。这表明，目前农民工参加社会保险的比例仍然较低。调查显示，导致农民工参保率较低的原因主要有以下三个方面：一是不少企业为降低人工成本而不愿为农民工办理参保并承担缴费责任；二是现行的城镇职工社会保险制度还存在不适应农民工特点和需要的问题；三是一些农民工对社会保险的认识不足，参加社会保险的意识还比较淡薄。此外，从农民工享受社会保险待遇的情况来看，已经有一部分参保农民工能够依法享受相关的社会保险待遇，但农民工享受社会保险待遇的门槛偏高，待遇水平也偏低。

第六节　农民工生活与城市化情况

一　农民工生活消费情况

农民工每月的生活消费支出主要包括食品、房租、衣物、交通、医疗、通信、娱乐以及购买其他生活用品的支出等。在提供有关生活信息的农民工中，有 69.8% 的农民工是独自一人在外生活，还有 30.2% 的农民工是与家人一起生活。在单独生活的农民工中，51.3% 的人每月消费水平在 1000 元以下，总体平均每月消费水平为 1479 元。而在与家人同住的农民工当中，48.4% 的人每月消费水平在 1500 元以下，总体平均每月消费水平为 1979 元（见表 4－3）。

表 4－3　农民工平均每月生活费支出情况（N＝1090 人）

项目	独自一人在外生活的农民工			与家人同住的农民工		
	人数（人）	比例（%）	累计百分比（%）	人数（人）	比例（%）	累计百分比（%）
500 元以下	105	13.8	13.8	15	4.6	4.6
500—1000 元	285	37.5	51.3	71	21.6	26.2
1000—1500 元	170	22.3	73.6	73	22.2	48.4
1500—2000 元	100	13.1	86.7	70	21.3	69.7
2000—2500 元	25	3.3	90.0	24	7.3	77.0
2500—3000 元	33	4.3	94.3	37	11.2	88.2
3000—3500 元	5	0.7	95.0	7	2.1	90.3
3500—4000 元	6	0.8	95.8	19	5.8	96.1
4000 元及以上	32	4.2	100.0	13	4.0	100.0
合计	761	100.0	—	329	100.0	—
平均每月生活费(元)	1479			1979		

二　农民工居住状况

1. 农民工居住方式

在填写居住情况的 1675 名农民工中，有 50.4% 的人住在单位集体宿舍，7.8% 的人租住单位的一套住房，两者合计共有 58.2% 的农民工住在单位提供的住房中。另外，有 17.1% 的人租住在农村居民的房屋，13.8% 的人租住在城镇居民的房屋，1.1% 的人在亲友处。此外，有 1.9% 的农民工住在自己搭建的临时住处，5.4% 的农民工住在自购房中（见图 4－36）。由此可见，农民工进城务工期间的居住方式是以住在单位集体宿舍和自费租房为主，能够自己买房定居的人极少，从居住方式上也反映了农民工如同浮萍一样，在城市中缺乏安居乐业的根基。

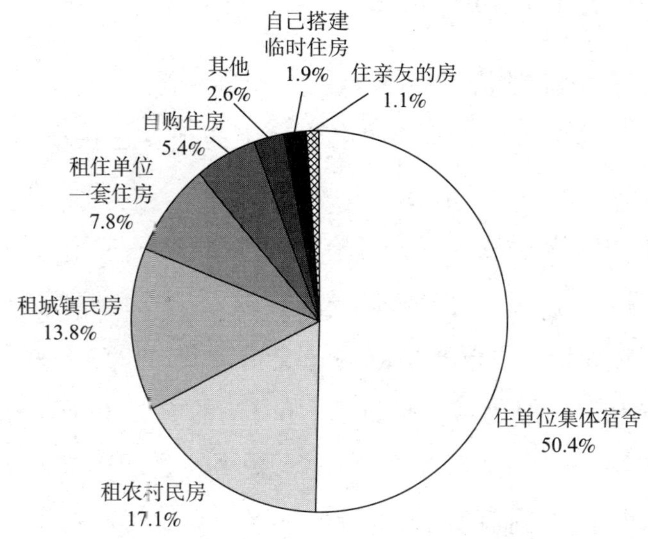

图 4－36　农民工居住情况（N＝1675 人）

2. 农民工租房支出情况

从部分农民工提供的租房情况来看，农民工住房的租金价格差异较大，从 200 元以下到 1000 元及以上不等。其中，每月房租在 200 元以下的占 31.5%，200—400 元的占 34.1%，400—600 元的占 18.7%，600—800 元的占 7.5%，800—1000 元的占 5.0%，1000 元及以上的占 3.2%（见图 4－37）。在这些租房的农民工中，房租的中位价是每月 300 元，平均价是每月 414 元，平均房租支出约占农民工收入的 20%。

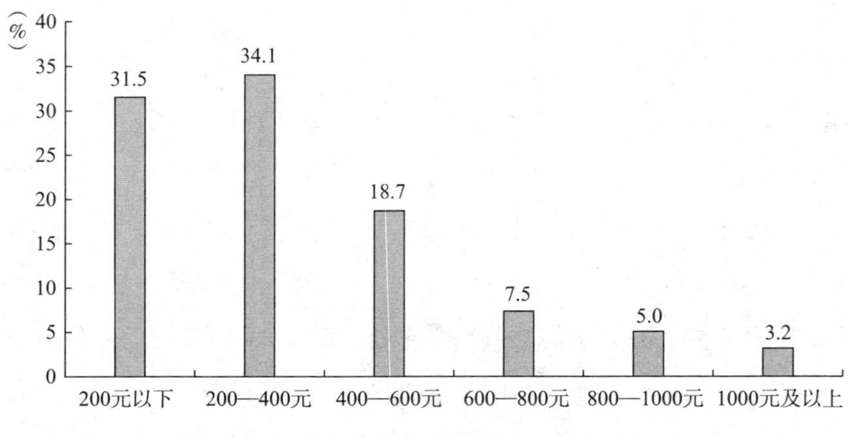

图 4－37　农民工租房支出情况（N=775 人）

三　农民工子女教育情况

1. 农民工子女上学情况

在被调查的农民工中，有 704 名农民工的子女正在小学和中学阶段。其中，47.0%的农民工子女在家乡的中小学上学，23.9%的农民工子女跟随父母进城并在城镇学校上学，还有 16.2%的农民工子女有的在家乡上学、有的在城镇上学。农民工随迁子女在城镇上学的情况为：5.5%的农民工子女能够在城镇公办学校上学并免交借读费；12.1%的农民工子女在城镇公办学校上学，但仍需交借读费；6.3%的农民工子女在城镇民办学校上学并需交纳学费等各种费用。值得关注的是，还有 1.8%的农民工（44 人）子女由于多方面的原因暂时处于辍学状态。

2. 农民工子女教育支出情况

调查显示，农民工子女教育负担比较重。在 504 名填写子女教育支出情况的农民工中，2009 年，支出在 1000 元以下的农民工只占 24.2%；支出在 1000—2000 元的农民工占 17.5%；支出在 2000—3000 元的农民工占 12.9%；支出在 3000—4000 元的农民工占 6.9%；支出在 4000—5000 元的农民工占 10.7%；支出在 5000 元及以上的农民工占 27.8%（见图 4－38）。

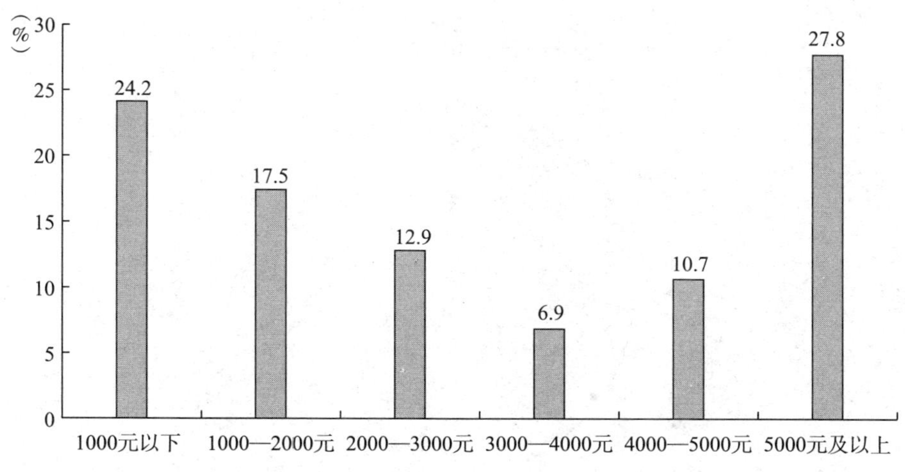

图 4－38　农民工子女教育支出情况（N＝504 人）

四　农民工融入城市社会的进展情况

农民工背井离乡进入城市务工谋生，能否适应城市的工作和生活环境，反映了农民工在城市的生存能力与融入城市社会的程度，这也是农民工城市化水平的一个重要标志。在对“是否适应城市工作和生活”的问题做出回答的 1751 名农民工中，有 57.7% 的农民工感觉“工作和生活都适应”，这表明大多数农民工在城市的适应能力较强；同时，有 18.0% 的农民工感觉“工作还适应，但生活不习惯”，还有 6.6% 的农民工感觉“工作不够适应，但生活还习惯”，这些农民工在城市工作与生活两个方面的适应性不够协调；还有 4.5% 的农民工感觉“工作和生活都不习惯”，这一小部分农民工比较难以融入城市社会；此外，有 13.3% 的农民工对这一问题表示“很难说”（见图 4－39）。

通过对农民工受教育程度与其在城市工作和生活适应性之间的相关程度进行分析，发现两者之间存在显著性差异，其中，受教育程度在高中以上学历的农民工比初中以下学历的农民工更能适应城市的工作和生活。

从农民工与所在工作单位的本地同事（城市人）之间的关系来看，大多数农民工认为两者之间能够和睦相处。调查显示，在对这两者之间关系的看法方面（可以选择多种答案），61.8% 的农民工认为能“友好相处，互相帮忙”，52.6% 的农民工认为“大家齐心做好工作”，24.4%

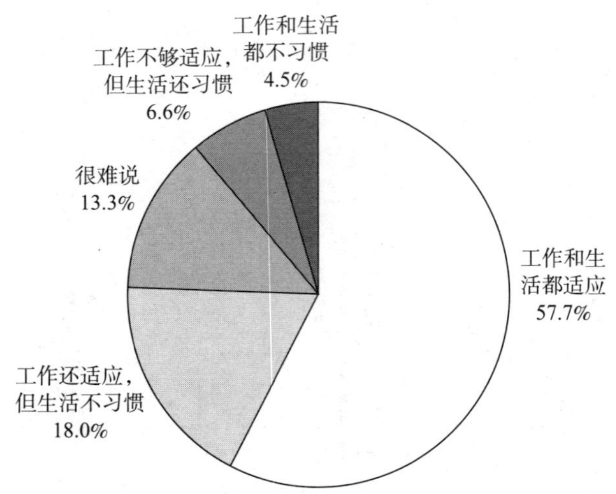

图 4－39　农民工在城市工作和生活的适应程度（$N=1751$ 人）

的农民工认为“大家团结起来争取改善工资福利待遇”。同时，有 11.5%的农民工反映“本地同事歧视或欺负农民工”，还有 6.8%的农民工反映两者之间“互相算计或防范”，这表明农民工与当地城镇职工之间存在一定程度上的隔阂与矛盾，甚至受到歧视（见图 4－40）。

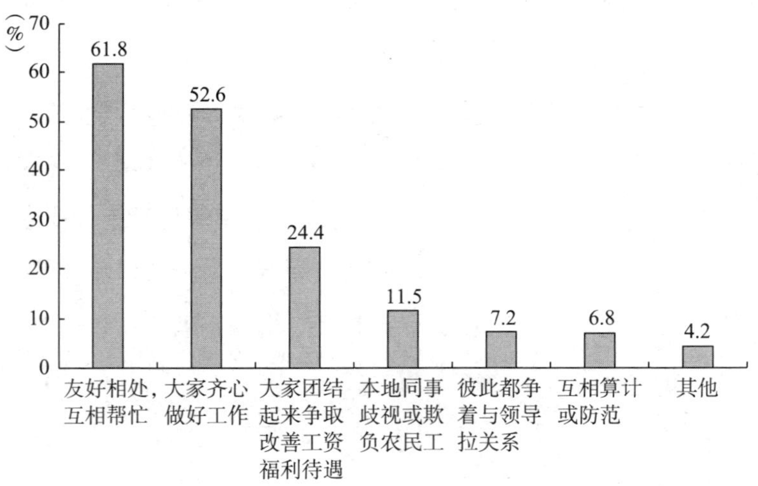

图 4－40　农民工与本地同事之间的关系（$N=927$ 人）

在农民工与务工所在地的城市人之间的社会交往方面，多数农民工的朋友圈中有一些城市人：21.7%的农民工表示自己的朋友中“有很多是城市人”，35.3%的农民工表示自己的朋友中“有几个是城市人”，这两者合计占 57.0%。此外，有 22.5%的农民工表示“只有个别城市人”

是自己的朋友，另有 20.4% 的农民工反映自己的朋友中“没有城市人”（见图 4－41）。这表明，多数农民工在日常工作与生活中逐渐结交了一些城市人做朋友，同时也有相当一部分农民工的朋友圈中极少甚至没有城市人，说明他们与城市人之间缺乏正常的社会交往与融合。

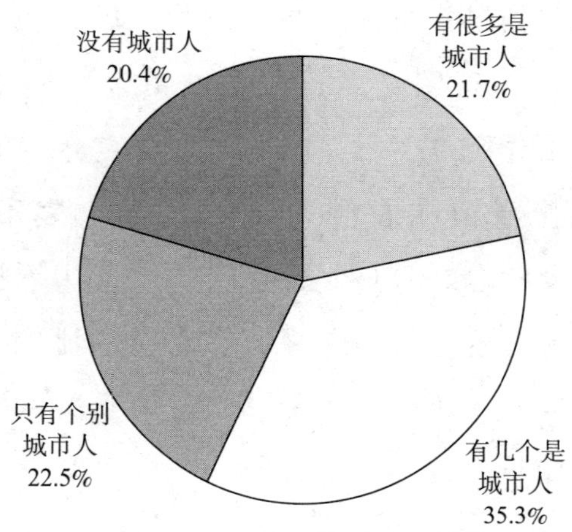

图 4－41　农民工在务工所在地有当地城市人朋友的情况（N＝1723 人）

在农民工参加目前所住城镇的街道、社区居委会组织的居民活动方面，59.8% 的农民工反映自己“从未参加”过，15.0% 的农民工表示“很少参加”，11.0% 的农民工表示“有时参加”，8.6% 的农民工表示“经常参加”（见图 4－42）。这反映了大多数农民工没有融入当地社区之中，只有少数农民工积极参与所在社区的集体活动。

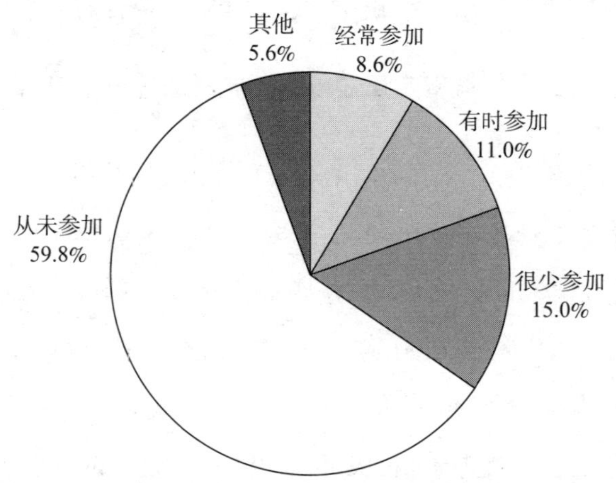

图 4－42　农民工参加街道、社区居委会组织的活动情况（N＝1705 人）

五 农民工城市化意愿

农民工进城务工不仅改变了他们的生存方式，而且也开阔了他们的视野，增长了见识，许多人的观念和心理因此发生了变化，开始向往在城镇安居乐业。对“如果经过户籍制度改革之后，您可以将自己（以及自家人）户口迁入城镇，您是愿意留在城镇定居还是回农村”这一问题，在做出回答的农民工中，31.4%的人表示“愿意迁入城镇”，17.6%的人表示“愿意留在农村”，33.3%的人表示“两者都可以”，14.7%的人表示“没考虑好”（见图4-43）。从中看出明确选择迁入城镇定居的农民工比例远超过明确选择留在农村的比例，同时，选择“两者都可以”的比例最高，还有一小部分人犹豫不决，没有考虑好。

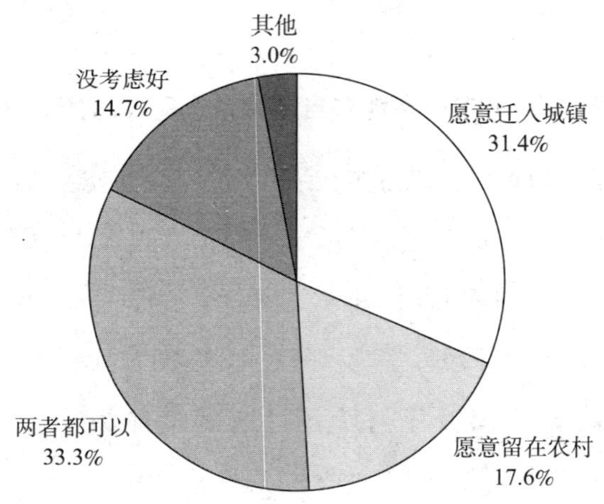

图4-43 农民工留在城镇定居还是回到农村的选择情况（N=1716人）

从不同文化程度农民工城市化意向的交互分析来看，高中以上学历和初中以下学历的农民工存在显著性差异（$p<0.001$），高中以上学历的农民工中有37.2%的人明确表示“愿意迁入城镇”，而初中以下学历的农民工中只有22.9%的人明确表示“愿意迁入城镇”，表明农民工文化程度越高，城市化意向越明显。

选择将来留在城镇定居的农民工做出这种选择的主要原因，按照人数比例大小排序的结果是：“就业和生计有保障”（占42.5%）和“为子女进城受到良好的教育”（占 42.5%）并列第一位；其次是“收入高、福利好、生活好”（占 37.5%）；第三位是“能学技术、长知识”（占 35.4%）；第四位是“可能改变自己的命运，有发展前途”（占 33.2%）；第五位是“向往当个城市人，融入城市生活”（占 15.3%）（见图 4－44）。

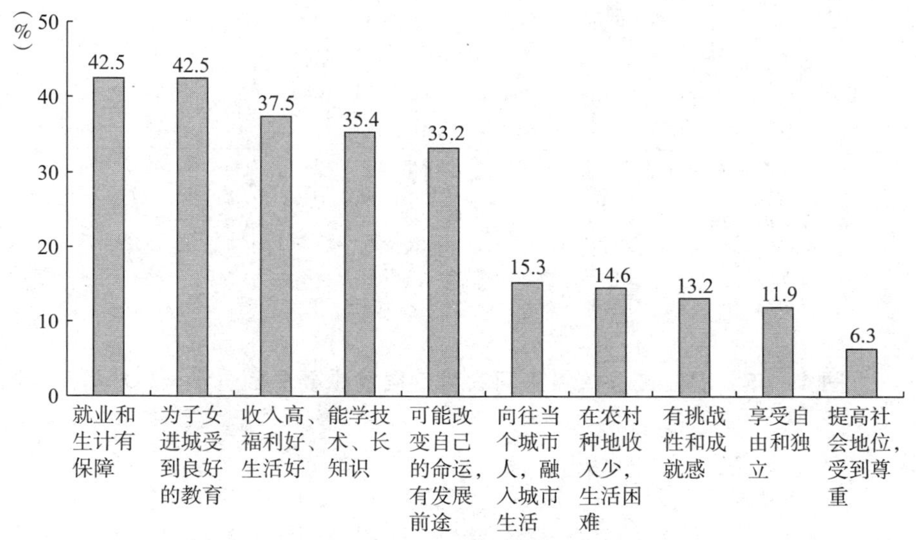

图 4－44 农民工选择将来留在城镇定居的主要原因（N＝536 人）

选择将来回农村定居的农民工做出这种选择的主要原因，按照人数比例大小排序为：第一位是“在农村生活比在城市生活更习惯、更自由”（占 52.8%）；第二位是“在农村生活安稳、踏实”（占 38.0%）；第三位是“城市生活费用太高，而农村生活费用比较低”（占 36.3%）；第四位是“能与家里亲人在一起”（占 32.0%）；第五位是“农村生产与生活条件不断改善”（占 29.0%）（见图 4－45）。

“如果政策允许您（以及家人）把户口迁入城镇，您的工作和生活状况会因此而出现哪些变化呢？”对此，24.6% 的农民工认为“会有很大改善”，27.2% 的农民工认为“有些改善”，两者合计占 51.8%，这表明多数农民工持乐观态度；同时，有 34.6% 的农民工认为“不一定”，这反映了不少农民工对在城镇落户之后能改善境遇没有把握；此外，还有一小部分农民工认为“变化不明显”（占 6.3%）和“不可能改善”（占 3.6%）（见图 4－46）。

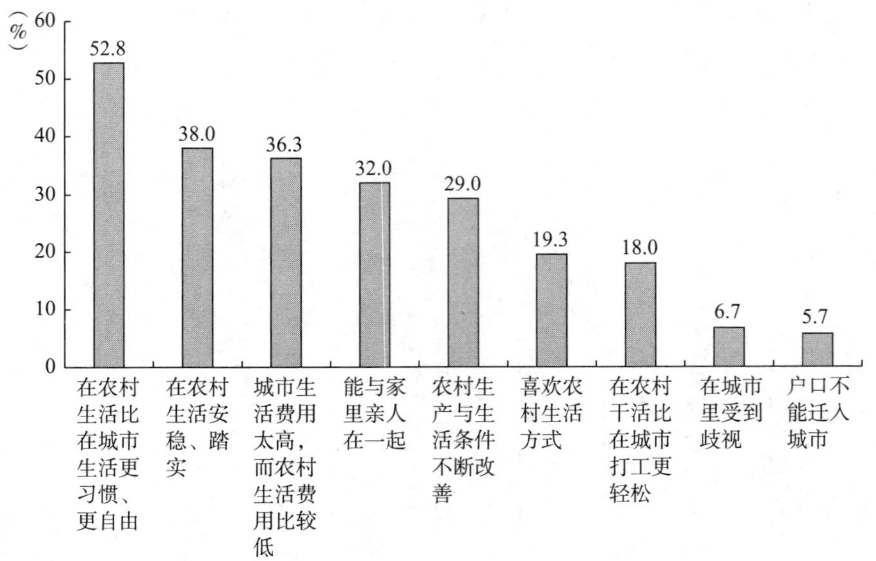

图 4－45　农民工选择将来回农村定居的主要原因（N＝299 人）

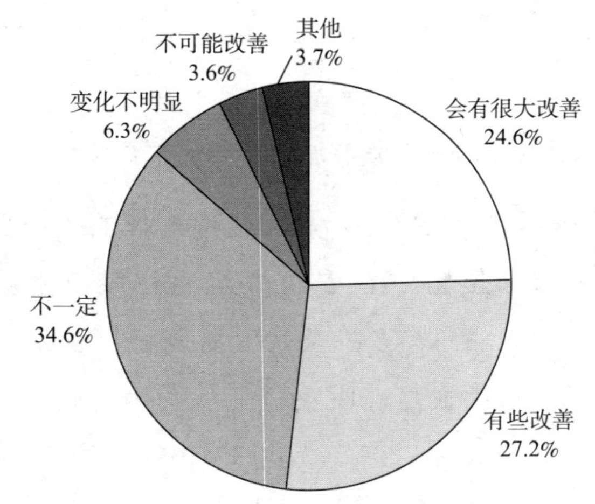

图 4－46　农民工对户口迁入城镇后工作和生活状况出现变化的看法（N＝1714 人）

第七节　农民工对自身社会地位变化的评价

一　对“农民工”身份的看法

多年来，城市人通常将进城务工人员称为“农民工”，这一称谓是对户籍在农村、工作在城市的这一群体所贴上的社会标签。政府也对这种习以为常的俗称予以认可。那么，农民工是如何看待这种称谓的呢？调查显示（可以多项选择），有41.9%的农民工认为“这是对进城务工人员的歧视”；有33.8%的农民工认为“这种称呼不合理，农民工已不是农民”；有28.7%的农民工认为“自己不愿被称为‘农民工’”；只有23.1%的农民工认为“这种称呼符合实际”；也有39.2%的农民工表示“不在乎，无所谓”（见图4－47）。

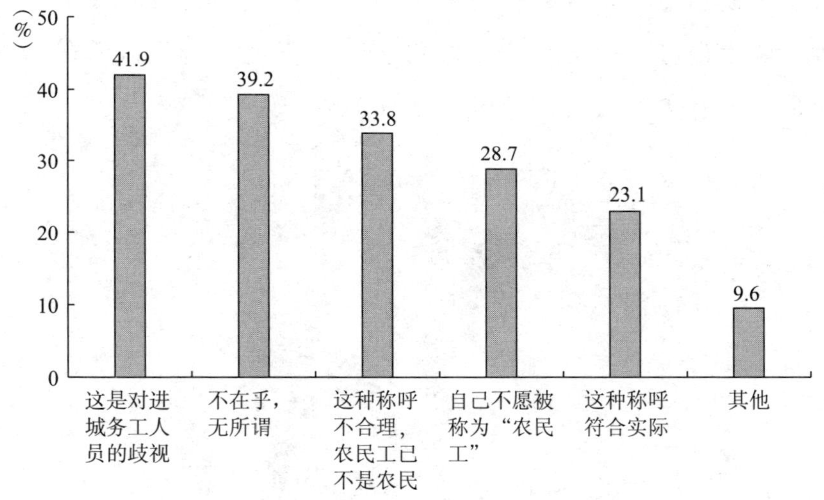

图4－47　农民工对“农民工”称谓的看法（$N=1738$人）

交互分类统计结果显示：新生代农民工中有38.0%的人认为自己不是农民，47.9%的人认为“农民工”一词是对他们的歧视；而第一代农民工的比例则分别是29.0%和33.8%。两代农民工的观点存在显著性差异（$p<0.001$），反映出新生代农民工要求平等的意愿更强。

另外，就文化程度而言，高中以上学历比初中以下学历的农民工更明显地认为“农民工”称谓是对进城务工人员的歧视（$p<0.001$）。其中，47.8%的高中以上学历农民工认为“农民工”一词是对他们的歧视，而只有34.4%的初中以下学历农民工认为“农民工”称谓是对他们的歧视，这说明农民工文化程度越高，要求平等的意愿越强。

二　对自己社会地位变化的评价

农民工进城务工之后，他们是如何评价自己社会地位的变化情况呢？调查显示，有 15.3% 的农民工认为“比过去显著提高”，还有 27.5% 的农民工认为“比过去有所提高”，两者合计占 42.8%；有 45.4% 的农民工认为“与过去差不多”；认为“比过去有所下降”的农民工只占 3.3%；认为“比过去显著下降”的农民工仅占 2.3%（见图 4－48）。由此可见，认为自己的社会地位与过去相比变化不明显的农民工居多，认为自己的社会地位比过去在一定程度上得到改善的农民工也相对较多，只有少数农民工感觉今不如昔。

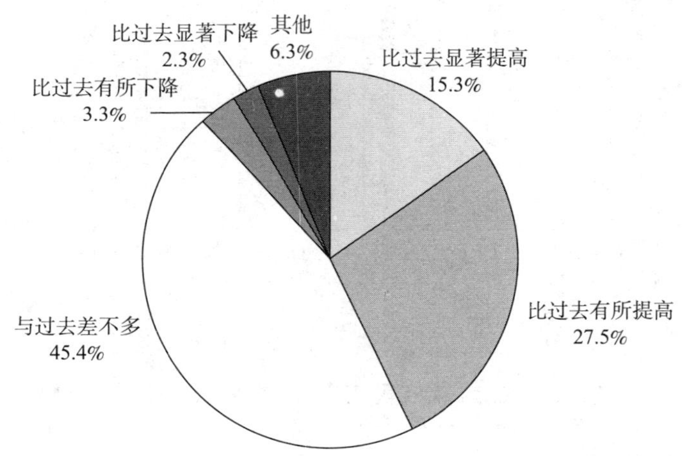

图 4－48　农民工对进城务工以来社会地位变化的评价（N＝1737 人）

三　对城市人对农民工态度的变化的评价

农民工进城务工之后，与城市人的接触与交流越来越多。那么，农民工又如何评价近年来城市人对他们的态度呢？据调查，有 46.2% 的农民工认为“比过去友好”；有 42.5% 的农民工认为“没有明显改善”；只有 5.7% 的农民工认为“比过去差”（见图 4－49）。这表明，城市人对农民工的态度比过去明显改善的人居多，同时也有相当一部分人与过去相比变化不明显，只有少数人比过去差。这反映了城市人对待农民工的态度已经出现显著好转。

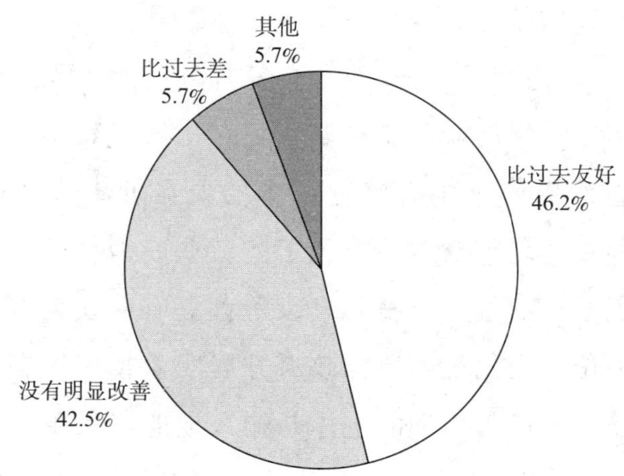

图 4 -49 城市人对农民工态度的变化情况（N =1729 人）

第八节 主要结论

根据以上对农民工问卷调查的统计分析，我们对有关农民工政策及其效果提出以下一些基本判断。

一是国家调整农民工政策取得了显著成效。调查显示，大多数农民工对政府采取的有关农民工的政策措施所取得的成效是表示肯定的；对地方政府部门有关农民工政策和做法也是比较认可的。其中，在农民工分别对务工所在地各个主要部门的总体评价中，对当地人力资源社会保障部门的满意度排在第一位，超过七成以上的农民工对当地人力资源社会保障部门所做的有关农民工的工作表示“满意”和“比较满意”，这反映了近年来各地人力资源社会保障部门在改善农民工进城就业环境、推行劳动合同制度、查处拖欠和克扣农民工工资问题、促进农民工参加社会保险、依法维护农民工合法权益等许多方面都取得了显著成效，得到了广大农民工的好评。此外，地方卫生、公安等部门在为农民工提供公共服务方面也得到大多数农民工的肯定。

二是对农民工的公共就业服务亟待改进。调查表明，通过亲朋好友介绍仍然是农民工进城就业最主要的渠道，说明传统的血缘和地缘关系在现阶段农民工进城就业方面具有举足轻重的作用，相比之下，目前地方公共就业服务机构在此方面还没有发挥应有的主渠道作用。此外，“缺乏职业技能”、“学历低”依然是农民工求职过程中面临的最为突出问题，在被调查的农民工中有将近一半的人在近 3 年中没有参加过培训。农民工职业技能培训与增强农民工的就业能力、提高产业职工队伍的整体素质、促进产业结构调整与升级等都具有密切关系，应当建立有利于调动用人单位、农民工和地方政府开展职业技能培训积极性的稳定长效机制。目前，农民工培训的主体是输入地的用人单位和公共培训机构。从全局和长远的观点来看，国家应当通过采取统筹规划、政策扶持、财政投入等方面的措施，引导和鼓励输出地政府以及各类培训机构根据劳动力市场需求，有组织地开展农民工外出务工前的定向或订单式职业技能培训工作，特别是要大力发展技工学校，提高培训质量和实效。

三是大多数农民工与企业签订了劳动合同，但劳动合同短期化现象仍然相当普遍，用人单位利用劳务派遣关系替代劳动关系的倾向日益突出。在调查的农民工中，依法与用人单位签订劳动合同的农民工约占八成；其中绝大多数农民工与企业签订的劳动合同都在 3 年及以下，并且在一些企业中出现滥用劳务派遣关系替代劳动关系的倾向，有一部分企业甚至将许多员工曾经与本企业建立的劳动关系改变为劳务派遣关系，使这些员工的合法权益遭受较大损失。这种现象在一些地方已经出现蔓延之势，应当对这类问题予以高度重视，并加强对劳务派遣的规范管理与监督，依法解决这一问题。

四是用人单位正在逐步改善农民工的工作条件和待遇，但是侵害农民工权益的现象在一定程度上依然存在。多数农民工认为，一方面，用人单位在安全生产与卫生防护、雇用的稳定性、管理规章合理性、参加社会保险、工资水平等方面对待农民工有所好转；另一方面，还存在过去的一年内工资曾经被拖欠或被克扣，或者所在单位还不能对农民工与城镇职工一样同工同酬，或者在被用人单位解雇之后不能依法获得经济补偿金等现象。此外，尽管农民工工资收入比过去明显增加，但是与同期国民经济发展和城镇职工工资收入增长情况以及物价上涨相比，农民工工资收入依然比较低，有些用人单位甚至以当地最低工资标准来确定农民工的工资水平，迫使农民工不得不通过加班加点来增加一点收入。近年来，在一些沿海地区出现“民工荒”的现象，其中一个重要原因就是当地农民工的工资收入过低，已经不足以吸引和留住外来农民工。因此，要适当提高一些地方的最低工资标准，大力推行工资集体协商制度，引导和督促用人单位合理增加农民工的工资收入，依法严惩用人单位拖欠或克扣农民工工资的行为，切实保障农民工的劳动报酬权益。

五是农民工参加社会保险的人数显著增加，但仍有相当一部分农民工没有被纳入社会保险体系。在被调查的农民工中，有超过半数的农民工已经参加了城镇职工基本养老保险和基本医疗保险（包括针对外来务工人员的相关保险），参加工伤保险的农民工也将近一半；但是，也有大约 1/3 左右的农民工明确表示没有参加城镇职工基本养老、医疗保险或工伤保险；没有参加失业保险的农民工人数也超过一半。同时，有四成农民工反映每月缴纳社会保险费的负担过重。导致相当一部分农民工没有参加社会保险的原因，除了农民工自身的主观因素之外，还有制度性因素，其中包括有关政策还不能适应农民工的特点、养老保险关系不能跨统筹地区转移接续（注：在进行问卷调查时国家尚未出台有关政策）、享受养老保险和医疗保险的条件难以满足，以及缴费标准过高、负担过重等方面的问题。此外，不少用人单位为降低人工成本，也不愿主动为农民工参保缴费。因此，今后要进一步完善社会保险政策，加大有关政策宣传工作力度，加强对用人单位为农民工办理参加社会保险情况的执法检查和监督，适当调整农民工享受社会保险待遇的门槛和水平，鼓励和促进广大农民工积极参加社会保险。

六是多数农民工比较适应在城市的工作与生活，新生代农民工更加向往留在城市安居乐业。当代农民工是以新生代农民工为主体。与第一代农民工相比，新生代农民工从学校毕业后一般很少在家乡务农，绝大多数人直接进城务工，其中有相当一部分人早就随着作为第一代农民工的父母进城并在城镇的学校上学。新生代农民工除了现行的户籍制度给他们贴上"农业人口"的社会身份标签之外，他们本来就不是作为职业分类中的"农民"进城务工的。新生代农民工进城务工的目的已经多元化，其中越来越多的人选择进城务工的主要目的是"寻求更好的就业机会"、"学习技术和知识"、"能更加自由和独立"、"有挑战性和成就感"、"跳出农村到城里生活"等，他们的价值观念与生活方式日益城镇化。如果户籍制度改革之后允许他们选择留在城镇安家落户，调查对象表示"愿意迁入城镇"的比例远超过"愿意留在农村"的比例。这表明，以新生代农民工为主体的进城务工人员的城镇化倾向日益明显，成为这一跨城乡流动的社会群体的主流趋势。

七是农民工的社会地位正在逐步提高，但认为自身的社会地位与过去差不多、变化不明显的农民工仍然居多。调查显示，农民工在对自己进城务工之后社会地位是否有变化的评价上，认为比过去有所提高的人数比例超过四成，而认为与过去差不多的人数比例略高于前者。不仅如此，有相当一部分农民工对城市人称呼他们为"农民工"表示反感，并认为这是对他们的歧视。对农民工的上述评价和态度应当予以重视。从农民工进城之后的工作和生活情况来看，大多数人进城务工主要是为了谋生，所从事的职业一般是城市人不愿干的苦、脏、累、险的体力劳动或者社会声望比较低的职业，所获得的工资收入也很低，靠提供廉价的劳动力在城市艰难地谋生。他们的工作和生活条件往往也比较差，多数人挤住在单位集体宿舍或工棚里，或租住条件较差的民房，处于城市社会的底层。由于现实存在的一些制度性障碍使他们难以在城市扎根和安居乐业，作为流动人口游离于城市社会的边缘，他们的合法权益经常受到侵害，并且在某种程度上受到社会歧视，属于生存状况比较艰难的弱势群体。自从我国推行改革开放的方针政策以来，数以亿计的农民工进城务工，为中国的经济发展做出了巨大贡献，并使中国凭借劳动力成本低廉的优势在国际市场竞争中成为举世瞩目的“世界工厂”。但是，农民工为此付出了很大的代价，却没有充分享受到改革与发展所取得的丰硕成果。国家应当针对这方面存在的主要问题，采取必要的政策措施，从根本上改变这种不公平、不合理的状况。

根据上述调查与分析，建议今后将农民工工作的主要目标从以维护农民工合法权益为主逐步转向在继续依法维权的基础上以促进农民工城镇化为主。

促进农民工城镇化、将农村大多数富余劳动力向城镇和非农产业转移是从根本上解决“三农”问题、全面建设小康社会的重要途径。过去，对农民工工作的主要目标是维护农民工的合法权益。随着形势的不断发展，对农民工工作的主要目标也应当根据实际需要和发展趋势进行必要的调整。2009 年 12 月召开的中央经济工作会议提出，要把解决符合条件的农业转移人口逐步在城镇就业和落户作为推进城镇化的重要任务，放宽中小城市和城镇户籍限制。2010 年 1 月发布的中央一号文件进一步明确提出，要深化户籍制度改革，加快落实放宽中小城市、小城镇特别是县城和中心镇落户条件的政策，促进符合条件的农业转移人口在城镇落户并享有与当地城镇居民同等的权益。多渠道、多形式改善农民工居住条件，鼓励有条件的城市将有稳定职业并在城市居住一定年限的农民工逐步纳入城镇住房保障体系。采取有针对性的措施，着力解决新生代农民工问题。统筹研究农业转移人口进城落户后城乡出现的新情况和新问题。

因此，今后要进一步调整和完善有利于促进农民工城镇化的政策体系，使农民工作为产业工人队伍的主体能够真正从农民转变成市民，并且依法公平地享有与市民同等的权益，开创城镇化发展的新局面，提高产业工人队伍的整体素质和稳定性，增强企业的凝聚力与竞争力，促进我国经济与社会协调发展。

第五章

农民工就业政策调整

第一节　社会公正视角下的农民工劳动和就业研究

古典社会学家涂尔干在《社会分工论》中指出，在从传统社会向现代社会的转型过程中，社会组织的方式由机械团结转向有机团结，前者是建立在集体意识和人格类似性基础上的，而后者则是建立在劳动分工和人格多样性基础上的。在涂尔干看来，劳动分工的发展虽然瓦解了原有的社会组织和团结形式，但是它并没有降低社会的凝聚力，反过来以另一种形式实现了社会组织和秩序，即有机团结。这是因为，劳动分工使得社会成员需要社会合作。因此，劳动分工的核心功能在于实现社会的结构整合。[①] 古典经济学家亚当·斯密在《国富论》一书中则更为明确地指出，劳动分工对社会整合的功能是通过交换实现的，即社会分工产生了对交换的需求——分工生产的社会成员只有通过交换，用自己生产的产品换取自己需要而由其他社会成员生产的产品。斯密的整个思想概括起来就是，以同情为基础的公正旁观者作为内心的监督，以公正为核心原则的法律制度作为社会运行的基本框架，以及完全平等条件下的

① 涂尔干：《社会分工论》，渠东译，生活·读书·新知三联书店，2000。

自由竞争。[1] 综合来看，分工和交换的实现，潜在地蕴含了一定的原则，诸如公平原则。当然，对公平的认识是一个逐步发展和完善的过程。公正也因考察的场域和维度的不同，而具有不同的实践标准，诸如结果公正、过程公正等。

在现代市场经济条件下，劳动分工更加专业和细致。这便提出了劳动分工公平性的问题。公正是人类社会具有永恒价值的基本理念和基本行为准则。“正义是社会制度的首要价值，正像真理是思想体系的首要价值一样。……每个人都拥有一种基于正义的不可侵犯性，这种不可侵犯性即使以社会整体利益之名也不可逾越。”[2] 这就表明社会上各项制度的首要原则便是要确保正义的实现。在吴忠民看来，现代意义上的公平正义的主要内容和规则表现在四个方面：基本权利的保证；机会平等；按照贡献分配；进行一次分配后的再调剂。这四者分别是保证的原则、事前的原则、事后的原则以及调剂的原则。[3] 其中，个体享有的基本权利包括生存权、就业权、受教育权以及社会保障权等方面。机会平等有两个层面的含义，一是共享机会，即从总体上来说，每个社会成员都应有大致相同的基本发展机会；二是差别机会，即社会成员之间的发展机会不可能是完全相等的，应有程度不同的差别。要按照个体的具体贡献进行有所差别的分配，相同的劳动量和工作内容获得无差别的报酬；立足于社会的整体利益，对一次分配后的利益格局进行一些必要调整，使社会成员普遍地不断得到由发展所带来的收益，进而使社会的质量不断有所提高。

从四个角度来观察农民工劳动的公平问题，则表现得尤为突出。

（1）保障农民工的就业和劳动权利。包括就业权、受教育权和社会保障权在内的一系列社会权利是公民权的重要构成内容。另外，包括选举权等在内的政治权利同样构成了公民权的重要内容。但是，农民工在

---

① 沃哈恩：《亚当·斯密及其留给现代资本主义的遗产》，夏镇平译，上海译文出版社，2006。

② 罗尔斯：《正义论》，何怀宏等译，中国社会科学出版社，2001。

③ 吴忠民：《公正新论》，《中国社会科学》2000 年第 4 期。

公民权方面的缺失已经是学界的一个共识，很多学者将农民工问题归因于进城农民公民权的缺失。① 其中在就业方面，无论是就业环境还是就业质量，农民工的就业状况通常要比正式城镇职工差，他们的劳动环境脏乱差，工作没有时间保障。

（2）在就业机会平等方面，农民工在城市的求职过程和工作类型上仍受到很多歧视和限制，这主要表现在户籍限制上。很多城市工作机会更倾向于雇用那些具有本地户口的城镇居民。而农民工在城市中多从事那些劳动强度大、工作环境差、工作报酬低、缺乏相关安全保障和社会保障的工作类型，比如清洁工、建筑工、低端服务业服务人员等。研究发现，由于户籍制度确立的身份差异的阻碍，农民工无法进入公有制单位，从而无法获取高收入工作机会。②

（3）按照贡献分配，公平原则的一个重要内容是付出与获得相对等。但是，农民工在城市的工作付出多，却工资低，待遇差，住工棚，无社保。他们付出了劳动，拖欠工资的现象却连续不断。他们建设和美化了城市，却无法在城市有尊严地居住和生活，其子女的受教育权和考试权并没有获得同城市户籍居民同等的待遇。农民工的劳动付出与其做出的贡献分配并不对等，反而被排斥在城市福利体系之外，变成了“客居”城市的二等人群，遭受非常不公平的待遇。相关研究已经指出，农民工同城市职工从事相同的工作内容，但工资待遇和工作条件却低于后者，就业时间却长于后者。③ 有学者认为，产生工资歧视问题的原因在于劳动力市场的分割，而背后却直指户籍制度。④

（4）在再分配环节中，农民工也遭受了比较严重的不公平待遇问题。一方面，虽然国家推动政策制定来改善农民工的各项状况，但根本的限制农民工发展的则是城乡二元户籍制度；另一方面，凭借户籍制度，城市管理者和政府官员对农民工采取经济上低廉使用，保障了社会

① 李强、王春光：《农民工融入城市问题研究综述》，《兰州学报》2004 年第 4 期。

② 田丰：《城市工人与农民工的收入差距研究》，《社会学研究》2010 年第 2 期。

③ 李培林、李炜：《农民工在中国转型中的经济地位和社会态度》，《社会学研究》2007 年第 3 期。

④ 蔡昉、都阳、王美艳：《户籍制度与劳动力市场保护》，《经济研究》2001 年第 12 期。

排斥的政策和态度，再次限制了农民工在再分配环节的福利改善，面向农民工的公共服务缺失是他们遭遇不平等待遇的重要表现。研究发现，受到农民工户籍制度造成的身份差异的影响，农民工在社会保障方面呈现明显比城市工人低的待遇差异。[①]

同时，农民工所遭受的不公平待遇也越来越被他们感受到，这主要体现在他们所遭遇的相对剥夺地位。剥夺（deprivation）是社会学的一个基本概念，尤其在解释社会矛盾、社会冲突、社会运动、犯罪问题时被广泛使用。社会学解释剥夺，不是指剥夺的行为，而是指被剥夺的一种状态。它一方面指客观经济的被剥夺状态，另一方面指被剥夺者的一种主观心理状态。社会学主要使用“绝对剥夺”（absolute deprivation）与“相对剥夺”（relative deprivation）的概念。前者指由于不公正的待遇，一些人群的最基本生活需求得不到满足的状况；后者指在与其他地位较高、生活条件较好的群体相比较时，个人或群体所产生的一种需求得不到满足的心理状态。[②] 过去的研究表明，农民工对遭受的各种歧视和不公平现象采取积极的认知态度，其社会公平感要高于城市工人，尤其是在就业、收入分配和与发展有关的领域，农民工的公平感要大大高于城市工人。之所以出现这种悖论性的认识，则可能与农民工的自我弱势归因和权利意识淡薄有关系。[③] 但最新的调查则发现，农民工的社会不公平感在近年来显著增强，对5个省市农民工的访谈和问卷调查分析结果显示，农民工普遍感觉到社会不公平，受到社会不公平对待时主要是采取消极逃避的行为。农民工的不公平感知受个体和社会多方面因素的影响。在受到不公平对待时，大部分农民工（约63%）表示气愤，大多数人（约60%）会采取“不干了或忍气吞声”等消极逃避的方法来应对不公平的待遇，只有约14%的人会选择求助国家机关等正规维权途径。[④] 之所以出现这种状况，与农民工越来越强烈的“相对剥夺感”认

① 李培林、李炜：《农民工在中国转型中的经济地位和社会态度》，《社会学研究》2007年第3期。
② 李强：《社会学的剥夺理论与我国农民工问题》，《学术界》2004年第4期。
③ 李培林、李炜：《农民工在中国转型中的经济地位和社会态度》，《社会学研究》2007年第3期。
④ 王俊秀、杨宜音主编《中国社会心态研究报告（2012—2013）》，社会科学文献出版社，2013。

知不无关系。

本章希望从打破城乡二元体制的政策制定模式，消除农民工在城市遭受的不公平状况（相对剥夺地位）出发，以解决农民工进城务工的制度环境问题为视角，从我国农村人口占多数的不发达国家向基本实现工业化、城镇化的中等发达国家迈进的背景出发，研究农民工进城务工的制度调整问题，探索弥合传统二元模式的政策制定路径，并分析实践中出现的新问题。

第二节 农民工劳动政策不公平的现实表现

在中国，农民工问题的产生根源是城乡分割的二元结构体制。城乡二元结构体制导致的深层次问题已经渗透到中国的经济和社会发展的所有方面，已经形成了一种中国特有的二元结构文化，所以农民工进城务工过程中在就业、工资收入、劳动社会保障等各个方面均无法获得城市工人所享有的权利。在越来越深地参与城市务工的同时，农民工也进一步地处于相对剥夺地位，产生相对剥夺感，遭受严重的社会不公平待遇。农民工所遭遇的劳动不公平问题，背后的直接或潜在的根源都指向了国家的劳动政策。恰恰是政策的漠视或无动于衷造成了农民工的不公平问题。在这一部分中，我们将对农民工遭遇的不公平劳动政策的表现及其演变展开梳理。具体来说，农民工遭遇的劳动不公平状况主要表现在以下几方面。

一 农民工就业的制度性问题

近年来，虽然国家通过多项政策来推动和提高农民工的就业质量，提高农民工的劳动生产率，但农民工就业的制度性矛盾并没有得到根本解决，农民工就业不稳定的状况没有明显好转。

1. 农民工就业的结构性矛盾将继续突出

无论是在企业调研，还是对农民工进行访谈，农民工就业稳定性差、流动性强是普遍现象。首都经济贸易大学《中国农村劳动力就业状态研究》课题组（以下简称课题组）在全国 19 个省份中，对就业于民营企业、私营企业的农民工的调查显示，2009 年，57.0% 的人有过失业，其中，失业持续时间在 1 个月的占 21.0%，1—2 个月的占 36.0%，4—6 个月的占 16.0%，6 个月以上的占 27.0%。

政策缺陷是造成农民工就业不稳定的制度性原因：一些地方政策的歧视性倾向造成了农民工就业权利事实上的不平等；一些企业在使用农民工时存在有法不依的现象。调研数据显示，没有与企业签订劳动合同的外出就业的农民工为 54.3%，签订临时合同的为 35.3%，签订长期合同的只占 10.0%。在没有签订合同的比例中，如果将企业没有告知而自己也不知道签订合同的比例 34.0% 计算在内的话，那么，企业不与农民工签订合同的比例占 64.0%，农民工自己不愿意签订合同的比例占 16.0%，其他原因的占 20.0%。

农民工的个人资源禀赋条件也造成了就业不稳定状态。课题组 2009 年 11 月调研数据显示，有 48.9% 的农民工表示，就业中最主要的困难是“缺少职业技能”。全国第二次农业普查数据显示，没有接受过技能培训的农民工高达 76.4%。课题组对就业于民营企业和私营企业的农民工的调查数据是 79.4%。由于个人资源禀赋条件，农民工在一个单位就业三个月以下的占 4.0%，三个月至半年的占 10.0%，半年至一年的占 26.0%，一年至两年的占 25.0%，两年至三年的占 12.0%，三年及以上的占 23.0%。能够稳定地在一个单位工作三年及以上的农民工还不到三成。现在城市劳动力市场中的农民工约 80% 是“80 后”，他们大多数已经与农民这个身份标识无关而成为全职的非农劳动者，他们的就业不稳定会影响企业形成稳定的技术工人队伍，影响产业转型升级——向低碳经济转变，进而影响我国制造业的竞争力和工业化的质量，也阻碍了农民工市民化的进程。

“十二五”期间，我国农村新增劳动力将出现减少趋势，每年需要转移的新增农村劳动力数量在 600 万—750 万人，新增转移数量有所减少，但整体就业压力依然很大。现在农村富余劳动力的存量依然很大，主要是男性在45岁以上，女性在40岁以上的初中文化程度及以下的劳动力，转移难度进一步加大。

“十二五”期间，从对劳动力需求的角度来看，我国要转变经济发展方式，要加快推进传统产业技术改造，加快发展战略型新兴产业，促进经济增长由主要依靠增加物质资源消耗向主要依靠科技进步、劳动力素质提高和管理创新转变；从劳动力供给的角度来看，农民工的文化程度仍以初中为主，这种个人资源禀赋条件与经济发展方式转变中的劳动力需求形成巨大的反差，这些都会影响到劳动密集型产业的发展和农民工的就业。企业招工难和农民工就业难的矛盾将继续并存。

2. **对外贸易结构调整对农民工就业需求将产生影响**

“十二五”期间，世界经济发展和变化的不确定因素在增加，总体来说各国都在调整和恢复本国经济，增长速度会放缓。在这种情况下，我国很难保持以往的对外贸易增长速度，出口导向型产业对农民工的吸纳能力会有较大下降。国际市场上资源和要素的成本持续上升，国内市场上劳动力供求关系变化等原因促使劳动力成本上升。廉价劳动力成本已经不具有优势（越南等国比我国成本低），国内劳动密集型产业增长将会放缓，产业结构调整后的制造业的劳动生产率将有较快提高，这些都会影响到对农民工存量和增量就业的影响。

二　农民工的技能培训和职业教育存在的问题

虽然各地对农民工的技能培训和职业教育做了一定的工作，但是农民工整体的就业培训制度体系并没有完全建立起来，而更多的是中央和地方的零星探索，农民工职业教育和技能培训的质量仍较低。这也影响到了农民工人力资本水平的提高，进而对其就业质量产生影响。

1. **地方与中央的利益博弈是影响目前农民工培训政策实施的体制因素**

农民工职业技能低下造成就业能力低下的状况引起了党中央和国务院的高度重视，2004年中央6个部门共同组织实施了“农村劳动力转移培训阳光工程”，为积极配合“阳光工程”的实施，中央财政设立了农村劳动力转移培训补助专项资金，2004 年安排资金 2.5 亿元，重点用于农村劳动力输出大省、产粮大省、贫困地区、革命老区开展农村劳动力转移培训。培训补助资金直接补贴到农民个人，让受训农民直接受益，并与充分就业相挂钩。在中央财政资金的带动下，地方各级财政安排资金达 5 亿多元。2005 年中央财政继续加大了支持力度，安排资金 4 亿元，比 2004 年增加了 1.5 亿元，增长了 60%。“阳光工程”的启动，促进了农村劳动力的转移就业，提高了劳动技能，增加了农民收入。① 《2003—2010 年全国农民工培训规划》（以下简称《规划》）对农民工培训的经费投入、培训激励政策、职业资格证书等方面又进行了规定。为了培养一支结构合理、数量充足、素质优良的现代农业劳动者队伍，强化现代农业发展和新农村建设的人才支撑。2013 年，中央财政继续安排资金，在全国范围内开展“农村劳动力转移培训阳光工程”。

课题组调研发现，农民工培训存在上热下冷的现象，尚未形成良好的运行机制。从政策执行中遇到的困难来看，在农民工培训的投入、服务的提供、权力的配置等工作成了中央政府与地方政府、地方政府之间、政府与企业之间博弈的平台。其原因在于以下两方面。①在政策制定上，各自分担的财政和行政责任没有明确规定。例如，《规划》对经费的规定：“实行政府、用人单位和农民工个人共同分担的投入机制。中央和地方各级财政在财政支出中安排专项资金扶持农民工培训工作。”但至于各级政府之间如何分担投资，农民工流入地与流出地政府如何分担，企业如何参与农民工的人力资本投资等问题却没有明确规定。《规划》规定：“用人单位开展农民工培训所需经费从职工培训费用中列支。”“符合条件的教育培训机构，均可申请使用农民工培训扶持资金。”目前，涉及政府补贴，各部门都将农民工的培训纳入自身的体系，而对各部门的义务和责任却没有明确的规定。②地方政府大多受利益的驱动，如中央一项政策下达地方后，地方政府如何执行，要看这项政策是

① 国务院农民工办课题组：《中国农民工问题前瞻性研究》，中国劳动社会保障出版社，2009。

否对 GDP 的增长、对地方财政的增加、对企业的投资有利，有利就做，没有利就搪塞中央。

2. **农民工培训机构的商业化使培训流于形式**

课题组在调研中发现：①对农民工进行培训的公益性培训机构短缺，已有的公共培训机构基本已商业化，不能适应对外来农民工的免费和低费培训的需要；②政府的投入不足，列支的专门用于农民工的培训经费少，更为突出的是已有经费的使用效率低，耗费和浪费较大；③政府的培训流于形式，务实差，实效差；④所采用的培训方式不适合农民工的特点，例如正常工作日的培训不适合必须上班和加班的农民工，远程教育方式尽管成本相对低廉，但是对根本没有计算机和不具备使用计算机条件的农民工不可能适用；⑤培训内容相对简单，大多为短期的应用性培训，不能帮助农民工系统地掌握某一方面的职业技能；⑥政府开展的专业培训和就业服务培训主要针对本地人，所补贴的也是本地户籍者，外来务工人员依然没有被纳入政策范围。

课题组对农民工填写的问卷进行统计分析发现以下问题。①广东省农民工在近三年内接受过职业技能培训的仅为 53.4%，没有参加过职业技能培训的则有 43.9%。但是，广东省接受过培训的农民工的比例还是高于浙江省和山西省。②培训的时间短。在参加过培训的人中，42.4% 的为半个月以下，16.6% 的为半个月到一个月，一年以上的仅为 12.5%。③社会层面的培训较少。在参加过培训的农民工中，广东省接受过务工所在地政府培训机构培训的仅有 9.6%（浙江 7.8%，山西 29.4%），接受过务工所在地民办培训机构培训的仅有 4.1%（浙江 10.6%，山西 5.9%）。所接受的培训较多地来自务工所在地的工作单位（广东 60.8%，浙江 42.9%，山西 33.1%）。④政府承担的培训经费很少。在广东省接受过培训的农民工中，费用完全由政府承担的仅有 2.0%（浙江 2.1%，山西 3.2%），个人缴费和政府补贴相结合的也只有 6.7%（浙江 7.4%，山西 7.1%）。实际上，培训经费多出自用人单位和农民工个人。进一步分析发现，广东省用人单位提供经费的比例低于浙江省和山西省（广东 43.6%，浙江 47.1%，山西 66.3%），而是较多地采取个人缴费和单位补贴相结合的形式（广东 13.7%，浙江 7.4%，山西 7.1%）。由于培训相当短缺，缺乏职业技能即成为农民工就业的一个严重障碍。广东省在关于“您在进城找工作的过程中遇到的最主要的困难是什么”的调查中，认为主要困难是“缺乏职业技能”的农民工占 52.4%，这一数字高于山西省的 45.2%，也高于浙江省的 48.6%。[①]

总体来看，受制于职业教育和技能培训发展不足的影响，农民工的文化素质和人力资本状况并没有得到显著的提高。换言之，农民工文化素质仍然较低，调研中的绝大多数农民工受教育程度仍为高中以下，劳动技能素质仍然偏低，仍然长期集中在技能含量较低的劳动领域。同时，培训与就业脱节，尚未形成良好的运行机制，仍然有相当部分工种的教学培训大纲与市场需求脱节，一些市场急需的特色工种亟须开发。这种人力资本上的弱势也进一步强化了农民工在就业中受歧视的可能性。

三　农民工休息时间得不到保障

与城镇职工相比，农民工超时加班现象比较普遍，休息休假时间无保障。我国虽然出台了多项保障职工休息时间的政策规定，但这一政策的实施领域仅限于城镇职工，尚未涉及整个农民工群体。用工单位在政策执行过程中，仍采取全天候的使用方式，最大可能地挖掘农民工的劳动力产出。而这种关于职工休息恢复的政策作用不全面、执行打折扣的深层次根源在于相比于城镇职工，我们对农民工采取了一种制度性和实践性的歧视，是农民工制度不公平的实践表现。

农民工加班加点、超时工作已成为普遍现象。国家统计局 2009 年农民工监测调查结果显示，以受雇形式从业的外出农民工平均每个月工作 26 天，每周工作 58.4 个小时。其中，每周工作时间多于劳动法规定的 44 个小时的占 89.8%。从农民工集中的几个主要行业来看，制造业农民

① 国务院农民工办课题组主编《中国农民工问题前瞻性研究》，中国劳动社会保障出版社，2009。

工平均每周工作时间58.2个小时，建筑业59.4个小时，服务业58.5个小时，住宿餐饮业61.3个小时，批发零售业59.6个小时。平均劳动时间最长的是住宿餐饮业的农民工，他们每周的工作时间超过60个小时。[①] 近年来情况虽有所改善，但农民工劳动时间偏长的状况并没有根本改善。2011年外出农民工平均在外从业时间是9.8个月，平均每个月工作25.4天，每天工作8.8个小时。每周工作超过5天的占83.5%，每天工作超过8小时的占42.4%，32.2%的农民工每天工作10个小时以上，每周工作时间超过劳动法规定的44个小时的农民工仍高达84.5%。[②] 但也要看到，工厂类企业普遍实施计件劳动工资，多劳多得，促使农民工自觉加班；工程类企业为了按时完成施工进度，普遍延长工作时间。

课题组调查发现，建筑类农民工加班现象突出，情况严重，每个月只能休息1—2天，休息休假没有保障。总体来看，农民工加班成了普遍现象。课题组对广东、浙江、山西等省的调查问卷的结果表明，农民工每天工作8个小时以上的占45.7%，32.0%的农民工每周根本没有休息时间，并且有31.5%的农民工超时工作没有加班工资（见表5-1、表5-2、表5-3）。

表5-1　农民工平均每天工作时间情况

平均每天工作时间	人数（人）	所占比例（%）
8个小时以内	836	54.3
8—10个小时	496	32.2
10—12个小时	159	10.3
12个小时及以上	48	3.1

① 《2009年中国农民工监测调查报告》，国家统计局网站，2010年3月19日，http://www.stats.gov.cn/tjfx/fxbg/t20100319_402628281.htm。

② 《2003年中国农民工监测调查报告》，国家统计局网站，2014年5月12日，http://www.stats.gov.cn/tjfx/zxfb/t20150512_551585.html。

表 5－2　农民工平均每周休息时间情况

平均每周休息时间	人数（人）	所占比例（%）
2 天	496	28.8
1 天	600	34.8
半天	76	4.4
很少休息	242	14.0
没有休息	235	13.6
其他	76	4.4

表 5－3　农民工领取加班费情况

领取加班费情况	人数（人）	所占比例（%）
都可以	842	49.1
多数可以	332	19.4
很少可以	179	10.4
不可以	258	15.1
其他	103	6.0

据对农民工的调查访谈，只有 1/3 左右的农民工想多增加收入，愿意加班；1/3 左右的农民工反映是企业强制性要求加班，不加班有的还要扣工资；其余的则表示不愿意加太多的班。可以说，绝大多数农民工（包括愿意加班的农民工）希望减少加班天数及每天加班时间。长期过度地加班，将会危及农民工的健康。

四　农民工在就业过程中缺乏劳动保护

与城镇职工相比，农民工职业安全卫生条件差，缺乏职业伤害预防保障。随着我国经济社会的快速发展，安全生产事故和职业疾病日趋频繁。如上文所述，农民工占加工制造业 68.0%、建筑业 80.0% 的从业人口，农民工的健康安全受到严重侵害，具体存在以下问题。

一是缺乏必要的劳动保护，职业安全卫生条件差。部分企业在有毒有害岗位上大量使用农民工，不进行必要的安全培训，不配备必需的安全防护设施和用品，造成农民工因缺乏劳动保护而发生大量事故。课题组在对广东、浙江和山西的问卷调查结果表明，有42.0%的农民工表示他们只有很少的职业病防护和劳保用品，其中10.5%的农民工根本没有职业病防范意识，认为没有必要进行防护。同时有60.0%的农民工认为发生职业病的原因是工作场所安全生产防护设备不足和职业卫生条件较差（见表5－4、表5－5）。

表5－4　用人单位所提供的安全生产与职业卫生防护设备、劳动保护用品情况

提供情况	人数（人）	所占比例（%）
基本齐全	1006	58.0
有一些	335	19.3
很少	126	7.3
没有	85	4.9
本人工作场所比较安全，不必防护	144	8.3
其他	38	2.2

表5－5　近三年来发生工伤事故或患职业病的主要原因

主要原因	人数（人）	所占比例（%）
工作场所安全生产防护设备不足	441	31.3
工作场所职业卫生条件差	405	28.7
没有必要的劳动保护用品	276	19.6
相关制度不健全	257	18.2
相关制度执行不力	226	16.0
没有受过相关培训	222	15.7
本人不小心	365	25.9
纯属意外	331	23.4
其他	356	25.2

二是职业病防治工作缺乏有效措施。农民工在职业分布上具有明显的行业特征，如上所述，以运输、建筑、制造、服务业为主的劳动密集

型产业，成为吸纳农民工就业的重要渠道，这些行业都是职业病发病的高危行业。但就全国来讲，职业病防治工作没有能够纳入政府的工作和领导考核项目，各部门不能形成监管合力，有的地区政府存在地方保护主义，致使卫生行政部门履行职责受到很大影响；职业病防治工作缺乏经费支持，大部分县市（区）没有将职业病卫生监管和职业病防治经费纳入财政预算。在全国范围内，安全生产工作中较大事故出现反弹、重大未遂事故时有发生。生产环境恶劣，安全生产工作未得到落实。

三是部分用人单位和农民工职业病防护意识差，职业病的人数不断增加。有些中小企业没有完善的职业病防护措施，特别是城乡接合部、城中村的个别乡镇企业、农村个体工商户等，雇用外地农民工从事有毒有害作业。中国疾病预防控制中心发布的《2006 年全国职业病报告发病情况》显示，职业病人数不断攀升。职业病病例数名列前三位的行业依次为煤炭、有色金属和建材行业，分别占总病例数的 45.8%、10.1% 和 6.4%，而尘肺病是最主要的职业病。在煤矿企业第一线工作的基本都是农民工，致使农民工成为尘肺病患病主体。到 2010 年，情况并没有根本改善。2010 年新发职业病 27240 例。其中尘肺病 23812 例，尘肺病仍是主要职业病。从行业分布来看，煤炭、铁道和有色金属行业报告职业病病例数分别为 13968 例、2575 例和 2258 例，共占全国报告职业病例数的 69.0%（见表 5－6）。[①]

表 5－6　2006—2013 年中国疾病预防控制中心发布的职业病数据

病例分类	2006 年		2010 年		2013 年	
	病例数（例）	占比（%）	病例数（例）	占比（%）	病例数（例）	占比（%）
尘肺病	8783	76.3	23812	87.4	23152	87.7
急性职业中毒	467	4.1	617	2.3	637	2.4
慢性职业中毒	1083	9.4	1417	5.2	904	3.4
其他	1186	10.3	1394	5.1	1692	6.4
合计	11519	100.0	27240	100.0	26393	100.0

① 《我国 2005—2013 年职业病发展情况统计》，职业卫生网，http://www.zywsw.com/news/2627.html。

矿难事故使农民工遭受灭顶之灾。井下采矿工作作为一种高危工种，安全是其一切工作的重中之重。但是矿难频发，使广大职工特别是农民工人身安全存在极大隐患。如：2005 年 2 月 14 日，发生在辽宁阜新孙家湾煤矿的特大矿难造成 213 人死亡；2009 年 11 月 21 日，黑龙江省鹤岗市新兴煤矿特大瓦斯爆炸事故造成 108 人死亡；2012 年 8 月 29 日，四川攀枝花发生特大矿难造成 44 人死亡，2 人被困；2013 年 1 月 18 日，贵州金佳煤矿事故致 13 名被困矿工全部遇难。遇难的矿工，多半是家庭贫困的农民工，尤以年轻男子为主，而这部分人大部分上有年迈父母，下有儿女，他们是家庭中主要的劳动力和收入的创造者。矿难使家庭失去收入并引起诸多问题：不完整的家庭在激烈的社会竞争中将失去优势，最终大部分矿难家庭遭到淘汰。

五　农民工就业和劳动权利得不到保障

与城镇职工相比，农民工就业权利受到限制。由于体制、政策和农民工自身条件的限制，农民工从进城初期就没有平等地获得过就业权利和公共就业服务。一些城市基于本市劳动力的就业压力，用户籍身份对农民工进城务工的行业工种进行了普遍限制。限制政策的制度化的确使城镇居民的就业岗位有所增加，但消极作用也十分明显：在制度层面上，强化了已经开始淡化的城乡分割的制度性歧视，即强化了城镇人和农村人的身份等级；在生活层面上，恶化了农民工融入城市的制度环境和就业环境，使农民工从进城一开始所建立的劳动关系就不具有合法性，大量的进城农民工只有打“黑工”，就业在制度上无保障，合法权益受到侵犯的事频频发生。

据劳动和社会保障部 2004 年对 40 个城市的抽样调查，农民工的劳动合同签订率仅为 12.5%。[①] 国家统计局农民工监测调查结果也显示，2009 年外出务工的农民工中，与雇主或用人单位签订劳动合同的仅占 42.8%。到 2012 年，劳动合同签订率也只有 43.9%，农民工签订状况

① 国务院研究室课题组：《中国农民工调研报告》，中国言实出版社，2006。

并没有明显改善。①

一方面，农民工缺乏劳动就业培训的机会，技能素质不适应劳动力市场需求的问题十分突出；城市政府组织的就业培训对象主要是城镇下岗失业人员，农民工流动性大，企业不愿意对农民工进行在岗和转岗的技能培训；国家实施的“阳光工程”的培训对象主要是尚未外出的农民，一些地方政府对其培训流于形式，时间短、质量差，许多培训内容与生产实际脱节，不能满足企业对技术工人的需要。据建设部统计，建筑行业的农民工参加过培训的仅占10.0%。②

另一方面，与城镇职工相比，农民工的劳动权利也受到侵害，农民工被非法奴役的恶性案件时有发生，非法用工现象在我国部分省份也时有发生。2007年黑砖窑事件，非法用工和黑恶势力相勾结被曝光后，党中央国务院批示，在山西全省展开大规模打击黑砖窑活动，并发现跨省份人口拐卖通道。虽然2007年的黑砖窑丑闻并没有给出受奴役劳工的确切数字，但根据一项初步的调查显示，仅山西省内就有约53000名农民工曾经为大约2000家黑砖窑打过工。2010年5月31日，河北省衡水市警方查抄了一个黑砖窑，34名外地农民工被解救。中国的黑砖窑非法奴役劳工现象时有发生，屡禁不止。

这些不平等的显性和潜在的就业歧视使农民工产生了强烈的相对剥夺感，具体表现在以下方面：自卑、焦虑、边缘性和敏感心理，增加了他们对政府的不认同感和抵触情绪；他们的就业时间、收入和工作环境的安全性得不到保障，工作不稳定，经常阶段性失业，对农民工的打击更沉重，因为农民工在城市里几乎是一无所有。一些农民工在城市走投无路的情况下甚至铤而走险，沦为“盲流”甚至盗贼，出现“问题化”

---

① 《2009年农民工监测调查报告》，2010年3月19日，http://www.stats.gov.cn/tjfx/fxbg/t20100319_402628281.htm；《2011年全国农民工监测调查报告》，2012年4月27日，http://www.stats.gov.cn/tjfx/fxbg/t20120427_402801903.htm；《2013年全国农民工监测调查报告》，2014年5月12日，http://www.stats.gov.cn/tjsj/zxfb/t201405/t20140512_551585.html。

② 国务院研究室课题组：《中国农民工调研报告》，中国言实出版社，2006。

倾向[①]，不能不说与区隔性限制制度歧视的因素有关。

六　针对农民工就业的公共服务非常有限

近几年，国家从打破原有城乡分割的二元体制，消除农民工由于无法获得城市身份而在城市处于的相对剥夺地位和存在的相对剥夺感，对农民工进城务工服务和管理的政策从建设公共财政、改善公共服务、尊重基本权益的角度出发，在农民工就业权益、子女教育、社会保障、就业培训、社会管理等方面有了大幅度的调整。调查显示，大多数农民工对政府所采取的有关农民工的政策措施所取得的成效是表示肯定的；对地方政府部门有关农民工政策和做法也是比较认可的。其中，在农民工分别对务工所在地各个主要部门的总体评价中，对当地人力资源社会保障部门的满意度排在第一位，超过七成以上的农民工对当地人力资源社会保障部门所做的有关农民工的工作表示“满意”和“比较满意”，反映了近年来各地人力资源社会保障部门在改善农民工进城就业环境、推行劳动合同制度、查处拖欠和克扣农民工工资问题、促进农民工参加社会保险、依法维护农民工合法权益等许多方面都取得了显著成效，得到广大农民工的好评。此外，地方卫生、公安等部门在为农民工提供公共服务方面也得到了大多数农民工的肯定。[②] 但由于在计划经济下形成的行政分配、城乡分割就业制度的影响较深，改革涉及中央政府与地方政府、地方政府之间、政府与企业之间的既得利益博弈过程，从政策的实施效应来看，政策的成熟和完善也需要在一个较长的时间里完成。目前，针对农民工的公共服务水平和内容仍很有限，具体如下。

1. 就业限制政策淡化后的公共服务歧视

从政策制定来说，农民工流动就业的歧视性政策障碍已基本上消除，就业岗位的限制和卡、证收费等就业准入的问题基本得到解决。但

---

① 陈星博：《结构挤压与角色错位——社会转型期我国城市青年农民工群体中“问题化”倾向研究》，《改革》2003 年第 4 期。

② 人力资源和社会保障部社会保障研究所课题“国家调整农民工政策的社会影响评估研究”调研报告，2010 年 3 月。

在实践中，大量农民工在城市仍未获得市民身份及相应保障，一些城市的政府以管理之名行限制之实，还在限定企业要优先招收城镇劳动力和使用农民工的比例，向企业收取使用农民工人数的管理费。按照各地颁发的文件初步统计，农村劳动力进城务工涉及的收费项目有 20 多项，在所在乡需要办外出务工证、计划生育证、健康证、毕业证等证明，在务工城市需要办暂住证、就业证、健康证等证明。收费标准各行其是。在我们的调研中，暂住证按照工本收费是 5 元，按其标准收费的只占办证的 20.0%，其他的是按照 29—70 元的标准收费；健康证的收费标准是工本费 5 元和体检费 30 元，按其标准收费的只占 33.5%，其他的是按照 65—100 元的标准收费。总之，各种证件的收费都高于规定标准。[①]

2. 现有公共就业服务资源与农民工体面就业的差距

目前在公共就业服务做得比较好的是广东省，其公共就业服务体系也主要是按照本省城镇人口的规模配置的，实际上无法平等覆盖到农民工。在招工程序、招工比例、务工领域等方面仍然设置门槛和壁垒，农民工在一定程度上遭遇就业歧视。19.7% 的人曾经因为没有当地户口而找不到工作，11.6% 的人认为有对农民工的歧视，9.4% 的人认为有年龄歧视，4.7% 的人认为有性别歧视。其中，遭遇户口限制的农民工比例，广东省与浙江省、山西省相比处于最高（广东省 19.7%，浙江省 15.2%，山西省 11.6%）。[②]

公共就业服务资源不足与外地农民工的迫切需求之间的矛盾依然突出，问卷调查数据表明，19.6% 的农民工感到缺乏就业指导，28.4% 的农民工感到缺乏就业信息（不知道从哪里获得可靠的招工信息），只有

① 首都经济贸易大学《中国农村劳动力就业状态研究》课题组 2009 年 7—10 月在全国 19 个省份（安徽、河南、湖北、湖南、陕西、贵州、四川、山东、江西、内蒙古、黑龙江、吉林、辽宁、江西、北京、云南、浙江、陕西、天津）中的 47 个城市、22 个社区、21 个城乡接合部的调研数据。本调查根据实际情况抽样，调查对象为在私营企业和民营企业及从事灵活就业的农民工。在城市发放问卷 3500 份，最终确认的有效问卷 3131 份，有效率 89.5%。样本选取在农民工就业比较集中的地区。

② 人力资源和社会保障部社会保障研究所课题“国家调整农民工政策的社会影响评估研究”调研报告，2010 年 3 月。

8.1%的农民工借助过政府办职业中介机构的介绍，而通过亲友介绍的高达41.6%，通过商业性招聘会的有18.6%。另外，政府对商业性职业中介机构的规范存在缺陷，有11.6%的农民工认为职业中介机构骗人。[①]

第三节　21世纪以来农民工劳动政策的变迁

进入21世纪以来，农民工的政策发生了根本性的变化，政策的着力点是打破原有城乡二元分割的制度模式，保障农民工就业的合法权益，为其进城务工创造公平的就业环境，对农民工展开系统的就业培训。政府的公共政策职能由对农民工的防范管理开始向以人为本、公平对待的服务职能转变。从而在一定程度上削弱了农民工的相对剥夺地位和相对剥夺感，一定程度上改善了农民工的社会公平状况，但是也要注意到，受制于制度滞后的限制，农民工难以无法实现同城镇职工和国企职工一样的公平状态。农民工劳动政策可以概括为就业政策和职业培训政策两部分。

一　农民工就业政策体现制度公平变化趋势

在打破城乡分割的二元制度模式方面，21世纪至今的农民工政策主要有两个特点。①取消城乡就业方面的各种不合理的界限，逐步实现城乡劳动力市场的一体化。其标志性的政策文件是2000年7月劳动和社会保障部、国家计委等7个部门联合实施的城乡统筹就业试点项目和《国民经济和社会发展十五计划纲要》，强调城乡一体化发展。②改革城乡分割的就业制度，取消各地区针对农村劳动力的限制性就业政策。这一变化的标志性政策文件是2001年3月国务院批转公安部《关于推进小城镇户籍管理制度改革的意见》和2001年5月国家计委的《国民经济和社会发展第十个五年计划城镇化发展重点专项规划》。这些政策的出台表明国家在打破城乡分割的就业制度方面已迈开实质性的步伐。

进入21世纪以来，国家颁布了一系列的政策和法规，试图改善农民

① 国务院农民工办课题组：《中国农民工问题前瞻性研究》，中国劳动社会保障出版社，2009。

工在劳动力市场的状况，通过城镇化工作实现农民工的转变，打破城乡分割，推进农民工市民化。在这些政策和法规中，既有原则性的规定，如2003年4月国务院颁布了《工伤保险条例》，从2004年1月1日起开始实施，该条例首次将农民工纳入保险体系范围；又涉及具体问题的说明，如2004年3月财政部提出：今后在城市中小学就学的农民工子女，负担的学校收费项目和标准将与当地学生一视同仁，不再收取借读费、择校费或要求农民工捐资助学及摊派其他费用。除收取每证最高不超过5元的暂住证工本费和流动人口婚育证明工本费外，其他面向农民工的收费项目一律取消，并清退向农民工违规收取的款项。将进城就业农民工的治安管理经费纳入正常财政预算支出范围，严禁向进城就业农民工或其所在单位收取治安联防费。开展农民工培训和技能鉴定，不得强制培训、强行收费。

其中，2006年国务院5号文件成为国家解决农民工问题的标志性举措。这一文件系统全面地提出了解决农民工问题的指导和原则，涉及40个方面的内容，可概括出3个方面18项具体政策，关于就业服务方面的政策主要有以下内容。①劳动力输出地政策：为准备进城的农民收集信息、组织培训、安排交通并护送到达工作岗位，指导与用人单位签订合同；统筹规划当地的城乡劳动力市场和就业政策，以及鼓励农民工回乡创业政策等。②劳动力流入地政策：取消农民工进城就业的各种不合理规定和收费政策，城市各种公共服务项目为农民工开放政策，使农民工享受同城镇职工的各种待遇；各类就业服务机构为农民工提供求职登记、就业指导、政策咨询、劳动保障事务代理等服务政策，建立城市用人单位招用农民工的劳动用工备案政策等。③改善农民工进城务工环境方面的政策：涵盖了农民工的民主政治权利，如入工会，参加务工所在地的民主选举和社会事务管理等政策；用人单位与农民工签订合同，与城镇职工实行同工同酬的政策；依法取得报酬，按时支付足额工资，及时追缴处理克扣拖欠工资的政策；农民工子女在城市免费获得国家规定的义务教育政策；为农民工提供法律援助、处理投诉、举报、违规事件的劳动保障监察和劳动仲裁及劳动争议政策；依法保护农民工的劳动安全、职业危害、劳动卫生政策及享受社会救助和城市公共服务的政策。①

二　职业技能培训政策侧重专项扶持政策调整

进入21世纪以来，我国针对农民工职业技能培训的专项政策陆续出台，目标在于提高农民工的人力资本水平，改善其在求职、工作、保障方面的能力，提高其劳动回报，主要是通过专项政策的方式实施的。具体来说，有如下政策。2003年9月，农业部等6个部委在《2003—2010年全国农民工培训规划》中明确了中央和地方各级财政在财政支出中安排专项经费扶持农民工培训工作，用于补贴农民工培训的经费要专款专用，提高使用效益。2004年1月，中共中央、国务院发布《关于促进农民增加收入若干政策的意见》，指出进城就业的农民工已经成为产业工人的重要组成部分，要保障农民工的合法权益，城市政府要把对进城农民工的职业培训、子女教育、劳动保障及其他服务和管理经费，纳入正常的财政预算。2005年11月，国务院发布《关于进一步加强就业再就业工作的通知》，指出公共就业服务机构对进城求职的农村劳动者要提供免费的职业介绍服务和一次性职业培训补贴。

概括来看，2006—2009年，中央一号文件涉及农民工的内容有：2006—2007年，要求做好农民工转移培训及相关就业服务；2008年，强调保护农民工权益；2009年，针对金融危机下农民工失业，强调加强培训，促进就业等。2000年以来，农民工在城市生存和生活的一系列问题已经引起了党中央和国务院的关注。国家调整农民工的就业政策适应了工业化和城市化的发展方向，体现了突破二元城乡分割体制，以人为本、统筹城乡就业的时代性，体现了解决农民工问题的可操作性和推进制度建设的方向性。

要特别指出的是，农民工作为产业工人主体地位的确立，是推动面向他们劳动政策变动的内在原因。农民工在我国经济社会发展中做出的贡献推动了政策的变化。国家统计局农民工监测调查结果显示，2009度全国农

---

① 张一名主编《中国农民工社会政策研究》，中国劳动社会保障出版社，2009。

民工总量为22978万人。2000年第五次人口普查数据显示：农民工在第二产业从业人员中占58.0%，在第三产业的从业人员中占52.0%，在加工制造业的从业人员中占68.0%，在建筑业的从业人员中占80.0%。这说明，无论从占劳动力总量的比重来看，还是从农民工在第二、第三产业从业人员中所占比重来看，农民工都已经成为产业工人的主体。农民工的流动就业带动了城乡之间劳动力资源和产业的优化配置，已经成为我国工业化推进的支撑力量，这是打破传统城乡二元分割体系的重要原因。

中国改革开放的实践说明，农民工问题是关系到中国社会转型期发展、改革、稳定全局的一个核心问题，推动了经济发展和二元经济社会结构的转变，推动了市场化经济体制的改革，推动了中国对外开放和贸易经济的发展，进而决定着中国工业化和城市化的质量。因此，工业化和城市化的继续推进必须解决好“三农”问题，“三农”问题的核心是农民问题，农民问题的核心是收入问题，农民收入低的根本体制因素是农民在农业上的就业不足，解决问题的关键在于把农民工政策的重点调整到保护其合法权益和创造公平的就业环境上来。

第四节 部分省市改善农民工劳动环境的主要进展

进入21世纪以来，农民工问题受到党和国家的高度重视，国家树立以人为本、全面协调可持续发展的科学发展观，把农民工问题放在推进工业化和城市化战略的全局之中，积极进行政策的调整和完善。尤其是2006年国务院5号文件，系统全面地提出了解决农民工问题的指导和原则，着力保障农民工的合法权益，为农民工进城务工创造良好环境，最大限度削弱他们可能处于的相对剥夺地位和存在的相对剥夺感。

2006年国务院5号文件之后，国家加大清理和取消各种针对农民工进城就业的歧视性规定和不合理限制的力度。①在就业制度方面，2006年的国务院文件强调逐步实行城乡平等的就业制度。具体包括：改革城乡分割的就业管理体制，建立城乡统一、平等竞争的劳动力市场，逐步形成市场经济条件下促进农村富余劳动力转移就业的机制，为城乡劳动者提供平等的就业机会和服务；要进一步清理和取消各种针对农民工进城就业的歧视性规定和不合理限制，清理对企业使用农民工的行政审批和行政收费，不得以解决城镇劳动力就业为由清退和排斥农民工。②在就业服务方面，国务院文件强调进一步做好农民工转移就业服务工作，把促进农村富余劳动力转移就业作为重要任务。具体包括：建立健全县乡公共就业服务网络，为农民转移就业提供服务；城市公共职业介绍机构要向农民工开放，免费提供政策咨询、就业信息、就业指导和职业介绍；输出地和输入地要加强协作，开展有组织的就业、创业培训和劳务输出；鼓励发展各类就业服务组织，加强就业服务市场监管，依法规范职业中介、劳务派遣和企业招用工行为。

通过以上措施，城市接纳农民工的能力在不断提升，城市对农民工的宽容度在增加，逐步消除农民工群体由于保障政策缺失而在城市中所处的相对剥夺地位及存在的相对剥夺感，提高农民工问题的社会公平度。课题组在经济发达、农民工就业集中的主要省份广东省和浙江省，以及中部的山西省进行调研。[①] 三省在农民工就业培训方面都取得了一

---

① 课题组在中国改革开放最前沿的广东省，先后与广东省人力资源和社会保障厅、广州市人力资源和社会保障局、深圳市人力资源和社会保障局以及深圳市宝安区沙井街道召开了座谈会，听取劳动社会保障、教育、卫生、计生、国土房管、农业、公安、司法、工会等部门的情况介绍，从政策的制定和操作层面了解农民工政策的相关问题。课题组在广州市和深圳市走访了 5 家代表不同行业、不同所有制以及不同规模的企业或服务业单位，从企业的角度了解这些单位的农民工在就业、社会保障、融入当地城市方面的情况，及其对国家有关农民工政策的意见、建议。同时，为了从农民工本人的角度更加深入地了解国家政策调整给其个人工作、生活所带来的影响，课题组从上述企业中抽出一部分农民工，进行了问卷调查和个案访谈，共发放问卷约 700 份，个案访谈约 40 人。此外，课题组就有关政策文件等文献资料进行了阅读和分析。课题组在山西省听取了劳动社会保障、建委、教育、安监、卫生、工会等部门的情况介绍，从政策的制定和操作层面了解农民工政策的相关问题。课题组还在太原市和临汾市走访了 8 家代表不同行业、不同所有制以及不同规模的企业或服务业单位，其中包括：国有东山煤矿、中威劳务公司、圆宝铸造有限公司、太原乾红公司、晋海暖气片公司、大代暖气片铸造厂、民营四通煤矿、同世达焦化有限公司。通过与这 8 家企业有关负责人的交流，从企业的角度了解这些单位的农民工在就业、社会保障、融入当地城市方面的情况，及其对国家有关农民工政策的意见、建议。同时，为了从农民工本人的角度更加深入地了解国家政策调整给其个人工作、生活所带来的影响，课题组从上述企业中抽出一部分农民工，进行了问卷调查和个案访谈，共发放问卷约 658 份，个案访谈约 13 人。此外，课题组就有关政策文件等文献资料进行了查阅和分析。

定的进展。

一　广东、浙江、山西三省农民工的基本就业情况

广东省是我国农民工输入第一大省，截止到2009年上半年，在全省9000万常住人口中，农民工达2900多万人，占近30%。广东省农民工的数量约占全国农民工总数的1/8；其中外省籍农民工1900万人，约占全国跨省农民工流动总量的1/3；本省籍农民工700多万人。广东省农民工数量最多的三个城市是：深圳，有800万人；东莞，有700万人；广州，有300万人。从产业分布来看，从事第二、第三产业的农民工分别占55%和42%，其中制造业、建筑业和批发零售业的分别占38%、13%和14%；在台港澳投资企业、外商投资企业和私营企业的分别占25%、16%和25%；从事第一产业的极少。从就业地区分布来看，广东省农民工主要集中于珠三角工业发达地区，占90%以上。在泛珠三角区域，农民工主要集中在电子行业，占60%；其次是建筑业、机械业等，约占20%；再次是服装业、化工业、纺织业、矿山业、服务业、环卫业等，约占20%。广东省农民工的年龄相对较小，35岁以下的占89%，其中30岁以下的占73%；文化程度和技能水平偏低，初中以下文化程度的占75%，无技能等级的占75%。从农民工的来源来看，外省籍农民工主要来自湖南、四川、广西、湖北、江西、河南等6省份，合计占外省籍农民工总量的72%。[①]

浙江省的农民工主要集中分布在杭州、宁波、温州、绍兴、金华、台州、嘉兴、湖州8个城市，其中，杭州、宁波、温州等市的数量已经超过了200万人，输出地以安徽、江西、河南、四川、重庆、湖南、湖北、贵州居多，占外省籍来浙江就业农民工总量的70%以上。2008年底，农民工总数为1880万人，文化程度以初中学历为主，占50.7%。从事制造业的占60.6%，多数在生产、运输设备操作层面工作，月收入

① 参见人力资源和社会保障部社会保障所课题“国家调整农民工政策的社会影响评估研究”中的《农民工政策评估问卷调查报告》，执笔人为阎明、石秀印研究员，2010年6月。

平均为1607元，拖欠工资的现象在减少，但仍有9.1%的工资被拖欠。劳动合同的签订率大幅度提高，社保参保率逐年增加。

山西省属于农民工输入和输出小省，据调查统计，2009年底，山西省籍的农民工共308万人。其中，在山西省内务工的241.5万人，走出山西省到外省务工的66.5万人。在山西省务工的外省籍农民工共102万人，主要来自四川、河南。平均年龄27.3岁，其中，16—30岁的占68%，31—40岁的占22%，41岁以上的占10%。高中、中专以上文化程度的占11.4%，初中的占50.2%，小学及以下的占38.4%；其中，男性占70.3%，主要分布在煤炭、冶金、建筑业的占56.7%，制造、运输业的占21.8%，餐饮、电子、农产品加工业的占9.7%。

二　广东、浙江、山西三省在农民工就业培训方面的举措

在就业培训方面，广东、浙江和山西三省各有特色，其中，广东省开展了“一户一技能”的普惠制农村劳动力培训，浙江省制定了操作性强的培训体系，山西省则重点加强了农民工职业技能培训学校的建设。具体如下。

1. 广东省“一户一技能”的普惠制农村劳动力培训制度

2006年的国务院文件用较长篇幅强调了对农民工的职业技能培训，其主要内容涉及开展农民工的职业技能培训、引导性培训和农村劳动力转移培训，扩大规模，提高质量；完善农民工培训补贴办法，对参加培训的农民工给予培训费补贴，包括以“培训券”等形式的直接补贴；支持用人单位建立稳定的劳务培训基地，发展订单式培训；利用广播电视和远程教育等手段；研究制定鼓励农民工参加职业技能鉴定、获取国家职业资格证书的政策。国务院的文件还强调落实农民工培训的责任：政府方面的责任人分别为劳动保障、农业、教育、科技、建设、财政、扶贫等部门；用人单位对农民工的岗位培训负有责任；各类教育、培训机构和工青妇组织也应该发挥作用；在培训经费方面，建立由政府、用人单位和农民工个人共同负担的培训投入机制，

开展就业服务专项行动。

广东省积极开展针对农民工就业服务的“春风行动”，为外来务工人员提供咨询服务，举办“零收费”招聘会，帮助农民工实现就业或置换岗位。在全国率先建立普惠制农村劳动力培训制度，全面建立珠三角地区与东西两翼地区结对帮扶长效机制，初步形成了农村劳动力技能提升、转移就业步伐加快、产业布局与技能人才协调配置优化的新局面。广东省在职业技能培训方面的具体做法如下。

（1）全面实施“一户一技能”的培训计划。广东省在全国率先建立普惠制农村劳动力培训制度，加大职业技能培训力度，促进农民工稳定和素质就业。对未能继续升学的农村初高中毕业生、被征地农民、其他劳动力、返乡创业的农民等分别开展不同类型的技能等级培训。广州市农业局、财政局出台了《关于加强农民职业技能培训的若干意见》（穗农〔2004〕73号），每年在市财政支农资金中安排2000万元左右加强对全市农民的职业技能培训。

（2）率先创新培训模式，探索建立广东远程职业培训平台。学习借鉴中国香港、德国的先进经验，运用互联网传播优势，将职业培训延伸到企业、乡村、社区和家庭，为农民工提供就业能力和创业能力提升的个性化学习平台，就地就近参加实训，考试发证。目前，广东省已经组织开发了针对农民工群体的28个技能培训和创业培训辅助课件及模拟实训辅助软件，为各级各类培训机构开展培训，为农村劳动力自主灵活学习提供免费、系统、便捷的远程技能培训服务，为农民工技能提升提供科学化、普惠化的公共服务平台。

（3）积极开展创业培训服务工作。通过广东远程职业培训平台，在全国率先建立免费的网上创业能力测评、网上创业项目推介、网上创业培训服务一体化的公共服务网络，让农民工了解自身创业素质能力，带着创业项目参加创业培训，在培训过程中了解自身能力和市场，有效促进农民工成功创业就业。

（4）工会等相关系统发挥自身优势，积极开展技能培训。广州市总工会以职业技能培训为把手，利用市总工会下属的市工会职业培训学院、市职工技术交流中心、市工人文化宫培训部等教育培训资源，举办跨省农民工培训，打造工会家政培训基地等，为农民工提高技能开展培训服务，提升农民工就业竞争能力。

广东省人力资源和社会保障厅认为目前也存在一些问题和难点。①农民工主动参加技能培训的积极性不高，整体素质偏低，与广东省经济结构调整和产业升级的要求不相适应，大量农村劳动力难以进入技术含量较高的产业就业，造成“招工难”与“就业难”局面并存，劳动力资源难以有效配置。②各地劳动力资源与培训资源错位，珠三角地区培训资源相对丰富，而劳动力资源相对缺乏，而东西北地区劳动力资源相对丰富，但培训资源又相对薄弱，不利于整体培训工作的推进，且培训补贴标准偏低，培训机构积极性不高，农村劳动力转移就业工作成效有待提高。③培训与就业脱节。虽然已经编制了大量针对农村劳动力的教学大纲和课程设置，但依然有部分培训工种的教学大纲课程设置与市场脱节，一些市场急需的特色课程亟须开发，转移就业跟踪服务力度不够，农村劳动力培训后就业竞争力不强。④因金融危机的影响，全省新增就业岗位和新增就业人数的幅度明显下滑，公共服务资源不足，就业压力进一步增大。⑤农民工就业信息不对称，维权意识薄弱，对有关农民工的政策没有全面了解和有效运用。

2. 浙江省宁波市建立操作性较强的农民工培训机制

为落实2006年国务院5号文件精神，浙江省政府陆续配套出台了《关于全面推进城乡统筹就业的指导意见》，逐步建立起与农民工服务和管理形式相适应的管理体制和工作机制。宁波市的农民工职业技能培训工作做得很细致，具体如下所述。

（1）在培训对象、补助标准、机构认定、培训组织、操作程序、工作台账、经费补助等一系列问题和工作进行明确。

（2）建立了培训网络，由职业院校、技工学校、就业培训中心及社会培训机构组成的定点培训机构，鼓励和支持企业自主申报参与技能培训，完善监督制度，确保培训质量。一是建立了开办备案制度，培训机构在培训前，将培训开办备案表、授课计划、学员名册及相关证明材料报劳动保障职能部门审核，符合条件的准予开班。二是建立培训抽查制度，对各培训机构培训教学组织过程进行抽查，随时了解教学计划执行情况，保证培训计划落到实处。三是建立档案管理制度，培训单位对培训情况进行汇总。四是建立经费三级审核制度，确保经费安全使用。五是建立政府培训补助计算机管理系统，对受训人员的培训信息和补助次数由计算机系统进行管理和控制。

（3）搭建了培训组织管理、培训政策保障、培训实施网络三个培训基础平台。通过三个平台的有机配合，增强培训的组织基础，增强培训效果。

3. 山西省组建农民工培训基地和中等职业教育学校

山西省积极帮助农民工获得职业培训，助其获得非农就业机会。为落实 2006 年国务院 5 号文件精神，山西省从 2006 年开始组建农民工培训基地，现已经建成 192 个，其中，工会有独立资质的培训基地 14 个，挂靠培训基地 178 个，为农民工掌握一技之长搭建了平台。截止到 2009 年 9 月末，全省各级工会投入 2489 万元，已经培训农民工 176831 人；其中技能培训 72558 人，获得劳动部门颁发技能证书的有 42014 人，创业培训 400 人，基础培训 103873 人。山西省对农民工进行培训的另一个特点是政府投资兴办中等职业教育学校，先后为阳曲县和清涂县的职业技术学校、生态工程学校，以及太原农村卫校投资 1080 万元。目前，学校中农村初高中毕业生占 90.1%。

三　广东、浙江、山西三省促进农民工就业的政策措施

1. 广东省力求向农民工平等开放的五级公共就业服务网络

根据广东省人力资源和社会保障厅的介绍，该省在就业服务方面主要做了以下方面的工作。

（1）建立五级公共就业服务网络。广东省积极完善公共就业服务管

理体系，建立全省范围内省、市、县、街镇、村居五级公共就业服务网络，公共就业服务场所力求向农民工平等开放，农民工与本地居民同等享受免费职业指导、职业介绍、政策咨询等基本公共就业服务。加强协调指导珠三角地区与东西北地区结对帮扶。

（2）开展劳务合作。广东省全面开展省内区域之间的劳务合作，搭建农民工就业服务平台。18 个市开展了劳务帮扶关系 31 对，新签订帮扶项目 47 个。深圳与 14 个欠发达地区签订劳动力转移对接协议，广州与梅州、茂名等 6 个地区结对，中山与茂名合作建立劳动力转移培训基地，推动了珠三角地区与东西北地区的产业和劳动力对接。2008 年，全省新增转移就业 106.5 万人，其中东西两翼和粤北地区向珠三角地区转移就业 31.05 万人。仅 2009 年，截至调研时，已经组织签订合作项目 77 个，比 2008 年多出 14 个，协议总价值 63.6 亿元，超出 2008 年 40.15%。同时，大力开展省际劳务合作，提升省际劳务合作层次，启动《泛珠各省区劳务合作协议》，做好跨省农民工就业服务。

（3）针对特殊情况，出台应急政策。自 2008 年下半年以来，针对国际金融风暴影响，广东在全国率先出台了十大措施帮助农民工稳定就业，并出台了稳定农民工就业的 27 项具体实施办法和 14 项措施，同时努力与农民工输出省份的政策措施实现无缝对接。

2. 浙江省打破城乡二元体制的用工模式

浙江省在用工模式上打破城乡二元体制，在帮助农民工的就业制度建设、就业服务和职业技能培训方面的主要进展有以下几点。

（1）降低进城就业的户籍门槛和限制性政策，取消各种行政性收费项目，加强农村基层服务平台建设，提供免费的公共就业服务和培训，将就业优惠政策扩大到农村低保家庭。

（2）加强劳动力市场建设，建设农村就业服务网络，各级公共服务机构提供免费的职业介绍、职业指导、政策咨询等服务。开展“千万农村劳动力素质培训工程”、“农村劳动力技能就业计划”、“农村劳动力转移培训阳光工程”、“特别职业培训计划”等活动。

（3）加强就业服务工作，逐步规范人力资源市场，为农民工创造就业条件，拓宽就业渠道。制定有利于促进就业的产业政策，鼓励支持优先发展就业容量大、就业质量高的产业，扶持发展中小企业，尤其要发展作为经济发展新的增长点的生产性服务业。出台对企业的金融支持政策，给予困难企业贷款方面的优惠，允许困难企业在一定期限内缓缴社会保险费。引导企业完善用工制度，确保企业停产不裁员。

（4）加大对农民工培训的资金投入和工作力度，扩大培训规模，改进培训方式，注重提高使用技能和就业能力。尤其关注生活困难的农民工。

（5）开展农村基础设施建设，大力发展乡镇企业和县域经济，促进农民转移就业。扶持有条件、有能力的农民工返乡创业，参加农业和农村的基础设施建设。逐步完善自主创业、自谋职业的政策体系，在用地、收费、信息、工商登记、纳税服务等方面降低门槛，搞好金融服务。

（6）加快推进城乡统筹就业工作，逐步完善覆盖城乡的公共就业服务体系，积极开展劳务交流，引导农民有序外出务工。

3. 山西省依法保障农民工劳动权益

山西省将农民工就业权益纳入法制轨道。在就业制度建设、就业服务和职业技能培训方面的主要进展有以下几点。

（1）2006 年国务院 5 号文件下发后，山西省政府办公厅于 2006 年 11 月 4 日出台了《贯彻落实国务院关于解决农民工问题若干意见的实施意见》（晋政发〔2006〕41 号），要求农民工工作联席会议各成员单位结合自身的工作职能，将本部门的实施意见在系统内下发，逐步建立长效机制。

（2）2007 年 6 月，山西省十届人大常委会第三十次会议通过了《山西省农民工权益保护条例》，自 2007 年 7 月 1 日正式实施，这是全国首家农民工权益保护的地方性法规。该条例从就业与劳动合同、职业培训、子女教育等方面对农民工应享有的权益进行了界定，标志着山西省农民工就业、培训和公共服务工作纳入法制轨道，对统筹城乡发展，改善农民工的就业环境，引导其合理有序转移具有重要意义。

（3）2009 年 2 月，就金融危机爆发后的问题，山西省政府办公厅下发《关于做好全省当前农民工工作的意见》（晋政办发〔2009〕23 号），提出：一是抓住扩大内需的 6 个领域、33 个方面的重大基础设施投资项目拉动就业，稳定现有就业岗位；二是加强农民工技能培训和职业教育的投入，按规定由就业专项资金和相关专项资金给予补贴，扶持农民工返乡创业；三是做好农民工的公共服务工作。经过各级人力资源社会保障部门的努力，在全省经济负增长的背景下，通过政府投资项目带动、岗位对接、劳务输出和就地就近转移，返乡农民工基本上实现了就业。

第五节　农民工劳动政策不公平的制度根源与改革方向

农民工在城市所处的相对剥夺地位和存在的相对剥夺感成为我国工业化和城市化继续推进的瓶颈，是当前我国最大的制度不平等。其制度根源指向了当前我国的城乡二元社会制度，而改革的方向就是消除这种二元制度及其带来的一系列制度遗产，确立农民工的社会公民地位，从而从根本上改变农民工的“二等公民”定位，建立起一个劳动平等、体面有尊严的社会格局。

一　城乡二元体制：制造农民工就业和劳动政策的不平等

农民从农业向非农业、从农村向城市的转移并实现城市化，是迄今为止已经实现现代化国家的普遍规律，我国农民工问题的产生同样遵循了这一规律。农民工是伴随着我国工业化、城镇化和改革开放的进程而产生和不断发展的一个新的社会群体，具有鲜明的中国特色和阶段性特征：①上亿规模的人口在最短的时间里向城市集中，并逐步实现向城市文明的转型；②由于中国城乡分割的二元体制的长期存在，我国农民工流动不仅是为了就业，还为了进城，从而获得改变“农民”身份和阶级地位的机会；③农民工迁移进城有候鸟式流动和举家迁移两个过程；④我国工业化的外延再生产阶段被确认为新中国成立后至改革开放前，而农民工的大批进城发生在工业化的内涵再生产阶段，也就是说，我国与世界各国工业化中劳动力资源配置的规律不同，资本排挤劳动的现象将长期伴随着我国的工业化进程。

农民工进城务工不单纯是一种以求职为直接目的的经济活动，它已经直接触动了中国经济社会发展的所有层面。农民工跨身份进城务工，涉及了我国长期以来对农民与非农民身份划定的一些基本依据和政策的调整，即对城乡分割的二元体制的调整。农民工问题将与我国工业化的发展，产业结构、就业结构、城乡结构的经济社会转型相伴而行。

改革开放以来，我国农村劳动力向非农产业和城镇转移在取得了重大进展的同时，也给城乡二元经济结构体制带来了巨大的冲击。进入21世纪，党中央和国务院顺应经济社会发展的客观规律，以人为本的政策不断推进，对农民进城务工的一些限制、歧视性政策相继取消，正式宣布农民工是产业工人的重要组成部分，对保护其合法权益、提高其社会地位、为其提供公共服务、加强技术培训、降低进城务工门槛等提出了明确的政策要求。但由于我国长期以城乡分割的二元体制为政策制定的出发点，使农民工在城市长期无法获得城市工人的相应待遇和劳动保障，很大程度上影响了农村劳动力向非农产业和城镇转移。

目前，由于我国尚未完全打破城乡二元体制，在涉及农民工就业的相关政策方面依然受缚于体制因素，因此，农民工就业问题的解决、制度的创新还落后于我国的经济结构转型和进城务工的农民工的基本需求，农民工就业形势依然严峻，转移就业、稳定就业的任务依然艰巨，农民工距离体面就业、生活和权益平等的标准尚远。这种状态和制度是农民工问题所在，也是“十二五”期间农民工问题所在。

二 断裂的制度安排：相对剥夺现象的产生

我国在宏观制度上经历从单一的计划经济向计划与市场并存，进而向现代市场经济体制的转变是改革开放后农民工产生的客观基础，城乡分割的二元经济结构是产生农民工问题的体制根源。当前关于农民工务工状况的大量研究表明，经济结构的开放使农民获得进城务工机会，但由于在劳动制度、社会保障等各方面存在城乡断裂的制度安排，农民工群体在社会转型过程中出现了社会整合问题。这些问题可能在农民工群体中产生各种类型的“问题化”倾向①，影响农民工群体的权益及社会发展。换言之，伴随着经济改革的不断深入，社会主义市场经济体制已经基本建立起来，市场机制的运行制度和逻辑也已产生，基于此，农民工的外出打工和迁徙行为本身就是市场经济的一种表现形式和结果。但是，任何经济行为都是嵌入社会制度中的。当前，我国社会发展滞后于经济发展过程，社会结构滞后于经济结构，对社会领域的管理和服务延续的仍是过去的计划经济体制，是控制多、服务少；体制性不公平大于市场性不公平。大量经济领域的问题因受制于社会改革滞后，而有向社会问题演变的趋势。这表明社会领域的改革迫在眉睫。农民工的问题原本是一个经济问题，涉及农民工的工作机会、劳动报酬等，但是由于面向农民工管理和服务的社会体制远远滞后于经济体制，这就使得农民工问题从一个经济问题变成了一个社会问题，在一定程度上表现出向政治问题转变的趋势，使得农民工经济不公平演变为一场社会领域内的制度不公平问题。

农民工进城务工环境是一个制度环境，在影响农民工就业的诸多因素中，政策变动对农民工进城务工环境的变化是最直接的。2000 年前就业政策存在的局限是，就业政策中包含较为严重的计划经济体制下城乡二元模式的痕迹。在此期间，政府政策带有明显的城乡分割的二元制色彩，具体表现在对农民工流动就业提出限制和歧视的倾向。这直接导致农民工在城市中被“边缘化”，产生“相对剥夺”现象，造成社会不

① 陈星博：《结构挤压与角色错位——社会转型期我国城市青年农民工群体中“问题化”倾向研究》，《改革》2003 年第 4 期；周春霞：《农民工与市民冲突的经济社会分析》，《南京社会科学》2004 年第 3 期。

公平。

我们发现，由于沿袭了计划经济时期城乡二元体制的思维模式，这一时期的政策制定把农民工作为不同于城市普通工人的特殊人群，进而在各方面加以限制。20 世纪 90 年代农民工政策的一个特点是对进城务工的农民工总量通过审批发证进行计划式的指标控制和限制，对农村劳动力专门设置证、卡，农民工的就业和企业的用工，如不经过行政部门的审批，就被按照“私招乱雇”和“盲流”进行查处和清退。也许政策的初衷是想把农民工流动和企业用工的决策权集中到行政机构，进而实现有序流动；但结果是以政府无法掌握全国众多企业的人力资源需求和农民工的流动方向而结束；干预成了盲目，妨碍了市场供给和需求机制发挥作用。

这期间用政策限制农民工向沿海发达地区和城市的流动，由开始的堵，到行政审批、证卡限制、工种限制、清理整顿、收费罚款、收容遣送，矛盾集中在对农民自主进城务工和企业自主用工是否容许以及容许的程度和方面上。我国长期形成的城乡二元社会结构，将城市的劳动力市场人为地分为正式和非正式两个劳动力市场，农民工只能在非正式劳动力市场上寻找就业机会，再加上城市政府对农民工务工行业的限制，农民工的职业选择范围很狭小，存在严重的“被剥夺感”。与身边的城市工人相比，他们处于明显的“相对剥夺地位”，无法与城市工人享有同等的就业机会和就业权利。

一个城市的安全是市民、企业、农民工共同的需求和责任。但 2000 年之前各级政府对农民工管理政策的一个特点是：对农民工流动就业的管理与社会治安联系在一起，各城市流动人口管理办公室设在公安部门，把整顿城市社会治安的重点放在农民工身上；对农民工的管理主要是防范，把他们作为在城市的一个特殊人群进行管理，很少考虑到农民工的利益和需求。

在市场经济条件下，劳动者的就业权利、公民的人身自由等规定应是国家统一制定的政策和法律，在 2000 年之前的一段时间里，对农民工进城务工的政策政出多门，表现在一些城市和政府部门各自做出对农民工就业的工种和行业的限制性规定，各自做出对农民工清理、收容、遣送的法律规定，各自行使对农民工进城务工的不同的收费标准。通过这种手段，它们把农民工隔离于城市市民身份之外，在城市人为地设置一套区隔“城市工人”和“农民工”的帐幕。

上述问题与我国工业化和城市化的推进，与逐步消除城乡二元结构的发展趋势相矛盾，决定了某些政策的局限性和不可持续性。因此，农民工进城务工环境改善的实质问题是：①两亿多进城务工农民工的权益如何得到保障，就业环境如何得到改善？②农民工如何有序进入城市生活并逐步成为市民，完成城市化的问题？③现在农村的大龄富余劳动力如何逐步、合理地转移出来，实现比较充分的就业？简而言之，就是政策如何打破原有城乡二元体制模式，保证农民工获得城市工人的身份，进而获得相应的劳动与社会保障，更好地融入城市生活。

三　破除城乡二元结构：农民工就业政策的新导向

总体而言，农民工就业及相关政策的调整经历了一个从区隔性的就业政策向逐步统一融合政策转变的历程，这种转变在相当程度上弱化了农民工在就业上的相对剥夺地位。近几年的农民工政策体现了突破二元经济结构的城乡分割体制的制度建设方向，体现了我国工业化和城市化中建立统一的劳动力市场与以人为本相结合的时代性，体现了政府对农民工的管理职能由限制、管制向公共服务和合法权益保护方面的职能转变。

但是，近两年，无论是在经济较为发达的东部省份，还是经济发展水平一般的西部省份，特别是在农民工就业较为集中的劳动密集型小企业均存在较为明显的“招工难”现象，零售、餐饮等小企业甚至长年设置招聘员工的展板，这说明不区分行业、不区分地区的小企业“招工难”现象普遍存在。对浙江省杭州、宁波、温州等地的调研情况表明，2010 年 2 月 19—24 日，温州市普工平均工资已经比上年同期上涨了

13.52%，但普工仍属人力资源市场中最紧缺工种，岗位需求数为4885人，已招人数仅为629人。[①] 普工“招工难”这一现象相比前几年的技术工人“招工难”已经发生了较大变化。

我们认为普通劳动力的“招工难”不仅仅是结构性和区域性的“招工难”，也不仅仅是我国经济企稳回升背景下的阶段性特殊情况，还是由特定劳动力价格水平和综合待遇，与农民工等劳动者期望值之间存在较大的反差所造成的，背后的根源是不平等的城乡二元制度。

这就说明，我们的农民工就业政策，不仅仅要逐步消除针对农民工的歧视政策，削弱其相对剥夺地位，更要将农民工就业政策与劳动关系政策、劳动报酬权益、社会保障权益、住房权益、受教育权益等统筹考虑。归根结底，农民工就业政策要逐步从“能就业”向“就好业”转变，从就业数量向就业质量转变，从减少限制向平等对待转变，将农民工的就业权益与全面融入城市的利益结合起来。而这离不开社会领域的改革，离不开城乡二元体制和机构的破除。

农民工特别是新生代农民工已经成为劳动力市场上的主力军，应关注这一群体的新变化。新生代农民工在权益诉求和精神追求方面体现出较大不同，他们要“生存”更要“生活”，要“钱途”更要“前途”，要“暂住”更要“常住”，他们对个人尊严、个人发展和城市公共服务均提出了新的需求，期望值较高。农民工的内部成长空间极小，工资收入“随行就市”，成长为股东或者老板的机会少，使得相当一部分农民工感觉缺乏事业发展的机会，导致流动频繁。为此，不仅要着力解决农民工基本就业等重大问题，还要着眼于使农民工能够稳定就业，能够满足新生代农民工多方面物质文化的需要，开通其职业发展通道，提高其综合待遇水平；在解决农民工就业问题的过程中，需要统筹兼顾农民工在就业、技能培训、工资待遇、社会保险、城市融入等多方面的权益关系，努力保证其享受均等化的公共服务。

---

① 薛圣白：《“用工荒”实为结构性“招工难”》，《劳动保障参考》2010年第5期。

第六章

农民工培训政策的制定和执行

第一节　农民工培训政策的制定

一　农民工培训政策制定的出发点：要务考量

农民工培训的目的是提高其人力资源的量和质。人力资源是人所拥有的能够据以产生作用、获得收益的心理存在物。人力资源具有多维结构，其内容维度主要有 4 个：①智能资源，即知识、技能、经验和熟练等；②品德资源，即职业道德、职业规范、职业责任、职业精神、协作精神等；③品格资源，即生活方式、行为习惯、思想修养等；④精神资源，即价值观、信念、信仰等。另外，还包括健康和体力等生理素质和状况。

概括地说，人力资源的载体是人的“身”和“心”；人力资源的功能是据以产生作用的“资”，人力资源的存在形态是“存量”和“来源”。培训则是培训者通过传授行为将社会所形成的人力资源“知识”传递到个人身上的过程，导致个人的人力资源量的增加和质的提高。

人力资源的一个重要属性是其“溢出性”，不仅人力资源的载体能够从该资源获益，其他人、企业、社会乃至国家都可以从该资源获益。[①]无论企业还是国家都是由个体的人组成的，当个体的人力资源水平提升时，其所在的企业和国家都会同时受益。当农民工的人力资源通过培训得到提高以后，其可以据此到城市谋职，可以换一个更好的工作，可以增加收入并改善工作条件，甚至可以找一个更满意的配偶。在企业层面，农民工技能的提高使其能更正确和更迅速地操作工作，能胜任复杂性更高的职务，也具有更好的敬业精神，从而提高用人单位的经济效率，降低人工和物料成本。较高水平人力资源的员工还能够更理性和规范地处理与企业之间的关系，促进劳动关系的和谐。在国家层面，人力资源是国家的宝贵财富[②]，不仅能够提高经济效率，促进经济发展，提升工业化和城镇化水平，而且能够提高国民素质，使他们更科学地认识个人与国家的关联，履行对国家的责任和义务，更理性和规范地处理与国家之间的关系，维护国家的稳定，促进国家的繁荣。人力资源水平的提高会降低犯罪率，促进良好社会秩序的形成，同时也能促进作为社会细胞的家庭关系的和谐。

“溢出性”是国家制定农民工培训政策的重要推动力。农民工培训是《国务院关于解决农民工问题的若干意见》（国发〔2006〕5 号）的一个重要方面。除此之外，国家制定的关于农民工培训的政策文件还有《国务院办公厅转发农业部等部门 2003—2010 年全国农民工培训规划的通知》（国办发〔2003〕79 号），《中共中央、国务院关于促进农民增加收入若干政策的意见》（中发〔2004〕1 号），《国务院关于大力发展职业教育的决定》（国发〔2005〕35 号），《国务院关于进一

① 亚当·斯密在《国民财富的性质和原因的研究》中写道：“学习一种才能，须受教育，须进学校，须做学徒，所费不少。这样费去的资本，好像已经实现并且固定在学习者的身上。这些才能，对于他个人自然是财产的一部分，对于他所属的社会，也是财产的一部分。工人增进的熟练程度，可和便利劳动、节省劳动的机器和工具同样看作是社会上的固定资本。”

② 英国经济学家哈比森在《国民财富的人力资源》中写道：“人力资源是国民财富的最终基础。资本和自然资源是被动的生产要素，人是积累资本，开发自然资源，建立社会、经济和政治并推动国家向前发展的主动力量。显而易见，一个国家如果不能发展人们的知识和技能，就不能发展任何新的东西。”

步加强就业再就业工作的通知》（国发〔2005〕36号），《国务院办公厅关于进一步做好农民工培训工作的指导意见》（国办发〔2010〕11号），等等。

国家的这些文件都强调了农民工培训工作的重要意义和明确目的，它们都与“国家要务”有关。农民工培训不仅仅在于提升农民工的人力资源，更重要的是让其人力资源“溢出”到社会和国家。

1. **服务于国家中心任务的完成**

国家将农民工培训在“中心任务”体系内定位。“中心任务”是农民工培训政策的出发点，也是该政策的落脚点。农民工培训及其人力资源增长在“中心任务”中的功能，也就是培训工作的“重要意义”。相关文件指出：“各地区、各有关部门要充分认识开展农民工培训的重要意义，从贯彻落实‘三个代表’重要思想和全面建设小康社会的高度，从国民经济协调发展和社会稳定的大局出发，统筹规划，分工协作，切实做好这项工作。”①

“全面建设小康社会”是党和国家的中心任务，农民工培训也是小康社会建设的高度定位。文件提出，要“适应全面建设小康社会对高素质劳动者和技能型人才的迫切要求”②，加强培训工作。

2. **促进经济发展和工业化**

农民工培训政策的重要目的是为经济发展培养劳动力，促进经济发展。这是因为，劳动力素质的低下“制约整个国民经济增长”③，必须“落实科教兴国战略和人才强国战略”④，“着眼于为我国经济的长期可持续发展提供高质量的劳动力”⑤。要“全面提高国民素质，把我国巨大人

① 《国务院办公厅转发农业部等部门2003—2010年全国农民工培训规划的通知》（国办发〔2003〕79号）。

② 《国务院关于大力发展职业教育的决定》（国发〔2005〕35号）。

③ 《中共中央、国务院关于促进农民增加收入若干政策的意见》（中发〔2004〕1号）。

④ 《国务院关于大力发展职业教育的决定》（国发〔2005〕35号）。

⑤ 《国务院办公厅转发农业部等部门2003—2010年全国农民工培训规划的通知》（国办发〔2003〕79号）。

口压力转化为人力资源优势，提升我国综合国力”[1]，为“调整经济结构和转变增长方式服务”[2]。

经济发展的关键是劳动力素质和职业能力的提高。相关文件要求：“按照培养合格技能型劳动者的要求，提高劳动者素质”[3]，“要为提高劳动者素质特别是职业能力服务”，要“提高他们的就业能力、工作能力、职业转换能力以及创业能力”[4]，“为国民经济持续健康快速发展提供有效的劳动力供给”[5]。

工业化是经济发展的重要组成部分，也是重要实现方式。相关文件要求：培训要“坚持面向工业化、面向现代化、面向城镇化的方向”[6]，“适应工业化、城镇化的需要”[7]，为“推进我国走新型工业化道路”[8]和“加快经济发展方式转变服务”，要“实施国家技能型人才培养培训工程，加快生产、服务一线急需的技能型人才的培养，特别是现代制造业、现代服务业紧缺的高素质高技能专门人才的培养”[9]。

在全球化下，产业的国际竞争力具有关键意义。相关文件提出，农民工培训是“增强我国产业竞争力的一项重要的基础性工作”[10]。

另外，农民工培训也服务于“促进经济、社会发展”[11]，促进“城市发展”，加快“城镇化进程”。农民工培训是“推动城乡经济协调发展的重要途径”[12]。

---

① 《国务院关于大力发展职业教育的决定》（国发〔2005〕35号）。

② 《国务院关于大力发展职业教育的决定》（国发〔2005〕35号）。

③ 《中华人民共和国职业教育法》（1996年）。

④ 《国务院关于大力发展职业教育的决定》（国发〔2005〕35号）。

⑤ 《劳动和社会保障部关于印发农村劳动力技能就业计划的通知》（2006年5月12日）。

⑥ 《国务院办公厅转发农业部等部门2003—2010年全国农民工培训规划的通知》（国办发〔2003〕79号）。

⑦ 《国务院关于解决农民工问题的若干意见》（国发〔2006〕5号）。

⑧ 《国务院关于大力发展职业教育的决定》（国发〔2005〕35号）。

⑨ 《国务院关于大力发展职业教育的决定》（国发〔2005〕35号）。

⑩ 《中共中央、国务院关于促进农民增加收入若干政策的意见》（中发〔2004〕1号）。

⑪ 《中华人民共和国职业教育法》（1996年）。

⑫ 《国务院办公厅转发农业部等部门2003—2010年全国农民工培训规划的通知》（国办发〔2003〕79号）。

3. 解决“三农”问题，缓解农民贫困

相关政策文件指出，农民培训和农民工培训是解决“三农”问题的重要途径。农民工培训的目的之一是“解决‘三农’问题”，“促进农民增收”①，“进一步促进农村劳动力向非农产业和城镇转移”②。农民工培训是适应“农村劳动力转移就业”的需要，“提高农民工技能水平和就业能力”③，“提高农民转移就业能力和外出适应能力”，“促进农村劳动力合理有序转移和农民脱贫致富，提高进城农民工的职业技能，帮助他们在城镇稳定就业”④。

政策文件指出，农民的劳动素质低下阻碍了他们向城市的转移，要促进转移必须进行培训。“农村劳动力素质不高，缺乏劳动技能，影响向非农产业和城镇的转移，难以在城镇实现稳定就业。”“随着经济发展水平的提高和新兴产业的兴起，缺乏转岗就业技能的农村富余劳动力的就业难度越来越大。农民工素质亟待提高。”⑤ 所以，要“为农村劳动者提供有效培训和服务，提高其就业技能，促进其向非农产业转移和在城镇稳定就业”⑥。

“转移就业”的要求决定了培训的具体目标。农民工培训要“以市场需求为导向，以提高就业能力和就业率为目标”⑦，坚持“培训与就业相结合”，“增强培训的针对性和实效性”⑧，“向农民传授外出就业基本知识”⑨。

---

① 《农业部、财政部、劳动和社会保障部、教育部、科技部、建设部关于组织实施农村劳动力转移培训阳光工程的通知》(农科教发〔2004〕4号)。

② 《国务院办公厅转发农业部等部门2003—2010年全国农民工培训规划的通知》(国办发〔2003〕79号)。

③ 《国务院办公厅关于进一步做好农民工培训工作的指导意见》(国办发〔2010〕11号)。

④ 《国务院关于大力发展职业教育的决定》(国发〔2005〕35号)。

⑤ 《国务院办公厅转发农业部等部门2003—2010年全国农民工培训规划的通知》(国办发〔2003〕79号)。

⑥ 《劳动和社会保障部关于印发农村劳动力技能就业计划的通知》(2006年5月12日)。

⑦ 《国务院办公厅转发农业部等部门2003—2010年全国农民工培训规划的通知》(国办发〔2003〕79号)。

⑧ 《国务院办公厅转发农业部等部门2003—2010年全国农民工培训规划的通知》(国办发〔2003〕79号)。

⑨ 《国务院关于解决农民工问题的若干意见》(国发〔2006〕5号)。

政策文件指出，对农民工转移就业的培训要“突出重点”。即“重点支持农村富余劳动力较多的地区和贫困地区开展培训，重点支持农民工输出地区开展转移就业前培训”[①]。

培训提升了农民工在城市的就业能力，帮他们实现了稳定就业，也就为“建设现代农业”[②]提供了条件，可以促进“粮食生产和农产品供给”[③]，促进“社会主义新农村”[④]建设，“推进城乡经济社会发展一体化进程”[⑤]。

4. **实现权力增益和维护社会稳定**

农民工培训政策的另一个重要的出发点是实现权力增益和维护社会稳定。政策文件指出，培训关系到“重大的政治问题”[⑥]，必须从“社会稳定的大局”[⑦]出发，“促进社会主义和谐社会建设”[⑧]，“构建和谐社会”[⑨]。农民工培训的内容之一是“引导性培训”，“引导性培训主要是开展基本权益保护、法律知识、城市生活常识、寻找就业岗位等方面知识的培训，目的在于提高农民工遵守法律法规和依法维护自身权益的意识”[⑩]，“维护稳定”[⑪]。

就业和再就业是“民生”的重要内容，民生则是社会稳定的决定因素。政策文件要求农民工培训服务于就业，即农民工培训是“促进就业再就业”[⑫]的重大举措。有文件提出：“建筑业农民工技能水平低、就业

---

① 《国务院办公厅转发农业部等部门2003—2010年全国农民工培训规划的通知》（国办发〔2003〕79号）。

② 《国务院办公厅转发农业部等部门2003—2010年全国农民工培训规划的通知》（国办发〔2003〕79号）。

③ 《中共中央、国务院关于促进农民增加收入若干政策的意见》（中发〔2004〕1号）。

④ 《国务院关于大力发展职业教育的决定》（国发〔2005〕35号）。

⑤ 《国务院办公厅关于进一步做好农民工培训工作的指导意见》（国办发〔2010〕11号）。

⑥ 《中共中央、国务院关于促进农民增加收入若干政策的意见》（中发〔2004〕1号）。

⑦ 《国务院办公厅转发农业部等部门2003—2010年全国农民工培训规划的通知》（国办发〔2003〕79号）。

⑧ 《国务院关于大力发展职业教育的决定》（国发〔2005〕35号）。

⑨ 《国务院关于大力发展职业教育的决定》（国发〔2005〕35号）。

⑩ 《国务院办公厅转发农业部等部门2003—2010年全国农民工培训规划的通知》（国办发〔2003〕79号）。

⑪ 《国务院关于大力发展职业教育的决定》（国发〔2005〕35号）。

⑫ 《国务院关于大力发展职业教育的决定》（国发〔2005〕35号）。

不稳定等问题尚未得到根本解决。提高建筑业农民工职业技能，有利于农民工稳定就业和持续增收”[①]。

扶贫也是“民生”的核心内容，农民工培训也服务于扶贫工作。“应当清醒地看到，当前农业和农村发展中还存在着许多矛盾和问题，突出的是农民增收困难”[②]；“为进一步提高贫困人口素质，增加贫困人口收入，加快扶贫开发和贫困地区社会主义新农村建设”[③]，必须“重视抓好贫困地区农村劳动力转移培训工作”，“通过扶持、引导和培训，提高贫困人口素质，增强其就业和创业能力，把人口压力转化为资源优势，是加快贫困农民脱贫致富步伐的有效途径”[④]。要“帮助贫困地区青壮年农民解决在就业、创业中遇到的实际困难，最终达到发展生产、增加收入，最终促进贫困地区经济发展”[⑤]。

人身安全是最重要的“民生”。相关政策文件提出，农民工培训要“保证安全生产”[⑥]。

至于其他意义，政策文件提出对农民工的职业培训是为了“满足人民群众终身学习需要”[⑦]。

在农民工培训政策的制定中，也包括了“道义衡量”和“知识依据”的考量。在“道义衡量”方面，认为对农民工进行培训、提高其职业素质，不仅“关系农村社会进步”[⑧]，而且“是我国社会进步的重要标志”[⑨]；要

① 《住房和城乡建设部、人力资源和社会保障部关于建筑业农民工技能培训示范工程实施意见》（建人〔2008〕109号）。

② 《中共中央、国务院关于促进农民增加收入若干政策的意见》（中发〔2004〕1号）。

③ 《国务院扶贫开发领导小组办公室关于在贫困地区实施“雨露计划”的意见》（国开办发〔2007〕15号）。

④ 《国务院扶贫开发领导小组办公室关于在贫困地区实施“雨露计划”的意见》（国开办发〔2007〕15号）。

⑤ 《国务院关于解决农民工问题的若干意见》（国发〔2006〕5号）。

⑥ 《住房和城乡建设部、人力资源和社会保障部关于建筑业农民工技能培训示范工程实施意见》（建人〔2008〕109号）。

⑦ 《国务院关于大力发展职业教育的决定》（国发〔2005〕35号）。

⑧ 《中共中央、国务院关于促进农民增加收入若干政策的意见》（中发〔2004〕1号）。

⑨ 《国务院办公厅转发农业部等部门2003—2010年全国农民工培训规划的通知》（国办发〔2003〕79号）。

“坚持公平对待的原则”①，“坚持多予、少取、放活的方针”②。在“知识依据”方面，认为这“是经济和社会发展的必然要求”③。然而，从政策文件中此类文字出现的频率观察，这些方面的考量不占主要地位。

根据“要务”所需要人力资源载体的类别，政策文件要求对三种劳动力进行培训，即农村新生劳动力、农村富余劳动力和农村进城务工劳动力。

从“要务”所需要的人力资源类别出发，政策文件要求开展下列类型的培训：①转移就业前的引导性培训④，外出就业技能培训⑤和农民工岗前培训⑥；②劳务输出专项培训⑦；③职业技能培训⑧或岗位培训⑨，在岗技能提升培训⑩；④转岗培训⑪；⑤实用技能培训或农村实用技术培训⑫；⑥创业培训⑬；⑦面向农村的职业教育⑭和劳动预备制培训⑮。

关于农民工培训的形式，政策文件突出进行订单式培训、定向培训⑯及定点培训⑰。

---

① 《国务院办公厅转发农业部等部门2003—2010年全国农民工培训规划的通知》（国办发〔2003〕79号）。
② 《国务院办公厅转发农业部等部门2003—2010年全国农民工培训规划的通知》（国办发〔2003〕79号）。
③ 《国务院办公厅转发农业部等部门2003—2010年全国农民工培训规划的通知》（国办发〔2003〕79号）。
④ 《国务院办公厅转发农业部等部门2003—2010年全国农民工培训规划的通知》（国办发〔2003〕79号）。
⑤ 《国务院办公厅关于进一步做好农民工培训工作的指导意见》（国办发〔2010〕11号）。
⑥ 《国务院办公厅关于进一步做好农民工培训工作的指导意见》（国办发〔2010〕11号）。
⑦ 《国务院办公厅关于进一步做好农民工培训工作的指导意见》（国办发〔2010〕11号）。
⑧ 《国务院办公厅转发农业部等部门2003—2010年全国农民工培训规划的通知》（国办发〔2003〕79号）。
⑨ 《国务院办公厅转发农业部等部门2003—2010年全国农民工培训规划的通知》（国办发〔2003〕79号）。
⑩ 《国务院办公厅关于进一步做好农民工培训工作的指导意见》（国办发〔2010〕11号）。
⑪ 《国务院办公厅关于进一步做好农民工培训工作的指导意见》（国办发〔2010〕11号）。
⑫ 《国务院办公厅关于进一步做好农民工培训工作的指导意见》（国办发〔2010〕11号）。
⑬ 《国务院办公厅关于进一步做好农民工培训工作的指导意见》（国办发〔2010〕11号）。
⑭ 《国务院关于解决农民工问题的若干意见》（国发〔2006〕5号）。
⑮ 《国务院办公厅关于进一步做好农民工培训工作的指导意见》（国办发〔2010〕11号）。
⑯ 《国务院办公厅关于进一步做好农民工培训工作的指导意见》（国办发〔2010〕11号）。
⑰ 《国务院办公厅转发农业部等部门2003—2010年全国农民工培训规划的通知》（国办发〔2003〕79号）。

政策文件要求“按需施教，注重实效”。“按照不同区域、不同行业要求，区分不同培训对象，采取不同的培训内容和形式。”①

政策文件还规定了农民工培训的数字指标。相关文件要求：“2003—2005 年，对拟向非农产业和城镇转移的 1000 万农村劳动力开展转移就业前的引导性培训，对其中的 500 万人开展职业技能培训；对已进入非农产业就业的 5000 万农民工进行岗位培训。2006—2010 年，对拟向非农产业和城镇转移的 5000 万农村劳动力开展引导性培训，并对其中的 3000 万人开展职业技能培训。同时，对已进入非农产业就业的 2 亿多农民工开展岗位培训。”② “‘十一五’期间，……每年培训城乡劳动者上亿人次。”③ “到 2015 年，力争使有培训需求的农民工都得到一次以上的技能培训，掌握一项适应就业需要的实用技能。”④

二　农民工培训政策的运作框架：行政模式

国家农民工培训政策的运作框架具有浓厚的政府行政特征，主要体现在以下几个方面：①中央决定和出台政策；②根据政府架构逐级下达、逐块下达；③每一级政府将培训任务下达到辖区各培训机构和用人单位；④要求各培训机构和用人单位实施培训；⑤受培训者被安排参加或被吸引参加。

1. 政府分级负责，分块负责

农民工培训政策文件规定，对农民工培训工作实行“地方政府分级管理”⑤，各级政府负责“对本地区农民工培训进行统一管理和监督检查”⑥。要求“强化地方政府农民工培训责任”，“做好农民工培训工作

① 《国务院办公厅转发农业部等部门 2003—2010 年全国农民工培训规划的通知》（国办发〔2003〕79 号）。

② 《国务院办公厅转发农业部等部门 2003—2010 年全国农民工培训规划的通知》（国办发〔2003〕79 号）。

③ 《国务院关于大力发展职业教育的决定》（国发〔2005〕35 号）。

④ 《国务院办公厅关于进一步做好农民工培训工作的指导意见》（国办发〔2010〕11 号）。

⑤ 《国务院办公厅关于进一步做好农民工培训工作的指导意见》（国办发〔2010〕11 号）。

⑥ 《国务院办公厅关于进一步做好农民工培训工作的指导意见》（国办发〔2010〕11 号）。

的主要责任在地方”[①]。“地方政府要将农民工培训工作列入工作计划”，特别是“输入地要把提高农民工岗位技能纳入当地职业培训计划”[②]。

地方政府的各有关职能部门要“各负其责”[③]。“人力资源社会保障部门主要负责向城市非农产业转移的农村劳动者技能培训的政策制定和组织实施；农业部门主要负责就地就近就业培训的政策制定和组织实施；教育部门主要负责农村初、高中毕业生通过接受中等职业教育实现带技能转移的政策制定和组织实施”[④]。科技、建设、财政、扶贫等部门同样“要按照各自职能，切实做好农民工培训工作”[⑤]。还要充分发挥“工青妇组织的作用”[⑥]。各有关部门要“明确职责”[⑦]，“协调合作”[⑧]。

培训资金也采取分级负责方式。“各级财政都要安排专门用于农民职业技能培训的资金”[⑨]，“中央和地方各级财政在财政支出中安排专项经费扶持农民工培训工作”[⑩]，“各级政府要……加大投入”[⑪]。同时，各部门掌握的专项资金也应用于农民工培训。“农村科学技术开发、技术推广的经费可适当用于农村职业培训。职业院校和培训机构开展的下岗失业人员再就业培训可按规定享受再就业培训补贴。国家和地方安排的扶贫和移民安置资金要加大对贫困地区农村劳动力培训的投入力度”[⑫]。

---

① 《国务院办公厅关于进一步做好农民工培训工作的指导意见》（国办发〔2010〕11号）。
② 《国务院关于解决农民工问题的若干意见》（国发〔2006〕5号）。
③ 《国务院办公厅关于进一步做好农民工培训工作的指导意见》（国办发〔2010〕11号）。
④ 《国务院办公厅关于进一步做好农民工培训工作的指导意见》（国办发〔2010〕11号）。
⑤ 《国务院关于解决农民工问题的若干意见》（国发〔2006〕5号）。
⑥ 《国务院关于解决农民工问题的若干意见》（国发〔2006〕5号）。
⑦ 《国务院办公厅转发农业部等部门2003—2010年全国农民工培训规划的通知》（国办发〔2003〕79号）。
⑧ 《国务院办公厅转发农业部等部门2003—2010年全国农民工培训规划的通知》（国办发〔2003〕79号）。
⑨ 《中共中央、国务院关于促进农民增加收入若干政策的意见》（中发〔2004〕1号）。
⑩ 《国务院办公厅转发农业部等部门2003—2010年全国农民工培训规划的通知》（国办发〔2003〕79号）。
⑪ 《国务院办公厅转发农业部等部门2003—2010年全国农民工培训规划的通知》（国办发〔2003〕79号）。
⑫ 《国务院关于大力发展职业教育的决定》（国发〔2005〕35号）。

培训责任与工作考核相关联。“各级政府要将农民工培训列入年度工作考核内容，实行目标管理”[1]。“建立领导责任制和目标考核制”[2]，将培训“作为对主要领导干部进行政绩考核的重要指标”[3]。

2. **培训机构实施培训，政府发动和鼓励**

政策文件提出，要“广泛发动全社会教育培训资源，为城乡劳动者开展多层次、多形式的职业培训”[4]。负责具体培训工作的机构包括各类职业技术院校[5]、农村职业学校[6]、城市职业学校[7]、职教中心[8]、成人学校[9]，以及所建立的公共实训基地[10]、农村劳动力转移培训基地[11]、农民工培训示范基地[12]、职业教育实训基地[13]，还有中小学[14]、农民文化技术学校[15]等。

培训机构按所有制性质分为公办学校和民办学校。对公办职业学校，提出要“进行办学体制改革与创新，吸纳民间资本和境外资金，探索以公有制为主导、产权明晰、多种所有制并存的办学体制”；对民办职业教育，提出要“加大支持力度，制定和完善民办学校建设用地、资金筹集的相关政策和措施”[16]，“鼓励和支持社会力量尤其是一些具有特

① 《国务院办公厅转发农业部等部门2003—2010年全国农民工培训规划的通知》（国办发〔2003〕79号）。

② 《国务院办公厅关于进一步做好农民工培训工作的指导意见》（国办发〔2010〕11号）。

③ 《国务院关于大力发展职业教育的决定》（国发〔2005〕35号）。

④ 《国务院关于进一步加强就业再就业工作的通知》（国发〔2005〕36号）。

⑤ 《国务院关于解决农民工问题的若干意见》（国发〔2006〕5号）。

⑥ 《国务院办公厅转发农业部等部门2003—2010年全国农民工培训规划的通知》（国办发〔2003〕79号）。

⑦ 《国务院办公厅转发农业部等部门2003—2010年全国农民工培训规划的通知》（国办发〔2003〕79号）。

⑧ 《国务院关于大力发展职业教育的决定》（国发〔2005〕35号）。

⑨ 《国务院办公厅转发农业部等部门2003—2010年全国农民工培训规划的通知》（国办发〔2003〕79号）。

⑩ 《国务院关于进一步加强就业再就业工作的通知》（国发〔2005〕36号）。

⑪ 《国务院办公厅转发农业部等部门2003—2010年全国农民工培训规划的通知》（国办发〔2003〕79号）。

⑫ 《国务院办公厅关于进一步做好农民工培训工作的指导意见》（国办发〔2010〕11号）。

⑬ 《国务院关于大力发展职业教育的决定》（国发〔2005〕35号）。

⑭ 《国务院关于大力发展职业教育的决定》（国发〔2005〕35号）。

⑮ 《国务院关于大力发展职业教育的决定》（国发〔2005〕35号）。

⑯ 《国务院关于大力发展职业教育的决定》（国发〔2005〕35号）。

色的民办培训机构开展职业技能培训”[①]。

政府与培训机构既存在行政关系又存在市场关系。①中央财政职业教育专项资金，以奖励等方式支持市场需求大、机制灵活、效益突出的实训基地建设。[②] 符合条件的教育培训机构，均可申请使用农民工培训扶持资金。[③] ②通过资质认定，确定一批培训质量高、就业效果好的教育培训机构作为定点机构。[④] ③通过招投标方式，面向全社会选择农民工培训机构，确定其承担的培训项目和工种，并向社会公开发布。[⑤] ④建立政府购买培训成果的机制，各类培训机构平等参与招投标。[⑥]

政府与培训机构的关联纽带，多采取项目形式。有文件即提出要“以项目运作的方式开展培训”[⑦]。

3. 用人单位承担责任，政府强制和鼓励

政策文件提出，要“重点依托……用人单位开展培训工作”[⑧]。除社会上、市场上的专门培训机构之外，用人单位是一个重要的农民工培训实施者。

政策文件强调，企业必须承担培训责任。“强化企业培训责任”[⑨]，“强化用人单位对农民工的岗位培训责任”[⑩]。“用人单位负有培训本单位所用农民工的责任。”[⑪] “企业可以单独举办或者联合举办职业学校、职

---

① 《国务院办公厅转发农业部等部门2003—2010年全国农民工培训规划的通知》（国办发〔2003〕79号）

② 《国务院关于大力发展职业教育的决定》（国发〔2005〕35号）。

③ 《国务院办公厅转发农业部等部门2003—2010年全国农民工培训规划的通知》（国办发〔2003〕79号）

④ 《国务院关于进一步加强就业再就业工作的通知》（国发〔2005〕36号）。

⑤ 《国务院办公厅关于进一步做好农民工培训工作的指导意见》（国办发〔2010〕11号）。

⑥ 《国务院办公厅关于进一步做好农民工培训工作的指导意见》（国办发〔2010〕11号）。

⑦ 《国务院办公厅转发农业部等部门2003—2010年全国农民工培训规划的通知》（国办发〔2003〕79号）。

⑧ 《国务院办公厅转发农业部等部门2003—2010年全国农民工培训规划的通知》（国办发〔2003〕79号）。

⑨ 《国务院办公厅关于进一步做好农民工培训工作的指导意见》（国办发〔2010〕11号）。

⑩ 《国务院关于解决农民工问题的若干意见》（国发〔2006〕5号）。

⑪ 《国务院办公厅转发农业部等部门2003—2010年全国农民工培训规划的通知》（国办发〔2003〕79号）。

业培训机构，也可以委托学校、职业培训机构对本单位的职工和准备录用的人员实施职业教育”[①]。另外，“企业有责任接受职业院校学生实习和教师实践”[②]。

用人单位应当负担农民工培训的费用，国家则对用人单位的培训给予税收优惠。“企业应当承担对本单位的职工和准备录用的人员进行职业教育的费用”[③]；“用人单位开展农民工培训所需经费从职工培训经费中列支，职工培训经费按职工工资总额1.5%比例提取，计入成本在税前列支”[④]，“从业人员技术要求高、培训任务重、经济效益较好的企业，可按2.5%提取”[⑤]。

对用人单位开展培训的费用，政府给予一定补贴。应当“积极探索培训资金直补用人单位的办法。对用人单位吸纳农民工并与其签订6个月以上期限劳动合同，在劳动合同签订之日起6个月内由用人单位组织到职业培训机构进行培训的，按照有关规定对用人单位给予职业培训补贴”[⑥]。

政府也运用行政权力强制用人单位进行农民工培训。相关法律规定：“企业未按本法第二十条的规定实施职业教育的，县级以上地方人民政府应当责令改正；拒不改正的，可以收取企业应当承担的职业教育经费，用于本地区的职业教育。”[⑦] 另有政策文件同样规定：“对不履行培训义务的用人单位，应按国家规定强制提取职工教育培训费，用于政府组织的培训”[⑧]。

4. **鼓励农民工主动参加培训**

国家关于农民工参加培训的基本政策导向是激励和鼓励。“制定有

① 《中华人民共和国职业教育法》（1996年）。

② 《国务院关于大力发展职业教育的决定》（国发〔2005〕35号）。

③ 《中华人民共和国职业教育法》（1996年）。

④ 《国务院办公厅转发农业部等部门2003—2010年全国农民工培训规划的通知》（国办发〔2003〕79号）。

⑤ 《国务院关于大力发展职业教育的决定》（国发〔2005〕35号）。

⑥ 《国务院办公厅关于进一步做好农民工培训工作的指导意见》（国办发〔2010〕11号）。

⑦ 《中华人民共和国职业教育法》（1996年）。

⑧ 《国务院关于解决农民工问题的若干意见》（国发〔2006〕5号）。

效的农民工培训激励政策，鼓励农民工主动参加培训。”[①] 同时也强调，“农民工培训经费实行政府、用人单位和农民工个人共同分担的投入机制”[②]。

国家对参加培训的某些农民工给予补贴。相关政策文件提出，要“完善农民工培训补贴办法，对参加培训的农民工给予适当培训费补贴”，“推广‘培训券’等直接补贴的做法”[③]；“由农民自主选择培训机构、培训内容和培训时间”[④]；“政府对接受培训的农民给予一定的补贴和资助”[⑤]；“对持《再就业优惠证》人员、城镇其他登记失业人员，以及进城务工的农村劳动者，提供一次性职业培训补贴”[⑥]。

国家对参加培训的某些农民工和农民给予免费待遇。2005 年 11 月，《国务院关于进一步加强就业再就业工作的通知》发布，要求公共就业服务机构对进城求职的农村劳动者提供免费的职业介绍服务和一次性职业培训补贴。其他免费措施还有：建立职业教育贫困家庭学生助学制度[⑦]；在中等职业教育实行国家助学金和免学费政策[⑧]；逐步实施农村新成长劳动力免费劳动预备制培训等[⑨]。

国家奖励培训有成的农民工优秀人才。“实行优秀技能人才特殊奖励政策和激励办法”；“定期开展全国性的职业技能竞赛活动，对优胜者给予表彰奖励”[⑩]。

国家也通过职业能力证书或职业资格证书制度激励农民工参加培训。“用人单位招收农民工，属于国家规定实行就业准入控制的职业

---

① 《国务院办公厅转发农业部等部门 2003—2010 年全国农民工培训规划的通知》（国办发〔2003〕79 号）。

② 《国务院办公厅转发农业部等部门 2003—2010 年全国农民工培训规划的通知》（国办发〔2003〕79 号）。

③ 《国务院关于解决农民工问题的若干意见》（国发〔2006〕5 号）。

④ 《中共中央、国务院关于促进农民增加收入若干政策的意见》（中发〔2004〕1 号）。

⑤ 《中共中央、国务院关于促进农民增加收入若干政策的意见》（中发〔2004〕1 号）。

⑥ 《国务院关于进一步加强就业再就业工作的通知》（国发〔2005〕36 号）。

⑦ 《国务院关于大力发展职业教育的决定》（国发〔2005〕35 号）。

⑧ 《国务院办公厅关于进一步做好农民工培训工作的指导意见》（国办发〔2010〕11 号）。

⑨ 《国务院办公厅关于进一步做好农民工培训工作的指导意见》（国办发〔2010〕11 号）。

⑩ 《国务院关于大力发展职业教育的决定》（国发〔2005〕35 号）。

（工种），应从取得相应职业资格证书的人员中录用。”[①] “用人单位招录职工必须严格执行‘先培训、后就业’、‘先培训、后上岗’的规定，从取得职业学校学历证书、职业资格证书和职业培训合格证书的人员中优先录用。”[②]

农民工培训政策还要求发挥行业组织的“协调和指导作用”[③]，“发挥人力资源市场、群团组织以及互联网、新闻媒体的作用”[④]。

第二节　农民工培训政策的部门落实：条线下达

2006 年国务院 5 号文件在“落实农民工培训责任”一节，首先强调“劳动保障、农业、教育、科技、建设、财政、扶贫等部门要按照各自职能，切实做好农民工培训工作”。

这些部门对政策的贯彻和执行多采取专项行动方式，即设立某个名称的“工程”项目，通过本部门的系统下达和实施。项目实施带有较强的“条线”特点，“条”指的是某个政府部门，例如农业部；“线”指的是该政府部门各个级别的纵向体系，例如国务院农业部、省农业厅、市农业局、县农业局，以及农业局下属的培训机构和职业学校等。“条”可以是几个部门的联合，但参加者依然相对独立地分头行动。

一　阳光工程

“阳光工程”的全称是“农村劳动力转移培训阳光工程”，它是为落实《2003—2010 年全国农民工培训规划》和《中共中央、国务院关于促进农民增加收入若干政策的意见》（中发〔2004〕1 号），由农业部、财政部、劳动和社会保障部、教育部、科技部和建设部决定共同组织实

① 《国务院办公厅转发农业部等部门 2003—2010 年全国农民工培训规划的通知》（国办发〔2003〕79 号）。

② 《国务院关于大力发展职业教育的决定》（国发〔2005〕35 号）。

③ 《国务院办公厅关于进一步做好农民工培训工作的指导意见》（国办发〔2010〕11 号）。

④ 《国务院办公厅关于进一步做好农民工培训工作的指导意见》（国办发〔2010〕11 号）。

施的政策执行行动。这6个部门共同发出了实施“阳光工程”的政策文件。[①]

“阳光工程”的实施方案有以下要点。

1. 成立领导小组

农业部、财政部、劳动和社会保障部、教育部、科技部、建设部共同成立全国农村劳动力转移培训阳光工程指导小组，负责对各地实施“阳光工程”进行业务指导。各级政府部门分别也成立指导小组，建立有关部门共同参与的决策机制，成立相应的办公室。上述6个部委制定了《农村劳动力转移培训阳光工程项目管理办法》。

2. 确定项目任务

“阳光工程”定位为“非农职业技能示范性培训”，以定点和定向培训为主，以家政服务、餐饮、酒店、保健、建筑、制造等用工量大的职业为主，以短期的职业技能培训为主，辅助开展引导性培训，培训时间一般为15—90天。

3. 逐级下达项目任务

全国“阳光工程”指导小组确定各省份的示范性培训任务，各省份将国家下达的示范性培训任务分解到市和县，以粮食主产区、劳动力主要输出地区、贫困地区和革命老区为重点。

4. 政府选择培训机构

具备条件的培训单位向本地的“阳光工程”办公室提出申请，专家进行评审，择优确定项目实施单位。

5. 农民选择培训单位

尊重农民意愿，由农民自由选择培训单位、培训内容和培训时间。

6. 培训机构负责培训和保证就业

培训机构根据项目要求提供培训，采取订单培训形式，保证受训农民转移就业。

---

① 《农业部、财政部、劳动和社会保障部、教育部、科技部、建设部关于组织实施农村劳动力转移培训阳光工程的通知》（农科教发〔2004〕4号）。

7. **培训经费由各方分担**

“阳光工程”的培训经费实行政府和农民个人共同分担。各级财政安排专项经费扶持培训工作。中央财政对地方的农村劳动力转移培训资金，由财政部直接拨付到省级财政，再由省级财政结合本级安排的资金逐级下拨，补贴给受训农民或培训单位。财政补助资金直接让农民受益，可以采用培训券方式，也可以通过培训单位降低收费标准的方式。

8. **建立责任制度，逐级落实**

各级政府建立行政领导责任人制度，签订任务合同，一级向一级负责，逐级落实责任。

培训部门实行项目法人责任制。承担项目的培训单位为项目法人，项目法人对项目的申报、实施和资金使用负责。政府部门对项目实施情况进行检查验收，对存在严重问题的追究责任。

二　转移培训计划

转移培训计划的全称是“农村劳动力转移培训计划”。它是教育部为落实全国职业教育工作会议和全国农村教育工作会议的要求，并落实农业部、劳动和社会保障部、教育部等6个部门《2003—2010年全国农民工培训规划》和教育部《2003—2007年教育振兴行动计划》等而制订的行动计划。

1. **成立领导小组**

教育部成立农村劳动力转移培训工作领导小组，各级政府也分别成立领导小组，负责本计划的组织实施工作。

2. **确定项目任务**

该项目的目的和任务是：全力推进农村劳动力转移培训工作，提高农村转移劳动力的就业能力和创业能力，加快农村劳动力有序、稳定地向非农产业和城镇转移，促进农民增收，促进城镇化和新型工业化的发展，为全面建设小康社会服务。

《2003—2010年全国农民工培训规划》已明确了农村劳动力转移培

训工作的目标任务，“农村劳动力转移培训计划”据此明确了各级教育行政部门和职业学校应承担的任务，包括中等职业学校面向农村招生规模、农村劳动力转移前培训和已进城务工人员培训的任务，并制定了跨省、跨地区招生规划。

3. 向各类学校下达项目任务

按照职责分工原则，动员组织各类职业学校和培训机构开展农村劳动力转移培训，提高培训率和就业率。鼓励公办、民办学校共同参与，鼓励公办职业学校引进民办机制。

4. 学校负责培训和促进就业

职业学校等各类教育培训机构根据项目要求提供培训。推行职业资格证书和学历证书并重的制度，加强职业指导和就业服务。

5. 培训经费由各方分担

教育部安排农村劳动力转移培训专项经费，采取与地方共建、贴息加奖励等形式，支持一批转移培训成绩突出的学校。各地方教育行政部门也要安排专项经费。

地方教育行政部门要组织有条件的职业学校申报成为培训基地，争取中央和地方政府安排的农村劳动力转移培训专项经费；加强与扶贫部门协调，在中央和地方扶贫资金中，安排用于贫困家庭学员的转移培训的经费；与劳动等有关部门配合，督促用人单位在职工教育经费中列支所录用农民工的培训经费。

由农民工个人支付一定的培训费用，有条件的学校和培训机构对家庭经济贫困的学员适当减免费用。

6. 建立责任制度，督促检查

把农村劳动力转移培训情况列入教育行政部门和职业学校工作考核的重要内容。教育部对各地农村劳动力转移培训计划实施情况组织督导检查。

三　星火培训

国家科委从1986年起实施“星火计划”，其宗旨是依靠科学技术促进农村经济发展。2005 年，星火培训成为“星火计划”三大任务之一。

星火培训在农村以农民增收和扩大就业为目标，基于“实际、实用、实效”的原则，对农民进行培训。相继开展了“百万农民技能培训工程”、“星火科技远程培训项目”和“星火外向型培训项目”等，并建设了星火学校。

星火项目采取申报方式。科技部根据不同时期国家国民经济和社会发展总体方针和“星火计划”发展纲要提出的各项任务，每年组织实施一批国家级“星火计划”面上项目和重点项目。重点项目须通过省级政府科委或部委科技行政主管部门推荐。

科技部建立国家星火培训基地体系，以招标形式下达星火培训任务，进行技术、管理和师资培训。

四　技能就业计划

劳动和社会保障部为贯彻落实《国务院关于大力发展职业教育的决定》（国发〔2005〕35 号）、《国务院关于进一步加强就业再就业工作的通知》（国发〔2005〕36 号）和《国务院关于解决农民工问题的若干意见》（国发〔2006〕5 号），于 2006 年提出实施“五项计划”和“一项行动”，“农村劳动力技能就业计划”是其“五项计划”之一。①

1. 确定领导部门

劳动和社会保障部确定，“农村劳动力技能就业计划”由该部培训就业司负责实施。

2. 确定项目任务

技能就业计划的主要任务包括以下几方面。

（1）使向非农产业转移就业的农村劳动者普遍得到培训。2006—2010 年，对 4000 万农村劳动者进行非农技能培训，年均培训 800 万人，培训合格率达到 90% 以上。

（2）实施分类培训。组织农村初、高中毕业未升学人员、农村退役

① 《劳动和社会保障部关于印发农村劳动力技能就业计划的通知》（劳社部发〔2006〕18 号）。

士兵和其他农村新生劳动力参加劳动预备制培训；组织有意愿外出务工的农村富余劳动力参加劳务输出培训；组织在城镇务工的农村劳动者参加技能提升培训。

（3）强化职业技能实训，突出操作训练。培训时间以3—6个月为主，使参加培训的农村劳动者至少掌握一项技能。

（4）推行培训、就业、维权“三位一体”工作模式，即培训促进就业、就业引导培训和维权稳定就业。该计划要使被培训者都能顺利实现就业（就业率达到80%以上），并能够依法维权、稳定就业。

3. **逐级下达任务**

劳动和社会保障部向各省、自治区、直辖市下达了培训任务（见表6－1）。

表6－1　“农村劳动力技能就业计划”2006年度任务安排

单位：万人

地　区	计划培训任务总数	劳动预备制培训	劳务输出培训	技能提升培训
全　国	800	300	200	300
北　京	17	0	0	17
天　津	7	1	1	5
河　北	52	25	22	5
山　西	16	5	5	6
内蒙古	11	5	5	1
辽　宁	22	10	2	10
吉　林	10	5	2	3
黑龙江	18	10	3	5
上　海	19	0	0	19
江　苏	31	5	1	25
浙　江	38	5	3	30
安　徽	38	20	10	8
福　建	36	5	1	30
江　西	31	20	5	6

续表

地　区	计划培训任务总数	劳动预备制培训	劳务输出培训	技能提升培训
山　东	26	5	1	20
河　南	66	30	30	6
湖　北	45	20	20	5
湖　南	45	20	20	5
广　东	72	10	2	60
广　西	29	20	4	5
海　南	5	1	3	1
重　庆	22	10	5	7
四　川	44	22	14	8
贵　州	21	10	10	1
云　南	19	10	8	1
西　藏	2	1	1	0
陕　西	24	10	10	4
甘　肃	14	10	2	2
青　海	5	1	4	0
宁　夏	4	1	3	0
新　疆	7	3	3	1
新疆兵团	4	0	0	4

4. 政府选择培训机构

各级劳动和社会保障部门动员并组织社会各类职业教育培训机构参加培训，发挥有关部门、工青妇组织、社会团体的积极性。运用市场机制，地方政府通过招标或资质认定等办法，从当地教育培训机构中选择好的职业教育培训机构承担培训任务。同时，调动用人单位的培训积极性。

5. 培训机构负责培训，促进和保证就业

培训机构加强与用人单位的沟通和联系，开展订单式培训和定向培训。各级劳动和社会保障部门的职业技能鉴定机构，对参加培训并有鉴定要求的劳动者提供技能水平评价，争取使大多数接受培训的农村劳动者能够获得相应的职业资格证书或专项职业能力证书。各级公共就业服务机构免费提供政策咨询、就业信息、职业指导和职业介绍服务。

6. 受培训者选择培训单位

大力加强舆论宣传，运用典型事例引导农村劳动者自觉参加职业技能培训。

7. 培训经费由各地、各级分担

各级政府参考本地可用财政资金安排各项培训任务，提供职业培训补贴，建立经费补贴与培训质量和就业效果挂钩的机制。参加劳动预备制培训和劳务输出培训的农村劳动者，经培训合格并实现就业的，培训机构可代其向所在地劳动保障部门申请相应补贴。参加技能提升培训的农村劳动者，经培训获得相应职业资格证书并与用人单位签订一定期限劳动合同的，用人单位可代其向所在地劳动保障部门申请相应补贴。

8. 建立责任制度，逐级考核

“农村劳动力技能就业计划”的任务纳入各级政府的政绩考核内容，实行领导负责制。制定具体指标，定期进行考核、评估、审计和公示。

五 技能培训示范工程

“建筑业农民工技能培训示范工程”（以下简称“示范工程”）是“农村劳动力技能就业计划”的组成部分，由住房和城乡建设部、人力资源和社会保障部共同组织实施。①

1. 成立领导小组

为协调指导“示范工程”的组织实施，住房和城乡建设部、人力资源和社会保障部共同成立了国家“示范工程”工作小组，日常工作由住房和城乡建设部人事教育司承担。各级政府分别成立“示范工程”工作小组，落实担负日常工作的部门。

---

① 《住房和城乡建设部、人力资源和社会保障部关于建筑业农民工技能培训示范工程实施意见》（建人〔2008〕109 号）。

2. 确定项目任务

“示范工程”的任务是提高建筑业农民工的技能水平，保证建筑工程质量和安全。培训主要针对砌筑工、木工、架子工、钢筋工、混凝土工、抹灰工等建筑业关键工种开展。培训内容为安全生产常识、职业基础知识和岗位操作技能。

3. 逐级下达任务

国家“示范工程”工作小组确定了2008年“示范工程”培训目标，要求各省（自治区、直辖市）结合本地实际制定实施方案，确定实施企业和培训人数（见表6－2）。

表6－2 “建筑业农民工技能培训示范工程”2008年培训目标

单位：万人

省　份	人　数	省　份	人　数	省　份	人　数
天　津	2	山　东	4	广　西	1
上　海	2	江　苏	7	海　南	1.5
重　庆	3	安　徽	7	贵　州	0.5
河　北	2	浙　江	1	四　川	5
内蒙古	2.5	福　建	2	陕　西	1.5
黑龙江	4	江　西	3	宁　夏	1
吉　林	0.5	湖　北	6	青　海	0.5
辽　宁	3	湖　南	4	合　计	64

4. 要求企业承担培训工作

“示范工程”的实施主体为建筑企业。“示范工程”实施企业必须具有二级以上施工总承包企业资质；劳动合同签订率较高，各项劳动管理规范，最近三年内未拖欠农民工工资；自有培训机构和培训设施健全，或已与有相应资质的培训机构建立委托培训关系；能够按照有关规定提取和使用职工教育培训经费。

建设部门会同劳动保障部门督促、指导“示范工程”实施企业制订农民工技能培训计划，确定参训人员及培训目标，明确培训机构、课程、师资、时间、场地、经费等安排和培训质量控制措施。

建设部门会同劳动保障部门督促、指导“示范工程”实施企业组织经过培训的农民工及时参加职业技能鉴定。对职业技能鉴定合格的农民工核发职业资格证书。建筑业关键工种实行持证上岗制度。

5. 农民工自愿参加培训

“示范工程”的培训对象为自愿参加培训的建筑业在岗农民工。参加“示范工程”的农民工必须与所在企业签订劳动合同。

6. 培训经费由各级、各方分担

培训资金由各级政府、企业和农民工个人共同承担。实施企业首先在职工教育培训经费中安排农民工培训费用；对经培训、鉴定并取得职业资格证书的农民工，从就业专项资金中给予培训和鉴定补贴。农民工培训、鉴定补贴资金由实施企业先行垫付，待培训、鉴定任务完成并通过考核验收后，由实施企业代其向建设、劳动保障部门提出补贴申请。经建设部门初审、劳动保障部门审核后报财政部门核拨。农民工个人承担职业资格证书工本费。

7. 建立责任制度，进行考核

各级建设、劳动保障部门建立领导责任制和工作目标考核制。发挥各部门职能优势，健全相关管理制度，加强对实施企业的指导和对培训、鉴定工作的监管。

六　示范基地建设工程

为贯彻落实2006年国务院5号文件精神，劳动和社会保障部、国家开发银行于2006年联合实施了农民工培训示范基地建设工程。①

1. 成立领导小组

劳动和社会保障部与国家开发银行共同建立工程协调领导小组，负责工程重大事项的决策。协调领导小组的组长分别由劳动和社会保障部

① 《劳动和社会保障部、国家开发银行关于实施农民工培训示范基地建设工程的通知》（劳社部发〔2006〕14号）。

的一位副部长和国家开发银行的一位副行长担任，劳动和社会保障部的5位司级干部、国家开发银行的3位司局级干部担任小组成员。协调领导小组下设专家委员会和项目管理办公室。文件要求，省级劳动和社会保障部门与国家开发银行分行也要共同建立相应的协调机构，成立项目管理办公室。省级协调机构还可以依托市级政府建立市级项目管理办公室。

2. 确定项目任务

“培训示范基地建设工程”的目的是：促进农民就业增收；提高农民工的整体素质，增强技术工人的能力，解决国民经济发展中技术工人严重短缺的瓶颈问题；增强国民经济发展后劲和国际竞争力，构建和谐社会。

该工程重点扶持技工学校和公共实训基地扩大农民工培训规模。具体任务是：第一，从现有近3000所技工学校中，优选100所“好”的学校，国家开发银行给予政策性贷款扶持，使其充实培训设施，改善办学条件，扩大招生规模，在农民工职业培训中发挥示范作用；第二，从现有300个地级以上城市中，优选100个区域性中心城市，国家开发银行给予政策性贷款扶持，使其在较短时间内建立、完善公共实训基地，带动职业培训集约化。

3. 地方申报和最高层评选

劳动和社会保障部负责编制国家农民工培训示范基地建设规划，各省级劳动保障部门编制本省（自治区、直辖市）规划，指导农民工培训示范基地建设。

“培训示范基地建设工程”的实施由申报、遴选、评审、贷款、监管和验收等环节组成。申报工作由省（自治区、直辖市）级以及市级的项目管理办公室负责，并进行遴选和推荐。申报学校要符合所规定的基本条件，所在地政府要对立项提供承诺。

省级政府对经过遴选的项目进行批复，上报劳动和社会保障部与国家开发银行的项目管理办公室。国家项目管理办公室负责组织协调专家委员会进行项目评审。经评审合格的项目，由国家项目管理办公室下达批复文件。

4. 贷款受理和投放

国家开发银行分行受理项目贷款申请，按规定进行贷款评审。经贷款评审合格的项目，由国家项目管理办公室下达实施计划，国家开发银行安排贷款投放。国家开发银行实行信贷市场化运作，贷款期限最长不超过 15 年。对当地政府承诺补贴还款、贷款本息偿还有保障的项目，优先保证贷款投放，实行优惠利率，利率降幅不超过 10%，优惠期限不超过 5 年。

5. 项目验收

项目竣工后，由国家项目管理办公室负责组织评估验收。

6. 政策鼓励

对验收合格的工程项目单位，劳动和社会保障部给予奖励，包括授予“农民工培训示范基地”称号，认定为农民工培训定点机构，确定为国家高技能人才培训基地等；优先安排这类项目单位承担职业资格鉴定培训考核任务，以及参与国际组织实施的技术援助项目。

7. 建立责任制度，进行考核

各级劳动和社会保障部门与国家开发银行将工程组织实施和工程贷款纳入本部门的目标管理和政绩（业绩）考核，明确贷款风险控制责任。

七　务工青年发展计划

为贯彻落实国务院 5 号文件精神，共青团中央、教育部、公安部、民政部、司法部、建设部、文化部、国家人口和计划生育委员会、国家工商行政管理总局、国家安全生产监督管理总局、中央社会治安综合治理委员会办公室、中国关心下一代工作委员会等 12 个部门联合实施了“进城务工青年发展计划”。[①]

---

① 《共青团中央、教育部、公安部、民政部、司法部、建设部、文化部、国家人口和计划生育委员会、国家工商行政管理总局、国家安全生产监督管理总局、中央社会治安综合治理委员会办公室、中国关心下一代工作委员会关于深入实施“进城务工青年发展计划”进一步加强青年农民工工作的意见》（中青联发〔2006〕57 号）。

1. **成立领导小组**

成立由各部门主管领导牵头，相关部门积极参与的组织领导机构，明确专人具体负责，加强工作力量投入。

2. **确定项目任务**

“进城务工青年发展计划”的宗旨是既服务经济社会发展大局又服务进城务工青年。从国家立场上，开发青年人力资源、培育新市民，把进城务工青年打造成工业化、城镇化和现代化的合格建设者，促进城市建设、繁荣农村经济，维护社会稳定、构建和谐社会。从进城务工青年的立场上，帮助他们提高自身素质，增强就业、创业本领，维护合法权益，实现发展进步。

该计划的具体任务是：推进“千校百万”进城务工青年培训计划，进一步完善培训内容，扩大培训规模；针对企业发展和进城务工青年实际需求，重点加强就业技能、安全生产、职业道德、法律法规、禁毒防艾和计划生育等方面的培训；开展文化活动，借阅图书、播放录像，送文体进工地、进宿舍、进社区；开展法制宣传，提供法律咨询和法律援助。

3. **行政部门联系培训机构**

实施“联校助学活动”。各级团组织联系当地民办学校、职业院校或其他社会培训机构，取得支持并成为培训合作单位，采取分批轮训方式，推动政府购买培训或企业委托培训，并推进进城务工青年培训基地建设。以短期实用技术培训为主，鼓励获取职业资格证书。

推出“助企培训活动”。推动建筑、采掘、纺织、服务等重点行业对进城务工青年制定培训规划，统一培训标准，开展系统化、规范化的岗位技能、安全知识等培训。依托重点行业牵动，在各省（自治区、直辖市）分别确定一些大型企业和重点工程，推动建设进城务工青年培训基地。

开展为进城务工青年“送文体进工地、进宿舍、进社区”活动，推动青少年宫、青年活动中心、青年中心阵地等活动场所向广大进城务工青年开放。

鼓励和帮助进城务工青年参加职业技能鉴定，获取职业资格证书，推动培训机构与用工单位对接。

4. 动员企业购买培训

动员企业购买培训或社会力量资助，采取分批轮训方式，为进城务工青年提供免费或优惠的综合培训服务。

5. 建立责任制度，进行考核

参加“进城务工青年发展计划”的各部门明确专人具体负责，加强工作力量投入，提供组织保证。将进城务工青年工作与流动人口管理、预防青少年违法犯罪等工作考核相结合，分解任务，落实责任，强化督查指导。

八　雨露计划

“雨露计划”是国务院扶贫开发领导小组办公室于2007年开始实施的贫困地区农民和农民工培训工程。[①]

1. 确定项目任务

“雨露计划”的目的是提高贫困人口素质，增加贫困人口收入；加快社会主义新农村建设，构建和谐社会。

“雨露计划”以贫困群众为实施对象，培训对象主要有三类：一是扶贫工作建档立卡的青壮年农民（16—45岁），重点为中、高考落榜生中的贫困家庭学生和30岁以下有一定文化基础的青年劳动力；二是贫困户中的复员退伍士兵；三是扶贫开发工作重点村的村干部和能帮助带动贫困户脱贫的致富骨干。培训内容是引导性培训、职业技能培训、创业培训和农业实用技术培训，培训的具体目标是提高就业能力和创业能力。

“雨露计划”的具体任务是：在“十一五”期间，通过职业技能培

---

① 《国务院扶贫开发领导小组办公室关于印发〈关于在贫困地区实施“雨露计划”的意见〉和〈贫困青壮年劳动力转移培训工作实施指导意见〉的通知》（国开办发〔2007〕15号）。

训，帮助500万左右经过培训的青壮年贫困农民和20万左右贫困地区复员退伍士兵成功转移就业；通过创业培训，使15万名左右扶贫开发工作重点村的村干部及致富骨干真正成为贫困地区社会主义新农村建设的带头人；通过农业实用技术培训，使每个贫困农户至少有一名劳动力掌握1—2门有一定科技含量的农业生产技术。

2. **逐级下达任务**

国务院扶贫开发领导小组办公室将任务分解到各省（自治区、直辖市），各省再逐级下达到地（市、州）、县（旗）。

国务院扶贫开发领导小组办公室决定在“十一五”期间培训转移500万左右贫困青壮年劳动力。其中，2007年培训转移贫困青壮年劳动力100万人以上，转移就业率90%以上，稳定就业率80%以上，带动400万以上贫困人口脱贫。这一培训任务被分解到了各省（自治区、直辖市）（见表6－3），然后由各省（自治区、直辖市）将任务进一步分解到地（市、州）、县（旗），直到培训基地。

表6－3　2007年贫困青壮年劳动力转移培训任务分解情况

单位：万人

省　份	人　数	省　份	人　数	省　份	人　数
河　北	3	江　西	6	贵　州	4
山　西	7	山　东	1	云　南	4
内蒙古	9	河　南	8	西　藏	1
辽　宁	2	湖　北	5	陕　西	5
吉　林	2	湖　南	4	甘　肃	8
黑龙江	6	广　东	2	青　海	0.5
江　苏	6	广　西	2	宁　夏	0.6
浙　江	2	海　南	1.2	新　疆	3
安　徽	5	重　庆	5	合　计	110.8
福　建	2.5	四　川	6		

3. **政府选择培训机构**

地方政府扶贫部门依托培训基地开展培训。培训基地从现有的扶贫培训中心、职业技校、农广校等各类培训机构（公办机构、民营机构、非政府组织和国际社会组织）中选认，签订培训合同。

4. **政府确定受培训的人选**

培训对象由政府扶贫部门选择。其程序是：贫困户自愿提出申请；村委会出具贫困户证明；乡镇政府审核后报县扶贫办批准；财政部门提供扶贫资金补助。

政府扶贫部门与培训机构根据生源季节性特点，共同做好生源组织和招收工作。

5. **培训机构负责培训，促进就业，协助维权**

培训机构负责培训。培训以“订单培训”为主，培训内容针对就业市场和用人单位的实际需要，重点是家政、餐饮、保安、酒店、建筑、园林绿化、制造、电子装配等用工量大的行业的职业技能。同时，适当安排法律知识、行为规范、权益保障等内容。培训时间一般为3—6个月，最长不应超过1年。

培训机构与扶贫部门共同提供维权服务。对培训后安置就业的贫困劳动力加强跟踪，并将有关情况及时与劳动保障等有关部门反映，协助做好维权服务工作。

6. **培训经费由各地分担**

中央以财政扶贫资金支持培训。各省（自治区、直辖市）用于贫困青壮年劳动力转移培训的资金从2007年开始原则上不能低于中央财政扶贫资金的10%。对培训机构的资助采取报账制，一般采取“培训券”形式，即由扶贫部门、财政部门确定培训规模、补助标准后向贫困劳动力免费发放“培训券”，贫困学员持“培训券”到认定的培训机构参加技能培训。学员经培训结业并就业后，培训机构凭项目合同书、贫困学员签名的“培训券”、转移培训台账以及项目实施验收资料，经扶贫部门审核后到财政部门报账。

7. **建立责任制度，逐级负责**

政策文件提出，要“建立责任制，层层抓落实”。

第三节 农民工培训政策的政府执行：事后博弈

如本书第一章所述，农民工培训政策的执行是一个“事后博弈”过程。“事后”指的是国家农民工政策制定和发布之后，以及中央和国务院各职能部门通过各类“工程”、“项目”、“活动”下达之后；“博弈”指的是各级政府、政府各部门等的执行行为，而不是指政策被实际执行之后的情况。

参加“事后博弈”的行动主体包括中央和地方各级政府、政府的各相关部门、培训机构、用人单位和农民工本身。这些主体面对的是同一个政策，但每个主体都有自己的要务、自己的权力损益和财务收支，也都有自己的道义准则和知识体系。

培训政策的事后博弈与农民工政策其他方面的事后博弈相比具有特殊性，这主要来自人力资源的“溢出性”。因为“溢出性”，不仅作为人力资源载体的农民工能够从培训中获益，其他人、企业、社会、各级政府、国家都可以从该资源获益。对国家和地方而言，人力资源的量的增加和质的提升会增加对其要务（经济发展、工业化、城镇化、现代化、解决“三农”问题等）的贡献，会增加农民工对政府行为的理性和规范性从而有利于权力的稳定，从整体和长远来看也会增加政府的财政收入。对用人单位而言，会提升劳动生产率和增加利润。对培训机构而言，可以促进机构的发展和增加财务收入。对农民工而言，则会产生诸多的增益。从各个主体的各个目标来说，农民工培训与这些目标之间的关系多是“正和关系”。这不同于农民工的工资，在短期看与用人单位之间是“你多我少”的“零和关系”。因而，农民工培训政策理应顺利通过“事后博弈”，得到很好的执行。

然而，人力资源还有另一个特殊性，即属于“准公共产品”。人力资源具有“溢出性”，对某一个农民工的培训可以让多个主体受益，这是公共产品属性。但是，由此受益的用人单位是市场中的私人部门，其人力资源使用和获益具有非公共性质；农民工个人也是市场中的牟利者，其人力资源使用和获益也具有非公共性质。由此，人力资源也带有私人产品性质。鉴于国家和社会的使用和收益从总体上看更大，所以人力资源可被界定为“准公共产品”。

作为“准公共产品”的人力资源应该由谁来“投资”呢？根据准公共产品的特性，国家和政府应该多投入，用人单位和农民工本人也应该投入。国务院5号文件提出，要“建立由政府、用人单位和个人共同负担的农民工培训投入机制，中央和地方各级财政要加大支持力度”。可是，政府、用人单位和个人各自应该承担多少数量、多大比例呢？国务院5号文件没有明确规定，因为“准公共产品”分别让各方有多少受益很难划定，所以不可能明确规定。

因为“溢出效应”，农民工培训的总收益和各方收益都难以明确，然而其投入者和投入量却相对明确。国家的投入量可用财政资金的投入量来衡量，农民工的投入量可用所花的培训费、机会成本和学习的心理付出来衡量。由此产生的问题就是：当政府投入特定的量之后，尽管知道自己肯定能够得到收益却并不明确能够得到多少，用人单位和农民工也大体如此。培训投入与收益之间的这种可能的甚至是必然性的“错位”，导致了各方对投入量的权衡。

一个基本的倾向是：各方都能够投入，但是从决策的财务收支标准出发，所投入的量比较小，或者说比所得到的收益量小。由此产生另一个“受益多，投入少”的错位。这类似于“一个和尚挑水吃，两个和尚抬水吃，三个和尚没水吃”的“成本规避”难题。各方都局限于狭隘的成本眼界，未能扩展到投入成本之外的溢出收益，投入量过小。

在本节内，我们分析农民工政策执行中的政府博弈行为，在下一节分析用人单位和农民工的博弈行为。

一　政府出牌：有限投入

1. 规律认识的有限性

在20世纪50—70年代的计划经济体制下，所有工人都属于国家体系，其收益几乎完全由国家享有（工人不可能运用自己的人力资源从体制外得到收益），所以国家根据“投入－收益”的完全关系，承担了全部的人力资源投入。从幼儿园到大学，从进入单位的培训到“五七大学”、“七二一大学”以及“夜大学”，都是国家投入。此时，人力资源属于完全的公共产品。

1978 年开始的改革改变了人力资源的公共产品性质。在市场化进程中，出现了独立经营、自负盈亏的私人性质的企业，也出现了到劳动力市场谋职、获取市场性收入的农民工。这就引致了“准公共产品”的投入难题或“成本规避”问题。在这一进程中，国家和科研部门对这样的转变、对这一转变导致的问题缺乏研究，既较少研究人力资源的属性和“准公共产品”的投入产出规律，也较少研究人力资源投入的正当性和责任体系。其结果是，相应政策理论基础缺乏，对培训的认识不到位，政策内容相对盲目。例如，一些政府官员认为农民工接受培训是他们自己的事，是他们自己对未来的投资，最终受益的也是农民工自己，所以政府没必要揽事上身。① 在对农民工人力资源中的公共产品属性认识模糊、对其溢出效应的国家收益认识不足、过多地强调其私人属性的情况下，国家和各级政府就会只做相当有限的投入。

现有政策在很大程度上是“问题取向”和“应急取向”。例如，因为“三农”问题破解困难，所以制定培训农民工，促进他们进城打工，通过稳定就业减少回流的政策。这样的应对局部问题的政策的内容和所产生的效果，与根据规律和正当性设计的政策相距较远。同时，也决定了较多地限于解决当前的急切问题，仅做有限投入。

2. 需求把握的有限性

农民工培训政策应该基于需求，包括国家的需求、用人单位的需求和农民工的需求，在属性上包括量的需求和质的需求。然而，由于人力资源的特征，这方面的需求很难测定。

第一，价值量的难以确定性。人力资源具有多维性，包括智能资

① 杨旭：《农民工政府培训研究——以陕西省靖边县为例》，陕西师范大学硕士学位论文，2012 年。

源、品德资源、品格资源、精神资源等，这些资源的质和量都具有内在性和模糊性，其“用途”具有多样性和溢出性。所以，其质量和效用都难以数量化，从而也难以测定对其的需求。与人力资源相比，物力资源投入的价值量的测定相对容易。例如，建立一个工业园，吸纳 100 家企业，能够增加多少 GDP、实现多少财政收入、增加多少就业，其价值都相对容易测定。政府投入会在各种价值量之间权衡，选择价值量最大和较大者。因为人力资源的价值量或收益量不能确定，物力资源作为“看得见”的价值就可能占优，从而挤占人力资源的投入。

第二，适用的高弹性。同一个工人具有多维性人力资源，一个建筑工人可能会绑钢筋，也会刷漆，还能当工头。由于单个工人的兼业性，众多工人之间的可替代性，很难确定全社会需要多少个钢筋工，多少个漆工。同一种通用性人力资源可以用于多种行业，一个电焊工可以在造船公司使用人力资源，也可以在建筑队、物业公司使用人力资源。这样，很难根据造船行业、建筑行业的数字统计电焊工的缺口。两个不同技术水平的电焊工可以焊同一工件，其中一个基本合格，另一个优秀，但是都属于“适用”范围。这样，很难统计人力资源水平尚有多大差距。这种人力资源适用的高弹性决定了其总需求难以测定。

第三，岗位的动态性。无论产业结构还是劳动力市场都带有很强的动态性，处在不断的调整和升级之中。它们需要多少劳动力、什么样类型、什么样品质的人力资源，都在变化中。这为测定需求设定了难题，也为资金投入提出了难题。

以上三个因素都导致国家不知道应该和必须投入多少。这时的一个基本倾向就是根据模糊判断和稳健原则做有限投入，而这种有限投入会低于现实的实际需求。

3. 收益把握的有限性

人力资源的投资收益具有不确定性。一门技术能否转变成收益、在什么时候转变成收益、能够转变为多大的收益，都具有不确定性质。国家并不具有充分理性和完全信息，也没有足够的能力测算 1 亿元的培训投资能够产生多少收益。收益的难以测定，导致了投资中的犹豫和保守。

人力资源投资具有不可撤回性。对于物力资源投入，政府如果发现投资方向不对，还可以将已有固定资产卖掉而收回部分的投资；而投资于人力资源，如果到后来发现投资失误，其损失是不可挽回的，这导致了人力资源投资的风险。[①] 假如国家根据当前统计的岗位空缺，安排给100万农民工培训数据录入技术，可是培训完成之时，新技术使录入实现了自动化，劳动市场上对录入员的需求不大，就出现了投资风险。诸如此类的投资风险很难事前准确预测，以致收益测算的准确性只能是有限的。这在很大程度上制约了人力资源的投资。

4. 收益产生的时滞性

人力资源投资与收益之间的间隔时间一般较长。“十年树木，百年树人”。人力资源投入确实会产生收益的长期增加和总体增加，但是在当期往往难以获得收益或实现可见收益。就政府而言，基本是“本届投入成本，后届获得收益”。但是，人力资源的投入是当期性的，政府政绩的考核也是当期性的。这种投入和收益的“时间错位”会导致政府投入的畏缩，政府为当前政绩而更倾向于选择其他短期投入。

以上四个因素共同作用和交互作用的结果，就是国家和各级政府的农民工培训投入具有“有限性”。“有限性”的含义之一是“非普遍性”和“非普惠性”，即并非每个需要培训或每个有培训需求的农民工都得到了培训，以及每个培训参加者都得到了较高质量的培训，而是农民工中只有部分人得到了一定程度的培训。

根据统计，中央和地方各级财政2010年共支出农民工培训资金78亿元[②]，当年全国农民工总量为24223万人[③]，据此计算各级财政资金投入每个农民工的培训资金平均为32元。2011年，各级财政共安排农民

① 苏汝劼：《关于人力资源投资由政府向社会转变的思考》，《中国软科学》2001年第5期。

② 国务院农民工办课题组：《中国农民工发展研究》，中国劳动社会保障出版社，2013。

③ 《2010年度人力资源和社会保障事业发展统计公报》。

工培训资金约 80 亿元[①]，当年全国农民工总量为 25278 万人[②]，每个农民工的培训资金平均也为 32 元。32 元钱不可能给一个农民工提供一次培训，甚至不够其培训补贴。

另有统计显示，“十一五”期间全国共有 4500 多万农村转移劳动者参加了培训。[③] 由此计算，2006—2010 年每年平均培训 900 万人，或者取中值为 2008 年 900 万人。2008 年的农民工总数为 22542 万人[④]，则当年得到培训的农民工仅占 0.4%。

这些数据即是对政府财政投入有限性的度量，即财政投入支持了农民工总量中不到 1/10 的人的培训。投入的有限性导致了近些年农民工培训的以下特点。

（1）部分性。仅有少数农民工得到了培训，被培训的农民工类似于一个“盆景”。

（2）低层性。培训内容多是低层次的技能和技术，包括电脑操作、服装跟单、美容美发、烹饪、家电维修等，这些技能在市场上相对饱和。对中高层级的技术，例如车、钳、铆、电焊等，则培训数量较少。[⑤] 其结果，一方面是用人单位缺乏高技能的技术工人，另一方面是参加培训以后的农民工找不到工作。[⑥] 另外，由于农民工职业培训补贴标准总体偏低，部分优质培训机构也不愿加入农民工培训中来。[⑦]

（3）短期性。有限的资金较多地用于短期培训。据调查，参加职业技能培训的新生代农民工，38.44% 的培训时间为半个月以下，22.44% 的培训时间为半个月至 1 个月，15.56% 的培训时间为 1—3 个月。[⑧]

（4）形式性。一些培训流于形式，务实差，实效差。培训中重“项

① 国务院农民工办课题组：《中国农民工发展研究》，中国劳动社会保障出版社，2013。
② 国家统计局农民工监测数据。
③ 国务院农民工办课题组：《中国农民工发展研究》，中国劳动社会保障出版社，2013。
④ 国家统计局农民工监测数据。
⑤ 潘寄青等：《农民工培训需求与资金支持机制建设》，《求索》2009 年第 5 期。
⑥ 王彩芳：《农村劳动力培训中的政府行为优化对策研究》，《中国国情国力》2011 年第 12 期。
⑦ 国务院农民工办课题组：《中国农民工发展研究》，中国劳动社会保障出版社，2013。
⑧ 国务院农民工办课题组：《中国农民工发展研究》，中国劳动社会保障出版社，2013。

目”、“工程”建设，轻专业行业培训质量标准建设；重参加培训的规模数量，轻培训的质量效益。[①]

有些乡镇政府在临近年终时为了完成培训考核指标，匆匆忙忙召集一些农民，发放一些劳务补贴，突击几天把培训费用花完，以便向上级部门交代。[②] 随着农村劳动力转移的不断推进，大多年轻力壮且受教育程度相对较高的劳动力已经实现转移，在农村沉淀的劳动力“三化”（老龄化、妇女化、没文化）突出，转移的意愿弱。他们不应是农民工转移培训的重点，但现有的培训对象的很大比例却正是这些留守人员，即使培训了也很少产生转移就业的实际效果。[③]

（5）低效性。政府的行政性方式造成资金使用的低效率。研究表明，政府公共部门培训项目的效益低于私人部门特别是企业在职培训的效益；政府财政支持的针对弱势人群的培训对改善他们的收入、就业状况往往不起作用，即使是在短期内，效果也并不理想。[④] 然而一般来说，政府较为重视政策制定，轻视效果评估；报告说产生了巨大效果，实际效果不明。

二　部门出牌：辅助投入

国务院5号文件强调要“落实农民工培训责任”，“劳动保障、农业、教育、科技、建设、财政、扶贫等部门要按照各自职能，切实做好农民工培训工作”。这一规定促使相关部门在政策执行中的“出牌”，“出牌”的内容之一即是提供培训资金。

“部门”指的是各级政府的职能性部门，属于政府的组成部分和下属机构，服从政府的领导。国务院文件要求劳动保障、农业等部门“切实做好农民工培训工作”，这是政府给“部门”下达的任务，部门有责

---

① 张胜军：《我国农民工培训政策的回顾与前瞻》，《职教论坛》2012年第19期。

② 王春光：《重视社会力量在落实农民工就业政策上的放大效应》，《中国党政干部论坛》2009年第4期。

③ 吴贵明：《中国农民工培训：经验与反思》，《福建行政学院学报》2011年第5期。

④ 孙杰：《建筑业“政府主导型”技能型人才培养模式研究》，《建筑经济》2009年第1期。

任予以承担和完成。这关系到国家“要务”的落实，也关系到部门的政绩和政府的考核。由此，“部门”投入到农民工培训中，并根据任务要求提供经费。

国务院文件要求各部门按照“各自职能”承担培训任务。不同部门分担着不同的职能，这些职能与农民工培训的关系程度不一。劳动和社会保障部门是劳动者培训的主管部门，与农民工培训任务有较大的重叠性；公安部是国内安全和社会治安的主管部门，与农民工培训任务的重叠性很小。由此，不同部门对农民工培训的资金投入明显不同。

由农业部、财政部等6个部门共同组织实施的“阳光工程”，其政府出资是各级财政安排专项经费，财政支持力度较大。国务院扶贫开发领导小组办公室主持的“雨露计划”，其资金来自财政扶贫资金。教育部实施的“农村劳动力转移培训计划”，由教育部安排农村劳动力转移培训专项经费，采取与地方共建、贴息加奖励等形式，这些支持也有一定的力度。“建筑业农民工技能培训示范工程”由住房和城乡建设部、人力资源和社会保障部共同实施，政府性资金由就业专项资金补贴，投入力度较小。“进城务工青年发展计划”的参加部门阵容强大，由共青团中央、教育部、公安部、民政部、司法部、建设部、文化部、国家人口和计划生育委员会、国家工商行政管理总局、国家安全生产监督管理总局、中央社会治安综合治理委员会办公室、中国关心下一代工作委员会等12个部门联合实施，但是在相关文件中并没有提到各部门的资金投入，而只有“积极争取有关部门和社会的支持”的字样，支持力度很小。

每个部门都有自己的“主业”，不可能给作为“辅业”的农民工培训提供较多的支持。政府对这些部门的考核也以主业为重点，农民工培训工作做得好坏对考核结果影响并不大。由此，部门对农民工投入的力度一般限于“辅业水平”，甚至是“零碎水平”。

作为职能部门，其任务是为“政府整体”承担所分工的功能，其收益也来自“政府整体”的分配，并非一个独立的“投入－产出单位”。

换句话说，对农民工培训，部门尽管可以独立地计量资金投入的成本，却并不能取得独立的收益，其投入和收益之间存在明显的错位。这在较大程度上弱化了投入的积极性。

总体来说，部门对农民工培训的投入与“政府”相比更为有限。只要能够体现“辅业”角色，体现了对政策文件的执行，做一些专项性、短期性行动即可。

另外，部门之间的协调难度较大。尽管国家政策文件频繁地强调部门间的统筹与配合，但是这个问题似乎很少得到解决。其原因在于，部门不仅是一个职能承担者，还是一个权力主体和利益主体。各部门尽管将农民工培训业务视为“辅业”或“副业”，但是对农民工培训中的管辖权力和资金支配却相当重视，以致存在明显的界限和较强的竞争。由此，各个部门之间缺乏明显的关联和协同配合，协调难度大。人力资源和社会保障部、财政部于2009年联合发布了《关于进一步规范农村劳动者转移就业技能培训工作的通知》，提出要实施分类培训，强化培训针对性和有效性，整合优质培训资源。但是，优质培训机构与培训资源多由教育部管辖，协调起来比较困难。[①] 为实施“阳光工程”，各地都建立起了“阳光工程”办公室，但是这一办公室对有关部门间的事“管不到”或“管不了”。[②] 中央各部门的农民工培训资金大都来自财政部，财政部内部不同部门分别管理中央各部门和项目的资金。然而在财政部内部，农民工培训资金渠道也不实现统一归口，统一下达，统筹使用。

部门的农民工培训在某种程度上是“九龙治水”。培训实施者尽管有好多个但是彼此分割，而他们所培训的对象都是农民工。部门在“辅助投入”导向下“各自出钱”所导致的结果是：①资源分散，杯水车薪；②重复投资，在某些人群上过度投资，出现浪费现象；③部门之间存在投入和培训空白。

① 袁小平：《新生代农民工培训的制度供给研究》，《社会工作》2012年第10期。

② 吴贵明：《中国农民工培训：经验与反思》，《福建行政学院学报》2011年第5期。

三　地方出牌：逐级衰减

国家对农民工培训实行“地方政府分级管理”[①]、“分级投入”的体制。相关文件要求：“各级财政都要安排专门用于农民职业技能培训的资金。”[②]“中央和地方各级财政要加大支持力度。”[③]“各级人民政府要加大对职业教育的支持力度，逐步增加公共财政对职业教育的投入。”[④]“中央和地方各级财政在财政支出中安排专项经费扶持农民工培训工作。”[⑤]

至于中央与地方谁应该更多地投入，有关文件提出要“强化地方政府责任”，“做好农民工培训工作的主要责任在地方”[⑥]。

地方政府对农民工培训的资金投入，并非中央要求什么就执行什么，而是纳入自己的价值考量。这一考量包括“要务”、“权力”和“利益”，也包括正当性和规律性的把握。与中央政府相比，地方政府的考量呈现以下特点。

1. 人力资源公共程度认知的缩减

人力资源是包括公共成分与私人成分的“准公共产品”，至于其所包含的“公共成分”的比重，不同层级的政府具有不同的认识。这种不同认识首先来源于对人力资源投入规律性和正当性的认识。中央政府作为宏观主体和决策层，较多地研究这方面的规律性和正当性问题，所以能够较深入地认识其本质，倾向于对其中的公共性成分做较多的认定。地方政府是政策执行层（层级越低，执行的成分越大），较少研究甚至较少思考规律性和正当性问题，而较多地从现象和直观角度出发，认定其私人性质。一些基层干部认为，农民工接受培训是利于自己找工作、

① 《国务院办公厅关于进一步做好农民工培训工作的指导意见》（国办发〔2010〕11号）。
② 《中共中央、国务院关于促进农民增加收入若干政策的意见》（中发〔2004〕1号）。
③ 《国务院关于解决农民工问题的若干意见》（国发〔2006〕5号）。
④ 《国务院关于大力发展职业教育的决定》（国发〔2005〕35号）。
⑤ 《国务院办公厅转发农业部等部门2003—2010年全国农民工培训规划的通知》（国办发〔2003〕79号）。
⑥ 《国务院办公厅关于进一步做好农民工培训工作的指导意见》（国办发〔2010〕11号）。

多挣钱，所以应该自己出培训费，政府不应该管这样的事。

不同层级政府的不同认识也与整体与局部的格局有关。因为人力资源的溢出性质，国家较多地将人力资源认定为国家资源，就像矿产资源属于国家一样。地方政府只是在国家体制下管理这些资源，这些资源并不归地方政府所有。从而，地方政府会低估人力资源的公共性质。

2. 物力资源投入对人力资源投入的挤占

在现行财政体制下，地方政府与中央政府之间的制度安排是“分灶吃饭”，地方政府的财力来源于“地盘征税”，地方政府之间则存在对税源的激烈竞争。这与中央政府的“无论地方政府如何竞争，中央都旱涝保收”有所不同。在竞争形势下，地方政府的做法是将有限资金投入到当前收益最大的地方。物力资源投入更可能短期见效，人力资源尽管长远有收益，但在短期难以产生效果；物力资源投入的产出效果带有较大的确定性，人力资源投入的产出效果更难以估计。在这样的情况下，地方政府更倾向于对物力资源的投入，从而形成对人力资源投入的挤占。

3. 上级考核在人力资源方面的低能

对地方的人力资源投入，国家一般采取行政性的“层层下指标，层层作考核”的方式。国家一再强调，“各级政府要将农民工培训列入年度工作考核内容，实行目标管理”①。根据其他领域的经验，上级考核是国家政策实施的一个有效推动力。例如，关于安全生产责任和指标的考核，使得各级政府都十分认真地执行。然而，人力资源具有特殊性质，容易导致考核的失效或低效，具体表现在以下两个方面。

（1）人力资源的内在性。人力资源存在于个体的头脑内部，外部并不具有可见性。一位农民工接受培训前后看不到明显的变化，接受培训的质量如何、效果如何难以准确度量。

（2）人力资源的多源性。人力资源具有自增性和多源性，它可以通过培训增进，也可以通过学校教育和“从做中学”增进，还可以从工友

---

① 《国务院办公厅转发农业部等部门2003—2010年全国农民工培训规划的通知》（国办发〔2003〕79号）。

交流和各种媒体中增进。在正式培训的时间段，其人力资源也因为其他来源而增进。一次培训本身究竟产生了多大效果，实际上难以准确测量。

人力资源的这两个特性导致了考核的困难。上级政府可以考核下级政府的培训人员数量，但是难以考核培训的质量和效果。下级政府在内在动力不足的条件下，就会与上级政府“玩数字游戏”，搞观赏性“盆景”。

在以上因素的综合作用下，各级政府的农民工培训投入呈现“逐级衰减”趋向：越是层级低，越是较少投入。①

第一，数字衰减。以“农村劳动力技能就业计划”为例，劳动和社会保障部所下达的2006年度任务安排中，湖南省的计划培训任务总数为45万人，其中“劳动预备制培训”20万人，“劳务输出培训”20万人，“技能提升培训”5万人。湖南省向各市级下达的“农村劳动力技能就业计划2006年度任务安排”中，计划培训任务总数同样为45万人，但是其中的“就业补贴人数总数”减少到了15万人；“就业补贴人数总数”中“劳动预备制培训”为8万人，比国家下达的人数减少了12万人；“劳务输出培训”为7万人，比国家下达的人数减少了13万人。在湖南省的安排中，“就业补贴人数总数”只有上级所下达任务的1/3，“劳动预备制培训”仅占上级下达任务的40%，“劳务输出培训”仅占上级下达任务的35%，而上级下达的“技能提升培训”被取消了。

第二，时间衰减。国家农民工培训的政策文件贯彻采取层层下发、层层根据本地情况调整的方式。这一过程也产生了时间衰减。例如，一些地方政府虽然下发了“关于组织返乡农民工进行就业培训”的文件，但是所调查的农民工都反映当地政府还没有下达这样的政策。②

第三，信息衰减。上级下发了政策文件，本级也做出了贯彻安排，但是文件的一些内容仅在政府内部流传，缺乏对外宣传。大量培训机构

① 国务院发展研究中心《国际金融危机对农民工就业的影响及对策研究》课题组：《农民工就业总体态势与政策因应：对19个省（区、市）107个村的调查》，《改革》2010年第6期。

② 国务院发展研究中心《国际金融危机对农民工就业的影响及对策研究》课题组：《农民工就业总体态势与政策因应：对19个省（区、市）107个村的调查》，《改革》2010年第6期。

和农民工不了解这项政策，也不能享受这项政策，政策被部分性空置了。

除“逐级衰减”之外，从中央到基层还存在资金的“逐级滴漏”。上级下拨的经费被下级政府截流，改变资金用途，由机关挤占、挪用；一些专项资金被切块给各部门使用，充作机关日常工作经费；一些机关弄虚作假、违纪违规骗取、套取、冒领培训经费。①

在政府与培训机构的对接环节则存在“暗箱操作”，政府机关或人员借机寻租②，从培训机构获取回扣和各种好处；在监督和评估环节则放任和纵容培训机构敷衍了事、偷工减料，导致农民工的培训质量低下。

以上各种因素导致中央的农民工政策的地方投入“逐级衰减”，执行程度和执行效果也“逐级衰减”。

四　地区出牌：不做嫁衣

“地区出牌”中的“地区”同样指地方政府和基层政府，与上面的“地方”的不同之处，在于这里所强调的是“地区之间”，例如“广东省”与“四川省”之间，“苏州市”与“盐城市”之间。“地区之间”的政府“出牌”与“中央与地方之间”有所不同。

人力资源的载体是个人，其溢出效应随个人的流动而变动。载体流动到哪里，溢出效应的原点就出现在哪里。个人的这种流动受到自身价值和能力的影响，也受到体制和制度的影响。在计划经济体制下，个人很少变动，基本是固定在某个单位、某个地区。在这种条件下，某个城市对本市人力资源的投入，其溢出效应较多地体现在本市，投入和收益之间有较高程度的正向对应。由此，会鼓励本市的人力资源投入。

如果体制变化，劳动者跨地区流动，并且流动频率较高，人力资源投入和收益之间的正向对应就会发生变化。市场化改革和全国统一劳动

① 国务院农民工办课题组：《中国农民工发展研究》，中国劳动社会保障出版社，2013。

② 国务院农民工办课题组：《中国农民工发展研究》，中国劳动社会保障出版社，2013。

力市场的建立即导致了这样的变化。

1. **人力资源流动的错位效应**

“错位效应”指的是人力资源投入与收益之间的关系因为流动而产生不一致。当人力资源随其载体跨地区流动时，会导致输出地政府做较多投入之后却较少获得产出，输入地政府较少投入却得到较多产出，两者之间在投入和产出方面产生错位。

例如，四川省的农民较多地离开四川而到广东省打工。他们在四川省接受了初级教育和中等教育，也接受了引导性和转移性培训。这些教育和培训的投入除个人之外，很大比例出自四川省。但是，他们没有在四川省使用人力资源，而是在广东省的企业提供生产力，为广东省政府提供税收和教育费附加。广东省却并没有给他们进行前期的人力资源投入。四川省与广东省之间在人力资源投入和产出方面出现了错位。

一个基本趋向是，四川省流出的多是人力资源水平较高的农民工，人力资源水平低的农民工较大比例地留在了本地。因为这些人的人力资源水平低，当地政府需要给他们做更多投入，以便适合当地生产的需要。这是人力资源投入的追加。同时，四川省还需要对“准”劳动力继续投入。这些投入都来自于公共财政，而公共财政的财力是有限的。由此，这些人力资源投入将减少公共产品，压低当地工资，导致人力资源收入低下。这会加大四川省人力资源收入与广东省的差距。而差距加大会导致四川省人力资源的更多流出，使四川省人力资源存量再走低。

广东省从四川省流入的多是人力资源水平较高的农民工。鉴于劳动密集型企业的特点，广东省几乎不需要正规的培训就能让他们产生生产力。因为免去了或减少了人力资源的培训投入，广东省可以将这些成本转化为工资，以较高的工资吸引外地较高质量的人力资源。这些较高质量的人力资源能够直接提供较高的劳动生产率，既可以促进经济发展又可以支撑工资水平的提高，从而形成良性循环。

在错位效应下，一些地区投入多，回报少；另一些地区投入少，回报多。这导致流出地政府不愿意投入，以免给他人做嫁衣。流入地政府也不想投入，因为其可以用较好的工资吸引流动者。并且，输入地政府倾向于认为，这些流入本地的农民工并不会“忠诚”于输入地，很可能还流向其他地区。如果对他们提供培训，因为回收成本的周期长，短期内收益低，很可能等不到收益期到来他们就又流动到其他地区了。因此，输入地政府更少愿意培训这些人。[①]

2. 人力资源流动的汲空效应

“汲空效应”指的是在城乡二元体制下，人力资源随其载体跨城乡流动，其结果是农村投入所形成的人力资源被城市吸走，农村只剩下了人力资源水平低下者，变成了人力资源的“洼地”。

城乡人力资源流动带有一般性的错位效应，同时也具有特殊的汲空效应。这种汲空效应与城市对农村的体制安排有关。如果说错位效应与经济和效率较多地相关，汲空效应则与制度安排、城乡关系有关。

国家人力资源投入政策在计划经济时期和市场经济前期的一个基本特点是偏重城市而忽视农村。与城市相比，国家对农村人力资源的投入少，农民因为收入水平低，人力资源投入也少。[②] 2000 年，城市劳动力的平均受教育年限达到了 12.2 年[③]，而同期农村劳动力的平均受教育年限只有 7.8 年。国家对农村的物力资源投入也少，所以农村的物力资源或生产资源的水平低。农村物力资源水平低则导致了两个后果：一是生产效率低，从而人力资源的收益低；二是高端人力资源缺乏发挥作用的条件，难以找到匹配的生产资料和生产方式。现阶段的农村物力资源配置，并不需要高知识和高技术的人才，它更多地需要传统技术和经验。[④]

城市则与农村不同。国家对城市的人力资源投入多，物力资源投入也多。这二者的结合导致了两个效果：一是城市人力资源发挥作用的条件好，人力资源与物力资源的匹配程度高，从而收入高；二是城市的生

① 王敏：《微观视角下中国农民工职业培训问题研究》，《当代经济》2007 年第 9 期。

② 侯风云等：《农村人力资源投资及外溢与城乡差距实证研究》，《财经研究》2007 年第 8 期。

③ 蔡昉：《中国人口与劳动问题报告——城乡就业问题与对策》，社会科学文献出版社，2002。

④ 侯风云等：《农村人力资源投资及外溢与城乡差距实证研究》，《财经研究》2007 年第 8 期。

产率高，因此人力资源的收入水平也高。

农村与城市之间人力资源收入水平的差距与人力资源发挥条件的差距叠加，导致了农村人力资源强烈地流出农村、进入城市的趋向。[①] 并且，这一流动具有单向性和不可逆性，与地区间的可能的双向流动、可逆流动形成对比。

农民向城市流动的动因除上述“收入动因”和“匹配动因”之外，还有较强的“补偿动因”。由于国家对农村人力资源投入薄弱，农村人力资源的投入中农民自身的投入占了较大的比重。在计划经济时期和改革初期，农村的基础教育和中等教育经费主要来自农民自己的筹资。农民自己缴纳上学的学费和杂费，同时又缴纳税收和教育费附加。学费占家庭人均收入的比重逐年上升，2001 年城镇家庭这一比例为 56.78%，而农村家庭这一比例则高达 164.59%。[②] 从 2007 年开始，国家在农村实行免费义务教育，减轻了农村家庭的负担。但是，农村学校的经费依然较多地来源于基层财政。在农村义务教育的投入中，县级财政负担教育经费的 87%，省级财政负担 11%，中央财政负担 2%。这种负担结构与中央政府财政收入占全国财政总收入的 57%，省级截留的财力不断增加的状况不相称。[③] 由此，从人力资源投入的属性分析，农村人力资源形成的公共性比重较低，私人性比重较高。当农民对自己的人力资源做了较多投入之后，就更强烈地要求实现人力资源的价值，以较多的收益补偿所支付的成本。当在农村和农业难以找到发挥作用的条件，难以得到合理收入时，农民就有更强烈的动因向城市流动。

由于城乡收入差距、人力资源匹配差距和私人投入差距的共同作用，农民产生了极强的从农村向城市流动的意愿。农村高水平人力资源几乎全部流出，新产生的高水平人力资源即时流走；逐渐的，中级乃至低级人力资源也越来越多地流出，所留下的多是人力资源低下者。这即

---

① 张宇：《农村人力资本溢出机制初探》，《中国国情国力》2010 年第 9 期。

② 戚谢美等：《国家助学贷款的政策学分析》，《浙江大学学报》（哲学社会科学版）2004 年第 4 期。

③ 朱长存等：《农村劳动力转移、人力资源溢出与城乡收入差距》，《宁夏社会科学》2009 年第 3 期。

是农村人力资源流动的“汲空效应”。

汲空效应导致了农村生产效率和收入的低下，农民普遍缺乏人力资源投资能力。一些农民为了流向城市，尽管有意愿做人力资源投入，但是缺乏投入能力。

地方政府人力资源投入的着眼点是贯彻国家的义务教育政策，培训基本的农业生产技术以及农民转移到城市打工所需要的基本技能。这些投入都处于“基础层面”，即防止汲空效应造成过度失衡。对高水平人力资源的培训投入，在“汲空忧虑”下缺乏积极性。

特定地区人力资源流动的趋向特点是：高水平人力资源的流动半径较短，多是在本市或本省，中低水平人力资源的流动半径较大，有较多的人流向他省。如果认识到了这个特点，市级政府和省级政府对本地农村人力资源做较高投入会产生较好的效果。然而，很少地方政府认识到这样的特点，也就较少投入。

城乡人力资源投入（以及物力资源投入）的差别、城乡生产效率的差别、农村人力资源向城市的流动三者之间存在同时和继时的互动关系。国家对农村人力资源（以及物力资源）投入的差别待遇导致农村生产效率和收入低下（与城市差距拉大）；农村在收入、匹配方面的差距导致农村人力资源向城市的强烈流动；农村人力资源离开农村导致农村人力资源存量和增量都相对低下，以及物力资本投入的低下。在这种持续循环中，农村的中高水平人力资源被汲空，人力资源整体水平被“削尖”，不仅弱化了农民人力资源投入能力，而且弱化了当地政府人力资源投入意愿。

3. 人力资源流动的聚合效应

从人力资源跨地域流动的当前“版图”看，其结果并非走向各个地区间的均质，而是形成在某些地区的聚集。一些地区聚集起优质的人力资源，这些人力资源之间彼此促进，更高效地提高生产率和促进经济发展，人力资源也获得了较高的回报；较高的回报进一步促进人力资源聚集，直到某个临界点。这就是人力资源流动的“聚合效应”。

人力资源的主导流向是向初始存量较高的地区聚集[①]，高人力资源水平的劳动力倾向于流入人才充裕的地区，而不是漫无边际的随机流动。例如，全国高校毕业生择业偏好于北京、上海、广州等大城市，及长江三角洲和沿海发达地区。从各省份内部看，主要集中在省城和一些省属中心城市。农民工的流动也带有这样的趋向。

人力资源为什么向人力资源存量较高的地区聚集？一个原因是，在这样的地方，会产生人力资源的“传递效应”。人们在人才密集的地方可以通过向更多人学习以提高自己。通过人力资源在人们之间的密集传递，通过向更多异质性或高水平的人力资源学习，每个人的人力资源水平都得以提高。而且，整个地区的人力资源水平也得到提高。[②] 就个人来说，聚集是人力资源投入和积累的重要手段。

就地区来说，人力资源的聚集会产生生产率的“齐升效应”。第一，地区人力资源存量和质量的整体提升。而且，这种提升并不花费本地的成本。第二，人力资源共生的成本节约。如同物力资源大规模配置能够产生规模效率一样，人力资源的聚集也会产生规模效率。第三，经济效率的整体齐升。当地区人力资源“木桶”的“短板”提高之后，以及木桶的各个“板”都相继提高之后，这个木桶的容量必然提高。即是说，人力资源的聚集将既提高个人的生产率也提高地区整体的生产率。第四，物力资源和技术资源吸收能力的提升。当一个地区的人力资源水平提高之后，就有优势条件吸引外地的物力资源和技术资源[③]，因为这些物力资源和技术资源可以得到更适配的人力资源，产生更高的效率和回报。[④]

“齐升效应”使人力资源载体即劳动者能够得到较多的收入和较好的人力资源发挥条件。这促进外地人力资源进一步向本地聚集。人力资源的流出地则可能出现相反的走向，人力资源水平下降，规模效益弱

① 熊莎：《关于人力资源流动与聚集的认识与评述》，《经济研究导刊》2008 年第 15 期。

② 熊莎：《关于人力资源流动与聚集的认识与评述》，《经济研究导刊》2008 年第 15 期。

③ 魏下海：《人力资源、空间溢出与省际全要素生产率的增长——基于三种空间权重测度的实证检验》，《财经研究》2010 年第 12 期。

④ 武秀波：《技能人才培训的市场效益分析》，《中国职业技术教育》2006 年 10 月。

化，地区生产率提高缓慢，对外部物力资源和技术资源的吸引较少。其结果是，各地区在人力资源增长和生产率增长方面表现出特征鲜明的“马太效应”。①

聚合效应无疑会影响到人力资源投入。人力资源聚集地区在聚集效应的“场”形成之后，几乎不需要多少人力资源投入就能聚集起丰厚的、高水平的人力资源，从而对人力资源投入缺乏必要感和迫切感。人力资源流出地区则变成了“凹地”，即使做较多的投入也留不下人才。这样的地区，一个好的选择就是只做最基础的投入，以及当流出的农民工能够向家乡汇款、解决“三农”问题的时候，做适当的“促进转移”的投入。

4. 广东省和山西省的比较

本课题组分别在广东省和山西省的企业对农民工进行了问卷调查。调查结果显示出了两个省在农民工培训方面的不同取向。

广东省是农民工流入大省，从其他省区流入的农民工数量远远超过来自本地农民的数量，而本地农民工流出较少。山西省则与广东省形成对比，外来农民工流入少，本地农民工流出也少。在调查对象中，广东省来自外省（自治区、直辖市）的占72.8%，山西省来自外省（自治区、直辖市）的只占34.4%。

统计分析发现，广东被调查者参加培训的情况比山西差。对“近三年来参加职业技能培训情况”，广东被调查者中参加过1次和2次的较多，山西参加过3次及以上的较多（见表6－4）。

表6－4　近三年来参加职业技能培训情况

单位：%

地区	没有参加职业技能培训	参加过1次职业技能培训	参加过2次职业技能培训	参加过3次及以上多次培训	其他
广东	43.9	28.2	12.4	12.8	2.7
山西	45.8	21.1	9.7	21.7	1.8

① 魏下海：《人力资源、空间溢出与省际全要素生产率的增长——基于三种空间权重测度的实证检验》，《财经研究》2010年第12期。

广东地区的受访者参加政府主办培训的人数较少，山西较多。受访者参加广东省各级政府主办的培训的人数仅占9.6%，受访者参加过山西省各级政府主办的培训的人数占29.4%，远高于广东省（见表6－5）。

表6－5　受访者参加职业技能培训的主办单位

单位：%

地区	家乡所在地政府培训机构	家乡所在地民办培训机构	进城务工所在地政府培训机构	进城务工所在地民办培训机构	进城务工所在的工作单位	跟师傅当学徒	其他机构
广东	5.6	3.8	9.6	4.1	60.8	3.8	12.3
山西	10.8	4.8	29.4	5.9	33.1	7.1	8.9

广东受访者所参加的培训，由政府出资的较少，山西较多。广东受访者的培训费“完全由政府承担”与“个人缴费和政府补贴相结合”的占8.7%，山西占10.6%，稍高于广东（见表6－6）。

表6－6　受访者参加职业技能培训的费用支付主体

单位：%

地区	个人自费	个人缴费和政府补贴相结合	个人缴费和单位补贴相结合	完全由政府承担	完全由单位承担	其他机构资助	不清楚
广东	17.0	6.7	13.7	2.0	43.6	0.6	16.4
山西	12.4	7.4	7.1	3.2	66.3	1.4	2.1

广东和山西比较一致的是，两省各级政府都对本省户籍者提供培训较多，对外省户籍者提供较少。在广东的被调查对象中，本省户籍者获得过广东省各级政府培训机构培训的占24.3%，外省户籍者只占8.1%；在山西的被调查对象中，本省户籍者获得过山西省各级政府培训机构培训的占68.9%，外省户籍者只占21.5%。在广东的被调查对象中，本省户籍者的培训费用“完全由政府承担”与“个人缴费和政府补贴相结合”的占19.2%，外省户籍者的相应数字仅为7.7%；在山西的被调查对象中，本省户籍者的培训费用“完全由政府承担”与“个人缴费和政

府补贴相结合”的占29.1%，外省户籍者的相应数字仅为2.4%。

综上所述，可以得出以下结论。

（1）无论广东还是山西，各地政府都侧重于培训本省户籍的农民工，而相对忽视外省流入的农民工。其原因是，本省户籍者有较大可能地留在本地，既可以解决本地的“三农”问题，又可以为本地城镇的经济发展和工业化做出贡献。外来农民工因为既不能解决本地“三农”问题，也有可能流动到其他省区去，所以较少对这些人提供培训。

（2）广东和山西相比，广东明显属于输入地，而山西的本地性较强，这使得广东省政府所主办的培训少，政府出资也少。

这些数据在一定程度上印证了上文所述的“地区出牌：不做嫁衣”。

国家部委的文件其实强调了输入地政府对外来农民工的培训任务。“中央财政对东部7省（直辖市）的就业补助资金，主要用于跨省外来农村劳动者的职业技能培训补贴”①；“中西部省份以培训农村新生劳动力和农村富余劳动力为主，东部省份以培训在城镇务工的农村劳动者为主。”② 这样的政策在各地区“不做嫁衣”的导向下受到了不小的阻力，难以得到较好的执行。

第四节　农民工培训政策的企业和农民工执行：事后博弈

一　企业出牌：实利准则

1. 农民工培训政策中的政府与市场错位

人力资源具有准公共产品属性，企业如何对待既非私人产品又非公共产品的人力资源？是否愿意对其做较多投入？

国家关于农民工培训的政策文件，都强调了企业的培训责任。国务

① 《劳动和社会保障部关于印发农村劳动力技能就业计划的通知》（劳社部发〔2006〕18号）。
② 《劳动和社会保障部关于印发农村劳动力技能就业计划的通知》（劳社部发〔2006〕18号）。

院5号文件提出要“强化用人单位对农民工的岗位培训责任”。其他文件同样提出：“用人单位负有培训本单位所用农民工的责任”[①]；“强化企业培训责任。企业要把农民工纳入职工教育培训计划，确保农民工享受和其他在岗职工同等的培训待遇，并根据企业发展和用工情况，重点加强农民工岗前培训、在岗技能提升培训和转岗培训”[②]；“企业要强化职工培训，提高职工素质”[③]。同时有文件也提出了强制性措施：“对不履行培训义务的用人单位，应按国家规定强制提取职工教育培训费，用于政府组织的培训。”[④]

国家做出上述文件的规定并要求企业贯彻落实，带有鲜明的行政指令性质，表明作为国家下属的企业应该也必须遵照执行。

然而，市场化改革后的企业不再是行政机关的直接下属，而是具有独立产权、自主经营的私人性质的市场牟利者。企业通过市场机制获取资源，也通过市场机制谋取私利。企业作为“市场”与政府出现了产权（投资权、经营权、收益权）的分立。市场性企业的一个基本特性是不愿意投入公共产品，此为“市场失灵”。

人力资源除公共产品属性之外还具有私人性，但是私人性在其中占多大比重并无准确的度量。而且，这一私人性既包括使用人力资源的企业也包括作为载体的劳动者，两者之间的比重也难以准确界定。这就决定了，企业对人力资源的投入一般只限于其所认定的私人比重，而且对这一比重的界定会低于客观实际。只有人力资源投入能够切实增加企业的经济收益，企业才愿意投入与之相应的资源。

国家要求企业承担“准公共产品”投入的责任，并以行政方式要求企业执行，而企业遵循自己的市场性，只愿意投入其中的私人物品，难以突破狭隘的私人眼界，这就表现出行政与市场之间的错位。这一错位

① 《国务院办公厅转发农业部等部门2003—2010年全国农民工培训规划的通知》（国办发〔2003〕79号）。

② 《国务院办公厅关于进一步做好农民工培训工作的指导意见》（国办发〔2010〕11号）。

③ 《国务院关于大力发展职业教育的决定》（国发〔2005〕35号）。

④ 《国务院关于解决农民工问题的若干意见》（国发〔2006〕5号）。

即导致了国家与企业之间的博弈。

国家认为，企业是国家的组成部分，接受国家人力资源的溢出，所以应该为整个社会提供公共产品；企业是人力资源的主要使用者并据此牟利，所以有责任培训劳动者。然而，企业认为，社会的好处并非本企业的好处，并非全社会的利益实现了，本企业也会同样受益。当企业认为人力资源带有更多的公共产品性质时，则要求政府进行人力资源投入。企业倾向于缩小责任边界，只谋求自身的好处。这就是企业的“实利准则”。

“实利准则”的含义是：如果培训能够提高劳动生产率，为企业带来增益，并且培训成本和给培训后员工的加薪的总和低于增益，企业就提供培训。① 如果培训的增益不及总成本，就不进行培训。企业也不提供超过生产和经营需要的培训。

“实利准则”的一个例子是安全培训。企业的一次安全事故可能造成很大损失，包括对受伤员工的医治、对死亡者的赔偿、财产的损失，还有来自政府的处罚、追责乃至刑罚。企业为规避伤亡事故的发生，就普遍组织农民工进行安全培训。②

2. 企业在培训与招聘之间选择

企业在需要提升人力资源水平时，会在内部培训和对外招聘之间选择，权衡标准是“实利”。

企业都有提高人力资源水平的需要，明确认识到人力资源是企业效率的来源。同时，企业也都知道，培训能够提升员工对企业的忠诚度，增强凝聚力，调动积极性。企业大多具有较强的培训能力，还可以安排员工到社会上的培训机构和大专院校进行培训。只要根据企业的意愿安排，培训就能提升员工的人力资源水平，增加利润并收回培训成本。

然而，员工接受培训也有自己的成本，例如机会成本和心理成本；他们为培训付出之后也要求回报，并且要求纯收益大于零。他们受到培

---

① 董克用、朱勇国主编《人力资源管理专业知识与实务（中级）》，中国人事出版社，2008。

② 柳娥等：《农民工培训现状及培训需求调查报告分析》，《中国农学通报》2005 年第 10 期。

训后会要求提高工资，调换岗位；如果企业不能满足要求，就或者怠工或者流动。

问题的核心是劳资双方如何分担培训成本、分享培训收益。如果分担、分享合理，企业培训就能够有效实施，双方都得到增益；如果分担、分享难以达成共识，企业培训就可能因为一方或双方原因而搁浅。而如何分担、分享，取决于劳动关系的制度形式。

企业处理培训问题的美国方式是劳资之间的集体谈判，通过谈判约定各自的投入和收益。谈判所形成的约定一般是企业承担大多数成本，也获得大多数收益。员工在培训期间工资小幅度降低，培训之后工资超过原来水平，但是低于生产率的增长幅度。[①] 同时，约定企业方对这些人稳定雇用，一般不解雇和开除；员工也较少辞职。[②] 通过这样的机制，企业和员工都能得到增益，并在培训上持续投入。

日本方式是劳资沟通和长期雇用、年功序列。企业对员工提供培训，承担成本，也通过员工的长期合同收回成本、获得增益。员工在培训后工资不会很快增加，但在以后的持续雇用和内部晋升中会得到回报。借助于劳资沟通和长期雇用等机制，企业和员工也都得到了培训的增益。而且，日本企业因为长期雇用，企业的培训投入比美国企业多，员工获得的培训机会也多。例如在 1991 年，日本 79% 的员工在其进入企业的第一年就接受了企业的正式培训，而美国只有 8%（欧洲国家以荷兰为例，相应的数字是 19%）。与美国企业相比，日本大企业的培训投入更多，培训的范围非常广泛（不是培训做“一种”工作，而是培训工人做企业内许多不同的工作）。[③]

美国方式和日本方式的共同特点是进行劳资双方的谈判或协商，达成共识和可信承诺。我国缺乏集体谈判的传统，也缺乏劳资沟通，基本

---

① 伊兰伯格·史密斯：《现代劳动经济学——理论与公共政策》（第六版），中国人民大学出版社，1999。

② 理查德·B. 弗里曼：《劳动经济学》，商务印书馆，1987。

③ 伊兰伯格·史密斯：《现代劳动经济学——理论与公共政策》（第六版），中国人民大学出版社，1999。

方式是“自主决定，要求答应”，甚至“硬碰硬”。员工接受培训、人力资源水平提高后希望提高工资，但是缺乏诉求表达渠道；一旦公开提出，企业往往不接受，并且抵触。员工无奈之际，或者忍耐或者跳槽。

无论忍耐还是跳槽，企业都难以获得培训的增益，甚至不能收回成本。如果员工选择跳槽，企业还须付出职位空置、市场招聘、新员工培训等成本。在这种情况下，企业根据“实利准则”进行的选择就是不培训。当前，新生代农民工跳槽的频率更高，企业选择不培训的情况也更多。

为了既进行培训又规避跳槽风险，企业可以采取的做法是让员工承担培训成本，比如缴纳费用、扣发培训时间的工资等。但是，因为双方缺乏沟通和信用，员工不太相信企业长期雇用的承诺，不太相信未来会在本企业收回成本，所以会予以拒绝。如果由企业独自承担成本，企业就会要求得到足够多的增益，甚至独占增益，而不给或少给受培训工人增加工资。所以，工人此时的选择往往是培训后跳槽。

企业为避免员工培训后辞职，有时采取签订服务期合同的办法，其中规定违约后的赔偿和处罚。赔偿可以部分弥补企业的培训成本，处罚可以替代培训后的人力资源增益。但是，实际情况是员工违约后的追索成本相当高，企业得不偿失。[①]

在这样相当复杂的博弈情境中，企业往往选择放弃培训，而是从劳动力市场上招聘，通过猎头挖人。这不必付出培训成本，也不必弥补培训增益，从而能够以较高的工资吸引应聘者。于是，其他企业受到培训的员工就会流向这里，满足企业的需要。在理性驱动下，各个企业都会倾向于“挖人”。一些企业基本停止了人力资源投入，部分有能力的企业放弃了或准备放弃岗前或中长期的教育培训。[②]

企业不选择培训而选择招聘的结果，是社会整体人力资源水平难以提升甚至下降，供求缺口越来越大，工资越来越高，产业处于“低技能

---

① 王敏：《微观视角下中国农民工职业培训问题研究》，《当代经济》2007年第9期。

② 耿锁奎：《人力资源传统投资主体的投资困境分析》，《中国经贸导刊》2010年第3期。

陷阱”[①]。

现行劳动关系制度下的劳资博弈导致了一个双边困境。本来各方合作可以提高人力资源水平并都分享到增益，但是因为人力资源的溢出和流动，各方培训增益都具有不确定性；各方为增益确定性展开博弈，导致对确定性成本的规避，因而都不愿意多投入。其结果是，不仅各方都难以得到增益，社会和国家也不能得到溢出。

表 6－5 和表 6－6 的数据表明，在员工流动率较高的广东省，员工得到工作单位主办的培训的人数比例较大（60.8%），流动率低的山西则较小（33.1%）。但是，广东省完全由单位承担培训费用的比例较低（43.6%），山西则较高（66.3%）。这表明，广东企业因为市场竞争激烈等原因具有较强的培训需要，但是并不愿较多地投入培训费用；山西企业因为员工流动率低，所以较多地承担培训费用。

3. 企业在风险和收益之间选择

人力资源培训具有时滞性。一是培训需要一定的时间长度，较高技能和管理方式的培训需要数月乃至数年；二是培训所提升的人力资源在企业发挥作用、产生实利需要较长时间。企业的生存环境则具有动态性。例如，产品市场发生变化，原材料市场发生变化，新技术不断出现，新的销售方式出现（如“网购”），以及宏观经济形势、政治形势、社会形势和文化价值的变化等。因为变化，当初确定的培训内容和所提升的人力资源可能会失效，还没等到应用就被淘汰了。

企业培训由此具有较高的风险。企业很难预测社会经济和科学技术的走势，无法准确知道未来社会需要哪些知识，不可能像做出实物投资那样做出明确的成本与收益分析。[②] 人力资源投资还具有不可撤回性。投资企业如果发现投资方向不对，还可以将企业卖掉收回大部分的投资。而投资于人力资源，如果到后来发现投资失误，其损失是不可挽回

① 何亦名：《培训激励缺失、产业低技能陷阱与政府干预——基于广东制造业的分析》，《管理现代化》2009 年第 3 期。

② 苏汝劼：《关于人力资源投资由政府向社会转变的思考》，《中国软科学》2001 年第 5 期。

的。这加大了人力资源投资的系统风险。[①]

我国的市场经济体制刚刚建立，存在诸多的不规范。地方政府的行为有时比较盲目和多变。企业处于全球化的进程中，世界市场的某一部分发生变化，都可能因蝴蝶效应而影响到特定企业。世界的市场、生产布局和订单都处于频繁的变动之中。这让企业感受到更高的、更复杂的风险。风险来源越多样，变化的频率越快，企业的风险就越大。

企业的风险越大，就越不敢在培训上进行投入。规模大的企业具有较强的抗风险能力，可以做较多的投入，而中小企业则很少投入，或者只做“短、平、快”的投入。

4. 企业在储备与更替之间选择

企业需要发展，例如提高产业层级和技术水平，进行产业重组和进入新的领域等，都需要更高水平的人力资源来支撑。这些更高水平的人力资源可以来自对现有员工的培训，提前进行人力资源储备；也可以等到产业层级提升之时在劳动力市场上招聘，而对不符合需要的原来员工进行裁减。

人才储备有其优势，例如成本较低，能保持员工的忠诚，稳定企业文化，等等。但是这让企业既面临培训后员工的流动风险，又面临产业升级等的未来风险。从近些年的情况看，因为风险有增强趋向，所以企业较多地采取更替策略，而较少选择人力资源储备。劳动密集型企业因为操作简单，平时不进行培训，到产业改造时发现现有员工的差距大，培训成本和风险高，更倾向于采取更替方式。这促使了结构性失业和“民工荒”的出现。

二　农民工出牌：利用机会

1. 农民工是培训过程的主动者

农民工是人力资源的载体。“载体”的含义有：第一，是人力资源储存的地方；第二，掌握着人力资源的决定权，包括是否“接受”人力

① 苏汝劼：《关于人力资源投资由政府向社会转变的思考》，《中国软科学》2001 年第 5 期。

资源，是否“学习人力资源”，以及吸收什么样的人力资源，多大程度上吸收人力资源等。农民工是人力资源的决定者和主动者，无论政府、培训机构还是企业的培训，都必须通过农民工的“决定”才能发挥作用。

国家政策也赋予了农民工主动性。“由农民自由选择培训单位、培训内容和培训时间”①，“应由农民自主选择培训机构、培训内容和培训时间”②；“要防止和纠正各种强制农民参加有偿培训和职业资格鉴定的错误做法”③。

国家政策力求调动和鼓励农民工的主动性。“制定有效的农民工培训激励政策，鼓励农民工主动参加培训”④；“完善农民工培训补贴办法，对参加培训的农民工给予适当培训费补贴。推广‘培训券’等直接补贴的做法”⑤。实行就业准入制度，“用人单位招收农民工，属于国家规定实行就业准入控制的职业（工种），应从取得相应职业资格证书的人员中录用”⑥。

2. 农民工具有接受培训的主动性

在人力资源这一“准公共产品”中，农民工是一群私人性主体。他们所关注的是自己人力资源的质和量的增加，人力资源所带来的增益，以及其间的“投入－产出”关系。至于这一人力资源功能向企业和国家的溢出，基本是其“不经意间”的事情。然而从投入角度来看，他们更希望政府和企业多提供培训，期望借此降低自己的成本。如果政府和企业都不投入，他们为了自己的收益也愿意承担必要的成本。⑦

---

① 《农业部、财政部、劳动和社会保障部、教育部、科技部、建设部关于组织实施农村劳动力转移培训阳光工程的通知》（农科教发〔2004〕4 号）。

② 《中共中央、国务院关于促进农民增加收入若干政策的意见》（中发〔2004〕1 号）。

③ 《中共中央、国务院关于促进农民增加收入若干政策的意见》（中发〔2004〕1 号）。

④ 《国务院办公厅转发农业部等部门 2003—2010 年全国农民工培训规划的通知》（国办发〔2003〕79 号）

⑤ 《国务院关于解决农民工问题的若干意见》（国发〔2006〕5 号）。

⑥ 《国务院办公厅转发农业部等部门 2003—2010 年全国农民工培训规划的通知》（国办发〔2003〕79 号）。

⑦ 柳娥等：《农民工培训现状及培训需求调查报告分析》，《中国农学通报》2005 年第 10 期。

农民工参加培训有两大目的。第一是外在目的，即谋求客观和可见的收益。主要是谋求就业、增加收入和晋升职务，其他还有提高社会地位、促进家庭幸福等。第二是内在目的，即谋求主观的、心理的收益。主要有学习知识、丰富内心、提高欣赏能力和过有兴趣的生活等。

在当前阶段，“外在目的”占第一位。他们希望通过学习技术和手艺，以便将来获得一份好的工作。这份工作有较高的收入和较好的环境，有晋升机会和发展前途。有些人希望提高能力后自己创业，当老板。在城市就业过程中的种种遭遇使他们对“技能－收入”间的关系体会很深：“有无手艺决定着在城里工作的不同，有技术的话竞争力就强，而且收入的高低与技术的高低是成正比的，越熟练的得到的报酬就越高”[①]。农民工还希望接受法律知识的培训，以便利用法律武器保护自己。

3. 农民工难在难以看准机会

影响或阻碍农民工参加培训的主要因素是“看不准机会”，即难以确定所接受的培训与“外在目的”之间的关系。由于复杂环境的存在和多种因素的干扰，在参与培训和目的实现之间存在诸多的不确定性和风险。再加上农民工知识和信息贫乏，对这些不确定性和风险更难以认识和防范。机会的确定性越高，农民工参加培训的主动性就越强；机会的确定性越低，他们参加培训的主动性就越弱。[②]

在“培训”与“外在目的”之间，存在以下不确定环节。

（1）应该参加什么类型的培训？学习电工还是厨师？这关系到未来的工作和前途，但是当前不知道未来能否找到工作，能够找到哪种工作。农民工也缺乏对职业谱系的认识和劳动力市场供求关系的认识。

（2）应该到什么地方参加培训？是在本企业参加培训，还是到培训机构？哪些机构或学校开办的培训班好？农民工对这些机构和学校都不熟悉，每个机构或学校为了吸纳生源都宣传自己好的一面，农民工很难

---

① 柳娥等：《农民工培训现状及培训需求调查报告分析》，《中国农学通报》2005年第10期。

② 柳娥等：《农民工培训现状及培训需求调查报告分析》，《中国农学通报》2005年第10期。

辨别。

（3）能否真正学到技术？上文所分析的政府财政投入有限性所导致的培训低层性、短期性、形式性和低效性加重了农民工的犹豫，培训机构水平的参差不齐也让农民工担心。

（4）能否找到合适的工作？劳动用工的制度隔离和劳动力市场的信息缺乏、国家政策的变化和产业结构的调整、技术的快速更新，以及其他诸多因素，都会加重找工作的不确定性。

（5）进入用人单位之后能否得到合理的工资和职务晋升？当前企业的规章制度不够成熟，集体谈判和员工民主管理机制不够健全，员工事务基本由企业单方决定，员工因为不能掌控自己的命运，所以缺乏信心。

（6）所学到的东西和自己的素质能否保证职业成功？每个人在进入用人单位就职之前，以及在就职之后真正的成功之前，对此都是不确定的。

（7）如果在劳动力市场和职业生涯的各个环节遇到问题，能否得到解决？假如到法院打官司，能否得到公平处理？

…………

在参加培训与实现目的之间的各个环节几乎都存在不确定性，诸多不确定性相互叠加和交互作用，不确定性更大。而这些不确定性，在很大程度上都是其他社会主体的行为造成的。

农民工中那些认识能力强和冒险精神强的人会选择参加培训，知识不足和不愿冒险的人很可能放弃培训。如同斯诺和瓦闰于1990年发表的《不确定下的人力资源投资与劳动供给》所指出的，如果个体表现出递减的绝对风险厌恶偏好，那么作为对收益风险增大的反应，人力资源投资会下降。①

其他因素，例如培训的直接费用高低、机会成本高低、投资能力高低、学习能力强弱等，也都影响农民工对培训的投入。

① 耿锁奎：《人力资源传统投资主体的投资困境分析》，《中国经贸导刊》2010年第3期。

4. 农民工在“学习－跳槽”之间的循环

在当前给定条件下，诸多农民工接受培训和实现目标之间的关联表现为“学习－跳槽”之间的循环：通过学习实现跳槽，跳槽之后进行学习，然后再跳槽。

我国企业用工和劳动力市场的一个突出现象是农民工流动频繁。有的进入企业几个月后就流走，有的三年之内换五次工作；有的流动到不同的行业，有的在不同城市之间变换。导致劳动者的高流动性，有企业的原因（例如企业解雇农民工），但更多的是农民工个人自身原因（例如主动频繁流动）。

由此引出一个问题：他们为什么要跳槽？如果跳槽能够得到较高的工资，那么在一个区域性的统一劳动力市场内工资实际上是充分竞争的，不同企业不太可能给同一人力资源水平者明显不同的价格。如果农民工跳槽之后的工资提高是因为其人力资源水平确实提高了，为什么其原来所在的企业不通过提高工资留用这样的人力资源水平提高者？

其实，事情的逻辑是这样的。

（1）农民工具有提升人力资源水平的主动性，但是对学习与目的之间的关系具有不确定性。出于主动性和目的性，他们在当前的工作中进行学习。学习方式包括接受企业培训，到社会上的培训机构参加培训学习，还有在工作中学、向同事学，亲友、熟人之间互教互学，也有的拜师傅学习，等等。

（2）在学习过程中寻找新机会。新机会就是与“目的”吻合的就业岗位或务工位置。这一机会可能在本企业之中，例如某些合适的岗位，某条晋升路线；也可能在企业外部的劳动力市场，通过熟人网络或媒体获得信息。

（3）学到一定程度时利用机会。例如在本企业参加岗位竞聘，或到其他企业求职和竞聘。在竞聘环节，他们显示出自己新提高的人力资源水平，据此实现岗位变动和收入增加。

（4）在新的岗位上继续发挥提升人力资源水平的主动性，由此进入下一个循环。

在这样的循环中，农民工的人力资源水平阶段性和渐进性地提升，“目的”也阶段性和渐进性地实现。“目的”刺激了学习，学习推动了“目的”。这是当前农民工人力资源提升的基本逻辑。

农民工的跳槽带有一定的道德问题和法律问题。他们的人力资源水平的提升多多少少利用了企业的资源，有的是通过企业的正式培训，有的是通过同事之间的“传帮带”。而学成之后就另谋高就，显示出不够忠诚和不够守信问题。但是，这种道德问题和法律问题有其“迫不得已”性，是对企业行为问题的应对。对农民工的人力资源水平的提升，企业会认为他们利用了企业资源，企业负担了成本，所以不应该提高工资。如果农民工向企业提出诉求、讨价还价，企业为了保护自己的权力和利益很可能予以拒绝，甚至加以惩罚。另外，企业也较少信服农民工新增的人力资源水平。在这样的给定情境下，农民工的理性选择就不能不是“学习－跳槽”。

现实中，新生代农民工与老一代农民工相比有更高的流动频率。新生代农民工几乎都在跳槽中生活，跳槽是他们的常态。根据上文的分析，其原因之一在于新生代农民工的学习目的性强，学习能力也强，以致人力资源水平提高得快，周期短。他们在短时间内形成了跳槽的“资本”，就会高频率地跳槽。另外，新生代农民工所增加的人力资源收益期长，这激励他们更努力地学习，从而促进人力资源水平的提高，缩短其周期。老一代农民工因为学习能力变差，学习的收益期变短，以致跳槽的周期长、频率低。

5. 农民工对政府培训和企业培训的“利用”

上述分析表明，农民工对政府培训和企业培训具有“利用”性。即当确定目标之后，农民工利用政府或企业的培训提高自己的学习能力，更顺利地达成目的。当这些培训具有利用价值时，农民工就利用；当这些培训的利用价值不大或不明时，就不利用。政府的某些培训因为不实用，具有形式性，作为主动者的农民工往往选择放弃培训。从农民工的角度来看，他们缺乏贯彻和执行农民工政策的意识，而是从政策中挑选对自己有用的东西。

与政府的培训相比，企业培训多具有实用性和实质性，但是农民工认为其局限于企业自身的利益，所以往往在接受培训后“卸磨杀驴”，追求自己的利益。农民工的这种行为打击了企业培训的积极性，致使企业在培训他们与替换他们之间进行权衡。

综上所述，人力资源的溢出性和准公共产品性给农民工的培训和人力资源水平提升提出了特有的问题，也增加了农民工政策出台后各主体之间博弈的复杂性。诸多的投入与收益之间的错位导致投入不足，各方的投入都低于所得到的收益。农民工培训政策在各方“愿意投入”的限度内得到了执行，而“愿意投入”之外的巨大空间无主体进行填补，造成了政策执行的缺位和空白。如何破解溢出性和准公共产品性下的投入问题，是未来政策研究的突破口。

第七章

农民工劳动关系政策调整

农民工劳动关系问题是农民工面临的首要问题，是农民工劳动价值和劳动地位的直接表征，具体涉及农民工劳动报酬、工作环境、劳动维权、组织归属等劳动者权利。在这一章中，首先将分析说明国家有关农民工劳动关系政策的实施内容和具体落实情况，然后结合课题组在广东、浙江、山西等三省份的调查发现，来说明农民工劳动关系在代际和省际的差异，从而进一步发现政策实施效果的成绩和不足。

第一节　农民工劳动关系政策的主要内容

2006年国务院5号文件就维护农民工在劳动场所的权利，解决劳动关系方面存在的较为严重的侵害农民工利益的问题，提出了若干条具体政策。

1. 关于农民工工资和用工管理问题

国务院5号文件提出，按时足额领取自己的劳动报酬，是农民进城务工就业后的第一要求。加强农民工的用工管理，则是保障农民工各项劳动权益的基础性工作。要从根本上解决拖欠农民工工资、杜绝各种克扣工资行为，建立工资正常增长机制。为此，要着力抓好以下四项制度。

（1）建立工资支付保证金制度，杜绝拖欠农民工工资的现象。要以建设领域为重点，标本兼治，限期清欠老账，重点防止新欠账。要认真治理中小型劳动密集型加工企业拖欠农民工工资问题。要加大执法力度，同时建立预防和解决拖欠工资问题的长效机制。要加快推进工资支付保证金制度、工资支付监控制度和劳动保障守法诚信制度的建设。5号文件特别指明，在建设单位申请施工许可证前，要按工程造价的一定比例缴纳保障金，存入在银行开设的农民工工资专用存款账户，专门用于农民工工资的支付。同时，要将工资支付情况作为评价企业劳动保障诚信等级的主要依据之一，对出现工资发放信用缺失现象的违法企业不仅要降低信用等级，而且要依法向社会曝光。

（2）严格执行并不断完善最低工资制度，推动农民工工资水平合理增长。一是各地要依法适时调整最低工资标准，落实两年至少调整一次的规定；加快制定小时最低工资标准，力争2006年在全国各地区普遍发布实施。二是加强执行最低工资标准的执法力度。目前，许多企业都以实行计件工资作为不执行最低工资制度的借口，要通过加强专项检查、鼓励投诉等方式堵住这个漏洞。一旦发现劳动者工资扣除加班工资后低于最低工资的，要责令用人单位依法支付劳动者赔偿金。三是进一步加强对企业工资分配的宏观调控，指导企业建立正常的工资增长机制，促使农民工工资合理增长，分享经济发展的成果。

（3）全面推行劳动合同制度，切实加强劳动用工管理。全面推行劳动合同制度已成为当务之急。必须严格贯彻执行《劳动法》和国家有关规定，推动各类企业同农民工签订劳动合同，重点抓好农民工比较集中的建筑、餐饮、加工等行业的劳动合同管理工作。要制定适用于农民工的劳动合同示范文本，告知工资发放、社会保险、劳动安全、工作时间和休假制度等方面的规定，明确用人单位同农民工双方的权利义务。所有用人单位都要建立劳动合同管理台账，并将其与劳动报酬支付、劳动用品发放、社会保障缴费等有机结合起来。各地方要把劳动合同签订情况专项监察经常化，及时纠正劳动合同管理中存在的问题，对用人单位违反法律规定甚至采取欺诈手段同农民工签订合同的，要严肃查处。

（4）积极推行企业工资集体协商制度，巩固和完善劳动关系三方协调机制。集体协商制度，是形成劳动关系主体双方依法自主协调机制的好形式。要以工资分配、工时和劳动定额等劳动标准为主要内容，推动全面开展集体协商、签订集体合同，指导国有改制企业做好重签、续签集体合同工作，督促各类企业特别是非公有制企业签订专项集体协商协议。在农民工集中的地区和行业开展区域性、行业性集体协商，鼓励有条件的地区积极开展创建和谐劳动关系工业园区试点。继续巩固和完善省、市两级劳动关系三方协调机制建设，进一步向县、区和乡镇、街道延伸，充实三方协调机制各方代表。

2. 关于农民工职业安全卫生问题

5 号文件提出，职业安全卫生事关农民工的身体健康和生命安全，是农民工最基本的劳动权利。国家已发布和实施职业安全卫生法律法规和规章 150 多项，职业安全卫生标准 500 多项，但在一些地方，这些规定没有得到很好的执行。当前要通过强化政府责任、严厉惩处违法行为、建立监督机制，以及增强农民工自我保护和维权意识等措施，使不法企业主有所顾忌，不敢违法。具体措施如下。

（1）严格落实各级政府和有关部门的责任，加大监督执法力度。一是要强化政府责任。对重大的职业安全卫生危害事件除严厉惩处肇事者外，要启动引咎辞职程序，严格追究领导责任。坚决制止各级政府为招商引资，放松执行职业安全卫生相关规定的行为。二是要强化部门责任。凡涉及职业安全卫生工作的各有关部门，要按各自分工提出加强职业卫生监管的具体方案。对相关部门和职业安全卫生监督执法人员要明确责任，并建立责任追究制度，杜绝推诿扯皮现象。三是严格市场准入条件和执法监督。对所有新建、改建、扩建工程的职业安全设施必须严格审查验收，严格执行与主体工程同时设计、同时施工、同时投入生产和使用的规定。加强对农民工较多的中小企业和乡镇企业的检查，对不符合职业安全卫生条件的要限期整改，严厉惩处用人单位的违法行为。四是各级政府都要加大对职业安全卫生的投入，扩大职业安全卫生服务覆盖面，保障职业安全卫生监测和职业病防治所必需的经费。

（2）强化企业和行业的责任，切实履行相关法律规定的各项义务。落实职业安全卫生规定首先是企业的责任，行业也有监督责任。所有用人单位不论大小，都要强化安全生产责任主体意识和职工特别是农民工的安全生产自我保护意识。企业开工前必须按规定具备安全生产和职业病防治设施，向农民工告知可能的职业病危害，对他们进行安全知识培训，发放符合要求的安全防护用品。生产作业场所要严格执行各项职业安全卫生标准，严格落实国家关于女职工和未成年工特殊保护的有关规定。特别是有毒物品作业场所必须不折不扣地贯彻《有毒物品作业场所劳动保护条例》。为农民工提供的职工宿舍要符合基本的卫生要求。农民工一旦发生工伤和职业病，不论是否签订劳动合同，用人单位必须负责到底，按国家规定标准进行赔付。提高企业职业安全卫生的科学保障水平，加强科技应用研究和成果推广，加大各种必备设施、劳动保护和技术改造的投入。

（3）大力加强职业卫生标准和安全卫生规程的宣传和培训，提高农民工的职业安全卫生意识。对企业负责人要加强安全生产的法律法规教育，对农民工要加强职业安全培训。在农民外出务工前和上岗前培训中都要加入有关内容，免费印发宣传资料。用人单位要公开各种劳动保护和职业安全卫生标准，告知每一个农民工，当遇到有严重安全隐患的情形，他们有权拒绝工作，企业不得强迫，也不得因此克扣工资和解聘农民工。

3. 加大维护农民工权益的执法力度

5号文件提出，强化劳动保障监察执法，加强劳动保障监察队伍建设，完善日常巡视检查制度和责任制度，依法严厉查处用人单位侵犯农民工权益的违法行为。健全农民工维权举报投诉制度，有关部门要认真受理农民工举报投诉并及时调查处理。加强和改进劳动争议调解、仲裁工作。对农民工申诉的劳动争议案件，要简化程序、加快审理，涉及劳动报酬、工伤待遇的要优先审理。

4. 做好对农民工的法律服务和法律援助工作

5号文件提出，要把农民工列为法律援助的重点对象。对农民工申请法律援助，要简化程序，快速办理。对申请支付劳动报酬和工伤赔偿法律援助的，不再审查其经济困难条件。有关行政机关和行业协会应引导法律服务机构和从业人员积极参与涉及农民工的诉讼活动、非诉讼协调及调解活动。鼓励和支持律师和相关法律从业人员接受农民工委托，并对经济确有困难而又达不到法律援助条件的农民工适当减少或免除律师费。政府要根据实际情况安排一定的法律援助资金，为农民工获得法律援助提供必要的经费支持。

第二节　政府各部门对农民工劳动关系政策的执行和落实情况

国务院5号文件出台之后，政府各部门相继发布了落实该文件的意见和办法，并采取了相应的行动。

一　农民工劳动关系保护政策

1. 加强农民工劳动合同管理，开展“春暖行动”

实施劳动合同法，规范企业用工。在每年的3—5月农民工求职高峰期，开展农民工签订劳动合同“春暖行动”，推广使用简易劳动合同文本。

2008年，为全面贯彻实施《劳动合同法》，推动各类用人单位依法与农民工签订劳动合同，人力资源和社会保障部印发《关于开展春暖行动提高农民工劳动合同签订率的通知》（人社厅明电〔2008〕4号），决定在2008年4月、5月两个月集中开展“春暖行动”，要求各级人力资源社会保障部门在2007年针对建筑业、住宿和餐饮业开展签约行动的基础上，继续以建筑业、住宿和餐饮业、制造业、采矿业、居民服务业为重点，进一步加大推进劳动合同制度实施的工作力度，实现城镇企业相对稳定就业的农民工劳动合同签订率达到85%以上的目标。同时要努力提高乡镇企业、村办企业农民工劳动合同签订率，推动企业招用农民工由过去口头协议式管理向规范的劳动合同管理转变，逐步实现农民工用工制度的规范化。2010 年 1 月 26 日，人力资源和社会保障部印发《关于开展 2010 年农民工劳动合同签订“春暖行动”的通知》，决定于 2010 年 2 月下旬至 5 月中旬继续在全国开展农民工劳动合同签订“春暖行动”，以进一步提高农民工劳动合同签订率，切实维护农民工合法权益。

2. 建立协调机制，推行集体协商与集体合同制度

为适应我国劳动关系变化的需要，参照市场经济国家的做法，劳动和社会保障部、中华全国总工会、中国企业联合会于 2001 年 8 月正式建立了国家协调劳动关系三方会议制度。

国家协调劳动关系三方会议制度联合或会同有关部门先后制定出台了《关于进一步推行平等协商和集体合同制度的通知》（劳社部发〔2001〕17 号）、《关于建立健全劳动关系三方协调机制的指导意见》（劳社部函〔2002〕144 号）、《关于加强兼职劳动仲裁员队伍建设有关问题的意见》（劳社部发〔2003〕28 号）、《关于贯彻实施〈集体合同规定〉的通知》（劳社部函〔2004〕195 号）等政策法规，修订了《企业最低工资规定》、《集体合同规定》。主要内容涉及各类企业都应该建立平等协商机制，切实维护职工的合法权益，进一步完善集体合同制度，加强对职工协商代表的保护，建立健全履约监督保障机制和平等协商争议处理制度，切实加强对平等协商和集体合同工作的领导，推动平等协商和集体合同工作的顺利进行等。这些文件的颁布实施为维护企业和职工的合法权益、促进劳动关系稳定和谐发展和加强劳动仲裁员队伍建设发挥了积极的作用。

3. 实施以协商工资为主的“彩虹计划”，扩大集体合同覆盖面

“彩虹计划”启动于 2010 年，以工资集体协商为重点，旨在更好地搭建企业与职工沟通协调的虹桥。

2010 年 5 月，人力资源和社会保障部、中华全国总工会、中国企业联合会/中国企业家协会共同印发了《关于深入推进集体合同制度实施彩虹计划的通知》（人社部发〔2010〕32 号），针对实践中存在不同地区之间工作进展不平衡、一些地区集体合同制度覆盖面不够广、协商机制不完善以及实效性不够强等问题，要求从 2010 年到 2012 年，力争用三年时间基本在各类已建工会的企业实行集体合同制度。其中，2010 年集体合同制度覆盖率达到 60% 以上；2011 年集体合同制度覆盖率达到 80% 以上。对未建工会的小企业，通过签订区域性、行业性集体合同努力提高覆盖比例。集体协商机制逐步完善，集体合同的实效性明显增强。

二　农民工工资收入保障政策

各地在建筑业推行工资保证金制度和工资支付监控制度，有些地方建立了行政司法联动机制和应急处置机制，中国人民银行将企业拖欠工资信息纳入征信系统，人力资源和社会保障部等有关部门每年开展专项检查，拖欠农民工工资的现象得到初步遏制。2006 年 9 月，劳动和社会保障部、建设部、公安部和中华全国总工会联合发布《关于开展农民工工资支付情况专项检查活动的通知》（劳社部函〔2006〕202 号），其中规定专项检查范围为使用农民工的各类用人单位，重点是招用农民工较多的加工制造、建筑施工、餐饮服务及其他中小型劳动密集型企业、个体工商户。专项检查内容主要是检查用人单位按照国家工资支付有关规定及最低工资规定支付农民工工资的情况，包括各地为解决拖欠农民工工资问题采取的具体措施、建立工资支付监控制度、工资保证金制度、企业劳动保障守法诚信制度等长效机制的建设情况，以及用人单位与农民工签订劳动合同等遵守劳动保障法律法规的情况。

然而，在国际金融危机的冲击下，拖欠农民工工资的问题出现了反弹。为此，2010 年 2 月，国务院办公厅印发《关于切实解决企业拖欠农民工工资问题的紧急通知》（国办发明电〔2010〕4 号），要求各地区、各有关部门积极开展农民工工资支付情况专项检查，督促企业落实清偿被拖欠农民工工资的主体责任，维护农民工工资权益。

1. 建立欠薪保障制度，重点解决克扣或拖欠农民工工资问题

国务院 5 号文件明确要求，建立农民工工资支付保障制度，严格规范用人单位工资支付行为，确保农民工工资按时足额发放给本人。一是建立工资支付监控制度和工资保证金制度，从根本上解决拖欠、克扣农民工工资问题。二是对发生过拖欠工资的用人单位，强制在开户银行按期预存工资保证金，实行专户管理。三是对恶意拖欠、情节严重的用人单位，可依法责令停业整顿、降低或取消资质，直至吊销营业执照，并对有关人员依法予以制裁。

2. 建立最低工资制度，逐步提高最低工资标准

2004 年 1 月，劳动和社会保障部发布《最低工资规定》（劳动保障部令第 21 号）。2007 年，为改进和加强对企业工资分配的宏观调节，促进低收入劳动者的工资水平合理增长，维护劳动者的合法劳动报酬权益，劳动和社会保障部发布《关于进一步健全最低工资制度的通知》（劳社部发〔2007〕20 号），要求各地要依托协调劳动关系三方机制，积极推动用人单位建立和完善工资集体协商制度，通过平等协商确定本单位的工资水平、工资分配制度、工资标准和工资支付办法，确保支付劳动者的工资不低于当地的最低工资标准。这些都对农民工的工资收入提供了保障。

3. 开展工资集体协商

早在 2000 年 11 月，劳动和社会保障部发布《工资集体协商试行办法》（劳动保障部令第 9 号），规定了协商的主要原则、内容、法律程序等事宜，成为工资集体协商的主要法律依据。2005 年，为进一步建立适应社会主义市场经济要求的企业工资决定机制，保障劳动关系双方的合法权益，促进企业改革稳定发展，劳动和社会保障部发布《关于进一步推行工资集体协商工作的通知》（劳社部发〔2005〕5 号），其中要求各地区要在小型企业比较集中或同行业企业相对集中的区域，积极推行区域性行业性工资集体协商，签订区域性或行业性工资集体协议，并由所涵盖企业法定代表人或其委托代理人签字认可。

建立工资集体协商制度是维护劳动者自身利益的一种有效途径，一方面能够维护一线职工（特别是农民工）的权益，使工资增长与企业效益提高相适应，确保每个职工分享企业发展的成果；另一方面有利于建立和谐稳定的企业劳资关系，增强企业凝聚力，调动所有职工的积极性。

三　农民工职业安全卫生政策

2009 年 2 月 11 日，国家安全生产监督管理总局印发了《关于进一步加强农民工安全生产工作的指导意见》（安监总培训〔2009〕19 号）；2009 年 5 月 24 日，国务院办公厅印发了《国家职业病防治规划（2009—2015 年）》（国办发〔2009〕43 号）；2009 年 8 月 24 日，卫生部发布了《关于进一步加强职业病诊断与鉴定管理工作的通知》（卫监督发〔2009〕82 号）；等等。这些文件为保护农民工职业安全发挥了重要作用。

1. 加强农民工的职业安全卫生工作

自 2002 年 5 月颁布实施《职业病防治法》以来，我国的职业安全卫生政策逐步完善。卫生部认真督促各地严格执行国家职业安全和劳动保护法规及标准，强化用人单位职业安全卫生的主体责任，采取多种措施保障农民工职业安全卫生权益。

针对众多中小企业安全生产投入不足、管理水平薄弱、企业经营者安全意识淡薄、从业人员素质和技能水平较低、安全隐患大量存在、伤亡事故时有发生的情况，在国务院 5 号文件出台后，2006 年 3 月，国家安全生产监督管理总局实施《生产经营单位安全培训规定》（国家安全监管总局令第 3 号），规定明确了责任主体，要求工作人员培训上岗，对安全培训的监督管理、组织实施、内容和时间以及惩罚等做了明确要求。2006年5月，国家安全生产监督管理总局下发《关于贯彻落实〈国务院关于解决农民工问题的若干意见〉的实施意见》（安监总培训〔2006〕92号），要求各级安检部门认真履行安全生产监管监察职责，加强安全培训工作，严厉查处事故，落实事故责任追究制度。2008年1月1日施行的《安全生产违法行为行政处罚办法》（国家安全监管总局令第15号），针对制约机制做了明确要求，补充了行政处罚的种类、统一处罚力度、完善行政处罚程序，将处罚依据量化。2009年9月1日实施的《作业场所职业健康监督管理暂行规定》（国家安全监管总局令第23号），要求各级安全生产监督管理部门实施申报管理，对生产经营单位职业健康管理机构设置、人员配备情况、作业场所职业危害因素申报情况，作业场所职业危害因素监测、检测及结果公布情况等进行监督检查。2009年11月1日实施的《作业场所职业危害申报管理办法》（国家安全监管总局令第27号），对职业危害申报的内容、方式、程序以及变更申报、监督检查等做了具体规范，是全面指导职业危害申报工作的重要部门规章。这些规章督促企业为农民工提供必要的劳动保护措施，开展对农民工安全生产知识培训。

2. **督促企业为农民工提供必要的劳动保护措施**

国家重视特殊时期农民工的疾病预防工作。2003年，卫生部发布《对从传染性非典型肺炎流行地区返乡民工监测的指导原则》；同年7月，国务院发布《关于克服非典型肺炎疫情影响促进农民增加收入的意见》，提出要为农民外出务工创造条件，切实维护农民工合法权益。

国家重点加强对艾滋病的防治工作。2005年11月，为在农民工中普及艾滋病防治知识，提高他们的自我保护意识，降低经性途径等感染艾滋病的危险，国务院防治艾滋病工作委员会办公室发布《关于联合实施全国农民工预防艾滋病宣传教育工程的通知》，并决定联合中宣部、劳动和社会保障部、建设部、农业部、卫生部、人口计生委、国家工商行政管理总局、中华全国总工会、共青团中央、全国妇联、全国工商联共同实施“全国农民工预防艾滋病宣传教育工程”。

2007年12月，建设部、国家发展和改革委员会、财政部、劳动和社会保障部、国土资源部联合发布《关于改善农民工居住条件的指导意见》，提出要多渠道提供农民工居住场所，保证农民工居住场所安全、卫生。具体内容包括：用工单位可以采取无偿提供、廉价租赁等方式向农民工提供居住场所，具体方式可在劳动合同中予以约定；农民工自行安排居住场所的，用工单位应当给予一定的住房租金补助；集中建设的农民工集体宿舍，由用工单位承租后向农民工提供，或由农民工直接承租，不得按商品住房出售或出租；积极引导和鼓励城乡接合部居民利用自有住房向农民工出租；集中建设的农民工集体宿舍和专供农民工租用的住房，应适当配备必要的文化、体育活动等设施设备；各地要将长期在城市就业与生活的农民工居住问题，纳入城市住房建设规划。

3. 开展对农民工安全生产知识培训

2006年10月，国家安全生产监督管理总局、国家煤矿安全监察局、教育部、劳动和社会保障部、建设部、农业部、中华全国总工会联合发出的《关于加强农民工安全生产培训工作的意见》，明确了各级安监部门、劳动保障部门、教育部门、建设、农业、工会组织在安全生产培训方面的职责分工和培训责任，强调各地有关部门要树立服务意识，把政府监督管理与服务结合起来，积极为农民工安全培训创造条件，对无能力培训的小企业，可统一组织开展“送教上门”活动；及时统计汇总农民工安全培训信息，摸清底数，提供安全培训服务；鼓励符合条件的职业院校和职业技能培训定点机构申报安全生产培训资质，支持有条件的企业以及中小企业集中的地区建立健全安全生产培训机构；对有条件的培训机构可将农民工安全生产培训与现有的农村劳动力转移培训、农民工就业培训、职业技能培训等结合进行，统一考核，分别发证，减轻企业和农民工负担。

4. 规定建筑行业加强对农民工的疾病预防

2005年12月，为深入实施全国农民工艾滋病防治宣传教育工程，做好建设行业艾滋病防治工作，建设部发出《关于做好建设行业艾滋病防治工作的通知》，要求各地建设行政主管部门要将艾滋病防治知识作为农民工培训的重要内容，将农民工艾滋病防治知识知晓率作为检查企业的内容之一；要将艾滋病防治知识纳入农民工培训教材。农民工集中输出地区，要结合“阳光工程”的实施，对拟转移进入建设行业就业的农村劳动力开展艾滋病防治知识培训。农民工集中输入地区，要督促企业结合技能、安全培训，对在岗农民工开展艾滋病防治知识培训。艾滋病疫情比较严重的地区，企业要在施工项目上设置兼职艾滋病防治知识宣传员，在农民工中开展同伴教育。企业要做好农民工的服务和管理工作，在施工现场生活区设置文体活动室，并配备书报、杂志、电视机、棋牌等文化用品和娱乐设施，安排好农民工的业余文化生活，引导农民工自觉养成文明健康的生活习惯，从源头上控制艾滋病的流行和传播。有条件的地区，要组织农民工开展上岗前和在岗例行体检。发现现场施工人员患有艾滋病等法定传染病时，所在单位必须在2小时内向施工现场所在地建设行政主管部门和卫生防疫部门报告，由卫生防疫部门进行处置，并积极配合调查处理。

2006年3月，建设部、中华全国总工会联合颁发《关于进一步改善建筑业农民工作业、生活环境　切实保障农民工职业健康的通知》（建质〔2006〕58号），要求建设行政主管部门、各级工会组织要共同推进农民工作业、生活环境的改善。

5. 依法维护农民工的职业合法权益

在保障农民工的职业合法权益方面，卫生部、司法部、人力资源和社会保障部等部门不断加大力度，农民工的职业权益逐步得到更好的保护。

卫生部在加强农民工职业安全卫生工作方面，一是组织制订依法保障农民工职业健康权益的工作计划，要求各级卫生行政部门加强农民工职业健康监护工作，保障农民工职业健康权益。二是要求各地职业病防治法宣传周期间，以农民工为对象，开展现场咨询，发放各类相关法律、宣传材料；有针对性地开展职业危害防护知识培训，提高农民工自我保护意识；组织职业病防治机构、疾病预防控制机构免费为农民工提供服务。三是组织制定基本职业卫生服务试点工作方案，根据不同经济发展水平及流动劳动力输出和输入的特点，选择广东、广西、福建、安徽等省（区、市）开展试点工作。通过试点，将逐步建立健全职业病防治机构、职业病防治监测网，保障农民工得到有效的、能够负担得起的职业卫生服务。四是组织开展职业卫生重点监督检查工作，对职业病多发行业特别是其中的中小企业农民工人群健康监护情况进行检查。加强对用人单位职业健康监护制度落实情况的监督，督促用人单位，特别是中小乡镇企业切实履行职业病防治责任，对违反《职业病防治法》的用人单位依法予以严肃处理。五是开展职业病防治工作调研，了解、掌握农民工职业健康及相关权益情况，研究制定农民工职业健康监护工作方案。

第三节　农民工劳动关系政策执行情况调查[①]

课题组在广东、浙江、山西等省份对农民工政策执行情况进行了问卷调查和深度访谈。课题组发现，近年来农民工的政策力度和劳动环境发生了比较积极的变化，各方更加重视农民工劳动政策的保护。但是也要看到这种政策的执行和落实力度，如前所述，仍旧是需要继续完善的。在此部分，将从三个方面来具体说明和介绍调查的结果和发现，即三地整体的农民工劳动关系政策执行情况，新生代农民工同老一代农民工的特征与政策效果差异，以及三地的具体政策执行情况。在整体分析的基础上，展开农民工代际差异和省际政策差异的对比分析。

一　广东、浙江、山西三省综合情况调查

1. 农民工劳动合同方面

（1）大多数农民工签订了劳动合同。在被调查的农民工中，有

① 本部分内容引用了农民工政策评估问卷调查结果，与本书第四章部分内容有少量重合。

76.5%的农民工与用人单位签订了劳动合同；还有3.6%的农民工“劳动合同到期后尚未续签”；另外还有6.3%的农民工属于“劳务派遣工”，这些人只与劳务派遣企业签订合同，而不必与用人单位签订劳动合同；明确表示没有签订劳动合同的农民工只占12.2%。这表明，在《劳动合同法》颁布实施后，农民工与用人单位签订劳动合同的情况明显改善，而且我们调研的企业大都属于管理比较规范的企业，因此劳动合同签订率比较高。

（2）农民工劳动合同短期化现象依然存在。在被调查的农民工中，签订1年以内劳动合同的比例占36.0%，签订1年以上、3年以内劳动合同的比例为44.5%，以上两者合计占80.5%，这表明目前农民工劳动合同短期化问题仍然相当突出；此外，签订3年以上、5年以内劳动合同的比例只有8.0%，签订5年以上劳动合同的比例也只占4.5%，签订无固定期限劳动合同的比例仅有3.7%，以上三者合计只有16.2%，反映了签订中长期劳动合同的农民工所占比例还是比较小。农民工劳动合同短期化倾向不利于农民工就业的稳定，不利于提高农民工的职业技能，农民工频繁流动也会提高企业成本、社会成本和农民工的个人成本，对有关各方都不利。

（3）多数农民工在被用人单位解除劳动合同后能够依法获得经济补偿金。对如果并非个人原因被用人单位解除劳动合同后能否依法得到经济补偿金的问题，在被调查的农民工中，有37.4%的人表示“能够顺利获得”，有9.0%的人表示“经劳动争议调解仲裁获得”，有8.7%的人表示“经过反复交涉才争得”，还有2.3%的人表示“经过法院审判获得”，以上四者合计为57.4%；此外，有21.6%的农民工表示“知道政策，不想惹麻烦，一走了之”，还有21.0%的农民工表示“不懂有关政策，没有找单位或雇主要经济补偿”，后两者合计为42.6%。这说明多数农民工依法维护自身合法权益的意识明显增强，在被用人单位解除劳动合同后能够努力争取并依法获得经济补偿金；同时，也有相当一部分农民工由于对有关政策不熟悉，或不想惹麻烦，以致没有争取获得经济补偿金。

2. **农民工工资收入方面**

（1）超过半数的被调查农民工月工资收入为1000—2000元。在被调查的农民工中，每月全部工资收入在1000元以下的占12.9%，1000—2000元的占56.0%，2000—3000元的占22.7%，3000—4000元的占5.2%，4000—5000元的占2.8%，5000元及以上的占0.4%。这说明农民工群体的收入水平出现明显分化，这与不同地区、行业、企业之间的员工工资收入存在显著差距有关。需要说明的是，这次调查的企业多数是广东、浙江等经济比较发达地区的企业，经济效益较好，因此，被调查农民工的总体工资水平也相对高一些。

（2）绝大多数农民工近年以来没有发生过工资被无故拖欠或克扣的问题。调查结果显示，有80.1%的农民工工资没有被拖欠或克扣；此外，有9.0%的农民工工资被拖欠或克扣过1—2次，还有4.6%的农民工工资出现多次被拖欠或克扣的现象，后两项合计占13.6%。这表明，近年来国家和地方通过积极采取相关政策措施解决农民工工资被拖欠或克扣的问题已经取得显著成效；但是，部分地方和企业仍然存在农民工工资被拖欠或克扣的问题。因此，应当继续高度重视解决这方面的问题，并进一步采取有力措施维护农民工的劳动报酬权益。

（3）多数农民工加班可以领到加班工资。据调查，有49.1%的农民工表示如果加班是“可以”领到加班工资的，还有19.4%的农民工表示“多数可以”领到加班工资，前两项合计占68.5%；此外，有10.4%的农民工反映“很少可以”领到加班工资，还有15.1%的农民工反映“不可以”领到加班工资。这一方面说明大多数农民工加班后可以领到加班工资；另一方面也反映了仍然有一些用人单位不能依法支付加班工资，以致一部分农民工的劳动报酬权益受到侵害。

（4）农民工与城镇职工同工同酬的问题得到一定解决。对农民工与城镇职工能否同工同酬的问题，有43.1%的农民工认为“能够”；有19.5%的农民工认为“有时可以”；有12.9%的农民工认为“比较难”，有10.5%的农民工认为“不可能”，后两项合计占23.4%。这表明，认为能够同工同酬的人数居多，说明这方面的工作已经取得一定成效；同时，仍有近 1/4 的农民工认为目前仍然难以实现同工同酬，反映了一些用人单位在支付劳动报酬方面对农民工还存在身份歧视和分配不公的问题。

用人单位正在逐步改善农民工的工作条件和待遇，但是侵害农民工权益的现象在一定程度上依然存在。多数农民工认为，用人单位在安全生产与卫生防护、雇用的稳定性、管理规章的合理性、缴纳社会保险、工资水平等方面对待农民工的做法有所好转。但是，还有一部分农民工反映在过去的一年内工资曾经被拖欠或被克扣，或者所在单位还不能对农民工与城镇职工一样同工同酬，或者在被用人单位解雇之后不能依法获得经济补偿金等。此外，尽管农民工工资收入比过去明显增加，但是与同期国民经济发展和城镇职工工资收入增长情况以及物价上涨相比，农民工工资收入依然比较低，有些用人单位甚至以当地最低工资标准来确定农民工的工资水平，迫使农民工不得不通过加班加点来增加一点收入。近年来，在一些地区出现“民工荒”的现象，其中一个重要原因就是当地农民工的工资收入过低，已经不足以吸引和留住外来农民工。

3. **农民工工作与休息时间方面**

（1）农民工工作时间总体上超过法定标准。据调查，农民工平均每天工作时间为 9 小时，超过半数的农民工每天工作时间在 8 小时以内，但也有超过四成的农民工每天工作时间超过 8 小时。具体来说，有 54.3% 的农民工每天工作时间在 8 小时以内；此外，有 32.2% 的农民工每天工作时间为 8—10 小时，有 10.3% 的农民工每天工作时间为 10—12 小时，还有 3.1% 的农民工每天工作时间超过 12 小时，后三项合计为 45.6%。从总体上看，农民工工作时间明显过长，并且相当一部分农民工的工作时间已经大大超过国家法定的工时标准。

（2）60% 以上的农民工能够保证每周休息 1 天及以上。调查结果显示，“每周休息 1 天”的占 35.0%，“每周能够休息 2 天”的占 29.0%，“休息半天”的占 4.4%，“很少休息”的占 14.0%，“没有休息”的占 13.6%。这说明大多数农民工能够保证基本的休息权益，但是也有

27.6%的农民工“很少休息”和“没有休息”。当然，我们调研中也了解到，也存在部分农民工为了多挣钱而不愿休息的情况，特别是在实行计件工资的用人单位。

据对农民工的调查访谈，只有1/3左右的农民工想多增加收入而愿意加班；1/3左右的农民工反映是企业强制性要求加班，如不加班则有可能被扣工资；其余的则表示不愿意加太多的班。可以说，绝大多数农民工（包括愿意加班的农民工）都希望减少加班天数及每天加班时间。长期过度地加班，将会危及农民工的身体健康。

调查发现，农民工加班加点、超时工作已成为普遍现象。工厂类企业普遍实行计件劳动工资，多劳多得，促使农民工自觉加班；工程类企业为了按时完成施工进度，普遍延长工作时间。在调查过程中，调查组发现建筑类农民工加班现象突出，情况严重，每月只能休息1—2天，休息休假没有保障。

4. 农民工劳动保护方面

（1）多数农民工反映用人单位能够提供安全生产与职业卫生防护设备和用品。对用人单位所提供的安全生产和职业卫生防护用品的情况，有58.0%的农民工认为“基本齐全”，有19.3%的农民工表示“有一些”，7.3%的农民工反映“很少”，还有4.9%的农民工反映“没有”，另有8.3%的农民工表示“本人工作场所比较安全，不必防护”。这说明大多数用人单位能够为农民工提供基本的劳动防护条件；同时，也有一部分农民工所在的用人单位的劳动保护条件较差。

（2）农民工发生工伤事故或职业病的主要原因是多方面的，其中企业劳动保护做得不够的问题比较突出。从农民工反映发生工伤事故或职业病的主要原因（可以多项选择）来看，以选择人数为依据排序，排在第一位的是“工作场所安全生产防护设备不足”（占31.3%）；排在第二位的是“工作场所职业卫生条件差”（占28.7%）；排在第三位的是“本人不小心”（占25.9%）；其次是“纯属意外”（占23.4%）、“没有必要的劳动保护用品”（占19.6%）、“相关制度不健全”（占18.2%）、“相关制度执行不力”（占16.0%）、“没有受过相关培训”（占15.7%），等等。由此可见，在导致农民工发生工伤事故或患职业病的主要原因中，既有劳动保护条件较差等客观因素，也有农民工缺乏劳动保护的意识等主观因素。比较而言，主要原因还是企业在制定和执行安全生产与职业卫生规章制度、提供相关设施条件以及劳动保护用品、开展相关培训等方面做得不够。

（3）部分用人单位和农民工职业病防护意识差，职业病的人数不断增加。有些中小企业没有完善的职业病防护措施，城乡接合部、城中村等个别乡镇企业、农村个体工商户，雇用外地农民工从事有毒有害作业。中国疾病预防控制中心发布的《2006年全国职业病报告发病情况》、《2007年全国职业病报告发病情况》数据显示，职业病人数不断攀升（见表7－1）。职业病病例数名列前三位的行业依次为煤炭、有色金属和建材行业，分别占总病例数的45.84%、10.12%和6.38%，而尘肺病是最主要的职业病。在煤矿企业第一线工作的基本都是农民工，致使农民工成为尘肺病患病主体。

表7－1　2006—2007年中国疾病预防控制中心发布的职业病数据

病例分类	2006年		2007年	
	病例数（例）	占比（%）	病例数（例）	占比（%）
尘肺病	8783	76.3	10963	76.7
急性职业中毒	467	4.1	600	4.2
慢性职业中毒	1083	9.4	1638	11.5
其他	1186	10.3	1095	7.7
总计	11519	100.0	14296	100.0

5. 农民工参加工会情况

关于所在企业工会组建情况，在对此做出回答的1740名农民工中，有68.0%的农民工知道所在企业有工会，有12.9%的农民工反映所在企业没有工会，还有19.1%的农民工表示不知道所在企业是否有工会。

在所在企业有工会中，有 57.1% 的农民工表示“已经参加工会”，有 22.1% 的农民工反映“想参加，但没有人让我参加”，有 6.0% 的农民工则明确表示“不想参加”，还有 14.9% 的农民工表示“不清楚”是否参加了工会。这表明，近年来各地在促进农民工参加工会组织方面取得明显成效，但在一些地方和企业也存在相关工作不到位的问题。

6. 农民工对用人单位与员工之间关系的评价

对如何看待农民工所在工作单位与员工之间的关系，在可以选择多项答案的情况下，有 52.7% 的农民工认为“单位雇员工干活赢利，员工靠单位雇用挣钱”，还有 28.1% 的农民工认为“单位是领导或老板的，与员工只是雇用关系”，这些看法反映了多数农民工认为员工与工作单位的关系只是一种在雇用状态下的劳动与报酬的交换关系。同时，有 34.6% 的农民工认为“单位是个集体，集体好了，大家都好”，有 32.8% 的农民工认为“单位是员工的依靠，彼此合作”，有 26.9% 的农民工认为“单位是个大家庭，领导像家长，员工像子女”，有 20.3% 的农民工认为“单位与员工合伙做事，有福同享、有难同当”，这些观点也反映了 1/3 左右的农民工把员工与工作单位之间的关系看作一种相互依存、合作与同舟共济的利益共同体。

7. 农民工对用人单位对待自己权益方面的评价

根据问卷调查，不少农民工自从进城务工以来，他们的合法权益曾经在许多方面受到用人单位或雇主的侵害。其中，有 44.2% 的农民工反映被强迫加班；有 32.6% 的农民工反映被拖欠工资；有 29.4% 的农民工反映被无理克扣工资；有 25.5% 的农民工反映被无理罚款；有 24.9% 的农民工反映企业不提供必要的劳动保护措施；有 18.7% 的农民工反映被无理解雇；有 8.7% 的农民工反映发生工伤事故后拒不依法赔偿；还有 3.0% 的农民工反映被虐待、打骂。

近年来，各级政府出台了一系列维护农民工合法权益的政策措施，并加大对用人单位执行有关政策、保障农民工合法权益的监督检查和执法力度，促使用人单位逐步改善农民工的工作条件和待遇。调查显示，多数农民工对近年来用人单位对待自己权益的做法上的变化表示肯定。其中，认为用人单位在安全生产与卫生防护、雇用的稳定性、管理规章的合理性、缴纳社会保险、工资水平等方面对待自己权益的做法“有好转”的农民工均超过 50.0%，分别达到 63.6%、59.2%、58.5%、57.4%、53.8%；认为用人单位在劳动强度、工作时间等方面“有好转”的农民工均不足 50.0%，分别为 45.6%、44.6%；此外，认为用人单位在上述各方面“没变化”的农民工分别在 24.9% 和 38.1% 之间，而认为用人单位在上述各方面“变差了”的农民工均在 12.0% 以下。

二　新生代农民工与老一代农民工的比较

新生代农民工是年轻的一代，他们由于所处社会发展阶段的不同，在劳动关系方面表现出与老一代农民工的特征和认知的不同。

1. 两代农民工的劳动关系

（1）近 3/4 的新生代农民工签订了劳动合同，近 1/10 属于劳务派遣工。调查显示，74.9% 的新生代农民工与用人单位签订了劳动合同，略低于老一代农民工约 5 个百分点；12.6% 的没有签订劳动合同，9.7% 的属于劳务派遣工，不必与用人单位签订劳动合同（见图 7－1），这一

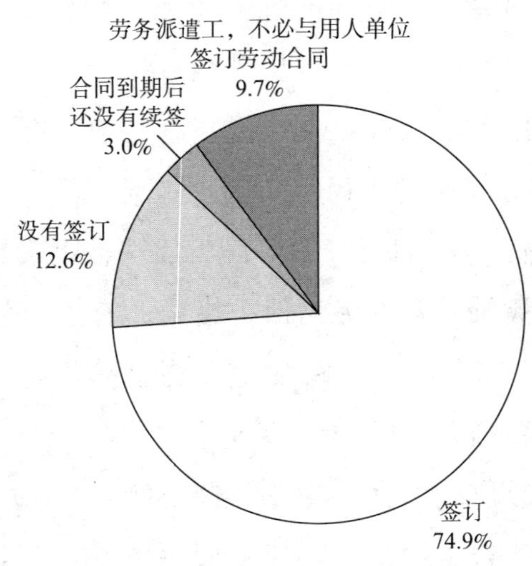

图 7－1　新生代农民工签订劳动合同情况

比例高于老一代农民工约 7 个百分点。劳动合同签订率较高，反映了《劳动合同法》颁布实施后，劳动合同签订情况有明显改善，同时也与调查企业大都属于管理较为规范的企业有关。农民工中劳务派遣工的比例也较高，如何规范与管理劳务派遣并保障劳务派遣工的合法权益，成为当前要高度重视并加以研究的课题。

（2）半数左右新生代农民工签订 1—3 年的劳动合同，这一比例高于老一代农民工，工作相对稳定。调查结果显示，新生代农民工签订 1 年以内劳动合同的比例占 29.2%，远远低于老一代农民工的 52.7%；新生代农民工签订 1—3 年、3—5 年和 5 年及以上劳动合同的比例分别为 52.4%、10.5% 和 5.9%，均高于老一代农民工；但新生代农民工签订无固定期限劳动合同的比例仅为 2.1%，低于老一代农民工的 4.8%（见图7－2）。这说明，与老一代农民工相比，新生代农民工具有年轻、文化技能较高、更有活力等人力资源优势，更能适应用人单位的需求，因此用人单位更愿意与他们签订较长时间的合同。另外，89.4% 的新生代农民工近三年在城镇没有被用人单位或雇主无理解雇，略高于老一代农民工约 3 个百分点，说明他们的工作相对稳定。

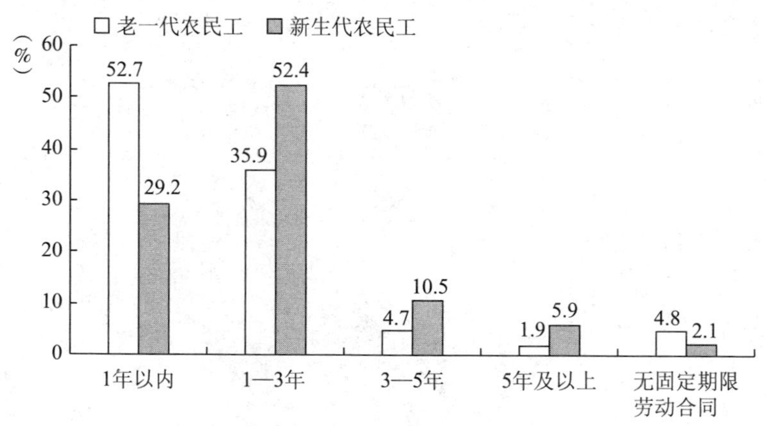

图 7－2　两代农民工劳动合同期限比较

（3）两代农民工解除劳动合同后获得经济补偿金的情况。对如果并非个人原因被用人单位解除劳动合同后能否依法得到经济补偿金的问题，总体上看：新生代农民工得到经济补偿金的比例为 62.0%，高于老一代农民工的48.0%，但仍有30.0%的新生代农民工“不懂有关政策，没有找单位或雇主要经济补偿”，8.0%的新生代农民工“虽然知道政策，但不想惹麻烦，一走了之”（见图7－3）。这说明新生代农民工依法维护自身合法权益的意识较老一代农民工而言明显增强，在被用人单

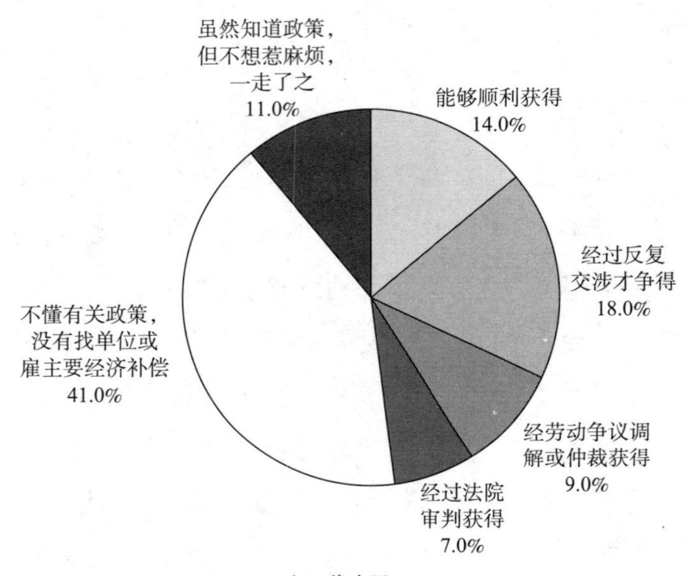

老一代农民工

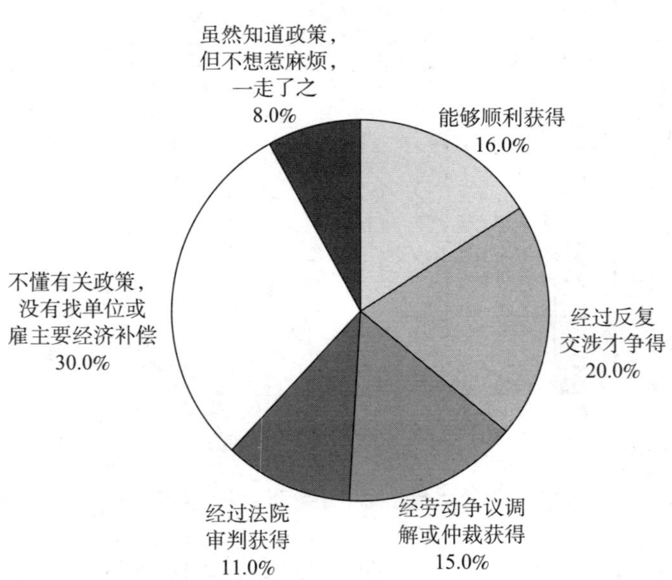

新生代农民工

图7－3　两代农民工被解除劳动合同后经济补偿情况比较

位解除劳动合同后，如不能顺利获得经济补偿金，就通过反复交涉和法律渠道努力争取应有的权益。但同时也应看到，由于相关政策宣传不到位，导致一部分农民工对政策不熟悉或不想惹麻烦，没有获得经济补偿金。

2. 两代农民工工资收入

（1）新生代农民工月工资收入低于老一代农民工。调查结果显示，新生代农民工月工资收入平均为 1906 元，远低于老一代农民工的 3169 元。其中，新生代农民工月工资收入为 1000 元以下、1000—2000 元的分别占 11.2% 和 52.5%，均高于老一代农民工；而 2000 元及以上的占 36.4%，低于老一代农民工的 51.2%（见图 7－4）。新生代农民工群体的月工资收入低于老一代农民工，与其工作经验少、技能积累少等有关。除此之外，48.0% 的农民工认为其工作中付出的劳动与所得到的劳动报酬大致相当，但仍有 36.7% 的新生代农民工认为他们的付出超过回报，意味着他们所获得的劳动报酬偏低，不能真实反映他们所付出的劳动和所创造的价值。

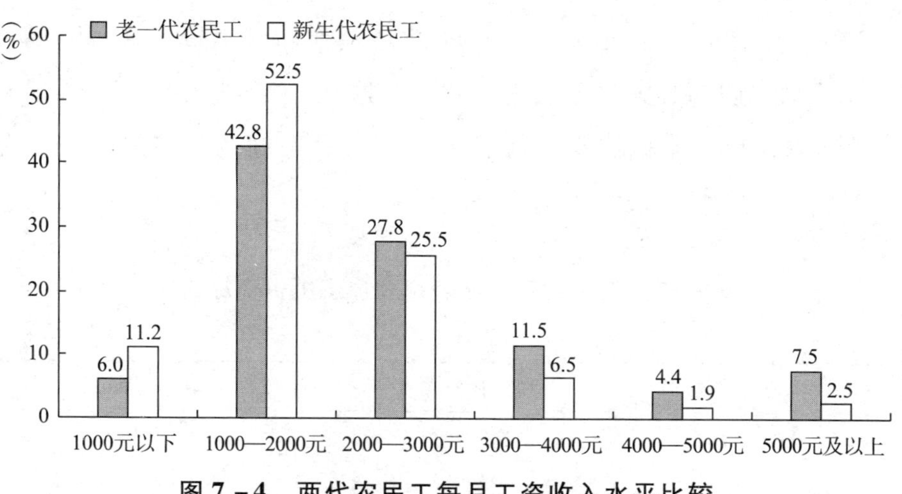

图 7－4　两代农民工每月工资收入水平比较

（2）在工资拖欠或克扣方面，新生代农民工有所好转。调查结果显示，79.0% 的新生代农民工的工资没有被拖欠或克扣，略低于老一代农民工的 80.1%；9.1% 的新生代农民工被拖欠或克扣过工资 1—2 次，

4.4%的被多次拖欠或克扣工资（见表7－2）。总体上来说，农民工工资被拖欠或克扣现象有所好转，这要得益于近年中央和地方积极采取相关政策措施解决农民工工资被拖欠或克扣的问题，但仍要继续高度重视这一问题，进一步采取有力措施防止工资拖欠或克扣现象的发生，维护农民工的合法权益。

表7－2　两代农民工工资被拖欠或克扣情况比较

单位：%

类别	新生代农民工	老一代农民工
没有	79.0	80.1
有1—2次	9.1	9.0
出现多次	4.4	4.6
不清楚	7.5	6.3

（3）多数新生代农民工加班可以领到加班工资。调查结果显示，新生代农民工中52.6%表示如果加班是“可以”领到加班工资的，20.1%的表示“多数可以”领到加班工资，两项合计约占72.7%。此外，10.7%的新生代农民工反映“很少可以”领到加班工资，16.7%的反映“不可以”领到加班工资（见表7－3）。这在一定程度上反映了仍有相当数量的用人单位不依法支付加班工资，农民工的劳动报酬合法权益受到侵害。

表7－3　两代农民工能否领到加班工资情况比较

单位：%

类别	新生代农民工	老一代农民工
可以	52.6	49.1
多数可以	20.1	19.4
很少可以	10.7	10.4
不可以	16.7	15.1
其他	—	6.0

（4）两代农民工对同工同酬的看法。对农民工与城镇职工能否同工同酬的问题，41.8%的新生代农民工认为“能够”；20.8%的认为“有时可以”；有10.5%的新生代农民工认为“比较难”，9.7%的认为“不可能”，后两项合计占20.2%，低于老一代农民工约3个百分点（见表7-4）。这说明约1/5的新生代农民工认为目前仍难以实现同工同酬，用人单位在支付劳动报酬方面对农民工还存有身份歧视。

表7-4　两代农民工能否同工同酬情况比较

单位:%

类别	新生代农民工	老一代农民工
能够	41.8	43.1
有时可以	20.8	19.5
比较难	10.5	12.9
不可能	9.7	10.5
不清楚	17.2	14.0

3. 两代农民工的工作与休息时间

（1）农民工工作时间总体上超过法定标准。据调查，农民工平均每天工作9小时，其中新生代农民工每天工作时间略小于老一代农民工。57.9%的新生代农民工每天工作时间在8小时以内，高于老一代农民工约10个百分点；26.7%的新生代农民工每天工作8—10小时，低于老一代农民工的40.3%；11.5%的新生代农民工每天工作10—12小时，高于老一代农民工2.5个百分点；3.9%的新生代农民工每天工作12小时及以上，高于老一代农民工1.5个百分点（见图7-5）。

（2）60%以上的农民工能够保证每周休息1天及以上。据调查，老一代农民工每周“很少休息”和“没有休息”的比重约高于新生代农民工5个百分点，每周休息1天及以上的比重约低于新生代农民工5个百分点。但总体上看，新生代农民工每周能休息2天的仅占31.1%，每周休息1天的占37.3%，每周休息半天的占4.4%，每周“很少休息”和

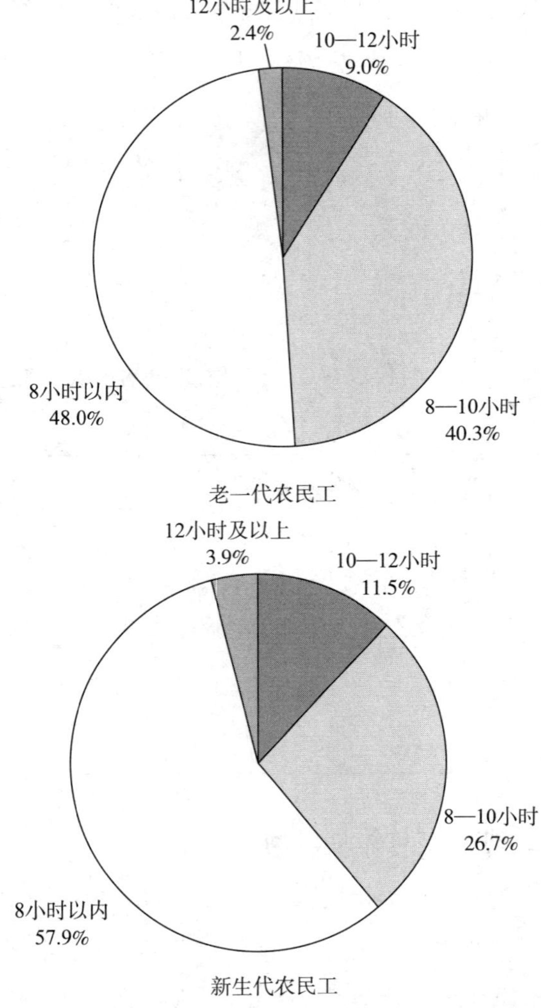

图 7－5　两代农民工平均每天工作时间比较

“没有休息”的分别占 14.0% 和 13.2%（见图 7－6）。显然，农民工并没有充分享受到合法的休息权，其中既有用工单位的原因，也与部分农民工为了多挣钱而不愿休息有关。

4. 两代农民工劳动保护情况

（1）多数农民工反映用人单位提供的安全生产与职业卫生防护设备和劳动保护用品基本齐全。用人单位没有提供安全生产与职业卫生防护设备、劳动保护用品的比重，老一代农民工为 7.2%，新生代农民工为 3.5%，新生代农民工比老一代农民工约高 4 个百分点；仍有 8.2% 的老

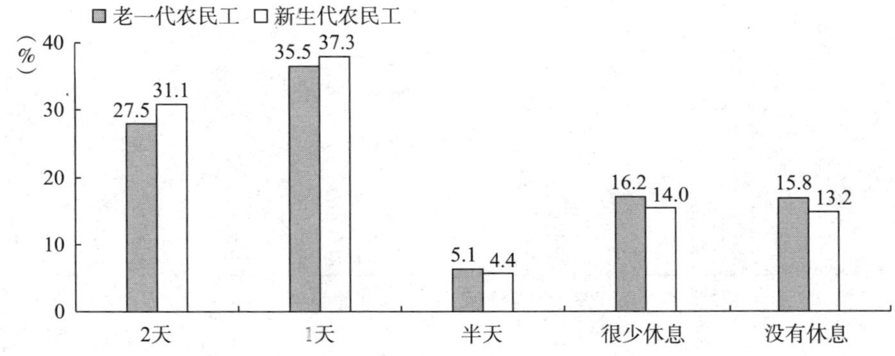

图 7－6　两代农民工平均每周休息天数比较

一代农民工和 8.8% 的新生代农民工认为工作场所比较安全，不必防护。

（2）劳动保护不够是导致农民工发生工伤事故或职业病的主要原因。从农民工反映发生工伤事故或职业病的主要原因（多项选择）来看，老一代农民工认为排在第一位的是“工作场所职业卫生条件差”(29.5%)，排在第二位的是“工作场所安全生产防护设备不足”(27.4%)；新生代农民工认为排在第一位的是“工作场所安全生产防护设备不足”（34.7%)，排在第二位的是“工作场所职业卫生条件差”(28.3%)。由此可见，工作场所安全生产防护设备不足、职业卫生条件差是发生工伤事故或职业病的主要原因，而农民工缺乏自我劳动保护意识也是重要原因之一。

5. 两代农民工参加工会情况

关于所在工作单位工会组建情况，70.4% 的新生代农民工表示所在单位有工会，10.6% 的反映所在单位没有工会，还有 19.0% 的新生代农民工表示不知道所在单位是否有工会。

在所在工作单位有工会中，53.8% 的新生代农民工表示“已经参加”，略低于老一代农民工的 62.1%；27.3% 的新生代农民工反映“想参加，但没有人让我参加”，高于老一代农民工的 13.8%；6.3% 的新生代农民工则明确表示“不想参加”工会，12.6% 的表示“不清楚”是否参加了工会（见图 7－7）。近年各地在吸纳农民工成为工会会员方面取得了明显成效，但仍存在宣传不到位、覆盖面有待扩大等问题。

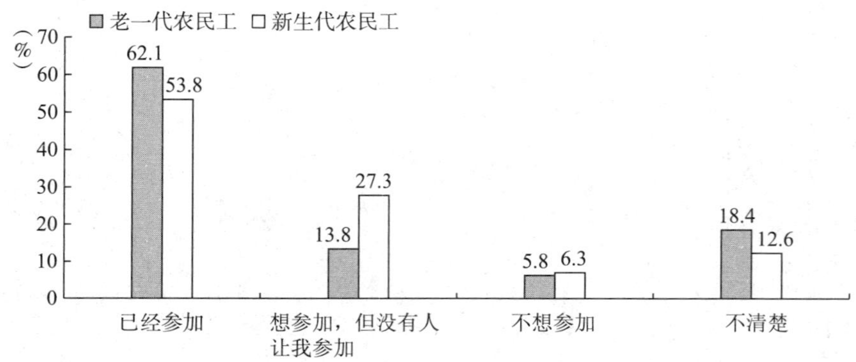

图 7-7　两代农民工参加工会的情况比较

6. 新生代农民工对用人单位与员工之间关系的评价

对如何看待自己所在工作单位与员工之间的关系，在可以多选的情况下，54.4%的新生代农民工认为“单位雇员工干活赢利，员工靠单位雇用挣钱”，25.1%的认为“单位是领导或老板的，与员工只是雇用关系”，这些看法反映了相当数量的新生代农民工认为员工与工作单位的关系只是一种雇用关系。同时，有35.8%的新生代农民工认为“单位是个集体，集体好了，大家都好”，37.0%的认为“单位是员工的依靠，彼此合作”，25.9%的认为“单位是个大家庭，领导像家长，员工像子女”，22.2%的认为“单位与员工合伙做事，有福同享、有难同当”（见图7-8），这些观点反映了也有部分农民工把工作单位与员工的关系看作一种相互依存、共同发展的利益共同体。

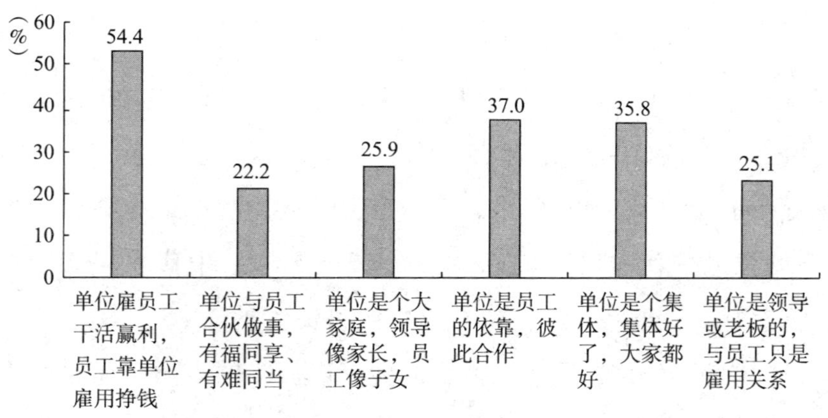

图 7-8　新生代农民工对工作单位与员工之间关系的看法

7. 两代农民工对用人单位对待自己权益方面的评价

调查结果显示，不少农民工自第一次进城务工以来，他们的合法权益在许多方面受到用人单位或雇主的侵害。其中，41.1%的新生代农民工反映被强迫加班，反映被拖欠工资和被无理克扣工资的新生代农民工分别占28.2%和28.1%，18.6%的新生代农民工反映用人单位不提供必要的劳动保护措施，17.4%的反映被无理罚款，13.6%的反映被无理解雇（见图7-9）。在“被强迫加班”的选项上，新生代农民工选择的比重远高于老一代农民工，反映出新生代农民工不喜欢加班，务工不再以赚钱为第一目的。

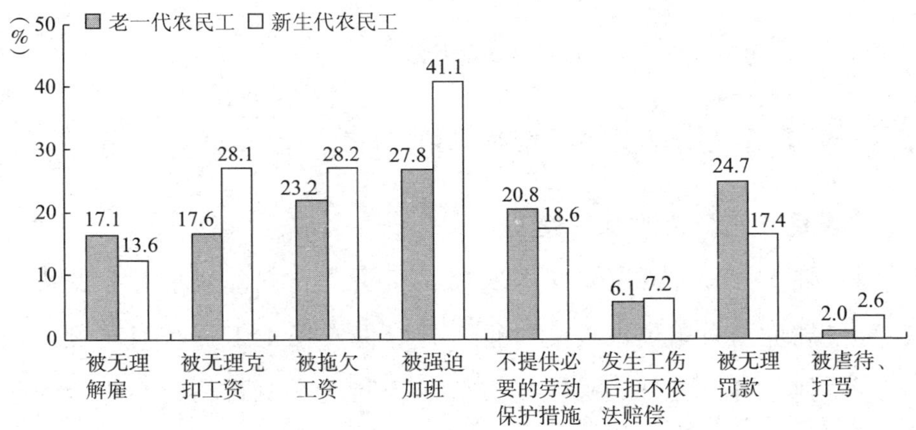

图7-9　用人单位对两代农民工合法权益的侵害情况比较

针对农民工合法权益受到侵害的现象，近年各级政府出台了一系列政策措施，加大执法检查力度，以保障农民工的合法权益，取得了不错的成绩。调查结果显示，50%—60%的农民工认为近年来企业在农民工雇用的稳定性、工资水平、参加社会保险、管理规章合理性、安全生产与卫生防护等方面都有好转，但仅有不到一半的农民工认为工作时间与劳动强度方面“有好转”。同时，近年来用人单位对待农民工做法的各个方面，新生代农民工认为“有好转”的比例均低于老一代农民工，认为“变差了”的比例均高于老一代农民工（见图7-10）。

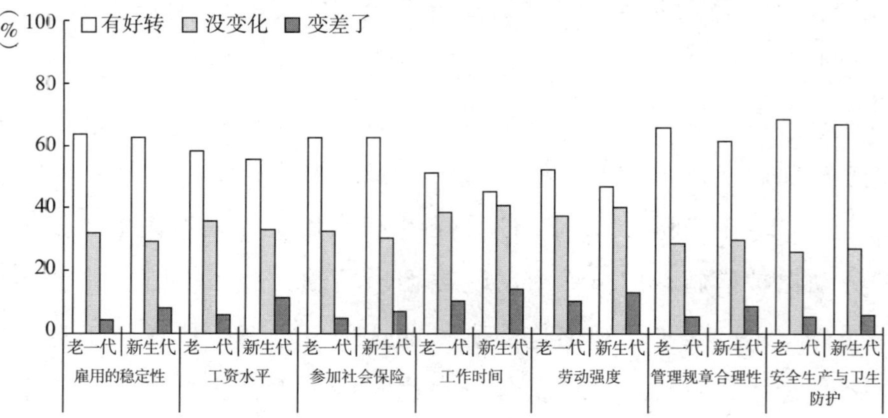

图 7-10　两代农民工对近年来用人单位对待自己的做法的评价比较

三　广东、浙江、山西三省的情况

（一）广东省劳动关系政策执行情况

1. 农民工工资支付保障情况

国务院5号文件规定要建立农民工工资支付保障制度，主要内容包括：严格规范用人单位工资支付行为，确保农民工工资按时足额发放给本人，做到工资发放月清月结或按劳动合同约定执行；建立工资支付监控制度和工资保证金制度，从根本上解决拖欠、克扣农民工工资问题，并加大工资清欠力度，确保不发生新的拖欠。

广东省各级政府的政策落实和执行情况取得了实际效果，拖欠、克扣工资问题得到了遏制。本次对农民工的问卷调查结果表明，82.1%的农民工工资都能按时、足额发放，但也有9.6%的人被拖欠或克扣过1—2次，1.6%的人被拖欠或克扣过多次。即仍有11%左右的人不能按时、足额拿到工资。

与本次所调查的浙江省和山西省相比，广东省农民工被无故拖欠、克扣工资的比例较低。例如，出现过多次拖欠、克扣的人数比例，广东省为1.6%，浙江省为4.1%，而山西省为8.9%（见表7-5）。

表 7 – 5 受访者一年内工资被无故拖欠或克扣的次数

单位：%

省份	出现多次	有 1—2 次	没有	不清楚
广东	1.6	9.6	82.1	6.7
浙江	4.1	6.3	82.2	7.4
山西	8.9	11.5	75.1	4.5

2. 农民工工资水平提高和收入公平性情况

国务院 5 号文件提出，要规范农民工工资管理，切实改变农民工工资偏低、同工不同酬的状况。要严格执行最低工资制度，合理确定并适时调整最低工资标准，制定和推行小时最低工资标准。用人单位不得以实行计件工资为由拒绝执行最低工资制度，不得利用提高劳动定额变相降低工资水平。农民工和其他职工要实行同工同酬。要科学确定工资指导线，建立企业工资集体协商制度，促进农民工工资合理增长。

问卷调查显示，广东省多数农民工的工资（包括基本工资、奖金、津补贴以及其他相关现金收入等）在所规定的最低工资标准之上。其中，98.1% 的人每月工资在 1000 元及以上，低于 1000 元的只有 1.9%。与之相比，浙江省低于 1000 元的占 3.2%，山西省低于 1000 元的占 14.9%（见表 7 – 6）。由此可见，广东省的工资水平在三省中是较高的。例如，调研中的广船国际广利公司农民工月工资收入达到 3000 元以上，班组长工资收入达到 5000 元以上。

表 7 – 6 受访者上个月实际领到的全部工资收入情况

单位：%

省份	1—1000 元	1000—1500 元	1500—2000 元	2000—2500 元	2500—3000 元	3000—4000 元	4000 元及以上
广东	1.9	10.5	38.7	21.9	9.9	11.2	6.0
浙江	3.2	16.4	39.1	24.2	7.8	8.0	1.5
山西	14.9	26.9	20.8	13.6	8.4	7.7	7.7

然而，广东省农民工对与城镇职工同工同酬的评价并不高，而且在三省中最低，认为能够实现同工同酬的，只有36.4%；而浙江省的为37.8%，山西省的为56.9%。广东省农民工认为同工同酬比较难的占比却高于浙江省和山西省（见表7－7）。这表明，广东省农民工尽管工资的绝对水平较高，但是与城镇职工的差距较大。

表7－7　受访者对与本单位城镇职工同工同酬的评价

单位：%

省份	能够	有时可以	比较难	不可能	不清楚
广东	36.4	21.5	15.9	9.5	16.7
浙江	37.8	17.5	11.3	14.4	19.0
山西	56.9	19.3	11.1	7.4	5.3

广东省农民工对收入公平性、合理性的评价也不高，在三省中最低。认为自己的付出与回报大致相当的，广东省只有38.4%，浙江省为56.1%，山西省为51.1%；认为付出大于回报的，广东省为34.9%，浙江省为15.8%，山西省为20.3%（见表7－8）。这一方面表明广东省农民工的付出更多，另一方面表明农民工对自己应得的数额有较清晰的权利界定。

表7－8　受访者对工作付出与所得到的劳动报酬是否相当的评价

单位：%

省份	付出远超过回报	付出大于回报	付出与回报大致相当	付出小于回报	其他
广东	12.7	34.9	38.4	6.2	7.8
浙江	12.7	15.8	56.1	4.8	10.5
山西	15.9	20.3	51.1	7.2	5.6

3. 农民工休息休假和加班工资规定执行情况

国务院5号文件提出，要严格执行国家关于职工休息休假的规定，延长工时和休息日、法定假日工作的，要依法支付加班工资。

广东省的政府文件对休息休假和加班工资的关注程度并不高。其理由一是企业生产和订单需要，二是农民工希望加班。在问卷调查数据中，能够根据国家规定每周休息 2 天的职工只有 30.6%，主流的情况是每周休息 1 天（43.1%），每周休息半天、很少休息和没有休息的也占 23.6%。即是说，约 1/5 的农民工几乎没有休息日。但是相比较而言，广东省的情况还相对好些，浙江省几乎没有休息日的占 36.4%，山西省占 27.5%（见表 7－9）。

表 7－9　受访者上个月平均每周休息时间

单位：%

省份	2 天	1 天	半天	很少休息	没有休息	其他
广东	30.6	43.1	3.8	12.1	7.7	2.7
浙江	18.5	35.6	4.0	17.0	19.4	5.5
山西	38.0	23.6	5.7	13.1	14.4	5.3

广东省超时工作和加班现象较为普遍。就所调查的“好”企业而言，相当部分农民工每天工作时间超过 9 小时（占 44.4%），每天工作 13 个小时以上的占 3.5%。与之相比，浙江省农民工的工作时间更长一些，山西省则相对短一些（见表 7－10）。

表 7－10　受访者上个月平均每天工作时间统计

单位：%

省份	4—8 小时	8 小时	9—10 小时	11—12 小时	13 小时以上
广东	1.2	54.4	30.1	10.8	3.5
浙江	1.9	46.2	37.8	9.2	5.0
山西	5.2	54.9	28.4	11.1	0.5

广东省超时工作的加班工资支付问题较多。在调查中，能得到加班工资的不到半数（占 45.8%），而拿不到和很少能拿到的占到了 19.9%。广东省能够得到加班工资的比例不仅低于浙江省的 52.7%，而

且低于山西省的49.2%（见表7－11）。广东省以计件工资等为借口规避加班工资的现象较为普遍，损害了农民工的休息权益和劳动报酬权益。调研中的某船舶公司在国家法定节假日由于工期需要等安排农民工加班，实际执行工资待遇是在按照吨位计件工资的基础上象征性地给予一点补贴，这在各企业中相对而言还是比较好的，更谈不上按照政策规定支付加班工资了。

表7－11　受访者加班后可以领到加班工资的比例

单位：%

省份	都可以	多数可以	很少可以	不可以	其他
广东	45.8	27.5	10.5	9.4	6.8
浙江	52.7	12.6	8.7	20.2	5.8
山西	49.2	17.0	12.3	16.2	5.3

4. 农民工劳动合同制度执行情况

国务院5号文件规定，要严格执行劳动合同制度，所有用人单位招用农民工都必须依法订立并履行劳动合同。严格执行国家关于劳动合同试用期的规定，不得滥用试用期侵犯农民工权益。劳动保障部门要制定和推行规范的劳动合同文本，加强对用人单位订立和履行劳动合同的指导和监督。任何单位都不得违反劳动合同约定损害农民工权益。

广东省制定和执行了劳动合同管理制度。一是完善一体化的劳动合同管理制度，将各相关方面逐步纳入统一管理；二是制定、推行“广东省职工劳动合同”规范文本和建筑、餐饮业等行业合同文本，平等保护农民工合法权益；三是加强《劳动合同法》等法律法规学习，逐步推进劳动合同信息化管理机制；四是逐步提高劳动合同签订率和履约率。

根据广东省提供的官方数据，截至2007年底，广东省农民工劳动合同签订率达到84.9%。本次问卷调查的结果更高一些，达到了90.3%。与之相比，浙江省仅为69.2%，山西省为67.8%（见表7－12）。这表明，劳动合同制度在广东省推进较快。

表 7－12　受访者劳动合同签订情况

单位：%

省份	签订了劳动合同	没有签订劳动合同	合同到期后，还没有续签	劳务派遣工，不必与用人单位签订劳动合同	其他
广东	90.3	4.8	2.7	1.1	1.1
浙江	69.2	11.6	3.1	14.5	1.5
山西	67.8	22.1	5.3	3.1	1.8

广东省农民工签订劳动合同的期限相对较长。其中签订了 1 年以上到无固定期限的劳动合同占 67.0%，这与浙江省的 68.1% 基本持平，高于山西省的 43.6%。但是，可以看出多数劳动合同依然属于短期合同，1 年以下的占了 30.4%，3 年以下（含 1 年以下）的占 74.4%。就是说，超过 70% 的劳动合同属于短期合同。只有企业十分重视的高级技术人员和管理人员才能签订较长期限的合同（见表 7－13）。

在调研过程中，无论是企业所担心的，还是访谈中农民工自己所表述的，农民工的就业稳定性差、流动性强是普遍现象。企业中农民工每月流动率普遍约 15%，广东省每月约 200 万人处于"流动"状态；技术含量高的企业员工流动性较低，而劳动密集型企业员工流动性较大。企业还没有将农民工作为真正可以依靠的稳定的产业工人，农民工自身也感觉随时面临被解雇的风险。

表 7－13　受访者劳动合同签订的期限情况

单位：%

省份	签订了1 年以内劳动合同	签订了 1 年以上、3 年以内劳动合同	签订了 3 年以上、5 年以内劳动合同	签订了5 年以上劳动合同	签订了无固定期限劳动合同	其他
广东	30.4	44.0	13.1	6.3	3.6	2.6
浙江	27.0	60.5	3.1	0.4	4.1	4.9
山西	54.1	26.9	6.8	6.8	3.2	2.3

劳动合同的短期化表明了农民工就业的稳定性差。而且，农民工有可能在合同期内就被企业无理解雇。在广东省，调查显示被无理解雇过的农民工占10%以上。与之相比，浙江省的情况稍好，被无理解雇过的占7.5%，而山西省的情况最差，占17.6%（见表7－14）。

表7－14　受访者近三年来在城镇被用人单位或雇主无理解雇的次数

单位：%

省份	没有	有1次	有2次	有3次以上
广东	89.3	5.8	3.5	1.4
浙江	92.5	4.4	1.7	1.4
山西	82.4	9.9	5.5	2.2

被无理解雇之后，广东省农民工有61.3%的人能够得到经济补偿金，但是得到这些赔偿金并不那么容易，其中有的经过反复交涉才争得，有的经劳动争议调解或仲裁获得，有的经过法院审判才获得。另外，有38.7%的人得不到任何赔偿金。浙江省和山西省农民工得不到赔偿金的比例更高一些，分别为46.3%和42.8%（见表7－15）。

表7－15　受访者因非个人原因而被用人单位或雇主提前解除劳动合同时依法得到经济补偿金的情况

单位：%

省份	能够顺利获得	经过反复交涉才争得	经劳动争议调解或仲裁获得	经过法院审判获得	不懂有关政策，没有找单位或雇主要经济补偿	虽然知道政策，但不想惹麻烦，一走了之
广东	39.4	9.7	10.2	2.0	16.1	22.6
浙江	38.0	6.4	8.0	1.3	23.6	22.7
山西	34.6	10.0	9.0	3.6	23.6	19.2

《劳动合同法》出台后，劳动合同签订率提高的背后还隐藏着另一个层面的情况，即企业采取各种办法规避直接使用劳动合同工。在《劳动合同法》接近两年的实施过程中，相当部分企业将原本属于农民工从

事的岗位，或者以劳务派遣形式存在的岗位，成块以业务外包的方式，以经营承包合同的形式外委给有关单位，使得在外委单位工作的农民工的就业稳定性、劳动报酬权益、劳动保护措施等相比而言受到一定损害。原本属于同一用人单位同工同酬范畴的问题演变为不同用工主体、不同岗位、不同报酬的问题。

5. 农民工职业安全卫生权益保护情况

国务院5号文件要求依法保障农民工职业安全卫生权益。这包括，要严格执行国家职业安全和劳动保护规程及标准，企业必须按规定配备安全生产和职业病防护设施，向新招用的农民工告知劳动安全、职业危害事项，发放符合要求的劳动防护用品，对从事可能产生职业危害作业的人员定期进行健康检查。从事高危行业和特种行业的农民工要经专门培训、持证上岗。有关部门要切实履行职业安全和劳动保护监管职责。

广东省在职业病预防中，一是积极宣传贯彻《职业病防治法》，普及职业病防治知识。二是健全农民工职业病报告制度，杜绝瞒报、漏报、少报现象。如深圳市建立区、街道两级职业病防治网络，健全职业病报告制度。三是开展外来务工人员体质监测。如深圳市将外来务工人员体质状况列入全区国民体质监测范围，定期公布体质情况，落实国家关于职业病治疗政策，实行外来务工人员特殊工种职业病体检。四是加强职业病专项检查，定期开展专项检查整治，在劳务用工聚居地开展疾病监测，督促企业落实职业病防护措施，重点防范和遏制重大职业病事故的发生。五是加强劳动保护，根据生产特点和具体条件，适当调整高温作业劳动和休息时间，减少高温时段作业，严格执行高温和各种有害、危险环境下劳动保护各项规定；严格执行女职工劳动保护规定，将女职工禁忌从事的劳动以及涉及女职工特殊利益保护的内容，纳入集体合同。

问卷调查表明，广东省企业提供安全生产与职业卫生防护设备、劳动保护用品的情况在三省中属于中等水平，基本齐全的占59.8%，不够齐全的占 34.1%。浙江省的情况低于广东，分别为 49.2% 和 37.9%。山西省的情况较好，分别为 65.7% 和 28.3%（见表 7－16）。

表 7－16　受访者对用人单位所提供的安全生产与职业卫生防护设备、劳动保护用品的评价

单位:%

省份	基本齐全	有一些	很少	没有	工作场所比较安全，不必防护	其他
广东	59.8	22.1	6.0	2.7	6.0	3.3
浙江	49.2	20.6	9.6	6.5	12.9	1.2
山西	65.7	14.6	6.1	5.7	5.9	1.9

据发生过工伤事故或患过职业病的农民工报告，广东省在这方面存在的主要问题是“工作场所安全生产防护设备不足”（39.2%）、“工作场所职业卫生条件差”（34.0%）、“相关制度不健全”（20.5%）、“没有必要的劳动保护用品”（17.5%）、“相关制度执行不力”（16.3%）、“没有受过相关培训”（15.2%）（见表 7－17）。这些主要是企业投入不足和管理不到位的原因。与浙江省和山西省相比，广东省在“工作场所安全生产防护设备不足”、“工作场所职业卫生条件差”、“相关制度不健全”等方面的问题显得更为严重。

表 7－17　受访者近三年发生工伤事故或患职业病的主要原因

单位:%

省份	工作场所安全生产防护设备不足	工作场所职业卫生条件差	没有必要的劳动保护用品	相关制度不健全	相关制度执行不力	没有受过相关培训	本人不小心	纯属意外	其他
广东	39.2	34.0	17.5	20.5	16.3	15.2	24.3	19.2	21.5
浙江	22.8	20.2	18.7	18.7	18.1	19.6	27.2	28.9	25.7
山西	30.8	31.6	23.1	14.7	13.3	12.0	26.3	22.7	29.4

6. 农民工劳动权益保护和执法情况

国务院 5 号文件要求加大维护农民工权益的执法力度。具体包括强化劳动保障监察执法，完善日常巡视检查制度和责任制度，依法严厉查处用人单位侵犯农民工权益的违法行为；健全农民工维权举报投诉制度，有关部门要认真受理农民工举报投诉并及时调查处理；加强和改进劳动争议调解、仲裁工作。另外，要做好对农民工的法律服务和法律援助工作；强化工会维护农民工权益的作用。

广东省在及时、妥善处理涉及农民工的劳动争议方面做出了努力。按照“政府主导、部门联动、调防并重、专兼结合”的原则，建立了多元化的劳动矛盾纠纷预防和化解机制，加强了街道联调工作室建设；推行了便民措施，缩短仲裁时间，实行快审快结，降低农民工维权成本；颁布了《广东省劳动争议仲裁减免实施办法》，对农民工申请劳动仲裁，一律减免仲裁费用，同时设立涉劳务工人员案件审理“绿色通道”，优先立案、优先审理、优先执行。

国务院 5 号文件还提出要大力开展以工资为主要内容的集体谈判，劳动保障、工会等部门应积极推行集体谈判机制，维护农民工劳动报酬权益。广东省在这一方面也有所推进，如深圳市总工会向 145 家重点企业发出集体谈判要约，中央电视台“对话”栏目对深圳市沃尔玛工会的集体谈判还进行了专题报道。

广东省在媒体报道和调查报告中是一个劳动纠纷多发的地方，本次调查的结果验证了这些报道和报告的情况。在所调查的样本中，广东省发生过合法权益被侵害的农民工占 85.2%，未报告受到侵害的只有 14.8%，即大多数农民工权益遭受过侵害。与之相比，浙江省发生过合法权益被侵害的为 75.3%，山西省为 77.3%，均比广东省低一些。这表明广东省侵害农民工权益的情况相对严重。

在侵害权益的类别方面，广东省最为严重或多发的是“被强迫加班”（35.3%）；处于第二位的是“被无理罚款”（27.9%）；处于第三位的是“被拖欠工资”（21.6%）；依次还有“被无理克扣工资”（18.9%）、“不提供必要的劳动保护措施”（17.7%）、“被无理解雇”（13.6%）等。由此可见，经济权益的被侵害是最主要的。与浙江省和山西省相比，“被强迫加班”、“被无理罚款”、“被虐待打骂”的比例最高或较高，这表明广东省农民工权益被侵害具有明显的强迫或压迫特征（见表7－18）。

表7－18　用人单位或雇主侵害受访者合法权益情况

单位：%

省份	被无理解雇	被无理克扣工资	被拖欠工资	被强迫加班	不提供必要的劳动保护措施	发生工伤事故后拒不依法赔偿	被无理罚款	被虐待打骂
广东	13.6	18.9	21.6	35.3	17.7	5.3	27.9	4.3
浙江	9.7	20.5	23.3	41.4	22.0	9.1	19.5	1.5
山西	22.0	32.0	34.1	28.3	19.9	6.5	12.1	1.2

农民工在权益遭到侵害之后依靠什么解决问题，是否到政府求助，在一定程度上折射出政府对农民工政策的落实情况和对农民工权益保护的效能。在问卷调查中，广东省农民工的求助对象可以分为五大类：第一类是政府部门（占52.0%），第二类是报纸、电台、电视台等新闻媒体（占30.9%），第三类是老板或单位领导（占24.7%），第四类是法院（占22.4%）和各级工会（占20.4%），第五类是自家亲属（占13.7%）、好朋友（占11.9%）、老乡（占11.1%）、工友（同事）（占9.6%）以及自己（占10.5%）（见表7－19）。这表现出广东省农民工维权行为的行政导向、市场导向以及社会关系导向。求助于政府属于行政导向，依赖行政权力解决问题；求助于新闻媒体基本属于市场导向，新闻媒体追求新闻价值和发行量，同时对用人单位或雇主施加压力，影响其市场信誉和社会形象。除此之外，农民工较多地直接与老板或单位领导交涉，而去法院诉讼、去工会求助的比例较低。其原因在于农民工对法院诉讼相对陌生，操作起来较困难，而工会的维权动力和能力不足。

与浙江省和山西省相比，广东省农民工维权的特点是更倾向于找政府部门和法院，表现出较强的行政取向和法律趋向。这在一定程度上表明，广东省的政府部门和司法部门的公平性和效能性相对较强，农民工权益的保护较多地被引向了规范的渠道。

表 7－19　受访者合法权益受到侵害时的投诉或求助对象

单位：%

省份	自家亲属	老乡	好朋友	工友（同事）	老板或单位领导	各级工会	政府部门	法院	报纸、电台、电视台等新闻媒体	谁都不可靠，只能靠自己争取	没办法，忍着
广东	13.7	11.1	11.9	9.6	24.7	20.4	52.0	22.4	30.9	10.5	9.7
浙江	9.2	6.8	9.4	4.9	21.6	14.6	53.7	20.5	41.2	14.8	12.2
山西	14.2	11.1	16.1	12.5	19.2	35.1	45.4	13.6	22.2	10.3	15.3

7. 农民工对政策落实情况的评价

农民工政策落实情况的一个关键指标是农民工劳动权益状况的改善，例如：劳动合同是否签订了，就业是否相对稳定了，工资水平是否提高了，过高的劳动强度是否降低了，等等。在调查中，农民工自己评价了劳动关系几个主要方面的变化情况，具体如表 7－20 所示。

从农民工整体权益状况来说，政策的执行取得了一定的积极效果，37%—57% 的人感到情况“有好转”，感到“变差了”的不到 15%，其余 32%—43% 的人感到“没变化”。

政策落实程度较高的是“参加社会保险”（56.1%）、“安全生产与卫生防护”（53.2%）以及“雇用的稳定性”（51.2%）。在这些项目中，既有政府落实政策的动力和力度较强的原因，也有雇主的动力相对较强的原因。例如，一些雇主借助于签订劳动合同和缴纳社会保险来稳定劳动力，以避免高额的工伤和职业病赔偿而改进安全防护情况。

政策落实程度较低的是“减轻劳动强度”（37.3%）、“减少工作时间”（37.2%）、“提高工资水平”（42.9%）。从政府的角度看，这些项目的可监控程度较低，行政监察的成本较高，以致落实程度差。从雇主的角度看，这些项目更直接地关系到其剩余价值的获取，即通过增加劳动强度、延长劳动时间、降低人工成本来提高利润率。由于这两个方面的障碍，农民工经济权益的改善程度不高。

表7-20　受访者对近年来用人单位或雇主对待自己的做法的评价（Ⅰ）

单位：%

项　　目	有好转	没变化	变差了	其他
雇用的稳定性	51.2	35.2	7.8	5.8
提高工资水平	42.9	41.0	12.7	3.4
参加社会保险	56.1	32.5	5.2	6.3
减少工作时间	37.2	42.7	13.8	6.3
减轻劳动强度	37.3	42.4	14.5	5.8
管理规章的合理性	46.5	38.8	7.7	6.9
安全生产与卫生防护	53.2	33.9	6.8	6.1

与浙江省和山西省相比，广东省农民工权益状况的改善程度是最低的。在所评价的权益状况的7个方面中，广东省认为“有好转”的人数比例最低，认为“变差了”的比例最高。这折射出广东省政府的行政行为和法律行为的效能相对不足。这在一定程度上验证了一些研究报告的结论，即广东省自改革开放以来，农民工权益状况改善的步伐缓慢，尽管地区经济发展迅速，但是做出巨大贡献的农民工分享发展成果较少。

在所评价的7个项目中，与内地的山西省差距最大的是管理规章的合理性。广东省农民工反映“有好转”的为46.5%，山西省为75.0%，广东省低于山西省28.5个百分点；广东省农民工反映“变差了”的为7.7%，山西省为3.2%，广东省高于山西省4.5个百分点。这表明广东省用人单位或雇主在管理制度和管理方式方面相对强硬，在调整方面相对刚性，与前面分析的强迫性和压迫性密切关联。同时，也表明广东省的情况与《劳动合同法》所规定的规章制度的民主参与还有相当大的距离。广东省与山西省差距较大的是减少工作时间和减轻劳动强度，其中减少工作时间方面“有好转”的比山西省低25.3个百分点，“变差了”的比山西省高6.1个百分点；减轻劳动强度方面“有好转”的比山西省低25.0个百分点，“变差了”的比山西省高7.9个百分点（见表7-21）。这表明广东省用人单位或雇主在占有农民工的劳动力方面较少让步，以致在延长劳动时间、强制加班、增加劳动强度方面少有改善。广东省与山西省差距较大的还有提高工资水平、雇用的稳定性和安全生产与卫生防护，其所表明的是用人单位或雇主较少愿意在农民工身上花钱，而是提升和保护自己的所得。广东省与山西省差距较小的是参加社会保险，这里所表明的情况与上述分析相同，一是政府的落实力度加大了，二是用人单位或雇主借助社会保险来稳定劳动力。

表 7-21　受访者对近年来用人单位或雇主对待自己的做法的评价（Ⅱ）

单位：%

项　目	省份	有好转	没变化	变差了	其他
管理规章的合理性	广东	46.5	38.8	7.7	6.9
	浙江	57.0	22.9	10.2	9.9
	山西	75.0	16.8	3.2	5.0
减少工作时间	广东	37.2	42.7	13.8	6.3
	浙江	36.4	43.2	12.8	7.6
	山西	62.5	27.1	7.7	2.7
减轻劳动强度	广东	37.3	42.4	14.5	5.8
	浙江	39.6	37.5	11.5	11.3
	山西	62.3	27.4	6.6	3.7
安全生产与卫生防护	广东	53.2	33.9	6.8	6.1
	浙江	63.4	22.8	6.0	7.8
	山西	76.4	16.3	4.5	2.8
雇用的稳定性	广东	51.2	35.2	7.8	5.8
	浙江	55.7	28.5	6.7	9.1
	山西	72.8	21.6	3.1	2.5
提高工资水平	广东	42.9	41.0	12.7	3.4
	浙江	56.3	30.4	7.2	6.1
	山西	64.0	25.3	6.0	4.7
参加社会保险	广东	56.1	32.5	5.2	6.3
	浙江	53.9	28.1	6.2	11.8
	山西	63.2	24.2	5.2	7.4

（二）浙江省劳动关系政策执行情况

1. 政策推进情况

第一，全面贯彻实施《劳动合同法》，努力提高农民工的劳动合同签订率。全省各级人力资源社会保障部门积极开展《劳动合同法》等法律法规的宣传培训工作，大规模地组织企业经营者和相关人员进行了法律知识培训，增强他们的法制观念，广泛开展各层次的法制宣传活动，让广大职工了解新的法律知识，有效地提高农民工自我保护和自我维权的能力。

根据浙江省的抽样调查，全省农民工的劳动合同签订率为75.0%，其中签订固定期限劳动合同的比例为67.4%，签订无固定期限劳动合同的为4.2%，签订以完成一定工作任务为期限的劳动合同的占3.4%。劳动合同签订率与前两年相比有了大幅度提高。宁波市采取了企业不签订劳动合同，罚2倍工资的做法，极大地提高了劳动合同签订率。据统计，宁波市农民工劳动合同签订率达到了92%，规模以上企业达到98%。

问卷调查结果显示，农民工与用人单位签订劳动合同的比例为70%，而作为劳务派遣工，与用人单位签订劳务协议的比例高达14.5%。例如宁波新明达针织有限公司和杭州松下家用电器公司，由于农民工流动性大，企业招工困难，新员工进入公司第一天，企业就与其签订合同，而且一签就是三年，也有的员工不想签长期合同，只愿一年一签。杭州松下家用电器公司正式员工的劳动合同也是一签三年。

第二，建立健全农民工工资支付保障制度，有效解决农民工工资偏低以及拖欠问题。首先，建立了工资支付保证金制度和政府欠薪应急周转金制度。为确保农民工及时、足额拿到工资收入，浙江省在建筑、交通等行业建立实施工资支付保证金制度，并逐步覆盖到租赁场地经营企业，目前，全省102个市县区建立了工资支付保证金制度，累计筹集工资保证金26.69亿元；全省各市县区普遍建立欠薪应急周转金制度，共筹集资金3.84亿元。其次，不断加大监控和监管力度，及时防范处置企业欠薪行为。坚持及时报告制度、公安“110”联动处置机制、公安经侦联动处理机制、法院联动处理机制以及政府欠薪应急周转金制度等五项工作机制，保障职工的经济利益。最后，逐年调整提高最低工资标准，促进农民工工资水平的稳步增长。近年来，浙江省已连续9次提高最低工资标准，目前最低工资标准最高档为960元，水平处于全国前列。

经过近几年超常规的针对农民工工资拖欠、克扣问题的治理，拖欠、克扣工资现象基本上得到遏制。浙江省历史欠薪问题得到根本解决，每年全省98%以上的农民工都能按时足额领取工资。

第三，加强安全生产和职业病防治。浙江省通过广泛宣传安全生产法律法规、安全知识和防范技能，组织开展安全生产知识培训，落实企业主体责任，加大安全经费投入，加强安全监管执法力度，实施安全生产许可证管理等措施，有效保障了农民工工作场所的安全。据杭州市安监局的官员反映，杭州市提出农民工“八个有”发展目标中的一个“有”就是“有安全”，不发生安全事故。杭州市加大这方面工作力度，造成3人以上死亡的重大事故已由过去的每年4起下降到2起，因安全事故死亡人数也较以往大为下降。

另外，在职业病防治方面，浙江省在全国率先出台和实施了用人单位职业卫生管理台账，这项制度有力地促进了企业的自律管理。

2. 政策执行中的问题

第一，农民工流动性强，就业不稳定。据宁波新明达针织有限公司反映，农民工每月的流动率为8%，其中流动性最高的是新员工。宁波盛发旅游用品公司和雅利阁家具有限公司的负责人也都反映本企业员工的流动率在20%左右。

上述企业负责人分析农民工流动性高的原因，主要有以下几点。其一，大部分农民工外出打工都是短期行为，打几年工后都是要回去的，因此有的人就抱着多去几个地方，多换几家企业打工的心理。其二，农民工一般都是和老乡一起出来的，有时一个老乡因为什么原因要走，其他的人也会跟着走。其三，现在招工困难，企业之间存在恶性竞争，特别是一些不规范的小企业把劳务市场给搞乱了，它们到处挖人，招工广告都贴到别家企业门前，而农民工只认钱，只要人家多加一点钱，就会走人，也不管这家企业的用工是否规范，福利是否有保障。其四，内地发展快了，很多农民工愿意在自己家乡附近的企业就业。其五，第二代农民工与第一代农民工不同，他们没有生活压力，不认同企业文化，想走就走。

经分析，导致农民工就业不稳定的因素有以下几个。一是农民工自身技能偏低，就业面不广，当企业经济效益不好时，最先受到企业裁员减员影响的就是农民工。二是目前一些流水线上的工种对技能要求不高，农民工到哪儿都可以干活，跳槽成本很低。三是很多企业的生产条件比较差，薪酬福利水平低，对农民工的吸引力不大。四是农民工在外打工没有归属感和安全感，他们像浮萍一样在外漂泊，短期行为和随机行为都在所难免。

农民工的流动性过强，实际上对农民工个人、企业、社会都产生不利影响。适度的流动可以保持个人的自由和企业的活力，但是农民工过度流动，则会带来很多问题。其一，企业不愿意对农民工进行培训，这一方面不利于企业提高劳动生产率，另一方面也不利于农民工提高劳动技能和增加收入。其二，对企业来说，由于员工流动性高而长期处于缺工和招工状态，无疑加大了企业生产运行的成本，分散了企业主管的精力，同时也会影响企业劳动生产率和产品质量的提高。其三，农民工经常处于流动状态，容易缺乏归属感和安全感，同时也会带来很多的社会成本，比如治安成本、交通成本等。可以想象，如果农民工这个庞大群体始终在城乡之间流动，不能安居乐业，难以分享工业化和城市化的成果，最终将会影响到整个国家的稳定与发展。

第二，农民工工作时间长。据宁波市劳动保障局反映，目前很多企业采用计件制，农民工的工作时间没有保障，休假时间难以落实，一周休息 2 天的企业很少。据宁波新明达针织有限公司反映，目前的劳动标准高，企业无法执行。对一个赶订单的外贸企业来说，国家规定一个月

36 个加班小时是不够用的，即便按综合工时计算，一年有 432 个加班小时也是不够用的。这家企业提到国外劳动标准是每周工作不超过 60 个小时（有的不超过 72 个小时），连续工作 6 天保证有 1 天的休息时间就行，我国的标准与之相比过高，包括一些机械行业也做不到。在访谈中，我们也了解到一些农民工的工作时间超长，经常需要加班。问卷调查显示，浙江省农民工平均每天工作时间超过 8 个小时的比例是 51.9%，超过 13 个小时的达到 5.0%，这两个比例都明显高于广东省（44.4%、3.5%）和山西省（40.0%、0.5%）。

第三，劳务派遣制度盛行，农民工权益受到了严重侵害。问卷调查显示，浙江省 14.5% 的农民工是劳务派遣工，该比例远远高于广东省（1.1%）和山西省（3.1%）。另外，调研发现浙江大企业使用劳务派遣工的比例非常高。杭州某建筑集团公司用工达 10 万人，自有职工不足千人，90% 以上的工人都是根据项目需要招用的农民工。2004 年以前分包公司向包工头发包，以后转为直接向劳务公司发包。但是大部分的劳务公司都是皮包公司，良性发展的比较少。有的包工头挂在劳务公司，向劳务公司交一点钱，由劳务公司负责台账和劳动合同，实际上仍像过去一样组织人马干活，有工程时雇用人，没有工程时也就是原来的包工头，所谓的合同都是临时性的，通过补充协议随便就可以中止。这些劳务公司都不在杭州市本地注册。据市建委的官员反映，劳务公司能给 5% 的人缴纳社会保险就不错了。

某家用电器公司是一家中日合资公司，直接与员工签订劳动合同的有 2008 人，通过劳务公司招用的劳务派遣工有 2764 人。以前中方老厂留下来的部分员工后来也都变成了劳务派遣工，与劳务公司一年一签合同。该公司反映劳务派遣工的流动量很大，淡旺季流动人数在 1000 人左右，另外，与他们签订用工合同的这家劳务公司的注册地不在杭州市本地，而在磐安县。该家用电器公司支付给劳务公司的管理费是每人每月 150 元。

目前一些地方的劳动保障部门认为劳务派遣制度有助于解决就业问题，企业认为劳务派遣制度可以减轻企业责任，降低企业成本，并满足其灵活用工的需要，农民工则可以通过劳务派遣公司找到工作。看上去这似乎是一个政府、企业和农民工“三赢”的制度安排，但它背后隐藏的代价却是农民工作为劳动者的地位进一步下降，其应有的权益进一步受损。

很多劳务公司并不正规，有的只是一个皮包公司。劳务公司的注册地一般都设在偏远地区，由于劳务工的工资福利和社保缴费以及待遇标准都是按偏远地区的低标准低要求执行的，农民工的权益受到很大的剥夺。在劳务派遣制度下，一个企业两种制度，劳务工和正式工同工不同酬。劳务工由于与用工单位之间不存在劳动关系，失去了与用工单位的谈判能力，无法直接维护自己的权益。同时，由于不是正式员工，用人单位对劳务工的培训意愿大为下降，这使得劳务工获得技能提升和职业提升的空间进一步缩小乃至丧失，从而有可能终身沦为打工的工具。

企业因为使用劳务工回避了劳动纠纷，减少了人力资源管理成本和用工成本而获取更大的利润。在企业的追捧下，劳务派遣在短短几年内迅速成为企业新的用工形式。与此同时，面对劳务派遣用工形式，国家和劳动保障部门出台的一些旨在保护劳工权益的法律法规和政策文件的效应大打折扣。更有甚者，一些地方的就业部门和公共职介部门因为有利可图，也参与其中成立劳务公司，导致这一市场更趋复杂、混乱。

当前，劳务派遣制度发展迅猛，说明这项制度的缺陷已被充分利用并进一步扩大化，国家和相关部门应对此进行反思，及早进行调整和弥补，否则这一制度有可能冲垮正式的用工制度。

第四，农民工工资拖欠、偏低的问题没有得到根本解决。浙江省调查数据显示，89.9%的农民工能够按时足额领取工资，报酬从未被拖欠过，但是仍有9.1%的农民工工资偶尔被拖欠，有1.0%的农民工工资经常被拖欠。问卷调查也显示，自2008年以来，有10.4%的农民工工资曾被无故拖欠或克扣过。

农民工工资很低，不少企业农民工的标准工资即是最低工资。在浙江省，最高档的最低工资是960元，相当于包括私营企业农民工工资在内的全社会平均工资（大口径统计）的44.0%。如果农民工想要得到更高的收入，他们就必须加班加点，付出更多艰辛劳动。问卷调查显示，浙江省 40.4% 的农民工在上个月每周休息时间不超过 1 天，其中，有一半左右的农民工（占总数的 19.4%）一个月都没有休息日。另外，上个月平均每天工作时间超过 9 小时的农民工占总数的 52.0%。但是，即便如此，大约 90.0% 的农民工工资仍低于全社会平均工资。问卷调查还显示，28.5% 的人认为他们的劳动付出大于报酬所得，其中 12.7% 的人认为他们的付出远远超过回报。

第五，农民工安全事故多，职业病已成为影响社会稳定的一个严重问题。农民工发生安全事故的情况比较多，主要是相当多的企业没有很好地为农民工提供符合国家规定的劳动安全卫生条件和必要的劳动防护用品。问卷调查显示，浙江省企业提供安全生产与职业卫生防护设备、劳动保护用品的总体情况一般，其中 49.2% 的调查对象反映以上措施基本齐全，20.6% 的人认为只有一些防护措施，16.1% 的人认为很少和没有防护措施。那些在过去三年发生过工伤事故或患过职业病的农民工，有 22.8% 的人认为其一个原因是工作场所安全生产防护设备不足，20.2% 的人认为工作场所职业卫生条件差，18.1% 的人认为没有必要的劳动保护用品。第二个原因是一些中小企业不注重对农民工的培训，即招即用，增加了发生工伤事故及其纠纷隐患和患职业病的危险。第三个原因是很多农民工文化素质较低，安全意识差。据宁波市估算，80% 的安全事故都是农民工自己造成的。问卷调查也显示，农民工反映过去三年发生工伤事故或患过职业病的主要原因中，排在第一、第二位的是纯属意外和本人不小心，这说明无论是企业，还是农民工本人，安全防护意识都不强。

据杭州市卫生局的官员反映，有的企业对危害大的岗位的员工采取频繁调动的做法，半年时间或一年时间左右就将员工调离，从而有意识回避职业危害这个问题。在现实中，农民工的职业病问题开始凸显。浙江省的工业门类齐全，中小企业为数众多，导致职业病危害的因素广泛存在，接触有毒有害环境的人员数量很多。近几年，浙江省职业病发病率呈逐年上升趋势，2006 年报告为 218 例职业病，2007 年为 320 例，2008 年为 342 例，这既不包括没有上报的例数，也不包括潜伏期较长的例数。当前因职业病引发的争议、信访、投诉事件也呈快速增长趋势，已成为影响社会稳定的一个严重问题。

（三）山西省劳动关系政策执行情况

1. 政策执行的措施

第一，在劳动用工与劳动合同方面，为提高农民工劳动合同签订率，依法维护农民工劳动权益，山西省先后出台了一系列政策。

《山西省推进劳动合同制度实施三年行动计划工作方案》中提出：从 2006 年到 2008 年，用三年时间实现各类企业与劳动者普遍依法签订劳动合同。2007 年 5 月，山西省劳动保障厅印发《山西省劳动用工备案暂行办法》，该办法对在晋用工单位（除公务员等另有规定外），实施用工单位到劳动部门备案方法，并对备案工作操作细节做出了具体规定。2009 年 9 月，山西省人大常委会审议通过《山西省劳动合同条例》，该条例在《劳动合同法》的基础上着眼山西煤炭大省实际，针对井下工作人员情况进行了特殊规定（如对从事井下工作的劳动者，培训时间不得少于 120 小时），并规定从事特种作业的，应当取得特种作业操作资格后方可上岗；此外，该条例还增加了劳动用工备案内容，以条例的形式承认双重劳动关系的存在。

第二，在工资支付方面，山西省在提高农民工工资标准和解决农民工工资拖欠问题上出台了政策。

一是通过调整最低工资标准，对农民工实行底线保障。2008 年 10 月，出台了《关于调整山西省最低工资标准的通知》，提高最低工资标准和非全日制用工小时最低工资标准，并且提高了以农民工为主体的煤矿井下从业人员最低工资标准，相应提高井下采掘人员和辅助人员的小时最低工资标准，使农民工的收入水平有所提高。2008 年 11 月，省人民政府下发《关于加强企业工资宏观调控促进职工工资收入合理增长的意见》（晋政发〔2008〕31 号），要求全省各类企业根据政府发布的工资指导线，通过工资集体协商，按年度制定本企业工资指导线实施方案，确定企业年度工资增幅。根据文件，山西省劳动保障厅制定了《关于加强企业工资宏观调控促进职工工资收入合理增长的实施办法》，细化了工资指导线实施方案的具体内容和操作规程。

二是通过建立欠薪报告、工资保证金等项制度和强化监察监控手段，解决农民工工资拖欠问题。2004 年 6 月颁布实施的《山西省职工劳动权益保障条例》对用人单位向职工（包括农民工）支付工资的行为做出了一系列规定，同时规定在全省实行欠薪报告制度。2006 年 11 月，山西省人民政府出台《山西省人民政府贯彻落实国务院关于解决农民工问题若干意见的实施意见》（晋政发〔2006〕41 号），明确实行经营者工资与农民工工资支付挂钩制度；规定建筑施工企业和发生过拖欠工资的企业，必须建立农民工工资保证金；完善农民工工资支付监控手段，企业支付农民工工资必须列表造册，按季度报同级劳动保障行政部门备案，保证工资支付得到全面监控。2009 年 1 月，山西省劳动保障厅印发《关于进一步健全企业工资支付监控制度的通知》（晋劳社厅〔2009〕2 号），要求全省各级劳动保障部门加强对企业工资支付的动态监督，督促企业普遍建立欠薪报告制度，同时加强劳动保障监察执法，建立健全解决企业工资拖欠问题的应急工作机制，及时妥善处理企业工资拖欠问题。

第三，在职业安全卫生方面，在加强农民工职业安全卫生权益保护方面，山西省在贯彻落实国务院 5 号文件的基础上，进一步出台严格的落实政策。

在加强职业卫生方面，2007 年 7 月，山西省人民政府出台《关于进一步加强餐饮业和食堂卫生安全工作的意见》和《关于加强食品小作坊监督管理工作的意见》，明确要求进一步增强餐饮、食堂经营者责任意识，强化食堂从业人员食品安全意识，提高广大农民工的食品卫生知识水平和自我防范能力。对农民工职业安全卫生权益保障工作做了明确规定：新招用农民工时必须组织进行职业性健康检查，并且定期组织健康检查；招用女工和未成年工的，要严格执行国家对其特殊保护的规定，每年组织一次健康检查；严格禁止使用童工，对介绍和使用童工的违法行为要从严惩处；开展作业场所职业安全健康监督检查等。

2. 主要成效

第一，在农民工劳动关系方面，山西省通过实施包括加强农民工劳动合同签订在内的各项政策措施，农民工劳动合同签订率大幅度提高，为依法维护农民工权益提供了较好的法律基础。

按照《山西省全面推进劳动合同制度实施三年行动计划工作方案》，山西省针对建筑业、住宿和餐饮业等行业农民工流动性强、劳动合同签订率低的状况，开展专项“签约行动”，截至目前，规模以上企业农民工签订率达 80% 以上。2008—2009 年连续两年按照《关于开展春暖行动提高农民工劳动合同签订率的通知》要求，在使用农民工较为集中的建筑业、采矿业、住宿和餐饮业、居民服务业以及镇、村办等企业，开展农民工劳动合同签订“春暖行动”，用人单位和农民工依法签约的意识不断提高。同时对农民工较为集中的乡镇企业，按照《山西省农村地区劳动用工监督管理暂行规定》和《关于加强劳动保障监察工作的意见》的要求，加强了劳动用工的规范管理工作，在山西全省范围内以乡村小砖窑、小煤窑、小矿山、小作坊为重点，对无照经营、拐骗农民工、强迫劳动、使用童工行为，由各地工商、公安、国土、劳动保障部门分别进行了查处，对规范劳动用工起到了推动作用。

第二，在农民工工资方面，多部门联合行动。为切实解决工资拖欠问题，加强组织保障，山西省建立了由劳动保障厅、财政厅、国资委等 11 个部门、单位组成的厅际联合会议制度，就企业工资拖欠问题专题研究，加强工作的统筹协调，推行工资保障金制度，建立健全了保障企业依法支付工资的长效机制。近年来，通过联合执法、集中整治和日常督察等措施，组织开展了农民工工资支付检查，全省各地各部门为 4 万名农民工追讨工资及赔偿金约 3215 万元。总体上，国家关于农民工工资支付的政策在山西省得到较好的执行，农民工工资拖欠问题得到有效遏制。

第三，在职业安全卫生权益方面，建立了体系化的工作机构。山西省卫生部门认真贯彻《职业病防治法》，形成了以430余名职业卫生监督人员为骨干，以170多家疾控中心和13家职业病诊断和鉴定机构、136家职业健康检查机构及37家职业卫生技术服务机构为技术支撑的职防网络。建设项目职业病危害的预评价和控制效果评价率由以前的不足7%，提高到了40%以上；有效提高了企业职业病防护工作的水平，有效地降低了职业病发生的概率。以太原市为例，太原市劳动者职业卫生培训率为65%，用人单位职业病危害项目申报率为72%，从事接触职业病危害作业劳动者的职业健康体检率为63%。山西省安监部门认真领会贯彻《国家安监总局关于进一步加强农民工安全生产工作的指导意见》（安监总培训〔2009〕19号）文件精神，事故率大幅减少。2009年1—10月，山西省各类安全生产事故死亡人数同比减少923人，下降29.93%，为国家下达年度控制指标的63.00%，比进度控制目标少697人。其中，一次死亡3人以上事故起数同比下降24.14%，死亡人数同比减少57.66%；一次死亡10人以上事故起数同比下降58.33%，死亡人数同比减少74.95%。

3. 存在的问题

第一，仍存在不签订劳动合同的现象，建筑行业劳务派遣成为用工主流。山西在全省范围内组织实施《山西省全面推进劳动合同制度实施三年行动计划工作方案》、部署实施《山西省人民政府贯彻落实国务院关于解决农民工问题若干意见的实施意见》后，劳动合同签订率有较大提高，但2008年底农民工劳动合同签订率只有80%。据山西建委反映，农民工与用工单位签订劳动合同的比例仍有提高空间。另外一个突出的问题是，建筑领域使用农民工全部是劳务派遣用工形式，课题组走访的建筑企业也是如此。在这种形式下，建筑行业的农民工都没有与建筑公司签订劳动合同，而是与劳务公司签订合同，一旦出现农民工权益受到侵害的问题，用工主体责任不清，同时劳务派遣用工方式也难以稳定建筑行业的骨干技术人才队伍。

第二，农民工工资拖欠问题难以彻底解决，超时加班问题较为突出。尽管政府各部门出台规章制度加大惩治拖欠工资行为的力度，拖欠工资现象在一定程度上有所改观，但往往旧的拖欠问题解决了，又形成新的工资拖欠问题。据临汾劳动局和太原建委反映，拖欠农民工工资问题仍然在建设领域存在，每年因拖欠农民工工资引发的群体性事件时有发生，说明在清欠后又开始形成新的拖欠。农民工特别是建筑行业农民工加班加点比较普遍，每天的工作时间普遍在 10 小时左右。据调研组深入企业与数名建筑行业农民工座谈了解，建筑工地周六日加班现象十分严重，每月只能休息 1—2 日。

第三，农民工的职业病防治工作依然缺乏有效措施，职业卫生监督力量不足，农民工安全意识有待加强。从政府层面来看，职业病防治工作没有纳入政府工作和领导的考核目标，不能很好地协调各有关部门之间的监管力度，无法形成监管合力；有的地区政府甚至实行“地方保护主义”，致使卫生行政部门履行职能受到很大影响。大部分市、县（区）均没有将职业卫生监督和职业病防治所需经费纳入财政预算。从企业层面来看，有些中小型企业没有完善的职业病危害防治措施，只顾眼前经济利益，无视劳动者的身体健康。这些企业往往以农民工、流动工和季节工居多，由于很少对职工进行职业卫生培训，致使劳动者自我防护意识淡薄，患职业病隐患大。2008 年山西省职业病危害调查显示：山西省存在职业病危害的企业至少有 6100 家，而职业卫生监督员只有 430 人，而且大部分职业卫生监督机构存在经费短缺及交通工具、现场检测仪器、执法取证工具缺乏的现象，加之大量雇用农民工的很多企业位置偏远，执法环境恶劣，使职业卫生监督执法工作不能顺利开展。

第四，农民工职工安全培训工作和安全意识有待加强。据山西省安监部门反映，职业安全培训工作占用农民工休息时间较多，给培训机构带来很大压力，培训的效果难以保障，企业没有使用工作时间培训而转嫁农民工休息时间，有不合理之处。农民工不愿佩戴安全生产工具的问题较突出。在企业走访过程中，我们发现某企业给农民工配备了安全工具，比如口罩、手套，但在工作过程中农民工较少佩戴，为安全生产工作带来较大隐患。

第四节　农民工劳动关系政策执行情况分析

国务院农民工办课题组于2012年发布了《中国农民工发展研究》，其中对2006年国务院5号文件发布后，到2012年6年间的政策执行情况做了评估，可以发现农民工劳动关系政策执行取得成绩的同时，也暴露出一些问题和漏洞。

一　农民工劳动关系政策执行的基本效果

1. 农民工劳动合同签订率不断提高

各级政府大力推动劳动合同法及实施条例的贯彻落实。截至2010年底，农民工劳动合同签订率达到65%。

2. 农民工工资水平大幅提升

一是适时合理调整最低工资标准。“十一五”时期，31个省区市都建立了最低工资制度和最低工资标准正常调整机制，各地平均调整最低工资标准3.2次，每次平均调整幅度12.9%。

二是积极稳妥开展工资集体协商。2006年，劳动和社会保障部会同中华全国总工会、中国企业联合会/中国企业家协会联合下发了《关于开展区域性行业性集体协商工作的意见》，2008年开始推进集体合同制度，实施“彩虹计划”，推动各地以工资集体协商为重点，不断扩大集体合同制度覆盖面。据不完全统计，截至2010年底，全国经各级人力资源和社会保障部门审核备案的工资集体协议达到30.97万份，覆盖职工4398万人。

三是提高煤炭企业井下艰苦岗位津贴。2006年，劳动和社会保障部会同国家发展和改革委员会、财政部联合下发了《关于调整煤矿井下艰苦岗位津贴有关工作的通知》，23个省区市发布了实施意见，制定实施了本地区煤矿井下艰苦岗位津贴的具体标准。

3. **农民工工资拖欠问题得到明显遏制**

一是大力解决建设领域农民工工资历史拖欠问题。按照国务院关于三年解决拖欠农民工工资的要求，人力资源和社会保障部会同住建部等部门，采取加大农民工工资支付情况检查力度、规范和完善农民工工资支付办法、建立预防和解决拖欠工资问题的长效机制等措施，基本解决了建设领域农民工工资历史拖欠问题，共清偿337亿元。

二是积极建立预防和解决拖欠工资的长效机制。配合全国人大常委会在刑法中设立了“拒不支付劳动报酬罪”。大力推动各地建立“两金三制”，即在建筑业建立工资保证金、在拖欠农民工工资的易发多发地区建立欠薪应急周转金，实施建筑总承包企业负责解决分包企业欠薪制度、行政司法联动打击欠薪逃匿制度和属地管理省级人民政府负总责制度。同时，各地结合实际积极探索解决拖欠农民工工资问题的新做法。

三是加强岁末年初的农民工工资支付保障工作。针对元旦、春节期间农民工集中返乡、企业拖欠农民工工资比较突出的特点，从2002年开始，每年第四季度组织开展农民工工资支付专项执法检查活动，严肃查处企业拖欠工资的违法行为；从2009年开始，每年第四季度，连续多年对做好“两节”期间保障农民工工资支付工作做出专门部署，实现了农民工工资基本无拖欠。经过多年努力，2010年全国各级劳动争议仲裁机构受理涉及农民工工资问题的争议案件比2009年下降了15.1%，因拖欠工资问题引发的百人以上群体性事件下降了30.6%。

4. **农民工劳动条件逐步改善**

一是进一步维护农民工休息休假权利。2007年国务院颁布《职工带薪年休假条例》，2008年制定了《企业职工带薪年休假实施办法》。2007年法定节假日总天数由10天增至11天。

二是推动企业制定合理的劳动定额。组织制定并由国家标准委批准发布了《劳动定员定额术语》、《工作抽样方法》、《劳动定额测时方法》、《工时消耗分类、代号和标准时间构成》等国家标准。组织审定并批准发布了包括30项建设工程劳动定额行业标准等多项劳动定额行业标准，为企业合理确定劳动定额提供依据。同时，指导企业和劳动者将劳动定额、计件单价作为集体协商的重要内容之一，以行业标准为参考，通过平等协商确定本企业劳动定额和计件单价。

三是注重引导企业搞好对职工的人文关怀，指导企业通过改善生产生活条件、拓展职工发展空间、丰富企业文化生活、关注职工身心健康等措施，努力改善劳动条件和用工环境。

5. 农民工安全生产和职业健康工作得到推进

全国安全监管监察系统加强了包括农民工在内的从业人员安全生产和职业健康监管工作，截至2006年，各地区、各有关部门共监管监察生产经营单位839.4万个、1761.7万次，平均每年167.9万个、352.3万次，实施行政处罚36.7万次。各地普遍加强了职业健康监管工作。

以深入开展安全生产专项整治为契机，不断改进和优化安全生产条件。通过持续开展安全生产专项整治，整顿关闭不具备安全生产条件的小企业，严厉打击各种非法违法生产经营行为，不仅使一些高危行业企业安全生产保障能力有了明显提高，而且改进了作业场所的安全生产条件和环境，保障了农民工合法权益，有力促进了全国安全生产状况持续稳定好转。

积极推进工伤保险和安全生产责任险等工作。安全监管部门把企业依法参加工伤保险作为高危行业企业取得安全生产许可证的前置条件，有力促进了用人单位为农民工缴纳工伤保险。配合人力资源社会保障部门，以煤矿、非煤矿山等高风险行业和机械加工等农民工集中的行业为重点，不断扩大农民工工伤保险覆盖面。截至2010年底，全国煤矿、非煤矿山、烟花爆竹3个行业企业农民工工伤保险参保率达到95.4%、65.7%和80.4%，分别较2006年上升1.8个、3.2个和22.6个百分点；危险化学品行业为87.7%，与2006年基本持平。2009年7月20日，国家安全生产监督管理总局印发了《关于在高危行业推进安全生产责任保险的指导意见》，全国各相关地区都开展了高危行业安全生产责任保险试点工作。

6. 农民工维权工作得到加强

劳动争议仲裁机构建立了方便农民工劳动争议申诉的“绿色通道”，采取简易程序快速处理，对小额劳动报酬争议案件实行终局裁决、先予执行。2010 年，全国各级劳动争议仲裁机构共立案受理以农民工为主的劳动争议案件 66.1 万件，当期结案率达到 93.1%。人力资源和社会保障部门在 60 个城市试点劳动保障监察网格化、网络化管理，推动建立覆盖城乡的劳动用工管控网，严厉打击非法用工。司法部门进一步畅通农民工法律服务渠道，创新服务方式，加强异地协作，扩大农民工法律援助覆盖面。农业部门进一步健全土地承包经营纠纷调解仲裁体系，依法维护农民工土地承包权益，使农民工土地承包经营权有序流转。安全生产监管部门持续开展专项整治，保障农民工安全生产和职业健康权益。

二　农民工劳动关系政策执行中存在的突出问题

1. 小微企业和职工流动性较大的企业中农民工劳动合同签订率低

自《劳动合同法》实施以来，绝大多数规模以上企业与劳动者签订了劳动合同，小微企业劳动合同签订率快速上升，由 15% 提高到 65%，但剩余 35% 的小微企业劳动合同签订难度更大，监管更难，协调更复杂。小微企业从业人员有 2 亿人左右，占从业人员总数的 64%，以新生代农民工为主，约有五六千万农民工未签订劳动合同。在行业分布上，流动性较大的建筑业、制造业、采矿业、商贸服务业和旅游业 5 个行业劳动合同签订率最低；在地域上，主要集中在城乡接合部、工业园区等新开发和边贸地区。这些行业和地区都以农民工就业为主。此外，还存在劳动合同的内容不完备甚至有违法条款，签订、变更、解除和终止行为不规范等问题。

2. 以农民工为主体的劳务派遣用工不规范

从劳务派遣用工情况来看，农民工占 80% 左右。一些用工单位出于规避签订劳动合同责任、降低用工成本、减少管理风险等原因，在主营业务岗位长期大量使用被派遣劳动者。在部分行业和用工单位，劳务派遣用工已成为新的主要用工形式，有的甚至将原直接用工转为劳务派遣用工。少数劳务派遣单位不与被派遣农民工签订劳动合同。被派遣农民工与用工单位直接用工同工不同酬的问题比较突出。据人力资源和社会保障部2009年的调查，被派遣劳动者的工资比用工单位直接用工低20%—50%。少数劳务派遣单位不为被派遣农民工缴纳社会保险。被派遣农民工难以参与企业民主管理，利益诉求渠道不畅通，劳动权益难以得到有效保障。

3. 农民工工资长期偏低，增长仍然偏慢

2010年，全国农民工月均工资1690元，仅相当于城镇在岗职工月均工资3021元的55.9%。“十一五”期间，农民工平均工资年均名义增长14%，比城镇在岗职工平均工资年均增长低1.4个百分点。2009年，以农民工为主要就业群体的制造业、建筑业、住宿餐饮业、批发零售业平均工资分别是行业工资最高的金融业的44%、40%、45%、48%；2004年，上述4个行业平均工资年均增长速度分别为13.5%、13.9%、10.6%、17.5%，明显低于金融业20%的增速。

以农民工为主的企业一线职工与管理人员相比，其工资水平过低、增速偏慢。根据人力资源和社会保障部对8个省份6个行业的薪酬调查，2009年企业生产运输工人平均工资相当于中高级管理人员的42%，其中初级技能工人的工资仅相当于高级管理人员的21.8%。作为保障职工工资最低收入的最低工资标准成为许多劳动密集型企业确定农民工基本工资的标准，农民工成为拿“地板工资”的主要群体，为了增加收入不得不被迫“自愿”加班。一些企业工资支付不规范，工程建设领域因拖欠工程款导致农民工工资拖欠现象仍比较突出，其他行业中的一些中小型非公有制企业拖欠工资问题时有发生，有的企业甚至以暴力伤害讨薪农民工。

4. 农民工劳动时间长，安全条件差

一些企业不能严格执行国家劳动标准，部分企业还存在通过提高劳动定额标准，降低计件单价的方式，导致农民工在法定工作时间内难以完成工作任务，只能通过加班加点才能获得一般水平的工资。农民工超时加班、不能按规定获得加班费现象仍然较多，休息休假权得不到保障。农民工承担着城镇大多数“苦、脏、累、险”的工作，从事高温、高危、高寒和高污染作业的群体以农民工为主，而部分企业的工作环境和劳动条件较差，企业为节约成本，不按规定发放劳动保护用品，工作场所安全防护设施不完备，对农民工的身体健康造成损害，职业病和工伤事故时有发生。部分女性农民工孕产期权益未得到有效保障，甚至有因怀孕而被迫辞职的情况。

5. 农民工安全生产状况依然严峻

农民工安全生产状况严峻，具体来说表现在以下几个方面。

（1）农民工仍然是最容易遭受工伤事故和职业病危害的弱势群体。截至2010年底，全国非煤矿山、建筑施工、冶金和建材等4个行业工伤死亡人数中农民工所占比例分别为75.8%、69.7%、75.6%和86.4%；乡镇煤矿、烟花爆竹、建筑施工、冶金、建材、轻工和机械制造等7个行业新患职业病人数中农民工所占比例分别高达89.1%、100.0%、95.3%、97.0%、94.2%、85.1%和91.3%。

（2）大量农民工仍处于最容易发生职业伤害的作业场所。全国各地还存在一大批生产方式落后、工艺设备陈旧、安全技术基础薄弱的中小企业，这些企业农民工就业人数较多、事故隐患突出、职业危害严重。一些企业作业场所缺乏必要的职业危害因素防护设施，粉尘、毒物、噪声等职业危害超标现象严重。2010年5月，对广东等地85家木质家具制造企业进行了现场检测，89.0%的企业作业场所苯超标，76.9%的企业作业场所甲醛超标，70.0%的企业作业场所苯胺超标，最高的超标达100多倍。一些企业农民工个体防护现状堪忧，近40.0%的企业个体防护用品配备不符合规范。

（3）农民工安全生产和职业健康培训仍需加强。一是农民工特别是非高危行业农民工安全生产培训尚未实现全覆盖。全国煤矿、非煤矿山、危险化学品、烟花爆竹、建筑施工等5个高危行业农民工安全生产培训率分别为98.7%、86.4%、82.9%、89.1%、72.9%，而冶金、建材、轻工、机械制造等4个行业则相对偏低，分别为83.5%、71.8%、75.9%、79.9%。二是农民工安全生产培训基础工作薄弱。安全生产和职业健康培训教材开发有待加强，农民工安全生产培训的优秀教材不多；各类培训机构或企业普遍缺乏既具备理论基础和实践经验，又熟练掌握现代培训方式方法并能够针对农民工特点因材施教的教师；全国统一的安全生产培训管理系统尚未建立。三是农民工安全生产培训质量不高。部分企业只关注培训课时和内容达到规定要求，对培训的针对性、实效性不关心，导致农民工培训流于形式。

（4）农民工职业健康监护水平仍然很低。一是农民工职业健康体检率较低。山西省在太原、长治、晋城三市针对近3000家企业的职业危害摸底调查表明，企业职工职业健康体检率只有29.6%，农民工较为集中的中小企业，体检率仅为5.1%。二是农民工职业健康岗前、在岗和离岗体检率差别极大。对9个行业调研显示，多数企业对农民工进入本企业前的岗前体检较为重视，体检率达到70.0%以上，但是在岗体检率仍然较低，只有30.0%左右；同时，由于农民工离职随意性大等诸多原因，离岗体检率很低。三是除个别大型企业外，多数企业农民工职业健康档案建立工作刚刚起步，还很不规范。

（5）很多农民工仍然没有被纳入工伤保险、安全生产责任险。一些中小型企业特别是小型民营企业从自身经济利益考虑，不愿为农民工缴纳工伤保险或安全生产责任险。对9个行业调研显示，农民工工伤保险参保率为73.6%。其中，建筑施工和建材企业较低，分别为73.3%和76.3%；而非煤矿山和轻工企业则更低，分别为65.7%和51.2%。调研发现，大多数建筑施工企业没有为农民工缴纳工伤保险，往往以意外伤害险来代替工伤保险。农民工工伤保险参保率有待进一步提高。

（6）劳务承包单位农民工安全生产问题更为突出。劳务承包已成为脏、苦、累、险类作业的主要用工方式，但劳务承包单位一般规模较小、安全管理不规范、从业人员几乎全为农民工，劳动合同签订、安全教育培训、职业健康体检、个体防护用品配备、工伤保险参保等方面的问题十分突出。在部分行业分包领域，甚至存在交钱就办证和人证不符、冒名顶替现象；而发生事故后，发包单位与分包单位往往推诿扯皮，损害农民工合法权益。

6. 部分企业忽视农民工发展需要，缺少人文关怀和心理疏导

一些企业过分追求效率，依靠家长式权威来管理农民工，管理方式简单粗暴，单一强调纪律约束，制定了苛刻且不合法的规章制度，农民工一旦违反，就会被罚款甚至被解雇。制造业企业为了提高效率，对劳动过程实行"泰勒制"精细化管理，把生产步骤最大程度地分解开来，导致工作成为单一动作重复，劳动强度大，降低了农民工工作的主动性和成就感，阻隔了正常的人际交流，给农民工身心带来较大的伤害。

劳资双方沟通协商机制普遍缺失，企业经营者缺乏人文关怀，在关爱农民工方面存在"说起来重要，做起来次要，忙起来不要"的现象。

大部分企业对农民工没有进行有针对性和系统性的技能培训，农民工缺少职业发展空间，缺乏精神文化生活。

上述突出问题侵害了农民工的合法权益，并带来了大量的劳动纠纷。2011 年以来，许多地方发生了以提高工资待遇、改善劳动条件为主要诉求、以新生代农民工为主体的集体停工事件，劳动关系冲突性增强，这些问题在课题组的调查研究中得到了证实。

第五节　政策执行的动力和阻力分析

综上所述，以 2006 年国务院 5 号文件为代表的农民工政策得到了"一定程度"的执行，但是并未得到"切实、有力"的执行；农民工的劳动关系权益得到了"一定程度"的保护和改善，但是未得到"根本性"的改善。2006 年国务院研究室课题组提出的农民工领域存在的突出问题，目前只是显现出解决的亮点和曙光，尚未显露出确定性的改观。

农民工政策得到了"一定程度"的执行，在于存在执行政策的激励和动力；未得到“切实、有力”的执行，在于存在执行政策的障碍和阻力，其中一个重要的障碍是农民工所在的劳动力市场供求不平衡。我国普通劳动力供过于求，能力素质不高者所占比重大，在劳动力市场上处于弱势地位，也不利于低收入群体收入的提高。[①] 劳动者之间互相竞争，为了在竞争中获得一个普通的劳动岗位，通常不得不放弃自己的一些合法权益。[②]

专家指出，在竞争领域，农民工的收入比非竞争领域低，是因为不少用人单位，主要是公有制单位分配关系的两个并存。其中一个并存是许多低端岗位工资偏低和某些低端岗位工资不低并存。许多低岗工资偏低是指农民工、劳务派遣工、全日制非全日制工还有一般性岗位工作的某些城镇职工工资低。某些低端岗位工资不低是指某些垄断行业企业等单位的普通岗位职工的收入较大幅度地超过市场同类岗位的工资价位，例如，电力系统的抄表工年收入 13 万元。[③] 从这个角度来看，非垄断领域、低端劳动力市场上的激烈竞争，影响了农民工政策的落实。

但是，劳动力市场并非自然、自发的，而是制度安排的结果，是国家政策选择的结果。所以，本文下面着重分析制度的问题，特别是制度中各个利益相关者的动力和阻力。

一 用人单位的考量：财收、权稳和道义

1. 企业或雇主对“财收”的追逐

企业的目的是赚钱，为最大地获取剩余利润而尽力压低人工成本，降低劳动者的待遇，这是市场经济体制下的固有现象。在马克思关于资本主义的描述和分析中，这一现象司空见惯。在我国，目前的情况同样是“一些企业唯利是图，通过压低劳动者工资赚取利润”[④]。企业“还没有摆脱靠降低劳动力成本盈利的机制，因此能不给劳动者权益，就尽量

---

① 苏海南：《如何标本兼治解决分配问题》，《今日中国论坛》2006 年第 7 期。

② 苏海南：《我国劳动关系现状分析与对策研究》，《中国劳动》1997 年第 3 期。

③ 苏海南：《当前我国收入分配问题及改革思路和政策措施》，《中国工人》2011 年第 8 期。

④ 苏海南等：《最低工资制讨论中的几个热点问题》，《开放导报》2006 年第 5 期。

不给，还处在将劳动者视为主要的赚钱工具阶段，还没有考虑到如何将企业发展与确保劳动者权益结合起来这样全面发展的问题，更没有考虑到对劳动者的尊重是人类最高文明的价值要求。同样，其他社会政策也有相似的遭遇”①。

目前我国经济呈现过度市场化的倾向，资本更强劳工更弱，而且这个资本不仅包括国内资本，还包括国际资本。在资本肆无忌惮的挤压下，农民工的工资被人为地压低。在很多地方，最低工资标准化就是一个明证。如果农民工想要得到更多的收入，他们就得加班加点，付出更多艰辛的劳动。

农民工在劳动场所和劳动关系中遭受的不良待遇，包括上述的随意被解雇辞退、没有解雇赔偿，很低的工资、被拖欠或克扣工资，工作岗位脏、累、差、重、险，劳动时间长，劳动强度高，安全卫生条件差，发生工伤事故和患职业病得不到赔偿，劳动纪律严苛等，都与企业或雇主的最大化“财收”目的有关。简单地说，企业或雇主尽力压低农民工的所得，以致扩大自己的所得。如同马克思当年所描述的，他们提供给农民工的待遇，只是能够让农民工来这里干活的最低工资。国务院农民工办课题组所指出的“一些企业工资支付不规范，工程建设领域因拖欠工程款导致农民工工资拖欠现象仍比较突出，其他行业中的一些中小型非公有制企业拖欠工资问题时有发生”等，都是如此。

一些非公有制大中型企业缺少社会责任感，只关注扩大生产规模，多创增加值，缺少关心员工、承担社会责任的理念；少数私营企业主只考虑多赚钱，急于扩大原始资本积累，想方设法侵占劳动者利益，不管工人死活，缺乏起码的道德良心。这些价值追求偏差当然会造成价值创造中过度使用劳动力，价值评估中有意无意压低劳动者贡献度，同时不合理地提高资本等的贡献度；价值分配中故意使主体重要组成部分的工人缺位，阻碍和制约企业“蛋糕”的合理分配。②

---

① 王春光：《新生代农民工城市融入进程及问题的社会学分析》，《青年探索》2010 年第 3 期。

② 苏海南：《价值追求决定“蛋糕”分配》，《中国党政干部论坛》2010 年第 6 期。

农民工制度被企业或雇主作为进一步压低劳动者待遇的工具。这是因为，农民工来自外地，流入地政府对其的保护与本地人相比更为不足，以致农民工“更好欺负”。据调查，各类经济组织还存在同工不同酬的情况，只要是农民工、临时工等非正式工，其工资都明显低于正式工。此外，不少用人单位在支付加班工资、婚丧假和病假工资以及试用期、见习期、实习期工资时，没有标准，随意定薪，普遍压低应付工资。[①] 国务院农民工办课题组的报告也显示，2010 年，全国农民工的月均工资为 1690 元，仅相当于城镇在岗职工月平均工资 3021 元的 55.9%。“十一五”期间，农民工工资年均名义增长 14.0%，比城镇在岗职工平均工资年均增长低 1.4 个百分点。

企业还用自己的“经营管理自主权”或“创制权”来制定某些制度，规避国家的法律法规，压低农民工的工资和其他待遇。国务院农民工办课题组所指出的“以农民工为主体的劳务派遣用工不规范”，即是其滥用劳动用工的“创制权”。另一种制度形式则是“劳务承包”和“分包”，即上文所指出的一些大中型企业将工程或业务分包给以农民工为主体的小单位后，“以包代管”、“包而不管”。

国务院农民工办课题组指出的“制造业企业为了提高效率，对劳动过程实行‘泰勒制’精细化管理，把生产步骤最大程度分解开来，导致工作成为单一动作重复，劳动强度大，剥夺了农民工工作的主动性和成就感”，同样属于企业的自由和随意“创制”。

某些外来资本与国内资本相比，逐利倾向更为强烈。在这类企业中，不仅尽力压低人工成本，而且实行血汗工厂制度。广东省具有很强的“两头在外”特点，一些企业来自港台地区，追逐短期的最大利益，以致这里的农民工工资更低，发生工伤事故或患职业病的概率更高。如上述的调查显示，广东省侵害农民工权益的情况比浙江省和山西省严重。

企业或雇主也出于道义来执行政府的农民工政策，例如“以人为

---

① 苏海南：《分配秩序亟待法律手段调控》，《法制日报》2011 年 3 月 25 日。

本”、“社会责任”、“有钱大家赚”。但是，很多道义的宣传与对“财收”的追逐混合在一起。一些企业比较积极地落实政策，是为了得到政府的优惠政策，从而更顺利地得到某些社会资源。另外，他们提高农民工工资，在很大程度上是为了解决“民工荒”，招到工人、留住工人，特别是留住好工人。对农民工政策的执行，也多是从“财收”的角度进行考量，选择收益高或成本低的政策项目。如上文所指出的，企业中落实程度较高的政策是参加社会保险、安全生产和卫生防护，以及雇用的稳定性。企业或雇主期望借助签订劳动合同和缴纳社会保险来稳定劳动力，借助工伤保险避免高额的工伤事故和职业病赔偿，而对减轻劳动强度、减少劳动时间、提高工资水平等政策的执行较差，是因为这些政策的执行将大大地降低其“财收”。

2. 企业高管对“权稳”的固守

现在，整个劳动关系管理过程都处在劳动者的法定权益与管理权的智慧博弈之中，在多数情形下，管理权可以昂然前行而无须顾及《劳动法》的一些原则规定。[①]

企业高管的一个“习惯动作”是集中权力、独享权力、以权强制、暴力管理。如同国务院农民工办课题组所说：一些企业过分追求效率，依靠家长式权威来管理农民工，管理方式简单粗暴，单一强调纪律约束，制定了苛刻且不合法的规章制度，农民工一旦违反，就会被罚款甚至被解雇。

企业高管们的另一个“习惯动作”是警惕和排斥工人方的权力。[②]阻挠工人组建和加入工会，如果企业存在工会，就将工会变为“老板工会”、“管理层下属的工会”。同时，他们排斥和阻挠集体谈判和集体协商，封闭农民工的意见表达。这就导致了国务院农民工办课题组所说的现象：“劳资双方沟通协商机制普遍缺失”；“劳动关系协调机制不健全”；“集体合同制度覆盖面不广，集体协商实效性不强，基层工会组织

---

① 陶文忠：《分享劳动管理权是劳资关系的合理格局》，《中国新闻周刊》2006年第16期。

② 苏海南：《价值追求决定“蛋糕”分配》，《中国党政干部论坛》2010年第6期。

不健全，部分企业尤其是中小型非公有制企业工会维权力量薄弱，集体协商和集体合同制度作用难以全面有效发挥”；“即使开展集体协商的企业，大多也没有吸纳农民工作为职工代表与企业开展集体协商，难以反映农民工的利益诉求，农民工在企业工资分配中的知情权、参与权、表达权得不到落实。”

企业高管们还以行政暴力对付农民工的权力行动和权利诉求。如国务院农民工办课题组所指出：“有的企业甚至以暴力伤害讨薪农民工”。其实质是用管理的行政权力镇压农民工的权力意图。

企业高管身居高位，权力无人能够制约，因而具有相当大的随意性，即“想怎么做就怎么做”，“想做就做，想不做就做”，“想怎么对待农民工就怎么对待”。他们不制定也不遵守制度、规则、规范和程序，不探索也不实行考核制度、科学标准、科学评估，不设置也不接受监督程序，几乎完全依靠自身的修养和道德情操。这就是司空见惯的“人治”[①]。即使在国有企业，高管们也自定薪酬，为了自己的高薪酬而压低农民工的待遇。[②] 在私有企业，资方的分配权力更大。2003—2007 年劳动和社会保障部进行的 5 省份抽样调查表明，私营、股份合作企业平均工资的年均分别增长 7.9% 和 8.9%，比同期的国有企业年均增长 13.1% 要低 4.2—5.2 个百分点。[③]

权力固守与财收追逐互为因果，互相作用。对财收的追逐越强烈，对权力的固守也越顽强。上述本课题组的研究发现，广东省农民工与浙江省和山西省相比，在发生权益受损之后更倾向于找政府部门和法院解决，一是因为广东省的政府部门和司法部门的公平性和效能性相对较强；二是因为企业管理方的行为具有较强的刚性特征，在占有农民工的劳动力方面较少让步，不大可能通过农民工与企业管理者的直接交涉而得到解决。由此也决定了与浙江省和山西省相比，广东省企业或雇主较

---

① 苏海南等：《我国劳动密集型小企业劳动关系问题研究》，《华中师范大学学报》（人文社会科学版）2012 年第 2 期。

② 苏海南：《高管薪酬监管缘何失控》，《人力资源》2009 年第 6 期。

③ 苏海南：《当前我国收入分配问题及改革思路和政策措施》，《中国工人》2011 年第 8 期。

少愿意在农民工身上花钱，农民工权益状况的改善程度最低。与之相应的是，广东省企业的规章制度更为严苛，更缺乏合理性。

当然，企业管理方的权力固守并不一定成功。相反，过分固守的权力所导致的是农民工强烈的抗争，例如罢工和集体怠工。这些罢工在2011年和2012年以后呈现逐渐增多的趋势。在持续的罢工之后，企业往往遭受很大的损失。他们不得不走到谈判桌前，与工人们协商、谈判。由此，他们的权力不得不放开。换句话说，他们以部分接纳工人的权利来维系自己的管理权力。

3. **企业股东对利益的追逐**

企业高管在实行经营权与所有权分离的企业是由股东聘任的。股东投资的目的是获取红利。所以，企业高管首先服从于股东的利益。农民工的待遇提高有可能影响到利润率，影响到可分配红利，因而导致股东的反对。为了股东利益的最大化，企业管理层往往会抵制政策的执行，甚至压低农民工的利益。

4. **企业强势群体对利益的牟取**

在企业层面，高级管理者、中级管理者、基层管理人员，以及技术人员、研发人员、销售人员，都希望从企业的有限收益中得到尽可能多的份额。在一定时间内，通过竞争形成“金字塔”式的利益格局。当农民工一方力求增加所得份额时，必然引起利益格局的调整，或许减少其他群体的所得份额。也就是说，农民工要增加工资，在总收益不变的前提下，必然压缩其他人的收益。此时的博弈依赖于农民工群体的讨价还价能力，以及政府要求落实政策的实质性压力。

此外，农民工的政策执行还会影响到企业的其他相关者，例如银行、供应商、销售商。当企业的人工成本因农民工政策执行而提高时，可能要求供应商降低价格，对销售商提高价格，而银行可能认为企业存在还贷风险而不愿意提供贷款。这些利益相关者或许会转变为企业执行政策的阻力。

5. **政府执行政策的力度和坚持性**

政府对企业具有监察和监督权力，可以对其进行罚款也可以命令其停产整顿。企业故意欠薪甚至纳入了刑法条文。所以，政府的权力是企业管理方权力的“克星”。如果政府坚定地执行政策，企业就不得不进行落实。但是，企业也用经费来同政府部门工作人员交易，导致政府工作人员放松执法，不作为，甚至反向地乱执法。例如，对农民工的讨薪罢工，政府工作人员不是促进欠薪问题的解决，而是出动警察驱散或逮捕农民工。

二 地方政府的考量：权稳、财收和道义

地方政府对国家的农民工政策，同样具有权稳、财收和道义三个维度的考量。权稳，涉及两个层面，一是取得和加强农民工对政府的拥护；二是农民工不闹事，社会秩序和政治秩序稳定，避免对政府权力的冲击。财收，涉及两个层面，一是经济发展、效率提高、财政收入增加；二是减少财政开支，少因为农民工花钱。道义，包括以人为本、尊重劳动价值、实现体面劳动、保护农民工权利、促进农民工收入和福利的增加等。

1. 权稳既是动力又是阻力

权稳是政府制定和执行农民工政策的重要动力。首先，通过政策的制定和执行，可以增强农民工对政府的支持和拥护。在城市这一流入地，开放进入城市的闸门，农民工既进入企业就业、获得收入，又进入城市生活，享有城市人已经有的多项社会福利和公共服务，安居乐业。在农村这一流出地，解决剩余劳动力的出路问题和持续的贫穷问题，缓解人地关系紧张和干群矛盾。在城乡之间，打破隔离农村人的二元结构，实现城乡一体化，农民市民化，社会平等。这些无疑都会增加农民工对政府的拥护，增强党的执政基础。其次，通过政策的制定和执行，可以消解农民工在企业受到歧视、在城镇遭受不公平对待的不满，避免因此而引发的罢工、示威，减少外来人口与当地人口的冲突事件，减少刑事、治安案件，稳定生产秩序、社会秩序和政治秩序。专家们指出，政府的面前有不少定时炸弹，需要随时密切监控这些炸弹的动态，它们

会在什么条件下爆炸，什么时候可能爆炸。在爆炸即将进入临界点之前，迅速调整条件，提前解决问题，避免爆炸或延迟爆炸时间。2 亿多农民工就是定时炸弹中较大的一颗。如果手忙脚乱，应付不过来，就有可能爆炸。农民工政策的制定和执行是防止炸弹爆炸乃至卸掉引线的关键手段。总之，无论是为增加拥护还是为避免闹事，都是政府制定和执行农民工政策的强大推动力量。

但是，事情还有另一方面。第一，如果政策制定或执行得不好，“度”掌握不当，放开农民工进城也有可能对权稳产生威胁。城乡二元经济结构是我国的基本国情。实行城乡二元结构、企业内的城市人和农民工二元结构都是社会治理方式。它将不同人群进行制度分割，给每类人群分配不同的政治地位和社会身份、经济利益，通过分割实现秩序。而一下子打破分割，允许自由流动、激烈竞争，某些因为利益格局打破而受损的群体就会出现强烈不满，抵触社会和政权，冲击现存的社会秩序和政治秩序。这也正是近些年农民工政策的方向不够明朗、左右徘徊的原因之一。或许正因为如此，才出现了国务院农民工办课题组所说的：“旧的城乡分割的制度以及歧视农民工的观念尚未彻底破除，城乡统一的劳动力市场还没有真正建立起来。”第二，如果政策执行得彻底而完全，也有可能对权稳造成威胁。这里指的是工会和集体谈判。有一种观点是，对相对严重的农民工问题或者较为紧张的劳动关系问题，如果要比较有效和彻底地解决，必须开放劳工三权（团结权、交涉权、集体行动权），必须有足以对垒资方的强大工会，必须举行强有力的罢工，从而进行平等的、有力的集体谈判。然而，一个强大的工会对企业和经济发展而言意味着什么，对各级政府和政治秩序意味着什么，恐怕人们都心知肚明。或许正是因为对此的担忧，才出现了国务院农民工办课题组所说的“农民工自身组织化程度低，工会维权职能发挥不够”，“集体合同制度覆盖面不广，集体协商实效性不强，基层工会组织不健全”，“农民工利益诉求表达渠道不畅通”，等等。

总之，在政府层面，权稳既是农民工政策的正面动力，也是其消极阻力。政府一方面要消解农民工的组织、罢工、闹事等威胁权稳的行动；另一方面又要提高农民工的主动性，以矫正劳动关系的失衡。

2. 财收既是动力又是阻力

专家分析认为：部分政府官员存在的对经济社会管理的错误认识，如单纯追求 GDP 增长、不“以人为本”以及计划经济管理等旧理念，引发和强化了经济社会管理中的诸多问题，阻碍了经济社会体制的深化改革，直接或间接地影响了收入分配问题的有效解决。[①] 同时，也意味着它影响了农民工问题的解决和相关政策的执行。

追求 GDP 增长或许同时包含了道义、权稳、财收三个价值。其道义价值在于发展经济，提升全民的福祉水平，增强人民生活的幸福感。其权稳价值一是增强民众的支持拥护，增强经济基础；二是有越来越多的财力进行政权和警力建设，稳定社会秩序和政治结构，也能够拿出足够的经济实力来化解社会矛盾。其财收价值最为直观，统计数据表明，随着国家 GDP 总量的增大，政府从中得到的财政收入的份额越来越大。对多数地方政府来说，其价值量的排列秩序从高到低或许是财收、权稳、道义。

以财收而言，农民工政策的执行既会增加财收，也会减少财收。由此，对农民工政策制定和执行的力度，就会在促进和阻碍之间考量。

第一，农民工进城务工会增加财收。以广东省而言，本地政府拥有土地，港台和国外投资者拥有资金，也拥有管理和外销渠道，但是本地并无足够的劳动力与这些生产资料相结合。正是有了数千万名外来农民工，才使得企业得以实现生产要素的合理配置，生产出数额巨大的 GDP，政府也才能从企业收取各种税收。

第二，农民工的待遇提高被认为会影响财收。其分析逻辑是，地方经济发展依赖于招商引资，而招商引资依赖于良好的投资环境。投资环境的重要方面是低人工成本和有很大的利润空间。农民工的人工成本可以大幅度地被压缩，所以是一个竞争优势。如果国家的农民工政策得到

---

① 苏海南：《调控收入分配需要形成制度合力——我国收入分配难题的成因分析与解决收入分配难题的对策探讨》，《中国经济导报》2010 年 6 月 29 日。

切实执行，其各项待遇提高的结果，有可能是资本流失，从而财政收入出现枯竭。在这样的认识下，各地方政府都举步观望，谁也不愿意做首先赶走资本的人。更切实的动作是，放缓、放松农民工政策的执行，同时限制工会、阻挠集体协商。

左右权衡中的地方政府对农民工问题与其说关心其政策落实，不如说最关心“民工荒”。只有出现劳工紧缺之时，才比较认真地执行政策，提高最低工资水平，放开户籍限制，以吸引足够的劳动力。当城市必须提供城市福利才能留住农民工时，政府才有开放城门的内在动力。对其他方面的事项，如本课题组上面的报告所说，“广东省的政府文件对于休息休假和加班工资的关注程度并不高。其理由一是企业生产和订单需要，二是农民工希望加班。”

由此，一些地方政府对农民工政策的执行在心里“有谱”，知道哪些政策应该认真执行，哪些政策只需做个表面样子。会议上通过了，公开发布了，领导人讲话中要求贯彻了，并不一定真正地、不折不扣地去做。就工资集体协商来说，文件规定了，从上到下传达了，然而官员们大都心里明白，集体协商是不可控的，对经济发展是有风险的，对政府权力和社会秩序的稳定也是有风险的。所以，文件下发、会议传达之后，并不强调切实执行，也不监督检查。政策执行不执行，哪方面执行哪方面不执行，执行到何种程度，用何种特色风格执行，都取决于自己的考量，而不只是文件条文本身。

在农民工政策领域存在的一个普遍现象是，学者们讨论得热热闹闹，对农民工市民化强烈呼吁，但政府部门就是不听取，不接受，而是按自己的一套方式做。对社会呼声较大、压力较大的政策，往往是部分执行或有选择地执行，附有敷衍的态度。

出于 GDP 和财政收入的目的，一些地方政府的劳动执法不到位，偏向资方，放任资方侵害劳动者的利益；对农民工放松保护，甚至对农民工保护和争取合法权利的行为进行打压。正如国务院农民工办课题组所说的：“部分法制观念淡薄的用人单位利用其强势地位，恶意践踏法律法规，以侵害处于弱势地位的农民工的合法权益为手段谋取经济利益。部分地方政府没有认识到劳动关系和谐对于经济和社会可持续发展的重要性，在服务和管理对象上重资本所有者、轻劳动者，忽视农民工劳动权益维护问题。”“部分地方存在法律维权门槛高、法律执行难、法律援助不力等问题，农民工个体依法维护职业安全健康权益的诉讼成本高、难度大。”

出于弱化劳动执法的考虑，很多地方的劳动执法队伍不足，资源紧缺。与人力资源社会保障部门相比，经济主管部门和公安维稳部门却机构庞大，财力充足，兵强马壮。国务院农民工办课题组的报告指出的“基层人力资源社会保障部门劳动关系工作机构队伍建设不适应工作要求的问题一直未得到很好解决，相当数量地市和绝大多数县级人力资源社会保障部门没有专门的劳动关系协调工作机构，人员配备严重不足，街道（乡镇）、社区劳动关系协调工作力量薄弱”，实际上是这一倾向的具体表现。报告还指出：“虽然国家已颁布《职业病防治法》，并对职业健康监管职能作了进一步明确划分，但部分地方政府对职业健康监管工作仍然重视不够，对查处侵害农民工安全生产和职业健康权益行为的主动性不强，职业病防治监管体制不完善，相关机构设置不健全、专业人员配备严重滞后，尚未形成有效的职业健康监管力量。”“劳动争议调解基层组织和劳动人事争议仲裁院基本建设严重滞后，基层劳动保障监察执法力量不足、经费保障不力、执法装备落后，劳动争议调解处理和劳动保障监察能力不足、案多人少的矛盾突出。”

专家的研究得出了同样的结论。例如，一位专家认为，从客观上看，劳动保障工作队伍仍显薄弱，主要表现在“两网化”基础工作平台和劳动保障监察机构设置、人员编制等相对于小企业数量多、分布广、劳动者权益受损情况较多、监管不易这一状况而言明显薄弱。一些部门不仅缺乏了解辖区内小企业的基本情况及数据，甚至连参加小企业座谈会的小企业负责人代表和员工代表等都很难召集起来。[①] 劳动保障执法

① 苏海南等：《我国劳动密集型小企业劳动关系问题研究》，《华中师范大学学报》（人文社会科学版）2012 年第 2 期。

监察力量薄弱，导致对用人单位执行最低工资制度情况的监管难以到位。[①] 地方政府的相关部门因管理人员数量少而无法有效监督《劳动合同法》的落实情况。某沿海城市有400多万名外来务工者，而劳动监督部门却只有4位管理人员，他们每天坐在办公室连接投诉电话的工作都忙不过来，更别说还要处理投诉的案件。据他们反映：根本没有时间去企业调查和监督，如果不直接投诉到他们那里，案件就根本没有机会获得处理。显然，如此薄弱的监管力量确实无法适应我国当前这个劳动纠纷高发时期的监管工作。而地方政府在GDP政绩观的指导下，实际上把《劳动合同法》视为不利于促进经济增长的法规，因此能规避就尽可能规避，不能规避的想办法规避。就拿上面这座有400多万名流动人口的城市而言，当地的劳动管理部门曾多次向市委和市政府申请增加管理人员编制和经费，但都没有获得回应和支持，据劳动管理部门负责人反映，如果增加他们的编制和经费，会不利于当地的企业发展。[②]

政府在提高农民工工资福利问题上发挥的作用很小，相反在很大程度上，一些地方在招商引资时，有意无意将低工资低福利作为一个优惠条件。

地方政府放松对农民工的保护，部分放弃对农民工政策的执行，听任资方的自由作为，导致了农民工对用人单位的过分依赖和屈从，从而恶化了劳动关系。地方政府不让外来农民工享受最基本的公共福利，没有失业保险，没有低保和困难救助，一旦失去工作就陷入生存危机。为应付压力和危机，外来农民工不得不找到即时的工作，不得不接受很差的岗位、很低的工资、超长的工时、很差的工作环境、粗暴的对待和可能的性骚扰。当他们陷入沉重的生活压力时，就减弱了讨价还价能力和用脚投票能力。为给孩子交上学的高额赞助费，他们必须每天上班挣钱，必须接受雇主很低的雇用条件，必须超长时间地加班。医疗、住房、养老和父母赡养，都会加大其生活压力，导致在雇主面前的弱势和

① 苏海南等：《最低工资制讨论中的几个热点问题》，《开放导报》2006年第5期。

② 王春光：《新生代农民工城市融入进程及问题的社会学分析》，《青年探索》2010年第3期。

卑微地位。

地方政府通过户籍区隔形成了一个由本地户籍者垄断的中高端劳动力市场，外籍农民工只能进入低端劳动力市场。低端劳动力市场因过于拥挤而竞争激烈，农民工与雇主的谈判力十分低下，不得不接受很低的工资水平。激烈的竞争同时也让农民工的就业变得相对不稳定。

地方政府对外来农民工的保护力度低于本地城镇职工，这导致了雇主的“柿子拣软的捏”的行为。地方政府的保护力度越低，雇主的剥削和压迫力度就越高。雇主们对农民工在工资、岗位、劳动条件方面区别对待。他们将城镇职工划入正式工、长期工行列，将农民工划入临时工、季节工、短期合同工、劳务派遣工行列。后者在工资报酬、福利和社会保险、加班工资等方面明显低于前者。

另一方面，地方政府对财收的追逐，也压缩了企业的剩余利润空间。企业在拼命保留这一必要的剩余利润空间时，就以强大的雇用权力和管理权力压缩农民工的权益空间，将地方政府的财收部分转嫁到农民工身上。研究发现，政府对中小企业的税收仍然偏重①，部分地方政府行为不规范，法律法规政策规定之外的缴费负担普遍较重。就政策内的负担而言，单以社会保险为例，在调研过程中，无论是小企业负责人还是员工，均反映社会保险缴费负担过重。其中，尤其对在岗职工工资不断提高导致缴费基数与小企业实际工资水平倒挂的问题反映强烈。上述状况是引发小企业劳动者权益水平低等诸多问题的经济根源。② 国务院农民工办课题组指出：“农民工主要集中在中小企业就业，中小企业普遍竞争压力大、抗风险能力弱、生存周期短、产品附加值低、利润空间小、管理水平低，增加农民工工资、改善劳动条件的能力有限”，这导致“小微企业劳动合同签订难度更大，监管更难，协调更复杂”，“还存在着劳动合同的内容不完备甚至有违法条款，签订、变更、解除和终止

① 苏海南：《调控收入分配需要形成制度合力——我国收入分配难题的成因分析与解决收入分配难题的对策探讨》，《中国经济导报》2010 年 6 月 29 日。

② 苏海南等：《我国劳动密集型小企业劳动关系问题研究》，《华中师范大学学报》（人文社会科学版）2012 年第 2 期。

行为不规范等问题”。

专家还指出，一些地方支持和引导私营个体企业发展的相关配套政策不落实，两个“三十六条”落实不到位，私营企业发展不起来，做不大、做不强，经营利润比较薄弱，所以其职工工资的增长、劳资集体协商、劳方的地位就更加脆弱，加之工会组织建设不到位，也影响了私营领域劳动者收入的提高。[①]

概括起来，地方政府对财收的过于强烈的渴望和过于强大的行政力量，压缩了农民工政策的落实空间。企业利润被压缩后，农民工的待遇提高失去了可能。

三　部门利益和对政策的放行

国务院农民工办课题组的报告指出了一个政府各部门在农民工政策执行中难以协作的现象。“农民工安全生产和职业健康培训工作合力尚未形成。”“农民工安全生产和职业健康培训涉及面广，情况复杂，需要安全监管监察、人力资源社会保障、农业、教育、科技、住房城乡建设、财政、扶贫、工会等部门和单位按照各自职能，相互配合才能做好。目前各部门针对农民工的培训还未有效衔接起来，配合协调机制还没有完全形成。”

政府行政管理中的一个常见现象是“部门利益”。不同部门的职责不同，在农民工政策执行中的“财收”和“财付”不同，以致对政策的执行明显不同。例如，人力资源和社会保障部门要求企业有较高的劳动合同签订率，尽可能多地缴纳社会保险费；经济发展部门则力求让企业的用工更为灵活，减少劳动合同对企业的束缚。总工会要求企业内普遍建立工会，普遍开展集体协商、签订集体合同；商会、工商联则既反对组织工会又反对集体谈判。商务部门希望农民工大量进城，提高工资，增加销售额；国土资源部门认为农民工进城加剧了城市用水压力，必须限制进城数量。农业部门希望农村剩余劳动力都进城务工，缓解农村的

① 苏海南：《当前我国收入分配问题及改革思路和政策措施》，《中国工人》2011 年第 8 期。

农地紧张；公安部门为维持城市的秩序和治安，力求限制外来人口。工信部门希望农民工多多进城，增加手机的销售量和通话量；司法部门希望有较少的农民工和较少的司法援助申请。安全生产监督管理部门要求企业增加安全健康投入，减少工伤事故；职业病防治部门希望有较多的职业病患者。国家农民工政策的制定，一般要将草案提交各个部门征求意见，对有关条文必须各部门均表示同意（起码是“基本同意”、“勉强同意”）才能出台。国家农民工政策的执行，如果必须取得某些部门的协作，也需要这些部门予以赞同。而在不同部门“财收”和“权稳”存在矛盾的条件下，要各方都“基本同意”是比较困难的。或许，这在很大程度上依赖于“道义”的共识，或者彼此之间的交换，特别是地方主管领导的指令。

政府的各个部门都统管一方，在某些程度上是这一“方”的代表。例如，农业部在一定程度上代表农民，全国总工会在一定程度上代表职工，组织部在一定程度上代表领导干部，企业家协会在一定程度上代表雇主，民政部在一定程度上代表底层弱势群体。各个部门在一定程度上成为不同人群利益的代言人，成为美国意义上的利益集团代表。农民工政策往往牵涉其他群体的利益，农民工的利益增加往往导致各群体利益格局的调整。如果这一调整影响到某些群体的利益，这些群体所对应的政府部门就可能提出异议。一些劳务派遣公司源于改革初期的劳动服务公司或人才交流机构，或者挂靠在人力资源和社会保障部门，具有人力资源和社会保障部门的背景。这样，在制定保护农民工中的劳务派遣工的政策时，人力资源和社会保障部门就会有自己的不同意见。这一分析表明，农民工政策的制定和落实往往需要经过各个利益群体的“最起码的同意”。

农民工政策的执行往往导致各政府部门间利益格局的调整。对农民工政策的各个方面，各部门的意见都以自己的利益为出发点。加大农民工培训力度，财政经费大大增加，有些部门的经费则可能由此减少（或者得不到所期望的增加），就可能发表不同意见。总工会推行两个“普遍”，如果其导致了工会力量强大，频繁举行罢工，公安部门和综治办就会进行批评。如果工人罢工导致企业迁移，本地税收减少，各部门的经费额度下降，则工会将“吃不了兜着走”。这意味着，农民工政策的执行一般不可以打破既定的利益格局，不可以损害各个部门的既得利益。

因为具有不同的职责和不同的利益，政策往往政出多门，自成体系，概念混乱，缺乏协调，不能衔接。因为同一地方政府的各职能部门处于同样的级别，大家往往互不买账，难以协调。特别是需要付出资源的事项，更难以获得支持。在某一职能部门看来是十分重要的农民工政策（例如职业病防治），在其他部门那里则是小事一桩，提不到日程。一个部门突进，其他部门往往反感抱怨。在这种情况下，那些需要各个部门配合才能贯彻落实的农民工政策，往往无疾而终。

政府部门因为怠政和规避风险等原因，往往倾向于规避责任。对农民工的市民化，各级政府、各个部门常常都认为不是自己的责任。如今农民工的尘肺病多发，一些农民工挣扎在死亡线的边缘，然而因为要出钱，而且不是少量的钱能够解决，所以各有关部门都认为这不是自己的事。规避责任与权责规定得不清晰有关，而权责规定不清晰与行政体制有关。行政体制的问题如果解决不了，农民工的问题也就解决不了。对尘肺病，各级政府和各个部门几乎都认为应该解决，必须解决，但是都不愿意切实去做，所以就不能解决。

对本部门有责任解决又无法取得其他部门配合、无力解决的问题，政府部门的一个做法是“拖延”。对有可能损害本部门财收、权稳的事项，也采取拖延策略。一位政府官员即说，如今那么多尘肺病人，根本无法解决他们的救治和康复问题，拖来拖去，把人拖死了，问题就解决了。其他办法则是“变通”和“扭曲”，把要解决的问题“对付过去”就万事大吉了。

在部门利益的条件下，能够得到各个部门“基本同意”的政策，一是“增量性”的政策，即对利益总量中的新增加部分，较多地给予农民工；二是“赎买性”的政策，即利益交换，给付出代价的部门较多的补偿。

综上所述，无论是农民工政策的制定还是政策的执行，都须经过政府各相关部门的“基本同意”。在需要各个部门相互配合时，只要在某些部门遭遇障碍，这个政策就难以顺利执行。而“基本同意”的基本条件，则是该部门在“权稳”和“财收”方面感到“合算”。这或者是该部门直接得到收益，或者是间接得到补偿。任何一个政策制定和执行节点，都不大可能无收益地开放。各个部门都不大可能出台对农民工十分必要但是预计其他部门不予支持的政策。

四　地方政府与中央政府对政策的不同执行

我国目前实行分税制，税收按税种划分为中央与地方收入。将维护国家权益、实施宏观调控所必需的税种划分为中央税；将同经济发展直接相关的主要税种划分为中央与地方共享税；将适合地方征管的税种划分为地方税。中央税包括关税、海关代征消费税和增值税、消费税、中央企业所得税、地方银行和外资银行及非银行金融企业所得税。地方税包括营业税、地方企业所得税、个人所得税、城镇土地使用税、固定资产投资方向调节税、城市维护建设税、房产税、车船使用税、印花税、屠宰税、契税、遗产和赠予税、土地增值税等。中央与地方共享税包括增值税、资源税、证券交易税等。增值税中央分享75%，地方分享25%。资源税按不同的资源品种划分，大部分资源税作为地方收入。证券交易税，中央与地方各分享50%。

企业所交纳的税种主要是增值税、营业税、城市维护建设税、教育费附加以及企业所得税和个人所得税。其中，增值税占比大，而这一税种是中央和地方共享税，中央从中分享75%。这表明，招商引资、优化投资环境所得到的税收，很大一部分被中央获得了。中央和地方在“经营企业”方面是“共损共荣”的关系。如果在企业层面执行农民工政策而导致成本提高、影响企业经营，中央也会遭遇财政收入减少的风险。

所以，尽管中央出台了农民工政策，但是在执行力度和要求地方政府执行的力度上，也会因财收得失而有所考量和顾忌。

中央考量与地方的不同之处是，一家企业如果从深圳市搬迁到成都市时，深圳市的税收减少、成都市的税收增加，但是中央所得到的财收变化不大。就中央而言，这家企业依然在自己财收的范围之内。然而中央与地方同样担心的问题是，这家企业一旦搬迁到越南，彼此都会失去这部分财收。由此，中央必须在全国范围内调节农民工政策的执行力度，避免众多企业迁移到国外。

与中央相比，地方政府有更加迫切的心情将企业留在本地，并且到外地和国外招商引资。当各地政府争相让企业进入本地时，其对农民工政策的执行力度往往弱于中央。另外，经济发展落后地区与发达地区相比，其落实农民工政策的力度会更小一些。

我国实行政令的统一，强调下级政府对上级政府的服从，国务院颁发的农民工文件，地方必须执行。2006 年国务院 5 号文件下发之后，全国 31 个省、自治区、直辖市都制定了本地的实施意见，强调要“认真贯彻执行”。因为中央政府处于最高位置，不但总揽全局而且超脱于地域界限，对农民工政策无论在道义还是在权稳、财收上都赋予了较高的价值。地方政府所赋予的道义价值一般较少，权稳价值也较少，而财收价值则较大。这决定了，各个地方与中央相比，对农民工政策的执行并不很积极。有些地方政府甚至认为，谁先落实这一政策谁倒霉，谁落实得最好谁最倒霉。鉴于处于威权体制，中央的政策不能抵制而必须执行，各地政府就采取“上有政策、下有对策”的方式，如应对、走形式、拖延、曲解、变形，以及“个案做得很美”。

国家的农民工政策条文也给各地留下了较为广阔的变通空间。我国政策的一个特点是规定方向、实体的条文多，规定规范、标准、程序的条文少，如“实现同工同酬”，“促进养老保险并轨”，“缩小过大的工资差距”，“进一步完善和落实社会保障政策”。但是，同工同酬的标准是什么？怎样才算同工同酬？如何实现同工同酬？在文件中或许不能具体说明。然而由此一来，各地政府的执行就五花八门。

五　官员的财收偏好与农民工政策执行

1. 官员的政绩偏好与农民工政策执行不足

改革开放以来，地方政府官员对政绩的追求显得十分明显和强烈。这一期间的政绩主要是以经济数字特别是 GDP 来衡量和展示的。而政绩除了“为人民服务”的道义内容外，还具有不言而喻、心知肚明的官员个人意义。这一个人意义主要是“升官”或“保官”。而在国家正式制度下，官员的等级是与待遇联系在一起的。在“灰色”规则中，官员的等级则表明了不同的“含金量”。从这个角度来看，政绩标示着个人的财收。

专家指出，目前仍有一些地方政府官员在价值追求上存在偏差，只关注和追求单一的 GDP 及其增长，对资源浪费、环境保护和本地民生建设等重视不够；在财政收入的支出使用上，舍得花大钱搞生产建设投资，却舍不得加大对社会保障的投入和地区内对农村、贫困区域的转移支付。这些价值追求偏差当然会影响到地区正确进行价值创造、政绩评价，同时也影响到正确分配地区的“蛋糕”①。

官员们（特别是地方主政的官员）为了实现突出的政绩，一个“习惯性动作”是将财力、物力、人力投向经济项目，以及城市建设、大型广场、会展中心，兴建政绩工程。对与农民工及其政策执行有关的劳动执法、就业服务、职业培训，以及卫生、教育、住房、文化，则力求少投入。这导致农民工政策执行缺乏财力和物质基础。例如，迄今为止，二次分配没有在各级政府财政预算中以制度形式明确用于社会保障以及转移支付等民生建设的支出比例，只能或主要靠主政者“民本”意识强弱来决定，不利于确保二次分配的公平性、合理性。② 政府不对社会保险进行补贴，社会保险的缴费率高，影响了农民工对社会保险的享受。

---

① 苏海南：《价值追求决定“蛋糕”分配》，《中国党政干部论坛》2010 年第 6 期。

② 苏海南：《收入分配合理化：吹响攻坚战号角》，《半月谈》2010 年 3 月 9 日。

从另一个角度来看，农民工在城市创造了巨额的财政收入，这些“蛋糕”却较少地被分到农民工手上。

2. **官员的多占倾向与农民工政策执行不足**

官员对 GDP 的渴求包含有其个人意义，这就是从做好的“蛋糕”中分得较大的一块，从“蛋糕”的增量中获得越来越大的份额。表现在具体行为上，就是提高本群体的工资福利津贴，提高医疗、住房和职务消费水平（包括“三公”消费、豪华汽车和楼堂馆所），并且这些被随意发放和最大化发放。这一方面导致更为强烈地压低农民工人工成本、追逐政府财收的倾向，另一方面导致政府财政对农民工政策执行的投入微薄。

研究发现，近些年公务员的福利项目“过多过滥”。有关调研机构 2004 年在 11 个省份对约 2.6 万名公务员的薪酬福利进行调查，发现了以下类型的“多占”倾向。

（1）福利项目设置数量过多过滥。仅以福利性补贴类项目为例，多数政府机关至少设有七、八项福利性补贴，而一些单位的福利性补贴甚至会多达十几、二十几项。以中央国家机关某单位为例，仅通信费一类补贴，该单位就设置了“住宅公务电话包干费”、“无线通信工具补贴”、“通信补贴”、“特殊通信费”四个补贴项目。除国家规定的福利项目外，很多机关单位巧立名目安排大量补贴项目。

（2）福利项目的名称设置不规范。福利项目设置名称上的一字之差，就有可能导致补贴范围的扩大或缩小，从而在福利项目设置环节造成混乱。不少福利项目名实不符。一是公务员群体本来没有某方面的特殊需要，机关单位却以之为名设置了福利项目。某地并非一年四季都是雨季，却常年按月发放“雨具费”。二是公务员群体存在某方面的特殊需要，但相应的福利项目设置却超出或不能充分满足其真实需要。北京市某区镇机关的处级公务员每月车补高达 1300 元，已超出其真实需要。三是福利项目设置还存在类别错位，有的名为工资性收入，实为福利项目；有的名为福利，实为工资性收入。

（3）公务员报酬中还存在大量难以统计的半公开和不公开福利项目。东部某省厅2005年春节发放过节物品清单中的实物福利，其货币价值折算后要超出该厅公务员平均工资1倍，但这些支出大多不在其本单位福利支出中体现，而多在其下属单位的行政经费或其他预算外收入中列支。[①]

山东清理整顿了党政机关事业单位违规建购干部职工住房，共纠正处理违规住房8200多套，挽回经济损失3亿多元。领导干部超标准、超编制配备使用小汽车以及公款旅游、公款吃喝等问题，仍然是整治重点。[②]

2013年5月，国家监察部、人力资源和社会保障部、财政部、审计署公布了《违规发放津贴补贴行为处分规定》，规定自2013年8月1日起施行。该文件所反映出的当前党政机关违规发放津贴补贴的行为包括：①违反规定自行新设项目或者继续发放已经明令取消的津贴补贴；②超过规定标准、范围发放津贴补贴；③违反规定，以各种名义向职工普遍发放各类奖金；④在实施职务消费和福利待遇货币化改革并发放补贴后，继续开支相关职务消费和福利费用；⑤违反规定发放加班费、值班费和未休年休假补贴；⑥违反规定，擅自提高标准发放改革性补贴；⑦超标准缴存住房公积金；⑧以有价证券、支付凭证、商业预付卡、实物等形式发放津贴补贴；⑨违反规定使用工会会费、福利费及其他专项经费发放津贴补贴；⑩借重大活动筹备或者节日庆祝之机，变相向职工普遍发放现金、有价证券或者与活动无关的实物；⑪违反规定向关联单位（企业）转移好处，再由关联单位（企业）以各种名目给机关职工发放津贴补贴；⑫将执收执罚工作与津贴补贴挂钩，使用行政事业性收费、罚没收入发放津贴补贴；⑬以发放津贴补贴的形式，变相将国有资产集体私分给个人；⑭使用“小金库”款项发放津贴补贴；⑮利用职务上的便利或者职务影响，违反规定在其他单位领取津贴补贴；⑯以虚报、冒领等手段骗取财政资金发放津贴补贴；⑰以虚报、冒领等手段骗

① 岳公正等：《公务员“隐形腐败”挑战福利改革》，《人民论坛》2007年第13期。

② 岳公正等：《公务员“隐形腐败”挑战福利改革》，《人民论坛》2007年第13期。

取财政资金，并以发放津贴补贴的形式合伙私分。

当政府部门工作人员可以随意占有政府财收时，他们就有充分的动力去挤压企业，迫使企业将损失向农民工转嫁。他们缺乏对企业农民工进行保护性执法的动力，不愿执行与自己利益不一致的农民工政策。

3. 官员的腐败行为与农民工政策执行不足

官员的腐败行为有向企业设租寻租，索贿受贿，收取回扣，吃拿卡要，入干股；同时与企业管理方进行交易，或者放松对劳动法律的执法，或者违反法律规定乱执法。前者是放松或放弃对农民工政策的执行，放任企业侵害农民工权益的行为；后者是反过来帮助不良的企业方，压抑甚至打击农民工的维权行动。所谓给钱乱办事，不给钱不办事；执法行为或者越位、错位、偏位，或者失位、缺位、不到位。

官员的腐败行为如与企业的权钱交易，在政策执行的各个环节上都存在。[①] 一些政府工作人员从企业收取贿赂，放松对农民工的权利维护，甚至帮助雇主打击农民工的讨薪行为。

专家认为，在我国，企业在一定程度上与国家联盟，比如如何想办法降低城市拆迁成本、降低企业劳动生产成本等，并且国家通过各种手段将企业家们纳入其力量范围，不让他们在公民社会发展中担当重要角色。所以，在城市化过程中，农村流动人口本与企业发生的许多诉讼、纠纷，马上演化为与政府的纠纷，在更多的时候，地方政府采取强力的压制手段和措施来解决这些问题。[②]

4. 官员的怠政行为与农民工政策执行不足

官员的怠政行为表现为不切实履行本职职责，不努力，少付出，动作迟滞，效率低下，放松执法。“门难进、脸难看、事难办”，就是怠政的表现。一些政府部门对农民工政策不积极落实，提供公共服务和社会管理不到位；不愿意对农民工增开业务、延伸业务。

---

① 苏海南：《调控收入分配需要形成制度合力——我国收入分配难题的成因分析与解决收入分配难题的对策探讨》，《中国经济导报》2010 年 6 月 29 日。

② 王春光：《中国城市化进程中的公民社会实践》，《浙江社会科学》2009 年第 1 期。

一些法规和政策的制定（实体和程序）是为了制定者和执法者的利益，政府及其人员的低付出和低成本，而较少考虑农民工的困难并为其提供服务。例如，在有关工伤的规定中，仅工伤认定就需要三个月到半年时间，如需仲裁又要两个月，法院一审结案时限是六个月至一年，而外来农民工根本等不到这个时间。①

国务院农民工办课题组的报告指出，农民工政策未能落实的原因之一是劳动关系法律法规不完善。现行一些法律法规操作性不强，如劳务派遣规定、企业裁减人员规定等劳动合同法相关配套法规政策亟待完善。集体合同制度立法相对滞后，没有制定专项的工资法律法规，对建立企业工资协商确定机制和正常增长机制没有强制规定，对拖欠、克扣工资的违法行为处罚力度不够。企业民主管理等重要专项法律法规尚未制定实施。一些规定尤其是基本劳动标准方面的规定不能适应劳动者分层化和就业形式多样化的形势，导致在部分企业难以落实。

国务院农民工办课题组的报告还指出：对拖欠农民工工资较多的建设领域，尽管一些地方要求缴纳工资保证金与颁发建筑施工许可证挂钩，但《建筑法》对申请领取施工许可证条件中尚无对缴纳工资保证金的明确规定，实践中因没有法律依据难以执行到位。

一些法规和政策的制定过于笼统、含糊，不舍得花费时间和精力将条文细化，以区分各种不同的具体情况。例如，现行有关劳动法律法规、政策的某些条款和部分劳动标准不便于在小企业实行。带薪年休假规定员工可根据连续工龄长短分别休 5 天、10 天、15 天带薪年休假，对于小企业特别是雇工的个体工商户就不大适用。另外，现行有关劳动法律法规、政策的某些条款和部分劳动标准未有针对性地具体回答小企业面临的实际问题。部分生产经营呈现季节性或无规律波动的小企业，申请特殊工时制度难度较大，导致相当部分小企业在工作时间方面处于“违法”状态。②

① 李强：《中国城市化进程中的“半融入”与“不融入”》，《河北学刊》2011 年第 5 期。

② 苏海南等：《我国劳动密集型小企业劳动关系问题研究》，《华中师范大学学报》（人文社会科学版）2012 年第 2 期。

在政策执行中，一些政府部门和政府官员以文件落实文件，以会议落实会议；以运动搞形式主义，以活动的轰轰烈烈代替切实的执行。政策的落实变成了对付和应付，热闹一阵子就销声匿迹。如果分析前述国务院农民工办的正式落实情况的报告，可以发现其中表述较多的是各个部门出台了哪些文件，做了哪些工作，搞了哪些活动，至于实效如何则是"有很大改善"、"有较大进步"，而缺乏对实际状况的评估和度量。

政府落实政策的一个习惯性动作是"蜻蜓点水"，将政策落实到一部分人、少数人身上，做典型，做政绩。例如，举行评选农民工劳动模范的大型活动，对评选为劳动模范的农民工，有领导接见，出台文件给他们解决住房，而绝大多数农民工并不可能得到这样的政策落实。有些地方兴建一两处农民工公寓，给一部分农民工居住，然后作为政绩多方宣传，组织参观，上报成绩，但是这个城市却只有这一处农民工公寓。广大农民工的居住条件依然十分简陋，破败不堪。概括地说，农民工政策的落实主要是特惠型而非普惠型的，具有作秀的成分而非实心实意。

研究表明，由于收入分配执法监管不到位，所以很多拖欠工资问题、欠薪逃匿问题没有能够得到迅速的纠正。①

政府部门对政策未能落实往往归咎于客观原因，例如政府首长提供的条件和资源不足，而不能认识到自己的努力不足。国务院农民工办课题组提供的例子是：农民工政策落实不好的原因在于劳动保障监察缺乏强有力的行政执法手段，无冻结单位银行账户、扣押财产等强制措施，处理恶意拖欠工资、隐匿转移财产、业主逃匿等严重违法行为缺乏有效手段，常面临做出行政处理决定却无法执行的尴尬局面。

实际上，我国现阶段最大的问题不是法律规范对劳动者缺乏保护，而是执法不力，需要完善执法程序而非改变现有的法律调整模式。只有实行低标准、广覆盖、严执法，才能找到一个劳动者、企业、行政部门都能接受的平衡点。②

① 苏海南：《当前我国收入分配问题及改革思路和政策措施》，《中国工人》2011 年第 8 期。

② 董保华：《劳动立法不应造成新的失衡》，《中国新闻周刊》2006 年第 16 期。

第六节　劳动关系政策调整与农民工务工状况

一　农民工进城务工环境及主要问题

（一）职业安全卫生条件差，职业伤害风险较大

随着《职业病防治法》的颁布实施，全国各地在党政领导的重视下，坚持“预防为主、防治结合”的方针，在职业卫生的现场监测、健康体检、专项检查、作业场所监督和职业病诊断、治疗、技术服务机构认证等方面做了大量工作，职业病防治工作逐步走向规范，为农民工的职业病防治工作提供了有力保障。但是，随着我国经济社会的快速发展，安全生产事故和职业疾病日趋频繁，农民工的健康安全受到严重侵害。总体来看，当前我国农民工的职业安全卫生条件较差，职业伤害风险较大。在生产过程中，职业病危害的产生，往往是由于建设单位缺乏职业卫生防护知识培训或为了减少资金的投入，在项目设计和施工阶段忽视或减除职业卫生防护要求，不设计或配备应有的职业病危害防护设施，职工生命安全和身体健康受到挑战。具体存在以下问题。

一是缺乏必要的劳动保护，职业安全卫生条件差。部分企业在有毒有害岗位上大量使用农民工，不进行必要的安全培训，不配备必需的安全防护设施和用品，造成农民工因缺乏劳动保护而发生大量事故。如2002年被国务院通报的苯中毒事件：河北省高碑店一些企业生产箱包，在使用有毒的胶粘剂时，不采取必要的职业卫生防护和安全生产措施，导致作业场所有毒气体的浓度严重超标，有的企业甚至让农民工吃、住、工作在同一房间，农民工长时间接触高浓度有毒气体，致使中毒甚至死亡。

农民工发生工伤事故或患职业病的主要原因是多方面的，其中企业劳动保护做得不够的问题比较突出。从农民工反映发生工伤事故或患职业病的主要原因（可以多项选择）来看，以选择人数为依据排序，排在

第一位的是“工作场所安全生产防护设备不足”（占31.3%）；排在第二位的是“工作场所职业卫生条件差”（占28.7%）；排在第三位的是“本人不小心”（占25.9%）；其他原因依次是“纯属意外”（占23.4%）、“没有必要的劳动保护用品”（占19.6%）、“相关制度不健全”（占18.2%）、“相关制度执行不力”（占16.0%）、“没有受过相关培训”（占15.7%）等（见图7－11）。由此可见，在导致农民工工伤事故的主要原因中，既有劳动保护条件较差等客观因素，也有农民工缺乏劳动保护意识等主观因素。比较而言，主要还是企业在制定和执行安全生产与职业卫生规章制度、提供相关设施条件以及劳动保护用品、开展相关培训等方面做得不够。

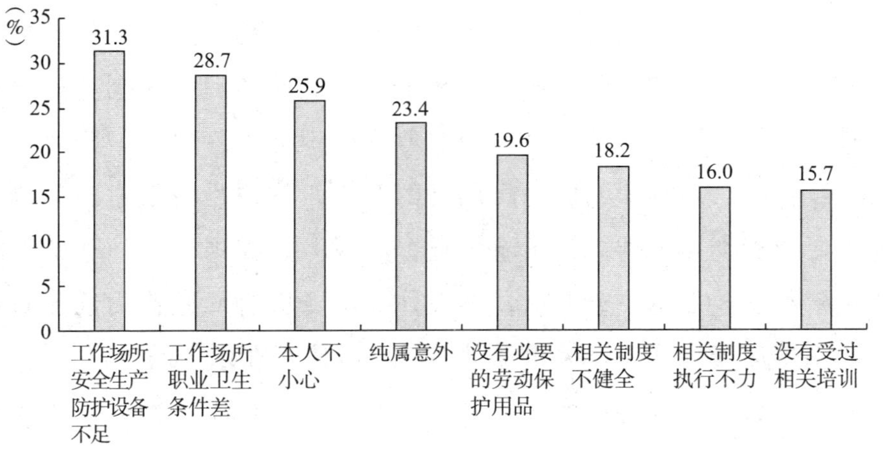

图7－11　农民工发生工伤事故或患职业病的原因（N＝1411人）

二是职业病防治工作缺乏有效措施。就全国来讲，职业病防治工作没有能够纳入政府的工作和领导考核项目，各部门不能形成监管合力，有的地区政府存在地方保护主义，致使卫生行政部门履行职责受到很大影响；职业病防治工作缺乏经费支持，大部分地方没有将职业病卫生监管和职业病防治经费纳入财政预算。在全国范围内，安全生产工作中较大事故发生出现反弹、重大未遂事故时有发生。生产环境恶劣，安全生产工作未得到落实。2007年1月，深圳市宝安区一模杯设备厂发生火灾，过火面积300余平方米，11名女性在该厂上班，4人被消防部门救出，7 人因火灾死亡。

三是部分用人单位和农民工职业病防护意识差，职业病的人数不断增加。有些中小企业没有完善的职业病防护措施，个别城乡接合部、城中村乡镇企业、个体工商户等，雇用外地农民工从事有毒有害作业。农民工职业病患病人数不断攀升，根据全国 30 个省、自治区、直辖市（不包括西藏）和新疆生产建设兵团职业病报告，2013 年共报告职业病 26393 例。其中尘肺病 23152 例，急性职业中毒 637 例，慢性职业中毒 904 例，其他类职业病 1700 例。从行业分布来看，煤炭、有色金属、机械和建筑行业的职业病病例数较多，分别为 15078 例、2399 例、983 例和 948 例，共占报告总数的 73.53%。在煤矿、机械、建筑和有色金属等企业第一线工作的基本都是农民工，致使农民工成为职业病患病主体。

矿难事故使农民工遭受灭顶之灾。井下采矿工作作为一种高危行业，安全是其一切工作的重中之重。但是矿难频发，使广大职工特别是农民工人身安全存在极大隐患。如 2005 年 2 月 14 日发生在辽宁阜新孙家湾煤矿的特大矿难造成 213 人死亡；2009 年 11 月 21 日，黑龙江省鹤岗市新兴煤矿特大瓦斯爆炸事故造成 108 人死亡。遇难的矿工，多半都是家庭贫困的农民工，尤以年轻男子为主，而这部分人大多上有年迈父母，下有儿女，他们是家庭中主要的劳动力和收入的创造者。矿难使家庭失去收入并引起诸多问题，如不完整的家庭在激烈的社会竞争中将失去优势，最终大部分矿难家庭遭到淘汰。

（二）超时加班现象比较普遍，休息休假无保障

农民工加班加点、超时工作已成为普遍现象。工厂类企业普遍实施计件劳动工资，多劳多得，促使农民工自觉加班，工程类企业为了按时完成施工进度，普遍延长工作时间。根据国家统计局农民工监测数据，2010—2012 年，外出农民工劳动时间有所下降。2012 年外出农民工平均每天工作 8.7 小时，比 2011 年有所下降，低了 0.1 小时。外出农民工平

均每个月工作 25.3 天，每年平均在外从业时间为 9.9 个月。在外出农民工中，每天工作超过 8 小时的比例为 39.6%，仍有 29.6% 的农民工每天工作 10 小时以上。虽然 2012 年外出农民工劳动时间偏长的情况有所改善，但是每周工作时间超过劳动法规定的 44 小时的外出农民工比重依然高达 84.4%。

据对农民工的访查访谈，只有 1/3 左右的农民工想多增加收入，愿意加班；1/3 左右的农民工反映是企业强制性要求加班，不加班的则有可能被扣工资；其余的则表示不愿意加太多的班。可以说，绝大多数农民工（包括愿意加班的农民工）都希望减少加班天数及每天加班时间。长期过度地加班，将会危及农民工的健康。

（三）农民工被非法奴役的恶性案件时有发生

非法用工现象在我国部分省份时有发生，农民工被非法奴役的恶性案件时有发生。2007 年黑砖窑事件，非法用工和黑恶势力相结合被曝光后，党中央国务院批示，在山西全省展开大规模打击黑砖窑活动，并发现跨省人口拐卖通道。虽然 2007 年的黑砖窑丑闻并没有给出受奴役劳工的确切数字，但根据一项初步的调查，仅山西省内就有约 53000 名农民工曾经为大约 2000 家黑砖窑打过工。早在 1995 年，在珠海发生韩国老板集体罚跪工人事件，不忍屈辱离去的工人被开除。2010 年 5 月 31 日，河北省衡水市警方查抄了一个黑砖窑，34 名外地农民工被解救。我国的黑砖窑非法奴役劳工现象屡禁不止。

二　改善农民工进城务工环境的主要进展

当前，农民工职业安全卫生条件得到明显改善，表现为以下几个方面。

一是全国卫生系统已初步建立起职业卫生技术服务、职业病诊断救治和监督管理相配套的职业病防治网络。近年来，国家加大了公共卫生事业投入力度，投入 4.82 亿元专项资金支持建设 47 个化学中毒和核辐射项目基地，目前已全部投入使用。截至 2009 年 7 月底，全国共批准建立职业病诊断机构416家，取得职业病诊断资质的医师为7201人，职业健康检查机构达到1813家。截至2008年底，全国99.14%的市（地）和95.17%的县（区）已批准建立卫生监督机构，具体承担职业卫生监管工作。

二是职业病防治、职业病诊断与鉴定工作取得了明显进展。初步建立了职业病防治法规标准体系，加强了对职业病防治工作的领导。国务院办公厅2009年5月印发了《国家职业病防治规划（2009—2015年）》，明确了2009—2015年职业病防治工作的指导思想、基本原则、目标、主要任务和保障措施，对建立健全职业病防治体系，落实职业病防治责任，保障劳动者健康权益等提出了明确要求。近年来，卫生部不断完善尘肺病诊断标准等国家职业卫生标准，发布实施了职业卫生标准457项，其中职业病诊断标准103项、放射性疾病诊断标准45项，基本涵盖了《职业病目录》范围内的职业病病种，加强了职业病诊断、职业健康检查机构和队伍建设。加强了职业病诊断与鉴定管理，卫生部成立了国家职业病诊断与鉴定技术指导委员会，印发了《国家职业病诊断与鉴定技术指导委员会工作规则》，组织起草了《职业病诊断工作指南》，开展了职业病诊断与鉴定管理法规和标准的宣传培训，加强对地方职业病诊断与鉴定工作的指导。

三是职业安全生产事故有所减少。按照国务院5号文件的要求，结合安监部门的大力工作，农民工职业安全卫生条件有较大改观。据国家安全生产监督管理总局《2009年上半年全国安全生产基本情况及下半年形势分析和重点工作》的介绍：全国共发生各类事故186775起，死亡36370人，同比减少32787起和5115人，分别下降14.9%和12.3%。其中煤矿发生749起，死亡1175人，同比减少204起和265人，分别下降21.4%和18.4%。

四是开拓创新，加强了基层职业安全生产与卫生防护服务。课题组对广东、浙江和山西三省的问卷调查结果表明：多数农民工反映用人单位能够提供职业安全生产与卫生防护设备和用品。对于用人单位所提供的安全生产和职业卫生防护用品的情况，有58.0%的农民工认为“基本齐全”，有19.3%的农民工表示“有一些”，7.3%的农民工反映“很少”，还有4.9%的农民工反映“没有”；另有8.3%的农民工表示“工作场所比较安全，不必防护”（见图7－12）。这说明大多数用人单位能够为农民工提供基本的劳动防护条件；同时，也有一部分农民工所在的用人单位的劳动防护条件较差。

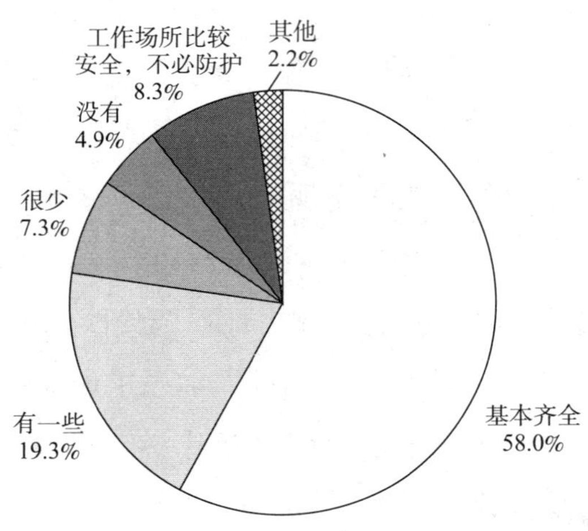

图7－12　职业安全生产与卫生防护情况（$N=1734$人）

三　农民工政策实施后存在的主要问题

当前，中央和地方政府对农民工劳动保护问题非常重视，相关部门做了大量工作，一度十分尖锐的农民工劳动保护问题开始得到缓解，但当前仍存在一些突出矛盾和问题，主要有以下几个方面。

一是多数农民工工作时间长，经常加班加点。二是农民工的劳动环境和工作条件比较差。一些企业经营者为了减少成本，在有毒有害岗位上大量使用农民工，致使农民工患职业病和发生工伤事故的比例高。调查表明，非公有制企业发生工伤事故，农民工占伤亡总数的80%以上，因生产安全事故残废的90%以上是农民工。三是不对农民工进行必要的安全生产知识培训，企业招用农民工在上岗前不进行必要的安全生产知识培训，致使农民工安全生产意识低，自我保护差，事故频发。四是不给农民工发放必要的防护用品。有的企业为减少开支，求得最大利润，对农民工必需的劳动防护用品不配备、不发放。五是农民工普遍从事劳动强度大，且又苦又脏又累的工作。农民工大多文化程度低，生产技能差，他们从事的行业多数为建设、建材、采石、筑路、化工等劳动强度大、苦、脏、累的工作，且工作时间长、福利待遇低。六是不少用人单位不与农民工签订劳动合同。劳动和社会保障部 2004 年在全国 40 个城市的专项调查显示，农民工劳动合同的签订率低，大多数的用人单位未与农民工签订劳动合同，致使农民工的合法权益得不到保障。七是农民工受患职业病威胁十分严重，成为和谐社会的不安定因素，加强劳动保护，增强职业病防护意识，积极稳妥解决现有职业病问题成为重要的问题。如云南省昭通市水富县向家坝镇的永安、大池、楼坝三个村地处偏远，两年多来，一种“怪病”的蔓延打破了小村的平静。2003—2012 年，三个村共有 77 人自发到安徽省滁州市凤阳县官沟乡多家石英砂加工企业务工。这些农民工当中，有 30 余人先后出现过咳嗽、胸闷、呼吸困难等症状，其中的 12 人于 2006 年 10 月至 2008 年 12 月因患这种“怪病”相继死亡。死因诊断包括结核病、慢性支气管炎、支气管扩张、风湿性心脏病等，还有数十名患者未能治愈，另有 41 人没有发觉症状。专家分析，这种“怪病”很可能就是长期吸入二氧化硅所致的尘肺病。农民工长期在粉尘的环境里工作，吸入了大量的二氧化硅和其他粉尘，并长期滞留在细支气管与肺泡内，日积月累，最终导致病变。可见，农民工的劳动保护还很薄弱，需要政府、社会、企业等各方面共同关注和解决。

第八章

农民工社会保障政策调整

社会保障具有重要的社会意义，是应对社会风险的重要屏障。社会保障制度的发展是一个历史过程。现代社会保障强调公平正义、权利与义务对等的基本原则，明确了政府向社会成员提供社会保障的法定责任，社会成员依法获得社会保障的权利。当前，我国城乡二元结构是阻碍农民工依法享有与城镇职工一样的社会保障权益的根本障碍。因此，应当通过城乡社会保障制度的整合与衔接，依法维护农民工的社会保障权益。

第一节　农民工社会保障制度的理论溯源

社会保障是社会稳定的安全网和稳定器，它的产生是现代社会福利思想发展变迁的直接结果。在现代汉语中，根据现代汉语词典的界定，“福利”的含义是指“生活上的利益，特指对职工生活（食、宿、医疗等）的照顾”。但是，西方社会思想中的“福利”（welfare）概念具有更为全面的含义。Welfare则包括如下几个方面的内容：一是个人在健康和幸福方面的福祉；二是对遭遇个人问题或社会问题的人提供的帮助、福利，提供者包括国家和其他社会组织；三是政府对穷人或失业者发放的救济金。在社会政策层面上，福利概念更强调制度性保障功能。从制度层面来定义福利概念，主要涉及六个领域的制度或组织：亲属、宗教、工作单位、市场、互助和政府，其中，每一种制度或组织在福利的提供中都发挥了重要作用，比如家庭的抚养和经济互助，宗教性质的医疗、教育和社会服务，雇员福利，商业化的社会福利产品和服务，志愿服务，政府的减贫、经济保障、医疗、教育和社会公共服务等。[①] 在社会福利制度体系中，国家及其政府是公民福利的主要提供者，这主要表现在政府为社会成员提供社会保障。对农民工社会保障制度的分析，需要对社会福利思想及其演变展开分析。

一 社会保障制度的演变

社会保障是重要的社会权利，是公民权的表现形式，是构建二战后西方社会秩序的基石。但是社会保障的发展并不是一开始就是这样的，其背后体现了社会福利思想的重要演变，尤其是国家及其政府在社会保障方面的认识和作用都发生了重要变化。

在传统社会，在政府干预出现以前，慈善和互助扮演了十分重要的福利角色。这一时期的福利供给是以家庭和互助为主、慈善组织为辅、政府作用时有时无的途径实现的。[②] 政府对福利供给的认知基本上停留在“救济以避免动员”的层面，因此，政府通过低层次的仅够维持生存的社会救济向遭受突变和灾难的人群提供福利供给。这种传统的政府社会保障主要有如下特征：一群人的生存受到威胁，政府或统治者对社会弱者的施舍式救济。传统福利社会阶段主要发生在19世纪80年代以前。由于生产力极为落后，人们面临的社会风险大大超出其获得的资源，因而常常出现诸如贫困、疾病之类的严重的社会问题和社会需求，而社会福利的责任主要由民众自己、家庭与家人负责；社区中的邻里或宗族以

① Gilbert Neil，Terrell Paul：《社会福利政策导论》，黄晨熹、周烨、刘红等译，华东理工大学出版社，2003，第4页。

② 黄晨熹：《社会福利》，格致出版社，2009，第25页。

及民间慈善机构（如教会与寺庙），则在必要时给予协助。国家或政府则站在第二线，当家庭与民间力量不足时，才由政府出面。总之，该阶段的特点是，社会负担福利的主要责任，政府的福利作用时有时无，市场作用微乎其微，而慈善和互助则构成了主要的社会福利方式。

在16世纪后期，资本主义工业革命快速发展，土地被大量征用，宗教改革使大量寺院被解散，带来了严重的社会问题，失业和贫困人口迅速增加。传统的慈善和互助已经不能有效地提供社会福利了，同时基于社会稳定的需要，也出于救助贫民及履行社会责任的需求，于是，政府对社会的干预便应需而生。1601年，英国伊丽莎白女王颁布了《济贫法》，标志着政府开始系统地介入社会福利领域，向社会弱者提供社会保障。《济贫法》以法律的形式规定了救济贫民的福利措施，据此向各教区居民和房地产所有者征收济贫税，为失业者提供就业机会，安排孤儿去当学徒。1834年，英国政府又通过了《济贫法》修正案，即“新济贫法”。《济贫法》和“新济贫法”的诞生表明贫民救济已成为政府所必须担负的责任，济贫已由社会慈善事业过渡到以国家为责任主体的社会救济事业。英国的一系列社会保障政策对其经济发展起到了一定的推动作用。

到19世纪80年代，当时的德意志帝国先后推出三项社会保障法，标志着社会救济开始演化为社会保险制度，社会保障开始趋向法制化和制度化。1883年，德国政府制定了世界上第一部《疾病保险法》，1884年通过了《工人赔偿法》，1889年又实行了《老年与病残强制保险法》。这三部社会保障法强调权利与义务的同一，规定以缴费作为享受保险待遇的条件，其待遇与收入相关联，并确定了使受保人的最低基本生活得到保障的目标。此后，社会保障制度在西方资本主义国家逐渐普及，并开始走向成熟。

1929年，资本主义世界中最大的经济危机引发严重的社会危机。企业破产，工人失业，民不聊生，社会问题严重。在波兰尼看来，这次资本主义世界的经济大危机是由自由放任的市场经济过度发展造成的。经济是嵌入社会中的，经济从属于政治、宗教和社会关系。一旦这种经济与社会发展的关联性和协调性被破坏了，社会发展滞后于经济发展，就很容易引发经济市场的失衡和动荡，而问题的解决之道在于恢复和重建社会。[①] 1935 年，美国制定和实施了《社会保障法》，此法规设立了五个基本的保障项目，即老年社会保险、失业社会保障、盲人补助、老年补助和未成年人补助，从而形成了较为完整的社会保障体系。《社会保障法》是美国历史上第一部由联邦政府承担义务的、全国性的、以解决老年和失业问题为中心内容的社会保障方面的立法，它不仅确立了社会保障制度的一般原则，奠定了美国社会保障制度的基础，也对现代市场经济体制中社会保障制度的发展产生了重要影响。二战后，英国先后颁布了一系列社会保障法规，强调全面、普遍、平等、充分的原则，声称建立起了“从摇篮到坟墓”的“福利国家”。此后，西方国家陆续宣布建成了“福利国家”。概括来看，社会保障制度的演变是一个从无到有、逐步建立的过程。

二　社会福利理念的转变

社会福利理念是一个比较宽泛的概念，它泛指社会对一系列有关福利提供的思想意识和价值理念的总称，其中核心的问题是：为什么要提供社会福利以及提供什么样（何种程度）的福利。关于这两个核心问题，在理论界形成了非常多的争议，形成了不同的思想系统，比如新左派、马克思主义、民主社会主义等。这是因为，社会福利是一个重返价值争议的领域，它在满足社会需求的过程中常常受到相关观念的影响。[②] 这种影响主要包括两个方面：第一，影响政府的理念取向，直接控制有关社会福利制度的路线；第二，在社会上营造福利意识形态的氛围，间接左右政府社会福利政策的制定和实施。[③] 但现代社会保障的发展离不

---

① 波兰尼：《大转型：我们时代的政治与经济起源》，冯钢、刘阳译，浙江人民出版社，2007。

② Macarov, D., *Social Welfare Structure and Practice*, California: SAGE Publication Inc., 1995, Chapter 9.

③ 黄晨熹：《社会福利》，格致出版社，2009，第 76 页。

开现代社会福利理念的发展和成熟。现代社会福利理念为政府推进和提供社会保障提供了价值基础。从超越具体的理论流派来看，社会福利的共同价值取向是统一的，即利他主义、满足社会需求，解决社会问题，个人与集体的协调，平等公平，权利和自由，享受与义务等。不同国家的文化差异和历史传统的不同，会影响到社会福利政策对福利的取舍。

这种统一的社会福利价值观鲜明地体现在社会福利观念的历史发展过程中。现代社会保障制度的思想基础在于社会福利理念的变化。在传统社会，政府对社会成员的救济是恩施、施舍的理念，因此，在传统社会，政府或统治者对社会弱者的救济是低层次的、仅够维持生存的。但是，随着资本主义社会的发展，社会成员的权利意识不断强大，社会福利理念日益发生变化，因此，社会保障也逐渐由政府的施舍救济演变为社会成员的权利诉求，开始产生福利权。[①] 在这种情况下，向广大社会成员提供社会保障和福利措施，开始成为政府的基本责任。

公民福利权的发展是伴随着整体权利状况的改善而产生的。公民权理论最早是由英国社会学家 T. H. 马歇尔（Thomas Humphrey Marshall）于 1949 年在剑桥大学的讲座中提出的。在马歇尔看来，公民权由三个方面构成，分别是民事权利（civil rights）、政治权利（political rights）、社会权利（social rights）。这三个方面的公民权与整个国家机构和历史发展保持一致。具体来说，民事权利主要出现于 18 世纪，具体表现为人身自由，言论、思想和信仰自由，拥有财产和订立有效契约的权利以及司法权利，其所对应的机构是法院等司法仲裁机构；政治权利主要出现于 19 世纪，具体指公民作为政治权力实体的成员或这一实体的选举者，参与行使政治权力的权利，其所对应的权力机构是国会和地方议会等选举机构；社会权利主要发展于 20 世纪，具体指从某种程度的经济福利与安全到充分享有社会遗产并依据社会通行标准享受文明生活的权利等一

① 胡敏洁：《转型时期的福利权实现路径：源于宪法规范与实践的考察》，《中国法学》2008 年第 6 期。

系列权利，与之紧密相连的机构是社会教育制度和公共服务体系。公民权理论在具体内容上可以概括为以下三个方面。

（1）作为身份地位的公民权，是指把平等地享有公民权当作个人在一个社会政治共同体中的成员资格。而这种成员资格不仅是身份的象征，更是一种社会地位的符号，表现为对共同体内部资源的平等占有。如果不具有这种共同体身份的资格，也就无法平等地享有共同体的公共资源，换言之，也就是被排除在共同体之外。在现代社会，由于人类的流动性增强，人们经常会试图改变其共同体身份，由不喜欢的地方迁移到喜欢的地方。在这种情况下，公民权所面临的主要问题就是融入和同化的问题。

（2）作为权利义务体系的公民权，是对共同体内部成员之间以及成员与共同体之间的关系的界定。民事权利、政治权利和社会权利是个体不被随意剥夺的公民权，给人们提供现实能力、潜在能力和机会，并且公民身份作为这些权利的集合为成员提供了一种社会地位。这些权利是受国家制度确定和保护的。同时，也规定了社会与国家的新型关系，个体在享受公民权的同时，需要遵从这种关系及其规范。

（3）作为参与行动的公民权，这不仅仅是一种刻板的权利规定，更是一种行动宣称。行动取向规定了公民权的能动特征，这表现在社会成员具有参与共同体的行动权利，并争取不被不公正剥夺了公民权。通过社会成员的公民参与，最终实现权利的平等共享。①

在马歇尔的公民权理论中，最具独特性的是其“社会权利”概念的提出。社会权利的起源最初在于地方性共同体和功能性组织的成员资格。但后来，随着国家对市场的制度介入，社会权利逐渐演变为成员之间平等的完全社会成员资格的标志。同时，随着公民权的发展，社会成员与国家的关系也不断发生变化，从独立、依附到逐渐融入，这体现了社会成员的自主能力和意识不断增强的趋势。于是，国家对社会成员的保障不仅是一种必需，而且是社会制度规定的行为。社会权利的概念，

① 李艳霞：《公民身份理论内涵探析》，《人文杂志》2005 年第 3 期。

突出地强调了社会成员在社会权利占有和社会福利获取方面的平等性。换言之，在现代社会，任何社会成员都不能因为何种理由而被排除在国家福利体系之外。

三 将农民工纳入社会保障体系是社会发展和公平正义的要求

随着社会的发展进步，国家对社会成员的权利保障愈发重视和完善，这不仅是社会发展的理念要求，更是社会公平正义的价值要求。对中国而言，自1978年以来，大量人口从农村进入城市。农民工在我国呈现出从“离土不离乡”到“离土又离乡”的发展转变，在城市中，日益由“暂住”转变为“常住”或“居住”，农民工的移民特征越来越明显，尤其是新生代农民工长期在城市从事非农劳动，具有强烈的城市融入心理。到目前，有两亿多农民工仍栖居在城市和城市福利体系的边缘，被排斥在城市社会福利体系之外，他们在接受公共服务、享受公民权利方面受到很多限制。因为户籍制度、职业培训体系、社会保障制度等制度性障碍，进城农民工一直游离于城市主流生活之外，形成“夹生层”，变成了城市的“二等公民”。

在公民权理论看来，农民工市民化问题的产生在于其社会弱势群体身份，导致权利缺乏，即丧失公民权。苏黛瑞认为，进城农民工市民化问题之所以迟迟得不到解决，与他们公民权状况得不到保障关系密切。在中国城市社会中，刚进城的农民工、产生农民工流动的市场与城市居民、官员以及正在变化中的旧的城市政治社区体制之间存在复杂的矛盾关系，但矛盾的焦点或关键在于进城农民工公民权状况并没有随着市场经济的壮大、成熟而发展起来。[①]

当前，进城农民工已经具有了移民特征，长期在城市生活和工作，而不是城市社会的暂住者。[②] 但城市管理者则以多种政策阻碍农民工获

① 苏黛瑞：《在中国城市中争取公民权》，王春光等译，浙江人民出版社，2009。

② 陈映芳：《“农民工”：制度安排与身份认同》，《社会学研究》2005年第3期；王春光：《新生代农民工城市融入进程及问题的社会学分析》，《青年探索》2010年第3期。

取在城市发展的福利。对这些问题的研究和讨论已经很多。陈映芳从“市民权”（“citizenship”或“urban citizenship”，是指中国社会中拥有居住地城市户籍的居民所享有的身份及相关权利）概念入手，考察了从农村地区流入城市的迁移者在城市中的身份和权利问题，探讨了这些乡—城迁移人员成为“非市民”的制度背景和身份建构机制。[①] 洪朝辉认为，中国的农民工在迁徙、居住、工作和求学等四大社会权利方面受到长期的制度性歧视，他们自由平等地离开农村、定居城市、获得就业、接受教育的权利和机会遭到排斥和剥夺。[②] 王春光指出农民工遭遇四个方面权利的缺失，即劳动、就业权益保障的缺失和不公平，教育与发展权利的缺位，社会保障的残缺以及社会组织和意见表达权利的缺位等，他们得不到国民待遇，换言之，国家在一些最基本的社会、政治和经济政策上没有给予农民工与其他城镇居民同等的对待，反过来甚至给予了很不公平的待遇。[③] 总之，农民工（包括进城居住农民）公民权的缺失，导致他们难以从农民成功转向市民。而李强则将问题的症结直指农民工公民权的被剥夺。[④] 这突出地表现在城乡二元户籍制度上。户籍制度是指与户口或户籍管理相关的一套政治、经济和法律制度，其中包括通过户籍来证明个人身份、执行资源配置和财富分配。[⑤] 户籍制度作为一种身份制度，使得无法取得城市居民资格的农民工丧失了原本由城市居民所拥有的基本公民权利，造成了前者市民化转变的失败，而问题的解决之道在于对农民进行赋权增能。

正是由于农民工在社会权利上的缺乏，导致其在社会保障权利的获取上处于弱势地位，遭受不公平的社会保障待遇。下一节就具体分析农民工社会保障政策存在的问题及其主要原因。

---

① 陈映芳：《“农民工”：制度安排与身份认同》，《社会学研究》2005 年第 3 期。

② 洪朝辉：《论中国农民工的社会权利贫困》，《当代中国研究》2007 年第 4 期。

③ 王春光：《农民工的国民待遇与社会公正问题》，《郑州大学学报》（哲学社会科学版）2004 年第 1 期。

④ 李强：《农民工与中国社会分层》，社会科学文献出版社，2004。

⑤ 陆益龙：《户籍制度：控制与社会差别》，商务印书馆，2003。

第二节　农民工社会保障政策存在的问题及其主要原因

目前，我国城市已经逐步建立起完善的社会保障体系，但对农民工来说，其社会保障则远远滞后于现实的需要。究其原因，既有政策、制度上的原因，也有农民工自身的原因。

一　农民工社会保障政策存在的问题

由于农民工在社会权利上的不足，在社会保障方面出现了一系列问题，这些问题涉及社会保障的各个领域。但在根源上，问题症结的分析指向了制度和政策层面，揭露政策在社会保障权利方面的滞后和不足。

（一）在社会保险方面，参保农民工待遇水平较低，甚至难以依法享受相关保险待遇

1. 在失业保险方面，农民工失业后只能一次性领取生活补助金

根据《失业保险条例》，同时具备下列条件的失业人员，可以领取失业保险金：①按规定参加失业保险，所在单位和本人已按照规定履行缴费义务满 1 年；②非因本人意愿中断就业；③已办理失业登记，并有求职要求。失业人员在领取失业保险金期间，按照规定同时享受其他失业保险待遇。

城镇职工失业后领取失业保险金的期限，根据其失业前所在单位和本人按规定累计缴纳失业保险费的年限计算。累计缴费时间满 1 年不满 5 年的，领取失业保险金的期限最长为 12 个月（满 1 年不满 2 年通常享受 3 个月），并逐月领取。

农民工连续工作满 1 年以上，所在单位已按规定缴纳失业保险费，劳动合同解除或者终止的，可向单位所在地的社会保险经办机构申请一次性生活补助金。符合条件的农民工按累计缴费时间每满 1 年发 1 个月

的生活补助金。一次性生活补助金的标准为：缴纳失业保险费满 1 年的，按其失业前 12 个月的月平均缴费工资的 12% 发给；以后每多缴纳 1 个月的失业保险费加发 1% 。

如果所在单位缴纳了失业保险，并连续缴费满 1 年，在终止或解除劳动关系后 60 天内，农民工凭社会经办机构规定的证件和资料，可到原单位所在地受理其失业保险业务的社会保险经办机构办理一次性生活补助金的申领手续。逾期不再受理，未申领一次性生活补助金的缴费年限在新就业后合并计算。

由于失业保险金是到户口所在地领取，农民工如果在外地参加失业保险，只有把失业保险关系转回户口所在地才能领取。金融危机发生后，为妥善安置返乡农民工的生产生活，江西省劳动和社会保障厅已将在用工地稳定就业半年以上、失去工作返乡的农民工纳入失业登记，由当地劳动保障部门与用工地劳动保障部门衔接，对符合条件的返乡农民工按用工地的标准，通过失业保险基金及时核发一次性生活补助金。对省内异地就业返乡农民工符合领取失业保险金条件的，江西省劳动和社会保障厅规定，可一次性从劳动保障部门领取失业保险金；对不领取的，原缴纳失业保险费的时间可与以后缴费时间合并计算。

综上所述，农民工失业待遇的不平等主要体现在四个方面。①城镇职工领取的是失业保险金，农民工领取的是一次性生活补助金。两者在内涵和外延上均有差别。②城镇职工和农民工缴纳的虽然都是失业保险费，但发放待遇的时间长短差距巨大。农民工按累计缴费时间每满 1 年只能发 1 个月的生活补助金，而城镇职工最长可以领取 12 个月的失业保险金。③城镇职工和农民工待遇标准差别巨大。缴纳失业保险费满 1 年的农民工一次性生活补助金的标准只是按其失业前 12 个月的月平均缴费工资的 12% 发给，以后每多缴纳 1 个月的失业保险费加发 1% ，而城镇职工可领取其失业前 12 个月的月平均缴费工资的 80% 。④农民工因申领手续繁杂、时间紧等原因可能领不到一次性生活补助金。

2. 在医疗保险方面，农民工的医疗保险待遇较低、门槛较高

农民工医疗保险待遇的不平等主要体现在以下方面。

一是农民工相对于城镇职工，门诊负担较重。目前，农民工大病住院医疗保险保障范围基本为“住院和门诊特殊病”，起付标准、个人自付比例大多按照当地城镇职工基本医疗保险规定执行。建有大额医疗费补助基金的，住院最高支付限额以上部分可通过大病医疗补助解决。基于此类多种原因，目前各地多实行“建社会统筹、用人单位缴费、保当期大病”的办法，基金支付范围只涵盖大病医疗和特殊门诊。有调查数据表明，目前进城农民工平均年龄为28.6岁，从生命周期规律来看，这类青壮年农民工人群的大病住院概率相当低，而常规疾病则不可避免。因此，农民工需要大病住院保障的同时，也需要城镇职工享受的门诊医疗保障。

二是城镇医疗服务供给与农民工实际需求不匹配。长期以来，我国医疗卫生资源一直采取以城市居民医疗需求为中心的户籍人口管理模式。在跨区域流动农民工已超过1.4亿的今天，这种模式表现出明显的缺陷。正规医疗机构的高额医疗费用与农民工低收入间的矛盾日益突出。2004年卫生部调研结果显示，农民工患病后25.4%的人选择到城镇医疗机构就诊，73.2%的人采取从药店买药或服用自带存药的方式。这一事实证明农民工没有真正享受城镇医疗服务。

三是农民工老年医疗保障存在政策缺失。目前，我国农民工医疗保险方案很少涉及农民工老年医保的相关问题。大连、天津、沈阳等很多地区规定：农民工达到法定退休年龄时，用人单位不再为其缴纳医疗保险费，农民工本人也不再享受医疗保险待遇。这意味着当农民工年老后，医疗保险将随用人单位缴费停止而终止，只能参加低保障的城镇居民医疗保险和新农合。农民工长年从事苦、累、脏、险工作，慢性病或其他高危重病的困扰较城镇职工更为严重，更需要良好的老年医疗保障，尤其在当前农民工逐渐成为城市产业工人主体的形势下，农民工在年老后如不能与城镇职工享有同等的医疗保险待遇，不仅是政府职能的缺失，而且也分裂了劳动者队伍，有失社会公平。

3. **在养老保险方面，农民工往往难以达到享受养老保险待遇的条件**

目前，我国农民工就业流动比较频繁，就业稳定性差。据农业部调查，农民工在一个地方平均就业时间只有9个多月。在现行城镇职工养老保险制度规定按月享受基本养老金的最低缴费年限为15年，且社会保险关系不能实现转移接续的情况下，多数农民工参保很难达到该年限标准。有的地方还规定退休前5年必须到该地参保，这实际上把农民工的养老问题排除在外。这些规定决定了农民工对这样的社会保险制度缺乏信任，对自己以后能否享受到养老保险待遇心存疑虑和担心。

4. 在综合保险方面，农民工综合保险（或类似保险）待遇较低

曾经有个别地方设立专门针对外来人员或农民工的综合保险。这种保险是将城镇职工社会保险的五个险种（养老、医疗、工伤、失业和生育）简化为老年补贴、工伤（含意外）、医疗三个险种，其缴费率和享受待遇均较前者要低。该制度创新是根据外来务工人员（主要是农民工）流动性强和低收入的特点“量身定做”的。

上海市首先为外来农民工单独设计了综合保险制度，此后成都等城市实施了类似的制度。与本市职工的社会保险相比，综合保险待遇低主要表现在以下方面。一是保险项目只包括外来从业人员最需要的三个险种（工伤、医疗和养老），没有失业和生育保险。二是综合保险的缴费基数只有本市职工平均工资的60%；缴费比例比本市职工的缴费比例低，只有12.5%，远远低于本市职工的45%（养老+医疗+工伤）。由于缴费比例低，综合保险除工伤保险待遇与本市职工相同外，养老待遇大大低于本市职工，医疗则只有住院保险待遇，而且缴费时间短（1年以内）的人员其住院保险支付的封顶线要大打折扣。三是养老补贴待遇标准偏低，难以防范老年生活风险。一开始养老补贴仅为每月本人缴费工资的5%，后来提高到7%，但也仍然只能直接累加计算，没有长期积累的利息，几十年之后退休时的养老待遇十分有限。以上海市2005年平均工资26000元计算，农民工在上海累计工作满15年，其一次性领取的养老补贴总额仅为16000元，对15年后的物价和工资水平来说，这样的养老收入难以为十几年乃至几十年的老年生活提供保障。

5. 农民工不能享受城镇社会救助与其他社会福利

由于城乡二元户籍制度，农民工基本被排斥在城镇社会救助与社会福利制度之外，农民工即使遭遇意外伤害或重大疾病后生活陷入困境，也难以得到临时性的应急援助。

（二）在保险关系的维护上，农民工社会保险关系难以转移接续，退保现象比较严重

在《国务院办公厅关于转发人力资源社会保障部财政部城镇企业职工基本养老保险关系转移接续暂行办法的通知》（国办发〔2009〕66号）实施前，农民工社会养老保险关系难以跨统筹地区转移，退保现象比较严重。

1. 农民工社会保险关系难以跨统筹地区转移

农民工社会保险关系跨地区转移接续，是农民工社会保险关系在国内不同地区之间的正常流转。在养老、医疗、工伤、失业和生育保险中，农民工真正需要转移接续的社会保险关系主要是养老和医疗保险。以基本养老保险为例，农民工社会养老保险关系便携性很差、难以跨统筹地区转移的主要原因有以下几个。

一是政策差异性壁垒。由于没有建立全国统一、城乡统一的养老保险制度，我国养老保险统筹层次低，依然被分割在2000多个统筹单位。即使目前已经实行省级统筹的地区，其实质只是省级基金调剂，而不是严格的省级统筹，大部分地区仍为市县级统筹。各地由于经济发展状况迥异，农民工参加的基本养老保险的缴费和待遇标准也各不相同。各统筹单位之间政策的差异性，使农民工养老保险关系难以在跨省级甚至省内跨地区转移接续。这种政策的差异性，不仅使城镇职工养老保险关系转移难的问题由来已久，而且加大了农民工养老保险关系转移接续的难度。

二是承担责任主体的差异性。从20世纪80年代开始，我国逐步形成了“分灶吃饭”的财政体制，各地在依照某种规则上交给上级（或中央）财政后，所剩财力即用于本地，同时，中央财政通过一定的方式实行转移支付。这样做调动了地方的积极性，促进了经济发展。然而，现行的基本养老保险制度与这样的财政体制并不完全适应。就养老保险基

金而言，它由统筹基金和个人账户基金两部分组成，前者由各地统筹，负责基础养老金和过渡性养老金的支付，还要承担按照计发办法所计算养老金低于最低养老金的那部分差额的补差任务。如果统筹基金入不敷出，则由统筹地区同级政府财政“兜底”。这就意味着，统筹地区同级政府对基本养老保险基金负最后的责任。当农民工基本养老保险关系在统筹地区间发生转移时，各地区间的利益关系就发生变化，各地政府对养老保险基金的责任也随之发生变化。而在现行的财政体制下，利益格局已经形成，对于这种变化，新的调整机制缺失。换言之，地方政府在社会保险制度设计层面已经陷入“囚徒困境”，即社保关系转入就意味着承担责任，转出则是转嫁了责任。再加上统筹基金不能跟随社保关系转移而转移，被转入地就更没有积极性去接收新的社保关系了。因此，各地政府制定了相应的阻碍异地养老保险关系转入的政策，人为设置参保“门槛”。这是农民工社会保险遭遇“滑铁卢”的深层原因。从某种意义上说，实现农民工社保关系的转移接续不是“不能”，而是“不为”。

具体到转出地与转入地之间的政策选择而言，一般经济发达地区农民工工资高，社保缴费的绝对额要大，而经济贫困地区工资低，社保费缴得少。如果经济贫困地区的参保人员的社保关系转到经济发达地区后，经济发达地区直接承认其过去的参保年限，并按照本地的标准给其发放社保费，该地方的资金就会出现较大的缺口。而经济贫困地区本来基金就收不抵支，而财政又无力补贴基金缺口，也不愿接收从经济发达地区转移过去的农民工，承担他们的社保支付责任。由此造成的后果是各地对农民工社会保险关系设定重重门槛。同时，提高农民工社保统筹层次，也是对各级政府对农民工基本养老保险主体责任的调整，于是一些地方对此很有抵触情绪。

三是技术手段落后，基础工作薄弱。由于“金保工程”依然没有形成一个以中央、省、市三级网络为依托，覆盖全国的完整、高效、务实的网络系统，我国目前的社会保险系统基本上还是各地各自统筹的区域管理系统，业务信息网基本不与其他统筹区域连接，农民工社会保险关系转移只能通过多个环节的人工办理，费时费力。农民工社会保险关系在全国转移接续的基本条件还不成熟，各项统计数据的可信度差，影响社会保障的管理和决策。

2. 农民工社会保险关系难以跨城乡转移

在农村养老、医疗等社会保障制度没有建立前，农民工社会保险关系难以跨城乡转移。其代价是农民工此前在异地缴纳的养老保险可能立刻归零。尚在青壮年期的农民工大规模放弃养老保险，给政府留下巨大的社会隐患。这些农民工进入老年期后将无法在社会保险的巨伞覆盖下获得应有的照顾和支撑。

随着新型农村社会养老保险制度、新型农村合作医疗制度的逐步建立和完善，农民工社会保险关系跨城乡转移虽然成为可能，但由于城乡社会保险制度的保障水平差距比较大，农民工社会保险关系在实现跨城乡转移的过程中，如果转移办法不合理、不可行，个人的社会保险权益也可能会受到不同程度的影响。

在经济发展快的地区，特别是随着城镇化的推进和城乡协调的社会保险制度的建立，才可能逐步实现农民工社会保险制度与城镇职工社会保险制度的接轨和社会保险关系的接续。

3. 农民工社会保险关系难以跨不同制度模式转移

目前，农民工参加了职工、农村、综合、城镇居民等不同的社会保险制度模式。部分地区为农民工设计不同的制度，一个重要的出发点就是不希望农民工在当地享受社会保险。由于制度模式的不同，农民工即使在同一地区要实现社会保险关系的跨制度转移，如综合保险向基本养老保险的转移，难度也是非常大的。农民工要实现在城乡之间、不同的统筹地区之间、不同制度模式之间的转移，难度就更大。

4. 农民工退保问题比较普遍

在 2009 年国家出台有关城镇职工基本养老保险关系转移接续政策之前，相关政策允许农民工退保，其结果为农民工流动时反复参保、退保，有的甚至在同一地区更换工作单位时也先退保、再参保。在农民工集中的广东省，有的地区农民工退保率高达95%以上。退保使农民工只参保、不享受实惠，不仅直接损害农民工享受社会保障的对等权益，而且反过来又影响用人单位的参保积极性。社会保险关系转移接续的制度缺失，使农民工的社会养老保险权益处于流失、受侵以及无法保护状态。从根本上说，农民工退保既不是因为其流动性大，也不是因为其自身短视，而是因为制度性缺陷使得原来的农民工社保制度缺乏吸引力，农民工选择“用脚投票”是必然的结果。

（三）在自我评价上，农民工对社会保障需求（参保意愿）的自我评价较低

从理论上看，农民工对社会保障的需求与城镇职工并无不同，其参保意愿应该是很高的。但在中国特殊国情和多方面因素的影响下，农民工对社会保障的需求不仅是有限的，而且其参保意愿明显偏低。农民工的参保率，不仅在一定程度上能比较客观和准确地反映农民工对社会保障的需求和参保意愿，而且能从一个侧面反映中国国情、农民工的收入水平、参保能力、相关政策、制度和体制机制等多方面的情况。

为了解农民工的社会保障需求和参保意愿，课题组有关人员曾经于2005年在江苏、吉林、辽宁3省调研时召开了多个农民工座谈会，对80名农民工逐个访谈，并进行了问卷调查。[①] 由于农民工构成复杂，不同地区、不同年龄段、不同文化程度、不同工作性质的农民工的社会保障需求和参保意愿并不相同，总体来看如下。

1. 工作相对正规、年龄较轻、文化程度稍高的农民工相当部分有城市化倾向，有较明显的社会保障需求和参保意愿

据对江苏347名农民工的问卷调查，农民工对于养老方式的选择，依靠子女养老的仅占6.3%，自己存钱养老的也只有17.0%，而愿意参加农村社会养老保险的占16.4%，愿意参加城镇职工基本养老保险的占

① 350份问卷，涉及建筑、制造、餐饮、纺织、娱乐、家政等多个行业，兼顾了各种用工形式，比较充分地反映了这3省农民工社会保障的基本情况和主要问题。

34.0%，后两项之和占总调查人数的50.0%以上（见表8－1）；而愿意参加城镇职工基本医疗保险的比例更高，达66.6%（见表8－2）。至于参加养老保险的地点，同意在务工地参保的占51.3%（见表8－3），说明多数农民工信任和愿意参加城镇职工社会养老保险。课题组成员在南京富士电气有限公司和无锡庆丰纺织公司及长春市的访谈也印证了上述判断。据辽宁省计划生育委员会调查统计，目前外出务工的农民工多数来自计划生育家庭，全省农村生育1个男孩或2个女孩的计划生育家庭占全部家庭的3/4以上，可见传统的养儿防老在农村也将受到严峻挑战。

表8－1　农民工愿意选择的养老方式

养老方式	选择的人数（人）	占总样本的比例（%）
依靠子女养老	22	6.3
自己存钱养老	59	17.0
参加农村社会养老保险	57	16.4
参加城镇职工基本养老保险	118	34.0
参加商业保险	7	2.0
没想那么远	56	16.1

表8－2　农民工参加城镇职工基本医疗保险的意愿

参加医疗保险的意愿	选择的人数（人）	占总样本的比例（%）
愿意	231	66.6
不愿意	24	6.9
无所谓	80	23.1

表8－3　农民工希望的参保地点

希望的参保地点	选择的人数（人）	占总样本的比例（%）
外出务工地	178	51.3
家乡	82	23.6
暂不参加	77	22.2

农民工不仅有明显的参保意愿，而且对养老保险也有强烈的需求。据调研组在南京富士电气有限公司与20名农民工的访谈，在社会保险的5个险种中，95%的农民工在排序时把养老保险作为自己的首选，排在第1位。原本我们认为农民工最关心的应是工伤和大病保障，养老保险可有可无，但访谈结果表明，农民工对养老保险的重视超出了我们的预料。

2. 工作不正规、流动性强的农民工参保意愿淡薄

课题组有关人员在江苏无锡和吉林长春与建筑施工行业农民工进行了访谈。这群农民工工作性质不正规，多从事季节性劳动或承包劳动，流动性大，工作不稳定，外出务工只是他们的权宜之计，并不是长远打算。因此，大多数人基本上没有参加城镇社会养老保险的需求，也不打算在城镇退休养老。他们最大的愿望是多挣钱后回家，以便娶媳妇、盖房子和补贴家用。对这部分人来说，解决工伤和大病风险可能是更为紧迫的选择。但是，长期从事建筑施工行业的农民工中较年轻者，也有参保需求。

3. 经济条件制约了农民工的参保意愿

2004年，劳动和社会保障部对农民工社会保障问题按万分之一的比例进行过一次全国范围的抽样调查。其中，对农民工经济条件和参保意愿关系分析的结果表明，农民工虽属于农民中较具参保能力的群体，但他们的收入却大大低于务工地城镇职工的收入水平。以上海市为例，其外来农民工的一般收入在600—1000元，仅相当于上海市2002年职工平均工资水平1627元的一半左右，许多农民工的工资可能仅高于2003年上海市的最低工资570元的水平。作为城市的边缘群体，他们没有城市“三条保障线”的保障，同时还面临生活、住房、疾病等现实问题，现实的经济条件可能使他们难以承担务工地社会保险的缴费标准。而且，企业由于分担了社会保险缴费，也有可能通过压低工资来转嫁缴费负担以降低用工成本，这将进一步降低农民工的参保意愿。

调查显示，愿意在务工地参加社会养老保险的农民工为总数的

25.24%，这个比例并不高，但从各个收入组的比较可见，随着收入水平的提高，农民工群体参加务工地社保的意愿也越高，收入在1500元及以上的人，愿意在务工地参加社会保险的比例达到这个收入组人群总数的48.7%（见表8-4）。收入越低的农民工越不愿参加社会保险，或更倾向于回乡参加农村社会保险。可见，经济条件是制约农民工参保的主要因素。

表8-4　农民工的收入水平与参保意愿

单位：人，%

参保意愿＼收入水平	200元以下		200—400元		400—600元		600—800元		800—1000元		1000—1500元		1500元及以上	
	人数	占比	人数	占比	人数	占比	人数	占比	人数	占比	人数	占比	人数	占比
愿意在务工地参加	562	21.1	609	23.3	523	32.0	157	27.3	84	34.6	28	37.3	18	48.7
愿意回乡参加	1400	52.4	1263	48.3	672	41.2	259	45.0	100	41.2	30	40.0	12	32.4
暂时不愿意参加	708	26.5	745	28.5	438	26.8	159	27.7	59	24.3	17	22.7	7	18.9
总计	2670	100.0	2617	100.0	1633	100.0	575	100.0	243	100.0	75	100.0	37	100.0

资料来源：2004年非正规就业群体调查资料。

2007年，农民工的月均收入为946元，只有城镇职工的1/3左右。据湖南、四川和河南三省的抽样调查，农民工月实际劳动时间超过城镇职工的50%，但月平均收入不到城镇职工平均工资的60%，实际劳动小时工资只相当于城镇职工的1/4。如此低的收入和如此高的门槛造成农民工和用人单位都缺乏参加“城保”的可持续缴费能力和积极性。一方面，用人单位缴费比例过高加重了用工成本，影响了用人单位为农民工参保缴费的积极性；另一方面，农民工工资水平偏低、生活负担较重，现行制度规定的费基和费率超出了农民工的承受能力。

二　农民工社会保障问题形成的深层原因

如前所述，农民工对社会保险的需求客观存在，自身也希望参加社会保险，而实际参保率却很低。农民工参保需求与现实之间的巨大差距，反映了农民工社会保险问题的多方面深层原因。

（一）受制于城乡社会身份壁垒，农民工被划入另册，导致同工不同保

城乡二元社会结构、一厂两制、同工不同酬和城乡社会保障制度的双轨制是造成农民工同工不同保甚至缺乏社会保险的宏观制度背景。这一制度背景一方面会进一步强化农民工的流动性、角色未定性、无组织性、权利意识淡薄、狭隘功利性等弱势特征；另一方面也会加大农民工在城市享受社会保险权利及其社会保险关系实现城乡转移与衔接的难度，不利于促进城市化和确保农村剩余劳动力的转移，不利于给农民工以国民待遇，不利于给企业营造公平竞争的环境。

（二）低端劳动力市场供给远大于需求，收入偏低，处于弱势地位的部分农民工不懂维权、不愿维权、不敢维权

我国劳动力长期供大于求，近年来，虽然局部地区出现了“民工荒”，但总体上就业压力较大，低端劳动力市场供求矛盾尖锐，甚至中高端劳动力市场的大中专毕业生也出现了就业难的问题。劳动力市场的供求矛盾导致强资本弱劳工的格局，农民工的地位更为弱势。当然，农民工参保率较低，甚至有的反对参保，除了在劳动力市场处于弱势地位、收入偏低外，以下三方面也是重要原因。

一是不懂维权。部分农民工社会保障意识比较薄弱，知识欠缺，对社会保障心存疑虑，担心缴纳的保险费日后收不回，因而不愿意参加保险。特别是年轻力壮的农民工，离开农村来到城镇的目的主要是赚钱，而对工伤、老年、失业及疾病的忧患意识不很强烈。

二是不愿维权。部分农民工收入偏低，工作灵活性较大，收入不固定，担心个人的负担过重，不愿意参加缴费标准过高的社会保险。部分农民工由于面临眼前生产生活的需求或经济困难，难以从比较低的收入中拿出一部分钱来投保，即不愿缴纳占本人工资收入约11%的社会保险费，而更愿意多获得一点现金收入。事实上，在过高的缴费率和过低的收入水平形成的强烈反差下，许多农民工宁肯相信薪酬“落袋为安”，也不愿参加有一定缴费标准的社会保险，甚至有些农民工将其上升到“挣钱就是硬道理”的高度。2004年，广东省农民工的平均收入为750元，仅为广东省社会平均工资1852元的40%左右。若其全面参与社会保险，按养老、失业和医疗保险缴费率为25%（20%的养老保险费，剩下为其他项目保险费）计，如果按照广东省社会平均工资缴纳社会保险费，农民工需要缴纳463元，即便按照463元的60%的比例缴纳，社会保险金也达到278元。农民工的基本生活成本每月为500元左右。如果其全面参加社会保险，则最少需要778元的工资收入，这说明一位农民工的月收入（750元）无法满足其基本生活和社会保障的需要。农民工按照现行标准缴费的难度很大。

三是不敢维权。农民工在农村有承包的土地作为其最后的生存保障，其进入城镇后工作不稳定，而且素质偏低，缺乏组织性，遇到利益受损和侵权时，多数选择退避，对组织的依靠性和对自身权益的维护意识远没有产业工人那么强烈，只要能够挣到比在农村多的钱，就达到了他们的基本意愿。在这种意识下，劳动环境的好坏、工资收入合不合理、劳动权益保护到不到位等都不会构成阻碍农民工流动的因素，在相当长的时间内也难以形成有效维护自身权益的利益团体，产生不了如产业工人般的凝聚力和影响力。从目前已经出现的劳动争议情况来看，农民工在签订劳动合同时，往往表现为对参加社会保险的要求不高，但在终止、解除劳动关系时，又提出要求补缴社会保险等要求，就是典型的不敢维权的表现。

（三）地方本位主义与既得利益：重扩面、轻实效

一些地方政府对推进农民工参保也存在明显的短视行为。从长远看，没有从统筹城乡、实现社会经济协调发展和促进工业化、城镇化的战略高度，没有从以人为本的科学发展观出发，推动农民工参保；从近期看，主要担心推进农民工参保会提高本地企业的运营成本，影响当地的“比较优势”和投资环境，把好不容易通过招商引资引来的投资方吓跑，从而影响地方的经济发展和政府的政绩。政府对农民工社会保险责任缺位主要表现在以下两个方面。

一是贯彻落实劳动法、督促用人单位为农民工参保缴费方面执行不力。劳动法对用人单位参加社会保险有明确规定，多数地区的法规文件也对农民工参加工伤、大病医疗、养老等社会保险项目做了规定，如果政府严格执法，农民工理应被纳入城镇职工社会保险制度。但实际上，政府执法力度不够导致农民工不能参保成为一个普遍的现象，甚至存在“出卖劳工的利益向资本献媚”的现象。各级政府劳动监察执法力度不够，执法和扩面存在死角，以致农民工参保率低。

二是对农民工社会保险的财政责任缺位。由于农民工大多数不是本地居民，地方政府大都不愿承担其社会保险责任。从一些地方实施的综合保险政策看，地方政府不仅没有承担对农民工社会保险的补助和兜底责任，相反，甚至还从农民工有限的社会保险缴费中获得利益。有些地区虽未将农民工社会保险纳入另册，但在政策上允许退保，这实际上不仅没有为农民工社会保险承担财政责任，而且反而侵占了农民工养老等社会保险的社会统筹权益。

（四）现行社会保险政策不适合农民工的特点

现行城镇职工社会保险制度是针对城镇职工设计的，本身就存在不少制度上的缺陷。农民工由于就业不稳定、收入水平低、流动性强，加入现行城镇社会保险制度在很大程度上面临制度性的歧视与剥夺。现行

城镇社会保险制度不适合农民工特点之处如下。

1. **缴费水平高，农民工难以承受**

一是费率高。国家规定，城镇职工养老保险的费率为20% +8%。医疗保险的费率为6% +2%，再加其他三险，社保缴费率超过40%。社保费率偏高的原因在于，我国基本养老保险制度是从无到有建立起来的，转制成本没有得到合理的解决，当前的职工存在双重负担问题。他们不仅要为自己的将来缴费（部分积累的个人账户），还要为旧体制下已经退休的人员缴费（现收现付的社会统筹）。这对体制内的劳动者尚且情有可原，但对农民工来说就很不公平，他们并不属于原有体制下的人，不应为原有体制的转轨来买单，同时他们本身就是低收入的弱势群体，不应承担双重负担。

二是缴费基数高。国家规定，城镇职工社会保险缴费基数的下限为社会平均工资的60%，也就是说如果职工的收入低于社会平均工资的60%，也要按60%的比例缴费，该项规定的根本目的是保障基金收支平衡。但是，这中间存在一个非常严重的问题，就是如何让低收入人群缴费，而又不超出他们的缴费能力，如果做不到，就应该考虑如何解决他们将来的保障问题。在现实中，绝大部分农民工的收入水平都低于社会平均工资。如果要求农民工按社会平均工资的60%缴费，则意味着他们的缴费负担要高于一般城镇职工。

2. **待遇享受门槛高，农民工实际很难享受到待遇**

一方面，农民工社会保险缴费负担重；另一方面，农民工在享受待遇上又面临很高的限定条件，难以得到有效的保障。无论是城镇职工养老保险，还是针对农民工的“双低”养老保险，对享受养老金待遇都提出了缴费必须满15年的要求。这对一个以雇用双方缴费筹资为主的制度来说，门槛并不算最高。很多实行非普惠制养老保险的国家也都有一个类似的缴费年限规定，其目的在于防范道德风险的发生。我国规定，如果职工退休时缴费年限不够15年，只能一次性拿回个人账户缴费部分，但不能按月享受基础养老金，即意味着企业为其缴纳的保险费不能退回。这种制度安排是基于个人长期在城镇就业，甚至定居而言的，对那些只想在外面务工几年，然后回家种地养老的农民工来说，参加这样的养老保险制度就不具有任何意义，因为他们很难满足享受待遇的缴费要求。调查问卷显示，13%的农民工认为即便参加养老保险，也达不到领取养老金的条件，因此选择不参保。

养老保险制度的不合理性还在于不允许职工到达退休年龄后延长缴费，或者补缴，或者说领取部分按月发放的待遇，而是只能在那一刻决定是按月领取养老金，还是结束养老保险关系，领取个人账户资金。这种规定生硬地剥夺了个人享受养老保障的权益。

无论是参加城镇职工医疗保险，还是参加农民工大病医疗保险，可以说农民工很少有机会享受到医疗保障，他们享受待遇的门槛高主要体现在两点。一是农民工大病医疗保险实行的是保当期的做法，意味着农民工达到退休年龄时，不缴费就不可能获得当期保障，并且根据当前规定，农民工退休后即使自己缴费，也不可以享受城镇医疗保险待遇。如果农民工参加城镇职工医疗保险，那必须与城镇职工一样，缴费至少20年后才能享受退休人员医疗保险。在现实中，要求流动性很强、工作很不稳定的农民工累计缴费20年，几乎是不现实的。二是农民工即便得到医疗保险支付，个人的自负比例也很高，下有起付线、上有封顶线的设定，限制了农民工医疗保障的程度。

3. 统筹层次低，农民工社会保险关系不能转移

统筹层次低，不仅降低了基金的抗风险性，而且也阻碍了社会保险关系的顺利转移。特别是只转个人账户、不转统筹基金的做法，导致跨统筹地区社会保险关系难以转移。2008年人力资源和社会保障部提出加快省级统筹的步伐，截至2009年底各省区市几乎都出台了养老保险省级统筹办法，但是省级统筹并不能解决养老保险关系跨省转移问题，大量跨地区流动的农民工的养老保险权益仍然得不到保障。

医疗保险实行的是县市级统筹，对农民工来说，在缴费20年后享受退休医疗更是不可能的事。农民工大病医疗保险由于采取保当期的做法，回避了农民工退休后的医疗保障问题。

4. 城乡社会养老保险制度难以对接

在许多城镇，除本地进入城镇的农民工外，大量外来的农民工一般来自不发达地区，其户口所在地的新型农村社会养老保险制度一般没有建立或只是在试点。因此，一旦他们离开工作的城镇，其养老保险的统筹账户和个人账户都无法转回原籍，其理性的选择就是退保。这无论是对城乡社会保障制度的发展，还是对城镇化的推进，都是最不利的结果。国务院新的转移办法出台后，虽然可以避免无保障的状态，但城乡养老保险制度面临的不仅仅只是衔接问题，还要在制度方面有所创新。

综上所述，从目前的政策规定，如费率、费基、待遇享受门槛、退保等方面看，当前的社会保障制度不利于农民工参加社会保险和享受相应待遇，其中，过去曾经允许农民工退保的规定，更是政策设计的一大漏洞，这使得农民工在合理的流动过程中，其社会保障权益遭受不合理的剥夺。

第三节　国家调整农民工社会保障政策概要及实践探索

针对农民工问题，国家颁布了一系列的政策法规，试图改善农民工在社会保险、就业保护等方面的福利状况。同时，各地也根据本地区特色，就农民工社会保障福利改善实施了不同的举措。这些措施既具有鲜明的时代发展特征，又富有地方特色，总体上体现出一段时期以来政府在推进农民工社会保障政策上的努力。

一　国家调整农民工社会保障政策的主要内容

农民工社会保障政策的调整是一个逐步进行的过程。从无到有，突出关键，是农民工社会保障政策调整过程的显著特点。

（一）农民工社会保障政策调整的整体变化

农民工是指户籍身份是农民，有承包土地，但主要从事非农产业、以工资为主要收入来源的人员。[①] 20 世纪 90 年代初以前，农民工多被用人单位作为临时工使用，因其低报酬、无保障（社保及福利）或部分保障而有别于用人单位的正式职工。随着劳动用人制度的改革和《劳动法》的颁布实施，传统意义上的固定工概念即被打破，企业所有用人，无论是传统的正式工还是原作为临时工的大量农民工都属于职工，临时工等带有明显身份歧视的用工形式应当寿终正寝、不复存在，农民工只要一经雇用，单位都应一视同仁，与其他职工同等对待。国家有关城镇职工社会保险政策开始覆盖农民工群体。此后出台的法律法规也充分肯定了农民工在社会保障方面的同等地位。

《劳动法》明确规定，用人单位和与之形成劳动关系的劳动者适用该法，劳动者享有社会保险和福利的权利，用人单位和劳动者应当依法参加社会保险。《国务院关于建立城镇职工基本医疗保险制度的决定》规定，城镇所有用人单位，包括企业（国有企业、集体企业、外商投资企业、私营企业等）、机关、事业单位、社会团体、民办非企业单位及其职工，都要参加基本医疗保险。劳动和社会保障部《关于完善城镇职工基本养老保险政策有关问题的通知》，对农民合同制职工参加养老保险问题做出了规定。2004 年 1 月 1 日施行的《工伤保险条例》要求各类企业、有雇工的个体工商户应当参加工伤保险，为本单位全部职工或者雇工缴纳工伤保险费。该条例附则特别强调：与用人单位存在劳动关系（包括事实劳动关系）的各种用工形式、各种用工期限的劳动者都在参保范围。综上所述，显然，我国现行社会保障法律法规和政策已覆盖农民工。换言之，农民工一经雇用，即应参加基本养老、医疗、失业、工伤等社会保险，并享受相应待遇。

---

① 国务院研究室课题组：《中国农民工调研报告》，中国言实出版社，2006。

（二）农民工社会保障政策调整的里程碑事件

2006 年 1 月，国务院在全面调研的基础上，针对农民工的劳动权益、社会保障等问题，出台了 5 号文件。5 号文件对此前的农民工社会保障政策进行了调整，其主要内容如下。

1. 逐步将有劳动关系的农民工全部纳入工伤保险

国务院 5 号文件要求各地认真贯彻落实《工伤保险条例》。所有用人单位必须及时为与其建立劳动关系的农民工办理参加工伤保险手续，并按时足额缴纳工伤保险费。在农民工发生工伤后，要做好工伤认定、劳动能力鉴定和工伤待遇支付工作。未参加工伤保险的农民工发生工伤，由用人单位按照工伤保险规定的标准支付费用。当前，要加快推进农民工较为集中、工伤风险程度较高的建筑行业、煤炭等采掘行业参加工伤保险。建筑施工企业同时应为从事特定高风险作业的职工办理意外伤害保险。

2. 按照“低费率、广覆盖”的原则，将农民工纳入医疗保险

国务院 5 号文件要求各统筹地区要采取建立大病医疗保险统筹基金的办法，重点解决农民工进城务工期间的住院医疗保障问题。由于农民工基数较大，且相对年轻，大病的总体发病率低于城镇职工平均水平，因此，通过建立大病统筹基金可以使农民工以较低的费率获得同等的医疗保险待遇。国务院 5 号文件要求，根据当地实际情况确定缴费率，主要由用人单位缴费。这样规定，可以有效减轻用人单位负担，降低农民工参保门槛，从而使更多的农民工被纳入覆盖范围。国务院 5 号文件还要求，完善医疗保险结算办法，为患大病后自愿回原籍治疗的参保农民工提供医疗结算服务。有条件的地方，可直接将稳定就业的农民工纳入城镇职工基本医疗保险。农民工也可自愿参加原籍的新型农村合作医疗保险。

3. 按照“低费率、广覆盖、可转移，并能与现行城乡养老保险制度相衔接”的原则，制定适合农民工特点的养老保险办法

国务院5号文件要求，探索适合农民工特点的养老保险办法。抓紧研究低费率、广覆盖、可转移，并能与现行城乡养老保险制度相衔接的农民工养老保险办法。有条件的地方，可直接将稳定就业的农民工纳入城镇企业职工基本养老保险。已经参加城镇企业职工基本养老保险的农民工，用人单位要继续为其缴费。劳动保障部门要抓紧制定农民工养老保险关系异地转移与接续的办法。

按照国务院5号文件要求，劳动和社会保障部于2007年抓紧进行了农民工养老保险政策的研究制定工作，形成了农民工养老保险办法及基本养老保险关系转移接续办法征求意见稿，并广泛征求了国务院有关部门、各地区及有关专家的意见。2008年3月，人力资源和社会保障部成立后，进一步完善了征求意见稿，在此基础上又征求了有关地方意见。目前，基本养老保险关系转移接续办法已经出台，对农民工参加基本养老保险虽然不一定单独制定具体办法，但对其参保的优惠费率或费基的规定则有可能在未来实施。

（三）农民工社会保障政策调整的主要措施

在整体变化的背景下，尤其是2006年国务院5号文件颁布后，关于农民工社会保障政策调整的主要措施如下。

1. 制定并实施农民工参加工伤保险的“平安计划”

2006年5月，劳动和社会保障部发布《关于实施农民工“平安计划”加快推进农民工参加工伤保险工作的通知》，决定在全国实施农民工“平安计划”，用3年左右时间，将矿山、建筑等高风险企业的农民工基本覆盖到工伤保险制度之内。2006年，以重特大工伤事故频发、社会各界高度关注的煤矿企业为重点，提出了煤矿企业参保的时间表。首先对94家国有重点煤矿企业逐户督办，2007年实现了国有重点煤矿企业全部参保。其次督促中小型煤矿企业参保，目前煤矿行业参保率已达到90%。

2006年12月，劳动和社会保障部发布《关于做好建筑施工企业农民工参加工伤保险有关工作的通知》，制定建筑业农民工参加工伤保险的具体办法，规范工伤认定和保险赔付程序，保障农民工合法权益。为落实通知要求，2007年，“平安计划”转为以工伤事故较多的建筑行业为重点，随后有24个省份出台了建筑企业农民工参加工伤保险文件，明确了按项目参保、按造价提取工伤保险费等具体政策，为建筑行业农民工参保创造了条件。截至2008年9月，农民工参保人数比“平安计划”实施前的2005年翻了两番，80%的高风险企业参加了工伤保险。

为了促进农民工尽快参保，特别是保护在建筑、矿山等高风险企业农民工的职业安全健康，劳动保障部门与相关部门建立了协调机制，共同促进农民工参保。2005年，劳动和社会保障部会同国家安全生产监督管理总局、国防科学技术工业委员会共同印发了《关于贯彻〈安全生产许可证条例〉做好企业参加工伤保险工作的通知》（劳社部发〔2005〕8号），要求矿山、危险化学品、烟花爆竹、民用爆破器材生产等企业必须参加工伤保险，否则不颁发安全生产许可证。这项政策的出台，对生产企业有极强的制约作用，促进了高风险行业农民工参保。2007年，劳动和社会保障部与国有资产监督管理委员会联合下发《关于进一步做好中央企业工伤保险工作有关问题的通知》（劳社部发〔2007〕36号），明确了中央企业参加工伤保险的有关问题，进一步推进中央企业农民工参保工作。

2. 实施农民工参加医疗保险的专项扩面行动

按照国务院5号文件精神，为切实解决农民工大病医疗保障问题，2006年，劳动和社会保障部在全国开展了农民工参加医疗保险专项扩面行动，要求各地按照“低水平、保大病、保当期、用人单位缴费为主”的原则，制定专项工作方案，进行专项统计。

（1）开展专项扩面。按照国务院5号文件精神，劳动和社会保障部下发了《劳动和社会保障部贯彻落实〈国务院关于解决农民工问题的若干意见〉的实施意见》（劳社部发〔2006〕15号）。2006年6月，劳动和社会保障部追加了2006年农民工参加医疗保险覆盖面计划，并决定连续三年开展农民工参加医疗保险专项扩面行动，确定了争取到2008年底将与城镇用人单位建立劳动关系的农民工基本纳入医疗保险的工作目标（见表8－5）。

表8－5　农民工参加医疗保险专项扩面行动计划情况

年份	2006	2007	2008
计划任务（万人）	2000	2800	4000

（2）实行专项统计。2006年6月，劳动和社会保障部社保中心要求各地按照《关于实施农民工参加医疗保险专项扩面行动的函》（劳社险中心函〔2006〕32号）的社会保险统计要求对农民工参加医疗保险实行专项统计。对每一位参保农民工，从参保登记起，做好农民工标识，采集信息，统计到位。将社会保险经办机构管理的、农民工参加各种形式医疗保险的情况全部纳入统计，确保各项数据的完整、准确。

3. 制定适应农民工流动需要的养老保险关系转移接续办法

农民工的养老保险面临的一个主要挑战是农民工的高流动性。这是农民工最显著的特点之一，他们不仅往返流动于城乡之间，并在单位之间、城镇之间频繁地变动工作岗位，而且外出的农民工人群每年都在不断变化，新老农民工进行着代际更替。如上海市参加综合保险的农民工2007年上半年流动率为7.52%。深圳市的情况也大体类似，他们一般工作两年左右就换单位或流动到其他城市。

为保证基本养老保险关系的转移接续，适应农民工的高流动性，劳动和社会保障部、人力资源和社会保障部在不同时间按照国务院5号文件精神，研究制定了基本养老保险关系转移接续办法。2009年2月5日，人力资源和社会保障部在其官方网站上公布了备受关注的《城镇企业职工基本养老保险关系转移接续暂行办法》（摘要），明确城镇职工养老保险转移接续采取双转移的模式——全部个人账户及12%的社会统筹资金随同参保者一并转移。2009 年 12 月，国务院办公厅正式发布了《国务院办公厅关于转发人力资源社会保障部财政部城镇企业职工基本养老保险关系转移接续暂行办法的通知》（国办发〔2009〕66 号），在以下方面取得了突破。

一是规定农民工离开就业地时，原则上不退保，而是保留其养老保险关系和个人账户。根据这一规定，从表面上看，农民工个人缴纳的保险费在离开参保地后因为不能像此前那样退保而暂时拿不回来，但从长远看，是对农民工利益的极大保护。退保虽然拿回了个人缴纳的费用，但却中断了养老保险关系，损失了养老保险权益，把单位为自己缴纳的费用白白地送给了务工地，实际上是因小失大。应当说，取消退保政策，是国家对农民工负责任的体现。

二是养老保险关系可以转移接续。新办法在明确不退保的同时，规定农民工在新就业地参保的，可以进行养老保险关系转移接续；未能继续参保的，也能封存其权益记录和个人账户，以便以后参保时再进行转移接续。因此，不仅农民工的养老保险权益不受损失，而且还会使更多的农民工能够达到 15 年的最低缴费年限，从而享受基本养老保险金待遇。可以说，这样的政策体现了以人为本的精神，适应了农民工流动性大的情况。

三是规定了与新农保的转移接续办法。我国目前处于快速城市化阶段，相当部分农民工最终会转为城市居民。但我们也可以预期，在相当长的时期内，不少农民工还是要叶落归根，回到原籍养老。对此，新办法还预留了一个接口，即未达到 15 年最低缴费年限不能享受基本养老保险的，还可以将本人的养老保险权益记录和账户资金转入户籍地新型农村社会养老保险，从另一个角度保证了其缴费权益不会受损。

二　国家调整农民工社会保障政策的主要原则

1. 优先解决工伤保险和大病医疗保障问题，逐步解决养老保障问题

从职业风险的角度看，农民工所面临的风险结构与传统的小农经济的自然风险不同，而是一种与市场经济、工业化相适应的现代风险结构。特别是在越来越多的农民工脱离土地的情况下，他们在年老或生病后面临丧失生活来源的风险，也面临工伤、职业病以及其他疾病等风险，与其他职工一样需要规避各种职业和社会风险。但由于农民工缴费能力较弱，国家的财力也有限，因此，应根据有关风险对农民工的危害程度，以及农民工的自身需求，按照分类指导、分步推进的原则，先解决农民工迫切需要的保障需求，以逐步解决农民工的社会保障问题。

首先，应尽快将农民工纳入工伤保险体系。从需求层面看，层出不穷的农民工工伤事故和数量惊人的职业病案例，以及由此导致的无数劳动争议，说明工伤保险应是农民工最紧迫的保障需求；从供给角度看，工伤保险平均费率不高（最高不超过工资总额的3%，一般为工资总额的1%），且不需要个人缴费，又不存在关系转移接续问题，再加上工伤和职业病对农民工个人、家庭和社会的影响重大，容易得到用人单位、农民工个人和政府的高度重视和普遍接受。因此，应优先解决农民工工伤保险问题。

其次，加快建立农民工的大病或住院保险制度。农民工平均不到30岁，小病发病率远低于社会平均水平，风险较小；但由于收入低，对大病风险的抵御能力十分脆弱，极易因大病住院而陷入贫困，所谓“辛辛苦苦几十年、一病回到解放前”的情况并不鲜见。因此，急需建立相应的风险化解机制。

最后，必须逐步解决农民工的养老保障问题。农民工把青春献给了城市、献给了工业化，一部分人因从事重体力劳动、有毒有害工种和超长时间加班加点而透支生命，年老时劳动能力普遍低下，不少人疾病缠身，在农村家庭养老功能日渐脆弱的情况下，面临明显的老年生活风险。按照社会养老保险制度自身规律，建立养老保险制度越早成本越低，积累期一般需要20—30年的时间。据预测，2020—2030年我国将迎来老龄化高峰，届时老龄人口比重将达到24%。也就是说，我国老龄化的高峰恰恰也在20—30年之后，这就给社会养老保险制度提供了必要的积累时间。同时，因时间有限，也意味着从现在开始，我们已进入建立社会养老保险制度的“预警期”。因此，按照养老保险制度的基本规律，必须从现在开始，因势利导不失时机地着手解决农民工的养老问题。

此外，农民工背井离乡来到城市，面对疾病、失业、意外伤害等风险时，极易陷入贫困，有的甚至面临绝境。从建设和谐社会的角度出发，也有必要对农民工提供临时或应急性的救助。

2. 适应农民工流动性大的特点，保险关系和待遇能转移接续

目前，农民工参保率之所以一直在低位徘徊，与参保后其利益得不到保障有直接关系。深层次的问题在于，农民工频繁流动，用人单位和农民工参保缴费后，社会保险关系难以转移和接续。因此，要吸引和促进农民工参保，制度设计必须适应农民工的高流动性。比如，通过保障当期待遇或增强待遇的可携带性，保证其流动就业过程中的社会保障权益不受侵害；在农民工社会保险制度设计中预留出“接口”，并与现行城乡社会保障制度有效对接，以利于保险关系的正常转移与衔接。

3. 实行低标准进入、渐进式过渡

如前所述，农民工平均工资水平远低于城镇在岗职工。由于工资水平低，农民工支付基本生活费用后，节余的工资收入再用来支付建房、子女上学、赡养老人等急迫支出后，往往所剩无几，因而个人参加社会保险的能力十分有限。因此，要兼顾农民工对社会保障的迫切需求与现实能力。农民工社会保障应当从实际出发，坚持低标准准入的原则，不承担国企历史债务，即实行低费率、低费基，同时农民工个人尽量少缴或不缴费，其享受待遇标准也相应降低。除此之外，在基本社会保险体系内，也应适应农民工收入低的现状，将农民工实际工资作为社会保险缴费基数，而不应设立最低缴费门槛从而放大低收入农民工的缴费比例，加大其缴费负担。

三　国家调整农民工社会保障政策的主要特点

1. 针对农民工社会保障方面的突出问题，区分轻重缓急，逐步从制度上解决问题

针对农民工工伤事故和职业病高发，抵抗大病风险的能力低下，以及农民工来自农村，且多来自中西部地区农村，如不未雨绸缪，未来中西部地区养老负担将不堪重负等突出问题，国务院 5 号文件及其国家有关部门和各地出台的有关政策在调整农民工社会保障政策过程中，始终把政策调整的重点放在农民工的工伤、大病医疗、养老等保障项目上。为使政策调整过程更加切合实际，政策调整没有采取“一刀切”的做法，而是循序渐进，将农民工急迫需要的工伤和大病医疗保险作为优先项目先行推进，在农民工工伤保险政策调整中，又把事故高发的矿山、建筑等行业作为重点，国家和各地随后开展了农民工工伤保险“平安计划”，还组织开展了农民工医疗保险专项扩面行动。由于区分轻重缓急，国家政策调整收到了较好的成效，农民工工伤和医疗保险参保人数大幅增加。

国家在调整政策过程中，还着力从制度上有效解决农民工社会保障问题。如按照国务院 5 号文件精神，农民工直接参加现行工伤保险制度，不另建其他制度，农民工真正享受了工伤保险国民待遇；建立农民工大病医疗保险统筹基金，拟订农民工养老保险参保办法，从而探索适合农民工特点的养老和医疗保险制度，从根本上解决这两项保险久无适当的保障制度的困局。

2. 侧重依法维护农民工的社会保障权益

国务院 5 号文件在调整农民工社会保障政策方面，还侧重依法维护农民工的社会保障权益。如在政策层面，规定农民工养老保险办法要与现行城镇职工基本养老保险制度衔接，要制定农民工养老保险转移接续办法，因此，从制度源头避免了农民工缴费、城镇职工受益的问题，保证了农民工的社会保障权益。在执法层面，明确加强劳动监察执法和争

议仲裁工作，通过行政执法和调解仲裁手段保证农民工合法的社会保障权益。此外，还强调通过法律援助机制和工会等社团组织介入等方式，依法维护农民工的权益。

3. 将有关政策调整为适合农民工的需要和特点

国家调整农民工社会保障政策还特别关注农民工的需要和特点，使农民工能最大限度地享受社会保障权益。如国家有关部门针对农民工家庭生活基础不在务工地的实际情况，对农民工工伤待遇享受做出特殊规定，即农民工可选择享受一次性待遇。将待遇享受的选择权交给个人或家庭，最大限度地照顾了农民工的实际情况和特殊需要。特别是针对农民工流动性大、养老保险未来支付的特点，国家在政策调整过程中强调，按照“低费率、广覆盖、可转移，并能与现行城乡养老保险制度相衔接”的原则，制定适合农民工特点的养老保险办法。针对农民工参保地较多，且既有可能享受城保待遇也有可能享受农村养老保险待遇的现实情况，农民工养老保险政策的可转移并与城乡养老保险制度相衔接且不能退保的政策，将从根本上改变目前农民工参加养老保险纯属“为他人做嫁衣”的不公平现状，确保农民工未来养老保障权益不受损害。

四　地方调整农民工社会保障政策的主要做法

各级地方政府在农民工社会保障政策的探索和推进上，形成了自己的特征，在社会保障的不同方面，都取得了一定的成绩。课题组在广东、浙江、山西三省进行了农民工社会保障政策执行情况的调查，并有一些发现。

（一）广东省农民工社会保障政策执行情况

1. 在工伤保险方面

2005 年以前，广东省实行农民工与城镇职工一起参加城镇五项社会保险制度。在参保方式上，实行“五险捆绑”。国务院 5 号文件出台后，广东省提出“坚持分类指导、稳步推进的原则，优先解决农民工的工伤保险和大病医疗保障问题，加快解决养老保障问题，不断完善农民工的社会保障制度”。将五险捆绑参保改为工伤保险和大病医疗保险优先参保，允许用人单位先行为农民工参加工伤保险和大病医疗保险。

广东省出台了《关于做好建筑施工企业农民工参加工伤保险有关工作的通知》（粤劳社发〔2007〕10号）。广州市和深圳市随后制定了建筑施工企业参加工伤保险的具体办法。随着农民工工伤保险“平安计划”的实施，商贸、住宿、餐饮、娱乐、洗浴等服务业农民工纳入了推进工伤保险参保的重点范围。

广东省在全国率先将职工离职后患职业病的申请工伤认定的时限延长到2年，在一定程度上保障了患有潜在职业病的工人享受工伤保险保护的权益。

在工伤保险待遇方面，广东省将全省一次性工亡补助金统一提高到最高档60个月在岗职工月平均工资的标准上。在建筑施工行业农民工享受工伤保险待遇上，2007年广州市规定统一按照农民工受伤时统筹地区上年度职工月平均工资的60%作为基数计发。考虑到绝大部分农民工的收入低于社会平均工资的60%，该规定有一定的合理性。2009年深圳市出台建筑施工行业农民工工伤保险政策，规定凡是以工程项目一次性缴费形式参保的农民工，工伤保险待遇按本市上年度在岗职工月平均工资为基数计发，提高了对工伤农民工的保障水平。

根据广东省人力资源和社会保障厅提供的数据，按广东省农民工总人数2900万人计算，到2009年8月底，广东省农民工参加工伤保险、医疗保险、养老保险、失业保险、生育保险人数的比例分别为54.0%、47.1%、34.0%、19.9%、17.7%，均高于全国平均水平，而且工伤保险的参保率最高，而深圳市农民工的工伤保险参保率更高一些，达到91.5%（见表8－6）。深圳市农民工2006—2009年参加社会保险基本情况见表8－7。

表 8-6　2009 年 8 月底广东省农民工五险参保人数及比例

单位：万人，%

地区	全国（2009 年 6 月）		广东省		广州市		深圳市	
类型	参保人数	参保比例	参保人数	参保比例	参保人数	参保比例	参保人数	参保比例
工伤保险	5054	42.1	1566	54.0	173	57.7	732	91.5
医疗保险	4153	34.6	1366	47.1	95	31.7	683	85.4
养老保险	2380	19.8	986	34.0	100	33.3	436	54.5
生育保险			514	17.7	45	15.0	230	28.9
失业保险	1518	12.7	577	19.9	96	32.0		
农民工人数	12000		2900		300		800	

表 8-7　2006—2009 年深圳市农民工参加社会保险基本情况

单位：万人

保险类别	2006 年	2007 年	2008 年	2009 年
养老保险	307	375	413	436
医疗保险	482	592	640	683
工伤保险	566	675	674	732
生育保险				230

问卷调查的结果接近官方统计数据。问卷调查显示，农民工中反映已经参加了城镇职工工伤保险的人数比例为 59.3%，一直没有参加的占 16.5%，其余 24.2% 的是现在没有参加和情况不明。相比较而言，浙江省农民工的工伤保险参保率明显低于广东省，已经参加的仅为 28.1%。山西省也低于广东省，已经参加的为 53.6%（见表 8-8）。

表 8-8　受访者参加城镇职工工伤保险情况

单位：%

地区	已参加	曾经参加，但现在没有	一直没有参加	其他
广东	59.3	6.5	16.5	17.7
浙江	28.1	3.5	31.8	36.7
山西	53.6	5.7	26.0	14.7

但是，发生工伤后能够真正享受工伤保险待遇的农民工比例，明显比工伤保险参保率低。在问卷调查的数据中，在城镇务工期间发生工伤事故后能够享受政府经办的工伤保险待遇的仅为23.0%，这远低于已经参加工伤保险的59.3%。其原因可能是发生工伤事故在前，而参加工伤保险在后；也可能是用人单位或雇主跟农民工声称参加了工伤保险，实际上没有参加。那些没有参加工伤保险的人中，发生工伤事故后不到半数由用人单位或雇主支付了医疗费以及相关赔偿，很少的人由商业保险公司支付了保险赔偿。另外，也有接近10%的农民工没有得到赔偿，充其量是由用人单位或雇主支付了医疗费，有的甚至医疗费都是自己或家庭负担的。如果广东省的农民工人数在2400万人以上，没有得到任何赔偿的农民工数量将是一个极大的数字（见表8－9）。

表8－9　近三年来在城镇务工期间发生工伤事故后受访者享受的保险待遇及得到的用人单位或雇主的赔偿情况

单位：%

地区	享受政府经办的工伤保险待遇	由商业保险公司支付保险赔偿	由用人单位或雇主支付医疗费以及相关赔偿	没有相关保险待遇，用人单位或雇主只支付医疗费，没有其他赔偿	什么保险或赔偿都没有，完全由自己或家庭承担	其他
广东	23.0	5.7	29.5	6.1	2.6	33.0
浙江	6.9	5.3	33.6	15.0	9.0	30.2
山西	18.6	7.5	24.2	14.4	5.2	30.1

一个值得关注的问题是，建筑行业在推进农民工工伤保险时存在一定的障碍。广东省大约有300多万名农民工从事建筑行业。据广东省人力资源和社会保障厅工伤处反映，目前在建筑行业推进工伤保险时存在较大困难。一是工伤保险与意外伤害险之间存在替代关系，由于《建筑法》要求意外伤害险是规定项目，而且建筑部门已重点推行了多年，客观上商业保险公司的保险手续、理赔程序、赔偿额度有一定的优势，或者与工伤保险比较接近，导致的替代效应在一定程度上影响了工伤保险

的推行。二是《工伤保险条例》规定企业应逐月缴费，实名参保，以及工伤保险费实行地税征收模式，目前在未对相关条款做出修订的情况下，推进建筑施工行业参加工伤保险遇到一些法律和程序上的问题。

2. 在医疗保险方面

国务院5号文件出台后，广东省解除了“五险捆绑”的参保方式，允许用人单位先行为农民工参加大病医疗保险。具体方式为：与用人单位签订劳动合同的农民工，随所在单位参加基本医疗保险；以灵活就业方式就业的，可按照当地灵活就业人员参保办法参加医疗保险；农民工比较集中的地区，可采取单独建立大病医疗保险统筹基金的办法，重点解决农民工进城务工期间的门诊特定病种和住院医疗保障问题。

广州市在2009年出台《关于非广州市城镇户籍从业人员参加基本医疗保险有关问题的通知》（穗劳社医〔2009〕7号），规定农民工由单位按工资总额的1.2%缴费，个人不缴费，可以享受城镇职工的住院、普通门诊、门诊特定项目及门诊指定慢性病基本医疗保险待遇。只是在起付线和最高支付额上略有不同。

2005年，深圳市在全国率先出台了专为农民工量身定制的医疗保险制度《深圳市劳务工合作医疗试点办法》。该办法对全国开展农民工医疗保障工作起到了示范作用。国务院5号文件出台后，深圳市在劳务工合作医疗的基础上，进一步推出农民工可以选择参加的住院医疗保险（含生育保险），从而形成了农民工可以参加综合保险、住院保险和劳务工医疗保险3种形式的医疗保险形式。

目前，深圳市和广州市农民工参加的“低费率，保当期”医疗保险都突破了大病保险的范畴，涵盖了门诊统筹。

根据广东省人力资源和社会保障厅提供的数据，按广东省农民工总人数2900万人计算，到2009年8月底，广东省农民工参加基本医疗保险的比例为47.1%，在各险种中居第二位。深圳市医疗保险的参保率更高，达到85.4%。

问卷调查的医疗保险参保率高于广东省人力资源和社会保障厅提供的

数据，受访者中反映已经参加城镇职工基本医疗保险和农民工（外来务工人员）医疗保险的比例合计占66.8%。这或许是因为所调查的广州市和深圳市的参保率高于全省平均水平。但是，问卷调查结果并没有达到深圳市人力资源和社会保障局提供的85.4%的参保率。与其他省相比，广东省的数字高于浙江省的48.8%，更高于山西省的41.3%（见表8-10）。

表8-10　受访者参加城镇职工基本医疗保险和农民工（外来务工人员）医疗保险情况

单位：%

地区	已参加	曾经参加，但现在没有	一直没有参加	其他
广东	66.8	8.7	18.9	5.6
浙江	48.8	6.4	38.5	6.4
山西	41.3	7.2	41.3	10.2

与此同时，广东省的农民工参加新型农村合作医疗的比例较低，仅为34.9%，而浙江省为42.4%，山西省为65.7%（见表8-11）。这似乎表明城镇职工基本医疗保险和农民工（或外来务工人员）医疗保险与新型农村合作医疗之间具有替代作用。那些没有参加城镇职工基本医疗保险和农民工（外来务工人员）医疗保险的农民工，倾向于加入新型农村合作医疗，以取得医疗保障。

表8-11　受访者参加新型农村合作医疗情况

单位：%

地区	已参加	没参加	不清楚
广东	34.9	33.4	31.6
浙江	42.4	32.7	24.9
山西	65.7	22.9	11.4

那些没有参加城镇医疗保险的农民工，未参加的最主要原因是用人单位不办理参保（41.4%）、不知道如何参保（42.3%）和个人不愿缴保险费（24.5%）。认为个人身体较好，不必参保的占16.7%；认为不

易符合享受医疗保险待遇条件的占16.7%。广东省因为用人单位不办理参保的比例低于浙江省，略高于山西省；而因为个人身体较好，不必参保的比例略高于浙江省，低于山西省。广东省和浙江省的农民工在参加医疗保险方面的风险意识和参加意愿似乎较强，用人单位似乎也较多地回应了农民工的需要，或者是政府的推动力较强一些（见表8-12）。

表8-12　受访者没有参加城镇医疗保险的主要原因

单位：%

地区	不知道如何参保	用人单位不办理参保	个人不愿缴保险费	个人身体较好，不必参保	不易符合享受医疗保险待遇的条件	过去曾经参加，但现在已经中断
广东	42.3	41.4	24.5	16.7	16.7	20.3
浙江	43.6	51.8	8.5	13.0	17.3	15.0
山西	45.1	37.2	22.5	23.9	13.3	8.8

广东省医疗保险的实际享受率比调查报告的参保率略低。生大病之后，农民工能够使用医疗保险个人账户资金的比例是30.0%，能够到医疗保险机构报销一部分的比例是19.7%，二者之和是49.7%。而上述城镇职工基本医疗保险和农民工（外来务工人员）医疗保险的参保率是66.8%。上述参加新型农村合作医疗的比例是34.9%，但是生大病之后回家乡找新型农村合作医疗机构报销一部分的仅占20.9%（见表8-13）。这或许是因为农民工距离原籍路途较远，较少可能回原籍看病。这也表明，原籍的新型农村合作医疗在制度设计上不大适合在遥远城市务工的人。另外，生病后不能享受任何医疗保险的农民工还有不少的数量，其中在医院治疗并自付医疗费的占54.7%，自己到药店买药的也占到了44.7%，即都在半数左右。

与浙江省、山西省相比，广东省的城镇医疗保险的实际享受率较高，使用医疗保险个人账户资金和到医疗保险机构报销一部分的比例合计为49.7%，而浙江省是41.1%，山西省为45.0%。与之相反，浙江省尤其是山西省的农民工患病之后回家乡找新型农村合作医疗机构报销一部分的比例更高些（见表8－13）。

表8－13　受访者生大病后医疗费支付情况

单位:%

地区	在医院治疗并自付医疗费	自己到药店买药	使用医疗保险个人账户资金	到医疗保险机构报销一部分	回家乡找新型农村合作医疗机构报销一部分	其他
广东	54.7	44.7	30.0	19.7	20.9	7.6
浙江	61.0	41.3	19.2	21.9	23.1	12.1
山西	41.6	47.2	25.2	19.8	28.6	16.6

广东省的大病医疗保险在将来可能面临挑战。广州市和深圳市农民工医疗保险都提出了“保当期”的口号，这种做法虽然减轻了用人单位和农民工的负担，降低了费率，但实际上也将农民工退休后的医疗保障问题后置。从长远来看，应该对农民工退休后的医疗保险有所安排。在广州市，目前已有个别符合条件的农民工开始领取养老金，他们的退休医疗保险问题随之也浮出了水面。

3. 在养老保险方面

广东省原来实行“五险捆绑”的参保方式，其意图之一在于利用用人单位参加工伤保险和大病医疗保险相对积极的因素，来推动养老保险等相对不积极的险种的参保。从这个角度来看，解除“五险捆绑”并不利于提高养老保险的参保率。根据广东省人力资源和社会保障厅的统计，到2009年8月底，广东省农民工参加养老保险的比例为34.0%，与工伤保险的54.0%相比存在较大的差距。深圳市的养老保险参保比例较高，达到了54.5%。

广东省的抽样调查显示，受访者中有65.6%的人参加了养老保险，高于广东省和全国的平均水平。当然，这次问卷调查所涉及的基本上是规模较大、规章制度及经营管理较规范的企业，这个调查结果应在预料之中。尽管如此，仍有一部分农民工，或者没有参加养老保险（20.9%），或者不知道自己是否参加了养老保险（13.6%）。广东省的农民工参保率高于浙江省（48.2%），更高于山西省（34.5%）。广东省一直没有参加养老保险的人数比例（14.0%）则明显低于浙江省（31.9%）和山西省（39.8%）（见表8-14）。

表8-14 受访者参加城镇职工基本养老保险情况

单位：%

地区	已经参加	曾经参加，但现在没有	一直没有参加	不清楚
广东	65.6	6.9	14.0	13.6
浙江	48.2	7.1	31.9	12.8
山西	34.5	9.5	39.8	16.2

至于没有参加养老保险的原因，用人单位以及劳动和社会保障部门往往归结为农民工个人不愿意参加，而农民工则往往归结为用人单位不给办理。对农民工问卷调查的结果表明，这两种情况都存在。其中，用人单位没给办理的占32.5%，个人不知道如何参加（可认为是用人单位没有告知）的占37.6%。职工个人不愿意参加的比例较小。其中，“个人只想在城镇暂时打工，将来还会回家乡谋生，不必参保”的占23.0%，“养老保险缴费负担重”的占17.5%，“即使参加，也不可能在将来能够达到领取养老金的条件”的占16.5%，“个人还年轻，暂不考虑遥远的将来养老问题”的占13.1%。分析这些原因可以发现，所谓个人原因其实是养老保险体系设计的原因。这一制度给农民工设置的博弈空间，让农民工选择了不参保。例如，“养老保险缴费负担重”就是一个费率设计问题。“即使参加，也不可能在将来能够达到领取养老金的条件”，表明了养老金领取的必需缴费年限与农民工在现实市场和劳动关系环境下可能的缴费年限之间存在较大反差。“个人只想在城镇暂时打工，将来还会回家乡谋生，不必参保”，所表明的并非农民工不想留在城市，而是城市排斥年龄较大的农民工。“个人还年轻，暂不考虑遥远的将来养老问题”，一般并非真的不考虑，而是现实社会的制度运行和养老保险政策不稳定，现在缴纳养老保险与将来能否领到养老保险和

能够领取多少之间存在诸多的变数和不确定性（见表 8 - 15）。

表 8 - 15　受访者没有参加城镇职工基本养老保险的主要原因（Ⅰ）

单位：%

地区	个人不知道如何参加	用人单位没给办理养老保险	过去曾经参加，后来因养老保险关系无法跨统筹地区转移而退保	过去曾经参加，但现已中断缴费	养老保险缴费负担重	即使参加，也不可能在将来能够达到领取养老金的条件	个人只想在城镇暂时打工，将来还会回家乡谋生，不必参保	个人还年轻，暂不考虑遥远的将来养老问题
广东	37.6	32.5	29.7	15.8	17.5	16.5	23.0	13.1
浙江	33.6	41.1	14.8	9.2	13.7	18.2	24.0	15.5
山西	44.9	42.3	13.6	8.7	17.6	9.6	21.9	24.4

农民工报告中的没有参加养老保险的另一个原因是缴了养老保险之后很可能“退保”。之所以退保，在于当流动性很强的农民工离开本地到其他城市务工时，所缴纳的养老保险不能跨统筹地区转移。那些出于“过去曾经参加，后来因养老保险关系无法跨统筹地区转移而退保”的原因而不参加养老保险的农民工占 30% 左右。这是一个不小的比例，也是一个主要的障碍因素。

实际上，广东省《企业职工基本养老保险省级统筹实施方案》（粤府办〔2009〕15 号）制定了养老保险关系省内转移办法，规定按参保地缴费情况分段计发待遇。此办法可用来解决本省 700 多万农民工养老保险关系的转移接续问题。发生退保的原因是不能跨省（跨统筹区）转移和接续。其实质则是，像广东省这样的农民工流入大省，不允许企业所缴纳的部分流出到省外。所谓退保，只是农民工在不能整体转移时将个人缴纳的部分取出。其结果是“因为个人原因”灭失了养老保险关系。

广东省外来农民工占全国跨省农民工总人数的 1/3。农民工退保问题非常突出。据广东省社保局估计，全省每年农民工退保人数占当年参保人数的 25%—30%，按这一比例，2008 年，广东省养老保险退保人数在 700 万人左右。深圳市社保局提供的数据显示，2006—2008 年深圳市每年退保人数都在80万人以上，2008年更是高达104万人。但是由于每年新增参保人数超过退保人数，退保人数占参保总人数的比例反而有所下降，从2006年的26.7%降到2008年的25.3%（见表8-16）。

表8-16　深圳市农民工参加养老保险基本情况

年份	2006年	2007年	2008年	2009年上半年
农民工参加养老保险人数（人）	3066716	3751309	4129353	4357397
农民工退保人数（人）	819515	833901	1042736	633578
退保比例（退保人数/参保人数）（%）	26.7	22.2	25.3	14.5
农民工退保金额（万元）	218874	194383	178940	117303

国家规定了农民工的养老保险待遇，却因为地区分割而导致农民工养老保险关系不能转移接续而退保。据深圳市宝安区沙井街道社保所工作人员估计，农民工长期参保的比例仅有30%。问卷调查的数据表明，广东省农民工中认为“养老保险无法转移，将来不能享受保险待遇”的占60.8%。这一数字远远高于浙江省的48.6%，更高于山西省的36.3%。即是说，广东省的养老保险关系不能转移导致农民工的损失最为严重（见表8-17）。

表8-17　参加城镇职工基本养老保险的农民工退保的主要原因

单位：%

地区	养老保险无法转移，将来不能享受保险待遇	将来准备回农村养老	将来依靠子女养老	个人年龄与法定退休时间相距很远，不急于参保	退保可以获得一笔现金
广东	60.8	35.3	15.8	27.2	31.8
浙江	48.6	23.6	10.1	34.5	20.3
山西	36.3	39.6	25.3	20.5	13.4

参保的企业也认为自己是受害者。它们支出养老保险费是为了留住农民工，增加用工的稳定性，同时也为了提高农民工待遇，让他们积极地工作。一旦农民工意识到将来的退保，特别是不能退回企业所缴纳的

部分时，这些稳定性和激励性作用就化为了泡影。广利集团是参保企业，它们认为应该取消退保政策，参保职工在转移社会保险关系时，不仅应转移个人账户余额，而且也要转移与本人缴费对应的基础养老金权益。退休时达不到缴费年限的人，应将个人账户余额和对应的基础养老金权益全部转移至本人户籍所在地农保机构。

那些没有参加养老保险的企业则失去了参保的积极性。它们认为农民工参加了养老保险，由于关系不能转移而退保，还不如就不要参保了，直接多发点工资就可以了。广州建筑集团认为政府提出了工伤保险和大病医疗保险优先参加的说法，是否可以明确企业在一段时间内不用参加养老保险，这样个别职工就不会为此而提起诉讼。

政策上的缺陷使得广东省社保部门不仅在推进农民工参保过程中获益很多，而且在退保中还能受益。从广东省社保部门的角度来看，农民工退保多少是件好事。所以，经办机构允许和支持退保。它们认为退保政策是国家规定的，农民工个人要退保，经办机构没有权力阻止，农民工的退保问题只能从调整国家政策入手来解决。

大批农民工退保为广东省养老保险统筹基金留下了丰厚的资金沉淀。虽然没有精确的估计，但是近些年，农民工退保至少为广东省做出了数百亿元的贡献。由于基金结余多，广东省退休人员的养老保险待遇节节上升，支撑其后的则是对农民工养老权益的严重剥夺。

退保也为社保经办机构带来了繁重的工作任务。据深圳市宝安区沙井镇社保所反映，农民工存在反复退保和反复参保的情况，其中有人一年内最多退保5次。由于退保人数众多，社保所不得不委托企业代办退保，形成了企业一边为职工缴费参保，一边又为职工代办退保的“奇观”。

农民工社会保险关系不能转移，对农民工社会保障权益的侵犯远胜于企业不为农民工缴费，或者由于农民工个人的社会保险意识不强所造成的权益损失。退保问题已出现多年，由于长期得不到解决，严重损害了政府的公信力。解决农民工社会保险关系转移接续问题需要国家及早筹划，尽快做出制度性的安排。

4. 在失业保险方面

2006 年国务院 5 号文件没有提到失业保险。国务院办公厅于 2008 年发布的《关于切实做好当前农民工工作的通知》也没有提到失业保险。但是，其他有关社会保障的文件提出要设立失业保险制度，提高失业保险的覆盖率。根据广东省人力资源和社会保障厅的数据，广东省 2009 年 8 月底农民工参加失业保险的比例为 19.9%，在五个险种中较低。本次农民工问卷调查的结果稍高一些，但也只有 31.9%。然而，与浙江省的 16.1%、山西省的 25.0% 相比，广东省的还相对高一些（见表 8－18）。

表 8－18　受访者参加城镇职工失业保险情况

单位：%

地区	已经参加	曾经参加，但现在没有	一直没有参加	其他
广东	31.9	6.8	38.5	22.8
浙江	16.1	2.5	54.8	26.7
山西	25.0	6.6	49.0	19.4

失业保险所发挥的作用也相当有限。一些农民工名义上参加了失业保险，但失业后只能领取一次性失业补贴。广州市数据显示，2005 年至 2009 年上半年，农民工失业后人均领取的失业补贴只有 80 元左右（见表 8－19）。可以看出，该项制度发挥的作用非常有限。失业保险应从失业保障的角度来考虑建立和完善制度，而不应成为一个单纯的收钱、发钱过程。

表 8－19　广州市农民工失业保险领取情况

年　　份	2005 年	2006 年	2007 年	2008 年	2009 年上半年
农民工失业保险参保人数（人）	634077	778942	823345	974746	852951
农民工领取失业保险人数（人）	86320	79983	70985	73099	44692
农民工领取失业保险总额（元）	5093253	6413002	6506883	6115600	3687797
农民工人均领取失业保险金（元）	59	80	92	84	83

5. 在生育保险方面

2006年国务院5号文件也没有提到生育保险。广东省则于2008年出台《广东省职工生育保险规定》（广东省人民政府令2008年第123号），将建立劳动关系的所有职工纳入生育保险范围。在出台后实施的第一年达到了230万的参保人数，参保率为29%。

在生育保险待遇享受方面，除传统的生育医疗费、生育津贴外，广东省还设立了一次性分娩营养补助费和男职工假期津贴，这些规定也适用于农民工。

广东省生育保险的问题之一是享受门槛较高。根据《广东省职工生育保险规定》，生育保险必须缴费满一年后才能享受待遇。这个政策对职工来说并不公平。因为，职工可能一辈子只生一个孩子。应从保障职工的权益出发，而不能简单地从基金收支平衡角度出发，或者说从道德风险的角度来规定生育保险的享受门槛。享受生育保险应与大病医疗保险一样，不以缴费时间为限。

（二）浙江省农民工社会保障政策执行情况

1. 农民工社会保险工作的推进

一是加大了农民工工伤保险实施力度。自2006年起，浙江省开始实施农民工参加工伤保险“平安计划”，以矿山、建筑施工、危险化学品等高风险企业以及劳动密集型企业的农民工为重点，推动农民工参保，努力实现工伤保险基本全覆盖的目标。安全生产管理部门在安全生产许可证审批管理中，将从业人员的“工伤保险证明”作为审批的前置条件。二是开展农民工医疗保险专项扩面行动。对农民工采取单独建立大病医疗保险统筹基金的办法，按照“低费率、保大病、保当期、以用人单位缴费为主”的原则，鼓励农民工参加大病住院医疗保险。三是积极探索建立农民工的双低养老保险制度。四是将农民工依法纳入失业保险覆盖范围。

表8－20是浙江省农民工参加社会保险的情况，表中显示农民工工伤保险和医疗保险的参保人数在四个险种中最多，到2009年上半年，参

加工伤保险的农民工人数超过500万人，参加医疗保险的也达到428.20万人。表中还显示，2008年各项保险参保人数比2007年都有了较大增长，2009年由于受金融危机影响，参保人数增加不多。

表8－20　浙江省农民工参加社会保险情况

单位：万人

年份 保险类别	2007年	2008年	2009年上半年
养老保险		330.88	346.00
医疗保险	296.20	403.90	428.20
工伤保险	374.90	499.60	511.90
生育保险	171.98	264.50	266.10

表8－21是宁波市农民工参加社会保险的情况。宁波市2007年推出外来务工人员社会保险政策后，第二年参保人数就出现了大幅度的增加，其中，养老、医疗、生育保险的参保人数增加一倍以上。2009年受金融危机影响，参保人数增加较少，其中医疗保险的参保人数有所下降。

表8－21　宁波市农民工参加社会保险情况

单位：万人

年份 保险类别	2007年	2008年	2009年上半年
养老保险	65	139	157
医疗保险	44	92	88
工伤保险	81	101	101
生育保险	39	84	91

问卷调查显示，浙江省农民工工伤保险参保率为28.1%，医疗保险参保率为48.8%，养老保险参保率为48.2%，失业保险参保率为16.1%，所有险种的参保比例均高于浙江省人力资源和社会保障厅提供的数据，原因在于我们选择调查的企业相对来说都还比较规范。另外，

问卷调查中的工伤保险和失业保险参保率低于其他险种的原因，在于这两个险种都不需要个人缴费，因此个人不知道自己是否参加了的比例很高，这也反映了不少人对自身权益的了解还不够清楚。

2. 企业对缴纳社会保险不积极

浙江省农民工各项险种的参保率均不足50%。经分析，认为农民工参保率不高是由多个原因造成的。一是农民工自己不愿参保，不少农民工外出务工只是为了获得收入，没有想到遥远的未来，加之农民工收入低，没有能力缴费。二是企业不愿参保，企业为降低生产成本，能不参保就不参保。三是劳动用工制度不健全，特别是企业利用劳务派遣制度实施中的法律漏洞，逃避劳动监察，不参保或少缴费。四是社会保险制度设计不合理，农民工社会保险关系跨省份转移困难，导致农民工不愿参保，企业也因此有借口不为农民工参保。五是要求参加社会保险的强制力不够，企业不为农民工缴费，也无须承担后果。

问卷调查结果显示，在农民工没有参加养老保险的原因中，排在第一位的是用人单位不给农民工参保（41.1%）；因为制度设计不合理，养老保险关系不能转移的占14.8%，因为缴费负担重的占13.7%。另外，有24.0%的人因为将来要回农村，不愿参保；15.5%的人因为年轻，不想考虑养老问题而不愿参保（见表8－22）。

表8－22　受访者没有参加城镇职工基本养老保险的主要原因（Ⅱ）

主要原因	比例（%）
个人不知道如何参加	33.6
用人单位没给办理养老保险	41.1
过去曾经参加，后来因养老保险关系无法跨统筹地区转移而退保	14.8
过去曾经参加，但现已中断缴费	9.2
养老保险缴费负担重	13.7
即使参加，也不可能在将来能够达到领取养老金的条件	18.2
个人只想在城镇暂时打工，将来还会回家乡谋生，不必参保	24.0
个人还年轻，暂不考虑遥远的将来养老问题	15.5

3. **农民工享受待遇门槛高**

农民工养老保险关系跨省份转移困难，意味着农民工如果要享受养老金待遇，就必须在当地就业并缴费 15 年。宁波市进一步规定，农民工最后 5 年必须在本市工作且连续缴费，才有资格领取养老金。这样的门槛不仅仅是对缴费时间的限制，更重要的是对缴费地方的限制。考虑到农民工的流动性和未来就业状态的不确定性，以上限制条件实际上在很大程度上抬高了农民工享受养老金待遇的门槛。可以预见的是，在这样苛刻的条件下，在宁波市参保的绝大部分外省份农民工实际上是拿不到养老金的。

农民工参加城镇医疗保险，同样也面临着医疗保险关系的转移接续问题。浙江省规定，参加城镇基本医疗保险需缴费 20 年后才能享受退休医保。对于流动性很大的农民工来说，享受退休医保的门槛要高于享受养老金的门槛，因而更不可及。如果农民工参加的是针对他们的“保当期”的大病医疗保险，则意味着他们在年老时不能享受老年医疗保障。另外，农民工大病医疗保险只保住院和特殊门诊，不保小病，加之设置起付线的做法，对于收入很低的农民工来说，享受待遇门槛过高。

4. **农民工保险待遇水平低**

农民工养老保险待遇低，是因为采取“双低政策”，即低缴费低待遇。在一定程度上讲，这是合理的，待遇虽低，但至少在基础养老金部分还能得到部分的倾斜。

相比较而言，农民工的医疗保障水平太低了，具体体现在以下几点。一是不保小病。二是最高支付限额低且有条件。杭州市农民工医疗费用支付的最高限额低于城镇职工，且最高限额与缴费年限挂钩，而不是从疾病保障的需要出发，严重偏离了保障目的。三是医疗保险基金收大于支，农民工在某种程度上受到了“剥夺”。宁波市大病医疗保险的缴费基数是按社会平均工资的 60% 确定的，费率在 2.5%—3.0%。假定农民工以最低月工资 960 元为缴费基数，以及 2.5% 的费率来缴费，则一年的基金收入是 2.6 亿元，但 2008 年宁波市农民工医疗保险基金的实际支出只有2260万元，这意味着农民工大病医疗保险基金的结余率在90%以上。换而言之，当年基金结余至少能支付10.8个月。因此，相对于缴费水平而言，农民工医疗保障水平太低。

农民工失业保险水平也很低。虽然失业保险不需要农民工个人缴费，但是相对于企业缴费部分来说，农民工的一次性失业保险金补助也只有同等缴费条件下城镇职工的40%，显然还是偏低。

至于工伤保险，其中的津贴部分是按农民工个人的工资计算的，由于农民工工资低，相应的待遇也要比城镇职工低。

5. 农民工工伤保险与职业病问题

据杭州市建委反映，对于建筑行业来说，根据《中华人民共和国建筑法》，企业必须购买意外伤害险，同时根据《工伤保险条例》以及与安全生产许可证挂钩的参保政策规定，企业必须参加工伤保险。这样，对于建筑企业来说，就存在双重负担的问题，并且职工在发生工伤后，理赔也成了一个大问题，由于企业只能得到一种理赔，明显不合理，企业对此反应比较大。

据浙江省人力资源和社会保障厅工伤处的人反映，职业病的潜伏期有的可能是几年，有的可能是十几年。按照现行规定，劳动者申请工伤认定要提供劳动关系证明材料，从理论上看，如果劳动者离开了企业，他与企业实际上就没有劳动关系了，因而不可能获得工伤赔偿。这是制度设计中的一个漏洞，将来可能会出现很大的问题。调研组了解到广东省修改了这一条，在全国率先将职工离职后患职业病申请工伤认定的时限延长到2年，但这也并不能完全解决问题。

据宁波雅利阁家具有限公司反映，试工期间的工伤保险是一个空白，由于没有签订劳动合同，无法给试工的农民工参加工伤保险，但是这段时间很有可能会发生工伤，给企业造成很大的经济负担。

6. 农民工社会保险关系转移接续问题

养老保险关系难以转移接续已经是个老生常谈的问题了。在调研中无论是人力资源社会保障部门，还是企业和农民工个人都反复提到这个问题，由于养老保险关系难以转移，导致企业和农民工个人的参保积极性不高，流动时退保问题严重。

浙江省人力资源和社会保障厅医疗保险处负责人还提到医疗保险关系的转移问题，反映泛长江三角洲地区，江、浙、沪、徽的医保部门正在协调如何转移医疗保险关系，安徽省比较担心由于人员流出与流入不平衡而引起的医疗费用分担不合理的问题，提出医疗保险统筹基金部分也应适当转移的要求。

（三）山西省农民工社会保障政策执行情况

国务院5号文件出台后，山西省按照人力资源和社会保障部部署的农民工“平安计划”和工伤保险专项扩面行动的要求，开展了这两项工作，参保扩面人数有较明显增长。

1. 政策体系初步形成

为落实国务院5号文件精神，如前所述，山西省以省政府办公厅的名义下发了关于农民工工伤保险、医疗保险的两个暂行规定，为切实开展工伤保险扩面工作，山西省劳动保障厅还与有关部门联合下发了针对相关行业工伤保险的政策性文件，初步形成了农民工工伤和医疗保险的政策体系。

2. 农民工工伤保险的推进

山西省由于煤矿、非煤矿山集中，农民工工伤事故高发。近年来，山西省实施了以推进矿山、建筑等高风险行业农民工参保为主要内容的“平安计划”，商贸、餐饮、住宿等服务行业农民工参加工伤保险试点工作取得积极进展，还进一步加大了推进煤矿、非煤矿山、建筑施工等农民工相对集中的行业参加工伤保险的力度。由于一系列扩面行动的开展，农民工参加工伤保险的人数快速增长。2005年，农民工参加工伤保险的人数只有12万人，覆盖面尚不足5%；截至2008年底，参加工伤保险的农民工人数达到93.7万人，为国务院5号文件发布当年的近8倍。2009年上半年，受金融危机影响，农民工总量有所下降，工伤保险参保人数为86.7万人，覆盖面达到25%。

农民工工伤保险待遇水平有较明显的提高。据山西省人力资源和社会保障厅工伤保险处反映，参加工伤保险的城镇职工一次性工亡补助金一般只有10万元左右，机关事业单位工亡人员的一次性补助金一般只有几万元，而农民工工亡后一次性补助金达40万元以上，如把抚恤金加上，有的更可达到100多万元。

3. **农民工医疗保险的推进**

2006年，按照劳动和社会保障部的工作部署，山西省劳动保障厅及时制定了《关于做好农民工参加医疗保险专项扩面行动的实施方案》，明确了农民工参加医疗保险专项扩面行动的主要目标、推进重点、配套政策和具体措施。在各级劳动保障部门的努力下，以农民工相对集中的采掘、建筑、服务业为重点行业，以民营、乡镇、个体等非公经济组织为重点单位，以已参加工伤保险和已参加医疗保险的农民工为突破口，积极推进农民工参加医疗保险。各地都将山西省属重点煤矿、地方国有煤矿和大中型建筑、服务企业等有缴费能力单位的农民工率先纳入了医疗保险。如太原市将西山煤电28000人、煤气化公司7000人，晋城市将晋煤集团3560人、兰化集团公司4100人一次性纳入医保。通过不断努力，农民工参加医疗保险的人数持续迅猛增长。

2005年，参加医保的农民工仅有987人，2006年迅速增加到50.3万人，2008年底达到77.9万人，2009年上半年人数虽有所回落，但也达75万人。农民工参加医疗保险的覆盖面，从国务院5号文件出台当年参保率几乎为零，到2006年的约15%，再到2008年底覆盖面进一步攀升到22%左右，虽然总体覆盖率不太理想，但绝对量和增长率较为可观。

农民工参加大病医疗保险后，享受的住院医疗待遇与城镇职工完全相同，并享受大病医疗救助。

近年来，农民工生育保险参保人数也有所增长。2005年仅为1.3万人，2008 年达到 9.6 万人，为国务院 5 号文件出台当年的 7 倍左右。

4. 农民工养老保险的推进

据山西省人力资源和社会保障厅反映，由于基本养老保险参保人数统计中，未列出农民工人数，全省农民工参加基本养老保险的准确人数难以统计。

虽然农民工养老保险待遇有所改善，但由于农民工养老保险参保率最低，制约了其未来待遇水平的提高与改善。据课题组对太原、临汾两地有关企业的实地考察走访和对农民工个人的直接访谈情况看，尽管所走访的非公企业均是当地执行相关政策的先进企业，但遗憾的是，这些企业的普通农民工几乎都没有参加基本养老保险和医疗保险（见专栏 8－1），这将在很大程度上影响他们的未来养老保障待遇。

据调研组对山西建筑、煤矿、机械等行业有关企业农民工的个案访谈，农民工参加工伤保险的占被访者的 50%，参加建筑行业意外伤害保险的占被访者的 25%，两项合计参加工伤类保险的占 75%；参加大病医疗补助的占 60%，户籍还在农村的农民工基本都参加了新农合；被访的农民工均没有参加城镇职工基本养老保险。这在一定程度上印证了山西省农民工参保的统计结果，即农民工参加工伤保险的覆盖面较高，参加医疗保险的次之，且基本没有参加城镇职工基本养老保险。

专栏 8－1　农民工参加社会保障情况部分访谈个案

受访者 1：杨××

[在省中医药研究院住院楼工程务工。该工程由国基建设集团（民营企业）施工，由中威劳务公司进行劳务承包。受访者属劳务公司员工]

我今年 51 岁，男，初中毕业，山西芮城县永乐镇人。家里共有 4 口人，有 2 个孩子，大的 30 岁，小的今年 28 岁，都已成家。

我参加了老家的合作医疗，一个人交20元钱，还有就是意外伤害保险（注：按工程款的一定比例交给保险公司，死亡获20万元赔偿）。养老保险老家有人参加，我自己未参加，主要是不太宽裕。我们芮城县不属省里的新农保试点县。如参加新农保有政府补助，还得看经济条件许可决定是否参加。

受访者2：白××

[太原市小店区北格镇暖气片厂员工]

我是山西晋乐县辛联乡人，男，34岁，小学文化程度。我有两个孩子，老婆未工作，也在这里，主要是看孩子。

厂子给我们上了什么社会保险，我闹不清。反正工资里没有扣钱。我在老家上了合作医疗。

受访者3：张××

[临汾四通煤矿员工]

我叫张××，男，今年38岁，中专文化，是临汾市尧都区县底镇人。

知道社会保险。参加了医疗大病补助，养老保险未参加，意外伤害也有，工伤保险也参加了。个人工资没有扣社会保险费。工资是透明的，每个月发工资条。

老家新农合参加了，农村养老保险家里老人参加了，我们两口子未参加。

受访者4：王××

[临汾四通煤矿员工]

我叫王××，男，今年46岁，高中毕业。家在济南章丘市曹范镇。家有三口人，老婆和一个孩子（男孩）。

我对社保不大了解。矿上工伤保险上了我知道，还有大病保险。老家我们合作医疗都上了。老家那边农村养老保险也有，但我没有参加。

资料来源：根据课题调研组实地开展农民工个案访谈汇编。

农民工综合保险因为低费率，几个险种打包参加，有利于扩大覆盖范围。但是，由于一厂两制，与城镇职工社会保险制度衔接不畅，并不符合农民工社会保障发展的总体方向。

第四节　农民工社会保障政策调整后的实施效果

一　农民工社会保险的主要模式

在国家尚未出台专门针对农民工的社会保险政策的情况下，少数地方政府自行制定了有关农民工综合保险的政策。目前，针对农民工的社会保险大体分为以下三种情况。

（一）将农民工纳入城镇职工基本社会保险制度

农民工和城镇职工一样，参加养老、医疗、失业、工伤、生育保险，制度结构、参保险种、待遇标准等制度参数基本一致，因地区不同略有差别。多数地区（如深圳等地）农民工参保属于这一模式。浙江等地实行“双低政策”（即低标准准入、低标准享受），但基本制度结构与城保相同。

（二）对农民工实施新的专项保险制度

如上海市为外来务工人员建立了综合保险制度。成都市在参考上海制度模式的基础上，建立了针对“非城镇户籍从业人员”的综合社会保险制度。重庆、宁波及湖南部分地区等也实行了农民工专项社会保险或养老保险制度。

（三）参加农村社会养老保险

据调查，以乡镇企业高度发达而著称的苏南地区，其乡镇企业职工多为农民工。他们多数并未参加城镇职工社会保险，而是参加了当地的农村养老保险。但近年来，随着经济发展和城镇化的加速，不少本地乡镇企业农民工已不满足于参加农保，江苏无锡等地已出现参加农保的乡镇企业农民工转而参加城保的趋势。

二　农民工参加社会保险的状况

（一）农民工参加社会保险的调查结论

如前分析，农民工参加社会保险的人数显著增加，但仍有相当一部分农民工没有被纳入社会保险体系。在被调查的农民工中，有超过半数的农民工已经参加了城镇职工基本养老保险和基本医疗保险（包括针对外来务工人员的相关保险），参加工伤保险的农民工也有将近一半；但是，也有大约三分之一左右的农民工明确表示没有参加城镇职工基本养老保险、医疗保险或工伤保险；没有参加失业保险的农民工也有超过一半。同时，有四成农民工反映自己每月缴纳社会保险费的负担过重。导致相当一部分农民工没有参加社会保险的原因，除了农民工自身的主观因素之外，还有深刻的制度性因素，其中包括有关政策还不能适应农民工的特点、养老保险关系不能跨统筹地区转移接续（在进行问卷调查时国家尚未出台有关政策）、享受养老保险和医疗保险的条件难以满足，以及缴费标准过高、负担过重等方面的问题。此外，不少用人单位为降低人工成本，也不愿主动为农民工参保缴费。因此，要进一步完善社会保险政策，加大有关政策宣传工作力度，加强对用人单位为农民工办理社会保险情况的执法检查和监督，适当调整农民工享受社会保险待遇的门槛和水平，鼓励和促进广大农民工积极参加社会保险。

（二）农民工社会保险关系转移接续情况

1. 农民工养老保险关系转移接续情况

（1）总体情况。根据2011年度人力资源和社会保障事业发展统计公报，截至2011年底，全国参加城镇基本养老保险人数为28391万人，其中，参保职工21565万人，参保离退休人员6826万人。另据人力资源和社会保障部社保中心统计数据[①]，到2011年底，全国累计开具基本养老保险参保缴费凭证170.6万份，开具参保缴费凭证最多的为广东省，占全国总数的52.2%，其次为江苏、浙江、福建、北京。全国办理基本养老保险关系跨省份转移接续79.4万人次，其中办理转入33.5万人次，办理转出45.9万人次。办理跨省份转移接续人次最多的省份为广东，其次为江苏、浙江、福建、湖北。因此可以看出，开具参保缴费凭证是办理转出人次的近4倍。

从资金转移总量看，全国跨省份资金转移总量累计104.9亿元，其中统筹基金57.3亿元，占资金转移总量的54.6%；个人账户资金47.6亿元，占45.4%。从资金流向看，转入资金43.1亿元，其中个人账户资金20亿元；转出资金61.8亿元，其中个人账户资金27.6亿元（见表8－23）。

表8－23　基本养老保险关系跨省资金转移累计量

单位：亿元

统筹资金	个人账户资金	转入资金	转出资金
57.3	47.6	43.1	61.8

（2）农民工养老保险关系转移接续情况。2011年末，参加职工基本养老保险的农民工人数为4140万人次。全国办理参保农民工基本养老保险关系跨省份转移接续24.4万人次，占参保农民工总人数的0.6%，占全国跨省转移接续人次的30.7%。其中，跨省份转出17.2万人次，占全国跨省份转出人次的37.5%；跨省份转入7.2万人次，占全国跨省份转入人次的21.5%。办理参保农民工跨省份转移接续人次最多的为广东省，占全国办理参保农民工跨省份转移接续人次的51.6%。广东省转出11.3万人次，占全国办理参保农民工跨省份转出人次的65.7%；办理参保农民工跨省份转入1.3万人次，占全国办理参保农民工跨省份转入人次的18.1%，均居全国第一（见表8－24）。

① 数据来源于人力资源和社会保障部社保中心的2011年基本养老保险运行情况分析。

表 8-24　2011 年养老保险关系跨省份转移接续总体情况及农民工养老保险关系转移接续情况

单位：万人次

跨省份转移接续总人次			农民工跨省份转移接续人次		
总人次	跨省份转入	跨省份转出	总人次	跨省份转入	跨省份转出
79.4	33.5	45.9	24.4	7.2	17.2

可以看到，全国农民工总体转出人数多于转入人数。但是，省份之间有所差异。农民工输入省份江苏省农民工跨省份转移 3.37 万人，包括跨省份转入 1.02 万人，跨省份转出 2.35 万人，转出人数是转入人数的 2 倍多。但是，从调研的农民工输出省份安徽省来看，农民工转入、转出人数差异不大，全省城镇职工养老保险经办机构办理跨统筹地区养老保险关系转入 34125 人，转出 32109 人，其中办理农民工养老保险关系转入 3889 人，转出 2464 人，转入人数略多于转出人数。合肥市农民工跨统筹范围转出 1100 人，占转出总数的 3.4%，农民工跨统筹范围转入 1122 人，占转入总数的 3.3%，农民工转出、转入人数基本持平。

（3）信息系统联网情况。2011 年 11 月 15 日，全国社会保险关系异地转移系统正式启动。据人力资源和社会保障部社保中心统计数据，截至 2011 年 12 月底，全国正式入网省份达到 24 个，共涉及 193 个地级以上城市（含省本级、新疆兵团各师），1299 个经办机构，地市入网率为 50%。其中，北京、天津、上海、重庆、辽宁、吉林、黑龙江、安徽、福建、湖南、陕西、宁夏 12 个省份及新疆兵团的所有经办机构已入网。入网地区通过部级异地转移系统累计办理业务 26209 笔，其中 2011 年办理业务 25767 笔。

调研地区安徽省已经与人力资源和社会保障部信息平台连接的市，通过系统平台二次开发，基本实现网上传输。例如，合肥市已经与人力资源和社会保障部信息平台连接，通过对系统平台的二次开发，已经实现网上转移信息，不需要手工输入转移信息。滁州市 2011 年 1 月 1 日启动了社会保险“金保工程”，系统开发人员经过多轮测试，开发并启动

“转移平台”程序，与人力资源和社会保障部信息平台对接，全市市级养老保险转移已经完全能够通过信息系统平台办理，转移信息可以在系统内自动转换，同样不需要手工输入。

（4）主要特点及分析。下文将从养老保险关系转移接续人数、办理参保缴费凭证人数、建立临时缴费账户人数、异地转移信息系统应用率等几个方面进行分析。

一是养老保险关系转移接续业务量明显增长。自从政策文件实施以来，各地转移接续工作逐渐理顺，养老保险关系转移接续人数、办理参保缴费凭证人数、建立临时缴费账户人数明显增长。2010 年，全年累计开具参保缴费凭证人数是 1139065 人，总转移人次为 287517 人次，其中农民工转移人次为 96725 人次，在本地建立临时缴费账户人数为 199061 人。2011 年，全年累计开具参保缴费凭证人数为 1706107 人，增长了 567042 人，增长率为 49.8%；累计转移人次为 793864 人次，增长了 506347 人次，增长率为 176.1%；在本地建立临时缴费账户为 601790 人，增长了 402729 人，增长率为 202.3%（见表 8－25）。开具缴费凭证、转移接续人次最多的地区主要集中在农民工输入省份，特别是沿海发达地区；农民工输出省份转移人次较少，转入、转出人次基本持平，如安徽省。

表 8－25　2010 年、2011 年养老保险关系跨省份转移接续情况比较

年份	开具参保缴费凭证人数（人）	总转移人次（人次）	农民工转移人次（人次）	转移资金（万元）	在本地建立临时缴费账户人数（人）
2010	1139065	287517	96725	333256	199061
2011	1706107	793864	244005	1048638	601790

二是办理转出人数低于开具参保缴费凭证人数。如前可见，全国开具参保缴费凭证人数是办理转出人数的近 4 倍，办理转出人数远远低于开具参保缴费凭证人数。同样，江苏省在 2010 年 1 月至 2012 年 6 月，省内转出 21.58 万人次，省内转入 17.78 万人次，跨省份转出 8.06 万人次，跨省份转入 4.78 万人次，开具参保缴费凭证 53.15 万份，转入人数

低于转出人数，转出人数低于开具参保缴费凭证人数。另据前期苏州调研情况，2011 年 1—12 月，苏州市区共开具参保缴费凭证 29014 份，为 25723 人办理养老保险关系跨统筹地区转移手续，很多离开苏州的参保人的养老保险权益积累却仍留在苏州“封存”。之所以出现上述情况，究其原因有以下几点。第一，原参保人未实现异地就业，没有单位接收养老保险关系。特别是农民工，受户籍限制又无法以个人身份参保缴费，无法转入，只能把参保缴费凭证放在手中。第二，原参保人虽然重新就业，但转入地以各种借口拒绝承接养老保险关系，再加上流动就业者社会保险意识淡薄、维权意识弱、维权成本高，转移接续关系就被暂时搁置。第三，职工养老保险与新农保转移衔接尚没有具体规定。部分参保农民工返回户籍地后养老保险关系无法与当地新农保衔接。第四，许多省内流动的参保人员也要求开具参保缴费凭证。第五，按规定“4050”参保人员办理参保缴费凭证后在新就业地只建立临时缴费账户，其原基本养老保险关系和临时缴费账户暂不转移。

三是异地转移信息系统应用率仍然较低，部分省份仍然没有入网，但是发展潜力很大。除上述已经联网的省份外，截至 2011 年底，河北、内蒙古、浙江、四川、贵州、云南、西藏、甘肃等 8 个省份无一地市入网。今后，随着系统覆盖面的扩大，入网地区使用系统办理业务量显著增长，系统规模效应将会逐渐显现。根据人力资源和社会保障部信息中心和社保中心 2014 年第 2 季度联合通报，江苏省南京、苏州、无锡等省辖市及省本级共 9 个地区 2014 年已正式与人力资源和社会保障部社会保险关系转移系统联网运行，入网覆盖面达 64%。

（5）取得的主要成效。养老保险关系转移接续办法实施两年多以来，各地人社部门、社保经办机构根据相关规定，在政策培训、软件开发、实施转移过程中，做了大量细致的工作。从全国统计数据和调研情况看，基本养老保险关系转移接续数量总体平稳增长，农民工跨统筹地区转移接续养老保险关系业务逐年增加。首先，新政禁止退保、允许缴费年限累加、转移部分统筹基金等政策保障了劳动者的合法权益，初步解决了此前农民工养老保险关系转接中的一些问题，而城乡一视同仁、权益累加计算的政策导向也给了农民工一个长期稳定的预期，在一定程度上保护了流动就业人员特别是农民工的长远利益，调动了农民工参保的积极性，进一步扩大了制度覆盖面，有力地促进了劳动力的自由合理流动。其次，经办流程的统一，提升了经办管理水平，方便了参保人员，避免了参保人员为办理转移接续业务而往返两地的问题。再次，统筹基金的部分转移和部分存留，在一定程度上平衡了转入地和转出地之间的利益关系，降低了政策实施的阻力。

2. 农民工医疗保险关系转移接续情况

（1）总体情况。2009 年，国家在对医保关系跨统筹地区转移接续出台政策文件后，各地在一定程度上落实了这项政策。

2011 年，全国共转入医保关系 218752 人，其中农民工 13879 人；转出 281380 人，其中农民工 27632 人。农民工人数占职工人数的 18.4%，但是办理医保关系转移接续的人数占职工人数的不到 10%，这与实际中农民工流动性较大的情况不符，只能说明相当一部分农民工流动时，并没有办理转移接续的手续。

另外，从全国来看，办理职工医保关系转出的人数比办理关系转入的人数多 28.6%，说明这部分人尽管尝试办理医保关系转移接续，但是最终没有成功。然而，在农民工群体中，办理医保关系转出的人数是办理转入人数的 2 倍，说明在成功办理医保关系转出的农民工群体中，只有一半的人成功地把医保关系转入到了新的参保地。可见，在医保关系转移接续过程中，农民工的权益损失大大高于职工医保人群的平均水平。

2011 年，全国跨省份转入医保关系 14431 人，其中农民工 1773 人；转出 22122 人，其中农民工 3418 人。从全国的情况来看，转出人数比转入人数多 53.3%，可见跨省份转移接续的难度更大。

以上数据表明，当前的医保关系转移接续存在相当大的困难，给参保人造成了较大的损失，尤其对农民工群体影响更大。

从调研地区的情况看，总体来讲，省内各统筹地区之间医疗保险关系转移接续政策得到了落实。浙江省于2010年就出台了宽松的接受外来参保人的转移接续政策。只要外来的参保人能够提供在其他地区参加职工医保的证明，并转入个人账户，就可以把原参保地的缴费年限转移到新的参保地。目前，在浙江省内各统筹地区之间，医保关系可以无障碍地转移接续。苏州市已经提出医疗保险与养老保险一起转移，并且在苏州市内实施。

（2）异地就医问题的地方探索。由于医保关系跨地区转移接续仍然存在困难，对于农民工来说，如何实施方便的异地就医措施，显得更加切合实际需要。目前，一些地区对此进行了积极探索。

一是农民工异地就医专门通道。成都是农民工劳务输出的大市，相当一部分农民工在广州工作。为了方便农民工就医，2010年以来，成都与广州建立了异地医保结算制度，具体做法如下。成都市参加新农合的人员在赴广州务工前，可以在成都市医保局办理“异地参保人广州就医登记卡”，并选择在广州就医的两家定点医院。农民工赴广州后，可以在广州的两家定点医院直接记账结算，个人只需要支付应由个人支付的部分，医保报销的部分由广州医保局和成都医保局进行结算。记账结算涉及的病种范围、起付标准、基本医疗保险药品目录、医疗服务设施范围、诊疗项目及价格标准等按广州市城镇居民非从业人员报销标准计算，乘以调整系数作为成都市报销金额。为支持异地就医工作的开展，广州市医保局专门开发了异地住院就医结算信息系统，建立了成都异地就医新模块，为参保人异地住院医疗费通过系统结算提供了技术保障。

二是全省异地就医平台。浙江、福建、广东等省份正在建设省内跨统筹地区的就医结算平台，该结算平台并非专门针对农民工，但对于流动性较大的农民工及其家属的异地就医具有重要的意义。

浙江省已经发行全省统一的社会保障卡，目前正在全省范围内认定一批全省互认的定点医疗机构，预计选定100家左右。参保人在这些定点医疗机构可以直接刷卡结算，与在参保地就医一样方便。省医保中心牵头建立了全省医保结算平台，定期清算各统筹地区之间医保垫付。

由于农民工家属在居住地参保的政策尚不明确，这部分人尽管已经在户籍所在地参加了新农合（或城乡居民医保），但是只能长期进行异地就医。异地结算平台的建立为这部分人员享受医保权益提供了便利。另外，成都和广州之间建立农民工异地就医专门通道后，农民工可以享受到户籍所在地的城乡居民医保待遇，因此广州没有必要为这部分人员再建立农民工医保。

三　新生代农民工与老一代农民工参加社会保险情况比较

（一）参加养老保险情况比较

1. 参保进展情况

调查显示，新生代农民工已经参加养老保险的比例为58.0%，高于老一代的40.0%；新生代农民工曾经参加但现在没有参加养老保险的比例为6.0%，一直没有参加养老保险的比例为22.1%，均低于老一代农民工（见图8－1）。显然，整体农民工参加城镇职工基本养老保险的比例偏低，但新生代农民工参保率要高于老一代农民工，这既与近年各地积极调整和改进政策措施、努力促进农民工参加养老保险有关，也与新生代农民工参保意愿高的因素有关。

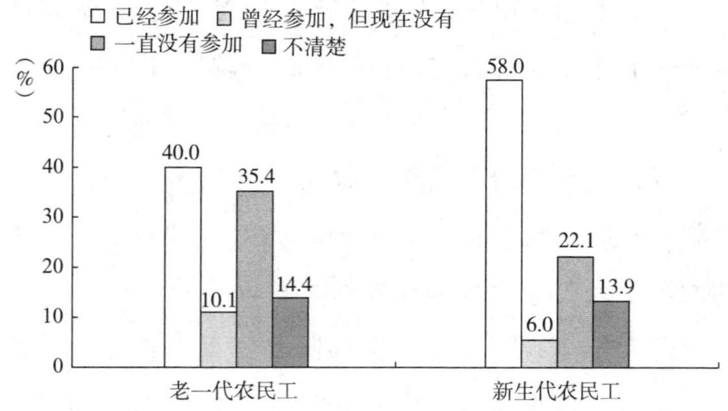

图8－1　两代农民工参加城镇职工基本养老保险情况比较

2. 没有参加养老保险的原因

农民工没有参加城镇职工基本养老保险的原因比较复杂，新生代农民工与老一代农民工略有差异。没有参加城镇养老保险的新生代农民工中42.6%的人因为“个人不知道如何参加养老保险”，位居第一；39.7%人的是因为“用人单位没给办理养老保险”，排第二；18.8%的人认为“养老保险缴费负担重”，排第三；18.7%的人表示“过去曾经参加但现已中断缴费”，排第四。没有参加城镇养老保险的老一代农民工中37.9%人的是因为“用人单位没给办理养老保险”，位居第一；33.5%的人是因为“个人不知道如何参加养老保险”，排第二；28.4%的人认为“养老保险缴费负担重”，排第三；23.3%的人认为“个人只想在城镇暂时打工，将来还会回家乡谋生，不必参保”，排第四（见图8-2）。

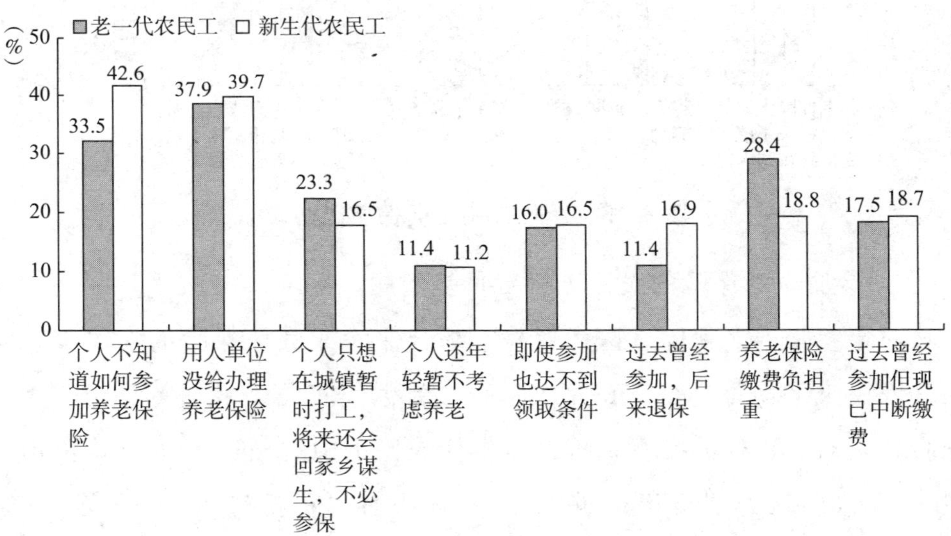

图8-2　两代农民工没有参加城镇职工基本养老保险的原因

3. 退保的主要原因

部分农民工过去参加了城镇职工基本养老保险之后，在离开务工所在地或用人单位时，到当地社会保险经办部门申请退保，领取个人缴纳的养老保险个人账户累计余额。导致退保的原因是多方面的，其中“养老保险无法转移，将来不能享受保险待遇”占第一位原因，退保的新生代农民工中这一比重为51.6%，略高于老一代农民工约5个百分点。新生代农民工退保的第二个原因是“个人年龄与法定退休时间相距很远，不急于参保”，占35.4%，高于老一代农民工约18个百分点；第三个原因是“将来准备回农村养老”，占28.6%，低于老一代农民工约10个百分点；第四个原因是“退保可以获得一笔现金”，占28.0%，高于老一代农民工13.5个百分点（见图8－3）。在参加养老保险的过程中选择退保，将导致养老保险关系中断或最终缴费不满15年的条件，进而损害了他们领取养老金待遇的切身利益。

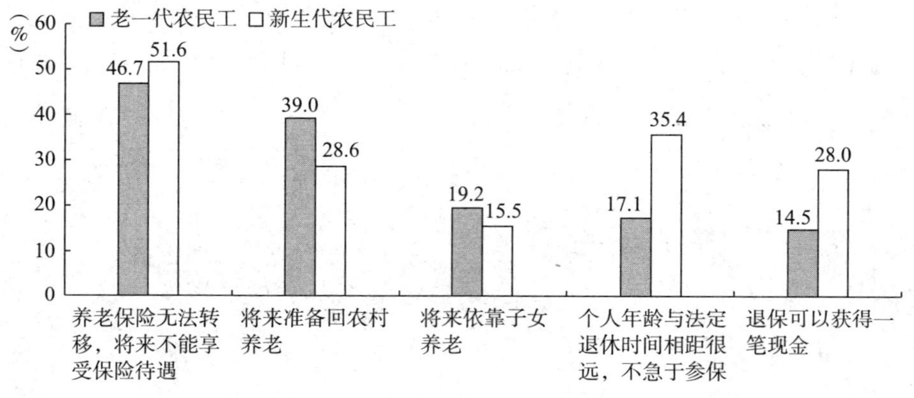

图8－3　两代农民工退保原因比较

4. 参加养老保险的农民工缴费负担问题

对于参加养老保险、医疗保险、综合保险或其他保险的农民工，老一代农民工平均每月交256元保险费，新生代农民工平均每月交204元保险费。对于这样的缴费负担，新生代农民工中约一半人认为“负担一般”，20.8%认为“负担很重”，18.7%认为“负担较重”，只有6.9%和3.6%的人认为“负担较轻”和“负担很轻”，但新生代农民工认为负担重的比例低于老一代农民工（见图8－4）。由此可见，仍有近四成的新生代农民工认为缴费负担重。需要说明的是，本次调研中有一部分地区所制定的农民工养老保险政策比较特殊，如宁波规定养老保险在内的五项社会保险费完全由用人单位承担缴费，个人不必缴费；杭州将农民工参加养老保险的费率由8%降到了5%，因此农民工个人是没有缴费负担或负担较轻的，这与全国大多数地方并不相同。

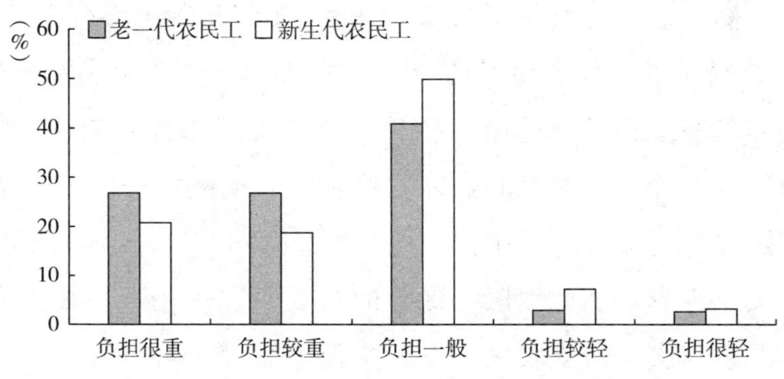

图 8－4　两代农民工对缴费负担的不同看法

（二）参加医疗保障情况比较

1. 参保情况

新生代农民工中参加城镇职工基本医疗保险和农民工（外来务工人员）医疗保险的比例为59.9%，比老一代农民工约高6个百分点；曾经参加，但现在没有参加的占8.5%；一直没有参加的占31.6%，比老一代农民工约低7个百分点（见图8－5）。这表明一半以上的被调查农民工已经被纳入城镇医疗保障体系，仍有三成新生代农民工在城镇务工缺乏基本医疗保险。

在没有参加城镇医疗保险的新生代农民工中，回答未参保的主要原因（最多可选三项）时，48.9%的是因为"用人单位没给办理参保"，

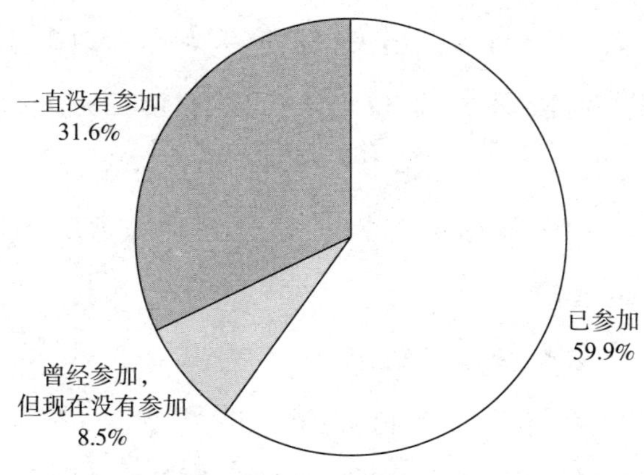

图 8－5　新生代农民工参加基本医疗保险情况

位居第一，高于老一代农民工的35.4%；“不知道如何参保”位居第二，占45.4%，高于老一代农民工的39.7%；17.7%的新生代农民工表示由于“不易符合享受医疗保险待遇条件”而选择不参保；因为“个人不愿缴保险费”和“个人身体较好，不必参保”的各占15.9%；还有15.2%的表示“过去曾经参加但现在已经中断”（见图8－6）。调查结果表明，新生代农民工没有参加城镇医疗保险的首要原因是用人单位没有为农民工办理参保；其次是由于农民工对医疗保险制度了解不够而不知道如何参保。

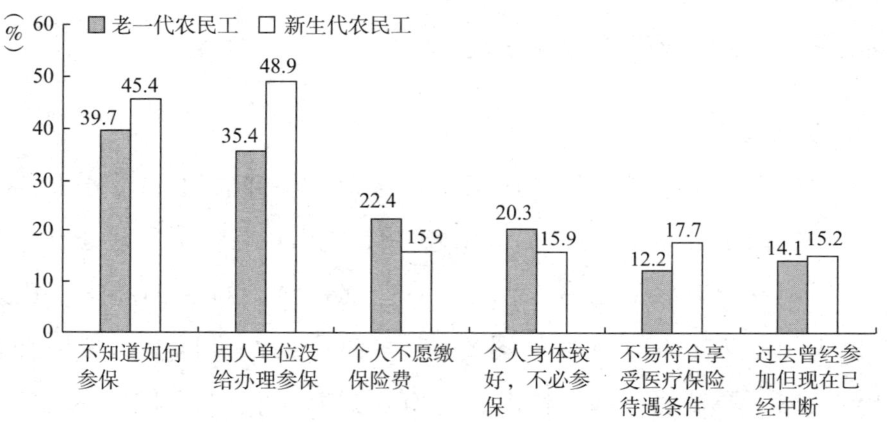

图8－6　两代农民工没有参加城镇医疗保险的原因比较

2. 农民工参加新农合情况

在被调查的农民工中，58.5%的老一代农民工已经参加了新农合，高于新生代农民工的39.6%；26.3%的老一代农民工明确表示没有参加新农合，低于新生代农民工的32.0%；仍有15.2%的老一代农民工和28.4%的新生代农民工表示不清楚是否参加了新农合。新农合是以农村家庭为参保对象，一些外出务工人员的家属在家乡为其参加了新农合，但他们自己不一定清楚。

3. 农民工支付大病医疗费情况

对农民工生大病后如何支付医疗费的问题（最多可选三项），有57.6%的新生代农民工是“在医院治疗并自付医疗费”，高于老一代农民工10.5个百分点；46.7%的新生代农民工是“自己到药店买药”，高于老一代农民工约6个百分点。新生代农民工中“使用医疗保险个人账户资金”和“到医疗保险机构报销一部分”的比例均高于老一代农民工，但“回家乡找新农合报销一部分”的比例低于老一代农民工（见图8-7）。结果表明，新生代农民工在生大病之后到医院治疗并自付医疗费的人数最多（超过一半），近一半的新生代农民工会自己到药店买药，能够通过医疗保险机构或新农合报销一部分医疗费的人数很少。可见，被调查农民工的医疗保障总体水平较低。

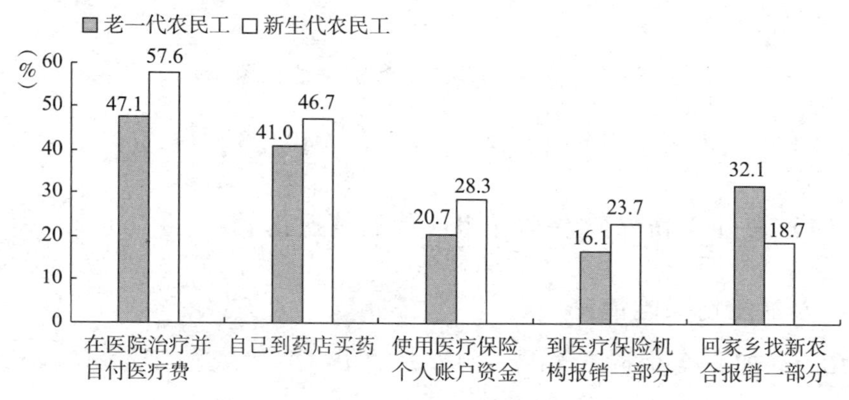

图8-7　两代农民工患大病后医疗费支付情况比较

（三）参加失业保险及享受相应待遇情况比较

1. 参加失业保险情况

调查结果显示，新生代农民工中参加失业保险的比例只有23.2%，低于老一代农民工近4个百分点；47.3%的新生代农民工表示“一直没有参加”，还有5.1%的表示“曾经参加，但现在没有参加”。此外，由于农民工个人不需要缴纳失业保险费，有24.5%的新生代农民工表示“不清楚”自己是否参加了失业保险（见图8-8）。

2. 失业后领取保险金情况

按照规定，参加失业保险的职工在失业后可以一次性领取失业补助金。在被调查的农民工中，共有138人曾经失业并领取过失业补助金，其中老一代农民工平均领取了627元的失业补助金，新生代农民工平均

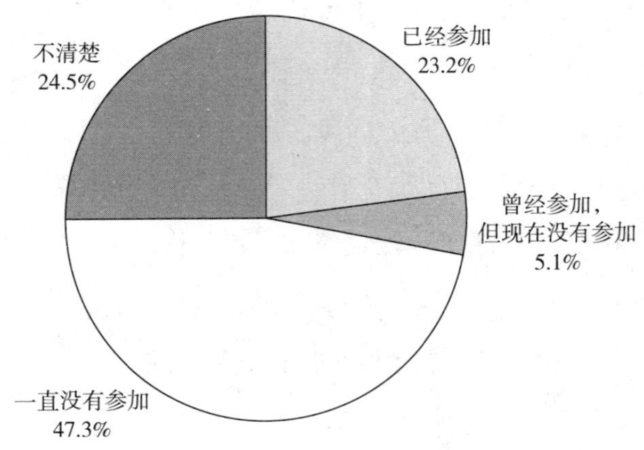

图 8－8　新生代农民工参加失业保险情况

领取了 1127 元的失业补助金，高于老一代农民工约 500 元。

（四）参加工伤保险及享受相应待遇情况比较

1. 参加工伤保险情况

关于参加工伤保险的情况，41.3% 的新生代农民工表示“已经参加”，低于老一代农民工近 14 个百分点；“一直没参加”的占 26.9%，高于老一代农民工近 6 个百分点；仍有 26.9% 的新生代农民工表示“不清楚”。这与工伤保险费全部由用人单位缴纳，不需要个人缴费有关。

2. 发生工伤事故后享受保险情况

如果发生工伤事故，新生代农民工中 38.1% 的表示“由用人单位或雇主支付医疗费以及相关赔偿”，低于老一代农民工约 9 个百分点；25.6% 的表示“享受政府经办的工伤保险”，高于老一代农民工近 4 个百分点；11.2% 的表示“由商业保险公司支付保险赔偿”，高于老一代农民工约 4 个百点；16.2% 的表示“没有相关保险，用人单位或雇主只支付医疗费，没有其他赔偿”；8.9% 的表示“什么保险或赔偿都没有，完全由自己或家庭承担”（见图 8－9）。

综上所述，新生代农民工参加养老保险和医疗保险的比例均超过 50%，参加工伤保险的有 40% 左右，参加失业保险的不足 25%。由于调查企业多为当地相对规范的企业，因此当地农民工的参保率会低于上述

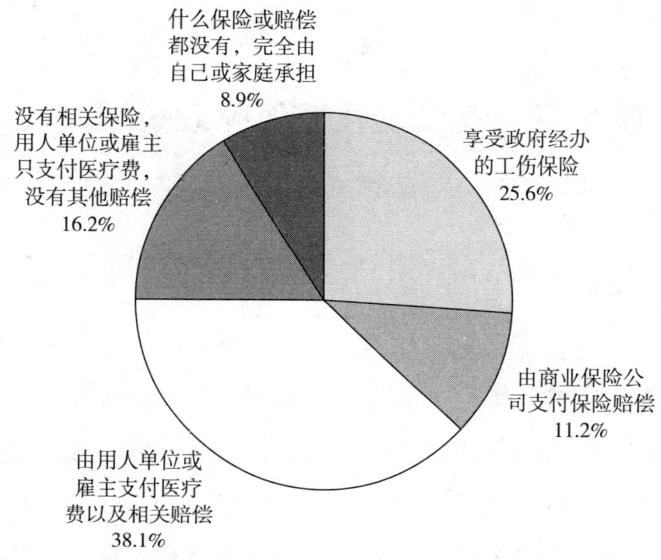

图 8－9　新生代农民工享受工伤保险情况

调查结果。这表明，农民工参加社会保险的总体水平仍然较低，其原因主要有三个方面：一是部分企业为降低人工成本而不愿为农民工办理参保并承担缴费责任；二是现行的城镇职工社会保险制度还存在不适应农民工特点和需要的问题；三是一些农民工对社会保险的认识不足，参保意识还比较淡薄。但从总体上看，新生代农民工参加城镇养老保险和医疗保险的比例高于老一代农民工，但参加失业保险和工伤保险的比例略低于老一代农民工。

（五）新生代农民工社会保险的进展与问题

社会保险是农民工实现稳定就业的助推器和安全网。当前统筹城乡发展的新格局要求逐步缩小城乡社会保障制度的差距，建立城乡统筹的社会保障制度。近年来，人力资源和社会保障部针对农民工群体规模大、工资水平低、流动性强、经济条件有限、个人状况多样化等特点，在社会保险政策、险种、费率、保障水平、管理手段等方面不断完善，为解决农民工社会保障问题做出了相应的制度调整。与此同时，新生代农民工已经感受到社会保险对于未来保障的重要性，参保意识越来越强，参保率也略有提高，但总体上依然较低。

第五节　农民工社会保障政策调整后依然存在的主要问题

国家为了改善农民工的社会福利状况，做出了很多调整。社会的发展进步也要求不断改善农民工的社会福利，赋予农民工平等无差异的公民权利。但是，政策法规的完善是一个逐步改进的过程。阻碍农民工社会福利平等化的最大制度障碍是城乡二元户籍制度，这一制度限制了农民工社会福利状况的改善，限制了农民工的社会权利获取。具体来说，农民工社会保障政策实施后，农民工在社会保障方面仍存在一些问题。

一　社保关系难以转移

农民工因为工作不稳定而流动性很强，这就要求一些长期项目，即与缴费时间挂钩的项目，具有可转移性。但在现实中，由于各种原因，农民工的社会保险关系转移存在非常大的障碍，导致农民工每流动一次，既得的社会保险权益就有可能归零一次。

其中，损失最大的是农民工的养老保险权益。农民工参加养老保险并不代表其将来就会有养老保障。相反，农民工在先参保后退保，反复参保和反复退保过程中，养老权益遭到很大的盘剥，而获益方是农民工输入地政府和当地户籍参保人员。因此，在一定程度上可以认为强迫农民工参加可以退保的养老保险制度，实际上已沦为地方政府牟利的一种工具。

医疗保险也同样存在保险关系不能转移的问题。我国规定退休人员不缴纳医疗保险费，且保障水平高于在职人员，表现为更多的个人账户划入资金和更低的起付线和共付比例。为防止出现道德风险和基金缺口，许多地方甚至规定享受退休医疗保险的前提条件是职工必须缴费满25 年。在这种规定下，农民工即便参加了城镇职工医疗保险制度，也会因为保险关系不能随农民工转移，而无法满足必须缴费年限的规定，导致将来即便达到退休年龄也无法享受退休医疗保险待遇的情况。

二　养老保险费率过高，一些用人单位和农民工不愿参保缴费

由于承担国有企业历史遗留问题的负担，企业缴纳的基本养老、医疗和失业三项保险费平均为工资总额的28%，个人缴费为11%，企业和农民工个人普遍感到负担太重。特别是养老保险，费率为20% +8%，占三项保险缴费的72%。

目前我国农民工所在单位主要集中在建筑、餐饮、服装等技术含量较低的劳动密集型行业。部分企业客观上不具备为农民工参加社会保险“买单”的能力，部分企业则主观上不愿为农民工参加社会保险“买单”。企业普遍担心给农民工缴纳保险费会增加成本，加重企业负担，降低企业竞争能力和经济效益，对还没有成为“硬任务”的农民工社会保险采取能拖则拖的态度，并以各种理由少缴或不缴保险费。尤其是目光短浅的个体、私营、股份制企业把股东利益放在首位，为了多赚利润，降低人工成本，都千方百计违规不与职工签订劳动合同、不参加社会保险。其中，有相当部分民营企业、个体工商户业主对社会保险缺乏正确的认识，有些企业则以外来农民工不愿意参加保险为由拒绝参加保险，甚至违反规定不参加保险，或者逃避参加保险。对农民工个人来说，由于平均工资低，个人的缴费负担也很重，因此也不愿意参加保险。从总体上看，由于费率过高，形成了高门槛，影响了企业和农民工个人参保的积极性。

三　农民工缺乏城镇住房保障

目前，国家对城镇居民出台了包括廉租房、住房补贴、经济适用房等在内的住房保障政策。但各地的住房保障政策都无一例外地只覆盖本地户籍人口，而不包括外来务工经商的农民工。课题组在山西、浙江、广东调研了解的情况表明，农民工未享受任何住房保障，居住条件普遍

较差。

山西省没有出台农民工住房保障政策。《山西省农民工权益保护条例》没有涉及农民工住房和改善居住条件的内容。因此，农民工的居住条件主要取决于农民工的个人选择和企业的意愿。农民工的住房条件很差。建筑企业的农民工拥挤在简陋的工棚中。而在城市中心或周围地带，由于地价比较高，企业没有能力解决农民工的住房问题。太原最大的国有企业东山煤矿，其农民工基本上都住在自建或租来的棚户房中，企业没有能力买地建房。一些地理位置偏远的企业，为了安定人心，稳定就业，住宿解决得相对较好。在临汾尧都区的一家私营企业，单身职工的集体宿舍是四人一间的约 20 平方米的房间，而进入管理层的、带家属的农民工则可以住进准一居室的房间。

广东省的情况也不例外。农民工住房基本由用工单位或农民工个人解决，并未纳入住房保障体系。深圳市从法制层面明确了农民工归属于非户籍人口住房保障的范畴，符合条件的农民工将逐步享受公共租赁住房保障并可缴纳住房公积金。但是，住房保障的本意是针对低收入人群，当申请条件加入“视其在深圳居住、缴纳社会保险和纳税情况”时，便偏离了目标人群。再者，现行社会保险政策规定要缴存住房公积金，农民工缴存住房公积金，是利是弊？“利”的方面清楚，可以不谈。“弊”的方面，如果从现行的经济社会条件来看，购房定居对农民工是可望而不可即的事，公积金的缴纳便是对其多一层剥夺。

四　农民工没有纳入城镇社会救济与社会福利范围

农民工虽然进入输入地从事非农就业，但因不是本地户籍人口，在现行户口迁移实行严格准入的政策框架下，农民工并不能将他们的户籍迁入务工地，而务工地的绝大多数公共服务项目，特别是城镇社会救助和社会福利政策一般只覆盖本地户籍人口，半城市化状态的农民工及其家庭未被纳入其中，由此产生了“经济准入、社会排斥”的不合理现象。

事实上，农民工进城务工经商，面临的各种社会风险与本地的城镇非农从业人员别无二致，即他们同样面临因疾病、失业等多方面的社会风险而使个人乃至家庭的基本生活陷入困境的情况，因此，他们同样有被救助、被照顾的需求。但按现行政策，包括社会救助和社会福利在内的各种福利均被捆绑在户籍上，而农民工则因一纸户籍而被当地的救助和福利机制排斥在外。

课题组对广东、浙江、山西等地的调研表明，外来农民工不能享受包括最低生活保障在内的社会救助项目，更无法奢望一些地方出台的老年性补贴等针对老年人和少年儿童的福利项目。在生活遇到困难时，则被当地社会抛弃，往往孤立无助，内心凄凉，难以感受社会的温暖，多数人不得不打道回府，个别人因此甚至走向极端，做出危害当地社会之举，用极端行为回应了当地救助和福利政策的排斥和无情。

由于五项保险的综合费率较高，许多用人单位拒不为农民工参保，一些农民工因个人缴费负担较重也在一定程度上影响了参保积极性，加上灵活就业农民工和劳务派遣农民工参加养老保险政策、城乡社会保险政策等衔接方面的制度性缺失，以及经办管理能力与行政执法力度尚需加强，决定了农民工社会保险扩面参保工作是一项需要付出艰苦努力的任务。与此同时，相应的社会救助、社会福利制度的建立与完善也非一朝一夕之事。总之，解决农民工社会保障问题是一项系统工程和长期渐进的过程。

第九章

农民工政策调整与融入城市社会

进入21世纪，农民工市民化、融入城市社会等问题渐渐成为研究和讨论的焦点问题，而之前却鲜有这样的研究。[①] 为什么会有这样大的变化呢？我们认为，农民工群体自身的变化和国家政策的调整是两种关键性催化剂：一方面，农民工这个群体本身发生了一些质的变化，比如新生代农民工已经出现，农民工内部发生一定的分化，有更多的农民工希望在城市获得市民权；另一方面，国家对农民工的政策从过去的控制转向一定程度的接纳和肯定，为农民工提供了更宽松的政策环境。但是，政策和制度的变革无法满足农民工市民化的要求，由此出现各种各样的问题和矛盾，其中一些矛盾趋于激化，乃至于以“孙志刚事件”而达到“高潮”。这就使研究者们开始思考、研究农民工怎样才能融入城市社会、实现市民化等问题。

第一节　从流动到移民：农民工群体的整体变迁

农民工还有其他一些称呼，诸如“农村流动人口”、“进城务工人

① 王春光：《新生代农村流动人口的社会认同与城乡融合的关系》，《社会学研究》2001年第3期；刘怀廉：《农村剩余劳动力转移新论》，中国经济出版社，2004；简新华等：《中国工业化和城市化过程中的农民工问题研究》，人民出版社，2008。

员”、“盲流”、“暂住人口”等。这些叫法充分地说明了这个群体是介于农村与城市、农民与市民、农业与非农业之间，没有获得城市的完全接纳。但是，在中国，迄今为止很少有研究者和政策决策者将农民工称为移民，仅有个别研究者将他们称为“乡城迁移者”[①]。这反映出，整个社会尤其是城市社会从未将农民工视为理所当然的移民，而只是将他们当作城市社会的暂住者，在过去的30多年时间里，他们一直处于流动状态，但不可回避的是，在流动的实践中，他们渐渐地表现出移民的意愿和行为，也有少数人实现了移民。从这个角度看，过去30多年是农民工从流动向移民转变的阶段。直到最近两年，国家才开始提出新型城镇化，考虑到将农村流动人口（包括农民工）纳入城市化进程。

从我国政策层面来看，移民有着特定的含义，指经国家政策允许而永久改变居住地乃至身份的那些人。长期以来，我国最大的移民群体是水库移民，过去60年累计多达4000多万人，仅三峡水库建设导致的水库移民就高达120万人以上，还有一些异地扶贫移民和其他建设工程带来的永久改变居住地的移民，等等。在我国政策中，移民是经过政府同意和支持而实现永久变更居住地的那些人，而农民工则是没有获得政府同意其永久变更居住地的那些人。美国学者苏黛瑞（Solinger）认为，“在中国人的观念里，‘流动人口’是由那些按官方的说法事实上没有‘迁移’的人构成的。……与世界上其他国家的移民过程不一样，仅仅到另一个新辖区定居一段时间而改变了居住点，这本身不等同于中国所说的‘迁移’。一个人要‘迁移’，就需要官方同意改变其永久户籍身份。因此，流动人口就是那些由于没有获得官方批准而被官方界定为‘临时性变更居住地’的人”[②]。显然，农民工进城务工不是政府意义上的移民，而仅仅是为了赚钱或就业临时改变居住地。这从对他们过去30

① 陈映芳：《“农民工”：制度安排与身份认同》，《社会学研究》2005年第3期。

② 苏黛瑞：《在中国城市中争取公民权》，王春光等译，浙江人民出版社，2009，第15页。

多年的经历回顾中可以发现这一点。

在当代中国，农民工群体至少经历了这样的演变：从“离土不离乡”到“离土又离乡”，从“第一代”到“新生代”和“第二代”，从“暂住”到“常住”或“居住”。这种演变显示出他们从“流动”到“迁移”的移民意愿，彰显了农民工的城市化、市民化步伐和进程。

一 从“离土不离乡”到“离土又离乡”

在我国历史上，抗战期间就已经有农民工现象，其中有不少是在农闲季节外出打工。史国衡先生在对抗战期间的农村进行实地调查后发现：“不少的农民离别家园，丢开土地，跑向都市里过活，……其中有不少人进入了内地新式工厂。”① 但是，当时还没有制度性的农民身份规定，所以，他们与现在所说的农民工还是有本质的差别。现在所说的农民工缘起于计划经济时代社队企业的发展，尤其是后来的乡镇企业的发展。

费孝通教授在对苏南乡镇企业和小城镇发展的考察中惊喜地发现，乡镇企业和小城镇发展使他看到了长期困扰世界现代化的一个难题——牺牲农村为代价的希望。它们以“离土不离乡”的方式，一方面推进工业化、城镇化，另一方面又带动农村现代化，满足了农民的非农化需求。在这个过程中，大量农村劳动力居住在农村，而在附近的乡镇企业（其前身就是社队企业）做工。1984 年，张雨林教授将这群人称为“农民工”，从此这一称呼渐渐地被广泛采用。“离土不离乡”的做法只有在乡镇企业发达的地方才可行，我国广大农村地区不像苏南那样有发达的乡镇企业，因此没法满足农村广大劳动力的非农化要求。20 世纪 70 年代末推行的农村改革，释放出大量的农村劳动力，与此同时，沿海以苏南、珠三角等地区为代表的乡镇企业和三资企业蓬勃发展，造成当地劳

① 史国衡：《昆厂劳工》，载李培林等主编《中国社会学经典导读》，社会科学文献出版社，2009，第 533 页。

动力的短缺，对其他地方的农村劳动力产生了巨大的吸引力，因此，农村劳动力“异地转移”的“离土又离乡”现象也就不可避免地出现了。

虽然就地转移的“离土不离乡”模式先于“离土又离乡”模式，但是后者的出现并不意味着前者的退出，前者仍继续存在，在经济发达地区尤其如此。乡镇企业吸引农民就地转移的“离土不离乡”能力到20世纪90年代中期渐渐地显示出其局限性，在吸纳了1.2亿左右的农村劳动力（其中有很大一部分是异地进入乡镇企业的农村劳动力，属于“离土又离乡”人口）后，难以创造出更多的就业机会。而“离土又离乡”模式从80年代初开始出现，呈现一发不可收拾的态势，到80年代后期呈现“民工潮”态势。所谓“民工潮”，刚开始是因大量民工春节前回乡而春节后外出对交通造成的压力而得名的，在春节这个时候，民工像潮水般涌现，交通不堪重负，由此造成很多问题。卷入“民工潮”的外出务工人员都是“离土又离乡”的人员，他们跑到沿海工业发达的地区或大城市寻找非农就业机会。刚开始，大量农村劳动力“离土又离乡”的异地转移目标是沿海乡镇企业、外资企业以及发达的农村地区，如苏南地区、珠三角地区、温州地区、杭嘉湖地区、福建晋江地区等，后来才有大量农民工转向城市，进入90年代，转向城市寻找就业机会的农民工人数开始超过去发达农村地区寻找就业机会的农民工人数，也就是说城市成了吸纳农民工的主要场所。白南生、宋洪远等人1999年对安徽和四川的问卷抽样调查显示：“一半以上的外出者在中等以上城市就业（其中1/4以上在省会城市就业），近1/4在县级城市就业，另外1/4在建制镇或乡村就业。”[①] 安徽和四川是我国农村劳动力外出务工经商最多的几个省份之一。2000年的全国人口普查也表明，进城务工的农民工占绝大多数。不难想见，离土进城的农民工成为主体，自然会带来市民化问题。

---

① 白南生、宋洪远等：《回乡，还是进城——中国农村外出劳动力回流研究》，中国财政经济出版社，2002，第19页。

二 从“第一代”到“新生代”和“第二代”[①]

一开始，大多数农民工没有想到要市民化、城市化，都是想找个工作赚点钱而已。随着大量农民工进城，特别是随着时间的推移，越来越多出生于20世纪80年代及以后的年轻农民加入农民工行列，一个新生代农民工群体横空出世，加上一批在城市出生的农村流动人口的孩子成长起来，城市化问题显得越来越突出。由此可见，在过去的30年中，农民工群体自身发生了明显的变化，出现从第一代农民工向新生代农民工和第二代农民工的演变。这种代际演变的社会后果是，农民工开始在城市“安营扎寨”，越来越多的农民工不想离开城市返回农村。

新生代农民工和第二代农民工与第一代农民工在价值取向、受教育水平、生活经历和态度、家庭经济条件、城市认同等方面有着明显的不同，这些不同直接影响到他们与城市社会的关系。我们以前的研究表明，新生代农民工不但年纪轻，而且缺乏务农经验；对农村的情感较少；受教育水平较高；绝大多数没有结婚，因此没有家庭经济负担，他们的父母也有了更好的经济条件；他们外出不只是为了找个工作赚钱，更重要的是为了改变生活。[②] 新生代农民工和第二代农民工具有越来越强烈的市民化和城市化倾向，他们希望获得城市居民的地位和身份，享受市民权利。

我们的调查结果表明，64.4%的农民工在30岁以下（含30岁），43.1%的农民工在25岁以下，也就是说，大部分农民工是在中国实行改革开放之后出生，其中64.4%的农民工是在1984年以后出生。显然，在当今的农民工中，新生代农民工已经占主导地位了。他们没有经历过

① 这里所说的新生代农民工是指80年代出生在农村、在农村接受教育、从学校直接进入打工者行列的农民工，第二代农民工是指父母是农民工而自己出生或成长在城市的农民工。当然，最近中央出台的文件吸纳了“新生代农民工”的提法，其概念有了扩展，将这里所说的新生代农民工和第二代农民工统统都归入其范围内。当然这种扩展也是可以的，但是在此我们突出新生代农民工和第二代农民工的差别，旨在表明农民工现在又有了新的变化，这种变化具有的社会影响和政策意义，还有待进一步研究和讨论，但是很需要去做，有重要的学术和政策价值。

② 王春光：《新生代农村流动人口的社会认同与城乡融合的关系》，《社会学研究》2001年第3期。

第一代农民工所处的封闭的计划经济时代，对他们来说，外出打工是自然的现象，大多数没有经历过不允许进城打工的制度限制。他们之所以选择进城务工，是为了“多赚钱改善生活”（62.6%）、“成家立业”（31.4%），还有人是为了感受城市现代气息，寻找自由和发展机会等。他们中未婚的（48%）多于已婚的（45%）。我们虽然不能由此断定他们一定会在城市安家落户，但是，他们有这样的可能和需求。在我们的个案访谈中，不少年轻的农民工对长期落户城市抱着强烈的矛盾心理：一方面确实有这样的明显取向，另一方面又意识到自己将面临许多障碍和困难。

之所以说现在的农民工还处在从第一代向新生代和第二代转变的过程中，其含义就在于，从城市化角度看，他们还是缺乏确定性，深陷矛盾状态，摇摆在城乡之间：既有可能像第一代农民工那样到了一定的年龄重新返回乡村，又有可能会长期留在城市。不管怎样，他们现在对农村的依赖并不那么强，对城市也没有建构强有力的社会认同，更没有形成确定的城市化预期。从这个层面上看，他们成了一群更具不确定性、更缺乏社会归属的乡城迁移群体，他们是“半城市化”人口。

三　从“暂住”到“常住”或“居住”

农民工在城市的居住时间越来越长，出现长期化、常住化现象。在沿海一些城市，一部分农民工的“移民”倾向越来越明显。宁波市公安部门的人员介绍，有的已经成为事实上的“移民”。按国家的政策规定，居住时间在半年以下的人口属于临时性暂住人口，半年以上的属于常住人口。现在，深圳、上海、北京等城市开始将暂住证改为居住证，虽然只是一字之差，而且并没有等同于市民权利，但是这种改变在一定程度上反映了农民工在城市的“事实移民”现象。

2008 年 4 月，我们对进入温州市的农民工所进行的问卷调查表明，有个别农民工在温州待的时间最长达到 360 个月，即 30 年，也就是说他们于 1978 年就来到温州打工，可以说大半生都在温州度过。农民工在城市居住的平均时间为44.23个月，即3.7年的时间，而众数是36个月，即3年时间，也就是说，绝大多数农民工在温州居住的时间在3年以上。3年时间虽然不是很长，但是，与过去的临时性务工不同的是，他们开始趋向稳定就业，力图在一个城市待更长的时间。一些农民工说，在一个城市待的时间长了，不仅适应了当地的生活，而且也熟悉了当地的就业情况和信息，有了一些关系网络，因此，不愿轻易改变城市打工。对国外移民的调查研究显示，凡是在一个地方待的时间越长，改变居住地的负担和风险就越高，移民想改变居住地的愿望就越低。这一点同样适用于国内的农民工群体。

不少农民工甚至不愿年年回家过年，一方面担心交通不方便，特别是买不到票；另一方面他们觉得回到乡村过年，还不如在城市过年热闹，回到老家，找不到可以交流和玩耍的朋友或对象。常住化的一个最明显表现就是携家带口的农民工人数在增加。浙江省教育厅的调查显示，从2004年到2007年，流动人口子女就学人数增长很快，2005年同比上升了12.07%，2006年同比上升了7.69%，2007年同比上升了21%；杭州市流动人口子女就学增长更快，2004年同比上升27.7%，2005年同比上升19.9%，2006年同比上升20.6%，从2003年6.5万外来务工子女上升到2006年12万人，接近翻了一番。外来务工子女增加，意味着携家带口的现象增加，有越来越多的农民工是以家庭的形式进入城市。本课题组的问卷调查显示，31%左右的农民工跟他们的家人在他们打工的城镇生活在一起，其中回答已婚的农民工只占45%，虽然不能说与家人在一起的人都属于已婚的人，但是，将家人带出来的人中，想必已婚的人占有相当大的比例。与家人一起外出打工，会给他们带来稳定的生活支持，会使他们在流入地的居住长期化，变成常住人口，甚至成为事实上的“移民”。

农民工在城市的居住时间有了长期化趋势，但是，即使连携家带口的农民工也不能确定他们在流入地城市能否永久地定居下来，乃至成为当地的市民。所以，目前他们的这种居住长期化改变了过去的临时性，但是还不能确保他们的城市化、市民化。这是农民工群体形态转变的又一表现。

第二节　社会政策与农民工融入城市社会的机会公平问题

对农民工群体在进城务工中经历的上述转变，可做多种的解释。如果纯粹从自由主义的角度来解释，农民工进城是他们根据市场规则所做的理性选择，与此同时，他们之所以难以融入城市，处于“半城市化”状态，也是市场机制作用的结果。另一种是制度主义观点，认为由于城市制度的限制，农民工在融入城市、实现市民化的过程中存在诸多的困难和障碍。城市的市场经济改革已经给农民工进城务工的机会，于是他们可以进城打工，但是这种改革并没有让农民工市民化，因为这种改革仅仅限于经济层面，而没有扩展到社会层面。这两种解释都有一定的合理性，后一种解释会获得更多的支持。第一种解释显然忽视了制度的影响，第二种解释在一定程度上也忽视了农民工在市场上存在职业竞争能力弱、收入低等不利于他们融入城市的因素。从什么样的角度来评判农民工的目前状况呢？我们的基本观点是，农民工从事的职业地位比较低，所获收入比较低，如果没有制度和政策的限制，上述因素也不利于他们融入城市，现在的问题是，制度和政策的限制甚至障碍，不但直接阻碍农民工在城市的融入，而且还强化了他们在职业地位和收入上的劣势，间接地增大了他们融入城市社会的难度。因此，这里把社会政策的因素放在首要地位，通过对社会政策的变化及其影响的把握，来把握农民工融入城市的状况。社会政策研究（或社会政策学）的一个核心价值是社会公平，该学科主张从社会公平的角度来研究社会政策现象，这也符合我们在农民工城市化、市民化方面所持的基本立场。

从社会公正的理论来看，农民工能否融入城市与能否给他们公平的融入机会是两个不同的问题。后者的解决并不意味着前者一定会解决，但是后者解决不了，前者就无法根本解决，因此，后者的解决是前者解决的基本前提。在讨论农民工城市化时，首先要关注的是融入城市的机会公平问题，然后才进一步讨论他们是否能融入城市。但是，以前的研究往往把这两个问题混在一起讨论，于是，自由主义理论的主张者认为，农民工之所以融入不了城市，在于他们没有相应的技能和较高的收入；而制度主义的坚持者则更重视制度和政策的影响。我们认为，个人的技能、职业地位和收入水平确实是一些重要的影响因素，但是，在讨论这些因素的影响的时候，必须基于公平机会的框架，否则，会提出一些不符合实际的观点和判断乃至政策主张。

一　农民工融入城市社会的机会公平问题

什么样的机会状况才是公平的呢？最直白的解读就是，在国家政策层面，不论是城里人还是农村人，不论是本地人还是外地人，只要是本国公民，就享受同等的待遇或权利，当然也承担同等的义务。把这种看法上升到理论层面，最重要的一种是公民权理论，而“公民身份是社会政策学的核心概念”[①]。公民这个概念是在2000多年前由希腊哲学家亚里士多德提出来的，带有排斥妇女、儿童、奴隶和乡下人的概念，但是到了20世纪，这个概念被上升为人类文明的一种标志，其含义发生了很大的变化。T. H. 马歇尔认为，“西方‘文明’社会在18世纪的首要任务不是改善社会环境，而是发展公民权利（civil rights），包括公民自由、财产权利和法典”[②]。在他看来，进入19世纪，又发展出政治权利，进入20世纪，出现社会权利（social rights），由此，公民身份的发展得以最终完成。他认为，这些权利可以保证所有公民拥有“一种普遍富裕、有实质内容的文明生活”[③]。虽然马歇尔的线性公民身份进化理论遭

① 哈特利·迪安：《社会政策学十讲》，岳经纶、温卓毅、庄文嘉译，格致出版社、上海人民出版社，2009，第17页。

② 哈特利·迪安：《社会政策学十讲》，岳经纶、温卓毅、庄文嘉译，格致出版社、上海人民出版社，2009，第19页。

③ 哈特利·迪安：《社会政策学十讲》，岳经纶、温卓毅、庄文嘉译，格致出版社、上海人民出版社，2009，第19页。

到各种批判，但是他阐述的公民身份内涵受到广泛的肯定，并且将公民身份与社会政策进行了有效的连接，为现代社会政策制定提供了基本的理论平台："执行社会政策是现代西方公民身份发展不可分割的一部分。这样一来，社会层面和社会平等问题最终进入了公民身份议程之中。"[①] 也就是说，每个公民享有这些权利的公平机会。这就是我们讨论农民工融入城市的一个重要的理论支撑点。

这里将马歇尔的公民理论加以引申，用机会公平的视角来理解，那么，所有的中国公民都应享受平等的就业机会、居住机会、受教育机会、社会保障机会、社会参与机会、医疗卫生、基本生存安全等由国家社会政策提供的福利权利，对农民工而言，当然也不例外。具体到农民工在城市的生存、发展以及融入，城市是否给予他们与其他城市人口同等的机会以及国家是否确保他们的公民身份是最受人关注的。当然对这些问题的研究和讨论已经比较多了。如陈映芳从"市民权"（"citizenship"或"urban citizenship"）概念入手，考察了从农村地区流入城市的迁移者在城市中的身份和权利问题，探讨了这些乡—城迁移人员成为"非市民"的制度背景和身份建构机制。[②] 洪朝辉认为，中国的农民工在迁徙、居住、工作和求学等四大社会权利方面受到长期的制度性歧视，他们自由和平等地离开农村、定居城市、获得就业、接受教育的权利和机会遭到排斥和剥夺。[③] 苏黛瑞直接从公民权角度提出农民工在城市的不平等地位，认为"只依靠市场本身是无法为外来人口的公民权问题提供成熟的或者永久性的解决方案的"[④]。2006 年国务院 5 号文件虽没有直接提到农民工的公民权问题，但所列的具体内容已经折射出国家对解决这个问题的关注："农民工面临的问题仍然十分突出。主要是：工资偏

① 哈特利·迪安：《社会政策学十讲》，岳经纶、温卓毅、庄文嘉译，格致出版社、上海人民出版社，2009，第 19 页。

② 陈映芳：《"农民工"：制度安排与身份认同》，《社会学研究》2005 年第 3 期。陈映芳所说的"市民权"是指中国社会中拥有居住地城市户籍的居民所享有的身份及相关权利。

③ 洪朝辉：《论中国农民工的社会权利贫困》，《社会学研究》2007 年第 6 期。

④ 苏黛瑞：《在中国城市中争取公民权》，王春光等译，浙江人民出版社，2009，第 318 页。

低，被拖欠现象严重；劳动时间长，安全条件差；缺乏社会保障，职业病和工伤事故多；培训就业、子女上学、生活居住等方面也存在诸多困难；经济、政治、文化权益得不到有效保障。这些问题引发了不少社会矛盾和纠纷。解决好这些问题，直接关系到维护社会公平正义，保持社会和谐稳定。”为此，该文件提出了提高农民工工资、将农民工纳入社会保障和城市公共服务体系、确保农民工子女接受平等教育机会、深化户籍制度改革等政策。这些都是针对农民工的社会政策，涉及就业、收入、社会保障、医疗、教育、居住以及社会参与和政治参与等领域。如果能真正落实下去，得以执行，那么该文件的出台确实具有里程碑的政策意义，虽然没有给农民工赋予与城市居民平等的机会和权利，但是至少缩小了他们之间的差异。但是，该文件的出台是否能直接产生明显的效应呢？能在多大程度上产生效应呢？能在多大程度上解决农民工融入城市社会问题呢？该文件颁布以来，农民工在城市的处境虽然有所改善，但是事实上并没有实质性地改变农民工的基本生存状态。

中国人非常重视“安居乐业”，而农民工在城市则是工作或者说就业优先，对居住并不讲究，能有个栖身之所就可以了。在就业方面，他们获得的仅仅是干活赚钱的机会，至于与就业相关的福利待遇，完全不能与城市职工相提并论。

与就业有关的第一个问题是工资问题。承认与城市工人干同样的工作拿相同的工资（即同工同酬）的农民工只占 39.9%，有时可以同工同酬的农民工占 20.0%，有 13.6% 和 10.9% 的农民工则认为同工同酬“比较难”和“不可能”。显然，有超过半数的农民工不能享受或者稳定地享受“同工同酬”待遇。更让人感到愤懑的是，农民工那么低的工资还不能足额、及时兑现，不时地被拖欠。2001 年开始，中央政府下决心清理农民工工资拖欠问题，国务院主管部门对此很重视，做了大量工作，特别是国家通过修改《劳动合同法》试图从制度上解决工资拖欠问题。在这种情况下，农民工工资拖欠的清理工作确实取得了很大的成效，拖欠的现象在减少。调查显示，80.1% 的被调查农民工回答说没有被拖欠或克扣工资。但是，不能不面对的问题是，拖欠现象并没有杜绝，仍有一部分农民工多次或1—2次曾被无故拖欠或克扣工资。调查显示，4.4%和8.9%的农民工分别认为“多次”和“1—2次”被无故拖欠或克扣过工资（见表9－1）。需要指出的是，此次调查的都是一些有相当规模的企业，管理也比较正规，由此可以推断，农民工工资被拖欠或克扣的现象可能会更严重一些。

表9－1　农民工工资被拖欠或克扣及同工同酬情况

可否同工同酬	频次（人）	占比（%）	被无故拖欠或克扣工资次数	频次（人）	占比（%）
可以	611	39.9	多次	67	4.4
有时可以	306	20.0	1—2次	135	8.9
比较难	209	13.6	没有	1222	80.1
不可能	167	10.9	不清楚	101	6.6
不清楚	240	15.7	总计	1525	100.0
总计	1533	100.0			

与就业有关的第二个问题是加班和休息问题。前几年我们在珠江三角洲调查农民工加班问题时，有企业主说，不让农民工加班，农民工还不满意，而一些农民工也反映，如果有加班机会，他们还是愿意加班，如果不加班，就没有事情可干了，也没有地方可去玩耍，他们外出的目的就是赚钱。这折射出农民工没有融入当地社会，一些农民工想尽各种可能利用外出时间去多赚钱，因此，加班是一种常态的生存状况，而不仅仅是一种工作选择。当然，农民工的意愿并不都是如此，有越来越多的农民工开始要求享有休假权，但是一些企业往往没有给予他们相应的权利。这次调查表明，农民工中只有54.4%的人享有8小时工作权利，有45.1%的人每天工作达9—14小时，还有少数人每天工作达15小时以上，处于超强度的劳动状态。至于节假日休息情况，表9－2显示，2009年第三季每周休息2天的农民工只占29.0%，不到1/3；35.0%的人每周只休息1天；还有36.0%的农民工每周很少有休息或没有休息。

调查结果表明，虽然农民工的加班情况有所改善，但是还有不少农民工没有获得与城市居民同等的休息权利，更恶劣的是，还有25.5%的农民工很少可以领到或基本上领不到加班工资，这不是同工不能同酬问题，而是一个被严重剥削的问题。

表9-2 农民工加班和休息情况

2009年第三季度每周休息天数	频次（人）	占比（%）	加班工资领取情况	频次（人）	占比（%）	上个月每天工作时间数	频次（人）	占比（%）
2天	497	29.0	可以领到	842	49.1	8小时内	837	54.4
1天	600	35.0	多数情况下能领到	332	19.4	9—14小时	694	45.1
半天	75	4.4	很少可以领到	178	10.4	15小时以上	8	0.5
很少有休息	237	13.8	基本上领不到	259	15.1	总计	1539	100.0
没有休息	237	13.8	其他	103	6.0			
其他	68	4.0	总计	1714	100.0			
总计	1714	100.0						

在社会政策理论看来，企业为员工提供职业技能培训，是一种企业福利，与此同时，政府也应该有一定的义务为工人提供职业培训，这是政府应该提供的社会福利。不论在计划经济时代，还是改革开放时期，政府一直有为城镇居民提供职业培训的政策，有的是直接为居民进行职业培训，有的是通过单位来提供，尤其是20世纪90年代后期为了配合国有企业改革，国家出台了为城镇下岗职工提供再就业培训的服务，但是这些职业培训服务并没有涵盖农民工群体。进入21世纪，特别是从2004年开始，国务院八部委联合出台培训农村劳动力的“阳光工程”，为农村劳动力外出务工提供一定的技能培训。但是，效果如何呢？调查显示，有48.7%的农民工没有参加过任何职业技能培训，有48.7%的农民工参加过职业技能培训；在接受过培训的农民工中，有7.5%的农民

工接受的培训是由家乡所在地政府提供的，5.5%的农民工接受的培训是由家乡所在地的民办机构提供，有15.3%的农民工享受到了进城务工所在地政府提供的培训，还有6.4%的农民工在进城务工所在地参与过民办机构提供的培训。尤其值得注意的是，接受过培训的农民工中18.4%的自费培训，只有2.4%的农民工完全免费享受政府提供的培训，还有16.6%的人自己掏一部分钱、政府和单位掏一部分钱（见表9－3）。调查表明，农民工以在流入地自费参加职业培训为主，政府和单位提供的免费职业培训很有限，也无法与城市职工享受的职业培训相提并论。城市职工不但享受单位提供的各种免费培训，而且还享受所在地街道、社区提供的各种培训，农民工就没有这样的待遇和权利。

表9－3　农民工职业技能培训情况

培训单位	频次（人）	占比（%）	付费主体	频次（人）	占比（%）	培训次数	频次（人）	占比（%）
家乡所在地政府	64	7.5	本人自费	159	18.4	没有参加过任何职业技能培训	840	48.7
家乡所在地民办机构	47	5.5	本人缴费和政府补贴	60	6.9	参加过1次职业技能培训	412	23.9
进城务工所在地政府	131	15.3	个人缴费和单位补贴	84	9.7	参加过2次职业技能培训	184	10.7
进城务工所在地民办机构	55	6.4	完全由政府承担	21	2.4	参加过3次及以上职业技能培训	243	14.1
务工单位	402	47.0	完全由单位承担	451	52.1	其他	45	2.6
跟师傅当学徒	71	8.3	其他机构	12	1.4	总计	1724	100.0
其他机构	86	10.0	不清楚	79	9.1			
总计	856	100.0	总计	866	100.0			

另一个颇受关注的问题是城市社会保障制度与农民工的关系问题。从公民权理论来看，享受社会保障权利的水平是农民工在城市社会融入程度的重要标志之一。中央文件也明确要求把农民工纳入城市社会保障

制度中，而现实又是怎样的状态呢？表9－4显示，参加外来务工人员社会保险的农民工达到51.2%，其中参加城镇职工养老保险的达到50.5%，参加城镇失业保险的达到24.5%。在20世纪90年代，城镇社会保障制度基本上还没有向农民工开放，而现在有超过半数的农民工参加城镇社会保险，这表明农民工在城市享受更多的权利。但是，还有将近一半的农民工还没有参加城镇社会保险，尤其是2/3以上的农民工没有参与城镇失业保险。即使参加了城镇社会保险，但不能确保他们能享受社会保险的成果。农民工具有很强的流动性，以前的社会保障制度不能确保农民工的社会保障能随着他们的流动而进行异地转移和接续，而最近国家已经出台政策解决这个问题，但是是否有效，还难以确定。没有有效地进入城市社会保障制度，意味着农民工在城市还不能真正地融入当地社会，在这里实际上是市场体系与制度体系的错位和不衔接造成了农民工在城市社会生存和发展的不完整性。

表9－4　农民工参加社会保险情况

参加外来务工人员社会保险情况			参加城镇职工养老保险情况			参加城镇失业保险情况		
参加情况	频次（人）	占比（%）	参加情况	频次（人）	占比（%）	参加情况	频次（人）	占比（%）
已经参加	784	51.2	已经参加	864	50.5	已经参加	412	24.5
没有参加	258	16.9	曾经参加但现在没有参加	132	7.7	曾经参加但现在没有参加	89	5.3
当地没有这种保险	66	4.3	一直没有参加	474	27.7	一直没有参加	792	47.1
不知道	348	22.8	不清楚	241	14.1	不清楚	388	23.1
其他	73	4.8	总计	1711	100.0	总计	1681	100.0
总计	1529	100.0						

对那些有子女的农民工来说，他们融入城市社会的最大困难有两种：一是住房问题，二是子女教育问题。一位从湖南到广州打工20年

的农民工在接受访谈时说："我愿意在本公司长期干下去。我现在年纪大了，也不好再找别的企业打工了。如果将来户籍制度改了，政策允许在本地落户，我也愿意把户口迁入广州，这对子女教育也有好处。不过，广州的住房太贵！现在市区的商品房每平方米售价高达1.5万—2万元，从银行贷款购房的利息也很高。我在几年前曾经在郊区看过一套商品房，当时房价比现在便宜，是小户型，购房总价40多万元。如果我把自己多年来积攒的10多万元交首付款，还需要从银行贷款30多万元，分15年还清，其中利息要交12万元，太多了，不合算。现在房价又涨高了，更是买不起。"一位从四川到广州打工8年多的农民工也有相似的看法："我不是不想融入广州市，而是觉得要想在广州安家，主要是两个问题，第一是房子，第二是小孩教育，如果这两个问题能解决，我觉得我就可以把家里人全部接过来，在这边安家没有问题。""房子还好说点，买不买都可以，不买的话可以租，房价贵，现在城里人也觉得房子贵，但是孩子不上学不行啊，听说像我们这样的，如果进公立小学，一年需要交4500块钱，这么贵，我们交不起啊，尽管这样，我们还不一定能上公立学校，私立的就更贵了，并且教学质量还没有保证，他们广州市民上公立学校就可以不交钱。""如果小孩教育能够解决，我们都想在这边安家，谁想两地分居啊。"显然，解决子女教育问题成为农民工的首要问题。问卷调查显示，子女真正享受免费上城镇公办学校的农民工只占5.5%，子女缴费上城镇公办学校的农民工也只占11.9%，两者之和只占17.4%，如果包括子女上城镇民办学校的农民工（6.4%），也只占23.8%，有些农民工把有的子女留在家乡上学，把有的子女带在身边上学，还有1.8%的农民工的子女处于辍学状态。由此可见，不到1/3的农民工把子女带在身边上学，2/3的农民工将子女留在家乡上学；而将子女带在身边上学并免费接受义务教育的农民工只占将子女带在身边上学的农民工的1/8（见表9－5）。

表 9－5　农民工子女上学情况

农民工子女上学情况	频次（人）	占比（%）
有的在家乡学校，有的在务工的城镇学校	117	16.6
都在家乡学校	331	47.0
缴费上城镇公办学校	84	11.9
免费上城镇公办学校	39	5.5
上城镇民办学校	45	6.4
暂时休学	13	1.8
其他	75	10.7
总计	704	100.0

虽然大部分农民工没有成家立业，没有结婚生子，似乎子女上学问题与他们在城市的融入没有什么关系，不是一个影响因素，但是，对于未婚或已婚还没有子女的农民工来说，生子育儿是迟早的事情，是长期融入城市社会所必须面对的人生重大课题。如果现行的城市教育体制不进行彻底的改革，那么，子女教育问题将是农民工融入城市、实现市民化的重大障碍之一。目前农民工子女在城市面临的是上不起学和得不到好的教育这样两个问题。农民工收入低，交不起赞助费，即使交得起赞助费，也不能进入城市好的公办学校，这样的话，他们宁可让孩子留在家乡学校，也不带到城市上学。

从就业到社会保障以及子女受教育，农民工已经开始享受到一部分机会，但是，与城镇居民相比较而言，农民工享受的机会不仅少很多，而且是不均等的。第一，从国家目前的就业政策来看，并没有将农民工在城市找不到工作作为“失业”来对待，没有将他们纳入城镇失业率统计范围，也没有为他们提供相应的失业和再就业政策与待遇。第二，农民工在城市获得了就业权和机会，却没有获得相应的职业福利，包括休息权、就业保障权等。第三，他们虽然参与了一些社会保障，但是不论是保障水平还是覆盖范围，都没有达到城镇居民的程度和广度，而且享受不到同样的方便。第四，农民工子女在城市还碰到这样或那样的公平教育障碍，尤其是在免费义务教育方面，他们还被另类看待，有各种各样或明或暗的制度性门槛。第五，城市还没有为农民工提供与城镇居民同等的住房安全保障权利，不但城市廉租房、经济适用房政策没有覆盖到农民工，而且在城市拆迁政策方面根本没有考虑到农民工居住的稳定问题，而只考虑城镇居民的房屋产权利益，农民工在城市拆迁和重建中是最容易受到驱赶、最不被重视的群体。

二　社会政策文本与实践的错位

从过去30多年有关农民工的社会政策的演变中，我们可以看到这样的一种进步过程：从不接纳到有控制接纳和有公开歧视的接纳，再到全面的放开。迄今为止，有些政策理念和规定的公平性有所提升，比如：国家规定农民工子女在流入地享有同等的义务教育；要求将农民工纳入社会保障体系；修改后的《劳动合同法》赋予了农民工更多的权利，比如确保休息权、就业稳定权以及社会保障权等；一些城市开始对户籍制度进行一定的改革，变暂住制度为居住制度，放宽了对农民工入户的限制，试图为农民工提供均等的公共服务。当然，出台如此多的社会政策，显然有助于改善农民工在城市生活的处境，从2001年开始，农民工在城市的生活状况有了很大的改观，可以说是过去30多年中最好的。比如：他们不再像以前那样随时受到拘留、驱赶和其他的侮辱等；农民工在城市的就业没有了公开的歧视；农民工也开始享受部分的社会权利；等等。

但是，有些相对公平的政策没有惠及农民工，一些推进公平化的社会政策并没有真正落实，变成农民工实际能享受到的机会和权利，存在政策文本规定与实践之间的严重错位，表现为：不少规定只能停留在文本上，根本无法获得执行，与此同时，还催生出不少规避政策的行为和做法，抵消了这些社会政策的效力。

以新修改的《劳动合同法》为例，对保护工人的权益而言，它在文本规定上有了很大的进步，至少将农民工和城镇职工作为同等的劳动主体来看待，但是在落实上面临地方政府、企业以及其他制度的制掣。地方政府的相关部门因管理人员人数少而无法去监督《劳动合同法》的落实情况。某沿海城市有400多万名外来打工者，劳动监督部门却只有4位管理人员，每天他们坐在办公室连接投诉电话的工作都忙不过来，还要处理投诉的案件，根本没有时间去企业调查和监督，如果不直接投诉到他们那里，就没有机会获得处理。显然，如此薄弱的监管力量根本无法适应中国当前这种劳动纠纷高发时期的监管工作。而地方政府在GDP政绩观的指导下，实际上把《劳动合同法》视为不利于促进经济增长的法规，因此能规避就尽可能规避，不能规避的也想办法规避。就拿上面这个有400多万名外来流动人口的城市而言，当地的劳动管理部门曾多次向市委和市政府申请增加管理人员编制和经费，都没有获得回应和支持。相关负责人认为，如果增加他们的编制和经费，会不利于当地的企业发展。有研究表明，目前这种乡城移民者管理体制对城市政府来说是利益最大的。[①] 至于大量中小企业，还没有摆脱靠降低劳动力成本盈利的机制，还处在将劳动者视为赚钱工具的阶段，还没有考虑到如何将企业发展与确保劳动者权益结合起来这种全面发展的问题，因此，能不给劳动者权益，就尽量不给。

同样，其他社会政策也有相似的遭遇。从2003年开始，国务院相关部委推出一系列农民工职业技能和素质培训政策。2003年9月，国务院办公厅下发由农业部、劳动和社会保障部、教育部、科技部、建设部、财政部共同制定的《2003—2010年全国农民工培训规划》，对培训工作做出了具体部署，明确了农村劳动力转移培训工作的目标任务。2004年，农业部、财政部、劳动和社会保障部、教育部、科技部和建设部共同组织实施“阳光工程”。2006年4月，劳动和社会保障部、国家开发银行联合下发《关于实施农民工培训示范基地建设工程的通知》，决定共同组织实施“农民工培训示范基地建设工程”。后来，团中央还出台了进城务工优秀青年培训计划。实际效果是，不到1/3的农民工享受到

① 陈映芳：《“农民工”：制度安排与身份认同》，《社会学研究》2005年第3期。

这些政策服务，但接受过培训的农民工并不都能获得技能的提升。这些政策之所以名号响、效果不显著，一方面在于出台政策的部门并没有配以充足的资源，另一方面是因为培训机制存在严重的缺陷。机制的缺陷表现为：第一，垄断培训资源的管理部门不愿放弃对资源的使用，把所有培训任务安排给自己下属的培训机构来承担，缺乏社会培训机构的参与，缺乏对培训质量进行有效的监督和鉴定，这样容易造成这些部门下属的机构拿到培训资源而不去真正搞培训的现象；第二，培训脱离市场需求，出现“名至实不归”的问题，表现为在流出地搞培训而不了解流入地对技能的需求，因此，有农民工反映说，参加培训对找工作并没有什么帮助；第三，流出地政府热衷于农民工就业技能培训而流入地政府则不热衷，这种“一头热”的结果是，流出地政府想搞好农民工培训但缺钱，流入地政府有钱但不想搞农民工培训；第四，现在有的流入地政府也开始举办农民工职业技能培训，但是只为自己辖区的农民工提供这样的政策服务，如广东省实施的，很有特色的“一户一技能”培训计划就是针对广东省内农民工的，广东省在就业服务下一步工作措施中，也是将“加强本省农村劳动力转移就业，优化人力资源配置”作为重要工作安排。

解决农民工子女义务教育问题，是另一项喊得比较响的社会政策举措。早在1998年3月，教育部、公安部联合颁发的《流动儿童少年就学暂行办法》规定，流动儿童少年的就学形式，以在流入地全日制公办中小学借读为主，也可入民办学校、专门招收流动儿童少年的全日制公办中小学附属教学班（组）或者简易学校就读。2001年，国务院印发的《关于基础教育改革与发展的决定》进一步明确地要求，“要重视解决流动人口子女接受义务教育问题，以流入地区政府管理为主，以全日制公办中小学为主，采取多种形式，依法保障流动人口子女接受义务教育的权利”。2003年9月，国务院办公厅转发教育部、中央编办、公安部、国家发展和改革委员会、财政部、劳动和社会保障部《关于进一步做好进城务工就业农民子女义务教育工作的意见》，指出地方各级政府特别是教育行政部门和全日制公办中小学要建立完善的保障进城务工就业农民子女接受义务教育的工作制度和机制，使进城务工就业农民子女受教育环境得到明显改善，九年义务教育普及程度达到当地水平。农民子女与城市学生上学收费一视同仁。2006 年 1 月，国务院 5 号文件进一步要求将农民工子女义务教育纳入当地教育规划，安排农民工子女就读公办学校，并按当地政府规定的项目和标准收费，不得加收借读费及其他任何费用。家庭经济困难的农民工子女纳入“两免一补”大范围。调查表明，与前 5 年相比，越来越多的农民工子女进入公办学校接受义务教育，但是，他们并不是免费的，都要交纳相应的赞助费，尽管国家乃至许多省级政府在政策上规定农民工子女在流入地免费享受九年义务教育的权利，但是，学校照样要求农民工交“赞助费”，这不是个别现象，而是一种普遍现象。接受访谈的农民工都反映：“孩子不上学不行啊，听说像我们这样的，如果进公立小学一年需要交 4500 块钱，这么贵，我们交不起啊，尽管这样，我们还不一定能上公立学校，私立的就更贵了，并且教学质量还没有保证，他们广州市民上公立学校就可以不交钱。”“我的老婆和两个孩子都与我住在一起，老婆没工作，在家干家务，照顾小孩。我的大儿子有 9 岁，小儿子才 4 岁。大儿子在附近的民办学校上学，每学期需要缴费 1700 元。如果要去本地的公立学校上学，需要交赞助费 1 万元，我当然交不起。我的小儿子在幼儿园，每月需要交 300 元。”

公办学校收取赞助费的做法难道是学校自身规定的吗？如此普遍的现象难道地方政府不清楚、不了解吗？显然不是的。这实际上涉及我国教育制度的问题。在这一制度中，地方政府是义务教育的主要责任者，承担着支付本地义务教育的大部分资源的重担，外地孩子在当地接受义务教育，也就意味着增加地方政府的教育负担，却不能彰显地方政府的政绩，存在权利与责任不对称的问题。因此，尽管上级政府大力倡导解决农民工子女义务教育问题，地方政府却暗中支持各个学校以各种名义和方式向农民工收取赞助费，这种做法起到一举两得的效果：其一，如果真的想进流入地学校念书，就得交纳赞助费，增加教育收入；其二，逼迫那些承担不起赞助费的农民工将孩子留在家乡，减轻流入地的人口和教育压力。

从上述社会政策的实践中，我们可以得出这样几点看法：首先，有关农民工的社会政策都是以不改变农民工的流动为前提而设计出来的，或者说是以确认他们目前的流动状况为基础的，而没有计划将他们真正纳入城市化进程，因此，这样的政策为地方政府（特别是流入地政府）提供了很大的自由空间。其次，这些政策是在现有的行政制度框架下出台和实施的，并不是以改革这个制度框架为目的，因此，这些政策一旦与改革这个制度框架相矛盾、冲突，就会被这个框架化为乌有。最后，任何社会政策的实施都要依靠惠及对象的讨价还价能力，不论在《劳动合同法》规定的三方谈判机制中，还是在与政府的谈判能力方面，农民工都是非常弱势的，是可以不被重视的对象，因此，尽管国家出台了这样那样的社会政策，但是，农民工没有组织力量、强有力的手段去坚持和维护这些政策给予他们的权益。

所以，现有有关农民工的社会政策只能使农民工在城市社会的处境得到一些改善，但无法使他们市民化。现有的社会政策还不足以破除城乡二元体制和各自为政的地方行政管理体制，因此，市民化的社会政策首先以改革这种体制为前提和重点，使农民工真正进入城市化进程成为“城市化的必然要求”。

第三节 矛盾、冲突和融入：农民工与城市社会之间在行动和观念上的张力

世界各国的城市化实践表明,农村人口完成城市化是一个需要不断学习和适应的过程，而不是一蹴而就的，这个过程一般要历时一代人。因为城市与农村之间不仅存在人口规模、密度的不同，更重要的是生活方式、价值观念的差异，比如，在农村没有过马路的问题，在农村也不需要像在城市那样一律靠右或靠左走，等等。当然，并不是所有国家的

农村人口进城后都能完全适应和融入城市社会，如一些发展中国家，有不少农村人口在城市形成了自己的聚落乃至贫民窟，出现城市“亚文化”。他们为什么会出现这种城市生存形态呢？农村人口进城后，如果没有相应的社会体制保障，仅仅靠市场机制是难以完全融入城市社会的，他们会因此而聚集在一起，形成自我群体和“亚社会”。相对其他国家而言，在过去 30 多年中，中国农民工经历了不止一代人，而今还没有完成城市化的学习和适应。这并不是因为农民工没有这样的学习和适应能力，也不是因为他们不愿意去学习和适应，而是因为中国独特的城乡体制和行政管理制度延缓、阻止了农民工的城市化学习和适应进程。虽然农民工还没有像其他一些发展中国家那样完全沦为贫民窟成员，但是，农民工与城市社会之间已经出现社会体制、社会认同、价值观念、行为方式上的张力、冲突和紧张。也就是说，农民工在城市已经出现了城乡传统磨合问题，更有社会政策和制度差异导致的问题。因此，我们探讨社会政策对农民工市民化的影响时，除了梳理有关政策的规定及其影响外，还要从行为方式、生活方式乃至价值观念方面进行相关的分析和讨论，否则会显得缺乏深度。

一　农民工进城与城乡二元体制的张力

从城市社会角度来看，农民工一开始是被作为入侵者看待的：严重冲击了二元体制下构建起来的城市社会秩序，农民工并不是按照城市既定规则行事的，找工作不需要单位安排，而是依靠市场（有形或无形）和人际关系；农民工根本不享受城市的各种福利，生活和居住都是在体制外实现；城市的公共资源配置根本没有考虑到农民工因素，因此农民工进入城市后在一定程度上导致城市公共资源的紧张，特别是公共交通的拥堵；更重要的是农民工成为城市居民不熟悉的邻居，为城市居民所戒备；农民工的许多行为举止并不为城市居民喜欢，比如随地吐痰或小便，不经常洗澡和洗衣服，高声说话，等等，都会引起不少城市居民的反感。城市居民指责农民工对城市社会秩序破坏的一点就是农民工进来后大大恶化了城市社会治安问题，因为在城市社会治安犯罪中农民工占80%以上。所有这一切给城市社会造成这样的偏见：农民工不合乎文明城市的要求。这种偏见背后的潜台词就是，农民工没有资格成为市民。因此，在城市现代化进程中，农民工往往被有意无意地排斥出去。进入20世纪90年代末，尤其是21世纪后，城市社会已经不再公开宣扬农民工没有资格当市民，但是，农民工没有资格当市民的社会格局依然没有彻底的改变，仍有个别所谓的知名人士时不时地站出来说“像北京这样的大城市只吸纳高素质人才”、“广州吸纳更多的高级人才，而不是农民工”等，目前上海、深圳等大城市放开户口、让农民工中的优秀人才转变为市民的做法，实际上还是这种“城市吸纳高素质人才”观念的体现，如果有一点进步的话，那就是把优秀的农民工作为高素质人才看待。据报道，上海最近将户口给了40名优秀农民工和他们的家属，这是过去30多年来头一次，虽然有所进步，但是其步伐是如此小，以至于还不如西方国家每年给外来移民国籍那么显著呢！农民工在上海奋斗了30多年，只换来40个户口指标，似乎显得有点滑稽可笑呢！

城乡二元体制下铸就的城市高于农村、城市居民高农村居民一等的社会地位等级现象迄今没有任何改变，而且在城市居民跟农民工近距离的交往中表现为一种社会歧视。在20世纪80年代和90年代，城市社会以公开形式表示对农民工的社会歧视，从语言上对农民工“污名化”（如盲流、社会治安的罪魁祸首、素质差等），限制农民工的就业范围，随时对农民工进行搜身检查和驱赶、强制遣送等。进入21世纪，公开的歧视表达越来越少，但是隐蔽性的、潜在的、根深蒂固的社会歧视仍然存在，不时地在一些场合或言语中流露出来，甚至出现在一些行动中。调查表明，在城市找工作过程中，仅有15.7%的农民工认为，城市社会仍然存在对农民工的歧视；有8.5%的农民工之所以选择将来返回农村，其主要原因是“在城市里受到歧视，回到农村可以享受平等和尊严”；41.0%的农民工认为“农民工”这种称呼是对进城务工人员的歧视，只有22.5%的农民工认为这种称呼符合实际。显然，还有不少农民工在城市社会或多或少感受到城市社会的歧视，这虽然并不意味着城市社会一定就有这样或那样的歧视，但是城市社会至少有歧视农民工的先例和历史，至少表明城市营造出一种让农民工感受到歧视的社会氛围。还有不少城市居民认为，农民工素质太低，不适合做市民，否则会降低城市质量。当然这些想法是很值得商榷的，但是，已经影响到农民工在城市社会的融入程度。

二　农民工对城市排斥的主动反弹

从农民工角度来看，城市是一个充满势利、没有人情、斤斤计较、缺乏信任的社会。农民工对城市社会的想法、作为乃至歧视，不是被动接受，而是予以回应。如果城市没有任何歧视，农民工就不会有太多的激烈反弹。作用力有多大，反作用力就会有多大。农民工进城主要还是想多赚点钱，或通过为城市居民提供各种服务，或在企业从事生产工作，制造出更多更好的产品，所以，他们进城并不是想与城市社会相抗争，而是想跟城市社会合作，从中赚到更多的钱。调查显示，农民工之所以离开家乡进城务工，是为了“子女进城接受更好的教育”、“就业和生计有保障”、“收入高、福利好、生活好”、“能学技术、长知识”等。这样的目的无法在与城市的对抗中实现，而只能在与城市合作中达成。农民工只有在遭到城市的不公对待和欺压的情况下才会作出激烈的反弹，方式多种多样：为了讨回被拖欠的工资，他们会采用一些极端的方式，比如：以跳塔楼相要挟，给政府以压力，迫使工资拖欠者还清拖欠工资；采取集体行动，例如上街抗议，罢工，堵截公路或卧轨以中断交通，围堵政府大楼，等等。老乡结群居住（聚居），结成团伙关系，以保护自己不受城市社会的欺压和排斥。至于农民工对城市歧视和不公而采取的报复性做法，也是很常见的。某市抓到几位破坏公园路灯的农民工，问他们为什么采取这种破坏行为时，得到的回答是，城市搞得那么漂亮，而他们却在那里生活得那么差，实在看不下去、接受不了，才有这样的冲动，没有其他原因。当然，农民工对城市的感受是非常复杂的，他们觉得城市比他们老家好很多，很愿意成为城市居民。一位在北京工作的农民工发起“我也是城里一分子，我要为城市做贡献”的活动，得到了不少农民工的回应。这些农民工聚集在一起，志愿参加清扫北京街道的活动。但是这样的活动并没有坚持多长时间，一方面，农民工每天工作时间长，休息时间少；另一方面，他们流动性大，而且他们的热情没有获得北京社会的积极回应。与此同时，农民工对城市怀有复杂的感情，没有从城市中获得家的感受。调查显示，只有 8.2% 的农民工说他们经常参与所在街道和社区的居民活动，而有近 60% 的农民工从没有参加这样的活动，他们与城市社会有着很深的隔阂。一位在北京联通公司从事电话、网络装接工作的山东农民工说，北京是很好的地方，但是，他并不是很喜欢，在与北京人打交道过程中总感觉到他们有一种优越感，看不起他们这些在北京打工的农民；同时，发生在他身上的事情也让他觉得北京并不喜欢他。他父亲在三年前过马路时，被一辆超速的汽车撞倒并拖拉了 30 多米，但是交警说他父亲违章骑车过马路，因此，肇事司机不承担任何责任。他明显感到这种裁量不合理，如果司机不超速，怎么能将他父亲撞倒后还拖了 30 多米，另外，交警还把事故勘察图弄没了。从这一事件中，他觉得北京并不尊重他们这样的农民工。他还说，与他同行的一些农民工抱着对北京美好的印象来北京打工，结果都带着满肚子的伤心离开北京，他也不想长期在北京待下去。他在北京已经工作了 8 年多，原来想长期待下去，为孩子创造发展的机会，但是，后来一想，即使孩子在北京上完小学和初中还得回老家上高中和参加高考，那么，不回老家，在北京住下去，孩子的命运还不是跟他一样吗？所以，他认为，他们这些农民工只能采取短期的行为，没法对一个城市产生坚贞的感情和归宿感。

三　农民工在城市的生活状态和矛盾心态

农民工的另一个城市融入问题表现在社会生活行动层面。首先，他们的群体特性是否还是那么鲜明？这种独特性越鲜明，意味着他们融入城市社会的水平越低。农民工这种叫法本身就是群体特性的标志。农民工在城市往往是群居在一起，形成自己的聚落，在生活中呈现得非常清晰。另外，相比城市居民而言，大多数农民工过着夫妻、子女分居的生活，在城市没有享受到家庭生活，而家庭生活是一个人在一个地方稳定下来并长期融入当地社会的一个重要基础。其次，农民工是否与城市居民建立广泛的社会交往？内群体交往越多，意味着群际交往越少，反之亦然。衡量农民工融入城市的水平的一个重要指标就是群际交往水平。增加群际交往的方式有参与城市社区生活和参加城市各种社会组织。但是，问卷调查显示，只有36.8%的农民工参加了单位的工会组织，更多的人想参加但没有参加或者根本不想参加；只有8.2%的农民工经常参加社区居委会组织的活动，10.6%的农民工有时参加。尽管农民工与城市其他群体的交往比较少，但是，56.7%的农民工说，他们都比较适应城市的工作和生活，不适应的农民工比较少，有的（17.7%）是适应城市工作而不适应城市生活，有的（6.5%）是适应城市生活而不适应城市工作。一方面，农民工在城市的群际交往比较少，局限于自己群体内部交往；另一方面，他们又比较适应城市工作和生活，这说明大部分农民工愿意生活在城市，但又不能完全与城市社会融合，处于“半城市化”状态。

农民工对城市又是怎样的看法和愿望呢？调查显示，他们的看法是相当矛盾的，这种矛盾也折射出他们目前的处境。对于“如果经过户籍制度改革后，可以将自己（和家人）的户口迁入城镇，你是否愿意留在城市”这个问题，只有31.4%的农民工回答“愿意”，17.6%的农民工还是愿意留在农村，33.3%的农民工表示“两可”。显然，如果能让农民实现城市化的话，会有更多的农民工选择城市化。他们选择留在城市的主要原因依次是“为了子女进城接受更好的教育”、“就业和生计有保障”、“收入高、福利好、生活好”、“能学技术、长知识”、“可能改变自己的命运、有发展前途”等（见表9－6）。在农民工看来，城市有更好的教育资源，也有更多的就业机会，因此，他们选择留在城市，不仅是获得更好的生活，更是为了子女未来的发展，都是非常务实的。至于能否提升他们的社会地位，不是他们优先考虑的因素，当然，生活条件改善了，子女可以享受到更好的教育，社会地位自然就会提高，生活就会更有尊严了。

表 9－6　农民工选择将来留在城市的主要原因

选择留在城市的主要原因	占比（%）	排序
为了子女进城接受更好的教育	42.5	1
就业和生计有保障	42.5	1
收入高、福利好、生活好	37.5	3
能学技术、长知识	35.4	4
可能改变自己的命运、有发展前途	33.2	5
自己向往当个城里人，融入城市生活	15.3	6
在农村种地收入少、生活困难、环境差	14.6	7
有挑战性和成就感	13.2	8
享受自由和独立性	11.9	9
提高社会地位，受到尊重	6.3	10

当然，并不是所有的农民工都会选择留在城市，也有不少农民工会选择返回农村，这自然是他们的权利，但不能作为城市不接纳他们的理由。选择返回农村的农民工又是怎样想的呢？表 9－7 显示，农民工之所以选择返回农村，主要还不是为了尊严和平等，也不是真的很喜欢农村生活方式，而是因为习惯了农村生活、农村生活费用低、农村生活比较踏实和安稳、与家人团聚等。这也从另一个角度体现了农民工在城市生活、工作不稳定，即使他们喜欢城市的生活方式，但是他们在城市没有安稳、自由的感觉，他们的收入也难以支持他们在城市体面地生活。

表 9－7　农民工选择将来返回农村的主要原因

选择返回农村的主要原因	占比（%）	排序
在农村生活比在城市更习惯、更自由	52.8	1
在农村生活安稳、踏实	38.0	2

续表

选择返回农村的主要原因	占比（%）	排序
城市生活费用太高，而农村生活费用比较低	36.3	3
能与家里亲人在一起	32.0	4
农村生产与生活条件不断改善	29.0	5
喜欢农村生活方式	19.3	6
在城市里受到歧视，回到农村可以享受平等和尊严	6.7	7
户口不能迁入城市，只能回农村	5.7	8

由此看来，农民工对城市和农村怀有矛盾的心态：城市可以给他们提供更多的收入和就业机会，城市生活也是他们羡慕的，但是城市并没有给他们安稳的生存保障，而对农村，那里有他们的家人、房子以及熟悉的邻里，还有可供温饱的田地，但是农村还是那么落后、贫穷。因此，农民工对城乡的选择，首先还是出于生计的安稳，而不敢采取冒太大的风险的行动。这就是目前还没有在农民工城市化上出现大的失序问题的主要原因。但是，这并不等于说国家不应该去改善农民工的城市化处境而使他们享受真正的城市化机会，也不等于说农民工可以长期忍受不公平的城市化机会而不出社会问题。

综上所述，我们可以对农民工在城市社会的融入问题做如下概括：在观念和认同层面，农民工与城市社会的互相评判存在相当程度的负面效果；在互动层面，城市社会与农民工存在一定程度的疏离和隔阂；在生活上，农民工就像候鸟似的在城乡之间来回摆动；在权益上，农民工与城市居民有着非常明显的差别和不平等。一些城市居民认为：城市居民之间也存在各种各样的不平等和差异，为什么农民工在城市社会所处的地位就不正常呢？有些城市下岗职工的生活条件还不如农民工呢！农民工虽然在城市住得很差，但是他们在农村还有自己的房子、土地，而城市的贫困人口不但居住、生活艰难，而且根本没有属于自己的田地呢！我们认为，这是两个并不相互排斥的社会问题，当我们讨论农民工的城市融入问题时，并不意味着不要关注城市不平等、不公平尤其是城市贫困人口面临的问题。一个社会总得有一些基础性社会公平、机会底线，这些公平和底线不因一人的出生地、种族、性别、宗教信仰、政治主张、职业、年龄、教育等不同而不同。因此，在讨论农民工的城市融入问题时，首先需要关注的是他们能否与城市居民一样享受同等的基础性社会公平和机会底线。以上围绕社会政策而展开的讨论实际上关注的就是这个问题，对农民工来说，最近十来年中，基础性社会公平和机会底线确实有了不少改善，比如职业准入性限制取消了，社会保障制度向他们覆盖了，子女的教育问题有所缓和了，等等，但是，他们还没有真正、全面地享受到这样的基础性公平和机会底线，关键问题是国家还没有从战略上去考虑农民工融入城市的问题，仍然把农民工视为城市社会的暂住者。

第四节　社会政策的整体改革是农民工融入社会的基本前提

农民工融入城市并不是指所有农民工都要转变为城市居民，因为每位农民工是否想成为城市居民，是他们自己的选择。我们更应关注的是农民工能否享受平等的、自由的城市化机会。从我们的研究来看，不论是农民工目前在城市的生存状态，还是他们选择未来回归农村，在很大程度上并不是他们真正的设想和愿望，而是现行社会政策逼迫的结果，是一种无奈的选择。那么，现行的社会政策在哪些方面和多大程度上没有给予农民工以平等和自由的城市化机会呢？不论是子女教育、技能培训、就业稳定性，还是养老保障、住房保障等，农民工都没有获得与城市居民同等的机会和权利，虽然最近几年这些方面有所改善，但是，城市没有建构一个新的社会政策系统向所有国民开放。我们认为，现在到了全面、系统地改革我国社会政策体系的时候了。为此，我们提出如下建议。

首先，在全国实行居住制度，不论是乡村还是城市，全面放开户口对迁移流动的限制，户口仅仅是一种登记的凭证，而不是一种身份标识。当前一些城市虽然也推行了居住制度，但是并没有完全剔除身份功能，还是有区分地对待不同的人口，并且给农民工设置了几乎难以逾越的门槛和障碍。我们所理解的居住制度是一种纯粹的管理登记制度，不给自由迁移设置障碍。这样的制度只能在全国范围内同时推行才有效，局部的改革往往难以克服整个体制的弊病。

其次，以改革财政收入和分配体制为核心，全面推进行政管理体制改革。目前中央也出台了一些社会政策，试图给予农民工一些平等的机会，比如给农民工子女义务教育的机会，但是现行的教育财政体制以及政绩考核体制削弱了政策的效力。同样，新修改的《劳动合同法》缺乏相应的配套机制而难以得到有效的实施和监督，农民工的同工不同酬、加班、企业福利等问题都没有获得预期的解决。这既与《劳动合同法》本身存在缺陷有关，也与现行的行政管理体制存在明显不利于该法实施的因素有关。

最后，确定总体的城市化思路后，着力推进各项社会政策的彻底改革。城市化是回避不了的社会发展过程，我国的城市化是明显滞后的，不仅滞后于工业化进程，而且更落后于农民工对城市化的需求。但是，长期以来，国家在城市化上是被动作为，缺乏明确的思路和方向。现在到了该全面推进城市化的时期，因此，国家应该废除和改革许多不合乎城市化的社会政策。目前最迫切的改革是教育制度和政策的改革、社会保障制度的改革和住房保障制度的改革。教育制度和政策改革为年轻一代农民工子女构建平等的发展机会，冲破阶层隔阂，顺利实现代际城市化的转型。社会保障制度改革旨在建构覆盖所有公民的一体化社会安全网络，尽可能减少农民工城市化的风险。住房制度改革有三层含义：一是政府为进城农村人口提供最低的住房安全条件；二是促进农村住房市场发展，为农民创造更多的财富，使愿意进城的农村人口可以将农村财富转移到城市，减轻他们城市化的负担，也能减轻国家的负担；三是让有一定经济能力的农民工在城市购买自己的房子或者租住体面的房子，可以实现安居乐业的理想。

总之，农民工的城市融入问题之所以重要，不仅因为涉及国家整体的发展方向，而且因为其直接关系到农民工其他问题的解决，比如目前有许多关于农民工就业、工资拖欠、社会保障问题的研究只是着眼于问题本身，而忽视了与农民工城市化问题的联系，中央许多好政策之所以难以落实，是因为仍将农民工作为城市的临时人口看待，这样的政策不可能有稳定的效力基础。因此，农民工的城市融入问题是一个更广泛的社会发展问题，急切地需要国家采取全面、系统的城市化政策去解决，否则会影响整个国家的稳定、健康和可持续发展。2014 年，国家出台《国家新型城镇化规划（2014—2020 年）》，提出“3 个 1 亿”新型城镇化目标，其中要实现 1 亿农村转移人口就地城镇化，以人为本的城镇化是该规划的重点，我们期待这一规划能为农村流动人口城市化、市民化带来积极的影响。

第十章

完善农民工政策的对策建议

在促进农民工融入城市社会方面，不仅需要完善农民工政策体系，而且应当针对农民工的特点，尽可能进一步调整和完善有关政策以满足农民工的个性成长与发展需要。

第一节　进一步完善农民工政策体系的基本目标

农民工是我国社会经济发展过程中形成的特殊群体，是计划经济体制下多种制度的产物。目前，农民工是我国最大的流动人口群体，不仅数量、规模庞大，而且已成为我国产业工人的主体。特别是，当前我国经济在由外向发展型向内需推动型结构转型与产业升级的过程中，一方面，农民工的素质与技能高低直接关系到中国制造的质量与水平，另一方面，农民工的城市化与生存状况直接关系到我国扩大内需和经济转型的成功与否。可以说，解决农民工问题不仅是关系该群体切身利益的问题，而且是事关中国战略转型与未来发展的重大战略问题，需要从国家发展战略的高度考虑和研究进一步完善农民工政策体系，从而彻底解决目前存在的涉及农民工的诸多问题。

一　改善农民工进城务工就业环境应当标本兼治

多年来，针对各地不同程度存在侵害农民工权益的问题，国家和地方陆续出台了一系列有关农民工的政策文件，提出了包括劳动用工、就业培训、社会保障、子女教育、住房保障等多方面的措施，旨在改善农民工进城务工就业环境，取得了明显成效。

不过，应当正视的是，农民工的就业环境没有得到根本改善，农民工权益保障没有取得突破性进展，制度性根源依旧存在，权益保障问题仍很突出。主要表现为：农民工仍是二等公民，在各地仍处于“经济准入、社会排斥”的境遇，城市化有难以逾越的门槛；农民工工资拖欠情况虽有改善，但前清后欠，问题没有根本解决，以致农民工不得不一而再、再而三地上演“跳楼秀”；农民工培训雷声大雨点小，投入的资源多，但部门分割，资源浪费，收效甚微；一些地区虽然解决了农民工子女入学的问题，但由于仍不能在本地参加高考，中学阶段不得不转回原地，从而淡化了农民工子女入学政策的成效。

农民工工作之所以事倍功半，原因在于解决农民工工作的思路有问题：仅从改善就业环境角度出台治标性措施，并没有触及农民工问题的深层矛盾。如果不撤除农民工融入当地的门槛，不消除农民工二等公民身份，不把农民工当成正常公民，那么，农民工工作难有根本改观。

二　在目标模式上实现从治标向标本兼治、重在治本的转变

农民工现象产生的原因在于农业有过多的富余劳动力，城镇和经济发达地区二、三产业有强大的劳动力需求，劳动力又能够流动，但城乡户籍与身份不能随之变动，也就是说，根本在于城乡二元结构和人口不能自由迁移。因此，要根本解决农民工问题，关键在于实现两个转变。

一要实现从改善进城务工就业环境与条件向城市化和提供同等公

共服务转变。即要破除城乡二元结构，实现城乡人口自由迁移，创造条件让农民工逐步城市化，减少农民工数量，在农业和二、三产业之间及城市与乡村之间逐步实现人口与劳动力的平衡；在农民减少的同时，逐步实现城乡公共服务均等化，缩小乃至消除城乡差别，让农民不再矮城镇居民一等，即改变教育、住房保障、社会救助和社会福利等与本地户籍挂钩的做法，只要是当地常住人口就能享受各种社会保障、社会福利以及其他公共服务。只有破除了城乡歧视、地域歧视，才能让农民工现象逐步退出社会经济领域，消除国民不同群体之间的身份歧视，实现同等待遇。否则，农民工问题定然难以跳出类似工资前清后欠的怪圈。

二要实现从注重改善农民工生存条件向注重促进其职业发展转变。尽管农民工长期面对的许多基本问题（如拖欠工资、低工资、超时加班加点、职业危害等）依然存在，但随着经济社会发展，同改革开放初期相比，农民工的生存条件已经有了很大的改善。特别是，新生代农民工成长经历趋同于城市同龄人，就业背景、家庭环境和个人文化技能水平又不同于老一代农民工，基本生存压力不大，追求体面劳动与职业发展。因此，农民工工作也需实现从过去注重改善生存条件向注重促进职业发展转变，如提供技能培训，获得平等的发展机会和政治参与、诉求表达、社会保障等方面的权利，并解决好其子女教育与城市融入等多方面的问题。

三　进一步完善农民工政策体系的基本目标

按照标本兼治、重在治本的思路，进一步完善农民工政策体系的基本目标，依次为以下三方面。

（一）公平目标——同等待遇

要彻底摒弃此前将农民工打入另册的传统思维定式，还原农民工本来应有的国民待遇，输入地在政治权利、社会权利、经济权利、文化权利等方面应给农民工以同等待遇。一方面，应逐步放弃农民工称谓，将农民工与来自城镇的外来人员统称为流动就业人员；同时，择机终止针对农民工出台的有关社会政策，给农民工以同等待遇。另一方面，输入地城市的公共服务应放弃地域歧视性规定，逐步向包括农民工在内的外来流动就业人员开放，全国统一以常住人口而不是户籍人口作为地方政府提供公共服务的范围和条件。

（二）融入目标——市民化

城市化是各国经济社会发展的必由之路，城市化的新生力量只能来自农村人口，而农民工又是农村人口中相对有活力的组成部分，加之农民工自身特别是新生代农民工有融入城市的强烈意愿，因此，农民工政策的一个重要目标就是要实现农民工的逐步城市化，让农民工留下来，成为城市居民。农民工城市化一方面顺应了社会发展趋势；另一方面可以有效扩大内需，促进农民工自身的发展和权利享受。一些地区不断扩大的用工荒说明人力资本正成为地区经济发展必须争取的重要资源，把部分农民工留在当地符合输入地的经济利益，能够满足其经济发展的人力需求；而且，农民工城市化、当地化后，还可以大大降低社会和个人的交通运输成本，减小春运民工潮的规模和强度，社会效益、经济效益巨大。实现农民工市民化一方面要逐步放宽农民工落户的条件，使其中至少 1/3 的人员能够逐步在当地落户，半数以上的人员能够在输入地或输出地实现城市化；同时，还要通过低保、社会保险、住房保障等措施解决其融入当地后的长期生存问题。

（三）发展目标——素质提升

在解决农民工同等待遇并使农民工能够留下来之后，还必须解决农民工留得住、过得好的发展问题。因此，农民工的发展应成为进一步完善农民工政策的一个重要目标。农民工的发展主要涉及子女教育、技能培训等方面，还需要在职业教育政策、再就业政策、信贷政策、工商登记政策等方面给予支持。

第二节 促进农民工发展的总体思路

针对农民工群体在教育程度、家庭背景、农村归属感、社会权利意识、职业发展需求、城市化倾向等方面的特点，要采取更有针对性的政策思路，促进农民工城市化。

一 以促进农民工融入城市社会为总目标

有关研究显示，由于受教育程度相对较高以及与老一代农民工在家庭背景和本人经历方面存在差异，新生代农民工公平意识觉醒，对农业和农村的归属感缺乏，其城市化倾向更为明显，希望融入城市和获得发展的意愿也更为强烈。因此，关于农民工的发展，在国家完善农民工政策的基本目标下，需要优先解决城市融入问题。也就是说，在政策导向上，不能再期望新生代农民工最终返回农业或农村，而是要在户籍政策、公共服务政策方面对其敞开大门，至少要留出足够的通道，使其中大部分能够在输入地扎根。总体上，在促进农民工城市化的前提下，以提供平等的基本公共服务为重点，以素质提升为纽带，采取切实可行的总体思路与政策措施，促进农民工城市化。

二 以提供平等的基本公共服务为重点

要实现农民工融入城市的政策目标，仅靠调整户籍政策是远远不够的，还要通过多方面的公共服务政策保证其在城镇的基本生活和职业发展。由于农民工的平等意识和权利观念强，任何不公平的、歧视性的社会政策都会对其心理和人格造成伤害，因此，在政策目标上还要逐步消除其与城市原居民以及其他职业群体的差异，为其提供平等的基本公共服务。一方面，要将农民工纳入养老、医疗、失业等社会保险体系，满足其基本养老、医疗、失业等保障需要；另一方面，要逐步改革一些带有地域歧视色彩、只对本地户籍开放的社会福利政策，如最低生活保障政策、住房保障政策、失业保险政策、再就业扶持政策、社会保险补贴政策等，同时，还要使农民工子女享受同当地居民一样的教育权利，除能够享受义务教育外，还能就地参加高考。

三　以素质提升为纽带

农民工融入城市后能否留得下、过得好，是农民工发展不可回避的一个重要的政策目标。而解决这一问题的关键，在于通过技能培训提升农民工的素质，实现农民工的职业发展和自主创业。与此同时，还要在源头上解决农民工的素质问题，做好农村义务教育阶段后的职业教育和技能教育，并为农民工子女提供良好的、同等的教育，最大限度地减少和消除低技能和低教育素质农民工的产生。

第三节　主要对策建议

针对当前现实情况，解决农民工的发展问题，必须标本兼治、重在治本。即在此前改善农民工进城务工就业环境一系列政策的基础上，以解决农民工融入城市为总目标，以提供平等的基本公共服务为重点，以素质提升为纽带，通过政策组合等综合解决这一问题。为此，建议如下。

一　以常住人口而不是户籍人口作为地方政府提供公共服务的范围，为农民工提供公平的公共服务

农民工权益保障问题的产生，在很大程度上是由于农民工输入地地方政府普遍将其排除在当地公共服务体系之外，实行“经济准入、社会排斥”政策造成的。推而广之，在这种政策思维定式下，企业将农民工当成临时工，不执行国家的劳动保障政策，不与其签订劳动合同，不为其缴纳社会保险，并让其无限制地加班加点，甚至拖欠和克扣工资，由

此进一步加剧了农民工的弱势地位。改变这一传统思维，关键在政府。各级政府应转变观念，把包括农民工在内的常住人口纳入国民经济和社会发展的中长期规划和年度计划，以常住人口计算当地各项经济和社会发展指标，制定社会保障和社会福利政策时要立足于为所有常住人口而不仅仅是本地户籍人口提供同等的公共服务。

二　进一步完善农民工权益保障的制度与政策

第一，要规范用工政策。要按照劳动合同法的规定出台劳务派遣实施条例，清理劳务派遣行为，彻底纠正劳动用工派遣化的不良趋势；对一些重点行业的用工进行规范，如评估建筑行业管理体制，改革现行施工与劳务分离、用人主体不清的管理状况，建立良性机制，以促进劳动者权益保护。

第二，要完善现行社会保障政策。要尽快修改完善《工伤保险条例》，明确建筑施工企业工伤保险参保办法，进一步简化农民工工伤保险待遇享受程序，防止用人单位蓄意抵制或拖延责任赔偿的情况发生；尽快明确农民工参加基本养老保险政策，调整一些地区已经实行的农民工专项保险政策，保障农民工的养老保险权益。

第三，要建立农民工培训协调机制，集中培训资源，整合培训力量。即对政府各个部门分头实施的培训项目进行统一规划，在对农村劳动力转移培训计划、技能就业计划、阳光工程、全国乡镇企业蓝色证书培训工程、星火计划、雨露计划、“千校百万”进城务工青年培训计划等农民工培训项目运行情况、存在问题等进行总结的基础上，制定全国统一的指导意见，促进统一培训机制的形成。

第四，要建立良性的企业薪酬决定机制。要在农民工集中的企业、行业和地区培育工人代表组织，引导企业劳资双方开展工资集体协商，推动行业和区域集体协商的开展，促进农民工权益维护。政府要发挥对用人单位收入分配的指导作用，要合理确定最低工资标准，努力扩大行业工种工资指导价位的范围，定期不间断地发布工资指导线，制定并完善企业定员定额标准，使企业劳资双方工资协商于法有据。要借鉴一些国家的做法，对恶意拖欠工资和拒缴社会保险费的有关责任人员依法追究刑事责任。

三　加大执法和维权力度

各级劳动保障监察机构要加大执法监察力度，通过常规检查、举报查处、专项执法检查等多种形式，严肃查处用人单位，特别是非公企业，不依法建立劳动关系，不参加基本养老、医疗、工伤保险，不按时支付工资以及超时加班等违法行为，切实保障农民工权益。劳动争议仲裁处理机构要认真受理农民工的申诉，及时调查审理，维护农民工合法权益。要大力开展针对农民工的法律援助活动，鼓励专职律师、兼职律师等法律工作者为农民工进行援助行动，帮助农民工维护自身权益。各级工会、妇联和共青团等党团组织要充分发挥本组织的职能，通过各自的组织体系，加强对农民工政策和维权活动的宣传，在自己擅长的范围内帮助农民工维权，促进其权益保障。

要加强职业安全卫生监察体系建设，配备专职人员，加大培训力度，加大经费投入，不断改善工作条件，配备必要的快速检测设备、执法取证工具、通信和交通工具，确保职业卫生监督工作的正常开展。

四　加强农民工技能培训，提升农民工素质

要建立统一的农民工培训基金，把农民工职业技能培训作为农民工素质教育的重中之重，制定更加有针对性的、中长期的职业技能培训计划，促进农民工技能提升。要通过政策优惠，引导企业开展农民工岗前培训、在岗培训、脱产培训等多种形式的技能培训，提高农民工的技能水平。要积极开展职业技能鉴定，大力开展专项职业能力考核和特种作业人员安全生产操作考核工作，使大多数接受培训的农村劳动力和农民工能够获得相应的职业资格证书或专项职业能力证书。

要从源头上提高农民工素质，由财政出资，对农村生源的职业教育

和技校教育实行免学费政策，并给予生活费补助，以引导和鼓励更多优质的农村生源学习专项技能，提高未来产业工人的素质。

还要引导农民工学习相关法律知识，增强法制观念，知法守法，了解自身的权利和义务，加强维权意识，学会运用法律、通过合法渠道维护自身权益。要广泛开展精神文明创建活动，引导农民工遵守公共秩序、爱护社会环境、讲究文明礼貌，培养科学、文明、健康的生活方式。要提高科学文化素质，引导农民工树立“学习提高实力、技能提升工资”的理念，努力掌握各种新知识、新技能，在农民工中普及科学知识，使农民工的科学技术素质在整体上有较大幅度的提高。

五　完善农民工社会保险政策，推进农民工参保

（一）以农民工工伤、医疗、养老保险为重点，大力推进农民工参保

根据农民工的紧迫需要和现实可能，当前，农民工社会保险要以农民工工伤、医疗、养老保险为重点。要努力扩大煤矿、非煤矿山、易燃易爆、危险化学品、交通运输和建筑施工企业农民工参加工伤保险的覆盖面，要着力推进农民工集中的加工制造、餐饮服务等行业农民工参加工伤保险。继续以大病医疗保险为主，开展农民工参加医疗保险专项扩面行动，力争实现与城镇用人单位建立劳动关系的农民工基本纳入医疗保险。要协调处理好农民工医疗保险与新农合的关系，确保参保农民工的医疗保险权益。要明确农民工统一参加基本养老保险政策，尽快调整一些地区实行的农民工综合保险等专项保险政策，落实基本养老保险关系转移接续政策，并尽快实现基本养老保险的全国统筹，使基本养老保险成为全国的一项基本公共服务政策，促进农民工参保和享受基本养老保险待遇。要调整农民工失业保险政策，使农民工能够享受同等的失业保险待遇。

（二）完善社会保险政策，促进农民工社会保险关系转移接续

第一，要完善社会保险政策。一是明确农民工将基本养老保险关系向户籍地转移时，不论是否有稳定工作，其户籍所在地社保经办机构均应为其办理转入手续，切实维护流动就业的农民工的利益。二是逐步放开以个人身份参保的户籍限制政策。一方面，使农民工在返乡时能以个人身份参加基本养老保险；另一方面，允许非本地户籍农民工在就业地参加基本养老保险，以切实保护农民工的社会保险权益。也就是说，农民工只要在城镇从事个体经营或其他形式的灵活就业，无论其户籍如何，在当地取得个人就业状况证明之后，均应允许其自愿参加当地城镇职工社会保险，并按规定缴费和享受相应待遇。劳动就业管理部门可以针对这类农民工的情况，制定相应的就业登记办法，为其提供就业状况证明。三是尽快出台统一的城乡养老保险衔接政策，结束各地自行探索的局面。按照公平、简便原则，切实维护农民工等城乡流动就业人员的养老保险权益，制定城镇企业职工基本养老保险与新型农村社会养老保险制度间的衔接政策。农民工在新型农村社会养老保险和城镇企业职工基本养老保险之间的转移接续，原则上可在达到领取待遇条件时进行。农民工参加城镇企业职工基本养老保险，缴费年限达到 15 年的，可将其新农保个人账户累计储存额转入其职工养老保险个人账户，并累计计算个人账户养老金；未能达到 15 年最低领取年限的，可使用新农保个人账户资金以及由个人追加费用，通过补差、延缴等方式，尽可能使其达到 15 年，并依法享受基本养老保险金；本人自愿选择向新农保转移的，可参照基本养老保险关系转移接续暂行办法，将其对应的部分统筹资金与个人账户资金一并转入新农保个人账户，按新农保计发办法享受相应的待遇。国家要尽快出台农民工在新型农村社会养老保险与城镇企业职工基本养老保险之间转续关系时的条件、转移资金规模、缴费年限认定、待遇领取地确定、待遇标准核定和计发等相关具体政策规定，尽早实现“不管你到哪里干，社会保险接着算”的目标。四是整合职工医

保与居民医保，实现以家庭为单位参保，最终解决农民工家属参保难的问题。农民工在城镇劳动、缴税、参加社保，这些都为城市建设和社会保障事业的发展做出重要贡献，因此，农民工的家属理应有权参加居住地的居民医保。目前，居民医保和职工医保分开运行，居民只能以个人身份参保。这种保险制度的设计导致无业居民在参保过程中难以直接从在职的家庭成员参保中受益。另外，地方财政也不愿意为非本地户籍的人员提供补助，导致农民工家属参保难。因此，应进一步整合职工医保和居民医保，建立一元化的全民医保制度，使农民工家属随职工本人参保，解决农民工家属参保难的问题。

第二，要加强现行社会保险关系转移政策实施的检查督导。如前所述，66 号文件自 2010 年 1 月 1 日正式实施以来，各级社保经办机构根据《关于贯彻落实国务院办公厅转发城镇企业职工基本养老保险关系转移接续暂行办法的通知》（人社部发〔2009〕187 号）的要求，及时调整，积极落实，但在政策执行的力度上存在一定差异。部分社保经办机构在全国统一经办规程的基础上，额外增加了一些地方性的附加条件，给参保人员的养老保险关系正常转移带来了不便。因此，建议有关部门进一步加大对各地执行跨省转移接续政策情况的检查力度，督促各地严格执行统一的业务经办规程，不折不扣地做好政策贯彻实施工作。此外，在实际操作过程中，由于各地对《转移信息表》有关项目的填写口径和一些相关问题的理解以及处理方法不一致，《转移信息表》被退回现象时有发生，同时，还存在邮件丢失和接收扯皮情况。为此，建议成立专门的国家养老保险关系跨省转移争议协调部门，处理关系转接中的扯皮和推诿等问题，更好地保护包括农民工在内的流动人员的权益。

第三，要提升技术手段和服务，建立全国统一的信息系统平台，提高养老保险关系转接效率。人社部社保中心建立了全国转移数据交换联网平台，转移地区通过平台互相传递转移数据信息，这本来是规范管理、提高效率的有效手段。但由于种种原因，不但未达到初衷，反而在一定程度上制约了联网地区为流动就业人员顺畅转移养老保险关系。为此，在人社部社保中心就此问题开展专题调研，找出症结，切实加以解决的同时，提出以下对策建议。一是借鉴银行系统平台运行的经验，加快全国统一的信息系统平台建设步伐，统一基础数据，实现农民工社会保险 IC 信息卡管理。以建立地市一级社会保险关系基础信息库为基础，率先确保地市间、省市间的联网信息共享，进而与全国统一的养老保险关系电子化转移平台相连，如市、县经办机构先通过业务经办系统将转移数据交换至省社保局，再通过全国转接平台，和其他地区交换数据。通过实现电子化服务，逐步实现开具缴费凭证、传递信息表和转入账户记账等养老保险关系转移业务均可通过系统顺利进行，不需要再增加打印和邮寄程序，在全国实现关系转接工作的电子化业务模式，提高转移接续经办业务效率，降低成本。二是优化经办管理服务，设立网上“社会保险个人服务窗口”，直接受理流动人员的参保和关系转移申请，既简化程序，又提供了“足不出户”的全方位服务。三是在人员配备、经办场所建设等方面向一线经办机构倾斜，加大转移业务经费投入，及时调整、充实和培训经办人员，满足包括农民工在内的所有参保人员办理转移接续社会保险关系的需要。四是加强新农保、城镇居民社会养老保险与企业职工养老保险系统的信息比对工作，避免重复参保和缴费，随着今后系统的完善，最终实现城乡居民养老保险与企业职工养老保险的联网。

第四，要逐步提高养老、医疗保险统筹层次，尽快实现基本养老保险全国统筹，建立医疗保险跨行政区域的经办网络。目前，我国基本养老保险为省级统筹，基本医疗保险为地市级统筹。由于统筹层次低，给流动就业人员尤其是农民工的社会保险关系转移接续带来障碍。为此，要尽快提高社会保险统筹层次，建议在继续完善省级统筹的基础上，加快基本养老保险全国统筹的步伐，并尽早实现基本医疗保险省级统筹，从根本上解决农民工养老保险转移难的问题，缓解农民工医疗保险转移接续难问题。还要建立跨行政区域的医保经办网络。随着社会经济的一体化，劳动者跨行政区域流动日益频繁，但我国的医保经办体系仍按行政区划设置，并且不同地区的医保经办机构之间缺乏合作，导致异地就医和医保关系转移接续困难。统筹层次的提高虽然可以解决部分人群的异地就医和转移接续，但是，从根本上解决以上问题，还必须要建立跨行政区域的经办网络（例如成都和广州的异地就医合作、长三角地区部分城市的异地就医合作，以及浙江、福建等省的异地就医网络）。医保经办机构跨地区合作，并不要求基金统筹，而是要求建立不同地区之间的医保管理协议和费用结算机制。

六　切实解决农民工子女教育、落户和住房保障问题，逐步实现农民工城镇化

要针对当前存在的问题，逐步完善农民工子女教育政策。要尽量简化农民工子女的入学手续。各级教育行政部门要及时掌握农民工及其子女的总量与分布情况，合理配置教育资源，及时发布学校信息，妥善安置农民工子女入学问题。针对幼儿园教育收费标准过高，农民工难以负担，以及农民工子女初中毕业后难以升入高中的情况，逐步研究将学前一至两年教育纳入义务教育，通过优惠政策引导贫困农民工子女就读职业高中和技校，有条件的地区还要尽力解决农民工子女高中阶段教育和就地参加高考的问题。

要加强户籍制度改革，推动农民工进入城市。各地应尽快研究中小城市放开户籍政策的实施细则，对在中小城市、小城镇实现稳定就业或创业而又放弃农村责任地的农民工，取消准入门槛；在稳定就业前提下，农民工有条件进行投资或有不低于城市人均住房面积的住房，或单位提供相应面积廉租公寓的，准许转为城镇户口；大城市和特大城市要积极研究放宽农民工进城落户的相关政策，采取积分制落户办法，逐步将有条件长期在城镇工作和生活的农民工转变为当地城市居民。

政府应将改善农民工居住条件纳入城市发展总体规划。要将在本地常住且有稳定职业的农民工纳入当地住房保障范围，允许农民工租住廉租房或对农民工租房给予一定的财政补贴。同时，在政策上鼓励大量使

用农民工的单位自建房。在房地产市场价格不断攀升的情况下，政府还可以通过建造农民工公寓等方式，改善农民工的居住条件，促进农民工城镇化。

此外，农民工称谓是典型的计划经济体制和城乡分割的产物。目前，大量的城镇居民也加入了流动就业的群体，一些实行户籍登记制度改革的地方，客观上已难以区分城乡户口，显然，即便抛开其中的歧视内涵不说，农民工的称谓目前也已不合时宜。建议停止使用“农民工”这一社会身份标签。国家调整农民工政策的主要目标应当是从根本上消除对农民工的社会歧视，促进农民工融入城市社会，依法公平享有与城里人一样的公共管理与服务。

参考文献

[1] 白南生、宋洪远等：《回乡，还是进城——中国农村外出劳动力回流研究》，中国财政经济出版社，2002。

[2] 波兰尼：《大转型：我们时代的政治与经济起源》，冯钢、刘阳译，浙江人民出版社，2007。

[3] 蔡昉：《劳动力流动、择业与自组织过程中的经济理性》，《中国社会科学》1997年第4期。

[4] 蔡昉、都阳等：《劳动力流动的政治经济学》，上海三联出版社、上海人民出版社，2003。

[5] 蔡昉、都阳、王美艳：《户籍制度与劳动力市场保护》，《经济研究》2001年第12期。

[6] 蔡禾、李超海等：《利益受损农民工的利益抗争行为研究——基于珠三角企业的调查》，《社会学研究》2009年第1期。

[7] 蔡昉、王美艳：《中国经济增长究竟有多快?》，《新视野》2002年第4期。

[8] 曹小华、欧国立：《构建和谐劳动关系，保护农民工权益——基于经济学视角的思考》，《生产力研究》2006年第6期。

[9] 常凯：《罢工权立法问题的若干思考》，《学海》2005年第4期。

[10] 常凯：《构建和谐劳动关系——中国人民大学教授常凯访谈》，《中国社会保障》2007年第8期。

[11] 陈洪连、杜婕：《我国农民工培训政策的国际借鉴与本土建构》，《中国成人教育》2011 年第 19 期。

[12] 陈宁、卢玮：《对我国劳动关系的博弈分析——兼谈新〈劳动合同法〉引发的解雇潮》，《湖北财经高等专科学校学报》2008 年第 1 期。

[13] 陈诗达主编《2004 浙江就业报告》，中国劳动社会保障出版社，2005。

[14] 陈诗达主编《2006 浙江就业报告——劳动关系问题研究》，中国劳动社会保障出版社，2006。

[15] 陈诗达主编《2007 浙江就业报告——农民工问题研究》，中国劳动社会保障出版社，2007。

[16] 陈顺玉、郑功成：《农民工本地就业的理性分析》，《江西社会科学》2005 年第 2 期。

[17] 陈锡文、韩俊：《如何有序转移农村富余劳动力》，《人民日报》2002 年 6 月 3 日，第 9 版。

[18] 陈锡文：《农村劳动力跨区域流动的原因分析》，《学习时报》2002 年 6 月 17 日。

[19] 陈锡文：《农民工流动为社会发展带来机遇与挑战》，《农民日报》2008 年 9 月 15 日，第 3 版。

[20] 陈星博：《结构挤压与角色错位——社会转型期我国城市青年农民工群体中“问题化”倾向研究》，《改革》2003 年第 4 期。

[21] 陈映芳：《“农民工”：制度安排与身份认同》，《社会学研究》2005 年第 3 期。

[22] 陈月：《“边缘社区”的犯罪问题及其社会控制》，《郑州大学学报》（哲学社会科学版）1997 年第 1 期。

[23] 陈振明：《政策科学》，中国人民大学出版社，2003。

[24] 成志刚、罗帅：《近十年我国农民工社会保障问题研究综述》，《湘潭大学学报》（哲学社会科学版）2007 年第 3 期。

[25] 邓鸿勋、陆柏甫主编《走出二元结构——农民工、城镇化与新农村建设》，中国发展出版社，2006。

[26] 董保华：《劳动立法不应造成新的失衡》，《中国新闻周刊》2006年第16期。

[27] 董克用、朱勇国主编《人力资源管理专业知识与实务（中级）》，中国人事出版社，2008。

[28] 都阳、王美艳：《中国最低工资制度的实施状况及其效果》，《中国社会科学院研究生院学报》2008年第6期。

[29] 范晓雪：《中国农民工工资水平分析与发展趋势判断》，首都经济贸易大学硕士学位论文，2006年。

[30] 房莉杰：《农村流动人口医疗保障研究综述》，《甘肃理论学刊》2006年第5期。

[31] 冯宪：《农民工进城和留城的政策刍议》，《现代经济探讨》2005年第7期。

[32] 符平：《青年农民工的城市适应：实践社会学研究的发现》，《社会》2006年第2期。

[33] 傅晨：《农民工问题研究三题》，《南方经济》2004年第8期。

[34] 甘满堂：《城市外来农民工街头非正规就业现象浅析》，《中共福建省委党校学报》2001年第8期。

[35] 辜胜阻、易善策等：《基于农民工特征的工业化与城镇化协调发展研究》，《人口研究》2006年第5期。

[36] 郭星华、储卉娟：《从乡村到都市“融入与隔离”：关于民工与城市居民社会距离的实证研究》，《江海学刊》2004年第3期。

[37] 国家发展和改革委员会产业发展研究所美国、巴西城镇化考察团：《美国、巴西城市化和小城镇发展的经验及启示》，《中国农村经济》2004年第1期。

[38] 国家统计局课题组、章国荣等：《中国农民工生活质量指数评价研究》，《统计研究》2007年第2期。

［39］国家统计局课题组：《城市农民工生活质量状况调查报告》，《调研世界》2007 年第 1 期。

［40］国务院发展研究中心、国务院农民工工作联席会议办公室《我国农民工工作“十二五”发展规划纲要研究》课题组：《农民工培训实态及其“十二五”时期的政策建议》，《改革》2010 年第 9 期。

［41］国务院发展研究中心《国际金融危机对农民工就业的影响及对策研究》课题组：《农民工就业总体态势与政策因应：对 19 个省（区、市）107 个村的调查》，《改革》2010 年第 6 期。

［42］国务院农民工办课题组：《中国农民工问题前瞻性研究》，中国劳动社会保障出版社，2009。

［43］国务院农民工办课题组：《中国农民工发展研究》，中国劳动社会保障出版社，2013。

［44］国务院研究室课题组：《中国农民工调研报告》，中国言实出版社，2006。

［45］哈特利·迪安：《社会政策学十讲》，岳经纶、温卓毅、庄文嘉译，格致出版社、上海人民出版社，2009。

［46］韩俊：《棋子　边缘人　产业工人》，《农业经济问题》2004 年第 8 期。

［47］韩俊：《公平对待农民工的十个问题》，《瞭望新闻周刊》2004 年第 22 期。

［48］韩俊：《巴西城市化过程中贫民窟问题及对我国的启示》，《中国发展观察》2005 年第 6 期。

［49］韩俊：《推进农民工市民化，提高人口城镇化水平》，《理论视野》2010 年第 9 期。

［50］韩俊：《促进农民工市民化引导农村劳动力转移》，《农民日报》2010 年 11 月 3 日。

［51］韩俊等：《劳动力市场：破除对农民工的歧视政策》，载《中国改革论坛暨中国体改研究会 2005 年北京年会论文集》，2005。

[52] 韩俊主编《中国农民工战略问题研究》，上海远东出版社，2009。

[53] 韩长赋：《我们该怎样看待农民工问题》，《人民日报》2002 年 6 月 13 日，第 5 版。

[54] 韩长赋：《解决好农民工问题是个大战略》，《经济日报》2006 年 6 月 19 日，第 2 版。

[55] 韩长赋：《关于农民工问题的几点认识和思考》，《中国城市经济》2006 年第 7 期。

[56] 韩长赋：《中国现代化进程中的农民工问题》，《人民日报》2006 年 12 月 1 日，第 7 版。

[57] 韩长赋：《让“90 后”农民工有序成为城里人》，《东方城乡报》2010 年 2 月 18 日，第 B1 版。

[58] 韩长赋：《解决农民工问题的基本思路》，《行政管理改革》2010 年第 10 期。

[59] 韩长赋：《农民工问题是事关我国现代化建设顺利推进的大问题》，《学习时报》2010 年 10 月 11 日，第 1 版。

[60] 韩长赋：《新生代农民工社会融合是个重大问题——关于新生代农民工问题的调查与思考》，《光明日报》2012 年 3 月 16 日，第 7 版。

[61] 何圣、王菊芬：《和谐劳动关系评价指标体系的构建及对上海的分析》，《市场与人口分析》2007 年第 5 期。

[62] 洪朝辉：《论中国农民工的社会权利贫困》，《当代中国研究》2007 年第 4 期。

[63] 胡杰成：《社会排斥与农民工的城市融入问题》，《兰州学刊》2007 年第 7 期。

[64] 胡杰成：《农民工城市融入问题研究综述》，《兰州学刊》2008 年第 12 期。

[65] 胡敏洁：《转型时期的福利权实现路径：源于宪法规范与实践的考察》，《中国法学》2008 年第 6 期。

[66] 胡务、张伟：《成都农民工综合社会保险研究》，《农村经济》2005

年第2期。

[67] 黄晨熹：《社会福利》，格致出版社，2009。

[68] 黄平、杜铭那克主编《农民工反贫困——城市问题与政策导向》，社会科学文献出版社，2006。

[69] 黄任民：《农民工及相关问题对建立和谐劳动关系的双重影响》，《中国劳动关系学院学报》2005年第6期。

[70] 黄任民：《论劳动关系的劳动经济学研究视角》，《中国劳动关系学院学报》2007年第5期。

[71] 简新华、黄锟：《中国工业化和城市化过程中的农民工问题研究》，人民出版社，2008。

[72] 江立华：《转型期城市农民工的犯罪与社会控制》，《江苏社会科学》2002年第2期。

[73] 江立华、符平：《断裂与弥补》，《社会科学研究》2005年第6期。

[74] 孔丽娜、韩兆洲：《最低工资制度的博弈分析》，《经济问题探索》2007年第10期。

[75] 赖涪林主编《长三角农民工的非稳态转移——理论探讨、实证研究与现状调查》，上海财经大学出版社，2009。

[76] 李爱芹：《农民工社会保障的实证调查与政策建议：以徐州市农民工为例》，《南京农业大学学报》（社会科学版）2008年第8期。

[77] 李春玲：《断裂与碎片——当代中国社会阶层分化实证分析》，社会科学文献出版社，2005。

[78] 李德齐：《规范和协调劳动关系要求劳动合同制度应与其他法律制度衔接配套》，《中国劳动关系学院学报》2008年第1期。

[79] 李汉林、王琦：《关系强度作为一种社区组织方式：农民工研究的一种视角》，载柯兰君、李汉林主编《都市里的村民：中国大城市里的流动人口》，中央编译出版社，2001。

[80] 李汉林：《关系强度与虚拟社区——农民工研究的一种视角》，载李培林主编《农民工——中国进城农民工的经济社会分析》，社会

科学文献出版社，2003。

[81] 李慧玲：《我国农民工培训政策的问题与对策》，《河北大学成人教育学院学报》2011 年第 3 期。

[82] 李静君：《中国工人阶级的转型政治》，载李友梅、孙立平、沈原主编《当代中国社会分层：理论与实证》，社会科学文献出版社，2006。

[83] 李珂：《论劳动关系状况对农民工融入城市的制约》，《中国劳动关系学院学报》2006 年第 6 期。

[84] 李莉：《农民工工资歧视与职业隔离》，浙江大学硕士学位论文，2008 年。

[85] 李楠：《基于劳动力产权关系异化的劳动关系调节机制演变及发展》，《广州大学学报》（社会科学版）2007 年第 8 期。

[86] 李培林、李炜：《农民工在中国转型中的经济地位和社会态度》，《社会学研究》2007 年第 3 期。

[87] 李培林、张翼、赵延东：《就业与制度变迁：两个特殊群体的求职过程》，浙江人民出版社，2000。

[88] 李平：《中国转型时期城市农民工社会保障制度研究》，中国地质大学出版社，2008。

[89] 李强：《城市农民工的失业与社会保障问题》，《新视野》2001 年第 5 期。

[90] 李强：《户籍分层和农民工的社会地位》，《中国党政干部论坛》2002 年第 8 期。

[91] 李强：《农民工与中国社会分层》，社会科学文献出版社，2004。

[92] 李强：《社会学的剥夺理论与我国农民工问题》，《学术界》2004 年第 4 期。

[93] 李强：《中国城市化进程中的“半融入”与“不融入”》，《河北学刊》2011 年第 5 期。

[94] 李强、唐壮：《城市农民工与城市中的非正规就业》，《社会学研

究》2002 年第 6 期。

[95] 李晓芳：《最低工资制度对我国农民工就业的影响研究》，湖南大学硕士学位论文，2006 年。

[96] 李晓光等：《农民工技能培训教育调查研究》，《中小企业管理与科技》2011 年 11 月下旬刊。

[97] 李艳霞：《公民身份理论内涵探析》，《人文杂志》2005 年第 3 期。

[98] 梁燕：《城市化进程中农民工教育培训的问题与对策研究》，《职业技术教育》2013 年第 4 期。

[99] 刘传江：《城乡统筹发展视角下的农民工市民化》，《人口研究》2005 年第 4 期。

[100] 刘传江、周玲：《社会资本与农民工的城市融合》，《人口研究》2004 年第 5 期。

[101] 刘怀廉：《农村剩余劳动力转移新论》，中国经济出版社，2004。

[102] 刘怀廉：《中国农民工问题》，人民出版社，2005。

[103] 刘进才：《我国工业化进程中农民工权益保护与企业伦理问题研究——基于建立和谐劳动关系》，《郑州航空工业管理学院学报》2007 年第 5 期。

[104] 刘丽娟：《关于农民工就业权益缺失问题的思考》，《长春工业大学学报》2006 年第 1 期。

[105] 刘林平、张春泥：《农民工工资：人力资本、社会资本、企业制度还是社会环境？——珠江三角洲农民工工资的决定模型》，《社会学研究》2007 年第 6 期。

[106] 刘小年：《中国农民工政策研究》，湖南人民出版社，2007。

[107] 卢国显：《我国大城市农民工与市民社会距离的实证研究》，《中国人民公安大学学报》2006 年第 4 期。

[108] 陆学艺：《当代中国社会阶层研究报告》，社会科学文献出版社，2001。

[109] 陆益龙：《户籍制度：控制与社会差别》，商务印书馆，2003。

［110］罗尔斯：《正义论》，何怀宏等译，中国社会科学出版社，2001。

［111］罗长征：《产业结构调整背景下广州农民工培训政策研究》，华南理工大学硕士学位论文，2012 年。

［112］吕斐宜：《农民工与城市居民和谐共处心理基础调查研究》，《社会学》2006 年第 4 期。

［113］马广海：《农民工的城市融入问题》，《山东省农业管理干部学院学报》2001 年第 3 期。

［114］毛霞：《我国农民工培训的困境与出路》，《中国人力资源开发》2012 年第 8 期。

［115］潘泽泉：《国家调整农民工政策的过程分析、理论判断与政策思路》，《理论与改革》2008 年第 5 期。

［116］彭宅文：《中国农民工社会保障发展缓慢的原因分析》，《云南社会科学》2006 年第 1 期。

［117］钱文荣、黄祖辉：《转型时期的中国农民工——长江三角洲十六城市农民工市民化问题调查》，中国社会科学出版社，2007。

［118］钱文荣、张忠明：《农民工在城市社会的融合度问题》，《浙江大学学报》2006 年第 4 期。

［119］冉宏伟：《农民工就业歧视分析》，《华南农业大学学报》（社会科学版）2005 年第 4 期。

［120］任远、戴星翼：《外来人口长期居留倾向的 Logit 模型分析》，《南方人口》2003 年第 4 期。

［121］申静：《农民工社会保障的政策效应分析》，《现代物业》2008 年第 10 期。

［122］沈琴琴、黄任民等：《和谐劳动关系与民营企业发展——加强劳动者权益保护、构建和谐劳动关系》，《中国劳动关系学院学报》2007 年第 1 期。

［123］沈原：《“关系霸权”：对建筑工劳动过程的一项研究》，载沈原《市场、阶级与社会：转型社会学的关键议题》，社会科学文献出

版社，2007。
[124] 史国衡：《昆厂劳工》，载李培林等主编《中国社会学经典导读》，社会科学文献出版社，2009。
[125] 宋林飞：《农民工是新兴工人群体》，《江西社会科学》2005年第3期。
[126] 苏黛瑞：《在中国城市中争取公民权》，王春光等译，浙江人民出版社，2009。
[127] 苏海南：《我国劳动关系现状分析及对策研究》，《中国劳动》1997年第3期。
[128] 苏海南：《如何标本兼治解决分配问题》，《今日中国论坛》2006年第7期。
[129] 苏海南：《高管薪酬监管缘何失控》，《人力资源》2009年第6期。
[130] 苏海南：《收入分配合理化：吹响攻坚战号角》，《半月谈》2010年3月9日。
[131] 苏海南：《价值追求决定"蛋糕"分配》，《中国党政干部论坛》2010年第6期。
[132] 苏海南：《调控收入分配需要形成制度合力——我国收入分配难题的成因分析与解决收入分配难题的对策探讨》，《中国经济导报》2010年6月29日。
[133] 苏海南：《分配秩序亟待法律手段调控》，《法制日报》2011年3月25日。
[134] 苏海南：《当前我国收入分配问题及改革思路和政策措施》，《中国工人》2011年第8期。
[135] 苏海南等：《最低工资制讨论中的几个热点问题》，《开放导报》2006年第5期。
[136] 苏海南等：《我国劳动密集型小企业劳动关系问题研究》，《华中师范大学学报》（人文社会科学版）2012年第2期。
[137] 孙慧：《关于新生代农民工教育培训问题的研究》，上海师范大学

硕士学位论文，2012 年。

[138] 孙正娟：《农民工劳动权益维护的制度分析》，《南京社会科学》2005 年第 11 期。

[139] 谭寒：《我国农民工培训的公共政策过程分析》，天津理工大学硕士学位论文，2011 年。

[140] 谭玲：《劳动争议案件一裁终局制度的现实困境与未来转型》，《判解研究》2011 年第 2 辑。

[141] 唐钧：《“三方机制”：解决农民工工资问题的最佳选择》，《中国党政干部论坛》2004 年第 5 期。

[142] 唐钧：《“三方机制”是提高工资唯一选择》，《科学时报》2008 年 3 月 10 日。

[143] 唐园结等：《城乡统筹解决“三农”问题的重大举措——国务院研究室副主任韩长赋解读〈国务院关于解决农民工问题的若干意见〉》，《农村工作通讯》2006 年第 4 期。

[144] 陶文忠：《分享劳动管理权是劳资关系的合理格局》，《中国新闻周刊》2006 年第 16 期。

[145] 田丰：《城市工人与农民工的收入差距研究》，《社会学研究》2010 年第 2 期。

[146] 田凯：《关于农民工城市适应性的调查与思考》，《人口学刊》1996 年第 4 期。

[147] 佟新：《劳工政策和劳工研究的四种理论视角》，《云南民族大学学报》（哲学社会科学版）2008 年第 5 期。

[148] 涂尔干：《社会分工论》，渠东译，生活·读书·新知三联书店，2000。

[149] 王春超：《中国城市化进程中农民工对经济产出的贡献与收益分享》，《经济社会体制比较》2012 年第 2 期。

[150] 王春光：《新生代农村流动人口的社会认同与城乡融合的关系》，《社会学研究》2001 年第 3 期。

[151] 王春光：《农民工的社会流动和社会地位的变化》，《江苏行政学院学报》2003年第4期。

[152] 王春光：《农民工的国民待遇与社会公正问题》，《郑州大学学报》（哲学社会科学版）2004年第1期。

[153] 王春光：《农民工：一个正在崛起的新工人阶层》，《学习与探索》2005年第1期。

[154] 王春光：《农村流动人口的半城市化问题研究》，《社会学研究》2006年第5期。

[155] 王春光：《中国城市化进程中的公民社会实践》，《浙江社会科学》2009年第1期。

[156] 王春光：《重视社会力量在落实农民工就业政策上的放大效应》，《中国党政干部论坛》2009年第4期。

[157] 王春光：《新生代农民工城市融入进程及问题的社会学分析》，《青年探索》2010年第3期。

[158] 王德文等：《全球化与中国国内劳动力流动：新趋势与政策含义》，《开放导报》2005年第4期。

[159] 王珏：《从劳动关系非标准化看事实劳动关系》，华东政法学院硕士学位论文，2006年。

[160] 王毅杰、童星：《流动农民工职业获得途径及其影响因素》，《江苏社会科学》2003年第5期。

[161] 王毅杰：《流动农民留城定居意愿影响因素分析》，《江苏社会科学》2005年第5期。

[162] 微软（中国）有限公司、清华大学社会学系：《农民工：社会融入与就业》，社会科学文献出版社，2008。

[163] 魏宏歆：《农民工违法犯罪之角色分析》，《中国人民公安大学学报》2002年第6期。

[164] 魏礼群：《正确认识和高度重视解决农民工问题》，《人民日报》2006年4月26日，第11版。

[165] 翁晓斌、谭靖：《城市农民工处境的法律透视》，《浙江大学学报》2006 年第 5 期。

[166]《我国农民工工作“十二五”发展规划纲要研究》课题组：《中国农民工问题总体趋势：观测“十二五”》，《改革》2010 年第 8 期。

[167] 帕特里夏·沃哈恩：《亚当·斯密及其留给现代资本主义的遗产》，夏镇平译，上海译文出版社，2006。

[168] 吴贵明：《中国农民工培训：经验与反思》，《福建行政学院学报》2011 年第 5 期。

[169] 吴红宇：《现行社会保障制度对农民工迁移行为的影响研究》，《农村经济》2008 年第 1 期。

[170] 吴忠民：《公正新论》，《中国社会科学》2000 年第 4 期。

[171] 西伦：《制度是如何演化的：德国、英国、美国和日本的技能政治经济学》，王星译，上海人民出版社，2010。

[172] 项继权：《农民工子女教育：政策选择与制度保障——关于农民工子女教育问题的调查分析及政策建议》，《华中师范大学学报》（人文社会科学版）2005 年第 3 期。

[173] 徐建玲：《中国农民工就业问题——基于农民工市民化视角》，中国农业出版社，2007。

[174] 徐小洪：《从劳动竞赛谈和谐劳动关系》，《天津市工会管理干部学院学报》2007 年第 1 期。

[175] 许经勇、黄焕文：《剖析制度性农民工工资福利待遇的正负效应》，《税务与经济》2005 年第 1 期。

[176] 许晓军、王晓慧：《企业工会与和谐劳动关系的建构——工会干部及职工对企业劳动关系的认知与评价调查报告》，《中国劳动关系学院学报》2008 年第 1 期。

[177] 许叶萍、石秀印：《工人阶级形成：体制内与体制外的转换》，《学海》2006 年第 4 期。

[178] 薛圣白：《“用工荒”实为结构性“招工难”》，《劳动保障参考》2010 年第 5 期。

[179] 闫威、夏振坤：《利益集团视角的中国“三农”问题》，《中国农村观察》2003 年第 5 期。

[180] 杨立雄：《农民工社会保护问题研究》，《中国人民大学学报》2006 年第 6 期。

[181] 杨思远：《试析农民工的廉价工资》，《教学与研究》2004 年第 7 期。

[182] 杨旭：《农民工政府培训研究——以陕西省靖边县为例》，陕西师范大学硕士学位论文，2012 年。

[183] 姚启慧等：《虚报数千人骗国家补贴》，《湖北日报》2011 年 6 月 15 日，第 3 版。

[184] 殷晓清：《农民工：一种就业模式的形成及其社会后果》，《南京师大学报》（社会科学版）2001 年第 5 期。

[185] 于学江：《中国农民就业保障体系研究》，西北农林科技大学博士学位论文，2005 年。

[186] 余晓敏：《跨国公司行为守则与中国外资企业劳工标准——一项“跨国－国家－地方”分析框架下的实证研究》，《社会学研究》2007 年第 5 期。

[187] 袁小平：《新生代农民工培训的制度供给研究》，《社会工作》2012 年 10 月 25 日。

[188] 岳公正等：《公务员“隐形腐败”挑战福利改革》，《人民论坛》2007 年第 13 期。

[189] 岳经纶：《农民工的社会保护：劳动政策的视角》，《中国人民大学学报》2006 年第 6 期。

[190] 曾旭晖：《非正式劳动力市场人力资本研究——以成都市进城农民工为个案》，《中国农村经济》2004 年第 3 期。

[191] 张德荣等：《“90 后”农民工职业技能培养与提升的路径研究》，

《广西青年干部学院学报》2012年第6期。

[192] 张军扩、侯永志、刘培林：《我国城镇化的基本态势、战略重点和政策取向》，《经济界》2009年第6期。

[193] 张胜军：《我国农民工培训政策的回顾与前瞻》，《职教论坛》2012年第19期。

[194] 张书林：《城市农民工的边缘化及救治》，《厦门特区党校学报》2004年第5期。

[195] 张一名主编《中国农民工社会政策研究》，中国劳动社会保障出版社，2009。

[196] 张翼：《农民工社会保障政策执行中存在的若干问题》，《中国社会科学院院报》2005年9月27日。

[197] 郑功成：《农民工的权益与社会保障》，《中国党政干部论坛》2002年第8期。

[198] 郑功成：《解决农民工工资拖欠问题需要多管齐下》，《中国党政干部论坛》2004年第5期。

[199] 郑功成：《对农民工问题的基本判断》，《中国劳动》2006年第8期。

[200] 郑功成：《农民工、农民工问题与农民工问题的解决》，《工人日报》2006年11月22日，第7版。

[201] 郑功成：《中国流动人口的社会保障问题》，《理论视野》2007年第6期。

[202] 郑功成：《多管齐下消除社会保障的不平等》，《江苏经济报》2007年9月20日，第A1版。

[203] 郑功成：《中国社会公平状况分析——价值判断、权益失衡与制度保障》，《中国人民大学学报》2009年第2期。

[204] 郑功成：《让农民工享有平等权利》，《群言》2010年第2期。

[205] 郑功成：《尽快确立劳动者的福利权益》，《团结报》2010年3月23日，第6版。

[206] 郑功成：《让农民工从流动走向安居乐业》，《新农业》2012年第4期。

[207] 郑功成等：《对中国农民工问题的理论判断》，《党政干部文摘》2007年第1期。

[208] 郑功成、黄黎若莲：《中国农民工问题：理论判断与政策思路》，《中国人民大学学报》2006年第6期。

[209] 郑功成、黄黎若莲：《重视农民工与农民工问题是国家未来十年的重大使命》，《工人日报》2006年11月22日，第7版。

[210] 郑功成、黄黎若莲：《中国农民工问题与社会保护》，人民出版社，2007。

[211] 郑广怀：《伤残农民工不能被赋权的群体》，载郑也夫等主编《北大清华人大社会学硕士论文选编》，山东人民出版社，2004。

[212] 郑英隆：《中国农民工弱信息能力初探》，《经济学家》2005年第5期。

[213] “中国农民工战略问题研究”课题组：《中国农民工现状及其发展趋势总报告》，《改革》2009年第2期。

[214] 周春霞：《农民工与市民冲突的经济社会分析》，《南京社会科学》2004年第3期。

[215] 朱光磊等：《当代中国社会各阶层分析》，天津人民出版社，1998。

[216] 朱考金：《城市农民工的心态与观念——以南京市600例样本的频数分布为例》，《社会》2003年第9期。

[217] 朱力：《准市民的身份定位》，《南京大学学报》2000年第6期。

[218] 朱力：《论农民工阶层的城市适应》，《江海学刊》2002年第6期。

[219] 朱力：《农民工阶层的特征和社会地位》，《南京大学学报》2003年第6期。

[220] 朱智文、张博文：《和谐社会劳动关系评价指标体系构建及对甘肃的分析》，《兰州商学院学报》2009年第1期。

[221] 左学金、朱宇等：《中国人口城市化和城乡统筹发展》，学林出版社，2007。

[222] Gilbert Neil, Terrell Paul：《社会福利政策导论》，黄晨熹、周烨、刘红等译，华东理工大学出版社，2003。

[223] Macarov, D., *Social Welfare Structure and Practice*. California: Sage Publication Inc., 1995.

后 记

本书是在完成国家社科基金项目“国家调整农民工政策的社会影响评估研究”的基础上，进行较大的修改和补充后编写而成的。

课题研究以及本书的出版得到国务院农民工工作领导小组办公室主任、人力资源和社会保障部原副部长杨志明同志的充分肯定和大力支持，并将他亲自撰写的《中国农民工的发展》一文作为本书的序言。这篇文章是他多年来主管全国农民工工作的宏观判断、系统总结、深刻分析、经验概括以及心得体会的集大成之作，对于深入了解、研究、制定和调整有关农民工的社会政策具有重要的指导意义。

国家调整农民工政策的起始标志是2000年7月由国家7部委联合下发《关于进一步开展农村劳动力开发就业试点工作的通知》，其中明确提出改革城乡分割体制，取消对农民进城就业的不合理限制。此后，中央政府对涉及农民工的相关政策进行了一系列重大调整。

2006年1月，《国务院关于解决农民工问题的若干意见》（国发〔2006〕5号）发布。随后，各个相关部门制定并出台了一系列配套的政策措施，对涉及农民工就业、职业培训、工资收入、社会保障、劳动保护、住房条件、随迁子女教育、户籍制度改革等方面的政策进行了全方位的调整。这些政策调整的目标主要是维护进城农民工的基本经济权益与社会权益。

为深入研究国家调整农民工政策所产生的社会效果，并进行比较客观的评估，探讨如何进一步完善相关政策措施，促进农民工的权益保护及其城市化，人力资源和社会保障部社会保障研究所联合中国社会科学院社会学研究所、中国劳动保障科学研究院、人力资源和社会保障部劳动工资研究所、首都经济贸易大学劳动经济学院的一批专家学者申请承担国家社科基金项目“国家调整农民工政策的社会影响评估研究”，经过全国哲学社会科学规划办公室组织的评审后获准立项。

课题组在开展课题研究的过程中，对国家调整农民工政策的发展情况进行了全面、详细的归纳分析，并重点研究了国发〔2006〕5号文件贯彻执行情况及其社会效果。在课题研究过程中，我们选择广东和浙江两个最大的农民工输入省份以及山西这个最大的资源省份进行了实地调研。在对上述三个省份的6个城市的政府相关部门和15家企业以及3个街道社区进行的调查中，课题组分别与负责政策制定的十多个部门开展了座谈交流，全面了解政策制定者的初衷和他们对政策的评价。同时，课题组与数十家不同类型、不同规模、不同所有制的企业负责人分别进行了座谈，了解了企业对农民工政策调整的感受与建议。在实地调查中，课题组还走访了其中一些企业的工作现场，并对农民工进行了面对面的直接访谈，了解了他们对农民工政策的切身感受和诉求，广泛听取了广大农民工的意见和建议。

此外，课题组在上述三个省份所属的广州、深圳、杭州、宁波、太原、临汾等6个城市中，从不同行业、不同所有制类型的19个企业中随机抽选近2000名农民工进行了问卷调查，并对问卷调查结果进行了统计分析。时任人力资源和社会保障部副部长的杨志明同志在对课题组报送的《农民工政策评估问卷调查报告》的批示中，指出该报告“政策评估深入，既有取得的成绩，也对突出问题进行集中反映”，并批给有关司局参考。

通过采取上述研究方式，课题研究成果具有扎实可靠的实证基础。本项课题研究报告通过开展社会调查，掌握了丰富详实的第一手调查资料，对国家调整农民工政策的社会影响进行了深入分析，为国家进一步完善有关农民工的政策调整、促使农民工融入城市社会提出了相应的政策建议。

本书归纳整理了近年来国家调整农民工政策的主要文件以及各地贯彻国家有关政策所制定的代表性文件，分析了不同阶段政策调整对于保障农民工合法权益所产生的社会影响，评估了政策制定和执行取得的成效及存在的问题，在此基础上提出了相应的一些对策建议。

在全面总结国内外政策评估理论的基础上，本书首次从社会学角度提出了农民工政策制定与执行的“城门开放模型”，并运用这一分析框架，对我国各项农民工政策的制定与实施效果进行了可观测、可验证的诠释，显示了“城门开放过程”是一个权力考量、体系开口、分体逐动的调整过程。

在研究方法上，本项研究采取定性分析与定量分析相结合的方法，结合农民工政策评估问卷调查分析以及广东、浙江和山西三个省份的调研和农民工访谈，对近年来国家调整各项农民工政策在保障农民工合法权益的各个主要方面所产生的社会影响分别进行评估，对国家今后调整农民工有关政策具有应用参考价值。同时，本项研究为后续研究者提供了丰富的素材和研究基础，具有较高的理论参考价值。

本书第一章由石秀印执笔；第二章由陈彦勋执笔；第三章由赵巍巍执笔；第四章由金维刚、武玉宁、胡宗万、阎明执笔；第五章由纪韶、胡宗万、韩秀记执笔；第六章由石秀印执笔；第七章由石秀印、胡宗万、张一名执笔；第八章由华迎放、武玉宁、韩秀记执笔；第九章由王春光执笔；第十章由华迎放执笔。全书由金维刚、石秀印统稿。

此外，课题组还分别完成了《广东省农民工政策影响评估调查报告》（由阎明、石秀印、武玉宁、胡宗万执笔）、《浙江省农民工政策影响评估调查报告》（由武玉宁执笔）和《山西省农民工政策影响评估调查报告》（由华迎放、武玉宁、张一名执笔）。课题组还收集整理了对上述三个省份 50 多位农民工进行的个案访谈材料（由赵巍巍汇总）。因本书篇幅所限，上述三个省份的调查报告以及个案研究汇编（共计 15 万字）未编入本书。但这些调查所掌握的第一手资料以及分析对课题研究和本书的编写都打下了坚实的基础。

在课题研究和本书写作过程中，著名社会学家、中国社会科学院社会学研究所农村与产业研究室原主任石秀印研究员不仅给予了学术上的指导，而且亲自参加课题组赴地方的调查活动，在百忙之中承担了课题研究报告的主笔工作，为本项课题研究成果顺利通过验收做出了重要贡献。在编写本书的过程中，石老师以严谨治学的科学精神，对研究报告进行了大量的修改和统稿工作，使本书的学术质量显著提高。中国社会科学院社会学研究所社会政策室主任王春光研究员对农民工问题做过深入的研究，发表了一系列相关论文和论著，提出了许多真知灼见。他积极支持并参与课题研究，撰写了关于农民工政策调整与融入城市社会的专题报告。中国社会科学院社会学研究所社会政策室阎明研究员也积极支持并参与课题研究，并参加课题组开展的社会调查，她在牵头起草《广东省农民工政策影响评估调查报告》的过程中认真细致，反复修改完善，字数超过5万字，是调查报告中的精品之作。首都经济贸易大学劳动经济学院纪韶教授是对就业问题颇有研究并具有深厚学术造诣的知名专家，她对本项课题研究也给予了积极支持，不仅撰写了关于农民工就业的专题研究报告，而且牵头承担了调查问卷的统计分析，指导她的研究生饶旻等同学完成了问卷的录入、查验和统计分析工作。我的同事华迎放研究员、武玉宁副研究员和赵巍巍助理研究员，中国劳动保障科学研究院张一名研究员，人力资源和社会保障部劳动工资研究所胡宗万助理研究员在本项课题研究和本书写作过程中，自始至终一直给予积极支持和帮助，承担了大量的研究工作，分别撰写了有关专题研究报告，武玉宁和胡宗万同志还在调查问卷统计分析过程中承担了有关分析与核对工作。北京大学社会学系博士研究生陈彦勋同学也参与了课题研究，并撰写了有关理论研究综述。北京工业大学人文社会科学学院博士后韩秀记同学在课题报告以及书稿的修改过程中，协助完成了许多修改工作。

在问卷调查过程中，课题组得到了广州、深圳、杭州、宁波、太原、临汾等6个市人社部门的大力支持和帮助，发放和回收问卷工作得以顺利进行，有效问卷回收率达到89%。

在课题研究过程中，人力资源和社会保障部农民工工作司司长汪志洪同志和综合处调研员吴厚德同志提供了大力支持和帮助，其中包括提供了有关农民工政策的一系列文献汇编资料。

在课题研究的常规检查和成果验收过程中，负责中央国家机关所属单位承担的国家社会科学基金项目管理的中央党校科研部规划处调研员陈玉仑老师给予了积极的支持，并协助课题组顺利通过课题成果的验收。

本书的出版得到中国劳动保障科学研究院的资助，特别是得到中国劳动保障科学研究院院长刘燕斌研究员和科研处副处长李艺同志的积极支持和帮助。

本书的出版还得到社会科学文献出版社的支持，刘荣副编审和陈荣编辑在对本书进行编辑加工的过程中，认真细致，精益求精，耐心沟通，对于主编由于工作繁忙而延误出版进度予以充分理解，令人深受感动！

因此，本书是课题组全体成员和朋友共同努力和辛勤工作的结晶。本书的出版得到了以上各位领导、专家、老师、同学和朋友的大力支持和帮助，我谨此对他们表示衷心的感谢！特别是对国务院农民工工作领导小组办公室主任、人力资源和社会保障部原副部长杨志明同志对课题研究以及本书的出版给予的大力支持并亲自为本书作序表示崇高的敬意和衷心的感谢！

金维刚

2015年12月25日

图书在版编目(CIP)数据

中国农民工政策研究/金维刚，石秀印主编．—北京：社会科学文献出版社，2016.4

ISBN 978 - 7 - 5097 - 7153 - 2

Ⅰ.①中… Ⅱ.①金… ②石… Ⅲ.①民工 - 社会政策 - 研究报告 - 中国 Ⅳ.①F323.6

中国版本图书馆CIP数据核字(2015)第038000号

中国农民工政策研究

主　　编 / 金维刚　石秀印

出 版 人 / 谢寿光
项目统筹 / 刘　荣
责任编辑 / 陈　荣　刘　荣

出　　版 / 社会科学文献出版社·社会政法分社(010)59367156
地址：北京市北三环中路甲29号院华龙大厦　邮编：100029
网址：www.ssap.com.cn
发　　行 / 市场营销中心（010）59367081　59367018
印　　装 / 三河市尚艺印装有限公司

规　　格 / 开　本：787mm × 1092mm　1/16
印　张：39.75　字　数：572千字
版　　次 / 2016年4月第1版　2016年4月第1次印刷
书　　号 / ISBN 978 - 7 - 5097 - 7153 - 2
定　　价 / 178.00元